ELIZABETH

T H E

The Life of a Modern Monarch

Q U E E N

ELIZABETH

국 민 의 마 음 을 얻 는 겸 손 의 리 더 십

퀸 엘리자베스

The Life of a Modern Monarch

T   H   E

샐리 베덜 스미스 지음

정진수 옮김

Q U E E N

RHK
알에이치코리아

그들은 그녀의 예지와 긍지를
그리고 그녀의 친근함과 조용한 위풍을 사랑한다
영국의 거리는 머잖아 즉위 기념일을 반기는
인파로 뒤덮일 것이니

그러나 차분한 목소리로 읽어 내려가면서
허공에 또 다른 그림이 떠오르네
사슴들이 점점이 서 있는 계곡을 지나
자그마하고 잽싼 몸집으로 홀로 걷네

그녀는 무너지는 담장과 열린 문을 향해
시골 아낙네의 눈빛으로 바라보네
그러나 자유롭게 그녀의 영지를 거니네
여전히 고독 속에 있으되 그녀는 여왕이다

"그녀는 웃을 때 커진다.
온 얼굴로 웃는다."

엘리자베스 2세 여왕과 에든버러 공작인 필립 공.
2002년 10월 캐나다의 뉴브런즈윅 주에서 열린 재위 50주년 기념식에서. Norm Betts/Rex USA

소박하지만 위엄을 잃지 않는 그녀

2011년 4월 29일, 윌리엄 왕자와 캐서린 미들턴의 결혼식이 끝났다. 이 화사한 커플은 웨스트민스터 성당의 복도를 따라 걷기에 앞서 조부모인 엘리자베스 2세 여왕과 필립 공 앞에 섰다.

이 신혼부부는 그들의 낭만적 사랑에 대하여, 그리고 신부가 왕족도 귀족도 아닌 평민임에도 반려자로 맞이하기로 한 젊은 왕자의 결심에 대하여 축복을 받았다. 신부와 신랑은 85세의 나이답게 엄격하고 금욕적인 낯빛을 한 여왕에게 살짝 무릎을 굽히고 고개를 떨구어 인사를 올렸다. 여왕은 살며시 고개를 끄덕여 승낙의 신호를 보냈다.

72년 전에는 여왕 또한 사랑에 대해 독자적으로 결단을 내렸다. 18세의 그리스 왕자로서 잘생겼지만 무일푼이던 영국 해군 사관 훈련생을 처음 만난 그날 오후, 고작 13세였던 엘리자베스는 그만 사랑에 빠지고 말았다.[1] 8년 후 두 사람은 웨스트민스터 성당의 고딕 양식 아치 밑에서 결혼했다.

릴리벳^{Lilibet}이란 애칭으로 불리던 그녀는 일생에서 거의 모든 일들이 자신의 의사와 상관없이 결정되었다. 하지만 여왕은 그녀의 일생에서 가장 중요한 결정만큼은, 고위 영국 귀족을 선호했던 모친의 소망을 거역하면서 스스로 내렸다. 엘리자베스의 사촌인 마거릿 로즈는 "그녀는 다른 남자는 거들떠보지도 않았다."[2]고 전한다.

아무리 자신감이 충만한 어린 소녀 할지라도 이는 당시 공주의 신분이던 엘리자베스로서는 놀랄 만한 확신의 징표였다. 그러나 이런 굳은 결정은 지난 60년간 영국 전역 및 전 세계에 흩어진 14개의 영국 영토를 다스려온 한 여인에 관하여 내가 발견한 놀라운 면모들 가운데 하나일 뿐이다.

그녀가 자기 역할을 어떻게 수행해왔는지 이성적으로 설명하기 어렵다. 천년 영국 왕조에서 전임자들이 통치해왔던 나라와는 전혀 다른, 다문화적이고 다종교적인 국가가 아닌가. 물론 나는 여왕의 삶 대부분이 빅토리아 여왕 시대로부터 내려오는 판에 박힌 의례에 불과하다는 것을 안다. 그럼에도 엘리자베스 2세는 매우 독특하다. 국제적 명성을 지녔고 세계에서 가장 장수한 지도자이며 동시에 겉으로는 다정하고 예측 가능하며 헌신적이고 변함이 없다.

그녀는 한 편의 서사시 같은 자신의 삶을 위대한 배우처럼 연기해냈다. 그녀는 전 세계가 자신의 무대라고 말할 수 있는 유일한 인물이다. 수십억 명의 사람들이 그녀가 앳된 소녀에서 살림에 능숙한 어머니로, 그리고 현명한 할머니로 성장하는 모습을 지켜보았다.

그녀가 재위에 오른 지 3년째가 되던 28세 때에 최초의 개인 비서였던 앨런 라셀스 경은 "사람들은 여왕이 얼마나 영리한지 한동안 모를 것입니다.[3] …… 그러나 마침내 이는 온 나라가 다 아는 사실이 될 것입니다."라고 말했다. 여왕의 공적인 모습은 위엄을 느끼게 하지만 지성과 인품과 유머는 상당 부분 감추어져왔다. 여왕의 불가사의하고 위엄에 찬 겉모습 뒤에는 거의 알려지지 않은 또 다른 여인이 숨어 있다.

1980년대에 여왕의 초상을 그린 화가 하워드 모건은 "여왕의 사적인 모습을 보고 완전히 충격을 받았다."[4]고 말했다. 그리고 "여왕은 말할 때 이탈리아 사람처럼 표현력이 매우 풍부했다."고 덧붙였다.

여왕의 친구들과 가족들은 종종 공개석상에서 보기 드문 여왕의 장난기를 목격하곤 했는데 런던 수족관에서 열린 생일 파티에서는 비눗방울을 불기도 하고 아우터 헤브리디스 섬에서는 나무 상자 위에 걸터앉아 목청껏 노래를 부르기도 했다. 윈저 성의 뷔페 만찬장에서는 미국 화가 조지 웨이머스에게 음식을 대접하려고 자리에서 벌떡 일어나기도 했다. 웨이머스는 훗날 이를 회고하면서 "여왕께선 접시를 포개셨어요![5] 우린 자라면서 절대로 그래선 안 된다고 배우지 않았습니까?"라고 말했다.

사사로운 대화에서 그녀의 눈매는 초롱초롱하고 음성은 명랑하고 따스했다. "때로 여왕의 웃음소리가 집 안에 울려 퍼질 때도 있어요.[6] 기쁨에 찬 웃음이었죠."라고 국왕의 저택인 노퍽의 샌드링엄에서 하인장을 했던 토니 파넬은 회고했다.

사람들은 162센티미터의 단신인 그녀를 보고 놀라워했다. 그러나 152센티미터도 채 되지 않았지만 자태가 고왔던 고조모 빅토리아 여왕처럼 그녀 역시 작은 키가 문제되지 않았다. 오랫동안 여왕의 디자이너였던 노먼 하트넬은 여왕이 "의도적으로 재듯이 또박또박 걸었다."[7]고 말했다.

어린 시절부터 몸에 밴 겸손함 역시 그녀의 또 다른 면이다. 마거릿 로즈는 "여왕은 여왕으로서의 정체성을 잃지 않으면서도[8] 여전히 겸손했다. 그렇기 때문에 오만한 모습은 찾아볼 수 없었다."고 말했다. 여왕이 극장에 갈 때에는 사전에 알리지 않고 객석 조명이 꺼진 뒤에 입장한다. 여왕의 전직 개인 비서들 중 한 사람은 여왕이 "게걸음으로 방 안에 들어가는 모습이 얼마나 신기했는지 모른다."[9]고 회고하며 여왕은 한 번도 공식적으로, 보란 듯이 입장하지 않았다고 한다. 누군가를 축하하는 자리가 있으면 남몰래 뒷자리로 간다.

2007년 12월에 사촌인 메리 클레이턴 부인이 90세 생일을 맞았을 때 한 삽화가가 만화로 이 장면을 남겼다. 메리의 모습이 중앙에 가장 크게 그려져 있고 안경을 쓴 여왕은 맨 뒷줄에서 사람들과 섞여 있다.

여왕의 조심성은 유명하지만 승마를 할 때에는 절대로 딱딱한 모자를 쓰지 않았다. 이는 순전히 실용적 이유 때문이며 그래서 윈저 성의 직원들 사이에서는 "여왕과 여왕의 후계자 사이에 단 하나의 장애물이 있다면,[10] 그것은 오로지 에르메스 스카프 뿐이다."라는 농담이 생겨났다. 여왕은 운전할 때 안전벨트를 매지 않는다. 그리고 영지 내의 사도私道에서는 "쏜살같이 달린다."[11]고 로즈는 말했다.

심지어 여왕의 눈썹마저 자연 그대로다. 25년 전에 전기 작가인 엘리자베스 롱포드는 최초로 여왕의 자연스러운 눈썹에서 독특한 개성을 발견하고 그 눈썹이 "개성 있는 얼굴을 만들었으며[12] 무의미한 표정이 아니라 살아 있는 기록을 만들었다."고 했다.

엘리자베스 2세 여왕은 성형수술을 하지 않고 우아하게 늙어가는 쪽을 택했으며 머리 모양도 거의 바꾸지 않았다. 2006년 영화 〈더 퀸The Queen〉에서 여왕 역을 맡아 오스카상을 받았던 여배우 헬렌 미렌은 "그렇게 오랫동안 일관성을 유지한다는 것은[13] 대단한 위안을 준다. 한결같은 머리 모양은 믿음을 준다. 여왕은 한 번도 우왕좌왕한 바 없다. 그런 자기 통제력은 외부에서 주어진 것이 아니라 내면에서 우러나온 것이라고 생각한다."라고 말했다.

여왕은 매일 일기를 써왔지만 그 내용은 생전에는 역사가들에게 공개되지 않는다. 언젠가 여왕은 일기에 대하여 "매일 양치질하는 것과 같다.[14] 빅토리아 여왕의 일기와는 다르다.[15] …… 뭐, 그렇게 자세하지 않다. 아주 조금만 쓴다."라고 말한 적 있다. 여왕의 날카로운 의견과 인물평을 들어본 친구들은 은밀한 내용이 아니라 아마도 그런 관찰들을 적었으리라고 추측한다.

여왕은 자신의 지위를 유지하기 위하여 비범해야만 한다. 그러나 동시에 국민들은 그녀가 아주 평범하지는 않더라도 인간적이어야 한다고 기대한다. 국왕으로서 재임하는 동안 여왕은 두 가지 면모들 사이에서 균형을 유지하려고 애썼다. 만약 여왕이 지나치게 신비롭고 멀게 느껴진다면 그녀는 국민들과의 유대를 상실한다. 하지만 지나치게 보통 사람들과 같아 보인다면 독특한 신비감 역시 잃게 된다.

2007년 버킹엄 궁에서 열린 가든파티에서 여왕은 손님들에게 "멀리서 오셨나요?"[16]라는 식의 일반적 질문을 던진다. 한번은 어느 여인과 인사를 나눈 뒤 그 여인이 "무슨 일을 하시나요?"라고 물었다. 며칠 뒤 여왕은 친구들과 만나서 그 일을 회고하며 "그때 무슨 말을 해야 할지 생각나지 않았다."고 했다. 국민들과 숱한 만남을 가졌지만 그런 질문을 해온 사람은 아직 없었다.

영국에서는 권력과 영광이 구별된다. 엘리자베스 2세는 죽는 날까지 재위하며 군림하되 통치하지 않는다. 여왕의 첫 수상이던 윈스턴 처칠은 1953년에 이렇게 표현한 바 있다. "큰 전투에서 참패하면 의회는 정부를 교체한다.[17] 큰 전투에서 승리하면 군중은 여왕에게 찬사를 보낸다." 소속 정당이 의회에서 다수를 차지하면 정부를 구성하여 권력을 쥐는 수상들은 선거의 변수에 따라 오고 가지만 여왕은 국가의 수장으로 남는다. 여왕은 다스릴 권력은 없지만 소극적 권한을 가진다. 여왕이 있는 한 어떤 수상도 일인자가 될 수 없다. 전 상원 지도자이면서 보수 정치인이었던 7대 솔즈베리 후작 로버트 개스코인세실은 이렇게 말했다. "여왕은 독재를 더 어렵게 만들고[18] 군사 쿠데타를 더 어렵게 만들며 칙령으로 통치하는 것을 더 어렵게 만든다. 왜냐하면 여왕이 존재하고 따라서 정당한 절차가 선행되어야 하기 때문이다."

여왕은 또한 적극적 권한을 통해 영향력을 발휘한다. 곧 "의논할 권리, 권장할 권리, 경고할 권리"[19] 등이 그것이다. 공적으로 여왕은 봉사와 시민 정신의 높은 수준을 제시하고 업적에 대해 보상하고 자기 의무를 성실히 수행하는 등 모범을 보임으로써 영향력을 행사한다.

여왕의 열 번째 수상이었던 토니 블레어는 여왕을 가리켜 "불안한 세계 속의 단결의 상징이며[20] …… 한마디로 최상의 영국인이다."라고 말했다.

엘리자베스 2세는 일생 동안 단 한순간도 여왕이 아니었던 때가 없었기 때문에 항상 고독한 자리에 있었다. 또한 가족을 포함하여 주위의 모든 사람들의 행위에 영향을 끼쳤다. 여왕은 여권도 운전면허증도 없고 투표권도 없으며 재판에 증인으로 출석할 수도 없고 성공회에서 로마 가톨릭으로 개종할 수도 없다. 그녀는 국가의 단결을 상징하고 국민들로부터 유리될 수 없으므로 정치뿐 아니라 좋아하는 색상이나 노래 또는 TV쇼같이 무해한 것들에 대해서도 양심적으로 중립을 지켜야만 한다. 그러나 여왕도 때로는 강한 개인적 선호와 의견을 드러내기도 한다.

실상 솔직 담백함은 엘리자베스 2세의 매력적인 성품 가운데 하나이다. "여왕이 무슨 말을 할 때 그것은 진심이다.[21] 그래서 사람들은 그 말을 받아들이고 호감을 갖는다."라고 마틴 차터리스의 미망인이자 30년간 여왕의 고위 참모였던 게이 차터리스는 말했다. 그는 왕실과 가까운 많은 사람들 가운데 내가 직접 만나본 사람이다.

지난 19세기 중반부터 21세기의 첫 10년에 이르기까지 총 174년 가운데 123년간 이 왕조가 빅토리아 여왕과 엘리자베스 2세라는 두 여성에 의해 지배되어왔다는 것을 생각하면 신기할 정도이다. 이 두 여성의 재위 기간 사이에 거쳐간 네 명의 남성 왕들보다 이들이 훨씬 더 오래도록 영국을 상징해왔다. 모계는 각별한 요구를 받는데 엘리자베스 2세의 경우 남성과 여성에게 동시에 요구되는 의무들을 수행해야 한다는 것을 의미했다.

커리어 우먼으로서 엘리자베스 2세는 자기가 속한 세대와 영국의 상류 계층에 있어서 예외에 속한다. 국왕이면서 아내이고 어머니의 역할을 동시에 수행한 전례가 없었다. 그녀에게 요구된 임무들은 타고난 의무감과 결합하여 모성으로부터 자주 이탈하게 만들었다. 그녀의 자유분방한 자녀 양육은 불행한 결과를 초래했고 자녀들은 그녀에게 감당하기 어려운 상처를 주기도 했다. 그녀는 때로 자신의 고뇌를 드러내기도 했지만 대체로 애견들을 데리고 긴 산책을 다니며 속으로 삭여야 했다. "스코틀랜드에는 '냄새가 고약한 윌리'라고 불리는[22] 땅 속에 깊이 뿌리 내린 잡초가 있는데 여왕이 들에 나가서 그것들을 한 다발씩 뽑는 것을 본 적 있다."고 여왕의 사촌인 엘리자베스 앤슨은 말했다.

필립 공은 늘 영국 역사상 가장 오랜 여왕의 남편으로서 "여왕을 보필하는 것"[23]이 자신의 삶을 이루어왔다고 말했다. 두 사람은 공식 행사에 모습을 드러낼 때마다 마치 왕족이 된 프레드 아스테어와 진저 로저스 커플의 안무처럼 생동감에 넘치고 자연스럽게 보였다. 그는 또한 때로는 불손하게 들리는 뼈 있는 농담으로 여왕의 윈저 크림 windsor cream, 크림처럼 부드러운 여왕의 성품을 상징적으로 이르는 말-옮긴이에 초를 치기도 한다. 마틴 차터리스는 "필립 공은 여왕을 한 사람의 인간으로 대하는[24] 지구상의 유일한 남자인데 여왕이 그를 향해 입 닥치라고 말할 때도 있다. 왜냐하면 그분은 여왕이기 때문에 남편 외의 어느 누구에게도 쉽게 그런 말을 할 수는 없기 때문이다."라고 말했다.

1년 전부터 계획을 세우고 6개월 전에는 세부 일정까지 계획하는 여왕의 생활은 실제적이고 안정적이었다. 2대 노리치 자작인 여왕의 친구 존 쿠퍼는 농담으로 여왕의 평정심의 비결은 "평생 주차할 곳을 찾아 헤맬 필요가 없는 데에 있다."[25]고 했다. 그녀의 개인 비서들 가운데 한 사람은 "여왕에게는 두 가지 장점이 있다.[26] 첫째, 무엇보다 잠을 잘 자고, 둘째, 튼튼한 다리를 지녀서 오랫동안 서 있을 수 있다. 여왕은 야크처럼 튼튼하다."고 했다.

여왕은 간간이 1년에 넉 달 정도 샌드링엄 저택에 은신한다. 50년을 그곳에서 일해온 토니 파넬은 여왕이 저택으로 돌아갈 때마다 직원들은 "집 안을 여왕이 떠났을 때와 똑같이 해둔다.[27] 만약에 잡동사니와 장식품들이 의자에 놓여 있었다면 그대로 의자에 놓아둔다."고 말했다.

엘리자베스 2세의 이야기는 그녀가 주어진 삶을 어떻게 만들어 왔는가를 말해준다. 나는 그녀의 성격이나 인품, 성장 과정의 요소들이 자신이 맡은 독특한 역할을 수행해오는 데 어떤 도움을 주었는지 궁금했다.

그녀는 누구인가? 그녀가 살아온 나날은 어떠했는가? 여왕의 자리에 올라 정치가와 국가 지도자는 물론 동시에 갱부와 교수를 상대하는 법을 어떻게 배웠을까? 보호막 속에 갇혀 살면서 어떻게 세상을 경험해왔을까? 리더십에 대한 그녀의 접근 방법은 무엇이었으며 그동안 어떻게 변했을까? 또 어떻게 평정심을 유지해왔으며, 자신의 기본 가치들은 무엇인가? 세상에서 가장 공적인 삶을 살아왔지만 사생활은 어떻게 지켜왔는가? 장남인 찰스 왕세자나 윌리엄 왕세손을 위하여 퇴위할 생각은 했을까? 그녀의 삶에 있어서 혹독했던 겨울의 계절에도 어떻게 왕조에 안정과 생기를 불어넣을 수 있었을까?

나는 2007년 5월에 워싱턴의 영국 대사관저에서 열린 가든파티에서 엘리자베스 2세를 처음 만났다. 약 700명의 워싱턴 사람들이 참 가했는데 남자들은 가장 좋은 옷을 떨쳐입고 여자들은 대체로 모자를 썼다.

잘 훈련된 의전 군인들이 우리를 30피트 정도의 긴 통로에 배치 해주었다. 약속된 시간이 다가오자 여왕 폐하의 등장을 알리기 위해 국기가 게양되었다. 81세의 여왕과 그녀의 남편인 필립 공이 두 궁정 근위병의 호위를 받으며 테라스에 모습을 드러냈다. 근위대의 국가 연 주가 끝나자 여왕 부처는 짧은 계단을 내려왔다.

나와 내 남편 스티븐은 필립 공이 걸어오는 쪽의 통로에 서 있었 고 엘리자베스 2세는 반대편 통로를 걷고 있었다. 여왕은 정원 저 멀 리로 사라졌으나 우리는 자리를 지키고 있었고 여왕은 다시 돌아서서 우리가 서 있는 쪽으로 걸어왔다. 영국 대사인 데이비드 매닝 경은 우 리를 여왕에게 소개했다. 그는 여왕에게 무언가 귓속말을 하며 우리 앞에 멈출 것이라는 신호를 보내왔다. 대사는 여왕에게 나를 소개했고 엘리자베스 2세는 하얀 장갑 낀 손을 내게 내밀었으며 나는 의전 규칙 에 따라 "안녕하십니까? 여왕 폐하."라고 인사했다. 다음은 내 남편 차 례였다. 여왕은 남편이 워싱턴 신문의 편집인이라는 것을 알고 있다고 했다. 여왕은 60년 재위 기간 중 단 한 번도 언론 인터뷰를 한 적이 없 을 정도로 언론을 달가워하지 않았으나 내색을 한 바는 없다.

여왕의 친절에도 내 남편은 동시에 두 가지 의전 규칙을 위반하 고 말았다. 감히 여왕에게 질문을 던진 것이 첫 번째이고 질문의 내용 이 도발적이었다는 것이 두 번째 위반이었다. 그는 여왕에게 경마에서 도박을 했느냐고 물었다. 지난 토요일에 여왕이 난생처음 켄터키 더 비^{세계 최대의 경마 대회-옮긴이}를 보러 갔는데 당시 우승마의 이름을 언급하며 "경마장에 가서서 스트리트센스에게 돈을 거셨습니까?"라고 물었던 것이다. 여왕은 능숙한 외교적 회피술로 이 질문을 가볍게 무시했지만 잠시 머뭇거렸다. 남편의 질문에서 무언가 호기심이 발동한 듯했다. 남편과 나는 TV에서 그 경기를 봤었다. 경마광이었던 남편은 나는 짐작도 할 수 없는 기수의 조작을 보고 경주를 읽을 줄 알았다. 남편이 그날의 경마에 대해 짧게 언급하자 엘리자베스 2세는 경주 후에 승리마가 온통 진흙을 뒤집어쓴 모습을 보고 놀랐다고 대답했다. 여왕은 영국에서 말이 잔디 위를 달리는 것만 보았기 때문일 것이다.

여왕은 그녀가 좋아하는 화제로 옮겨 가자 마음을 놓고 그날의 경주에서 스트리트센스가 19등을 하다가 마침내 1등을 차지하는 숨 막힐 듯한 최종 순간까지의 광경을 남편과 이야기했다. "드디어 노란 모자가 보였어요!"라고 여왕은 흥분해서 말했다. 남편은 여왕에게 자기가 일하는 신문 〈더 워싱턴 이그재미너〉의 경마 예측 담당 기자가 1등에서 3등까지를 순서대로 다 맞췄다고 하자 "정말 놀라운데요."라고 대답하고 자리를 떴다.

나는 여왕의 자연스러운 몸짓과 표현력이 풍부한 푸른 눈과 환한 미소를 전혀 예상하지 못했었다. 짧은 시간 동안 나는 '여왕'이라는 지위의 위엄에 가려진 그녀의 명랑한 모습을 볼 수 있었다. 나는 동시에 그녀의 절제와 수완을 목격했다. 내기를 했느냐는 내 남편의 부적절한 질문을 회피하면서도 결코 기분을 상하게 하지 않고 슬쩍 다른 편안한 화제로 넘겨버렸다.

엘리자베스 2세는 재위 기간 동안 정치에 초연하였으며 논란에도 휩싸이지 않았다. 할리우드 스타는 아니지만 그녀는 유명 인사 중의 유명 인사였다. 비록 두 손자들인 윌리엄 왕자와 해리 왕자가 검색 빈도에서 여왕의 뒤를 바짝 쫓으며 2004년부터는 때때로 추월하기는 했지만 여왕은 구글 검색에서 오랫동안 가장 인기 있는 왕족이었다. 그녀는 또한 코미디언 에디 이자드가 미국 중산층을 풍자한 애니메이션 시트콤인 〈심슨 가족The Simpsons〉에 등장하기도 했다.

양호한 건강 상태를 자랑하고 또 이를 유지하려는 의지로 보아 여왕은 앞으로도 10년 이상 자신의 의무를 수행할 것으로 보인다. 한편 2012년 다이아몬드 주빌리^{Diamond Jubilee, 재위 60주년 기념일-옮긴이}에 64세가 되는 후계자이자 장남인 찰스 황태자에게 양위할 여지도 남겨져 있다.

내가 두 번째로 여왕과 담소를 나눈 것은 2009년 런던의 세인트 제임스 궁에서였다. 그날은 영미친선협회인 필그림^{The Pilgrim}의 회원과 600명의 초대 손님을 위해 여왕이 베푼 모임이었다. 나는 그때 이미 이 전기를 쓰기 시작한 지 1년이 넘었을 때였다. 내 입장 카드에는 당시 영국 육군의 총참모장이던 다낫 장군이 이끄는 그룹 파이브^{Group Five}에서 관장하는 알현실에도 입장할 수 있는 서류가 끼어 있었다.

많은 사람이 모이는 리셉션에서는 자주 여왕에게 소개될 사람들을 미리 선별하고 소그룹으로 나누기도 한다. 그날 필그림을 위해서 여왕은 백여 명 정도를 접견할 예정이었고 다낫 장군이 내가 속한 그룹을 소개하기로 되어 있었다. 여왕은 이번에는 검은 장갑을 낀 손을 내밀었는데 다른 손에는 로너^{Launer} 핸드백을 들고 있었다. 나는 여왕이 몇 달 전에 이미 이 책에 대해 설명을 들었음을 알고 있었으며 옆에 있던 여왕의 언론 담당 비서는 내가 참석하고 있다는 것을 알고 있었다. 그러나 많은 사람들이 여왕의 시선을 스쳐 지나갔다.

나는 여왕에게 말했다. 지난번 워싱턴에서 만난 이후 오늘 또다시 영미 친선의 자리에서 만나 반갑다고 인사를 건넸다. "이 모임 때문에 오신 건가요?"라고 여왕은 물었다. "아니요. 제 딸이 런던에서 결혼한답니다."라고 나는 대답했다. "언제 결혼하나요?"라고 여왕이 다시 물었다. "7월 4일요."라고 답했다. 그 순간 빛나는 여왕의 눈빛을 보았다. "오, 그날은 좀 위험하겠네요!^{7월 4일은 미국의 독립기념일-옮긴이}"라고 여왕은 말했다. "모두 용서되길 바랍니다."라고 나는 대답했다. 여왕은 다시 미소를 머금고 자리를 떠났다.

차 례

CONTENTS

그의 "착실함"은
그녀의 모델이 되었다.

1

His "steadfastness"
had been her model.

부친이 정부 문서함의 서류를 읽고 있는 것을 엘리자베스 공주가 지켜보고 있다.
1942년 4월 ⓒ Lisa Sheridan/Getty Images

CHAPTER 1

왕실의 교육

A Royal Education

1936년 12월 10일, 당시 열 살이던 엘리자베스 알렉산드라 메리 윈저에게 그 소식을 처음 알려준 것은 하인이었다. 뜻밖에도 그녀의 부친이 41세 생일을 나흘 앞두고 왕위에 올랐는데 부친의 형인 에드워드 8세가 두 번의 이혼 경력이 있는 월리스 워필드 심슨과 결혼하기 위하여 퇴위했기 때문이었다. 에드워드 8세는 부친 조지 5세 사망 후 고작 10개월간 재위하여 "볼티모어 화물선의 3등 항해사가 되기 위해 국가라는 배를 포기한 역사상 유일한 국왕"이라는 뼈저린 농담의 대상이 되었다.

　"그러면 다음에는 언니가 여왕이 되는 거야?"[1]라고 엘리자베스의 여동생 마거릿 로즈^{어린 시절의 이름-옮긴이}가 물었다. "그래, 언젠가는." 엘리자베스가 대답하자 마거릿은 "참 안됐다."라고 위로했다.

이들 공주는 언론과 대중으로부터 관심의 대상이 되었지만 가정교사와 보모, 하인 그리고 개와 망아지에 둘러싸여 평온한 삶을 누려 왔다. 이들은 잉글랜드와 스코틀랜드의 전원에서 몇 달씩 목가적 생활을 즐겼다. 보모였던 매리언 크로포드는 가끔씩 이들을 전철이나 버스에 태워서 런던 시내에 데리고 나가 보통 사람들의 생활은 어떤 것인지 엿보는 기회를 만들어주기도 했지만 주로는 궁전 안에 갇혀 살았다.

마거릿이 태어나기 전까지 엘리자베스는 1926년 4월 21일 비 오는 밤에 태어나 조숙한 외동딸로 자랐다. 윈스턴 처칠은 두 살 된 어린 공주를 처음 보고 "어린 아기였지만 놀랄 만한 권위와 사려 깊음"[2]을 느꼈다고 밝혔다. 크로피^{매리언 크로포드의 애칭-옮긴이}는 그녀가 "부친을 닮아 단정하고 치밀하며"[3] 상냥하고 최선을 다하려 애쓸 때에 가장 즐거워했다고 했다. 그녀는 또한 일찍부터 분별력이 뛰어났는데, 이는 후일 맡은 바 임무를 수행하는 데 도움이 되기도 했다.

여덟 살 위인 사촌 메리 클레이턴 부인은 "그녀는 자기를 조랑말이라고 상상하기를 좋아했다.[4] 그런 상상을 하고 있을 때 누군가가 부르면 그녀는 즉각 대답을 하지 않고 있다가 '난 지금 조랑말이라서 말할 수 없어.'라고 했다."고 회상한다.

퇴위 사건은 단지 추문이어서가 아니라 왕위 계승의 모든 규정들을 위반한 것이어서 왕가에 큰 혼돈을 초래했다. 엘리자베스의 부친은 '버티^{앨버트의 애칭-옮긴이}'로 알려졌으나 그는 안정감과 부친과의 연속성을 암시하기 위하여 조지 6세로 불리기를 선택했다. 그러나 버티는 왕위에 적합하지 못했다. 그는 이 새로운 자리에 대해 모친과 이야기하면서 눈물을 글썽이곤 했다. 그는 사촌인 루이스 마운트배튼에게 "이런 일이 생기길 바라지 않았다.[5] 정부 공문서를 본 적도 없다. 나는 그저 해군 장교일 뿐이고 내가 아는 건 그것뿐이다."라고 말했다.

새 국왕은 내성적이었으며 병약했고 정신적으로도 불안했다. 그는 심각한 언어 장애에 시달렸는데 이로 인해 빈번히 좌절을 경험했다. 그러나 그는 자신의 의무에 충실했고 국왕의 임무 수행을 위해 전력을 기울였다. 이는 어린 딸이 자신과는 달리 정상적으로 왕위를 물려받을 수 있도록 하기 위한 기반을 닦는 일이기도 했다.

그의 즉위와 더불어 엘리자베스는 '왕위 계승자'가 아니라 '왕위 계승 예정자'가 되었는데 이는 혹시나 부모가 재임 중에 아들을 낳을지도 모르기 때문이었다. 엘리자베스와 마거릿은 둘 다 제왕절개로 태어났는데 당시 세 번째 수술은 산모에게 극히 위험한 것으로 여겨졌다. 엘리자비스는 당시 관습에 따라 공적으로는 부친과 모친을 '국왕과' '왕비'로 불렀지만 사석에서는 여전히 아빠, 엄마로 불렀다.

헬렌 미렌은 2006년 영화 〈더 퀸〉에서 맡은 여왕의 역할을 연구할 때 20초 분량의 한 필름이 하도 인상적이어서 여러 번 되돌려 보았다. "여왕이 열한 살 때쯤이었다.[6] 그녀가 커다란 검은색 의전 차량에서 내려서며 기다리고 있던 거구의 남자들에게 손을 뻗는데 그 표정에는 위엄이 서려 있었다. 그녀는 당연히 해야 할 행동을 의무적으로 하고 있었지만 그 행동을 너무나 아름답게 했다."라고 미렌은 회상했다.

여왕은 즉위 40년째를 맞이하던 날 저녁에 "아마도 그런 훈련이 결국은 많은 일들에 대한 해답[7]이라는 생각을 했다. 잘 훈련받으면 많은 일을 할 수 있다. 난 그런 뜻에서 잘 훈련받았다고 믿고 싶다."라고 말했다.

여왕의 교육은 오늘날의 기준으로 보면 단순하다. 여왕과 같은 계층과 세대의 여성들은 대체로 집에서 교육을 받았는데 학술적인 교육보다는 실용적인 것이 많았다. 엘리자베스의 사촌인 퍼트리샤 마운트배튼은 "여자들이 대학에 진학하는 경우는 거의 드물었다."[8]라고 말했다. 같이 수업을 받은 메리 클레이턴에 의하면 "크로피는 역사와 지리, 문법, 문학, 시와 작문을 아주 잘 가르쳤는데 여왕은 수학에는 소질이 없었다."⁹고 한다. 이 밖에도 음악과 춤, 불어 교육을 위해 별도의 가정교사가 붙었다.

엘리자베스에게 뛰어난 학습 능력을 기대하지는 않았다. 그녀의 성취도를 비교할 수 있는 동급생이 있는 것도 아니고 까다로운 시험의 관문이 있었던 것도 아니었다. 1932년에 크로피가 처음 이 가문에 고용되었을 때에 여왕의 부친이 내린 유일한 명령은 당시 여섯 살과 두 살이던 딸들에게 똑바로 글 쓰는 법을 가르치는 것뿐이었다.

엘리자베스는 모친과 언니 못지않게 유려한 필체를 익혔는데 더 달필이었다.¹⁰ 그러나 크로피는 "내가 할 수 있는 한 빨리"¹¹ 그녀에게 많은 지식을 불어넣어야 할 필요를 느꼈다. 그래서 엘리자베스에게 시사 기사를 다루는 〈칠드런스 뉴스페이퍼〉을 읽도록 했는데 이는 〈더 타임스〉와 BBC 라디오의 정치 뉴스를 접하기 위한 기초가 되었다. 한 궁정 보좌관에 의하면 열일곱 살 무렵 공주는 "국정 시사 문제에 관한 일급의 지식"¹²에 도달했다고 한다.

소녀가 된 엘리자베스는 매일 일정 시간씩 스티븐슨, 오스틴, 키플링, 브론테 자매, 테니슨, 스콧, 디킨스, 트롤로프 등의 고전 문학 작품들을 "혼자서" 읽었다. 어른이 되어서도 그녀는 역사 소설을 즐겼으며 특히 "영국 코먼웰스Commonwealth, 영국 연방. 옛 대영제국의 식민지였던 54개국으로 구성된 연합체이다.-옮긴이의 구석구석과 그곳에 사는 사람들"¹³에 대해 관심이 많았다고 코먼웰스 재단의 대표인 마크 콜린스는 말했다.

수십 년 후 여왕은 〈해리 포터〉 시리즈를 쓴 조앤 롤링에게 훈장을 수여하면서 "어린 시절의 다독이 크게 도움이 되었다.¹⁴ 책을 매우 빠른 속도로 읽을 수 있기 때문이다. 지금도 나는 읽어야 할 책이 많다."고 말했다.

엘리자베스는 왕위에 오를 첫 번째 순번이 주어지자 배워야 할 교과목이 대폭 늘어났고 그 내용 역시 한층 심오해졌다. 이튼 칼리지의 교장 헨리 마틴 경이 교사로 채용되었다. 마틴은 표준 교과서였던 〈영국 역사의 기초〉의 공저자였지만 책처럼 고지식한 학자는 아니었다. 까마귀를 기르는 그의 서재에는 책들이 너무 많아서 크로피는 이 책들이 화산 동굴의 석순 같다고 했었다. 엘리자베스 2세 여왕의 네 번째 수상을 지냈던 알렉 더글라스홈 경은 마틴을 가리켜 "극적이고 활달하며 격정적인 교사"[15]였으며 역사 속의 인물을 인간화한 것 같다고 말했다.

엘리자베스가 13세이던 1939년부터 그녀는 크로피와 함께 일주일에 두 번씩 마차를 타고 마틴의 서재로 가서 역사와 영국 헌법에 대해 배웠다. 처음에 공주는 수줍어서 자주 크로피를 돌아다보며 응원을 구했다. 마틴은 거의 엘리자베스의 눈을 쳐다보지 않고 마치 이튼의 학생들을 대하는 것처럼 "여러분"이라고 부르곤 했다. 그러나 얼마 안 가서 엘리자베스는 "아주 편안해졌으며 둘은 교분을 나누게 되었다."[16]고 크로피는 회고했다.

마틴은 윌리엄 앤슨 경이 쓴 〈헌법의 법규와 관습〉이라는 세 권짜리 교재를 중심으로 엄격한 교과과정을 세웠다. 나아가 그녀의 부친과 조부가 모두 공부했던 헌법 해석에 관한 표준서들도 포함시켰다. 마틴은 심지어 미국 역사에 대해서도 수업을 진행했다.

한번은 마틴이 헌정에 있어서 국왕의 역할에 대하여 공주에게 가르쳐야 하는지를 물었을 때 조지 6세의 개인 비서였던 앨런 라셀스는 "아무것도 숨기지 말라."[17]고 했다.

미국의 성문 헌법과는 달리 영국 헌법은 법률과 불문 전통과 판례의 집합체이다. 본질적으로 탄력적이라 판단을 하는 사람에게 달렸고 심지어 사건에 따라서 법규의 수정도 가능하다. 앤슨은 이 헌법을 "일종의 가건물 같은 것"[18]으로서 입주자들이 입맛에 따라 변경해온 것이다."라고 표현했다.

헌법에 따른 국왕의 의무와 특권도 모호하다. 국왕의 권위는 어떠한 일을 하는 것보다 하지 않는 쪽에 더 놓여 있다. 국왕은 의회에서 통과된 모든 법률에 서명하도록 헌법에 의해 강제된다. 거부권을 행사하는 것은 가능성은 있으되 생각할 수 없다.

엘리자베스는 앤슨의 〈헌법의 법규와 관습〉을 6년간 공부하며 그 두꺼운 교재에 열심히 밑줄을 치고 주석을 달았다. 이튼 도서관에서 그녀가 공부한 낡은 책들을 꼼꼼히 살펴본 전기 작가 로버트 래시는 그녀가 보다 복잡한 헌법은 더 많은 자유를 허용한다는 앤슨의 주장에 주목했다고 한다. 앵글로·색슨 왕정을 "자문에 그치는 잠정적인 절대주의"[19]라고 설명한 구절에서 "자문"과 "잠정"에 밑줄을 그었다.

마틴은 입법의 절차와 의회의 절대 권한에 대해서도 강의했는데 래시에 의하면 엘리자베스는 "절차의 세부 과정"[20]에 몰입해서 여왕이 아니라 하원의장 수업을 받는 것으로 착각한 것 같다고 말할 정도였다. 후일 수상들은 예상치 못한 여왕의 예리한 질문을 많이 받곤 했다. 이들은 질문에 담긴 헌법의 미세한 요점들을 여왕이 파악하고 있는 데 대하여 감명을 받았다.

엘리자베스가 16세가 되었을 때 그녀의 부모는 파리에서 교육받은 마리 앙투아네트 드 벨레그 자작 부인을 불문학과 역사 교사로 채용했다. 두 공주가 "토니"라고 부른 그녀는 엄격했으며 함께 식사를 할 때에는 불어를 사용하도록 했다. 엘리자베스는 유창한 불어를 구사했는데 1948년 22세의 나이에 파리를 방문했을 때 "차분하고 정확"하다는 칭찬을 들었다.

드 벨레그는 마틴과 공동으로 수업을 진행했는데 마틴은 불어로 작문을 하게 했다. 드 벨레그가 훗날 회고하기를 마틴은 이 미래의 여왕에게 "어떤 질문에 대하여 스스로의 판단을 가미하여 양면을 함께 판단하도록 했다."²¹고 한다.

그녀에 의하면 엘리자베스는 "처음부터 긍정적이고 올바른 판단을 내렸으며, 옳은 것에 대한 본능적 직감이 있었고 소박한 자아를 지녔고 그녀의 성격 안에 '삶의 즐거움'과 함께 항상 강한 의무감이 있었다."고 한다.

엘리자베스의 어머니는 딸의 성품과 인격 형성에 큰 영향을 미쳤다. 어머니 엘리자베스 보스라이언은 스코틀랜드계 잉글랜드의 귀족 가문에서 성장했다. 1929년에 〈더 타임스〉는 그녀를 "항상 '명랑'하고 귀여운 공작 부인"²²이라고 일컬었다. 그녀는 대단한 탐독가였는데 특히 P. G. 우드하우스를 좋아했다. 또한 뉴욕의 갱과 여자들에 관한 데이먼 러니언의 소설을 좋아하기도 했다.

엘리자베스의 어머니는 딸에게 다섯 살부터 책 읽기를 가르쳤으며 아동 고전 문학을 큰 소리로 읽어주는 데 많은 시간을 보냈다. 엘리자베스가 글쓰기를 배우자마자 그녀의 어머니는 매일 밤 그날 느꼈던 것을 일기로 쓰는 평생의 습관을 길러주었다. 1937년 아버지의 대관식 날 열한 살의 공주는 "릴리벳으로부터"라는 제목으로 일기를 남겼다. "웨스트민스터 성당의 아치와 기둥들은 아빠가 왕관을 쓸 때 신기한 안개로 뒤덮였다."고 썼으며 그녀의 어머니가 왕비의 관을 쓰고 흰 장갑을 낀 귀부인들이 동시에 화관을 쓰자 "문장紋章들과 화관들이²³ 공중을 맴돌다가 어느덧 마술처럼 사라졌다."고 썼다.

일찍부터 엘리자베스의 부모는 그녀의 초상화를 그리도록 했다. 그녀는 평생 동안 무려 140번 초상화를 그렸는데 이는 역사상 가장 많은 초상화를 그린 국왕이 되게 했다. 왕족들에게 있어서 초상화는 오랫동안 국민 대중으로 하여금 국왕의 우상을 보게 하는 이미지 만들기의 핵심 전략이었다. 여왕에게 이들 초상화를 지니고 있느냐고 묻자 여왕은 "하나도 없답니다.[24] 내 초상화는 국민들을 위한 것입니다."라고 대답했다.

엘리자베스의 초상을 유화로 처음 그린 화가는 당시에 널리 총애받던 사교계의 초상화가인 헝가리 출신의 알렉시우스 드 라슬로였다. 라슬로는 일곱 살이었던 그녀가 비록 "매우 피곤해하고 안절부절못했지만" 그래도 "지성적이고 개성이 충만하다."[25]고 보았다.

들러리를 선 귀부인들은 이 부드러운 말솜씨를 지닌 64세의 노화가를 좋아했지만 엘리자베스는 수년 뒤에 눈살을 찌푸리며 "끔찍했다."[26]고 회고했다. "가만히 앉아서 영원히 자기만 뚫어지게 처다보라고 하는 사람들 중 하나"였다.

그녀의 어머니가 좋아하는 이 초상화 속의 아련한 모습은 곱슬거리는 금발과 커다란 푸른 눈에 주름진 비단옷을 입고 꽃다발을 안고 있는 어린 공주였다. 그러나 웃음기 사라진 그녀의 표정에는 살짝 분노의 기미가 엿보였다.

엘리자베스의 초상을 작업한 두 번째 작가[27] 역시 헝가리 출신으로 조각가 지그몬드 슈트로블이었는데 1936년부터 1938년까지 열여덟 번의 작업 시간을 가졌다. 당시의 그녀는 왕위 계승 예정자로 나이도 들었으며 시간을 때우기 위해 말동무가 되어준 헝가리의 저널리스트와 대화하기를 즐겼다.

회화나 조각의 대상이 되는 것은 무척 인내심을 길러주는 일이다. 한편 여왕으로서의 그녀에게 가만히 앉아 있는 일이란 누군가에게 방해를 받지 않고 긴장을 푸는 시간이 되었다. 편안한 환경 속에서 낯선 사람과 화제에 상관없이 때로는 농담도 하고, 사적인 얘기도 나눌 수 있었다. 18세 생일 전에 그녀는 초상을 그리는 중에 불현듯 장난기 어린 미소를 지으며 "아주 좋아요.[28] 그냥 앉아만 있어도 바쁜 줄 아니까 남들이 귀찮게 못하잖아요."라고 말했다.

슈트로블이 조각을 하는 동안에 주로 나누었던 대화는 말들의 세계에 관한 것이었는데 이때쯤 승마는 엘리자베스에게 수업의 일환이자 동시에 한창 부풀어 오른 열정이었다. 그녀의 부친은 왕실의 전통에 따라 종마를 기르고 훈련시켜왔는데[29] 세 살 때부터 딸에게 승마를 가르치기 시작했으며 말에 관한 모든 세계로 안내했다.

1938년에 그녀는 '옆으로 타기 sidesaddle'를 배웠는데 이는 매년 국왕의 생일을 축하하는 군기 행렬식에서 필요한 승마 기술로 이때 그녀는 붉은 군복 튜닉에 긴 푸른색 승마 스커트를 입고 검은 삼각뿔 모자를 쓴 채 1,400명이 넘는 군인들의 행렬 맨 앞에 서야 했다.

매주 두 차례의 승마 연습은 운동 감각과 체력을 길러주었으며 위험한 순간에서 냉정을 유지하는 법을 배우게 했다. 울타리를 뛰어넘고 들판과 숲 속을 달리며 공식적인 삶의 제약으로부터 잠시 해방감을 맛보았다. 십대에는 여우 사냥을 시도하기도 했다. 그녀는 이미 말 사육과 경주에 매료되었다.

소녀 시절부터 부친과 함께 햄프턴 코트와 샌드링엄의 마구간을 다니면서 그녀는 말 사육의 기초에 대해 습득했다. 또한 좋은 말을 생산하는 데 필수적인 말의 기질과 신체 구조에 대한 혈통 배합을 마스터하기 시작했다. 그녀는 뛰어난 종마와 더불어 당나귀와 그 새끼들을 보았고 윌트셔에서는 경주로의 직선과 곡선 구간을 흉내 낸 구불구불한 언덕에서 잔디를 흩날리며 질주하는 어린 말들을 훈련하는 광경도 지켜보았다. 그녀는 조련사와 마구간지기, 훈련사와 기수들과도 알게 되었는데 이들은 동물을 최우선으로 하기 때문에 인생을 다르게 보는 꾸밈없는 부류에 속한다. 몇 해 뒤에 그녀는 화가인 웨이머스에게 "말들은 이 세상 최고의 균형자이다."라고 말했다.

또한 그녀는 개를 사랑했다. 1933년에 그녀의 아버지는 뾰족한 코와 커다란 귀, 뭉툭한 발을 한 웰시산 코기 견에 매료되어 딸에게 '두키'를 선물했다. 이 개는 훗날 그녀의 트레이드 마크가 될 정도로 수없이 많이 기른 코기 견 가운데 첫 번째 코기 견이었다. 많을 때는 한 번에 열두 마리를 키울 때도 있었는데 웨일스의 공주인 다이애나가 "움직이는 카펫"[30]이라고 별명을 붙였듯이 자주 그녀를 앞장서서 몰려 다녔다. 개들은 딱딱한 분위기를 깨주기도 했지만 때로는 손님이나 직원에게 달려들어 겁을 주기도 했다. "이 개들은 가축을 몰던 개들이라서 사람을 물기도 한다.[31] 그래서 사람을 쫓는다."고 엘리자베스 2세는 짓궂은 미소를 지으며 말하기도 했다.

아버지가 왕위에 오른 1937년에 가족들이 버킹엄 궁으로 이사가기 전부터 어린 공주는 친구들을 사귀기가 어려웠다. 그녀가 왕위 계승 예정자가 되고 난 후부터는 어린 소녀들이 방문하면 그녀에게 무릎을 굽혀 절하면서 "맴Ma'am"이라고 불러야 했기 때문이다. "그건 매우 거북한 경험이었다."[32]라고 버킹엄 궁에 초대받아 차를 마시며 함께 놀았던 엘리자베스 캐번디시 부인은 회고했다.

한번은 왕실 가족이 스코틀랜드의 12대 에얼리 백작 부부의 코르타치 성을 방문했을 때 아들인 제이미 오길비가 엘리자베스 공주를 번쩍 들어 소파로 던진 적이 있었다. 그 순간 그의 아버지가 아들에게 호되게 야단을 치며 "절대로 왕족에게 그런 무례한 행동을 해선 안 돼."[33]라고 말했다. "공주님은 전혀 아무렇지도 않게 생각했지만 그게 그분이 자라온 환경이었죠."라고 오길비는 회고했다.

크로피가 옮긴 말대로 궁에서의 삶은 "나와 바깥세상 사이에 유리 커튼을 친"[34] 것 같았다. 775개의 방이 있는 어마어마한 규모의 버킹엄 궁에서 엘리자베스는 많은 시간 창문으로 바깥세상을 내려다보며 "실제 사람들"[35]은 어떻게 사는지 궁금해했다.

크로피는 세상과 격리된 느낌을 덜어주기 위하여 가족의 울타리를 넘어서 궁 안에 걸 가이드^{Girl Guides, 미국의 걸 스카우트 같은 조직-옮긴이}를 조직했다. 처음에 20명으로 구성된 이 그룹은 이 왕위 계승 예정자가 존중해 마지않았던 킹피셔 경찰대의 "무시무시한" 단장인[36] 퍼트리샤 마운트배튼 같은 친척을 비롯해서 커밀라 월롭^{제9대 포츠머스 백작의 딸-옮긴이} 같은 귀족 친구들과 운전기사 및 궁정 직원의 딸들로 구성되었다.

　　궁 안의 지정된 방이나 40에이커에 달하는 정원에 딸린 여름 별장을 본부로 소녀들은 캠프 파이어를 하기도 하고 새들을 관찰하고 단체 게임을 즐겼다. 미래의 여왕은 그런대로 함께 어울렸다. "그녀는 사람들 앞에서는 결코 울어서는 안 된다는 것을 삶의 방식으로 알며 자랐다."[37]라며 "어릴 때부터 넘어지더라도 얼굴을 찌푸려서는 안 된다고 배웠다."고 마운트배튼은 회고했다.

왕과 왕비를 방문하는 고위 인사들은 공주들에게 소개되었으며 만찬에서 공주들이 이들과 지성적인 대화를 나눠주기를 기대한다. 엘리자베스는 그녀의 어머니처럼 사람들에게 관심은 많으나 어머니만큼 남들과 어울리는 것을 즐기지 못했다. 당시 엘리자베스 왕비는 딸 엘리자베스의 낯가림을 극복시켜주기 위하여 자신이 마치 캔터베리 대주교나 다른 귀빈인 양 역할 연습을 하기도 했다. 왕비는 "만일 네가 어떤 사람이나 사물에 대해 권태를 느낀다면[38] 그 탓은 네게 있다."라는 모친의 교훈을 실천했다. 그녀는 또한 딸들에게 버킹엄 궁의 가든파티에서 3,000명의 시선을 견뎌내는 법과 자로 잰 듯한 걸음걸이를 가르쳤다. 엘리자베스 역시 동생에게 "티 테이블에 가는 동안 군중 사이를 서둘러서 통과하는 것은[39] 예의 바르지 못하다."고 가르쳤다.

　　엘리자베스 왕비는 국왕과 함께 해외여행을 하면서 딸에게 편지를 통해 드넓은 세상과 왕실의 어려운 임무들을 자상하게 소개해주었다. 엘리자베스와 마거릿은 부모가 1939년 6월에 캐나다와 미국을 여행을 때 교실에 걸린 지도에서 부모의 행적을 계속 추적했다. 왕비는 편지에서 미국인들은 "매우 편안하고 유쾌했으며[40] …… 우리가 큰일을 하면서도 평범하고 소박하면서 아주 예의 바른 사람들이라는 것을 알고 반가워했다."고 썼다. 그런데 "나는 그들의 얼굴에 드러난 감정을 보고 눈물이 어렸지만[41] 동시에 줄곧 구경거리가 되는 것 같아 불편했으며[42] …… 참을성에도 한계가 있음을 깨닫는다."고도 썼다.

어머니의 가르침에 따라 엘리자베스 또한 독실한 기독교 신앙을 가지게 되었다. 엘리자베스 왕비는 딸에게 성경의 이야기를 읽어주고 성공회의 기도문과 찬송가를 가르쳐주었다. 103번째 캔터베리 대주교였던 조지 캐리는 "왕비께서는 기도문을 거꾸로도 외우신다."[43]고 말했다. 왕비는 매일 밤 무릎을 꿇고 기도했으며 딸도 이를 이어받았다. "왕비께서는 침상 곁에서 무릎을 꿇는 것이[44] 매우 자연스러운 세대에 속한다. 마음가짐이 기도를 하게 만들며 무릎을 꿇으면 전능하신 주님께 복종하는 마음이 우러난다."고 캐리는 말했다.

소녀 시절의 엘리자베스는 성질이 급했다. 그녀의 아버지뿐 아니라 조지 5세와 에드워드 7세까지 집안의 내력이었다. 그러나 어머니의 편안한 성품을 본받고 또 가르침을 받아 길들여졌다. 왕비의 모친인 스트라스모어 백작 부인은 "자녀들로 하여금 성질과 기분을 통제하도록[45] 길렀고 그 자녀들도 자기 자녀들을 그렇게 길러서 결코 감정에 휩싸이지 않도록 가르쳤다."고 메리 클레이턴은 말했다. 모친의 개화된 자녀 교육은 격려와 이해에 바탕을 두었다. 조롱하지 말라. 잘난 체하지 말라. 조용히 말하라. 그리고 "절대로 큰소리치거나 놀라지 말라."[46] 그렇지 않으면 "사람들의 신뢰를 잃게 된다." 엘리자베스에게 보낸 편지에서 왕비는 "성질을 죽이고 약속을 지키며 다정해야 한다."고 썼다.

인형만 해도 150개에 말안장과 굴레까지 씌운 1피트 크기의 장난감 말도 30개나 되는 등 그 밖의 모든 생활이 보살핌을 받고 식사마저 진홍색 제복을 갖춘 하인들의 시중을 받는데 어떻게 엘리자베스가 버릇없고 교만하지 않을 수 있었을까? 다섯 살 때부터의 친구에 의하면 "그녀는 엄격한 보모들이 키웠다."[47]고 한다. "한번은 엘리자베스 공주와 마거릿 공주가 차를 마시러 왔는데 엘리자베스 공주가 테이블에 팔꿈치를 올려놓자 나이트 부인이 '팔 치워요.'라고 했다. 나는 공주에게 누가 이래라저래라 할 수 있다고 믿어지지 않았다. 그러나 그녀는 보모가 시키는 대로 바르게 키워졌다. 여왕은 한 번도 규칙을 어긴 적이 없다."

이 가문의 허트포드셔 태생의 유아원 출신 보모인 클라라 나이트는 엘리자베스의 스코틀랜드 출신 보모인 마거릿 맥도널드와 함께 교실 바깥의 일상생활을 보살펴왔으며 부모보다 더 많은 시간을 두 공주와 함께 보냈다. 하인인 존 딘에 따르면 마거릿 맥도널드는 "작고 영리하고 어딘가 위압적"[48]인데 1993년 사망할 때까지 여왕을 보필했다. "여왕은 이 영리한 스코틀랜드의 시골 여인과 대화하기를 즐겼다."고 메리 클레이턴은 말했다.

청결과 검박함을 키우기 위해 알라클라라 나이트의 애칭-옮긴이와 보보마거릿 맥도널드의 애칭-옮긴이는 엘리자베스에게 소지품들을 포장지와 리본을 아끼도록 꼼꼼하게 접은 꾸러미에 잘 말아서 가지런히 정리하도록 했고 안 쓰는 전기는 끄도록 가르쳤다. 공주는 일주일에 5실링의 용돈을 받았는데 연간 수입이 6,000파운드였으니 이 또한 교육의 일환이었다. 옷을 벗으면 순순히 개어서 정리했고 바닥이나 의자에 걸쳐두는 법이 없었다. 알라와 보보는 또한 그녀의 손톱 깨무는 버릇을 고쳐주었는데, 침착한 겉모습과는 달리 헬렌 미렌이 이름 붙인 엘리자베스의 "조급증"마저 고치지는 못했다. 이런 증세는 어른이 되어서도 약혼반지와 결혼반지를 만지작거리는 습관으로 남았다.

　엘리자베스의 생애에 또 커다란 영향을 미친 사람은 조지 5세의 배우자인 아버지 같은 할머니 메리 왕비였다. 그녀는 뻣뻣하고 격식에 얽매인 인물로 밤마다 왕과 단둘이 식사를 할 때도 꼭 작은 왕관을 썼다.[49] 사진작가 세실 비튼에 의하면 그녀는 "사람 얼굴을 똑바로 쳐다볼 수 없었다."[50] 또 데본셔의 공작 부인인 데버러 미트퍼드에 의하면 "메리 왕비는 왕관을 항상 쓰고 다녔다."[51]고 한다. 그녀의 매너는 완벽했으며 의무에는 철저했다. 85세를 일기로 죽기 얼마 전에 메리 왕비는 단 한 번만이라도 궁의 울타리를 넘어가봤으면 좋겠다[52]는 안타까운 말을 남겼다.

　의전에 철저한 메리 왕비는 엘리자베스와 마거릿에게 만날 때마다 무릎을 굽히는 인사를 하도록 했다. 그녀는 극도로 감정을 자제했는데 재미있을 때는 고작 입가를 살짝 움직이는 정도였다. 그녀는 엘리자베스에게 국왕은 군중 앞에서 웃음을 보여서는 안 된다는 것을 주입시켰다. 엘리자베스가 한 공연에서 "사람들이 모두 바깥에서 우리를 보려고 기다린다."[53]고 말하자 그 거만한 태도에 대해 벌하기 위해 바로 그 자리에서 공주를 집으로 데리고 온 적도 있었다. 엘리자베스는 아주 어려운 수업도 곧잘 소화했는데 부분적으로는 통제력과 집중력과 근면함에 있어서 할머니를 많이 닮았기 때문이다. 엘리자베스는 엄격했던 할머니를 두고두고 인용하곤 했다.

　처칠은 메리 왕비의 엄격함과 변화를 거부하는 고집불통에도 불구하고 "그분은 새로운 아이디어를 겁낸 적이 없다."[54]고 보았다. 메리 왕비는 크로피를 통하여 간접적으로 교과과정과 수업 일정 등을 수정하기도 했고 문학 작품의 수준을 높이기도 했으며 "훌륭한 기억 훈련"의 일환으로 시를 암송하도록 하기도 했다. 그녀는 엘리자베스와 마거릿을 데리고 박물관과 미술관, 조폐국, 국영은행, 그리니치 궁 그리고 런던탑 등 문화 견학을 시키기도 했다. 또한 역사에 열정적이었는데 특히 왕실의 가계에 대해서 해박했으며 이는 엘리자베스를 과거와 연결해주는 산 고리의 역할을 했다.

엘리자베스의 멘토들과 교사들의 명단 가운데 그녀의 아버지는 독특한 자리를 차지한다. 조지 6세는 국왕이란 어떤 자리며 어떤 과제들이 주어지며 어떻게 하면 잘 수행해낼 수 있는지 말해줄 수 있었다. 그녀는 사실과 숫자를 외우기에 바빴던 아버지보다 영리했으며 성격도 차분했지만 아버지를 닮아 수줍음을 탔고 헌신적이었다. 그녀는 크리스마스 방송을 앞두고 말 더듬기를 극복하기 위해 애쓰는 아버지를 측은하게 지켜봤고 식사 도중에도 수첩을 옆에 두고 떠오르는 생각을 기록하는 아버지의 성실함을 눈여겨보았다. 아버지의 "성실성"[55]은 자신의 귀감이 되었다고 그녀는 나중에 술회했다.

그녀는 제2차 세계대전 기간 중 아버지의 행동으로부터 인내와 용기와 의무에 대한 한없는 교훈을 받았다. 1939년 9월 1일에 히틀러가 폴란드를 침공하자 영국은 독일에 선전포고를 했다. 이때 엘리자베스는 불과 열세 살이었다. 6주 뒤[56] 그녀는 마거릿과 크로피와 함께 스코틀랜드에 머물고 있었다. 밀턴의 〈엄숙한 음악을 들으며〉라는 시를 읽고 있을 때 라디오에서 전함 로열 오크가 나치에 의해 침몰됐다는 소식을 들었다. 영국의 사기를 최초로 크게 떨어트린 사건이었다. 국왕은 스코티시 하일랜드의 영지에 있는 밸모럴의 넓은 저택을 개방하여 나치의 공습 전에 항구 도시 글래스고로부터 대피한 여인들과 그 자녀들을 머물게 했다. 크로피는 공주들로 하여금 이들에게 차를 대접하면서[57] 군대에 나간 그들의 남편들과 아들들에 대해 얘기를 나누도록 시켰다.

1940년 5월 10일에 독일 군대는 네덜란드, 벨기에, 룩셈부르크와 프랑스까지 쳐들어왔으며 네빌 체임벌린 영국 수상이 사임하고 윈스턴 처칠이 승계하였다. 엘리자베스는 체임벌린의 사임 성명서를 들으며 눈물을 흘렸는데 거의 9개월간의 긴장 끝에 마침내 진짜 전쟁이 시작된 것이었다. 이틀 뒤 두 공주는 런던 중심부에서 21마일 떨어진 윈저 성의 중세 요새 속의 안전지대로 피신하여 1945년 5월에 마침내 독일이 패망할 때까지 단단한 담장으로 둘러싸인 13에이커 안에서 살아야 했다. 보안상의 이유로 그들의 소재는 비밀에 부쳐졌으나 그들은 성 밖의 출입도 가능했었다.

전쟁 기간 동안 왕과 왕비는 낮에는 버킹엄 궁에서 보내거나 10량의 객차가 딸린 왕실 전용 열차로 군대와 공장과 병원과 폭격 맞은 마을들을 둘러보았다. 밤 시간에는 윈저 성의 딸들을 만나 함께 성의 브런즈윅 탑 아래 마련된 동굴 같은 안식처에서 잠을 자거나 빅토리아 탑의 견고한 지상층 아파트에서 보내기도 했다. 런던에 머물면서 계속 일하기로 한 결심은 그들을 상당한 위험에 노출되도록 만들기도 했지만 영국 국민들에게 안도감을 주기도 했다. 독일이 1940년 여름에 영국의 도시들과 군사 목표에 루프트와프 공군 폭격 작전을 감행했을 때 버킹엄 궁은 아홉 차례나 폭격을 당했다. 9월 중순에 떨어진 두 번째 폭탄은 궁의 교회를 파괴시켰으며 하마터면 왕과 왕비를 사망하게 할 뻔했다.

엘리자베스는 같은 세대의 다른 청소년들과 마찬가지로 전쟁으로 말미암아 깊은 상처를 받는 엄청난 환경에 놓여 있었다. 그러나 일부 관찰자들이 말한 것과는 달리 그녀는 "퍼다purdah, 이슬람 여자들이 남자들의 눈에 띄지 않도록 얼굴을 가리거나 숨어 지내는 것-옮긴이"[58]에 빠지거나 가사假死 상태에 있지는 않았다. 오히려 성에서의 삶은 여왕으로서 응당 겪을 수밖에 없는 남성들의 세계를 일찍 경험하게 해주었다. 이때 그녀는 왕실 가족을 호위하는 근위 보병 연대의 젊은 장교들과 자주 어울렸다. 이 근위 보병 연대는 1636년에 국왕을 호위하는 최정예 하우스홀드 사단에 속한 7개 부대 중의 하나이다. 다른 4개는 콜드스트림, 스코츠, 아이리시, 웰시의 보병 부대이며 더불어 2개의 하우스홀드 기병 연대로는 근위 기병 연대 그리고 나중에 왕실 기마 근위대와 왕실 용기병을 합친 블루스 앤 로열스 부대가 있다. "나는 남자들 사이에서 컸다."[59]고 마거릿은 훗날 말하곤 했다.

열여섯 살에 엘리자베스는 근위 보병 연대의 명예 연대장이 되었으며 연대 사열식에서 날카로운 검열 실력을 보였다. 그녀의 엄격한 태도에 대해 한 소령은 크로피에게 "정작 유능한 지휘관은 정의와 자비를 잘 조절할 줄 알아야 하는 것"[60]이라는 점을 공주에게 넌지시 전해달라고 부탁하기도 했다.

장교들은 정식 식사뿐 아니라 차를 마시러 오기도 했는데 엘리자베스는 자리를 마련하고 접대 솜씨를 발휘하기도 했다. 이들 가운데는 루퍼트 네빌 경과 휴 유스톤훗날 그래프턴 공작-옮긴이 등도 있었는데 이들과는 평생 친구로 지내게 되었다. 다른 손님들로는 요양 중이거나 휴가 중인 장교들도 있었고 뉴질랜드, 호주, 캐나다, 미국 등의 조종사들도 있었다. 이제 엘리자베스는 "어딘가 수줍음을 타는 어린 소녀"[61]에서 어색하지 않게 어떤 상황에도 대처할 수 있는 매력적인 젊은 여성으로 성장했다. 크로피는 이때에 "그녀가 뛰어난 대화 솜씨를 발휘했다."고 보았다.

앙투아네트 드 벨레그는 "엘리자베스와 마거릿은 전쟁을 잊은 적이 없지만[62] 절망적이거나 암담한 기운은 없었다."고 말한다. 윈저 성의 창들은 차단막을 쳤고 성은 가시철망으로 둘러쳤으며 대공 포대로 감쌌다. 거대한 방들은 와트가 낮은 벌거벗은 전구들로 조명을 대신했으며 더운물은 극도로 아껴서 모든 욕조에는 5인치까지 줄이 처져 있었다. 그래도 가족들은 여러 곳의 왕실 영지에서 가져온 고기와 사냥 감들의 공급을 받아 잘 먹었다. 두 공주는 어머니가 묘사한 "폭탄의 휘 파람과 비명"[63]에 익숙해졌으나 엘리자베스는 "대포 소리가 너무 커 서" 조바심을 냈다. 너무 많은 대포가 인근까지 떨어졌는데 전쟁이 끝 날 무렵에는 300개의 고성능 폭탄이 떨어졌다. 엘리자베스는 메리 왕 비에게 편지로 "사람들은 다들 침착했지만 항상 귀 기울여 듣게 되고 때때로 문 뒤에서 뛰어다니는 바람에 긴장이 된다."고 썼다.

전쟁 초기에 왕과 왕비는 버킹엄 궁과 윈저 성에서 주기적으로 무도회를 열어 사교 모임을 가졌다. 1943년 12월에 윈저 성에서 열린 "청춘 남녀를 위한"[64] 무도회는 새벽 4시까지 이어졌다. 국왕은 "세계 최고의 왈츠 춤꾼"[65]으로 유명해서 휘황한 무도회장 바닥을 휘저으며 콩가 춤을 이끌기도 했다. 전쟁이 끝나갈 무렵 엘리자베스는 가끔씩 런던을 몰래 다녀왔는데 디너 파티에 참석하기도 했고 난생처음 새들 러스 웰스의 오페라 〈라 보엠〉을 뉴시어터에서 관람하기도 했다.

크로피는 성의 분위기를 밝게 하기 위하여 장교들과 함께 숨바꼭 질과 보물찾기 같은 게임을 하기도 하고 소녀들이 근위병들과 이튼 학 생들과 함께 노래할 수 있도록 합창대를 조직하기도 했다. 크리스마스 에는 공주들이 지역의 학생들과 함께 연례적으로 팬터마임을 만들어 워털루 챔버에서 공연을 하기도 했다. 엘리자베스는 5백 명의 동네 주 민과 군인 앞에 나서서 노래와 함께 탭댄스를 추기도 했다. 크로피는 그녀의 침착한 태도를 언급했으며 호러스 스미스는 그녀의 코믹한 대 사 처리 솜씨와 더불어 "자신감과 용기"[66]에 감탄했다.

간간이 그녀가 알던 장교들이 전투에서 사망했다는 소식이 들려 왔다. 1942년에는 삼촌인 켄트의 공작 조지 왕자가 영국 공군 복무 중 에 비행기 추락 사고로 사망했는데 생후 7주 된 아이를 포함하여 세 명의 자녀를 남겼다. 엘리자베스 왕비는 1943년에 오빠인 데이비드에게 "릴리벳이 윈저 성에서 젊은 근위병들을 만나곤 하는데 그 애들이 죽다니, 그 젊은 나이에, 너무나 끔찍한 일[67]이에요."라고 편지를 썼다. 한참 세월이 흐른 뒤에 왕비는 가까웠던 사람들의 죽음에 대하여 위로 편지를 쓰는 것을 도저히 못하겠더라고 친구들에게 털어놓기도 했다. 그러나 전쟁 중에는 주저 없이 펜을 들어 장교의 모친에게 "윈저 성에서 그를 얼마나 좋아했으며 그와 무슨 얘기를 나누었는지에 관하여 편지를 썼다."고 크로피는 회고했다.

앙투아네트 드 벨레그와 매리언 크로포드 그리고 헨리 마틴은 전쟁 기간 중에도 교육을 계속했다. 마틴은 공주의 교재들을 여행 가방에 잔뜩 담고 개 수레를 타고 언덕을 올라 성으로 갔다. 왕실 사서인 오언 모스헤드는 교과를 늘려 윈저의 소장품을 정기적으로 견학하도록 했는데 그 안에는 찰스 1세가 교수형을 당했을 때 입었던 셔츠와 넬슨 제독이 트래펄가 해전에서 피격당한 납 총탄 등이 포함되어 있었다. 훗날 여왕은 윈저 성을 "어린 시절의 행복한 추억"[68]으로 가득 찼기 때문에 고향이라고 생각한다고 말했다.

걸 가이드의 활동도 계속되었다. 윈저 성의 가족들이 런던에서 폭격 피해를 당한 이스트 엔드 지역의 난민들을 받아들이면서 엘리자베스는 뜻밖의 민주적 체험을 맛보게 되었다. 소녀 대원들은 성의 살림살이 책임자로부터 빵 굽기(이는 나중에 엘리자베스가 미국 대통령을 대접할 때 써먹은 솜씨)와 스튜와 수프 만들기 등의 실습 교육을 받았다. 난민들은 억센 코크니Cockney 사투리와 거친 매너로 미래의 여왕에 대한 존중심을 전혀 보이지 않았고 심지어 귀족의 자녀들도 쓸 수 없는 릴리벳이란 애칭으로 불러댔으며 기름때가 잔뜩 긴 개수대에서 접시를 닦게 했고 캠프파이어를 하고 남은 숯덩이를 치우게 했다.

그러나 엘리자베스가 겪었던 가장 기억에 남으면서 이례적인 체험은 1945년 열여덟 살 때 여성 예비군이 운영하던 기계 운송 훈련 센터에서 3주간 활동했던 일이었다. 이때 배운 기술은 영화 〈더 퀸〉에서 여왕 역을 맡은 헬렌 미렌이 밸모럴 언덕을 랜드로버로 자신 있게 운전해서 디 강을 건너다가 바위에 부딪혀 좌초되는 장면에서 극적으로 표현된다. 이 장면에서 엘리자베스는 수석 안내원인 토머스에게 전화를 걸어 "차축이 부러진 것 같아요."[69]라고 말한다. 그가 "확실합니까, 공주님?"이라고 묻자 그녀는 다시 "그럼요. 뒷바퀴가 아니라 앞바퀴 쪽이에요. 그래서 사륜구동이 안 된다고요. 내가 전쟁 때 기계 수리를 해봐서 안다고요."라고 대답한다.

이 장면은 실상 꾸며낸 것이지만 엘리자베스 2세는 자동차에 대한 전문 지식에 자부심을 지녔다. 그녀는 전쟁 후 20년도 더 지나서 노동당 정치인인 바버라 캐슬에게[70] 자신의 여성 예비군 훈련 경험은 자신을 유일하게 남과 비교해볼 수 있는 기회였다고 말했다. 훈련소에서 함께했던 다른 11명의 여자들은 몇 살 정도 더 많았지만 엘리자베스는 똑같이 허름한 제복을 걸치고 똑같은 임무를 수행했다. 3톤짜리 트럭을 몰고 런던 시내를 주행하고 타이어와 점화 플러그를 교체하고 제동 장치를 손질하고 엔진을 해체했다. 얼굴과 손은 기름때로 더러워졌고 계급이 높은 장교들에게는 경례를 해야 했다. 그러나 이 경험은 그녀로 하여금 자신감과 능숙한 운전 솜씨를 갖게 했다. "난 내 평생에 그렇게 열심히 일해본 적이 없었다.[71] 내가 배운 것은 모두가 새로운 것들이었다. 자동차 내부의 온갖 것들이 다."라고 그녀는 친구에게 말했다.

1940년에는 전쟁에서 집을 잃은 아이들을 대상으로 한 최초의 라디오 연설을 하기도 했다. 치밀한 사전 각본에 의해 여러 번 호흡과 말씨를 연습한 끝에 어린 소녀의 음성이 방송되었다. 그 밖에도 전쟁이 끝날 때까지 몇 번 더 공식적 의무를 수행했었다. 1944년에는 왕과 왕비와 더불어 웨일스를 방문하여 광부들을 만났으며 런던의 퀸 엘리자베스 병원과 전국 어린이 학대 방지 협회에서 난생처음 대중 연설을 했다. 최초로 전함을 진수시켰으며 버킹엄 궁에서 영국 코먼웰스의 수상들을 위한 공식 만찬에도 참석했다.

1945년 5월 8일에 영국이 대 유럽전 전승일을 축하하는 행사에서 엘리자베스는 가족들과 윈스턴 처칠 수상과 함께 버킹엄 궁의 발코니에서 환호하는 군중에게 인사를 보냈다. 그날 밤 그녀와 마거릿은 크로피와 토니 드 벨레그, 그리고 경호원으로 왕의 시종무관 등을 데리고 궁을 빠져나갔다. 일행 16명 가운데는 사촌인 마거릿 로즈와 훗날 평생 친구가 되었으며 말 사육과 경마의 자문을 맡았던 헨리 포체스터를 포함한 몇 명의 근위병들이 있었다. 미래의 여왕은 자랑스럽게 여성 예비군 제복을 입고 일행과 팔짱을 낀 채 군중 속을 누비며 세인트제임스 거리를 휩쓸고 신나게 콩가 춤과 램버스 춤과 호키코키 춤을 추었다. 두 공주는 그들과 함께 다시 궁성의 철책으로 돌아와 군중과 함께 "국왕 폐하 나오세요! 왕비 전하 나오세요!"를 외쳐대며 환호하자 마침내 부모가 발코니에 모습을 드러냈다. 엘리자베스와 마거릿은[72] 정원에 딸린 문을 통해 궁으로 돌아왔으며 왕비는 "우리들에게 직접 만든 샌드위치를 내주셨다."[73]고 토니 드 벨레그는 회고했다.

이튿날 밤에도 축제는 이어졌다. "다시 군중 속으로 갔다.[74] 임뱅크먼트와 피커딜리, 펠멜 가까지 한참을 걸었다. 자정이 지난 12시 30분에 다시 발코니에 선 부모님을 보았다. 먹고 파티하고 새벽 3시에 잤다!"라고 엘리자베스는 일기에 썼다. 사촌 마거릿 로즈는 "매우 각별한 개인적 자유를 실컷 맛보았다.[75] 신데렐라와 정반대로 그들은 무명의 보통 사람들 같은 기분을 느꼈다."고 썼다.

그로부터 석 달 뒤 일행은 대 일본전 전승을 기념하기 위하여 또다시 거리로 나섰다. 엘리자베스는 "수 마일을 걸었다.[76] 리츠 호텔을 지나 …… 도체스터에서 술 마시고 부모님을 두 번 보고 또 수 마일을 걷고 …… 그 많은 사람들"이라고 썼다. 이번에는 군중이 엘리자베스를 알아보고 환호성을 보냈다. 경찰은 환호하는 군중에게 "공주님들은 일반 사람과 똑같이 대접해주기를 원하며[7] 일행과 같이하기를 원하신다."고 주의를 주었다.

엘리자베스는 전쟁이 끝났을 때 갓 열아홉 살이 되었다. 비록 윈저 성에 갇혀서 많은 세월을 보냈지만 만약에 왕실의 나이 어린 가족으로서 전통적 방식에 따라 청소년기를 보냈더라면 결코 경험할 수 없었던 삶을 겪었다. 의무감과 용감한 봉사 정신을 지닌 부모를 영웅적 시각에서 보게 되었으며 전쟁 중 보아온 숱한 죽음을 통한 상실감을 맛보았으며 왕실의 범주 바깥의 사람들을 경험했다. 그녀는 새로운 책임감을 느꼈고 그녀의 삶에 있어서 다음 단계가 어떻게 펼쳐질 것인지를 비단 왕위 계승 예정자이기 때문만은 아니라 더 깊숙이는 한 개인으로서—아직은 마음속 깊이 간직한 비밀이지만—이미 느끼고 있었다. 전쟁이 시작될 때는 어린 소녀에 불과했지만 이제는 어엿한 처녀로 성숙해 있었다.

사람들은
그 순간 '아하!' 하고
알아차렸다.

2

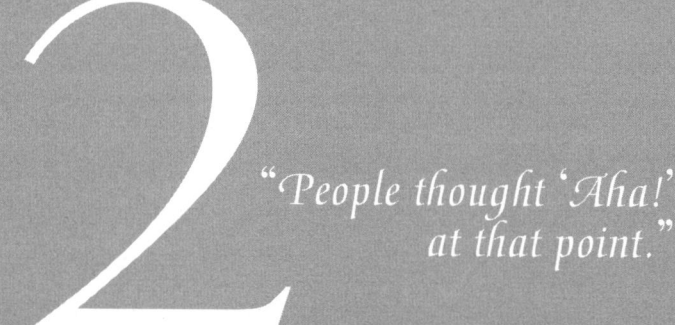

"People thought 'Aha!'
at that point."

엘리자베스 공주와 필립은 그들의 사촌인
퍼트리샤 마운트배튼의 결혼식에서 의미 있는 시선을 주고받았다.
1946년 10월 © TopFoto/The Image Works

CHAPTER 2

여왕의 사랑

Love Match

노퍽의 샌드링엄에서 조지 6세와 엘리자베스 왕비의 친구이며 이웃이었던 레스터 백작 부부를 부모로 둔 앤 글렌코너는 "활달한 젊은 남자들이 넘쳐났었다."고 회고했다. 그러나 "릴리벳은 그녀의 운명을 깨달았으며 다행히도 이른 나이에 필립 공에게 마음을 빼앗겼다. 그는 잘생긴 외국 왕자로서 이상적 배필이었다."고 회고했다.

그녀의 선택은 어떤 면에서 전통에 맞았다. 왜냐하면 공주와 필립은 친척 간이었다. 눈살을 찌푸릴 만큼 가깝지는 않았지만. 그들은 빅토리아 여왕과 앨버트 공을 같은 고조부모로 둔 팔촌 간이었다. 실상 필립은 모친이 단지 영국 귀족(잉글랜드와 스코틀랜드의 왕들과 먼 친척)에 불과한 엘리자베스보다 오히려 더 왕족에 가까웠다. 그의 부모는 바텐베르크의 앨리스 공주^{빅토리아 여왕의 증손자-옮긴이}와 19세기 중반에 그

리스 왕위를 물려받은 덴마크 왕자의 후예인 '그리스의 앤드루 왕자'
였다. 엘리자베스와 필립은 둘 다 수 세기 동안 같은 혈통을 이어받은
대다수 유럽의 왕실들과 연결되었다. 빅토리아 여왕과 그녀의 남편과
의 관계는 더 가까웠다. 콜버그 공작의 미망인을 함께 할머니로 둔 사
촌 간이었다. 빅토리아 여왕의 모친과 앨버트의 부친 어니스트는 남매
간이었다.

달리 말하자면 필립은 결정적으로 비전통적인 배경을 지닌 국외
자였다. 그래서 엘리자베스 왕비는 딸의 배필로서 스트라스모어스 가
문과 가까운 잉글랜드의 귀족 친구들 가운데 미래의 그래프턴, 러틀랜
드와 버클루 공작이나 미래의 카나번 백작을 선호했다. 필립은 이들처
럼 거대한 토지를 소유한 것도 아니며 재력도 궁색하기 짝이 없었다.

그는 1921년 6월 10일에 코푸 섬에서 태어났지만 왕실 가족이
모두 쿠데타로 쫓겨났기 때문에 그리스에서는 1년도 살지 못했다. 그
의 부모는 그와 네 명의 누나들을 데리고 파리로 가서 부유한 친척의
도움으로 집세를 내지 않고 살았다. 외향적 성격을 지녔으며 영리하고
자부심이 강한 직업 군인인 앤드루 왕자는 할 일을 찾지 못했다. 앨리
스 공주_{결혼 후에는 그리스의 앤드루 공주로 알려짐-옮긴이}는 대가족을 꾸리는 데 힘겨워
했으며 게다가 선천적으로 농아였다. 그러나 이 시기에 필립은 여자들
이 많은 가족 사이에서 사랑을 독차지했다. 그는 세인트클라우드에 있
는 미국 학교에 다녔으며 불어를 유창하게 구사했고 적극적인 성격
이었다.

그러나 부모가 그를 여덟 살에 영국에 있는 기숙학교인 침 스쿨
로 보내면서 그의 어린 시절은 빗나갔다. 1년 뒤에 모친이 신경쇠약으
로 정신병원에 몇 년간 수용되면서 부모의 별거가 이루어졌다. 마침내
모친은 아테네로 가서 그리스 정교회의 수녀원을 세우고 선행을 베풀
며 종교적 열정으로 이바지했다. 부친 앤드루 왕자는 아들의 삶과 멀

리 떨어진 채 살았으며 정부情婦와 함께 소액의 연금에 의존해서 주로 몬테카를로를 배회하며 살았다.

인정 많은 친척과 친구들이 필립의 학자금을 대주었다. 필립의 누나 네 명은 모두 부유한 독일의 왕자들과 결혼했는데 몇은 나치당과 연결되었다. 누나들은 어린 동생을 방학 때마다 초청했지만 히틀러가 호전적으로 나오면서 불가능해졌다. 또 10대일 때 필립은 두 번의 불행을 겪기도 했다. 누나인 세실과 그녀의 가족이 비행기 추락 사고로 사망했으며 1년 뒤에는 그가 따랐던 삼촌이자 보호자였던 2대 밀포드 헤이븐 후작인 조지 마운트배튼이 암으로 사망했다.

필립은 그를 보살펴줄 부모도 집도 없이 방랑자 같은 생활을 했다. 몇 년 뒤에 그의 뿌리 없는 성장 과정에 대한 질문을 받고 그는 "가정이 파탄 나고[1] 나는 그에 적응해서 살아야 했다. 그럴 수밖에 없고 누구라도 그랬을 것이다."라고 대답했다. 그는 1933년에 침 스쿨을 떠나 쿠르트 한이라는 진보적인 유태인 교육자가 운영하는 독일 살렘의 한 기숙학교에서 1년을 보냈다. 한은 나치에 의해 한동안 구금되기도 했으나 1934년에 스코틀랜드 북부 해안으로 도피하여 고든스타운을 세웠고 필립은 거기에 입학했다.

고든스타운의 교육 철학은 리더십과 봉사를 그 중심에 두었으며 정규 과목 외에도 강인한 신체적 인내력을 요구했다. 필립은 이런 과정을 잘 참아냈으며 학생장이 되었다. 한은 "그는 매우 일찍부터 공정하게 봉사했고 출생에 따른 어떤 특혜도 요구하지 않았다."고 회고했다. 마지막 보고서에서 한은 필립을 "타고난 지도자"[2]로서 "자신에게 충실하기 위하여 벅찬 임무도 마다하지 않을 사람이다."라고 평했다. 교장은 그에게서 "지성과 기백"[3]을 보았으며 동시에 무모한 데가 있다고 느꼈으며 그의 지도자로서의 자질은 때로 조급함과 너그럽지 못한 점이 있다고도 지적했다.

일단 영국으로 건너온 뒤 필립은 그곳에서 만난 친척들에게 둘러싸였는데 주로 왕실에서 무료로 대여받은 켄싱턴 궁의 아파트에 살고 있던 밀포드 헤이븐 후작의 미망인과 나중에 버마의 1대 마운트배튼 백작이 되었고 왕실 친척들과 부지런히 교제를 해온 모친의 남동생 루이스 디키 마운트배튼 등이었다.

필립은 6피트의 장신에 강렬한 푸른 눈의 뚜렷한 용모에 금발을 한 아도니스였으며 다부진 체구를 지닌 데다 호감을 풍기며 자신감까지 두둑했다. 그는 지략가에 열정적인 독립성을 갖추고 있으면서 한편으로는 정서적 박탈감에서 오는 방어적 성격을 지닌 외톨이이기도 했다. 디키의 큰딸인 사촌 퍼트리샤 마운트배튼은 "필립 공은 보기보다 훨씬 예민한 사람이다. 힘든 소년 시절을 보낸 그의 삶은 생존을 위하여 단단한 외면에 가두어졌다."고 말했다.

필립과 어린 엘리자베스는 친척 사이로 두 번 마주쳤는데 처음은 1934년의 가족 결혼식에서였고 두 번째는 1937년 조지 6세의 대관식에서였다. 그러나 열세 살의 공주가 사관 후보생이었던 필립과 단둘이 시간을 가질 수 있었던 것은 1939년 7월 22일에 왕과 왕비가 두 딸을 다트머스에 있는 영국 해군사관학교에 데려갔을 때였다.

영국 해군 장교인 디키 마운트배튼의 명령을 받아 필립은 왕실 가족과 점심을 같이했다. 크로피는 이때 둘 사이에 불꽃이 튀는 것을 보았다. 나중에 그녀는 "릴리벳이 그에게서 시선을 떼지 못했는데[4] 필립은 각별한 관심을 보이지 않았다."라고 썼다. 그도 그럴 것이 필립은 그때 이미 의젓한 남자였으나 그녀는 겨우 사춘기에 접어들 때였다. 보다 흥미로운 것은 엘리자베스가 매혹당한 깊이와 기간이었으며 그와 결혼하고야 말겠다는 그녀의 외고집이었다.

전쟁 기간 중에 필립은 종종 윈저 성을 방문해 그의 친척들을 만나곤 했는데 공주와는 바다에 나가 근무할 때 편지를 주고받았다. 그는 영국 해군에 몸담고 지중해와 태평양에서 근무하면서 1942년 마타 판 전투에서의 무공으로 훈장을 받았다. 친구들과 친척들은 1943년 12월 그가 크리스마스 휴가로 윈저 성에 머물며 당시 열일곱 살이던 엘리자베스가 〈알라딘〉이란 팬터마임에 출연한 모습을 보았을 때부터 필립과 엘리자베스 사이의 로맨스를 감지했다. 그 후 엘리자베스의 할머니 메리 왕비는 그녀의 친구인 에얼리 백작 부인 마벨에게 두 사람이 "지난 18개월 동안 사랑에 빠졌다. 어쩌면 더 일찍부터라고 생각한다."고 편지에 썼다. 국왕은 필립에게 호감을 가졌고 그의 어머니에게 이 젊은이가 "영리하고 유머 감각을 지녔으며 생각이 올바르다."[5]고 말했다. 그러나 왕과 왕비 모두 엘리자베스가 아직은 진지하게 배필을 생각하기에는 이르다고 생각했다.

필립은 1944년 여름에 밸모럴을 방문했고 왕비에게 편지로 "화기애애하고 단란한 가족들의 소박한 즐거움을 진정 느꼈으며 자신도 따스하게 맞아주는 것 같은 느낌을 받았다."고 썼다. 그해 12월에 필립이 바삐 근무하고 있을 무렵 그의 아버지가 62세의 나이에 몬테카를로의 메트로폴 호텔 방에서 심장마비로 돌연 사망했다. 스물세 살의 아들에게 남긴 것이라고는[6] 옷가지가 든 트렁크 몇 개와 상아로 만든 면도솔과 커프스 단추, 그리고 옥쇄가 새겨진 반지뿐인데 필립은 이 반지를 평생 끼고 다녔다.

필립이 극동 지역의 근무를 마치는 동안 엘리자베스는 전후의 자유로움을 만끽하고 있었다. 1945년 8월에 그녀는 밸모럴의 전원생활에 흠뻑 빠져 황야를 누비며 수사슴을 쫓고 피크닉을 즐기고 부모와 함께 노래를 흥얼거렸다. 다만 한 차례 1945년 12월에 예기치 못한 슬픈 일이 생겼는데 보모였던 알라가 6년 만에 다시 문을 연 샌드링엄에서 첫 크리스마스를 보낼 동안 잠시 앓다가 사망하고 말았다.

그해 가을 런던으로 돌아온 엘리자베스는 버킹엄 궁의 스위트 하나를 독차지하게 되었다. 빅벤이 내다보이고 분홍과 옅은 갈색의 꽃무늬 천으로 장식되었다. 게다가 전담 하인들까지 딸렸는데 그들 중에는 이제부터 그녀의 드레서dresser, 사적인 일을 돌보는 하녀에 대한 왕실 명칭-옮긴이로 일하게 된 보보가 포함되었다. 엘리자베스는 한때 왕실 하녀였던 비커리 기브스 부인과[7] 사촌인 메리 케임브리지 부인과 샌드링엄에서의 파티에 참석했던 근위병들과 어울려 라디오를 크게 틀고 만찬을 함께했으며 게임을 같이 즐기기도 했다.

필립은 마침내 1946년 3월에 런던으로 돌아왔다. 그는 체스터 거리의 마운트배튼 저택에 머물렀는데 그의 삼촌의 하인이 다 떨어진 그의 옷가지들을 잘 정돈해주었다. 그는 자주 버킹엄 궁을 방문했다. 검은색 MG 스포츠카를 몰고 굉음을 내며 옆문을 통과해서 엘리자베스의 거실로 안내되었다. 함께 저녁을 들곤 했는데 크로피가 시중을 들었다. 마거릿도 어김없이 한데 어울려 공놀이도 하고 긴 복도를 떠들썩하게 뛰어다니며 신나게 놀았다. 크로피는 필립의 활달한 매력과 격식에 얽매이지 않는 태도에서 좋은 인상을 받았다. 왕실의 구닥다리 궁정인들과는 매우 달랐다.

1946년 늦여름 밸모럴에서 한 달간 머무는 동안에 필립은 엘리자베스에게 청혼했으며 그녀는 부모와 상의조차 하지 않고 그 자리에서 승낙했다. 그녀의 아버지는 이듬해 4월에 그녀가 스물한 살 생일을 맞을 때까지 비밀로 한다는 조건하에 동의했다. 공주와 마찬가지로 필립도 자신의 감정을 애써 숨기기 위하여 공개적 애정 표현은 원치 않았다. 그러나 그는 이 감정을 은밀하게 감동적인 편지에 담아 엘리자베스 왕비에게 전하면서 "이 모든 황홀한 일들,[8] 특히 완전한 사랑에 빠져도 좋을 만한 자격이 내게 있는 것인지 모르겠다."고 썼다.

궁정인과 왕실의 귀족 친구와 친척은 필립을 알거지 침입자라는 의심스러운 눈초리로 바라보았다. 그들은 그가 어른에 대한 공경심이 부족하다고 느꼈다. 그러나 무엇보다 그들은 그를 외국인, 그것도 "독일인", 보다 험한 말로 하자면 극히 최근에 끝난 혈전을 연상케 하는 "훈족 Hun, 제2차 세계대전 중 독일인을 가리키는 혐오스러운 표현-옮긴이"으로 보았다. 비록 그의 모친은 윈저 성에서 태어났으며 필립 그 자신도 영국에서 교육받았고 영국 해군에서 훌륭하게 복무했으나, 뚜렷하게 대륙적 성향을 보였으며 이튼 출신 같은 사교적 조건을 결여했다. 더구나 그리스를 통치했던 덴마크 왕실은 실상 주로 독일계였고 그의 외조부인 바텐베르크 왕자와 누나들의 독일인 남편들도 하나같이 문젯거리가 되었다.

그러나 여기서 흘려 넘길 수 없는 사실은 18세기 이래 독일의 혈통이 영국의 왕족과 밀접하게 뒤섞여왔다는 것이다. 가톨릭 왕이었던 제임스 2세가 영국을 탈출하게 만든 1688년의 명예혁명 이후에 왕권은 신교도 딸인 메리 2세와 그녀의 남편인 윌리엄 3세의 공동 통치로 넘어갔다. 이들이 죽은 뒤 메리 여왕의 동생인 앤 여왕이 1714년 사망할 때까지 왕권을 이어받았다. 그러나 앤의 후계자가 없자 의회는 1701년에 임시 왕위 계승법을 제정하여 신교도가 왕위에 오를 수 있는 길을 터주었다. 이 법은 제임스 1세의 손녀인 하노버 황후 소피아의 후손들에게만 왕위를 물려줄 수 있게 했다. 앤 여왕의 사후 후계자는 하노버 가문의 첫 국왕인 소피아의 아들 조지 루이스로서 그가 영국의 조지 1세 왕이 되었다. 그와 독일에서 태어난 그의 아들 조지 2세는 영어를 할 줄 몰랐다. 뒤이어 1760년에 왕위에 오른 조지 3세는 최초로 영국에서 태어난 하노버 가문 출신이었다.

19세기에 들어와서는 영국의 왕위 계승에 독일 혈통은 한층 강화되었는데 조지 3세의 넷째 아들인 켄트의 공작 에드워드가 작센코부르크잘펠트 공주와 결혼하여 빅토리아 공주를 낳았으며 그녀는 삼촌인 윌리엄 4세가 사망한 후 왕위에 올랐다. 빅토리아 여왕은 작센코부르크고타의 앨버트 공을 남편으로 맞으면서 독일 혈통을 강화했는데 하노버 가문의 명칭 대신 남편의 이름을 따랐다. 둘의 손자인 조지 5세는 독일 태생의 텍의 공작 프랜시스 왕자를 부친으로 둔 텍의 빅토리아 메리 공주와 결혼했다. 메리 왕비는 켄싱턴 궁에서 태어났지만 말할 때 약간의 독일 악센트가 있었다.

영국에서 반독일 감정이 충천했던 제1차 세계대전 동안에 조지 5세는 왕가 이미지에서 오랜 게르만의 영향을 지우려는 전략적 결정을 내렸다. 1917년의 칙령에 의해 그는 작센코부르크고타 가문을 옛 성의 이름을 따서 윈저 가문으로 고쳤다. 동시에 그는 가문의 부수적인 성원들의 이름을 영국화하였다. 바텐베르크는 마운트배튼이 되었고 텍은 케임브리지와 아스론이 되었다.

필립의 독일 혈통이나 그의 불손한 성격 등에 관한 비판은 엘리자베스 공주에게 아무런 관심거리도 되지 않았다. 이 왕위 계승 예정자에게는 아이디어가 풍부하고 속 깊은 매력을 지닌 남자인 그가 마치 신선한 공기와도 같았다. 그는 모친이 마음속에 두었던 어느 배필에 비해서도 결코 만만치도 않고 싫증나지도 않을 것임이 분명했다. 그와는 의무와 봉사 정신을 공유했으며 그러면서도 하루의 피곤한 일과를 끝낸 뒤에 공무의 짐을 덜어주는 허물없는 사이가 될 수 있었다. 그의 삶은 그녀와는 달리 구애받지 않았으며 막대한 토지를 소유한 영국 귀족처럼 재산과 경쟁적 책임감에 짓눌려 있지도 않았다. 두 사람과 동시에 친척 관계인 퍼트리샤 마운트배튼에 의하면 공주는 또한 필립을 에워싸고 있는 단단한 껍질 안쪽에 "숨어 있는 사랑의 능력이 있는데 엘리자베스가 그 껍질을 벗겨냈다."고 한다.

퍼트리샤에 의하면 공주는 "사랑하기에 까다로운 사람이 아니다. 그녀는 아름답고 재미있고 명랑하며 무도회나 극장에 데려가면 썩 재미있다."고 한다. 처음 만난 뒤로 7년 동안에 릴리벳(필립은 이렇게 불렀으며 또 '달링'이라고도 했다.)은 정말 예뻐졌다. 아담한 체구라서 더욱 돋보였다. 그녀는 고전적 몸매를 지니지는 않았으나 〈더 타임스〉가 묘사했듯이 "액자에 담고 싶은"[9] 매력을 지녔다. 커다란 가슴, 좁은 어깨, 가는 허리, 미끈하게 빠진 다리만 해도 그렇다. 그녀의 갈색 곱슬머리는 도자기 같은 얼굴을 드러내주며 뺨은 세실 비튼의 말대로 "설탕 같은 분홍색"[10]이며 맑고 푸른 눈, 눈부신 미소를 선사하는 탐스런 입과 절로 따라 웃게 만드는 웃음을 가졌다. 친척인 마거릿 로즈의 말대로 "그녀는 웃을 때 커지는 것 같다. 온 얼굴로 웃는다."

엘리자베스의 꾸밈에는 대담하거나 각별히 모양 내는 데가 없었다. 10대에 접어들 때까지 그녀와 마거릿은 똑같이 어린애다운 차림을 했는데 주로 "더 성숙해 보이려는" 마거릿을 달래기 위해서였다고 마거릿의 친구인 앤 글렌코너는 설명했다. 엘리자베스는 열아홉이 돼서야 스스로 옷을 고르기 시작했는데 그때에도 그녀는 모친의 취향을 따라 어깨와 가슴을 드러내지 않는 보수적인 스타일과 파스텔 색상을 골랐다. 한번은 크로피가 억지로 설득해서 빨간색의 대담한 디너 드레스를 고르게 했는데 "그녀의 옷 가운데 가장 잘 어울리는 드레스였다."[11] 공주는 왕실 디자이너인 노먼 하트넬과 함께 스케치와 모델을 보고 가봉을 거쳐 옷을 맞추는 과정을 신기해했다. 다만 자기 모습을 거울에 비추어 보는 일에는 참을성이 없었다. 공연히 멋 부리는 허영심이 없었다.

언론은 1946년 롬시 성당에서 열린 퍼트리샤 마운트배튼과 브라본 경의 결혼식에서 두 사람의 로맨스를 눈치챘다. 필립은 왕실 가족이 도착했을 때 차에서부터 안내를 맡았다. 공주가 코트를 벗으면서 몸을 돌렸을 때 카메라는 이 두 사람이 사랑스러운 시선을 나누는 것을 포착했다. "그 순간 사람들이 '아하!' 하고 눈치챘다고 생각한다."라고 퍼트리샤는 회고했다. 그러나 이에 대한 공식적인 확인은 없었고 두 사람은 적극적인 사회생활을 계속했다. 엘리자베스의 근위병 친구들은 식당이나 클럽에 갈 때 에스코트를 해주었으며 필립도 엘리자베스와 마거릿을 데리고 파티나 극장에 갔다. 그는 이 왕위 계승 예정자와 춤추는 많은 남자들 가운데 하나였다.

엘리자베스는 부친이 농담 삼아 이름 붙인 "왕실 회사Royal Firm, 나중엔 그냥 Firm이라 부름-옮긴이"[12]에서 맡은 공식적 임무가 점차 늘어났다. 1945년 7월에 그녀의 부모가 그녀를 북아일랜드로 데려갔는데 그것이 그녀의 첫 비행기 여행이었다. 8개월 후 그녀는 최초로 혼자서 아일랜드가 1922년에 영국 정부에 의해 분할되었을 때 생겨난 여섯 곳의 자치주를 방문했다. 아일랜드는 12세기에 잉글랜드의 헨리 2세가 침략한 이래 영국의 식민지가 되었다. 무려 8세기 동안의 강압적인 통치 끝에 아일랜드의 민족주의자들은 1916년에 폭동을 일으켰으며 6년간의 치열한 독립전쟁 끝에 분할되었다. 북부'얼스터'라고도 불림-옮긴이는 영국으로 남았지만 대부분 가톨릭인 남부의 26개 자치주는 독립적 아일랜드 자유 국가로서 캐나다와 호주처럼의 영국 코먼웰스 일원이 되었는데 마지못해 영국의 국왕을 국가 수장으로 인정하고 있다.

조지 6세는 딸에게 여전히 가장 중요한 교사였다. 딸과 함께 샌드링엄과 밸모럴 그리고 윈저 성의 공원을 오래도록 걸으며 정부와 정치에 대한 자신의 생각을 이야기하고 충고를 아끼지 않았다.

국왕의 인기는 절정에 달했지만 전후의 시기는 그를 힘들게 했다. 1945년 7월의 선거에서 노동당이 의회를 장악했다. 전쟁을 영웅적으로 이끌고 국왕의 신임을 얻었던 소중한 동반자 윈스턴 처칠이 노동당의 지도자인 클레멘트 애틀리에게 패배하여 다우닝 가 10번지에서 물러났다. 과묵하고 무뚝뚝했던 애틀리는 광범위한 복지 국가를 건설하고 산업을 국유화하고 부의 재분배를 추구하는 노동당의 강령을 포함한 정책들을 내걸었고 이에 왕과 왕비는 반대하였다.(엘리자베스 왕비는 그를 "소인배이고 …… 음험하고 …… 사귀기 어려우나 곧 사라질 것이다."라고 매섭게 평가했다.) 국왕은 사석에서는 분노를 감추지 않았으나 공적으로는 엄격하게 중립을 유지했다. 그의 맏딸 또한 부친의 임무가 가져다주는 압박이 그를 지치게 하고 있다는 것을 알았다. 그는 동맥경화증을 앓기 시작했고 다리의 혈액 순환에 지장을 초래해서 상당한 고통을 받았다. 그럼에도 그는 자제하지 않고 늦게까지 일했으며 줄담배를 피워댔다.

1947년 2월에 조지 6세와 엘리자베스 왕비와 엘리자베스 공주와 마거릿 공주는 처음으로 공식 해외 순방길에 올랐다. 3개월에 걸쳐 영국 식민지인 남아프리카공화국과 로디지아^{현재의 짐바브웨-옮긴이}를 둘러보고 나서 한 달간 더 4만 톤의 전함인 HMS^{Her Majesty's Ship, 영국 해군 함정의 이름 앞에 붙이는 접두사-옮긴이} 뱅가드호를 타고 대양을 왕복했다. 이 배의 제독실을 개조해서 스위트로 꾸몄고 침실 칸은 런던의 경치를 담은 벽지로 도배했으며 소파와 의자들은 상아색, 청색과 베이지색의 유쾌한 문양으로 채색되었고 가구들은 인도수자목으로 만들어졌다. 어느 음울한 날에 모두 10명으로 구성된 수행원들을 거느리고 잉글랜드의 포츠머스항을 출발했는데 그 무렵 영국은 기록적인 한파에 식량 배급제가 실시되고 유류 부족으로 어려움을 겪고 있을 때였다.

이 여행은 엘리자베스가 영국 왕실에서 중요한 존재로 부각되고 있음을 영국의 국력이 멀리 미치는 곳까지 알리는 계기가 되었다. 그때는 20세기 초에 영국 코먼웰스가 제국의 식민지들을 독립 국가로 탈바꿈시키고 있다는 것을 알림과 동시에 여전히 국왕과 연결되어 있음을 각인시켜줄 무렵이었다. 1949년 무렵 현대적 코먼웰스의 운명이 정해지지는 않았지만 조지 6세는 왕위 계승 예정자에게 강건한 대영제국의 모습을 보여주고 싶었다. 한편 엘리자베스에게 필립과 떨어져 있는 시간은 그와의 결합을 위한 마지막 시험이었고 또한 조지 6세가 가족을 지칭하는 애정 어린 표현인 "우리 넷we four"이 모처럼 긴 시간을 함께 보낼 수 있는 마지막 기회였다.

첫 며칠 동안의 항해는[13] 거센 파도와 강풍이 왕실 일행 모두에게 뱃멀미를 일으켜 다들 선실에 갇혀 지내야만 했다. 앞발을 들고 뒷발로 일어서 있는 사자와 황금 하프가 그려지고 적색, 금색, 청색으로 이뤄진 왕국을 상징하는 왕의 깃발은 갈가리 찢겼다. 해가 나면서 배가 열대 지역으로 항해해 들어가자 공주들은 꽃무늬 드레스를 걸치고 모자 없이 배 난간에 기대기도 하고 소총 사격대에서 사격 시합도 하고 해군 장교들과 시끌벅적하게 술래잡기도 했다. 국왕은 셔츠와 반바지 차림에 뻣뻣한 다리로 사관 후보생들과 테니스를 쳤고 여자들은 구경했다. 배가 적도를 통과하자 선원들은 삼지창을 든 해신 넵튠으로 가장한 자의 주도하에 긴 가발을 쓰고 가짜 젖가슴을 달고 치마를 걸친 차림으로 "적도 통과 의식Crossing the Line"을 벌였다. 처음 적도를 지나는 신참들은 원래 물속에 빠트리거나 기타 괴롭힘을 당하지만 두 공주들은 대신 얼굴에 흠뻑 분칠을 해야 했다.

엘리자베스는 약혼자의 사진을 항상 지니고 다녔으며[14] 여행 도중에 꾸준히 편지를 주고받았고 그들의 모험담을 알려주었다. 두 공주는 남아프리카공화국의 극적인 경치의 아름다움에 감탄했고[15] 런던의 궁핍한 모습과는 달리 음식이 넘쳐나고 가게 진열장마다 상품이 가득 쌓여 있는 것을 보고 놀랐다. 줄루족의 영토에 속한 비행장 마당에 앉은 엘리자베스와 마거릿은 두 눈이 휘둥그레져서 5,000명이나 되는 반라의 전사들이 아랫도리만 간신히 가린 짐승 가죽옷에 온갖 구슬과 깃털 장식을 하고 창과 방패를 휘저으며 쿵쾅거리며 합창하는 대규모 부족 춤을 바라보았다. 두 공주는 거대한 빅토리아 폭포 앞에서 입을 딱 벌렸고 크루거 국립공원의 야생동물들을 보고 신기해했으며 나탈 국립공원의 드라켄스버그 산에 오르기도 했으며 타조의 깃털을 뽑기도 했다. 그러나 엘리자베스는 다른 사람들은 추위에 떨고 있는데 우리만 따스한 햇볕 아래 있다는 것에 죄의식을 느껴[16] 할머니 메리 왕비에게 "고향의 날씨가 매우 춥고 기름이 부족하다는 얘기를 듣고 있습니다만 …… 너무 많이 힘들지 않으시길 바랍니다."라고 편지를 썼다.

왕실 일행은 냉방 장치가 되었으며 상아색과 황금색으로 칠한 14량의 객차가 딸린 "화이트 트레인"에서 35일간을 체류하는 등 벅찬 일정을 소화했다. 엘리자베스는 부모가 끝없이 긴 리셉션 줄을 맞으며 갖은 헌사를 기쁜 낯으로 받아들이고 온갖 축하 세례를 잘 견디는 모습을 지켜보았다. 끊임없이 사람들에게 노출되어 언젠가 어머니가 조카에게 때로 "빨아 먹히는 것 같다."고 말한 기분을 이제 그녀는 직접 겪었다. 또한 아버지가 지치거나 긴장되면 짜증을 내는 모습을 보기도 했고 불현듯 "이를 갈면" 어머니가 그의 팔을 툭 쳐서 멈추게 하는 것도 보았다. 어떤 알 수 없는 질병이거나 중첩된 과로로 인해 국왕은 현저하게 수척해졌다.

남아프리카공화국에는 심각한 긴장이 조성되어 있었다. 소수의 백인이 압도적인 다수의 흑인들로 구성된 이 나라를 지배했는데 그중 백인층은 주로 네덜란드계 정착인인 아프리카너[Afrikaner]들과 영어를 사용하는 인구로 분열되어 있었다. 이는 지난 19세기 보어 전쟁이 빚은 증오의 유산으로 당시 영국은 아프리카너들을 무자비하게 탄압해서 영국의 식민지로 만들었다. 왕실의 방문도 부분적으로는 화해를 촉진하고 영국에서 교육받은 아프리카너이면서 수상이자 야전군 사령관인 얀 스머트를 격려하기 위한 것이었다.

1948년에 스머트는 총선을 앞두고 있었는데 많은 아프리카너들은 그가 영국에 너무 가깝고 흑인에 대하여 지나치게 동정적이라고 느꼈다. 스머트는 흑인들에게 정치 권력을 주는 데는 반대했지만 그들의 생활 향상을 위한 지원 정책을 선호했다. 그러나 야당인 아프리카 국민당은 인종 분리 정책과 억압을 지지했다. 인종 차별 극단주의자들은 마침내 스머트와 그의 정당을 눌렀고 남아프리카공화국은 거의 반세기 동안 고립주의 노선을 걸었다. 엘리자베스는 사건을 바라보는 사람에 따라 또는 인종에 의해 분리될 수 있음을 보았고 백인들 사이에서도 정치적 분열이 있음을 배웠다. 남아프리카공화국과 로디지아에서의 탄압 정책에 대한 그녀의 통찰은 후에 그녀가 영국 코먼웰스를 해체시킬 위험마저 있는 인종 문제들을 다루어나가는 데 소중한 경험이 되었다.

이 여행의 절정은 4월 21일 엘리자베스가 스물한 살 생일을 맞이한 때였다. 남아프리카공화국은 그녀의 성년을 축하해서 그날을 국경일로 정하고 군대 열병식을 거행하고 그녀를 위한 무도회를 개최했으며 불꽃놀이를 벌였다. 스머트는 21개의 다이아몬드가 박힌 목걸이를 선물했다. 그녀는 자기와 같이 "끔찍하고 영광스러운 제2차 세계대전"[17]의 경험을 공유한 젊은이들을 향한 열정적 웅변으로 이날을 기념했다. 이 연설문은 국왕에 대해 우호적인 역사가이자 〈더 타임스〉의 논설 기고가인 더못 모라가 기초했다. 또 이 연설문이 "엘리자베스 1세의 틸베리 연설"과 더불어 빅토리아 여왕의 단순하면서도 영원히 기억되는 "난 문제없어요.I will be good. 열한 살 때 왕위 계승 예정자 통보를 받고 한 말-옮긴이"를 연상케 한다며 토미 라셀스가 수정을 가했다.

이 원고를 처음 읽어본 엘리자베스는[18] 눈물을 흘렸다. 그녀가 직접 원고를 쓰지는 않았으나 연설을 하면서 보인 정서적 반응은 이 연설이 어째서 그렇게 진실되고 큰 감정의 공명을 불러일으키며 오늘날의 그녀가 있게 했는지를 설명해준다. 라셀스는 그녀에게 만약 "20억 명의 사람들이 공주님의 연설을 듣고 눈물을 쏟는다면[19] …… 그게 우리가 원하는 것입니다."라고 말했다.

케이프타운에서 "대영제국과 모든 영국 코먼웰스의 국민들에게" 방송한 그녀의 연설은 6분간 이어졌다. 그녀는 낭랑한 목소리로 영국 코먼웰스의 국가들을 자신의 "고향^{home}"이라고 불렀고 자신의 동시대인들에게 "우리들의 어린 시절을 보호하기 위하여 싸웠고 일했고 고통 받았던" 어른들의 짐을 덜어드리고 전후 세계의 도전에 맞서자고 말했다. "만약 우리가 흔들림 없는 믿음과 크나큰 용기와 고요한 가슴을 안고 함께 나아간다면 우리는 이 오랜 코먼웰스를 …… 보다 위대하게, 보다 자유롭고, 보다 번영하고, 보다 행복하고 그리고 온 세상을 보다 좋게 하기 위하여 보다 큰 영향력을 발휘할 수 있을 것입니다."라고 말했다. 이는 곧 코먼웰스를 위한 자신의 신조가 되었으며 이 신념은 부친의 뜻대로 아프리카에서의 석 달 동안에 뿌리를 내렸다.

연설 말미에 "나의 엄숙한 헌신 my solemn act of dedication"이란 개인적 선서는 평생 그녀의 지향점이 되었다. "나는 그 헌신의 약속을 바로 지금 밝히겠습니다. 매우 간명합니다. 나의 앞으로의 생애가 길건 짧건 간에 나는 여러분과 또 우리 모두가 속하는 제국의 가족들을 위해 헌신할 것입니다."라고 그녀는 진심 어린 감정에 싸여 말했다. 다만 "제국"이라는 용어는 오래가지 못했다. 임박한 인도의 독립과 다른 영국 식민지 나라들에서의 불안은 제국의 종말이 다가왔음이 분명해 보였다.

엘리자베스의 연설은 "수백만 사람들의 마음에 울림을 주었으며"[20] 여기에는 메리 여왕도 포함되어 있었다. 그녀는 "그럼, 나도 울었지."[21]라고 엘리자베스 왕비에게 편지했다. 이 왕위 계승 예정자는 왕실 가족의 미래를 위한 신선한 얼굴이 되었고 토미 라셀스에 의하면 "단단하고 사랑스러우며[22] 건강한 유머 감각과 더불어 모친의 재능을 물려받아 지루함을 떨쳐낼 수 있는 능력" 또한 지녔다. 더 나아가 "사람들을 편하게 해주는 놀라운 배려심을 지녔는데[23] 이런 비이기적인 모습은 이 가족의 정상적 특징은 아니다."라고도 했다.

일반적 기준에 비추어보자면 아프리카 여행은 국왕의 가족에게 대성공이었다. 이 불안한 시기에 연속성과 통일성과 안정성의 힘을 대변하는 그들의 이미지를 확고히 해주었다. 그들은 다니는 지역의 구석구석까지 돌아보려고 애썼다.[24] 화이트 트레인은 벽지 마을에도 멈췄고 공주들은 보석으로 치장한 드레스를 걸치고 모습을 드러냈다.[25] 도시나 숲 속을 막론하고 열광하는 대규모 군중이 몰려들었고 언론 보도 역시 압도적으로 환호 일색이었다. 4월 말에 마침내 뱅가드호에 탑승하여 귀국길에 오르면서[26] "우리 네 식구"가 배의 포탑 위에 올라서서 손을 흔들자 저 아래 운집한 군중은 뉴스 영화의 아나운서가 쓴 표현대로 "희망의 노래"를 합창했다. 엘리자베스는 인종 차별 정책이 철폐되고 넬슨 만델라가 대통령에 선출되었던 1995년까지는 또다시 남아프리카공화국을 찾지 않았다.

런던에서 필립은 그리니치의 해군 행정 학교에서 강사로 일하고 있었으며 디키 마운트배튼의 도움으로 1947년 2월에 H. R. H. 그리스의 필립 왕자라는 칭호를 포기하고 영국 시민권을 획득했다. 그는 이름에 성이 없었기 때문에 모친의 성인 바텐베르크의 영국식 이름인 마운트배튼으로 정했다. 그런데 알고 보니 하노버의 소피아 황후의 후손은 필립을 포함하여 자동적으로 영국 시민으로 인정받게 되어 있었으므로 그의 귀화 절차는 불필요했었다.

오랫동안 연기되어왔던 약혼 발표는 1947년 7월 9일에 행해졌고 바로 이튿날 이 행복한 커플에 대한 소개가 버킹엄 궁의 가든파티에서 이루어졌다. 필립의 모친은 은행 금고에 맡겨두었던 보석 박힌 왕관을 되찾아왔고 필립은 거기서 빼낸 다이아몬드 몇 개를 런던의 보석상인 필립 안트로버스 회사에 맡겨 약혼반지를 만들었다. 몇 달 뒤에 필립은 캔터베리 대주교에 의해 영국 성공회에서 성사를 받았다.

1947년 7월에 엘리자베스 공주는 처음으로 개인 비서를 할당받았다. 비서 존 콜빌은 똑똑하고 열정적인 공무원으로 네빌 체임벌린과 제2차 세계대전 당시 윈스턴 처칠의 개인 비서였다. 콜빌은 엘리자베스의 활동 영역을 넓히기 위한 야심찬 계획을 세웠다. 메리 왕비의 선견지명을 알려주는 또 하나의 사례로 그녀는 임명 직후 콜빌에게 왕위 계승 예정자로 하여금 여행을 하고 자기의 사교 범위를 뛰어넘어 사람들과 어울리며 심지어 노동당 정치인들과도 사귀도록 지시했다. 콜빌은 엘리자베스가 자기 생각보다는 덜 정치에 물들었지만 소질은 충분하다고 판단했다. 그는 그녀로 하여금 외무성에서 온 전보를 읽도록 했으며 하원에서 벌어지는 외교 정책 토론도 참관하도록 했고 하루는 소년 법정도 견학하게 했으며 다우닝 가 10번지에서 수상이 베푸는 만찬에도 참석하여 전도유망한 노동당 지도자들도 만나게 했다.

필립은 이제 자신의 하인과 경호원을 거느리게 되었고 11월 20일의 결혼식 전까지 밸모럴에서의 늦여름 휴가를 포함하여 많은 시간을 왕실 가족들과 함께 보냈다. 콜빌은 "사치와 햇빛과 즐거움이 있었으며[27] 매일 들판에서 피크닉을 즐기고 장미와 관목과 금어초가 만발한 정원에서 낮잠을 자거나 게임을 즐겼다."고 썼다.

그러나 영국의 여타 지역의 상황은 가혹하리만큼 피폐해 있었는데 재무장관 휴 달튼의 표현대로 "끔찍한 해"였다. 높은 실업과 공장의 휴업과 식료품의 부족으로 고통받고 있었다. 정부의 재정 위기는 세금 인상과 긴축의 확대로 나아갔다. 이 같은 어려운 상황 속에서 궁정은 엘리자베스의 연봉을 현행 15,000파운드에서 21세가 되면 4만 파운드로 올려주고 필립에게도 1만 파운드를 지급해줄 것을 노동당 정부와 협의했다. 이 금액은 18세기부터 국왕과 의회 사이에 합의된 왕실 비용Civil List으로 알려진 협약에 근거한 것이었다.

　　정복자 윌리엄은 1066년에 성공적인 침공의 대가로 엄청난 잉글랜드의 재산을 취득했으며 그의 뒤를 이은 국왕들도 충직한 신하들에게 많은 토지를 보상으로 하사하고도 스코틀랜드와 웨일스와 아일랜드의 영지를 추가로 소유했다. 그리고 나머지는 국왕의 소유가 되어 국왕 영지^{Crown Estate}로 불렸는데 도시와 지방에 걸쳐 어마어마한 규모의 경작지였다. 1760년에 조지 3세가 왕이 되면서 이 소유 재산들이 충분한 수입을 발생하지 못하자 그는 의회와 협약을 맺어 국왕 영지로부터 나오는 수입을 정부의 재무부에 넘기고 그 대신에 왕실 비용으로 불리게 된 고정 연봉을 지급받기로 했다. 그와 동시에 그와 후계자들은 랭커스터 공작령으로 알려진 별도의 자산으로부터의 수입을 계속 차지했다.

　　이들 수입 자산이 왕실과 왕실 가족들의 재정 수요를 충당했다. 1947년에 국왕 영지는[28] 상업용과 주거용 부동산들과 광산, 농장, 산림, 어업 등으로부터 발생한 잉여 세입으로 거의 100만 파운드를 정부에 제공했다. 그해에 의회는 재무부로 하여금 왕실 비용의 급여 명목으로 41만 파운드를 조지 6세에게 지급하고 추가로 161,000파운드를 가족들에게 지급하고 일반 경비로 근 40만 파운드를 정부에 남기도록 결의했다.

딸의 결혼식 직전에 국왕은 미래의 사위에게 갖가지 커다란 지위를 하사했는데 에든버러 공작과 메리오네스 백작과 그리니치 남작 등이었다. 나아가 그에 대한 호칭도 "전하^{His Royal Highness}"로 부르도록 했다. 그는 대중적으로는 여전히 필립 왕자로 불렸고 서명할 때는 세례명을 쓰기도 했지만 주로 에든버러 공작으로 불렸다. 그의 공식 호칭인 영국 왕자^{Prince of the United Kingdom}는 10년 더 지나서 불리게 된다. 국왕은 또한 필립에게 가터 훈장을 하사했는데 이는 1348년부터 생겨난 서훈으로 국왕이 하사할 수 있는 최고의 개인적 영예이다. 엘리자베스는 이 훈장을 남편보다 지위가 높음을 징표하기 위하여 일주일 전에 먼저 받았다.

11월 18일 왕과 왕비는 버킹엄 궁에서 축하 무도회를 베풀었다. 극작가 노엘 카워드는 "대단한 밤이었다.[29] …… 모두가 빛났고 행복했다. 엘리자베스와 필립은 눈부셨고 모든 것이 회화적으로 연극적으로 또 정신적으로 매혹적이었다."고 회상했다. 왕은 평소 습관대로 궁의 접견실을 휘저으며 콩가 춤의 대열을 이끌었다. 잔치는 자정이 지나서야 끝이 났다. 필립은 자청해서 약혼녀의 들러리들에게 선물을 나눠주었다. 아르 데코풍의 은제 콤팩트에 금관을 새기고 그 위에 신부와 신랑의 이니셜을 새겨 넣었으며 다섯 개의 작은 카보숑 사파이어로 장식되어 있었다. 여덟 명의 신부 들러리 가운데 왕족이 아닌 두 사람 중의 하나인 엘리자베스 롱먼 부인은 필립이 평소처럼 태연하게 "마치 카드를 돌리듯이 선물을 나눠주었다."고 회상했다.

이틀 후 결혼식 날 아침에 필립은 그의 하인인 존 딘이 평소 "그의 담뱃갑을 채워 넣기에 바빴다"[30]고 말할 정도로 습관이 되었던 담배를 끊었다. 필립은 엘리자베스가 부친의 흡연 중독 때문에 괴로워하고 있음을 잘 알고 있었기 때문에 담배를 끊었는데 딘에 의하면 "갑자기 그리고 쉽게"[31] 끊었다고 한다. 그날 아침 그와 함께 있었던 퍼트리샤 브라본은 필립이 이 결혼을 하는 것이 "아주 용감해서인지 아주 어리석은 것인지" 모르겠다고 했는데 물론 엘리자베스를 사랑하지 않기 때문이 아니라 다른 의미 있는 일들을 포기해야 한다는 것 때문이었다. "엘리자베스는 하나도 달라질 것이 없다. 그렇지만 필립은 모든 것이 달라질 것이다."라고 퍼트리샤는 말했다. 켄싱턴 궁을 떠나기 전날 필립은 할머니의 아파트에서 밤을 보내며 왕가의 통과의례로 혼자서

진 토닉을 들이켰다.

웨스트민스터 성당 바깥에서는 수만 명의 군중이 혹한을 무릅쓰고 나와서 공주와 부친이 탄 왕실 사두마차를 환영하려고 기다리고 있었다. 2,000명의 하객들은 11시 30분에 성당 안에서 거행된 결혼식 광경을 즐겼는데 윈스턴 처칠은 "우리가 함께 가야 할 어려운 길 위의 한 줄기 서광"이라고 느꼈다. 노먼 하트넬이 디자인한 엘리자베스의 드레스는 진주와 수정이 박힌 상앗빛 실크 새틴으로 만들어졌다. 15피트 길이의 치맛자락을 받쳐 든 두 명의 다섯 살배기 어린이들은 실크 셔츠에 격자무늬 스커트를 걸쳤는데 글로스터의 윌리엄 왕자와 켄트의 마이클 왕자였다. 신부의 튤 면사포는 레이스로 장식되었으며 메리 왕비의 다이아몬드가 새겨진 보관이 씌워졌으며 필립의 해군 정장의 상의에는 새 가터 문장이 빛나고 있었다. 결혼식에 참석한 남자들은 모닝 드레스나 제복을 차려 입었으며 여자들은 긴 드레스와 팔꿈치까지 가린 긴 장갑과 화려한 보석에 작은 관이나 모자를 썼고 화려한 깃털로 장식을 했다. 요크의 대주교인 시릴 가벳은 집전을 하며 신혼부부에게 "인내와 동정과 관용"[32]을 당부했다.

한 시간 동안의 예식이 끝난 뒤 신부와 신랑은 단을 내려와 노르웨이, 루마니아, 그리스, 네덜란드를 포함한 다섯 명의 왕과 다섯 명의 왕비와 여덟 명의 왕자와 공주들이 참석해 있는 신도석 사이로 행진했다. 필립의 모친도 참석했으나 세 누이들과 독일인 남편들은 의당 초대받지 않았다. 그보다 더 눈에 띄는 불참자는 직전 왕이자 국왕의 형인 전 에드워드 8세, 현재 윈저의 공작과 그가 왕위까지 버리게 한 공작 부인이었다. 이후 사이가 멀어진 윈저 부부는 파리에서 살고 있으며 주기적 방문 외에는 런던에서 환영받지 못했다. 그들의 도피 생활이 비정해 보일지 몰라도 조지 6세와 엘리자베스 왕비와 그들의 자문을 맡은 사람들은 달리 대안이 없었다. 현재의 왕과 전임 왕이 한 나라에 산다면 두 개의 왕실이 경쟁하는 것처럼 보일 수도 있을 것이다.

성당의 종소리가 울리는 동안에 엘리자베스와 필립은 정식 의전 복장을 갖춘 2개의 왕실 기병대 소속 기마 연대가 앞뒤를 호송하는 가운데 유리 마차를 타고 버킹엄 궁으로 향했다. 이 기마 연대에 속한 기마 근위대는 푸른색 튜닉을, 근위 기병 연대는 붉은색 튜닉을 걸쳤으며 둘 다 뒤에는 흰색 가죽 브리치를 달았고 긴 검은색 장화와 번뜩이는 철제 갑옷에 붉거나 흰 깃털이 달린 빛나는 투구를 썼다. 이는 전후 가장 화려한 공개 행사였고 군중은 환성과 요란한 박수갈채로 반응했다. 10만 명이 넘는 인파가 경찰 저지선을 뚫고 궁전의 난간에 몰려들어 "엘리자베스 나오세요! 필립 나오세요!"라고 외쳐댔다. 마침내 왕실 가족들이 발코니로 나와 웃으며 손을 흔들자 그들은 "요란스럽게 호감을 표시했다."[33]

영국의 어려움을 감안하여 오직 150명의 초대객들만이 "결혼 조찬"에 참석했다. 검소한 식단으로 차려진 음식은 자주색 제복을 입은 하인들이 금으로 도금한 순은 접시에 담아냈다. 식탁은 분홍과 흰 카네이션으로 장식했고 각자의 좌석에는 기념품으로 머틀과 밸모럴의 히스로 만든 부케가 놓였다. 신부와 신랑은 9피트 높이에 4층으로 된 웨딩 케이크를 필립의 마운트배튼 검으로 잘랐다.

국왕은 애써 연설하는 수고를 덜고 그 대신에 신부를 위해 샴페인 잔을 들었다. 이어 신혼부부는 궁전 앞뜰을 수놓은 장미 꽃송이들을 지나 네 필의 말이 끄는 마차를 타고 황혼이 깃든 템스 강 위 웨스트민스터 다리를 지나 워털루 역으로 향했다.

그들은 첫 주를 햄프셔에 있는 마운트배튼 영지인 브로들랜드에서 보냈고 2주 이상을 뮈크 강 인근에 펼쳐진 숲 속의 밸모럴 영지 내 18세기 초기 백색 석조 건물인 버크홀에서 보냈다. 그곳은 소나무 가구와 타탄 카펫, 랜시어의 그림과 스파이의 삽화로 채워진 벽으로 이루어져 있었다. 부모가 왕과 왕비가 되기 전에 어린 시절을 보내 고향처럼 여기는 이곳에서 엘리자베스는 푹 쉴 수 있었다. 군대 장화에 소매 없는 가죽 재킷을 걸친 엘리자베스는 남편과 함께 수사슴 사냥을 나가서 "완전무장한 충직한 부하를 거느린 러시아 여자 특공대장" 같은 기분이었다고 사촌인 마거릿 로즈에게 편지로 썼다.

그녀는 부모에게도 여태까지 베풀어준 모든 것 그리고 귀감을 보여준 데 대하여 감사의 편지를 보냈다. "저는 오로지 나의 자녀들을 부모님께서[34] 저와 마거릿이 사랑과 공평함으로 자라게 해주셨던 바로 그 행복한 분위기 속에서 키울 수 있기를 바랄 뿐입니다." 덧붙여 "저희는 오랜 세월 동안 서로에게 속했었던 것처럼 지낸답니다! 필립은 천사예요! 너무나 친절하고 자상해요."라고 썼다. 필립은 장모에게 편지를 쓰며 조심스럽게 감추어왔던 감정의 일단을 드러냈다. "릴리벳을 아낀다?[35] 저는 이 말이 제 마음속 생각을 충분히 표현해주는 것인지 모르겠습니다."라고 쓰면서 자기의 신부가 "내게 있어서 진실한 이 세상의 유일한 '존재'"이며 "나의 바람은 우리 두 사람을 녹여 새로운 하나의 결합체로 만듦으로써 우리에게 닥칠 어떤 충격도 견뎌내는 것이며 선善을 위한 능동적인 존재가 되는 것입니다."라고 단언했다.

여왕은 나름대로 대단히 친절하다.
그러나 가족을 돌보기에는
너무나 시간이 없었다.

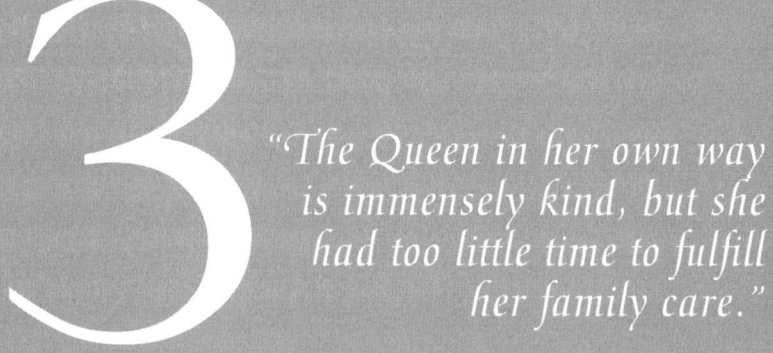

3

"The Queen in her own way
is immensely kind, but she
had too little time to fulfill
her family care."

엘리자베스 공주와 그녀의 장남이자 왕위 계승 예정자인 찰스 왕자.
1948년 11월 © Cecil Beaton, Camera Press London

CHAPTER 3

운명의 부름

Destiny Calls

신혼부부는 12월 14일 조지 6세의 52회 생신에 맞추어서 런던으로
돌아와 새로운 삶을 준비했다. 엘리자베스와 필립은 몰 거리 바로 아
래에 있는 세인트제임스 궁 옆의 19세기 양식 저택인 클라렌스 하우
스에서 살기로 했다. 그러나 이 저택은 대대적인 수리가 필요했기 때
문에 우선 임시로 버킹엄 궁 안의 아파트로 이사했다. 주말 휴가를 위
해서는 윈저에서 멀지 않은 윈들샴무어 저택을 빌려 썼다. 필립은 주
중이면 걸어서 출근할 수 있는 거리의 해군 본부에서 탁상 근무를 했
다. 엘리자베스는 콜빌의 개인 지도를 받느라 바빴는데 교육의 성과가
보이는 듯했다. 1942년에 영국을 방문했을 때 엘리자베스가 "진지한
질문들"[1]을 던질 수 있는 능력이 있음을 알아봤던 엘리너 루스벨트 여
사는 6년 뒤에 다시 윈저 성을 방문했을 때 공주가 "사회 문제[2]와 그

해결 방법"에 대하여 비상한 관심을 기울이는 것을 보고 기꺼워했다.

콜빌의 가장 큰 과제는 1948년 5월 엘리자베스와 필립의 공식 파리 방문이었다. 나흘간의 체류 동안에 이 매력적인 커플은 영국에 대하여 경계심을 품고 있던 사람들에게 호감을 갖게 하는 데 효과적임이 입증되었다. 샹젤리제 거리를 메운 군중은 너무나 열정적으로 환호를 보내 엘리자베스의 두 눈에는 "눈물이 가득했다."[3] 주불 영국 대사인 올리버 하비 경은 심지어 보통은 경멸적이던 공산주의 신문들도 "호의적인 사진과 방문 기사를 내보냈다."[4]고 했다.

한편 엘리자베스는 비밀리에 임신 4개월을 맞이했다. 사람들이 없는 곳에서는 입덧으로 괴로워했다. 그럼에도 그녀와 필립은 활발한 사교 생활을 계속했다. 엡섬과 애스콧의 경마에도 갔고 친구들과 함께 식당과 무도회장을 어울려 다녔다. 켄트 공작 부인 저택인 코핀스에서 열린 가장무도회에서 엘리자베스는 "검은 레이스 옷에 베일을 쓴[5] 인판타Infanta, 스페인의 왕녀-옮긴이 차림을 하고 새벽 다섯 시까지 춤을 추었다."고 일기 작가인 칩스 채논은 기록을 남기기도 했다. 덧붙여 "필립은 미칠 듯이 좋아했고 수갑을 든 경찰 복장을 하고 길길이 뛰면서 모두에게 인사를 하고 다녔다. …… 그와 공주는 무척 행복해 보였으며 자주 둘이서 춤도 추었다."고 썼다. 이 왕실 커플은 루퍼트 네빌과 그의 부인 미키, 그리고 존과 퍼트리샤 브라본 같은 친구들과 어울리면서 거리낌 없이 애정 표현을 하기도 했다. 켄트의 브라본을 방문했을 때에 존이 필립에게 "난 공주님이 그렇게 아름다운 피부를 지녔는지 몰랐다네."[6]라고 말하자 필립은 "온몸이 다 그렇다네."라고 대답했다.

1948년 11월 4일 이른 저녁에[7] 엘리자베스 공주가 해산을 앞두고 병원 산실이 차려져 있는 버킹엄 궁의 2층 침실에서 진통을 시작했다는 소문이 돌았다. 산부인과 의사 윌리엄 질라트 경과 헬렌 로 수녀 조산원이 대기하고 있었다. 필립은 궁정인 세 명과 테니스를 치며 시간을 보내고 있었는데 세 명을 차례로 다 이겼다. 오후 9시경에 고위 궁정 직원들이[8] 잘 갖춰진 바까지 있는 아래층의 거실에 모였는데 얼마 있다가 9시 14분에 엘리자베스가 몸무게 7파운드 6온스의 아들을 순산했다는 소식이 전해졌다. 직원들은 전보에 "왕자님"이라고 써서 애틀리 수상과 야당 당수인 윈스턴 처칠의 자택 집무실로 보냈다. 국왕의 언론 대변인인 리처드 콜빌 사령관은 남자 후계자의 탄생에 기뻐하며 "난 공주님이 해내실 줄 알았다고!"[9] 공주님은 우리를 절대 실망시키지 않으신다니까."라고 외쳤다.

궁정 조리사 에인슬리가 전화로[10] 하인들을 재촉하고 있을 무렵 가족들이 몰려들었다. 81세의 메리 왕비는 그녀의 동생인 애슬론 백작과 그의 부인인 애슬론 백작 부인이자 앨리스 공주를 데려왔다. 백작은 "이제 다 잘 끝났군."[11] 정말 잘됐어."라고 중얼거렸다. 이 세 원로들이 신생아를 보러 갔다가 돌아오면서 왕과 왕비, 그리고 의사들까지 데려와서 모두 샴페인을 들었다. 왕실 전속 의사 중의 한 명인 존 위어 경은 엘리자베스 왕비의 개인 비서인 토머스 하비 소령에게 귓속말로 "난생처음 사내아이의[12] 물건을 보았다."고 말했다. 엘리자베스 왕비는 "기뻐서 어쩔 줄 몰라 했고" 조지 6세는 "모든 것이 성공적으로 잘되어 너무나 기뻐했다." 메리 왕비는 "우리가 찾아낸 가장 딱딱한 의자"에 앉아서 질라트 경에게 "A부터 Z까지" 꼬치꼬치 캐물어댔다. 필립은 여전히 운동복과 운동화를 신은 채 마취에서 깨어난 산모와 함께하며 장미와 카네이션 부케를 선사하고 키스했다.

자정 직전에 아기는 궁정인들에게 보이기 위해 무도회장으로 데려져 왔다. 토머스 하비는 "막 고치에서 머리를 내민[13] 점토 같은 아기를 로 간호사가 자랑스럽게 지키고 서 있고 하얀 담요를 덮은 소박한 요람에 …… 이제 태어난 지 두시간 반밖에 안 된 불쌍한 것이 사람들에 둘러싸여 구경거리가 되다니, 물론 커다란 애정이고 좋은 뜻이겠지만."이라고 당시의 광경을 묘사했다. 경찰로부터 왕위 계승자의 탄생 소식을 들은 환영 인파가 버킹엄 궁의 난간을 따라 늘어섰다. 마침내 리처드 콜빌과 필립의 시종무관인 마이클 파커 소령이 군중을 설득하여 귀가시켰다.

엘리자베스와 필립은 아들의 이름을 찰스 필립 아서 조지라고 지었다. "침대에 누워 있으면서도 이렇게 바쁠 줄은[14] 정말 몰랐다. 쉴 새 없이 뭔가 일이 생긴다!"라고 그녀는 출산 후 2주 뒤에 메리 케임브리지 부인에게 편지를 썼다. "나의 아이를 가지게 된 것이 아직도 믿기지 않는다."며 이 초보 엄마는 무엇보다 아들의 "나도 닮지 않고 제 아빠도 닮지 않은 섬세하고 긴 손가락"[15]을 신기해하며 전 음악 교사이던 마벨 랜더에게 편지로 썼다. 공주는 거의 두 달간 아기에게 모유를 수유했으나 그만 자신이 홍역에 걸리고 말았다. 학교엘 다니지 않았기 때문에 모면할 수 있었던 병 중의 하나였다. 그래서 갓난애한테 옮길까 싶어 찰스를 다른 데로 옮겨야 했다.

부모 노릇을 하면서 엘리자베스와 필립은 클라렌스 하우스를 새로 꾸미는 데 서로 협력했다. 필립은 전체적인 디자인과 벽에 걸 그림 선택 등에 있어서 결혼 생활을 통틀어 처음으로 주도권을 쥐었으며 특히 침실의 음향 시설과 같은 기술적인 부분에서는 남다른 열정을 지녔다. 엘리자베스는 단지 실제적인 제안만 했을 뿐이었다. 가령 "누군가가 방에서 페인트 냄새가 난다고 하면[16] '건초 한 바구니만 갖다놓으면 없어질 거예요.'라는 식"이었다고 전기 작가인 사라 브래드포드는 전했다. 엘리자베스는 남편이 자기 영역에서 하고 싶은 대로 하도록 배려하는 데 매우 민감했다. 그녀는 신혼여행 중에 어머니에게 편지로 "필립은 매우 독립적이에요."[17]라고 쓰면서 자기는 그가 "집에서는 주인 노릇을 하도록" 하기 원한다고 덧붙였다.

그들은 1949년 초여름에 이사했으며 자기 집을 갖게 되어 매우 기뻐했다. 두 사람의 침실은 문 하나를 사이에 두고 붙어 있었는데 그의 방 벽은 남성적이었고 그녀의 방은 여성적인 분홍과 푸른색이었으며 더블베드 위로는 왕관 모양의 캐노피가 드리워졌다.[18] 파멜라 마운트배튼 훗날 힉스라 불림-옮긴이 은 "영국의 상류사회는[19] 부부가 침실을 따로 쓴다. 상대가 코를 골거나 다리를 마구 휘저으면 방해를 받는다. 그러다가 누군가 은밀한 느낌을 가지게 되면 그때는 한 방을 쓴다. 그때그때 선택할 수 있다는 것은 좋은 일이다."라고 설명했다.

부부에게는 집안 살림을 전담할 직원들이 완벽히 갖추어졌는데 우선 엘리자베스의 개인 비서인 콜빌, 마거릿 에거튼 부인(훗날 콜빌과 결혼한다.)을 포함한 궁녀들, 해군 시절부터 필립의 친구이자 호주 출신의 넉살스런 시종무관 마이클 파커, 집안의 회계를 담당하는 프레드릭 브라우닝 장군, 필립의 시종인 존 딘, 의상을 담당하는 보보 맥도널드 외에도 여러 명의 집사와 하인, 청소 및 세탁부, 운전사, 경호원, 요리사와 보조 요리사 등이다. 가족의 전통에 따라 찰스 왕자에게는 두 명의 스코틀랜드 출신의 간호사들이 딸렸는데 책임자인 헬렌 라이트바디와 보육사인 메이블 앤더슨이 있었고 모든 식사를 돌보고 유모차를 담당하는 아기방 하인인 존 깁슨과 자동차를 관리하는 운전사도 있었다.

왕실에 의해 고용된 직원들은 자신들의 임무를 비밀에 부치도록 훈련되어 있었는데 1949년 초에 엘리자베스와 부모들은 크로피가 왕실에서 근무했던 기간에 대한 회고록을 출판할 계획이라는 사실을 알고 나서 크게 당황했다. 설사 애정 어린 시각으로 그렸더라 하더라도—회고록에는 애정과 함께 날카로운 지적도 담겨 있었다—크로피는 왕실의 신뢰를 저버렸다. 왕실은 그녀와의 관계를 완전히 단절함으로써 유사한 불충^{不忠} 행위가 다시는 반복되지 않게 하려 했지만 그 뒤에도 소위 "크로피의 짓 ^{Doing a Crawfie}"은 수없이 되풀이되었다.

　필립은 해군의 경력을 계속 쌓기로 결심하고 그리니치의 해군 행정 학교에서 주중이면 밤 근무까지 하면서 1년이 넘도록 강의를 들었다. 엄마가 되면서 엘리자베스는 왕실 의무를 줄였는데 가끔 연설을 할 때가 있었다. 1949년 가을에 어머니 연합^{Mothers' Union}의 모임에서 행한 연설이 뜻밖에도 결혼에 관한 법률의 현대화 지지자들로부터 비판을 받았는데, 이 연설에서 그녀는 이혼이 "오늘날 우리 사회에 크나큰 악을 불러들인다."²⁰고 주장했었다. 평소와 같이 이 연설문은 궁정인들에 의해 쓰였지만 이런 생각은 어떤 상황에서도 가정은 지켜져야 한다는 왕실의 지배적 견해를 반영한 것이었다. 그러나 이런 일만 없었더라면 자신의 생각을 감출 수 있었던 한 젊은 여인을 논쟁의 한가운데로 불러들인 일이었다.

　1949년 10월에 필립은 구축함 HMS 체커스의 부함장으로 임명되면서 활발한 근무를 재개했다. 이 군함의 기지인 몰타는 1814년부터 대영제국의 영토로 편입된 지중해상의 작은 섬나라로 해운의 중심지이자 지중해 함대의 전초 기지였다. 해군 장교의 부인으로서 그런 근무지 배치는 의당 예상할 수 있는 것이었다. 존 딘에 의하면 이 왕실 부부는 "이런 근무 조건은 갓 탄생한 왕자에게는 적합하지 않다는 조언을 받았다."²¹고 한다. 엘리자베스는 아들과 함께 런던에 남아 있을 수 있었지만 가능한 한 남편과 많은 시간을 보내고 싶어 했다. 그녀 자신이 자라날 때 오랫동안 부모와 떨어져 있었기 때문에 찰스를 남겨두기로 한 결정이 눈살을 찌푸리게 하지는 않았다. 그녀에게는 유능한 보모들이 있었으며 무엇보다 손자와 기꺼이 놀아줄 조부모가 있었다. 엘리자베스는 가끔씩 클라렌스 하우스로 돌아오긴 했으나 꽤 오랫동안 몰타에 머물게 된다.

그녀는 찰스의 첫 생일이 지난 6일 뒤에 두 번째 결혼기념일에 맞춰서 필립과 해후했다. 처음부터 그녀는 왕위 계승 예정자로서의 역할을 톡톡히 수행했는데[22] 사적들을 둘러보고 산업 전시장과 병원을 방문했으며 군함들을 사열하고 제2차 세계대전 때 추축국의 군대와 맞서서 용감히 저항한 몰타 사람들의 영웅 정신을 표창하는 기념패를 하사하기도 했다.

이런 최소한의 왕실의 책무들을 수행하는 일 외에 엘리자베스는 그동안 맛보지 못했던 자유와 익명성을 누렸다. 마거릿 로즈는 "그녀가 가장 행복했던 시기는[23] 몰타에서 해군의 아내로 살 때였다. 그녀가 누릴 수 있는 가장 평범한 생활이었다."고 말했다. 그녀는 다른 장교 부인들과 어울려서 살롱에도 가고 차를 마시며 수다를 떨기도 하고 직접 현금을 가지고 다니며 계산도 했다. 가게 주인들이 그녀가 "돈 계산하는 데 굼뜬 것을 눈치챘다."[24]고는 했지만. 그러나 이 왕실 부부는 보통 사람들은 꿈도 꿀 수 없는 마운트배튼 백작의 빌라 가다만기아에서 살았는데[25] 모래 벽돌로 지은 이 드넓은 저택은 좁다란 길 위의 높은 언덕에 있으며 낭만적 테라스에 오렌지 나무들과 정원이 펼쳐져 있었다. 디키 마운트배튼은 제1 순양함 편대 사령관이었고 그의 부인 에드위나는 몰타에 올 때 엘리자베스와 비행기에 동승했다.

필립과 엘리자베스는 1949년의 크리스마스를 이 섬에서 보냈고 아들은 샌드링엄에서 조부모와 함께 지냈다. 12월에 체커스가 홍해에서의 임무를 위해 출항한 뒤에 공주는 항공편으로 귀국했다. 그녀는 며칠간 런던에 머물면서 허스트 파크에 들러 자신의 장애물 경주마인 모나빈이 우승하는 걸 본 뒤에 노퍽에서 5주만에 찰스와 해후했다.

1950년 3월에 필립이 해군 훈련을 마치고 돌아오자 다시 만난 두 사람은 몰타에서 6주간 목가적인 생활을 즐겼다. 엘리자베스는 운전사를 제쳐두고 열여덟 살 때 부친으로부터 선물받은 승용차 다임러 살룬을 직접 몰았다.[26] 왕실 부부가 남들의 시선을 의식할 때에는 필립의 중형차 힐만 밍스를 타고 다녔다.

둘은 보트를 타고 섬의 작은 만들을 탐색하고 일광욕을 즐기고 피크닉을 하며 많은 시간을 함께 보냈고 이를 지켜본 디키 아저씨는 흐뭇해했다. 그들은 마운트배튼의 어린 딸 파멜라가 승마 클럽의 경주에서 이기자 박수를 해주었고[27] 저녁에는 피니시아 호텔에서 저녁을 먹고 춤도 추었다.

이렇게 몇 주를 보내는 동안에 엘리자베스는 자기 남편의 인생에 커다란 역할을 맡아준 아저씨와 더욱 가까워졌다. 아저씨는 그녀에게 폴로용 조랑말을 주고 함께 타고 다니며 옆으로 타기 실력을 연마시켰는데 그녀는 이를 매우 싫어했다.[28] 그녀는 "옆으로 타면 말로부터 고립된 느낌을 가지기 때문에 바로 타는 것을 좋아했다."고 파멜라는 회고했다. 그렇지만 디키 아저씨의 고집 덕분에 "그녀는 매우 훌륭한 옆으로 타기 기수가 되었다."고 덧붙였다.

또 디키의 권유로 필립은 폴로를 배웠는데—"대단히 빠르고 위험하고 흥미 있는 경기"[29]로 조카가 좋아할 것이라고 했지만 정작 남편을 설득하는 법을 알려준 것은 엘리자베스였다. "아무 말도 마세요.[30] 억지로 시키지 말고 조르지도 말고 그냥 내버려두세요." 필립이 구경만 하다가 마침내 경기에 참여하자 그의 아내는 새로 산 촬영기로 경기를 찍었으며 이는 그녀의 평생 취미의 시작이었다.

5월 9일 그녀는 임신 6개월의 몸을 이끌고 런던으로 돌아와 왕실의 임무를 재개한다. 콜빌은 지난해 가을에 외교계로 복귀하기 위해 왕실을 떠났고 후임으로 온 36세의 마틴 차터리스는 공주와의 첫 만남에서 넋을 잃었다.[31]

차터리스는 샌더스트의 육군사관학교에서 훈련받은 이튼 출신으로 육군 중령이었다. 스코틀랜드에서 으뜸가는 작위 가운데 하나인

12대 웜즈 백작의 남동생이었다. 그는 인습에 얽매이지 않는 참신한 성향을 지녔는데 여가 시간에 조각을 하고 고된 왕실 여행 중에 지친 숙녀들에게 그의 복고 취미인 코담배를 권하기도 했다. 처칠 밑에서 장관을 지냈고 보수당의 당규 위원장을 지낸 마제슨 자작의 딸과 결혼한 차터리스는 지성적이고 세속적이며 점잖고 겸손했다. 현명한 그는 25년 이상 엘리자베스의 삶에 지속적으로 영향을 끼쳤다. 그가 80대를 훌쩍 넘어섰을 때에도 그녀에 대하여 말할 때에는 눈빛이 빛났다.

콜빌은 필립을 썩 좋아하지 않았다. 그가 때론 "천박한"[32] 말씨를 쓰고 공주에게 "함부로" 대한다고 썼다. 그러나 마틴 차터리스는 부드러운 기지와 편안한 매너로 가정의 분위기를 온화하게 해주었다. 그는 또한 공적인 업무들에 대하여 엘리자베스의 지식을 넓혀주었으며 1950년 6월에는 외무부의 문서와 의회의 논의 사항에 대한 일일 보고는 물론 각료 회의에서 나온 각서와 안건을 제출했다.

엘리자베스는 1950년 4월 15일 오전 11시 50분에 클라렌스 하우스에서 두 번째 아이인 앤 엘리자베스 앨리스 루이스를 낳았다. 필립은 2주 전에 런던으로 돌아와 거의 1년간 떨어져 있었던 21개월 된 아들과 다시 친해질 수 있었다. 그러나 부함장으로 승진해서 HMS 맥파이 구축함의 지휘를 맡게 되자 9월 초에 다시 몰타로 돌아갔다. 엘리자베스는 찰스 때와 마찬가지로 여러 달 동안 딸에게 모유 수유를 했다. 그리고 찰스의 두 번째 생일을 축하한 뒤 곧 몰타로 떠났다. 또다시 가족은 크리스마스를 서로 떨어져서 보냈다. 엄마 아빠는 그들끼리 보내고 아이들은 눈에 넣어도 아파하지 않을 조부모와 함께 샌드링엄에서 지냈다. 엘리자베스 왕비는 정기적으로 딸에게 편지를 써서 "찰스는 자기를 자기가 꼭 껴안았다."[33]라든가 "앤은 너무나 예쁘고 단정하고 여성적이란다. …… 모두가 아이들을 얼마나 사랑하는지 …… 아이들 때문에 우리는 무척이나 즐겁단다."라고 일일이 보고를 했다.

이듬해 봄에 엘리자베스는 난생처음 이탈리아와 그리스로 여행을 갔는데 필립이 파르테논 신전과 그 밖의 자기 고향 여기저기를 안내했다. 항상 자기 체중 관리에 주의해온 그는 아내에게도 감자와 포도주와 단것들을 포기하도록 종용하여 몸매를 조절하도록 도왔다.[34] 그러나 지중해에서 보낸 이들의 시절은 끝나가고 있었다. 조지 6세는 1948년 이후 건강이 나빠지기 시작하여 동맥경화증으로 점점 더 고통과 무기력에 시달렸다. 1949년 3월에 그는 다리의 혈액순환을 향상시키기 위한 수술을 받았다. 그는 여전히 임무를 계속했지만 용모는 수척해졌고 1951년 5월에는 병세가 위중해져서 치료에도 듣지 않는 고열과 만성적 기침에 시달렸다.

엘리자베스는 다양한 행사에서 부친을 대신하기 위하여 귀국했는데 6월에 개최된 군기 사열식 행진에서는 맨 처음 국왕의 자격으로 경례를 받았다.[35] 이 고독한 여인은 허리를 곧추세운 군대의 행렬 맨 앞에서 윈스턴이라 불리는 밤색의 경찰마를 타고 행진했다. 한 시간 동안 그녀는 오묘한 격식에 따라 깃발을 휘두르는 제전을 펼치는 근위병의 주홍과 황금색 제복을 걸치고 1745년 근위병 연대장의 복식을 재현한 하얀색 물수리의 깃털이 장식된 삼각뿔 모자를 썼다. 왼손으로는 고삐와 채찍을 들고 오른손으로는 자신감에 찬 경례를 하며 24세의 나이에도 침착한 자태를 선보였다. 이 군기 사열식 행진을 창문으로 내려다본 대가족들 가운데는 엘리자베스 왕비와 메리 왕비, 찰스 왕자 그리고 그의 대부인 노르웨이의 국왕 하콘과 마운트배튼 백작도 있었다. 백작은 어린 왕자를 창턱에 세우고 바르게 경례하는 법을 가르쳤다. 필립 왕자는 몰타에 있었고 조지 6세는 몸이 쇠약해져서 참석하지 못했다.

필립은 6월에 런던으로 귀환했는데 이때쯤은 그들 왕실 부부가 상시로 국왕을 대신해야 할 필요가 절실해졌다. 그는 해군으로부터 무기한 휴가를 받았지만 실상 군 복무 경력의 종지부를 찍고 있었다. 이 30세의 공작은 겨우 11개월간의 군생활이었지만 사령관으로서 만족스럽게 보내서 "가장 행복했던 나의 해군 시절"[36]이라고 회고하곤 했다. 한참 세월이 흐른 뒤 필립은 이렇게 철학적으로 말했다. "나는 내가 해군에 계속 몸담을 줄 알았으나[37] 그런 희망이 사라지고 있음이 분명해졌다. …… 선택의 여지는 없었다. 저절로 그렇게 되었다. 살다 보면 타협을 해야 한다. 그게 인생이다. 난 다만 최선을 다하려고 애썼을 뿐이다." 9월에 접어들어 조지 6세는 조직 검사를 받았는데 악성 종양이 발견되었고 세 시간의 수술 끝에 왼쪽 폐를 절제했다. 암 진단은 공개적으로 논의되지 않았으며 물론 언론에도 공개되지 않았지만 가족들은 왕의 상태가 위중함을 알고 있었다. 예비 조치로 왕비와 두 딸들이 왕을 대신하여 섭정들Counsellors of State로 위촉되었는데 궁정의 공식 소식지에는 국왕의 병세가 호전되고 있다고 공지되었다.

엘리자베스와 필립은 캐나다와 미국을 국빈 방문하기로 예정되어 있었는데 그녀의 부친이 당장 위험하지는 않다는 확인을 받기까지 2주간을 연기했다. 처음에는 원양 여객선으로 여행할 계획이었으나 그 대신 영국 해외 항공사의 최신 호화 여객기를 타고 대서양을 처음 횡단 비행하기로 했다. 2층 구조로 된 이 비행기는[38] 이들에 대한 예우로 왕실의 상징 색깔인 푸른색으로 도배했으며 흰색 리넨으로 만든 접이식 침상에서 자도록 했다. 그들은 1951년 10월 8일 자정에 공항에서 엘리자베스 왕비와 마거릿의 전송을 받고 16시간 뒤에 동부 해안으로부터 태평양까지 왕복 1만 마일에 걸친 35일간의 긴 여정이 시작되는 몬트리올에 도착했다. 거거서 그들은 10량의 객차가 딸린 왕실 열차로 여행에 나섰는데 그 안에는 거실이 마련되었고 엘리자베스의 침실 칸은 꽃무늬 천으로 꾸몄으며 필립의 공간은 맞춤 가구로 꾸몄다.

그들은 불어를 사용하는 퀘벡(여기서 그녀는 "퀘벡의 역사상 최대 규모의 군대 사열을 받았다.")에서부터[39] 밴쿠버 섬(보트를 타고 80마일을 가야 했다.)에 이르기까지 가는 곳마다 열광적인 환영을 받았다. 토론토에서는[40] 38,000명의 학생들이 스타디움을 메우고 세레나데를 합창했고 10만 명의 군중이 이 도시의 리버사이드 파크를 가득 메웠다. 그들은 가급적 얼굴을 보이려고 애썼는데 춥고 눈 내리는 날씨에도 불구하고 자주 오픈카를 이용했다. 그럴 때는 여행용 담요―열대지방에서도 "안락하고 부드럽고 점잖은"[41] 상비품―를 몸에 둘렀다. 그러나 매섭게 추운 위니펙에서는 투명한 플라스틱으로 커다란 덮개를 만들어서 자동차 위를 덮었다. 개별적 만남은 주로 VIP에게만 허용되었으나 때로 보통 사람들과도 얘기를 나누었다. 주로 어린이였고 전쟁 중 부상을 입은 상이용사도 있었다.

이 왕실 부부가 향후 수십 년간 전형적으로 보여준 공적 태도는 이 긴 여행 기간 중에 틀이 잡혔다. 엘리자베스는 절제된 모습을 보였으며 웃음도 망설이는 듯 드물어서 일부 언론의 비판을 샀다. 그녀는 자신의 시무룩한 태도에 대한 보도를 듣고 "웃으면 얼굴이 아프다."[42]고 마틴 차터리스에게 불평했다. 항상 적당한 거리를 두고 뒤를 따르는 필립은 그들을 보러 온 사람들을 향해 장난스럽게 활짝 웃으며 어릿광대 역할을 자처했다. 캘거리 가에서 야생마에서 떨어트리기^{bronco bucking}와 사륜마차 경주를 보러 갔을 때[43] 그들은 전기 담요를 밑에 깔고 있으면서도 몹시 추워했다. 그러나 경주를 보던 필립은 매우 기분이 좋아서 새로 장만한 멕시코 카우보이 모자를 마구 흔들어댔다. 한 번은 도를 넘어서기도 했는데 그가 저지른 전설적인 '실수'들 가운데 하나였다. 그가 "캐나다는 잘한 투자였다."[44]고 농담으로 던진 말은 신제국주의적 암시를 내포한 말로 캐나다 사람들을 화나게 했다.

여행의 범위와 속도는 가히 살인적이었다. 그들은 적어도 70군데 이상 멈췄으며 온타리오에서는 단 하루에 여덟 군데 마을을 방문했다. 이러는 동안에도 엘리자베스는 3,400마일 떨어져 있는 부친의 건강을 염려했다. 최악의 상황을 대비하여 마틴 차터리스는 엘리자베스의 왕위 계승을 위한 문서들을 지참하고 다녔으며 그녀 또한 여행 옷장 안에 검은 상복을 준비해두고 있었다. 공주는 주기적으로 모친으로부터 격려의 전화를 받아서 한결 기분이 "새로워졌고 힘을 얻었다."[45]

열차 안의 사석에서 필립은 분위기를 밝게 하려고 애썼다. 그러나 그는 여행을 몹시 힘들어했다. "그는 초조해졌고 안절부절못했다"[46]고 마틴 차터리스는 회고했다. "그는 아직 자기의 역할을 못 정한 것 같았다. …… 그는 구닥다리 궁정인들을 못 견뎌했다. 내 생각에 때로는 공주님이 남편보다 그들에게 더 신경을 쓰는 것 같았다. 그는 이 점이 못마땅했다. 그가 공주님한테 어쩌다가 '바보 같으니'라고 말하면 그건 그의 방식이다. 공주님은 대수롭지 않게 여겼지만 아마도 다른 사람들이 들었다면 충격을 받았을 것이다."라고 회고했다.

여행 도중에 필립은 주로 해군 제복을 입었고 엘리자베스는 사려 깊게 잘 맞춰진 정장을 하고 꼭 맞는 모자를 썼는데 때로는 베일과 털코트와 망토를 착용하기도 했다. 나이아가라 폭포를 방문했을 때 모든 사람들이 물보라가 치는 전망대에 방수복을 걸치고 갔는데 엘리자베스는 모자를 꼭 눌러 쓰며 소리쳤다. "내 머리 망가지겠어!"[47]라고.

대부분의 시간을 관광(그녀의 무비 카메라에 일일이 담았다.)으로 보냈지만 그들은 제철과 제지 공장 등도 둘러보았다. 온타리오의 윈저에서는 디트로이트 강 건너편 자동차 도시의 스카이라인을 보고[48] 처음으로 미국의 모습을 얼핏 살필 기회를 가졌다. 몇 주 뒤인 10월 31일에 왕실 부부는 비행기를 타고 워싱턴으로 향했으며 처음으로 미국 땅에 발을 들여놓았다. 이는 이후 오랫동안 깊은 관계를 맺게 되는 미국과의 첫 만남이었다.

해리 S. 트루먼과 그의 아내 베스, 딸 마거릿은 스물한 발의 예포와 함께 그들을 맞이했다. 트루먼은 국왕이 "신속하게 쾌유"[49]한 데 대하여 안도의 마음을 전했다. 영국에 갔을 때 공주를 만나보았던 딸 마거릿은 "공주를 만나본 사람은 누구라도 그 자리에서 공주를 사랑하게 되더라."[50]는 말을 전했다. 65세의 트루먼 대통령은 엘리자베스를 "요정 공주fairy princess"[51]라고 부르면서 자기도 그들 중의 한 사람이라고 했다. 엘리자베스는 한마디 한마디를 또박또박 전형적인 상류사회의 말솜씨로 대답하면서 "세상의 모든 자유인들은 미국에 대해 애정과 희망을 가지고 바라본다."[52]고 언명했다. 그녀는 훗날 마틴 차터리스에게 트루먼의 자연스러운 매너에 호감을 가지게 되었다고 말했다.[53]

그들은 오픈카를 타고 60만 명이 환호하고 박수하는 가운데 수도로 행진했다. 필립과 엘리자베스는 공식 초청객을 위한 숙소인 블레어 하우스에서 묵었다. 펜실베이니아 가를 가로질러 전면 보수 중인 백악관을 둘러보기도 했다.

왕실 부부의 정신없이 바쁜 일정은 16번가에 위치한 스타틀러 호텔에서 열린 신문, 라디오, TV, 뉴스 영화 등을 위한 리셉션으로부터 시작되었다.[54] 엘리자베스는 짤막하게 인사말을 했고 이어서 왕실 부부는 소규모의 언론인들을 접견했다. 이때 필립은 두 여기자들의 수첩을 슬쩍 훔쳐보는 장난기가 발동했는데 그는 후일에도 언론 매체를 대할 때마다 이 같은 태도를 보이곤 했다.

이튿날 그들은 의사당을 방문해 의회 도서관에서 독립선언서와 헌장을 둘러보고 마운트버논의 조지 워싱턴 묘와 알링턴 국립묘지에서 무명용사 묘를 참배했다. 영국 대사관저의 파티에서는 1,500명의 내빈들과 일일이 악수를 나눴다. 로즈 가든의 축하 행사에서 그들은 트루먼에게 꽃 그림으로 장식된 벽난로용 거울을 선사하며 새로 단장한 블루 룸에 "환영에 대한 보답으로[55] …… 우정의 징표로" 걸도록 했다. 그들의 방문은 캐나다 대사관에서 베푼 트루먼을 위한 화이트 타이 만찬^{white-tie dinner, 국빈을 위한 정장 만찬–옮긴이}과 함께 끝났다.

그들은 엠프레스 오브 스코틀랜드호를 타고 북대서양을 건너는 험한 여정을 택했다. 엘리자베스는 다행히 멀미를 하지 않아서 때맞춰 식사 시간에 모습을 드러냈다.[56] 노련한 뱃사람인 필립은 스스로의 허약함에 분개했다. 찰스 왕자의 세 번째 생일이 지난 사흘 뒤에 리버풀의 선착장에 도착한 그들은 왕실 열차를 타고 런던의 유스턴 역으로 향했다. 기차역에서는 엘리자베스 왕비와 마거릿 공주 그리고 한 달 넘게 부모를 보지 못한 찰스 왕자가 기다리고 있었다. 그는 장난스럽게 호위병에게 "칼은 어디 뒀어요?"[57]라고 물었지만 악수를 나누는 귀빈들의 행렬을 얌전히 따라갔다.

공주와 공작이 기차에서 내리자 엘리자베스는 모친에게 달려가 포옹하고 양 볼에 키스했다. 조그마한 찰스에게는 무릎을 구부려 그의 머리 위에 가볍게 키스하고 바로 돌아서 마거릿에게 키스했다. "영국의 왕위 계승 예정자는 그녀의 임무를 우선으로 하기에[58] 모성애는 클라렌스 하우스에서의 시간으로 미뤄두었다."라고 뉴스 영화의 해설자는 설명했다. 필립 공은 한 술 더 떠서 아들의 어깨를 툭 치며 리무진이 기다리고 있는 쪽으로 따라가라고 가리켰다. 그들이 역 구내를 빠져나가면서 찰스 왕자는 다시 할머니와 함께했고 부모는 앞장서서 걸어갔다.

왕실 부부의 부재 중에 총선거가 있었다. 1951년 10월 25일에 보수당은 간신히 의회의 다수를 차지해서 애틀리는 물러가고 76세의 윈스턴 처칠이 뼈저린 패배 이후 6년 만에 다우닝 가 10번지로 돌아왔다. 런던 시가 엘리자베스와 필립의 귀국을 환영하기 위해 길드홀에서[59] 베푼 오찬에서 처칠은 그들의 건강을 위하여 축배를 들었다.

국왕과 왕비는 샌드링엄에서 두 딸과 사위와 두 손주를 비롯한 여러 친척들까지 처음으로 온 가족들이 한데 모여서 휴가를 즐겼다. 매년 가을이면 밸모럴로 휴가를 가듯이 왕실 가족들이 겨울마다 노퍽에서 6주간 체류하는 것은 빅토리아 여왕이 아들인 에드워드 7세가 웨일스 왕자가 되었을 때 그를 위해 샌드링엄의 영지를 사준 이래 변함없이 이어져온 전통이었다.

1870년에 미래의 에드워드 7세는 샌드링엄에 새로 더 크게 집을 지었는데 자코비안 복고풍으로 방만 300개가 넘었다. 붉은 벽돌의 외관은[60] 돌로 마무리했고 발코니와 돌출 창으로 장식되었으며 지붕은 박공과 굴뚝과 양파 모양의 돔으로 화려하게 만들었다. 드넓은 방들은 패널과 섬세한 회반죽, 아치, 기둥과 격천장 등으로 장식되었다. 정면 출입문으로부터 몇 발짝 들어서면 보이는 집의 중앙부는 거창한 2층 구조의 응접실로 악사석에서 내려다보이는 자코비안 양식의 큰 홀인데 두 개의 대형 석조 벽난로가 돋보인다. 침실 스위트도 똑같이 드넓으며 가구들은 작가인 데이비드 세실이 묘사했듯이 "견고하게 속물적"[61]이었다. 데본셔 공작 부인인 데버러는 침실 안에서 세 개의 대리석 싱크대를 발견하고 입이 딱 벌어졌다. 첫 번째 것에는 "머리와 얼굴 전용"[62]이라는 글씨가 새겨져 있었고 두 번째에는 "손"이라고 새겨져 있었는데 세 번째 것에는 아무것도 안 쓰여 있었다. 이를 보고 친구에게 편지로 "아니, 마지막 것은 아무것도 안 새겨져 있는데 그럼 이건 뭘 하는데 쓰는 걸까?"라고 썼다.

1951년의 크리스마스는 독일식으로 크리스마스 이브에 가족들이 모여서 선물을 열어보는, 빅토리아 여왕 시대부터 정해진 방식을 따랐다. 가족들은 각자의 이름이 적혀 있는 선물 꾸러미들이 가득 쌓인 무도회장에 모였다. 선물 포장을 모두 풀어보고 난 뒤 어른들은 검은 넥타이 정장과 긴 드레스로 갈아입고 만찬을 즐겼다. 샴페인으로 건배하고 크리스마스 과자 봉지를 뜯고 종이 모자와 장식품 등이 담긴 파티용 기념품 상자를 열었다. 이튿날 그들은 성당에 갔다가 돌아와서 크리스마스 오찬을 즐겼다. 다음날 복싱 데이^{Boxing Day, 영국에서는 크리스마스 다음} ^{날인 12월 26일을 별도의 휴일로 정했는데 예전에 지주들이 하인들에게 수고의 뜻으로 선물이나 포상을 주었다.-옮긴이} 에 남자들은 전통적으로 꿩 사냥을 했다. 국왕도 상태가 좋다고 느껴[63] 가벼운 엽총을 들고 동참했다.

그러나 이후 건강의 악화로 인하여 국왕은 왕비와 함께 오래전부터 계획되어왔던 호주와 뉴질랜드 그리고 실론^{현재의 스리랑카-옮긴이}의 국빈 방문 계획을 실천하지 못하고 엘리자베스와 필립에게 이 반년에 걸친 여행을 대신 가도록 했다. 그들은 계획된 여행에 앞서 며칠간은 영국의 식민지였던 케냐에서 머물기로 하고 결혼 선물로 받은 사가나 로지에서 케냐 산 아래의 휴식을 취하기로 했다.

1952년 1월 31일, 국왕과 왕비는 왕실 일행과 함께 공항으로 전송을 나갔다. 활주로에 선 조지 6세는 영국 항공 아르고노트에 몸을 싣고 이륙하는 딸과 사위를 피곤에 지친 모습으로 바라보며 담담하게 손을 흔들었다. 닷새 후 외딴 사가나 로지에 안착한 후 엘리자베스와 필립은 사냥 금지 구역 내 불 밝힌 소금 동산 위의 무화과 나뭇가지들 사이에 지은 침실 세 칸짜리 트리톱스 호텔에서 밤을 보냈다. 카키 바지에 스카프를 걸친 엘리자베스는[64] 흥분에 휩싸여 코끼리와 코뿔소와 원숭이와 그 밖의 동물들을 무비 카메라에 담기 바빴다. 황혼 무렵에는 서른 마리의 코끼리 떼가 몰려오는 것을 보았다. 그녀는 이 가죽 두꺼운 동물들이 분홍색 먼지 속에서 뒹굴다 왔음을 모르고 "필립, 저기 봐요. 코끼리가 분홍빛이에요!"[65]라고 말했다. 밤은 깊어지고 동이 틀 무렵까지 남편의 새로 온 개인 비서인 마이클 파커와 함께 있다가 흰 독수리가 그들 머리 위로 날아가는 것을 보았다.

사가나에 있던 파커는 그날 오후에 근처의 아웃스팬 호텔에 있던 마틴 차터리스로부터 전화를 받았다. 56세의 국왕이 서거했으며 이제 엘리자베스 알렉산드라 메리 공주가 25세의 나이로 여왕이 되었다는 소식을 전했다. 조지 6세는 샌드링엄의 영지에서 즐겁게 토끼 사냥을 한 뒤에[66] 아내와 딸 마거릿 공주와 저녁을 들었으며 밤 10시 반경에 아래층 침실로 갔다. 이튿날 2월 6일 아침에 그는 심장의 혈전으로 수면 중에 사망했다. 파커는 즉각 이 소식을 필립에게 알렸고 그는 "아내에게 너무나 충격적[67]일 것"이라고 중얼거리며 그녀가 쉬고 있는 침실로 가서 소식을 전했다. 그녀는 울지 않았다. 그러나 "얼굴이 창백해졌고 수심에 잠겼다."[68] 필립은 그녀를 데리고 정원으로 나와 사가나 강을 따라 한참 걸었다.

엘리자베스의 친척이자 궁녀였던 파멜라 마운트배튼이 그녀에게 조의를 표하자 새 여왕은 담담하게 "고마워요.[69] 하지만 우리 모두 영국으로 돌아가야 할 텐데 모든 사람들의 계획이 다 틀어지게 됐군요."라고 말했다.

그간 엘리자베스가 여왕에 오른 순간에 대한 수많은 추측이 오갔는데 이는 특별히 이미 유사한 역사적 장면이 있었기 때문이다. 의심의 여지 없이 이 일은 분명 그녀가 아프리카의 무화과나무 위에 있을 때 일어났는데, 1558년에 엘리자베스 1세가 햇필드 하우스의 떡갈나무 옆에 앉아 있었을 때 언니인 메리 여왕의 사망 소식과 함께 그녀가 25세의 나이에 여왕이 되었음을 전해 들은 그 순간과 낭만적인 연결 고리가 있음을 연상케 한다.

바로 그 엘리자베스 1세 여왕의 20세기 후계자가 불가사의한 평정심을 유지하며 편지를 쓰고 전보를 치고 기록을 하는 등의 임무를 수행하는 모습을 지켜본 차터리스는 이를 그녀가 "자신의 운명을 두 손으로 움켜잡았다."[70]는 생생한 증거라고 회고했다.

감동적인 순간이었다.
그녀는 너무나 젊었고
머리에는 아무것도 쓰지 않았으며
다만 드레스에 흰 천만을
걸치고 있었다.

*"It was the most poignant moment.
She looked so young, with nothing
on her head, wearing only the
white shift over her dress."*

엘리자베스 2세 여왕이 26세의 나이에 웨스트민스터 성당의 대관식에서 축성받고 있다.
1953년 6월 ⓒ Getty Images

CHAPTER 4

"아가씨들, 준비됐나요?"

"Ready, Girls?"

엘리자베스가 부친을 잃었음을 알고 났을 때 마틴 차터리스는 물었다. "여왕님의 호칭은 어떻게 하실 생각이십니까?"[1] 이에 대해 그녀는 "그 야 내 이름을 써야죠. 달리 뭐가 있나요."라고 대답했다. 그러나 그녀의 모친이 엘리자베스 왕비로 불리어왔기 때문에 이를 명확히 할 필요가 있었다. 그러나 새 국왕의 호칭은 '엘리자베스 2세 여왕(16세기의 선대 여왕인 엘리자베스 1세를 이어받아)'이 되어 '여왕The Queen'으로 알려지게 될 것이다. 그녀의 모친은 모후 엘리자베스 왕비Queen Elizabeth the Queen Mother라 불리지 곰팡내 나는 '미망인 왕비Dowger Queen'라고 불리지는 않을 것이다. 또한 엘리자베스 2세는 '통치 여왕Queen Regnant'으로 불릴 것이며 그녀의 왕위 기호는 'E II R'이 될 것이다.

40여 년 후 그녀는 "너무나 갑작스러운 일이었다."[2]라고 회상했다. 그녀의 임무는 "책임을 넘겨받고 할 수 있는 최선을 다하는 것이었다. 습관적으로 하게 될 일들에 길들여지는 것이며 이곳이 자신의 자리라는 사실을 알고 운명으로 받아들여야 한다. 왜냐하면 연속이란 중요하다고 생각하기 때문이다."라고 말했다.

엘리자베스 2세는 바로 일주일 전에 케냐로 타고 갔던 아르고노트편으로 영국에 돌아왔다. 종전까지 공주이던 그녀가 여러 차례 그의 자리를 지나쳐 오고 갔을 때 필립의 시종인 존 딘은 "그녀가 울고 있었던 것처럼 보였다."[3]고 말했다. 마이크 파커는 또 "필립은 최선을 다해서 그녀를 위로하는 지브롤터의 바위Rock of Gibraltar 같았다고 말했다.[4]

검소한 검은 코트에 모자를 쓴 그녀는 1952년 2월 7일 황혼 무렵 열아홉 시간의 비행 끝에 런던 공항에 도착했을 때 침착한 표정을 유지하고 있었다. 활주로에는 글로스터 백작과 윈스턴 처칠 수상이 인솔한 한 무리가 검은 오버코트에 정모와 홈부르크 모자를 쓰고 도열해 있었다. 앤서니 이든 외무장관과 각료들은 그녀가 지나가며 일일이 악수를 하자 깊이 허리 굽혀 절했다. 국왕의 문장을 지붕에 단 다임러 승용차가 그녀를 클라렌스 하우스로 데려가자 기다리고 있던 88세의 메리 왕비가 이번에는 역할을 바꾸어 먼저 무릎을 굽혀 절부터 하고 키스를 했는데 한마디 건네는 것을 잊지는 않았다. "릴리벳, 상복치고는 스커트가 너무 짧구나."[5]

이튿날 새 여왕은 국왕의 공식 저택인 세인트제임스 궁으로 갔다. 16세기에 헨리 8세에 의해 지어진 이 궁은 런던 중심부에 위치해 있으며 작은 탑들로 에워싼 붉은 벽돌 건축물이다. 빅토리아 여왕이 버킹엄 궁으로 옮겨가기 전까지는 국왕의 본거지였다. 세인트제임스 궁에서 엘리자베스 2세는 20분 동안 수백 명의 즉위 제전 위원회와 원로 정치인, 성직자, 법조인 등으로 구성된 국정 자문 위원회를 포함하여 영국과 코먼웰스 각국에서 온 유력 고관들 앞에 나섰다. 1701년의 왕위 계승법에 의해 그녀는 부친의 사망과 더불어 이미 국왕이 되었지만 이 위원회는 그녀의 선서와 종교적 서약을 듣기 위하여 소집되었다. 그녀는 16개월 이내에 대관식이 있을 때까지는 재위에 오를 수 없지만 국왕으로서의 권한은 완벽히 행사할 수 있다.

위원들은 1066년 정복자 윌리엄이 영국의 왕권을 쟁취한 이후 마흔 번째의 국왕에게 일제히 절했다. 엘리자베스 2세는 낭랑한 음성으로 이렇게 말했다. "아버님의 돌연한 사망으로[6] 나는 국왕의 의무와 책임을 떠맡게 되었습니다. 나는 오늘 너무나 가슴이 벅차서 이렇게밖에는 말할 길이 없습니다. 아버님께서 재위 기간 동안에 나의 국민들의 행복과 번영을 증진하고 세계로 뻗어나가게 하셨듯이 신께서 굽어살피사 나 또한 이 이른 나이에 나에게 주어진 무거운 책무를 값지게 수행할 수 있도록 보살펴주시기를 기원합니다."

남편의 안내를 받아 자리를 떠나면서 그녀는 몇 차례 눈물을 보였다.[7] 그들은 차를 타고 샌드링엄으로 가서 모친과 마거릿 공주와 더불어 작고한 국왕의 관 앞에서 참배를 했다. 웨스트민스터 홀에 빈소를 차린 뒤 2월 15일에 윈저의 세인트조지 교회에서 장례식을 거행했다. 여기서 가장 기억에 남는 이미지는 세 왕녀들―메리 왕비, 모후 그리고 엘리자베스 2세―이 조문대 옆에 허리까지 검은 베일을 둘러쓴 마거릿 공주와 함께 서 있는 장면이었다.

모후는 이례적으로 국민들에게 메시지를 발표하면서 "이 크나큰 그리고 고독한 소명을 받은" 딸에게 "보호와 사랑"[8]을 당부했다. 그녀는 사적으로 메리 왕비에게 "너무 어린 나이에 이렇게 큰 짐을 진 릴리벳을 생각하면 견딜 수가 없어요."[9]라고 편지를 썼다.

아기였을 때 처음 엘리자베스 2세를 만났던 처칠은 조지 6세를 추모하며 새 국왕에 대하여 난감해하는 것으로 보였다. 처칠의 개인 비서로 돌아온 콜빌은 "새 여왕과 궁합이 잘 맞을 것이라고 그를 격려했다.[10] 그러나 그는 여왕에 대해서 아주 어렸을 때 외에는 아는 것이 없다고만 말했다.'고 회고했다.

처칠의 막내딸 메리 솜스에 의하면 "내 부친은 여왕이 그 이상이라는 것을 매우 빨리 깨달았다."[11] 마틴 차터리스가 보았듯이 "그는 여왕에게서 깊은 인상을 받았다.[12] 그녀는 성실하고 전문성이 있었고 진지했다. 즉위 후 며칠 만에 그녀는 수상들과 대통령들과 대사들과 각급 위원장들을 접견했으며 …… 한 치의 빈틈없이 해냈다." 여왕은 그 자신의 변화를 알아챘다. 한 친구에게 털어놓기를 "놀랍게도[13] 난 더 이상 초조하지도 걱정하지도 않는다. 왜 그런지 모르겠으나 난 겁이 없어졌다."

달변에다가 임기응변에 능한 처칠은 언론이 낙관적으로 "새로운 엘리자베스 시대"의 도래를 선언하는 무대를 만들었다. 영국은 아직도 물자의 부족과 홍차, 설탕, 버터 등의 배급제로 시달렸고 제2차 세계 대전으로 말미암은 폐허가 런던의 시가지를 황폐하게 만들고 있었다. 제국의 몰락은 계속되었고 전 세계적인 공산주의의 확산에 대한 두려움은 냉전을 불러들였다.

엘리자베스가 즉위한 지 닷새 뒤에 처칠은 하원에서 행한 연설에서 그녀를 "아름답고 젊은 분으로[14] …… 모든 우리의 전통과 영광의 상속자이다."라며 "고통 받는 인류가 세계의 멸망과 황금기 사이에 불확실하게 처해 있을 때에" 그녀가 이 자리에 섰으며 새 여왕이 "인간 존재를 위한 희망적인 구원의 청신호"가 되어줄 것이라고 말했다. 전도유망한 보수당의 정치인인 마거릿 대처 역시 신문 칼럼에서 낙관적인 견해를 피력하며 "많은 사람들이 진지하게 기도하듯이[15] 엘리자베스 2세의 즉위는 최고위직에 도전하는 여성에 대한 편견의 마지막 흔적을 제거하는 데 도움을 줄 것이며 여성을 위한 새로운 시대가 목전에 이르렀다."고 썼다.

2월 27일 오전 11시, 엘리자베스 2세는 버킹엄 궁의 대무도회장에서 조국에 대하여 모범적인 봉사를 한 민간인과 군인에 대하여 첫 포상식을 주재했다. 정부는 매년 2,500명을 선발하고 여왕은 이들에게 기사 훈장을 직접 수여한다. 영국의 세계적인 위상이 현격하게 저하되는 상황에서 이 같은 포상식은 국가에 대한 자존심을 유지하는 데 도움이 되므로 여왕은 이 수여식을 면밀하고 정확하게 주재했다. 재위 60주년을 맞이했을 때 도합 404,500명에게 훈포장을 수여했으며 무려 610회에 걸쳐서 직접 수여했다. 그녀는 언젠가 이렇게 말했다. "사람들은 때때로 누군가가 등을 두드려주기를 원한다.[16] 그것마저 없다면 세상이 얼마나 삭막하겠는가?"

매번 수여식마다 그녀는 백 명의 수상자를 만나서 메달을 걸고 브로치를 달아주고(기사의 경우에는 무릎을 꿇게 하고 검으로 어깨를 짚는다.) 일일이 치하도 한다. 한 시간이 걸리는 이 인상적인 수여식에는 적색과 금색의 제복을 입은 근위병과 구르카 기사 장교(용맹한 네팔 출신 군인들로 구성됨)들이 시립한다.

2월 27일에 제일 처음으로 수여한 빅토리아 십자 무공훈장은 전투에서 무공을 세운 군인에게 주어지는 최고의 훈장으로 수상자는 왕실 직속 스코틀랜드 국경 수비대의 윌리엄 스피크먼 이등병이었다. 그는 전년도 11월에 한국에서 벌어진 "치열한 백병전"에서 "개인의 위험 따위에는 코웃음치며 용맹[17]을 발휘한" 공로를 세웠는데 심각한 부상을 입고서도 무려 열 번이 넘는 돌격을 감행하여 "적군에게 막대한 손실을 끼쳤다." 스피크먼은 제2차 세계대전 후 60년 이내에 이 훈장을 받은 단 15명의 영국 군인들 가운데 하나였다.

훈장을 수여하는 것은 군대의 최고 수장이기도 한 새 여왕에게는 각별한 의미가 있다. 군부는 정부가 아니라 국왕에게 충성을 맹세하고 수시로 들락날락하는 정치인들로부터는 중립을 지킨다. 엘리자베스 2

세는 이때로부터 시종 최고위 계급의 임명을 승인했고 모든 장교들의 보직에 서명했으며 자신의 개인 부대로 배속되어 근위병으로 구성된 하우스홀드 사단 7개 연대의 명예 총사령관으로 활동했다.

4월에 왕실 가족은 버킹엄 궁으로의 이사를 마쳤고 새 여왕은 그녀의 재위 기간 내내 거의 바뀌지 않은 하루 일정에 적응해갔다. 그녀는 아침 7시 반에 하녀가 1층 침실에 들어와서 커튼을 열면 잠에서 깨어난다. 그러면 보보(왕실에서 유일하게 그녀를 "릴리벳" 또는 "우리 아가씨"라고 부를 수 있는 직원)[18]가 얼그레이 차와 마리 비스킷이 담긴 접시를 들고 들어온다. 그리고 보보의 뒤를 바짝 따라서 코기 견 무리가 뛰어 들어온다. 개들은 시종의 식품 저장소 옆방에 있는 버들가지로 만든 개집에서 밤을 보냈다. 하인이 이미 개들을 데리고 산책을 하고 난 뒤이다.

목욕을 하고 나서 옷을 갈아입고 머리를 손질하고 스프레이까지 뿌리고 나면 거실로 들어간다. 포터블 라디오를 통해 BBC 방송을 듣고 18세기 그림들로 가득한 개인 식당에서 아침 식사를 한다. 아침 신문들이 작은 탁자 위에 잘 정돈되어 있다. 제일 먼저 〈스포팅 라이프〉를 집어 들고 경마 소식을 읽은 뒤에 〈데일리 텔레그래프〉와 〈더 타임스〉 그리고 〈데일리 익스프레스〉, 〈데일리 메일〉, 〈데일리 미러〉 등을 본다. 초기에는 주로 삶은 달걀과 그녀의 왕위 기호가 새겨져 있는 윈저 낙농장에서 만들어진 버터를 약간 바른 토스트를 즐겨 먹었으며 졸라대는 개들에게 부스러기를 던져주곤 했다. 나중에는 식단을 바꿔 차와 마말레이드가 살짝 발라진 토스트를 들었다.

정확히 매일 아침 9시면 창밖에서 스코틀랜드의 백파이프 주자가 15분간 행진하면서 귀에 익은 스코틀랜드 고지대의 음악과 춤곡을 끼익끼익 연주하는 소리가 들린다. 이는 빅토리아 여왕 시대부터 궁정에서 행해져오던 전통이었다. 10시가 되면 엘리자베스 2세는 궁전 정원이 바라보이는 높다란 창문 옆의 책상으로 갔다. 그녀는 온갖 서류와 책들과 은제 액자에 끼운 가족사진들, 애견 수잔을 그린 것을 포함한 유화들로 둘러싸여 부친이 뜬 방석(그의 취미 중의 하나가 뜨개질이었다.)이 깔린 마호가니로 만든 치펀데일 의자에 앉았다. 그 밖에 마호가니로 만든 헤플화이트 책장, 인도수자목으로 만든 서랍장, 편안한 소파들, 갓 꺾은 장미와 수선화 같은 꽃들이 꽂힌 꽃병들도 있었다. 그녀는 "나는 내 방들이 사람이 사는 것 같은 느낌을 주는 것이 좋다."[19]고 말했다.

그녀의 책상 위에는 두 대의 전화와 함께 인터컴이 놓여 있는데 이걸 누르면 그녀의 개인 비서인 토미 라셀스와 그의 수하들인 마이클 아딘과 마틴 차터리스와 에드워드 포드가 한 사람씩 차례로 서명을 받고 논의해야 할 서류들을 잔뜩 들고 들어와서 활발하게 목례를 한다. 이들은 면담 내내 선 채로 각자 맡은 전문 분야를 다루는데 안건은 국내외의 여행과 교회나 군대와의 약속, 의회에 제출할 법안이나 기타 그날그날의 업무들이다. 에드워드 포드는 그녀를 가리켜 "관료들에게 선망의 대상[20]이다. 여왕을 위해서 일하는 것이 매우 좋다. 항상 만날 수 있고 …… 마치 주말에 놀러 온 친구와 대화하는 것 같다. '수상께서 좀 늦으시는 것 같은데 차라리 내일 오시라고 할까요?' …… 이렇게 모든 일들이 선왕과 일했던 것보다 훨씬 친밀하고 편안했다."라고 말했다.

그녀는 또한 대중으로부터 받는 서신을 성실하게 대했다. 바구니에 가득 담겨 온 편지들을 재빨리 읽고 궁녀나 개인 비서로 하여금 답장을 쓸 수 있도록 메모를 끄적거린다. 그녀는 언젠가 설명하기를 자기는 항상 편지를 "사적인 것"으로 여긴다며[21] "사람들은 내가 그 편지들을 뜯어서 읽어본다고 생각하고 편지를 쓴다."고 했다. 그 편지들은 "국민들이 무슨 걱정을 하고 있는지에 대한 힌트를 전해준다."라고 말했다.

그녀는 매달 10분간 국정 자문 위원들을 만난다. 이 회합에서 주로 법규와 정부 인사에 관한 정부 조치 등이 큰 소리로 낭독되면 그녀는 "승인합니다."라고 말한다.

그녀는 크리스마스와 부활절 이외에는—런던이나 윈저 성 아니면 샌드링엄이나 밸모럴에서의 휴가든 주말 동안의 친지 방문이든 국내외의 여행이든 간에 상관없이—매일 공식 정부 문서가 담긴 붉은 가죽 상자를 열어본다. 이는 본인의 열쇠와 더불어 그녀의 개인 비서들이 소지한 세 개의 열쇠로만 열리도록 되어 있다. 상자 속에는 외무성의 전문과 예산 관련 서류, 그녀의 서명이 필요한 명령서와 극비 정보 보고서 등으로 채워져 있다.

만찬 전에 도착하는 그보다 작은 상자에는 그날의 의회 활동에 대해 당의 기율 위원장이 요약한 내용이 담겨 있다. 그녀는 명시적으로 "300에서 900개 단어 사이의[22] …… '가벼운' 정리면 족하다."고 요구했다. 의회 기록관은 "점잖은" 토론과 "고성과 야유"에 대한 묘사는 물론 "기지와 열정과 뼈아픈 지적"[23]이 담긴 연설에 대한 칭찬도 섞어서 함께 작성했다. 한 보좌관에 의하면 그녀는 만찬에 어떤 정치인들을 초대하면 "그날 저녁에 오는 다른 어떤 손님들 못지않게 그들에 대해서 잘 알았다."[24]

여왕은 습관적으로 궁정 홍보관이 작성하는 왕실 활동의 공식적 기록을 담은 일간 〈코트 서큘러〉를 받아보고 이튿날 〈더 타임스〉와 〈데일리 텔레그라프〉에 소개되기 전에 혹시 실수가 있지 않은지 꼼꼼히 살펴본다. 그녀는 또 정부 문서들에 대해서도 수정이나 보충을 한 뒤에 서명을 하고 이튿날 아침 8시까지 개인 비서실로 보낸다. 마이클 아딘은 그녀가 서류 작업을 위해 매일 세 시간씩 일했으며 저녁까지 책상에 머무는 날도 자주 있었을 것이라고 추측했다.[25]

주말에는 더 많은 상자들이 배달되어 그녀를 오전 내내 책상에 묶어두게 했는데 그녀는 빠른 속도로 읽으며 철저히 내용을 숙지했다. 한번은 친한 친구들과 함께 있다가 여왕이 말했다. "나 상자한테 가봐야 해." "꼭 가셔야 해요?"라고 친구가 말하자 "한번 놓치면[26] 쫓아갈 수가 없거든."이라고 여왕은 대답했다.

그녀의 일정 중에서 핵심적인 것은 궁정의 아래층 거실에서 개별 면담을 가지는 것이었다. "아무도 듣는 사람 없이 만나는 나의 방식"[27]이라고 언젠가 설명했다. 이 개별 면담은 "그녀에게 정부나 민간에서 무슨 일이 일어나고 있는지에 대한 폭넓은 이해를 가져다준다. …… 다른 사람이 아무도 없다는 것이 그들로 하여금 하고 싶은 말을 하게 한다." 그녀는 이 같은 비밀스러움과 그로부터 생겨나는 솔직함이 "내가 정보를 어디서 얻는가에 대한 기초"를 다져준다고 말했다.

거의 매일 아침 90분 동안 그녀는 정장이나 고유 의상을 걸친 각국 신임 대사들의 신임장을 받고 파견하는 외교 사절을 환송하고 성직자나 정부 관리, 군 장성, 특출난 시민 등을 접견한다. 때로는 거창한 수여식 대신에 사적으로 훈장을 수여할 때도 이 시간을 활용한다. 모든 접견 방식은 오랜 세월 동안 이어져온 규칙을 따른다. 방문객은 금색 칠을 한 보우 룸에서 대기한다. 여왕이 부저를 울리면 문이 활짝 열린다. 방문객이 호명되면 문 안으로 한 발짝 들어서서 절이나 무릎 인사를 하고 세 발짝 더 들어서서 다시 절이나 무릎 인사를 한 뒤에 악수를 나눈다. 그다음 선 채로 아니면 앉으라고 할 경우 앉아서 환담한다. 모든 방문객은 궁녀나 시종무관 또는 개인 비서로부터 의전에 대한 상세한 지시를 받고 여왕은 방문객에 대한 간단한 서류를 검토한다. 여왕은 마치 정확하게 입력된 시계처럼 언제 대화를 끝내야 하는지를 잘 안다. 그녀가 손을 내밀면 대화가 끝나고 부저를 울리면 상급 직원이 들어와서 방문객을 모시고 나간다.

그녀가 혼자서 아니면 필립 공과 단둘이서 식사를 할 때에도 그녀의 식당 테이블은 유리, 은기, 도자기로 나뉜 세 종류의 식기들이 어김없이 차려졌다. 오찬 전에는 긴장을 식히기 위하여 식전주로 듀보네를, 만찬 전에는 독하지만 깔끔한 진 마티니를 마신다. 선임 하인이 음식을 올리는데 식단은 비교적 소박하다. 구운 고기에 닭 요리와 생선, 그리고 윈저 농장에서 가져온 채소와 치즈가 전부다. 강한 양념, 마늘, 소스를 얹은 파스타, 익히지 않은 굴이나 홍합 같은 어패류 등은 금지된다. 그녀는 또한 많은 디저트를 먹지 않는데 딸기나 크림 등이 식탁에 올라오면 어린아이 때의 습관으로 돌아가[28] 짓이겨서 퓌레로 먹는다.

"그녀는 그다지 음식을 탐하지 않는다."[29]라며 "그녀에게 있어서 음식은 연료와 같다. 스테이크가 나오면 우리는 여왕께서 가장 작은 부분만 드시게 하고 또 잘 구어지도록 한다."고 전 궁정인은 말했다. 단 빼놓을 수 없는 것은 맬번 생수를 끊임없이 마신다는 것이다. 주로 얼음과 같이 마시는데 특히 해외여행 시에는 수돗물이 질병을 유발할 수 있기 때문에 항시 휴대한다.

여왕의 점심은 한 시간 이상을 끌지 않는다. 오후 시간은 아침보다는 변화가 많다. 외부 약속이 있거나 책상에서 더 일을 하거나 손님을 접견한다. 아니면 궁정 정원에서 코기 견들을 데리고 산책을 하기도 하고 미용사의 도움을 받아 씻거나 머리를 손질하기도 하고 의상실에서 옷을 맞추기도 한다.

티타임은 그 누구도 방해할 수 없다. 매일 오후 5시부터 하인이 레이스 천으로 덮은 수레를 끌고 들어오는데 둥글게 썬 얇은 빵에 오이와 달걀 등을 넣어 만든 샌드위치와 케이크, 생강 비스킷과 머핀을 곁들인다. 여왕은 은제 찻주전자에 얼그레이나 다르질링 찻잎을 넣고 우려낸다. 차를 미지근하게 마시면서 샌드위치 정도만 먹고 케이크는 코기 견들에게 준다.

어머니가 왕위에 올랐을 때 찰스는 세 살이었고 앤은 고작 18개월밖에 되지 않아서 그들의 생활은 주로 버킹엄 궁의 2층에 있는 방 6개짜리 육아실에서 이루어지거나 두 명의 보모들이 드넓은 정원에 데리고 나가 보살핀다. 엘리자베스는 현대화의 첫 시도로서[30] 아주 어렸을 때부터 자녀들에게 허리나 무릎을 굽혀 절하는 관습을 없앴다. 주중에는 찰스와 앤이 아침 식사 후 9시 반에 아래층으로 내려와 잠시 부모와 노는 시간을 가졌다.

아이들의 취침 시간은 오후 6시부터 준비했는데 이 때문에 여왕은 공식 일정 가운데 하나를 조정했다. 그녀의 부친은 화요일 오후 5시 반이면 수상과의 면담을 가졌는데, 그녀도 처음에는 그 일정을 따랐지만 찰스와 앤이 "왜 엄마가 오늘 밤엔 우리들과 놀아주지 않는 거예요?"[31]라고 불평하자 면담 시간을 6시 반으로 미루었다. 육아실로 가서 아이들의 밤 목욕을 거들고 침대에 재운 뒤 윈스턴 처칠을 만나 국사를 의논했다.

여왕의 남편으로서의 지위에 적응하는 일은 필립에게는 골치 아팠다. "왕성하게 활동하던 남자에게[32] 그것은 처음부터 매우 힘들었다."라고 퍼트리샤 브라본은 말했다. 엘리자베스 2세에게는 모든 것들이 빈틈없이 짜였지만 그는 궁정인들의 면밀한 검토 아래 모든 것을 창안해야 했는데 참고할 만한 선례조차 없었다.

빅토리아 여왕의 전기에서 리튼 스트레이치는 "앨버트 공은 국왕에게 무제한의 영향력을 행사했다."[33]고 썼다. 또한 "그는 여왕 가족의 자연스러운 가장이었고 집안의 관리자였고 그녀의 사적 업무의 매니저였다. 정치에 있어서는 유일한 '비밀' 보좌관이었고 정부 관리들과의 교류에 있어서도 유일한 조언자였다. …… 왕실 자녀들의 교사였고 국왕의 개인 비서였으며 종신 장관이었다."라고 썼다. 1857년 빅토리아는 공식적으로 남편을 '여왕의 부군Prince Consort'이라고 부르며 결혼한 이후 17년 동안 유지해온 각별한 지위를 인정해주었다.

필립은 아내의 공적인 생활의 핵심으로부터 제외되어 그녀의 일과인 상자 속의 국정 문서에 대한 접근이 허용되지 않았으나 그 자신이나 그의 아내 또한 20세기에 들어와서 여왕의 부군이란 공식적인 칭호를 부여하는 것이 바람직하지도 적합하지도 않다고 여겼다. 훗날 필립은 전기 작가 가일스 브렌드레스에게 이렇게 말했다. "이건 하나의 제도가 되었다. 나는 그 제도에 맞추어야 했다. …… 많은 사람들이 나에게 '당신은 이런 일에 끼어들지 말라.'고 말하곤 했다. 나는 간여하지 않음으로써 최선을 다해 여왕을 지지하려고 애써야 했다. 어려운 점은 내가 도움이 될 일이 무엇인지 찾는 것이었다."

앨버트 공처럼 필립 공은 궁정의 고위 관리들로부터 이방인처럼 여겨졌었다. "망명 남편"[34]이라며 조롱조로 자신을 빗대기도 했다. 그는 사소한 일들로부터 상처를 받곤 했다. "필립은 끊임없이 으깨지고 핀잔받고 질책받고 비난받았다."[35]고 존 브라본은 말했다. 상당 부분 디키 마운트배튼과의 친밀함이 이런 우려를 자아냈다. 퍼트리샤 마운트배튼은 "우리 부친은 좌파로 여겨졌고[36] 매우 진보적이셨다."고 회고하며 "사람들이 걱정한 것은 필립 공이 궁정에 현대 사상을 주입하고 사람들을 불편하게 만들지 않을까 하는 것이었다."고 말했다.

가장 심하게 상처를 받았던 일은 국왕이 서거한 뒤에 일어났는데 디키 마운트배튼이 우쭐해서 "이제 마운트배튼 가문의 시대가 도래했다."[37]라고 선언한 것을 메리 왕비가 들었을 때였다. 그녀와 그녀의 며느리인 모후는 그의 주장에 대해 분노했다. 또한 메리 왕비는 여왕이 남편을 따르는 대신에 윈저의 이름을 이어받아 그녀의 조부와 부친의 윈저 가문에 대한 연결성을 존중해야 한다는 데 대하여 공감하고 있었다. 처칠과 내각도 이에 동의했다. 필립은 수상의 건의에 강력히 항의하는 메모를 보내 마운트배튼의 가문을 지지했는데 사실 이 같은 상황은 다소 아이러니했다. 왜냐하면 그의 부친은 그에게 성을 물려주지 않았으므로 마운트배튼은 모친 가문의 이름이었기 때문이다.

빅토리아 여왕은 자신의 하노버 가문의 이름을 버리고 남편 가문의 이름을 채택했었다. 그녀의 아들인 에드워드 7세는 작센코부르크고타 가문의 첫 왕이었지만 조지 5세가 정치적 이유로 인해 윈저로 이름을 바꿨었다. 엘리자베스 2세는 스스로 바꿀 수 있는 모든 권리를 지녔다. 그녀가 주저한 것은 처칠에 맞서고 싶은 의사가 없기도 했지만 어머니와 할머니를 거역할 수 없었기 때문이었다. 여왕은 그녀의 조치가 필립에게 심대한 타격을 주어서 결혼 생활에 지장을 초래하리라는 것을 예견하지 못했다. 퍼트리샤 브라본은 "그녀는 너무 어렸다.[38] 처칠은 나이도 많고 경험이 풍부했다. 그래서 그녀는 그의 헌정에 대한 자문을 받아들였다. 만약에 한참 뒤에 이런 일이 발생했다면 그녀는 '나는 동의하지 않아요.'라고 말했을 것이다."라고 말했다.

필립은 친구들에게 "나는 이 나라에서 내 이름을 자식들에게 물려줄 수 없는 유일한 남자다."[39]라고 분통을 터뜨리며 "나는 한심한 아메바 같은 존재다."[40]라고 말했다. 디키 마운트배튼은 한 술 더 떠서 "그 늙은 주정뱅이 처칠[41]이 여왕의 지위를 강압한다."고 으름장을 놓았다. 수상은 마운트배튼 백작을 불신했고 배척했는데 무엇보다도 그가 인도의 마지막 총독으로서 그 나라의 독립을 지지하는 결정을 주도했기 때문이었다. "처칠은 내 부친이 '인도를 내준 데 대해서' 결단코 용서를 못했다."[42]라고 퍼트리샤 브라본은 말했다.

장막 뒤에서 디키는 조카의 묵인하에 그 결정을 번복하는 공작을 펼쳤다. 그러는 사이에 필립은 아내를 지지하기로 결심하고 자기 나름대로의 틈새를 찾아 향후 수십 년 동안에 무려 800개가 넘는 다양한 자선단체들의 후원자로 활발하게 활동했는데 그 안에는 스포츠, 청소년, 야생동물 보호, 교육과 환경 관련 단체 등이 포함되었다. 가문 내에서 필립은 또한 모든 왕실 영지들의 관리를 맡았으며 이는 오로지 "그녀의 시간을 줄여주기 위한 것"[43]이라고 말했다. 그러나 이보다 더 의미심장한 것은 1994년에 찰스 왕자의 공식 전기 작가인 조너선 딤블비가 썼듯 여왕은 자녀들과 관련해서는 "전적으로 부친의 의사에 맡기겠다."[44]고 말했다.

딤블비는 그녀가 필립을 최종 결정권을 지닌 가장으로 만들었는데 그 이유는 "그녀가 초연하면서도 무관심하지는 않았기 때문"[45]이라고 썼다. 신문 편집인이자 보수 정치인인 윌리엄 디드는 엘리자베스 2세의 초연함에 대하여 "가치 있는 국가의 수장이 되려는 노력은 그녀에게 엄청난 부담이 되었다.[46] 여왕은 겉으로 조용하지만 한없이 친절하다. 그러나 가족을 돌볼 시간이 너무 부족했다. 나는 전적으로 이해한다. 그러나 거기에는 문제가 있었다."라고 말했다.

특히 첫출발에서 엘리자베스 2세는 국왕으로서의 진중함을 보여주는 데 힘썼다. "재위 첫 5년간 그녀는 더욱 엄격히 격식을 따랐다."[47]고 오랫동안 그녀의 하녀로 일했던 사람이 말했다. 그녀가 젊은 공주로서 누렸던 자유는 적어도 공개 석상에서는 자제되어야 했다. 위엄을 세우는 일이 최우선적으로 중요했다. 그녀의 젊음과 미모는 그녀에게 저절로 이점이 되었다. 소설가 낸시 미트퍼드는 "무덤덤한 남자보다 젊은 여왕이 있는 것이 훨씬 낫다."[48]고 말했다. 엘리자베스 2세는 또한 대중 앞에서 중대 발언을 하지 않음으로써 불가해한 아우라를 풍기는 행운을 누렸다.

그녀는 51세에 과부가 된 모친과의 조심스러운 관계를 감내해야 했다. 엘리자베스 2세는 당시에 스스로 썼듯이 그녀의 삶이 그 어느 때보다도 충만했으나 모친과 마거릿의 미래는 "텅 비어 있음"[49]을 잘 알고 있었다. 모후는 절대로 대중 앞에서 감정을 드러내지 않도록 훈련받았지만 친구들에게는 슬픔을 토로했다. 이디스 시트웰에게 자기는 "불행과 비참의 거대한 먹구름에 싸여 있다."[50]고 말했다. 남편의 죽음과 더불어 그녀는 가정도 없고 중심 무대에서의 역할도 없어졌다. 그녀는 클라렌스 하우스로 이사 가는 데 동의했지만 여전히 버킹엄 궁에 머물면서 이 생활의 변화를 실행하는 데 1년 이상이 걸렸다.

모후는 빅토리아 여왕이 앨버트 공의 사망 후에 했던 것처럼 조의를 표하기 위하여 은둔하지는 않고자 했다. 처칠은 1952년 가을에 그녀를 만나서 온 세계로부터 칭송을 받았던 공익 봉사를 계속하며 딸의 임무 수행을 도와주십사 하고 촉구했다. 그녀는 결국 이를 수락하고 국민의 할머니로서의 역할을 떠맡기로 했으며 항상 활기차게 웃으며 자선단체의 후원자이자 나라와 국왕을 위한 친선 대사로서 "인간 생활의 목적[51]은 항상 새로운 선을 기부하고 창조하는 것"이라는 자신의 신념을 실행하기로 했다. 세실 비튼은 그녀를 가리켜 "우리 모두를 위한 위대한 어머니이자 보모이다.[52] …… 그녀의 따스한 마음은 우리 모두를 씻겨주며 난롯가의 포근한 이불처럼 감싸준다."고 했다.

프랜시스 캠벨프레스턴은 "모후는 엄격한 견해를 지닌 에드워디언 레이디Edwardian Lady[53]였다."고 회고했다. "여왕이 전통에 중요성을 부여하는 점[54]과 올바른 방향으로 일을 처리하는 방식 등은 모친에게서 왔다."고 전 왕실 가족 담당은 말했다. 결과적으로 모후는 필립 공과 고위 자문 위원들이 추진하는 변화에 제동을 가했다. "모후가 나서서 항상 중재 역할을 했다."[55]고 또 다른 전 왕실 가족 담당이 말했다. 또 모후는 "여왕께서 이 일을 알고 계시냐?"고 묻곤 했다고 전했다.

썩 내키지는 않으나 둘을 비교하지 않을 수 없다. 젊은 여왕은 중립성과 예의범절의 압박을 받고 있다면 활달한 미망인은 방안을 환하게 하는 즐거움과 유쾌함을 드러낸다. 이 두 여인은 서로를 대등하게 존중하지만[56] 모후는 딸에게 무릎 인사를 하도록 요구받는다. 1952년 메리 왕비의 전 시종무관 리처드 몰리뉴에 의하면 윈저 성을 방문했을 때의 여왕은 "누가 봐도 국왕이었다.[57] 그녀는 방안에 들어설 때 남편과 모친보다 적어도 10야드를 앞서서 들어왔다."

여왕이 즉위한 첫 1년의 대부분은 1953년 6월 2일로 예정된 대관식 준비에 바쳐졌다. 가장 큰 문제는 이 행사를 TV로 생중계하느냐는 것이었는데 그녀의 최초 결정은 처칠과 마찬가지로 존엄한 의식을 방해할 것이므로 조명과 카메라를 멀리하겠다는 것이었다. 그러나 10월에 TV 중계를 금지한다는 발표가 나자 왕실은 이 의미 있는 행사에서 소외되는 것에 대하여 방송과 대중의 항의에 부딪혔다.

　여왕은 국민들이 그녀의 대관식을 보고 싶어 한다는 것을 인식하고 마침내 굴복했다. 성유와 성찬식을 포함한 가장 성스러운 순간은 제외하고 클로즈업도 할 수 없다는 조건하에 생중계를 한다는 타협안에 동의했다. 그녀는 첫 크리스마스 라디오 방송에서 대관식이 진행되는 동안에 "웨스트민스터 성당 바깥의 수백 만 명의 사람들은[58] 성당 안에서 드리는 약속과 기도를 들을 수 있을 것이며 이 오래된 예식을 보게 될 것입니다. …… 나는 모든 사람들에게 그들의 종교가 무엇이든 이날 신께서 내가 드리는 엄숙한 약속을 수행해낼 수 있는 지혜와 용기를 주시며 또한 내가 살아 있는 동안 신에게 충실히 복종할 수 있도록 나를 위해 기도해주시기 바랍니다."라고 만족스럽게 선언했다.

　그해 가을, 엘리자베스 2세는 남편에게 유화적인 제스처를 보냈다. 의회 개원식에서 그가 "이제부터 여왕 폐하 다음의 지위[Place]와 우위^{Pre-eminence}와 우선권^{Precedence}을 누리게 될 것이다.^{이상 세 가지는 모두 국왕이 하}
^{사할 수 있는 특권이다.-옮긴이}"⁵⁹라고 발표했다. 11월에 그녀가 처음 의회를 개원
했을 때 에든버러 공작은 과거 앨버트 공처럼 상원의 옥좌 왼편 몇 인
치 아래에 놓인 의전석에 앉았다. 부친의 떠듬거리던 연설과는 달리
엘리자베스 2세는 처칠이 써준 7분짜리 연설을 완벽하게 해냈다. 세
실 비튼의 빈틈없는 관찰에 의하면 그녀의 눈빛은 "서두르고 쫓기는
사람"⁶⁰의 것이 아니었다.

　　이듬해 6월에는 필립에게 의회에서 주어졌던 영예는 되풀이되지
않았다. 여왕의 제안으로 그는 대관식 준비 위원장으로 위촉되었지만
그녀와 나란히 걸을 수는 없었다. "우리는 당연히 그녀가 홀로 걸어야
한다고 보았다.⁶¹ 물론 그에게는 힘들었겠지만 이는 원래 그렇게 해야
하는 것이었다. 그녀는 국왕이다. 만약 그녀가 남자였다면 아내가 그
옆에 섰을 것이다."라고 게이 차터리스는 회고했다. 1937년에 엘리자
베스 왕비가 처음 머리에 성유를 축성받고 남편과 함께 왕관을 썼을
때는 그랬었다. 그러나 전통에 의하면 여왕의 남편은 왕관을 쓰지도
않고 축성을 받지도 않는다.

　　1953년 3월 24일 대축전을 앞두고 메리 왕비가 84세를 일기로
취침 중에 작고했다. 그녀는 웨스트민스터 홀에서 합당한 예우를 받은
뒤에 윈저의 세인트조지 교회에서 장례를 치렀다. 그녀의 아들인 윈저
공작도 참배했으나 여왕은 그날 저녁 만찬에 그를 초대하지 않았으며
대관식에 초청하지도 않았다. 그녀는 "왕위를 포기한 자를 초청하는
것은 아주 적절하지 못하다."⁶²는 처칠의 자문에 동의했다. 상처받은 공
작은 아내에게 "내 친척들이 지독하게 고약스러웠다."⁶³고 편지에 썼다.

　　대관식의 준비는 나라가 전후의 배급제와 경기 침체에서 벗어나
기 시작하면서 영국민들을 애국심과 부푼 기대로 단합시켰다. 마거릿
공주는 그것은 "마치 불사조의 시간^{phoenix-time} ⁶⁴ 같았다. 모든 것이 잿

더미에서 일어났다. 이 눈부시게 아름다운 여인이 있으니 무엇이든 점점 더 좋아지는 것을 어찌 막으랴."라고 말했다. 처칠이 말한 새로운 엘리자베스 시대의 도래는 환상일지 몰라도 당시에는 영국 국민들의 상상력에 불을 당겼으며 레베카 웨스트의 말처럼 "국가의 문양[65]이었고 국민 생활의 상징이었으며 우리들 자존심의 수호자"였다.

몇 주에 걸쳐 여왕은 세 시간에 이르는 의식의 세세한 부분들을 숙지했다. 그녀는 99대 캔터베리 대주교인 제프리 피셔를 만나 다양한 의식들의 정신적 의의를 배웠고 기도문을 익혔다.[66] 그녀는 매일 버킹엄 궁의 무도회장에서 대사와 동작선을 연습했다. 어깨에는 그녀가 입게 될 무거운 드레스와 그 뒤에 길게 늘어질 옷자락의 무게에 해당하는 천을 둘렀다. 그녀는 찰스 2세의 대관식 때부터 내려온, 무게가 5파운드나 되는 세인트 에드워드 왕관을 쓰고 책상에 앉아 부친의 대관식 녹음을 들었다.

문장원 총재Earl Marshal, 대관식과 장례식을 담당하는 궁정 고위 관리직-옮긴이이라는 별도의 직함을 가진 매우 유능한 귀족인 16대 노퍽 공작이 의식의 전체 진행을 책임졌다. 그의 아내인 노퍽 공작 부인 라비니아는 웨스트민스터 성당에서의 연습에서 여러 번 대역을 했고 엘리자베스 2세는 이 장면을 유심히 지켜보았다. 6명으로 구성된 여왕의 영예 궁녀maids of honor들은 미혼의 세습 귀족들로 구성되며 이들은 드레스의 긴 옷자락을 나누어 붙잡는 역할을 맡게 되는데 이들도 자주 성당에서의 연습에 참가했다. 도중에 잠시 쉬었다 하면 어떻겠냐는 질문에 여왕은 "난 괜찮아요.[67] 말처럼 튼튼하니까."라고 대답했다.

약 1백만 명의 사람들이 이 화려한 행사를 보려고 런던으로 몰려왔는데 이 안에는 미국인도 4만 명에 달했다. 미국의 공식 대표는 조지 마셜 장군과 캘리포니아 지사인 얼 워렌 그리고 오마르 브래들리 등이었다. 이 군중 가운데는 미래에 존 F. 케네디 대통령의 아내가 될

24세의 재클린 부비에도 끼어 있었는데 당시 〈워싱턴 헤럴드 타임스〉의 기자였던 그녀는 이런 재미있는 기사를 송고했다. "모든 퇴임 국왕들은 클라리지 호텔런던 최고의 5성 호텔-옮긴이에 투숙했으며"[68] 부인들은 새벽 3시 반까지 머리를 하고 6시 반까지 보관을 챙겨 쓰고 좌석에 앉을 때까지 "약간의 수선을 떨어야 했다."[69]고 썼다.

대관식 전날 밤, 수십만 명의 군중이 칼바람과 폭우까지 쏟아지는 추운 날씨에도 다음 날 오전 9시 행렬이 지나갈 대로에서 좋은 자리를 차지하려고 몰려들었다. 행렬은 29개의 악대와 27개의 마차와 함께 인도, 파키스탄, 말레이시아, 피지, 호주, 캐나다를 포함하여 약 50개 나라를 대표하는 13,000명의 군인으로 이루어졌다. 남태평양의 영국 코먼웰스에 속한 왕국인 통가의 살로테 여왕은 "자줏빛 비단으로 휘감고[70] 왕관에 달린 찬란한 깃털을 바람에 날리며 나타났다." 추운 날씨도 개의치 않고 지붕 없는 사륜마차에 탄 그녀는 보는 이들을 즐겁게 했다.

엘리자베스 2세는 도금한 조각과 18세기의 풍경을 그린 문 장식을 한 24피트의 긴 황금색 왕실 마차를 타고 웨스트민스터 성당을 향해 행진했다. 아이젠하워라는 이름의 말까지 모두 여덟 필의 회색 말이 수레를 끌었다. 여왕은 증조모가 사용했던 왕관을 쓰고 짧은 소매에 하트 모양의 목선을 한 흰색 새틴 상의와 종 모양의 스커트에는 영국과 코먼웰스의 상징(장미, 엉겅퀴, 토끼풀, 단풍잎, 고사리)으로 장식되었으며 이 모두가 사치스럽게 은은한 비단실과 금실과 은실에 보석과 작은 진주알과 빛나는 수정으로 수놓아진 대관식 드레스를 입었다. 그녀는 흰 장갑을 낀 팔을 올렸다 내렸다 하며 우레 같은 군중의 환호에 미소 짓는 듯했다. 필립 공은 함대 사령관 정복을 차려입었는데 의식이 진행될 때에는 그 위에 검은 족제비 털로 만든 망토가 달린 자줏빛 귀족의 긴 예복을 걸쳤다.

　　11시 정각, 성당의 정문에는 진주로 장식한 흰색 새틴으로 똑같은 차림을 한 영예 궁녀들이 일찌감치 기다리고 있었다. "그녀는 편안해 보였고[71] 너무나 아름다웠다."고 앤 글렌코너는 회고했다. "그녀는 아담한 체구에 가는 허리, 커다란 두 눈에 보기 좋은 혈색을 하고 있었다." 필립 공은 그녀의 뒤를 보며 우리들에게 "이래라저래라" 했다. 여왕의 시종 가운데 한 명이 "폐하, 불안하시죠?"[72]라고 묻자 엘리자베스 2세는 "물론이에요. 하지만 난 오레올이 틀림없이 이길 거라고 믿어요."라고 나흘 뒤에 열릴 더비에 출전하는 자기 말 얘기를 했다.

　　예복 담당인 데본셔 공작의 미망의 도움을 받아 영예 궁녀들이 족제비 털과 황금 레이스로 끝머리가 장식된 국왕의 진홍색 벨벳 예복을 대기시켰다. 궁녀들이 18피트나 되는 예복의 꼬리에 달린 공작 손잡이들을 일제히 붙들자 여왕은 어깨너머로 바라보며 "아가씨들, 준비됐나요?"[73]라고 말했다. 궁녀들은 묵직한 벨벳 천을 들어 올리고 긴 통로를 행진했다. TV 촬영을 위한 눈부신 아크 불빛 아래 홀[笏]과 검과 왕관이 황금색, 진홍색, 푸른색 태피스트리로 둘러싸인 높은 제단 앞 황금색 카펫이 깔린 대관식 무대에 다다랐다.

　　이어 나머지 행렬이 줄을 이었는데 국가 수반, 외교관, 표범가죽 옷을 걸친 아프리카 추장, 평범한 검은 예복을 걸친 무슬림, 왕자들, 회색 수녀복에 머리 두건을 쓴 필립의 모친과 모후 그리고 12피트 길이의 옷자락을 드리운 마거릿 공주를 포함한 왕실 가족들이 뒤따랐다. 모든 여자들은 무도회 정장 차림이었고 길게 흘러내리는 예복이나 전통 의상을 걸치지 않은 남자들은 흰 넥타이를 매고 연미복을 입었으나 노동당 정치인인 어나이린 베번은 도발적이게도 검정색 정장 차림으로 나타났다.

　　여왕이 높은 제단으로 다가갈 때 그녀의 무거운 스커트는 "앞뒤로 흔들리며[74] 아름다운 리듬을 형성했다." 웨스트민스터 학교의 소년 합창대는 "엘리자베타 여왕 만세! 만세! 만세! 만세! Vivat Regina Elizabetha! Vivat! Vivat! Vivat!"라고 전 의식을 통틀어 유일한 라틴어 노래를 불렀다. 1066년 크리스마스에 최초로 정복자 윌리엄이 애비 성당에서 대관식을 거행했던 예에 따라 그녀는 세 번 자리를 옮겼다. 첫 번째 이스테이트 의자Chair of Estate는 커다란 접시와 성배와 소금 단지를 포함한 은제와 순금 기물로 채워진 긴 테이블 뒤편의 무대 중앙을 바라보고 있다. 떡갈나무로 조각한 에드워드 왕의 의자는 1308년 이후 대관식 때마다 쓰여왔는데 높은 제단을 향해 놓여 있었다. 그 뒤로는 높은 단 위에 역시 제단을 향하여 여왕의 옥좌가 놓여 있었는데 그녀가 성유로 축성받고 왕관을 쓴 뒤에 앉도록 되어 있었다.

엘리자베스 2세는 대주교가 인준 절차를 시작하며 성당의 네 구역에 나뉘어 앉은 7,500명의 내빈들에게 차례로 소개할 때에 에드워드 왕의 의자 옆에 서 있었다. 각 구역의 내빈들이 일제히 트럼펫의 팡파르와 함께 "신이여, 여왕을 보호하소서! God Save Queen Elizabeth!"를 외치자 그녀는 가볍게 목례를 하고[75] 반쯤 무릎을 굽혀 절했는데 이는 여왕이 유일하게 두 번의 절을 한 기록이 되었다.

그녀가 마침내 영국과 코먼웰스 및 부속 영토의 법률을 준수할 것이며 "신의 율법을 따를 것"[76]이라고 대관식 선서를 마치자 이 의식의 가장 신성한 부분이 행해졌다. 그녀가 에스테이트 의자 앞에 서자 명예 궁녀들이 그녀의 진홍빛 예복과 장갑과 보석과 왕관을 벗겼다. 이어 데본셔 공작의 미망인과 그레이트 체임벌린 경과 콜몬들리 후작이 엘리자베스 2세에게 주름 잡은 스커트에 소박한 둥근 목선의 흰색 리넨으로 만든 콜로비움 신도니스Colobium Sindonis, 세속을 등지고 신 앞에 겸허해짐을 뜻하는 대관식 예복-옮긴이를 입혔다. 이때 "콜몬들리 경이 옷의 등 뒤를 채워주어야 했는데 그가 단추를 잠그는 법을 몰랐기 때문에 똑딱단추를 눌러서 입히도록 만들었다."고 앤 글렌코너는 회고했다.

네 명의 가터의 기사들이 비단과 금실을 엮어서 만든 덮개의 은제 기둥 네 개를 들고 서 있으면 그 아래 에드워드 왕의 의자에 여왕이 정좌하여 성유 축성을 기다렸다. "너무나 감동적인 순간이었다.[77] 그녀는 너무나 젊었고 머리에는 아무것도 쓰지 않았으며 다만 드레스 위에 흰 천만을 걸치고 있었다."라고 글렌코너는 말했다. 캔터베리 대주교는 독수리 모양의 22캐럿 순금 단지로부터 도금을 한 12세기의 성유 수저에 성유를 따랐다. 그는 엘리자베스 2세에게 성유로 그녀의 양 손바닥과 이마 그리고 풀어 헤친 가슴에 축성을 했다. 한 목격자에 의하면 "엘리자베스는 빅토리아와는 달리 대주교가 가슴에 축성하는 것을 거부하지 않았다는 데 대하여 약간의 호기심이 일었다.[78]고 했다.

그리고 나서 그녀는 무게가 36파운드가 나가는 대관식 예복을 입었다. 이 예복은 빳빳하게 금실로 짠 옷감에 넓은 허리띠와 긴 소매가 달린 슈퍼튜니카Supertunica로, 목에는 수놓은 숄을 둘렀다. 국왕의 문양이 그려진 커다란 망토는 황금 독수리 고리로 채워져 있었다. 소박한 리넨 드레스에서 화사한 의상으로 바뀌자 성유 축성의 상징성과 결합하여 성직자 같은 분위기를 연출했다. 영국의 국왕들은 이미 오래전에 왕권신수설의 개념을 포기한 바 있다. 그러나 독실한 기독교 신자인 여왕에게 대관식이란 마치 교황이 서품을 받는 것과 같았다. 신 앞에서 국민을 위하여 봉사하라는 성스러운 임무를 부여받는 것이라 믿었다.

"대관식의 진정한 의의[79]는 왕관이 아니라 성유 축성에 있다."라고 왕실의 친구이자 제100대 캔터베리 대주교의 사제인 캐논 앤드루는 말했다. "그녀는 축성과 동시에 여왕이 되었다. 이는 그녀의 일생에 있어서 가장 엄숙한 일이었다. 그녀는 마음대로 퇴위할 수 없다. 그녀는 죽는 날까지 그 자리를 지켜야 한다."

이어진 의식에서는 그녀에게 왕권의 상징물들이 주어졌는데 성실과 지혜를 뜻하는 22캐럿짜리 금팔찌와 "과세의 온정"[80]을 촉구하는 뜻으로 두터운 흰 장갑을 받았으며 선을 보호하고 악을 응징하는 의미로 "보석이 박힌 헌정 검Jewelled Sword of Offering"을 정중하게 양손으로 받아 들고 제단 앞으로 나아갔다. 그리고 국민에 대한 충성을 보이기 위하여 오른손 넷째 손가락에 루비와 사파이어로 만든 대관식 반지를 꼈고 여왕의 권세와 자비와 지도력을 나타내는 홀과 인류에 대한 그리스도의 권능을 나타내는 보주寶珠를 함께 받았다.

여전히 양손에 보석이 박힌 홀을 세워 들고 육중한 황금 예복에 거의 파묻힐 듯 휘감긴 채 그녀는 대주교가 444개의 준보석들로 꾸며진 거대한 세인트 에드워드의 순금 관에 축복을 내리는 모습을 "심중한 기대감"[81]을 가지고 지켜보았다. 대주교는 금관을 높이 쳐들었다가 그녀의 머리 위에 잠시 얹는 듯하다가 다시 높이 쳐들었다. 이와 동시에 성당의 한쪽에 있던 주홍색 족재비 털 달린 예복을 입은 귀족들과 붉은 벨벳과 털 장식된 예복으로 비슷하게 차려입고 보석으로 치장한 반대편의 귀족 부인들이 화관을 썼다. 모든 참석자들은 일제히 "신이여, 여왕을 보호하소서"를 외쳤고 하이드 파크와 런던탑에서는 예포가 발사되었다. 대주교가 "신께서 그대에게 영광과 정의의 관을 내리신다."고 읊었을 때 엘리자베스 2세는 총 45파운드에 달하는 의상과 왕관과 홀의 무게 그 이상으로 엄청난 의무의 중압이 그녀의 가녀린 체구를 짓누르는 것을 느꼈을 것이다.

대주교와 문장원 총재의 인도로 여왕은 홀을 잡고 단을 내려와서 옥좌에 좌정한 뒤 문무백관들로부터 경하를 받았다. 첫번째는 대주교였고 이어서 에든버러 공작이 모자를 벗고 긴 붉은색 예복을 떨치고 옥좌로 다가가 다섯 계단을 오른 뒤 무릎을 꿇었다. 두 손을 그녀의 손 위에 올려놓고 "나 필립은 폐하의 신하로서 지상에서 나의 육신이 다하는 날까지 신명을 다 바쳐 믿음과 진리를 수호할 것을 굳게 맹세하

나이다."라고 읊었다. 그러고 나서 그녀의 왕관에 손을 대고 왼뺨에 키
스하자 여왕은 곧 왕관을 고쳐 썼고 그는 뒷걸음으로 물러나며 목례를
했다.

왕실석에는 자그마한 찰스 왕자가 흰 새틴 셔츠와 검은 반바지를
입고 모후와 마거릿 공주 사이에 앉아 있었다. 그는 어머니가 성유로
축성을 받고 왕의 상징물들을 받고 왕관을 쓰고 아버지의 경하를 받는
모습을 지켜봤다. "저기 봐요, 엄마예요!"[82]라고 그는 할머니에게 말했
고 여왕은 희미한 미소를 지어 보였다. 이 네 살짜리 왕위 계승자는 눈
이 휘둥그레져서는 시시각각 흥분하고 신기해하며 구경했고 할머니
는 몸을 숙여 설명을 해주었다.

고작 16년 전에 똑같은 의식의 중심에 섰었던 이 여인은 내내 웃
음을 짓고 있었지만 비튼은 모후의 표정에서 "자랑스러움과 슬픔이 교
차하는"[83] 모습을 보았다. "국왕이 되는 것은 마치 성직에 오르는 것 같
다."[84]며 "딸이 성유로 축성받으러 가는 모습을 본다는 것은 범상치 않
은 일임에 틀림없다."라고 프랜시스 캠벨프레스턴은 말했다. 마거릿
공주는 약간 지루해하는 표정이었다. 여왕이 국왕의 지위에 오르는 과
정에서는 "언니의 침착한 얼굴에서 한 순간도 눈을 떼지 않았다."[85]고
한다. 그러나 의식이 끝나자 그녀는 눈물을 흘렸다. "공주님, 너무 슬퍼
보여요."[86]라고 앤 글렌코너가 눈가가 붉게 충혈된 공주에게 말을 건네
자 공주는 "난 아버지를 잃었는데 이제 언니도 잃었어요. 언니는 너무
바빠질 거예요. 우리의 삶은 변할 거라고요."라고 대답했다.

긴 의식은 귀족들의 경하 행렬과 더불어 끝이 났다. 참석자들은
영성체를 하며 축복했고 여왕도 무릎을 꿇고 포도주와 빵을 들어 소박
한 영성체[87]를 받들었다. 엘리자베스 2세와 영예 궁녀들은 잠시 휴식
을 취하기 위해 교회 안으로 들어갔다. 여왕은 황금 의상을 벗고 새 예
복으로 갈아입었다. 또한 대관식 때 단 한 번 착용하는 세인트 에드워

드 왕관을 벗고 그보다 가벼운 3파운드 무게의 제국 왕관Imperial State Crown을 썼다. 이 관은 의회 개원식이나 기타 중요 국가 행사 때에만 쓴다. 이 유명한 관은 세계에서 가장 대단한 보석들이 박혀 있는데 1415년에 헨리 5세가 아쟁쿠르 전투에서 썼던 흑색 황태자 루비, 스튜어트 사파이어, 317캐럿짜리 컬리넌 II 다이아몬드가 그것들이다. 교회를 떠나기에 앞서 대주교는 긴 코트 밑자락에서 작은 브랜디 병을 꺼냈다. 그는 이 병을 여왕과 궁녀들에게 돌리며 행렬에 앞서 기분 전환 삼아 한 모금씩 마시게 했다.

2.5파운드 무게의 보주와 2파운드 무게의 왕홀을 들고 왕관을 쓴 여왕은 성당의 신도석 중앙을 통해 별관으로 향했다. 거기서 그녀와 시종들은 살구와 카레 마요네즈로 버무린 찬 닭고기로 만든 대관식 오찬Coronation Chicken을 들었다. 그 뒤에 엘리자베스 2세와 필립은 황금색 왕실 마차에 몸을 싣고 쏟아지는 비를 맞으며 두 시간 동안 7마일의 런던 시내를 행진했다.

궁으로 돌아온 여왕은 마차에서 바람을 쏘여 코와 손이 차디차졌다. 그러나 거실에서 궁녀들과 함께 쉬던 그녀는 원기 왕성했다. "우리 모두는 복도를 뛰어다녔고[88] 함께 소파에 앉았어요."라고 앤 글렌코너는 회고했다. "여왕께서 말하셨어요. '정말 훌륭했어. 다 잘됐어!' 우린 모두 웃었어요." 여왕이 왕관을 벗었는데 찰스 왕자가 그걸 쓰다가 넘어졌고 앤 공주는 엄마의 드레스 자락 밑을 돌아다니며 낄낄거렸다. 모후가 그들의 흥분을 가라앉혔다. 비튼은 "여왕은 아이들을 얼른 품에 안았다.[89] 그리고 찰스 왕자의 머리 위에 고개 숙여 키스했다."고 썼다.

이 날은 대관식의 성공뿐 아니라 영국 산악팀 소속의 뉴질랜드인 에드먼드 힐러리와 그의 셰르파인 텐징 노게이가 에베레스트 산 정상을 정복했다는 뉴스 때문에도 승리에 도취한 날이었다. 이들 "엘리자베스 시대의 탐험가"[90]들은 여왕에게 브랜디로 축배를 들었으며 해발 5.5마일에 이르는 세계에서 가장 높은 산 정상에 여왕의 깃발을 휘날렸다.

얼 워런은 드와이트 아이젠하워 대통령에게 "대관식은 영국을 놀라운 수준으로 단합시켰다."[91]고 보고했다. 놀랄 만큼 많은 사람들이 TV를 통해 이 의식을 지켜봤다. 영국에서는 전체 인구 3,600만 명 중에서 2,700만 명이 생중계를 보았으며 TV 수상기 보유자 수도 두 배로 늘었다. 당시 10세였던 후일의 수상 존 메이저[92]는 폴 매카트니와 마찬가지로 그의 첫 TV 시청으로 대관식을 즐겁게 보았던 추억을 회고했다. 매카트니는 "나는 여왕과 더불어 자랐는데 그녀가 어린아이라고만 생각했었다. 그녀는 아름다웠고 매력에 넘쳤다."고 말했다. 미국에서는 전체 인구 1억 6000만 명 중에서 약 5,500만 명이 방송을 보고 들었는데 당일에 라디오 뉴스를 듣고 신문에서 사진을 봤거나 이틀 날 녹화 방송을 보았다.

한 예리한 관찰자가 파리에 있었다. 왕관을 쓰기 전에(여왕의 한 친구가 지적했듯이 "그는 성유로 축성받지 못했다.[93] 그러니 그는 진짜 왕이 아니었다.") 퇴위했던 그는 전 에드워드 8세이다. 열여섯 살에 부친이 조지 6세로 즉위할 때에 대관식에 마지막으로 참석했었다. 이제 윈저 공작이 된 그는 더블 버튼이 달린 멋진 세로줄 무늬의 양복을 입고 부유한 미국인 마거릿 비들의 집에서 TV를 보았다. 그의 집에서는 100명의 친구들을 초청한 "TV 오찬"[94]이 열리고 있었다. 세 대의 TV를 한 방에 설치하고 금색 의자들을 주욱 배열했는데 공작은 앞줄 중앙에 앉아 "질투나 후회의 기색 없이" 처음부터 끝까지 보았다. 대관식이 끝나자 그는 허공에 팔을 뻗으며 담배를 피워 물고 차분히 말했다. "대단히 인상적인 의식이었소. 아주 감동적인 의식이었는데 어쩌면 여자였기 때문에 더 감동적이었던 것 같소."

그녀는 너무나 유익하면서도
또, 국정에 대해서
이런 표현이 맞는지 모르지만,
너무나 재미있는 주례 면담을
더는 못하게 되어
못내 아쉬워했다.

5

"She would especially miss the weekly
audiences which she has found
so instructive and, if one can say so
of state matters, so entertaining."

수상직에서 물러나는 처칠을 위한 송별 만찬 후에
처칠이 엘리자베스 2세에게 고별인사를 하는 장면.
1955년 4월 ⓒ Associated Press

CHAPTER 5

국정

Affairs of State

기백이 넘치는 3년생 체스트넛종 망아지 오레올은 대관식 날에도 여왕의 머릿속을 떠나지 않았던 경주마이다. 1953년 6월 6일 토요일에 엡섬 다운스에서 열린 대관식 기념 경마 대회에서 촉망받던 말 중의 하나였다. 그 말의 아버지는 하이페리온이었고 어머니는 안젤롤라였고 할아버지는 천사 조각의 대담한 후광을 조각했던 이탈리아 르네상스 화가의 이름을 딴 종마 도나텔로였다.

　여왕은 자기 말 이름을 고르기를 즐겼다. 낱말 맞추기와 샤레이드 같은 실내 게임에 능숙했던 그녀는 상상력이 풍부했고 조합을 잘했다. 가령 안젤롤라는 도나텔로와 페올라 사이에서 태어난 말 이름이고 로스트 마블은 로드 엘진과 암네시아 사이에서 태어난 말 이름이었다. "그녀는 옛 스코틀랜드 이름까지 포함해서 온갖 지식에서 끌어온다."[1]

라고 카나번 백작 부인인 진은 회고했다. 그녀의 남편인 헨리 포체스터는 훗날 카나번 백작이 되었지만 여왕은 "포치"라고 불렀는데 30년 간 엘리자베스 2세의 경마 관리인이었다.

여왕은 남편과 함께 다임러 오픈카의 뒷좌석에 앉아서 역대 최고 관중인 50만 명의 환호를 받으며 엡섬 다운스의 트랙으로 들어섰다.[2] 그녀는 귀빈석에 앉아 쌍안경으로 26마리의 종마들과 함께 1.5마일의 경주로를 질주하는 자신의 기수 복색(주홍색 소매에 금색 술을 단 자주색 옷, 금테를 두른 검은 벨벳 모자)을 관찰했다. 오레올은 4마신^{馬身, 경주마의 머리} ^{부터 꼬리까지의 길이-옮긴이}이나 앞장선 우승마 핀자를 따돌리지 못하고 2등에 머물렀다. 선글라스와 원뿔 모자를 쓴 그녀는 실망감에도 불구하고 웃으며 손을 흔들었다. 49세의 승리 기수 고든 리처즈 경은 바로 며칠 전에 여왕으로부터 기사 작위(기수로는 처음)를 수여받았었다. 여왕의 초대를 받아 만났던 그는 여왕이 "대단히 화통한 분"[3]이었다며 그분은 "나 못지않게 경마의 결과에 대해 기뻐하는 것처럼 보였다."[4]고 말했다.

귀빈석에는 대관식 축제 행사 기간 중에 누구보다 열렬한 여왕의 지지자였던 윈스턴 처칠도 있었다. 그날까지 대관식 이후 16개월 동안 그녀는 이 영국의 가장 걸출한 정치가와 친근하고 각별한 관계를 형성해왔다. 그녀의 부모에 대한 호감과 제2차 세계대전에 대한 둘의 공통의 체험은 무려 50년의 나이 차에도 불구하고 두 사람에게 공유할 수 있는 기억의 공간을 제공했으며 공통의 시각을 갖도록 했다. 그녀는 처칠의 지혜와 경험과 달변을 흠모했으며 그에게 국왕으로서 어떻게 처신해야 하는가에 대한 지도를 구했다.

처칠은 또한 훌륭한 말동무였는데 단지 그가 뒤늦게 취미 붙인 말 사육과 경마에 대한 공통된 열정 때문만은 결코 아니었다. 매주 화요일 저녁 여왕과의 면담 시간에 그는 항상 프록코트와 톱햇 차림으로 보우 룸에 도착했다. 수상과의 면담은 완전히 자유재량에 맡겨져 있어서 논의의 절차에 대한 규정은 거의 없었다. 몇 년 뒤에 엘리자베스 2세는 누구와의 면담이 가장 즐거웠냐는 질문에 대하여 "그야 물론 윈스턴이죠.[5] 그분은 정말 재미있거든요."라고 대답했다. 처칠은 둘 사이에서 가장 자주 등장한 화제가 무엇이었냐는 질문에 대하여 "경마요."[6]라고 답했고 그의 딸 메리 솜스 역시 "두 분은 주로 말 얘기를 하셨어요."[7]라고 동의했다.

궁정의 신하들은 수상을 접견실로 안내하고 옆방에서 대기하다가 끝나면 위스키와 소다를 마시며 30분 정도 환담을 나눈다. 토미 라셀스는 "두 분이 무슨 얘기를 나누는지는 들을 수 없지만[8] 간간이 웃음소리가 새어 나왔다. 윈스턴은 대개 눈가를 닦으며 나오는데 한번은 '여왕께서는 오늘 밤 대단한 미인이셔.'라고 학생 때 배운 불어로 말한 적도 있었다."고 일기에 적었다.

여왕과 처칠의 관계는 18세에 왕위에 오른 빅토리아 여왕과 그녀의 첫 수상이었던 58세의 멜번 자작인 윌리엄 램과의 관계와 자주 비교되었다. 리튼 스트레이치는 멜번이 "아주 능숙하게 부모 같은 배려심을 가지고 정치가와 궁정인의 조심성과 존중심을 배합했으며[9] 동시에 공경심과 다정함을 겸했고 신하이자 보호자였다."라고 썼다. 그러나 전 궁정 신하였던 리처드 몰리뉴가 재위 초창기에 직접 여왕에게 처칠도 멜번이 빅토리아 여왕을 대하듯 대했느냐는 질문에 엘리자베스 2세는 "전혀요. 그분은 매우 고집이 세답니다."라고 말했다.

한번은 처칠이 이라크의 영국 대사가 보낸 전문을 읽지 않고 온 적이 있었다. 이처럼 그가 제대로 준비 없이 왔을 때 그녀는 이를 지적하는 것을 꺼리지 않았다.[10] "바그다드에서 온 매우 흥미 있는 전문에 대해서 어떻게 생각하시나요?"[11]라고 물었다. 그는 아직 보지 못했노라고 주눅이 들어서 대답하고 "황망하게 놀라서"[12] 다우닝 가 10번지로 돌아갔다. 전문을 읽고 나서 그는 그 전문이 매우 중요하다는 것을 깨달았다.

메리 솜스에 의하면 "만약에 어떤 일을 여왕에게 가르쳐야 할 경우[13] 마치 학생을 가르치는 듯한 방식은 아니었다. 그녀는 자신의 헌법상 지위를 잘 알고 있었다. 내 부친은 입헌 군주제의 수상이나 각료와 의회와의 관계가 무엇인지 잘 알았다. 따라서 그녀의 첫 번째 수상이 이를 잘 아는 인물이라는 것은 큰 이점이었다. 대다수 사람들은 잘 모른다. 따라서 내 부친의 정부에 관한 풍부한 경험은 크게 도움이 되었을 것이다. 두 분은 현재에 대해서 의논했고 사람들에 대해서도 의견을 나누었을 것이다. 그녀는 젊지만 경험이 많았다. 많은 여행을 했고 어떤 사람들에 대해서는 부친보다 더 잘 알았기 때문에 그 사람들에 관해서도 얘기했을 것이다. 내 부친이 놀란 것은 그녀의 집중력이었다. 그녀는 자기 일에 대해 주의를 집중했다. 부친은 그녀가 자신감이 없어 보인 적이 없었다."고 한다.

엘리자베스 2세의 자신감을 보여주는 한 가지 작은 예를 들자면 처칠이 제2차 세계대전의 회고록을 끝내면서 그녀에게 자기가 그녀의 부친에게 썼던 두 통의 편지를 실어도 좋은지 허락을 받고자 했을 때였다. 그녀는 그의 요청을 수락하면서 편지에서 그의 어조가 "폴란드 사람들에게 약간 거칠다."[14]는 점을 지적하면서 "국제적 우호 친선을 위하여" 어조를 "약간 누그러트릴 수 없겠냐"고 요청했다. 처칠은 즉석에서 그가 10년 전에 썼던 편지를 수정했다.

대관식 몇 주 전에 앤서니 이든이 담낭 수술을 잘못해서 보스턴으로 날아가서 재수술을 하고 회복을 위해 오랫동안 미국에서 체류하게 된 적이 있었다. 이때 78세의 노수상이었던 처칠은 과중한 업무를 맡게 되었다. 이든은 외상이었지만 동시에 부수상 역할도 했었다. 부인 클레멘타인 처칠이 보기에 이중의 짐을 떠맡은 남편의 "부담"[15]은 결국 "대가"를 치렀다. 이든이 아직 외국에 있던 6월 23일, 처칠은 이탈리아 수상을 위한 만찬 후에 쓰러지고 말았다. 놀랍게도 그는 정신을 차렸고 보좌진들과 함께 그의 마비 증세를 숨기고 일시적 과로[16]로 둘러댈 수 있었다.

여왕은 처칠의 상태에 대해 계속 보고를 받아서 알고 있었고 그의 원기를 복돋우기 위해 위로 편지도 썼으며[17] 9월에는 밸모럴에서 주말을 함께 쉬고 돈카스터 경마에 초청하여 세인트레저 경주마를 보기로 했다. 그의 상태는 여전히 쇠약해 있었지만 놀랄 만큼 빠른 회복세를 보였다. 수상이 경마장의 귀빈석 뒤편에서 주춤거리자 여왕은 그에게 "사람들이 수상을 원합니다."[18]라고 말했다. 그 말에 그는 앞으로 나섰다. 그는 뒤에 의사에게 그때 "여왕만큼 박수를 많이 받았다."고 했다.

프랑스 남부에서 한동안 쉬고 나서 처칠은 10월에 업무에 복귀하여 연설도 하고 내각 회의도 주재했다. 그러나 쉽게 지쳤으며 기억력도 감퇴했다. 누가 봐도 은퇴해야 할 시점이었지만 여왕은 매주 화요일의 주례 회동에서 이를 압박하지 않았다. 처칠은 이든에게 날짜까지 못 박으며 여러 차례 사퇴할 것을 다짐했지만 매번 이를 번복하는 구실을 만들어냈다. 이든의 부인인 클러리사에 의하면 수상은 "거의 2년간이나 얼버무렸다."[19]

처칠의 병세와 회복에 관심 가지는 것 외에 젊은 여왕은 그해 여름 헌정 질서와 연관된 대단히 민감한 가정사에 휘말리게 되었다. 마거릿 공주가 왕실의 가장 큰 신임을 받아오던 종사자로서 1944년부터 일해온 38세의 피터 타운센드 대령과 사랑에 빠져 결혼할 결심을 한 것이다. 그는 열여섯 살이나 연상이었으면서 두 아이의 부친인 이혼남이었다.

미남에다가 성품도 온순한 타운센드는 제2차 세계대전 중에 영국 전투에서 독일 전투기 11대를 격추시킨 늠름한 영웅으로 영국 공군에서 최고의 무공훈장을 받았다. 그는 처음에는 행사 때 국왕을 보좌하고 운송을 책임지고 내빈을 보살피는 역할을 담당하는 시종무관으로 3개월간 버킹엄 궁에 배속되었다. 라셀스는 타운센드가 "시종무관으로서 낙제점이었다.[20] 자동차를 한 번도 제시간에 대기시킨 적이 없었지만 우리는 그가 우리를 지키다가 세 번이나 바다에 추락했었다는 점을 감안해주었다."고 말했다. 그러나 타운센드의 침착하고 정감 있는 성품이 조지 6세의 눈에 들어 그를 영구직으로 채용해서 처음엔 시종무관으로 고용했다가 나중에는 왕실의 업무 담당관으로 임명하여 모든 개인적 사교 행사를 관장하도록 했다.

마거릿은 타운센드가 왔을 때 고작 열세 살이었지만 그녀의 활달한 성품은 왕실 가족들의 총애를 받았다. "릴리벳은 나의 자랑이요, 마거릿은 나의 기쁨이다."라고 그들의 부친은 말하곤 했다. 마거릿은 언니와는 대조적으로 장난꾸러기에 변덕스러워서 예측할 수 없는 방향으로 내달렸고 쉽게 길들여지지 않았다. 그녀는 고집도 세고 경쟁심도 강해서 언니가 보다 나은 교육을 받는 것을 시기했다. 그녀는 엘리자베스가 마틴으로부터 개인 지도를 받는 데 자기도 끼워달라고 요청했지만 마틴으로부터 "아가씨한테는 불필요합니다."[21]라는 대답을 들었다. 어쩌면 이를 보상하기 위하여 그녀의 부친은 막내딸의 응석을 받아주었고 그 때문에 그녀에게 변덕스러운 버릇이 들었는지도 모른다. 사촌인 메리 클레이턴은 "그녀는 통 말을 듣지 않았어요.[22] 줄곧 못된 짓을 되풀이하곤 했으니까요. 그래도 한 번도 야단을 맞은 적이 없어요. 그랬다면 좋았을 텐데."라고 말했다.

동생이 자주 말썽을 피울 때마다 엘리자베스는 항상 동생 편을 들어줬다. "마거릿은 정말 말썽꾸러기였어요.[23] 그것이 언니로 하여금 어려운 상황에 처했을 때 자기 식으로 조절하는 능력을 길러주었죠." 라고 메리 클레이턴은 말했다. 그녀는 또한 엘리자베스에게 겸손을 배우게 했다. "여왕은 절대로 남 앞에서 과시한 적이 없어요.[24] 반대로 마거릿은 항상 나섰죠."라고 역사가 케네스 로즈는 말했다. 둘의 성격 차이에도 불구하고 두 자매는 똑같은 농담을 듣고 웃었지만 엘리자베스의 기지는 보다 부드럽고 건조했다. 둘은 흉내 내기에 뛰어났고 함께 유행가도 즐겨 불렀는데 마거릿은 피아노를 뽐내며 연주했다.

마거릿이 성숙해가면서 타운센드는 그녀의 "비범하고 강렬한 아름다움"[25]에 매료되었다. 5피트 1인치의 키에 육감적인 몸매를 지닌 마거릿을 타운센드는 "커다랗고 자줏빛을 띤 푸른 눈에 인자하고 감각적인 입술, 복숭아처럼 부드러운 피부"라고 묘사했다. 그는 마거릿의 "성스럽고 우울한 듯하면서 평온한 모습에서 순간적으로 우스꽝스럽고 참을 수 없이 기쁜 얼굴로 돌변하는 놀라운 표정의 변화"에 감탄했다. 그리고 그는 "눈부신 겉모습 뒤의 확신감이 드러나 있고 드물게 보이는 부드러움과 진실성을 엿볼 수 있다."고 했다.

마거릿이 스무 살을 넘겼을 때쯤인 1950년에 타운센드의 아내 로즈메리가 몇 번의 외도를 하면서 그의 결혼은 파탄에 이르렀다. 푸른 눈과 잘 다듬어진 몸매를 지닌 이 시종무관은 공주와 긴 대화에 빠져들었으며 1951년 8월에 국왕은 밸모럴 들판의 야생화 숲에서 딸이 사랑스런 눈매로 타운센드를 그윽이 바라보는 장면을 보았다. 그러나 국왕과 왕비는 불유쾌한 상황을 무시하는, 거의 유전적 능력이라고 할 수밖에 없는 왕실의 '외면' 습성에 빠졌다.

마거릿은 부친을 잃은 뒤 몇 달간 "블랙홀"[26]에 빠져 타운센드로부터 위안을 찾았다. 그해 6월에 타운센드는 엘리자베스가 어렸을 때 초상화를 그렸던 화가의 아들인 존 드 라슬로와의 간통을 근거로 로즈메리와의 이혼 수속을 시작했다. 1952년 11월에 로즈메리로부터 이혼 승인을 받은 뒤에 타운센드는 토미 라셀스에게 자기와 공주는 "깊은 사랑에 빠졌으며"[27] 결혼을 희망한다고 말했는데 이는 오직 여왕과 에든버러 공작과의 경우에만 전례를 찾을 수 있는 계획이었다.

이튿날 라셀스는 여왕과 첫 대화를 나눴는데 부적절한 혼인으로부터 왕실을 보호하기 위하여 1772년에 제정된 왕실 결혼법에 의해 제기된 "지난한 장애"[28]에 관한 것이었다. 이 법은 왕위 계승 자격을 보유한 가족의 구성원은 국왕의 동의 없이는 결혼할 수 없으되, 만약 그 구성원이 25세를 넘기면 상하 양원이 제기된 결혼을 특별히 반대하지 않는 한 국정 자문 위원회에 통보한 뒤 1년이 지나서 결혼할 수 있다고 명시했다. 그런데 마거릿의 문제는 이혼한 남자와의 결혼은 여왕이 수장으로 된 영국 교회에 의해 인정될 수 없고 여왕은 이 결혼을 금지할 수밖에 없다는 것이다. 마거릿 공주는 여왕의 두 자녀에 이어 왕위 계승 서열 세 번째에 놓여 있지만 찰스와 앤이 너무 어리기 때문에 섭정이 될 가능성이 있다는 것이다. 이 문제는 해결되지 않았으며 대관식 준비에 파묻혀 당분간 잊혔다.

2월에 모후에게 말한 것 외에 마거릿과 타운센드는 그들의 의도를 대관식 날까지 비밀로 했는데 그날 한 대중지의 기자가 마거릿이 마치 애인에게 하듯이 추파를 던지는 듯한 눈길을 보내며 타운센드의 제복 옷깃에 묻은 깃털[29]을 털어주는 장면을 포착했다. 며칠 뒤에 궁에서는 일요 주간지인 〈피플〉이 이 사건을 기사화할 것이라는 것을 알게 되었고 라셀스는 6월 13일에 이 일을 처칠에게 알렸다. 처칠은 경악하며 "이건 매우 중요한 일이다![30] 교통사고 한 번이면 이 어린 여자가 우리의 여왕이 될 수 있다."라고 말했다. 수상은 영국 교회의 불인정만을 걱정한 것이 아니라 영국 코먼웰스의 의회들이 이 둘 사이에 태어난 자녀가 왕이나 여왕으로 부적합하다는 근거로 마거릿과 타운센드의 결혼을 거부할 것을 염려했다. 처칠은 "만약에 마거릿이 꼭 타운센드와 결혼해야 한다면 먼저 왕위 계승권을 포기해야 한다"는 점을 분명히 했다.

처칠과 라셀스와 마이클 아딘은 모두 유일한 해결책은 "가능한 한 빠른 시일 내에 타운센드를 해외 임지로 보내는 것"[31]이라는 데 동의했다고 라셀스는 회고했다. 여기에는 "여왕도 동의했다."고 한다. 1955년 라셀스가 당시 과정을 상세하게 쓴 회고록이 2006년에 출간되기 전까지 공통된 추론은 여왕이 "한편으로 비켜서 있었고"[32] 다른 사람들은 타운센드를 배척했으며 마거릿 공주는 라셀스로 인해 그녀가 25세가 되면 자유롭게 결혼할 수 있다고 잘못 생각했다는 것이었다. 실상은 라셀스에 의하면 "여왕은 마거릿 공주 그리고 어쩌면 타운센드와도 상의한 뒤[33]에 내게 브뤼셀이 가장 적당한 자리라고 생각한다고 말했다." 엘리자베스 2세는 또한 만약에 자기가 결혼을 금했을 경우에 발생할 "영향"에 대한 해명을 요구했다. 정부의 법무장관은 메모를 준비했고 라셀스는 편지로 "만약에 몇 나라 의회가 타 의회와 정반대되는 견해를 취한다면" 코먼웰스의 의견이 갈릴 수 있음을 요약해서 알렸다. 그는 그해 말에 은퇴할 예정이었으나[34] 떠나기 전에 이 정보를 여왕과 마거릿에게 전달했고 마거릿은 1954년 2월 이에 대해 감사를 표했다.

1953년에 타운센드가 벨기에로 망명을 떠나자 여왕과 그녀의 보좌관들은 이 이별이 두 사람의 열정을 식혀주기를 바랐다. 그러나 공주와 연인은 매일 편지를 주고받았고 마거릿은 25세 생일이 지나면 언니가 승인을 철회하게 되더라도 자기가 승리할 수 있으리라는 미망에 사로잡혔다. 결정을 연기함으로써 모든 사람들은 단지 고뇌의 시간을 연장시켰을 뿐이며 여왕의 여동생을 2년간 허공에 뜨게 만들었다.

돌이켜보면 왜 엘리자베스 2세가 이 문제를 강압적으로 처리하고 싶지 않았는지 분명해진다. 이혼한 사람들은 왕실 정원의 파티와 궁전은 물론 왕실 요트에서 베풀어지는 다른 모임에도 참석할 수 없다. 그녀의 조부는 처음으로 '선의'의 이혼 당사자들에게 애스콧 왕실 경마장의 입장을 허용했으며 여왕은 '과실'이 있는 이혼 당사자들도 포함시키도록 허락했었다. 그러나 그녀는 이혼에 대해서 본능적인 거부감이 있어서 공주 시절에 행했던 유일한 주요 연설에서 이혼을 격렬히 비난했었다. 인척 간인 엘리자베스 앤슨은 "여왕은 이혼에는 전염성이 있다고 믿었다.[35] 한 사람이 이혼하면 또 다른 불행한 한 쌍이 쉽게 이혼한다."고 말했다.

마거릿의 문제가 연기되는 것으로 결론이 나자 여왕은 대관식의 축제 분위기를 계속 고조시키는 데 온 힘을 쏟았다. 무려 5개월 반에 걸쳐 버뮤다에서부터 코코스 섬에 이르기까지 43,000마일의 거리를 비행기와 배로 여행하는 야심찬 계획이었다. 이는 국왕으로서 처음 가는 장기 여행이었고 영국의 국왕이 처음으로 지구를 한 바퀴 도는 여행이었다. 한 조사에 의하면[36] 그녀는 276번의 연설을 들었고 508번의 국가 연주를 들었으며 102번의 연설을 했고 13,213번의 악수를 했고 6,770번의 무릎 인사를 받았다.

영국 코먼웰스들의 상징적 수장으로서 엘리자베스 2세의 역할은 세계에서 차지하는 그녀의 지위와 영향력을 높여주었을 뿐 아니라 자부심과 기쁨의 원천이었고 정체성의 핵심이 되었다. 그녀가 거의 60년간 이 기구의 지도자가 되었을 무렵 캐나다의 전 수상이었던 브라이언 멀로니는 "그녀는 자신이 원래 제국이었던 기구 안에 자신을 결합시켰다."[37]고 말했다. 1977년부터 1986년까지 그녀의 개인 비서였던 필립 무어 경[38]은 그녀가 자기 시간의 절반을 코먼웰스에 바쳤다고 추산했다. 그녀는 재위 기간 동안 거의 대부분의 코먼웰스 국가들을 여러 차례 방문했다.

1949년의 런던 선언London Declaration은 조지 6세 국왕을 수장으로 인정하되 명칭에서 "영국British"을 삭제하고 현대 코먼웰스를 창설했다. 그해에 새로 독립한 인도는 공화국으로 재탄생하면서 회원 자격을 유지하기로 서약했으며 이는 다른 영국 식민지들이 독립을 추구하면서 이에 동참할 무대를 만들어주었다. 아일랜드 자유국The Irish Free State 은 전년도에 국가 수장으로서의 영국 국왕의 역할에 종지부를 찍고 공화국이 되었다. 그런데 몇 세기에 걸친 영국의 지배에 대한 반감의 표출과 아일랜드의 분할에 대한 울분으로 말미암아 새로 탄생한 아일랜드 공화국The Republic of Ireland은 아예 코먼웰스에서 탈퇴하였다. 그러나 새로 독립한 다른 나라들은 줄을 이어 적극적으로 동참했다. "왕관이 지배의 상징으로부터[39] 자유롭고 자발적인 동참의 상징으로 변화한 것은 …… 가히 전례가 없는 일이다."라고 엘리자베스 2세는 재위 25년에 말했다.

처음에는 영국, 캐나다, 호주, 뉴질랜드, 남아프리카공화국, 파키스탄, 실론, 인도 등의 8개국으로 단출하게 출발한 코먼웰스는 21세기 초에 이르러는 전 세계 인구의 3분의 1을 대표하는 54개국으로 자랐다. 대부분의 회원 국가들은 공화국이 되었지만 일부(브루나이, 통가 등)는 군주제를 채택했고 엘리자베스 2세가 여왕으로 군림하는 29개 국가들도 속해 있다.

크고 작음을 떠나 제1세계와 제3세계를 포함하고 중동을 제외한 모든 지역에 분포된 코먼웰스는 회원 국가들에게 동등한 발언권과 일체감을 주는 데 이바지한다. 코먼웰스는 영어를 공용어로 사용하며 좋은 정부와 교육, 경제 발전과 인권의 향상을 촉진하는 토론의 장이 되지만 최대의 약점은 독재자의 전횡에 신속히 대처할 수 없다는 것이다.

여왕은 첫 코먼웰스 순방을 위한 준비를 하면서[40] 디자이너 노먼 하트넬로 하여금 새 의상 100벌을 만들도록 의뢰했다. 그녀는 우선적 고려 사항으로 낮의 의상은 편의 위주로 바람을 잘 막아주도록 옷단을 묵직하게 바느질하고 색상은 밝게 하여 야외 행사에서 눈에 잘 띄게 하도록 지시했다. 저녁에는 고급 옷감을 선택하되 방문국에 대한 배려가 담긴 문양을 선택하도록 했다. 그녀의 대관식 의상 또한 지참했는데 여러 나라의 의회 개원식 때 입기로 했다.

1953년 11월 23일 저녁에 TV로 방영된 출국 행사를 지켜본 극작가 노엘 카워드는 여왕이 "너무나 젊고 연약하면서도 용맹스러워 보였다."고 하면서 국왕 부처가 "최고의 스타성을 지녔다."고 했다. 둘은 BOAC 스트래토크루저를 타고 열 시간을 날아간 뒤 뉴파운드랜드의 갠더에서 급유를 받고 영국과 캐나다의 해군 함정들이 계속 무선 통신을 통해 그들의 항적을 추적하는 가운데 다시 다섯 시간을 더 날아가 버뮤다에 기착했다.

국왕 부처는 영국의 가장 오래된 식민지인 그곳에서 하루 동안 공식 일정을 보낸 뒤에 자메이카로 향했으며 거기서 SS 고딕호를 타고 파나마 운하를 거쳐 남태평양의 피지 군도에 이르는 3주간의 항해에 나섰다. 도중에 여왕은 거실에서 일하면서 편지를 썼다. 처칠에게 보낸 한 편지에서는 버뮤다에서 열린 정상회담에서 아이젠하워 대통령과 프랑스의 수상 조제프 라니엘과 함께한 그가 교착 상태에 빠진 소련과의 냉전 상태에서 핵무기 대결의 위협에 맞설 전략 수립을 위해 노력했으며 이것이 "세계의 이익"[41]에 기여했다고 그의 공로를 치하했다. 나머지 시간에 여왕은 왕실 가족들이 셔플보드나 고리 던지기, 탁구 같은 게임을 하는 광경을 지켜봤고[42] "적도 통과 의식" 역시 필름에 담았다. 궁녀 파멜라 마운트배튼이 넵튠 왕궁의 악마 이발사로 변장한 필립 공에 의해 물탱크 속에 빠졌고 필립 자신도 망신스럽게 물에 빠졌다.

그들이 피지를 방문했을 때는 여왕이 이국적인 관습을 무난하게 받아들일 줄 아는 능력이 시험대에 올랐다. 원주민 추장들이 고딕호에 탑승하여 다리를 꼬고 앉아 그르렁 소리를 내며 손뼉을 치는 긴 춤으로 그녀를 환영하며 고래의 이빨을 엄숙하게 증정했다. 육지에 올라서자 추장들은 침을 잔뜩 바른 카바 식물의 뿌리를 갈아서 만든 진정 효과를 주는 독한 음료를 정성스럽게 준비했다. 여왕은 효능이 강하다는 주의를 받으며 조개껍질에 담긴 음료를 정중히 진상받자 조심스럽게 반 모금만 마셨다. 그날 밤 고딕호로 돌아와 블랙 타이 만찬^{화이트 타이 만찬}

보다는 격식을 낮춘 자리로 검은 나비넥타이를 매고 턱시도를 입는다.-옮긴이을 끝낸 뒤 엘리자베스 2세는 그날의 경험을 몹시 신기해했다. "정말 근사했지?"[43]라고 감탄하며 식당 바닥에 이브닝 드레스 차림으로 다리를 꼬고 앉았다. "그녀가 그르렁 소리를 내며 손뼉을 치고 있을 때[44] 승무원이 들어오다 이를 보고 기절초풍했다."고 파멜라 마운트배튼은 말했다.

다음 행선지는 섬나라인 통가 왕국으로 활력에 넘치는 살로테 여왕과 기쁜 해후를 했다. 그녀는 자기가 런던 대관식에 갔을 때 구입한 런던 택시에 여왕을 태웠으며 700명을 초청한 잔치를 베풀었는데 모두 땅바닥에 앉아서 손가락으로 먹었다. "입이 짧은 여왕은 괴로운 식사를 했다. 그렇지만 자기가 먹기를 멈추면 모두가 멈춘다는 것을 알았다. 그래서 남들을 배려하여 그녀는 음식을 가지고 놀며 먹는 시간을 연장해야 했다."고 파멜라 마운트배튼은 말했다.

국왕 일행은 크리스마스 전에 뉴질랜드에 도착했다. 그들은 윌로비 노리 총독의 오클랜드 저택에서 크리스마스를 축하했으며 여기서 여왕은 크리스마스 방송 연설을 통해 코먼웰스의 국민들에게 "국왕은 단지 우리의 단결에 대한 추상적 상징인 것이 아니라[45] 여러분과 나를 이어주는 인간으로서 살아 있는 고리이다."라는 의도를 천명했다. 그녀는 또한 새로운 엘리자베스 시대에 대한 기대를 인식하고 "솔직히 나는 남편과 자식 복도 없었고 전제 군주였으며 모국 땅을 한 발짝도 벗어나본 적이 없었던 나의 위대한 튜더 왕조의 조상들과는 다르다고 느낀다."고 인정했다. 코먼웰스는 "과거의 제국과는 아무런 유사성이 없으며" 그보다는 "우정과 충성 그리고 자유와 평화에 대한 염원" 위에 기초하고 있다는 점을 강조했다. 그리고 그녀는 일생 동안 자신의 "마음과 영혼"을 "각 나라와 인종의 대등한 연대"를 위해 헌신하겠다는 뜻을 선언함으로써 스물한 살 생일날의 서약을 상기시켰다.

　　할머니와 함께 샌드링엄에서 크리스마스를 보내고 있던 다섯 살배기 찰스 왕자와 세 살배기 앤 공주는 이 방송을 열심히 듣고 있었다.[46] 그들은 무선 통신 전화로 여왕과 필립 공과 대화를 나눴지만 그밖에는 윈저그레이트 파크의 숲 속에 있는 연분홍 집 로열 로지에서 주말에 모후가 정기적으로 받는 편지들을 통해서 부모의 여정을 알았다. 엘리자베스와 마거릿이 부모의 여정을 지도에서 추적했듯이 찰스 왕자는 부모의 여정을 육아실의 지구본에서 추적했다. "그 애는 너와 필립을 너무나도 사랑한단다."[47]라고 모후는 딸에게 편지를 써 보냈다.

　　가는 곳마다 군중은 넘쳐났고 열광했다. 환영 나온 선박들이 시드니 항을 메우다시피 했고 한 통계에 의하면 호주 인구의 4분의 3이[48] 여왕을 보기 위해 모여들었다. 27세의 나이에 그녀는 "세계의 연인"[49]으로 칭송받았다. 그러나 국왕 부처는 현지의 명사들을 도취하게 만들지 않았다. "그 아부의 수준[50]이란 정말 대단했다. 가히 목불인견이었다. 그들의 아부에 맞장구치면 제일 편했겠지만 나는 의도적으로 그러지 않았다. 너무 인기를 끌지 않는 쪽이 안전했다. 그 정도로 타락해서야 되겠나."라고 필립은 회고했다. 모후는 그들이 이런 공적인 모습과 사적인 모습을 구별하는 본능을 뒷받침해주었다. 1954년 3월에 그녀는 딸에게 보낸 편지에서 "한 사람이 국가에 대한 사랑을 표현하는 도구가 된다는 것이 얼마나 감동적이며 동시에 나를 겸손하게 만드는 것인가 하는 점을 느끼지 않니?"[51]라고 썼다.

필립 공 또한 그의 아내가 끝없이 몇 시간이고 공손한 대화를 이어가느라 지쳤을 때 평정심을 잃지 않도록 도왔다. 파멜라 마운트배튼은 이렇게 회고했다. "한번은 여왕이 호주에서 이렇게 불평하는 걸 들었어요.[52] '여기 시장들은 왜 다들 하나같이 지루하죠?' 그러자 필립 공이 그녀에게 '그건 당신이 영국에 있을 때는 매일 시장들을 만날 일이 없으니까. 하지만 우리가 두 달 동안 호주에 머물다보면 그 사람들을 자주 만날 수밖에 없지 않소.'라고 설명했어요. 이게 필립 공한테는 어렵지 않았어요. 왜냐하면 그분은 수시로 대화에 끼어들고 화제를 돌리니까요. 하지만 여왕은 처음부터 타고난 언변이 부족한 데다가 남들과 잘 어울리지 못했거든요. 그러니 그녀에겐 괴로운 일이었죠. 게다가 사람들은 그녀 앞에서 주눅이 들었어요. 의전 규칙상 그들이 먼저 얘기를 시작할 수 없었죠. 그러니 대화가 딱딱해질 수밖에요."

여왕의 스타일은 절제하는 쪽이다. "결코 …… 과잉 제스처를 남발하지 않는다."[53]고 사진 작가 세실 비튼은 언젠가 말했다. 그래서 기쁘거나 재미있을 때만 살짝 웃는다. 정치인들처럼 웃음을 입에 달고 다니지 않는다. 리셉션이나 가든파티에서 수천 명의 사람들과 만나 인사할 때도 잠시 얼굴 표정만 내비친다. 그러나 공연이나 퍼레이드 같은 것을 볼 때에 얼굴이 편안해지면 우울한 듯한 표정이 되거나 범접하기 어렵게 보이기까지 한다. 초상화가인 마이클 녹스에 의하면 "그녀에게는 중간 표정이 없다.[54] 크게 웃거나 시무룩하다." 여왕 자신이 한번은 침울하게 "문제는 난 어머니를 닮지 않았다는 거야.[55] 나는 웃는 얼굴을 타고나지 않았어."라고 이를 시인한 바 있었다. 가끔씩 필립은 아내를 놀리기도 한다. 시드니의 한 행사에선 "슬픈 표정은 그만 지어요, 소시지 아가씨."[56]라고 말한 적도 있다. 아니면 엉뚱한 순간에 성경 구절을 읊어서 일부러 웃기기도 했는데 한번은 "이 양들의 울음소리가 무엇을 뜻하는고?[57] (사무엘서 1권 15:14) "라고 속삭이는 어조로 물은 적도 있었다.

길고 반복적인 나날들을 보내면서 여왕은 이에 대처하는 방안들을 강구해냈는데 가령 지치지 않고 몇 시간이고 서서 버티는 천부적 능력도 그중 하나였다. 몇 년 후 그녀는 외무장관 앤서니 크로스랜드의 아내인 수잔 크로스랜드에게 그녀만의 비법을 설명했다. "우선 다리를 이렇게 벌린다."[58] 고 말하며 이브닝 드레스를 무릎 위까지 걷어 올리고 "항상 다리를 평행으로 하고 무게를 두 다리에 고르게 안배한다. 그게 전부이다."라고 말했다. 그녀의 악수법 또한 자기 보호를 염두에 두고 고안되었다. 손을 내뻗고 손가락을 꼭 쥐어 잡게 하며 흰 장갑을 낀다. 그래야 감염을 피할 수 있으며 여자들이 낀 다이아몬드 반지에 상처를 입지 않는다.

엘리자베스 2세는 항상 왼팔에 핸드백을 걸고 다녔다. 어디 가나 들고 다니기 때문에 사람들은 그 의미와 내용물에 대하여 궁금증을 가졌다. 헐 시티의 축구팀 감독 필 브라운은 2009년에 여왕의 옆자리에서 오찬을 함께하며 그 안을 잘 들여다볼 기회를 가졌다. 그는 "숙녀들의 필수품으로 흔히 상상할 수 있는 것들이다.[59] 가령 화장품, 동전 지갑, 커피에 타는 설탕 같은 평범한 것들이다. 궁녀들한테 들게 하면 되지 않겠느냐고 생각할지 모르지만 그녀에게 핸드백은 일종의 휴대용 담요 같다고 본다."고 말했다.

궁녀들은 여분의 장갑과 응급 수선을 위해서 필요한 바늘과 실, 안전핀 등을 준비해 가지고 다닌다. 개인 비서는 연설문을 가지고 있다가 약속된 시간에 여왕에게 건넨다. 그러나 "여왕은 숙녀 그 자체이셔서[60] 빗과 립스틱, 티슈 등을 필요로 하는데 그런 게 없으면 어쩌겠는가?"라고 여왕을 가장 오래 모셨던 궁녀가 말했다. 똑같은 이유로 그녀의 핸드백 안에는 돋보기 안경, 목사탕, 만년필 등이 있다. 현금을 가지고 다니지는 않지만 일요일에 교회에서 헌금할 돈으로 반듯하게 접은 5 내지 10파운드 화폐는 넣고 다닌다.

엘리자베스 2세는 가방 고리를 가지고 다니는 것으로 알려져 있는데 이것은 실용적인 목적으로 고안된 기발한 물건이다. 여왕의 인척인 진 윌스는 벅셔 저택에서의 만찬 때 "난 여왕이 핸드백을 열고 컵을 꺼내서 쓰는 것을 보았다.[61] 여왕은 다시 그 컵을 식탁 밑에 부착했는데 그 컵에는 고리가 달려 있었고 핸드백을 거기에 걸었다."고 말했다.

엘리자베스 2세는 관찰력을 키워 순간에 집중하는 능력을 배웠다. 한번은 군중 속에서 프란체스코회의 수도사를 발견하고 옆에 있던 관리에게 "난 항상 저 수도사들의 발가락이 신기하던데,[62] 안 그래요?"라고 물었다. 그녀는 이런 순간들을 저장해두었다가 나중에 남편과 보좌관들에게 때로 능숙한 사투리까지 구사하며 이야기해주었다. 그녀의 흉내 내기는 어떤 면에서 "권태를 이기고 격식을 허물기 위한 탈출구였다."[63]고 전 궁정인은 말했다.

코먼웰스 순방 도중에 국왕 일행은 저녁이면 고딕호 선상에서 베푼 사적인 블랙 타이 만찬에 대한 회고담을 나누곤 했다. 그들은 종마장과 호주의 론위치와 플레밍턴의 경마장에도 다니면서 휴식을 취했다. 주말에 바닷가를 갔을 때면 여왕의 보좌관들은 필립이 허물없는 부부 간의 대화를 던지는 모습에 익숙해졌다. 그레이트배리어리프에 가서 그녀가 수영복을 입기를 꺼려하자 그가 "어서 들어와요. 할 일도 없지 않소.[64] 수영이나 즐기자니까." 하고 재촉했다. 그녀는 "햇볕에 나갈 수 없어요."라고 대답했다. 그러자 그는 "아니, 벌써 할머니 티를 내는 거요!"라고 버럭 소리를 질렀다.

대중 행사에서 재치 있는 농담과 가벼운 희롱을 던지는 필립의 일탈 행동은 계속되었다. 자동차 행렬을 할 때에 그는 군중 속에서 특이한 사람을 발견하여 일부러 손을 흔들곤 했다. 그러나 그 혼자서 행사에 나설 때는 최근 개발한 다양한 관심사에 대하여 연설하였다. 뉴질랜드의 웰링턴에서 과학자들의 모임에 갔을 때는 과학을 농업, 의료, 군사 분야에 응용할 수 있는 방법에 대해[65] 긴 연설을 했다. 여왕이 간명하면서도 연설문에 충실한 연설을 하는 반면에 필립은 산만하고 즉흥적인 연설을 즐겼다.

순방의 마지막 여정으로 국왕 부처는 열대지방으로 다시 돌아왔는데 실론과 인도양의 코코스 섬과 우간다와 리비아를 들렀다. 여왕은 야외 시설에서 개최된 실론 의회의 개원식을 위해 대관식 예복을 입었다. 그녀가 햇볕 아래에 한 시간을 앉아 있자 온갖 보석을 단 의상이 열을 받아서 거의 구워질 정도였지만 그녀는 일체 불편한 내색을 하지 않았다. 그녀의 시종들은 그런 고온 속에서도 여왕은 거의 땀을 흘리지 않는다는 것을 알았다.[66] 이 현상은 여왕이 80대에 접어들어서도 변함이 없다. 2010년 7월에 뉴욕 시의 그라운드 제로를 방문했을 때 그녀는 섭씨 39도의 기록적인 더위 속에서 거의 30분을 머물면서 9·11 테러로 희생된 가족들을 위로했다. "우리 모두는 땀으로 목욕을 했다.[67] 그런데 여왕은 한 방울의 땀도 흘리지 않았다. 그래서 왕족이 되는 것인가 보다 하고 생각했다."고 희생된 소방관의 부인 중 하나였던 데비 팔머는 말했다. 그러나 여왕의 불가사의한 냉기를 거의 60년 간 지켜봐온 파멜라 마운트배튼은 "어떤 사람들은 몸에 땀이 많이 난다.[68] 그렇지만 여왕은 그렇지 않다. 그건 피할 길이 없다는 뜻이다. 그래서 그녀는 더위에 두 배로 힘들다. 땀이 안 나는 것이 더 나쁘다고 한다. 보기에는 썩 좋지만 대가가 너무 크다."고 말했다.

리비아의 토브룩에서 여왕과 필립은 412피트 길이의 왕실 요트인 브리타니아호[69]로 갈아탔다. 이 빛나는 푸른색 선체의 새 요트는 그들이 건축가 휴 캐슨 경과 함께 디자인했다. 필립은 전체적인 디자인과 더불어 기술적인 부분들을 관장했고 여왕은 절제된 친츠 섬유를 선택했으며 문 손잡이와 등갓까지도 직접 골랐다. 거창한 계단과 드넓은 거실에 정상 만찬장을 갖춘 브리타니아호는 세계 정상들을 접대하고 고위 인사들을 위한 대규모 리셉션을 여는 데 적합했다. 이보다 덜 격식에 얽매인 야외 라운지는 대나무와 버드나무 의자들로 장식되어 오후의 티타임에 이용되었다. 여왕과 필립은 각기 1인용 침대가 마련된 아늑한 침실을 따로 두었는데 문 하나를 사이에 두고 연결되었으며 각기 책상이 붙박이로 딸린 거실도 있었다. 브리타니아호는 단지 국왕의 떠다니는 대사관―영국 특유의 허세―일 뿐 아니라 향후 세계 순회를 위한 목적과 더불어 여왕 자신의 말대로 "진정 휴식을 취할 수 있는[70] 바다 위의 숨은 별장"[71]으로 이용될 것이었다.

1954년 5월 초에 이뤄진 브리타니아호의 처녀 항해는 거의 반년이나 떨어져 있었던 찰스 왕자와 앤 공주를 모처럼 부모와 상봉하게 했다. 여왕은 그녀가 예상했던 것보다 더 빨리 자녀들을 만나게 되어 기뻤지만 아이들이 부모를 못 알아볼까 봐 걱정했다. 모후는 딸의 염려를 달래기 위해 "찰스가 아주 사랑스럽게 잘 성장했단다."[72]라고 편지했다.

그러나 상봉의 순간이 오고 그녀가 배에 오르자 전에 캐나다 여행에서 돌아와 아들을 만났을 때처럼 그녀의 엄격한 통제력과 의전 규칙에 대한 존중심이 먼저 작용했다. 그녀는 "아니, 너 아니고,No, not you dear."[73]라고 말하며 정부 고관과 먼저 인사를 나눈 뒤에 다섯 살 아들이 내민 손을 잡고 악수했다. 이어 모녀의 사적인 해후는 따스하고[74] 정감에 넘쳤다. 찰스는 모친에게 그가 일주일 전부터 타고 왔던 요트의 구석구석을 안내했다. 여왕은 모후에게 그녀의 "매력적"[75]인 자녀들과 함께 있게 되어서 얼마나 행복한지 말해주었다. "그 애들은 둘 다 정중히 우리에게 손을 내밀었어요. 우선은 우리가 정말로 와 있었다는 사실에 압도되었기 때문일 것이며 또 그 애들이 최근에 너무나 많은 새로운 사람들을 만났기 때문일 거예요!"라고 썼다. 그러나 그날의 쌀쌀했던 첫 만남의 영향은 40년 뒤에 앤서니 홀든이 쓴 찰스 왕자의 전기에 역력히 나타났다. 홀든은 찰스의 어린 시절에 관한 장章의 제목을 "아니, 너 아니고."[76]라고 붙였다.

여왕과 가족들은 와이트 섬에 기착했는데 거기서 처칠이 브리타니아호에 승선해서 함께 템스 강을 따라 런던으로 항해했다. "누군가 여기에 와서 이 더러운 강을 보았어요."[77]라고 여왕은 회고했다. 그러나 처칠은 템스 강을 "영국의 역사를 관통하는 은빛 실과도 같다고 묘사했다." 그녀가 보기에 수상은 만사를 "매우 낭만적으로 눈부시게 보는 것 같았다. 어쩌면 누군가는 사물을 너무 평범하게 바라보는 것인지도 모른다." 어색하게 들리기는 하지만 그녀가 자주 쓰는 "누군가one"라는 주어는 "나I"라는 자기를 앞세우는 주어를 피하고자 하는 겸손한 태도에서 나왔다.

처칠은 여왕이 순방에서 돌아오는 날을 은퇴일로 잡았다가 다시 한 번 연장했다. 여왕은 그가 약속을 지켜주기를 바랐다. 7월 버킹엄 궁의 가든파티 후 앤서니 이든과의 면담에서 그에게 처칠이 "은퇴에 대해서 전에보다는 덜 고집을 피우더라."[78]고 말했다. 그러나 처칠은 그 뒤에도 8개월을 더 권력에 매달렸다. 이 무렵 콜빌에 따르면 "그의 여왕과의 면담 시간이 갈수록 길어져서[79] …… 마침내 한 시간 반이나 걸렸고 그럴 때에는 반드시 경마 얘기만 하지는 않았을 것이다."라고 했다.

마침내 80세의 노지도자는 1955년 4월 5일에 수상직에서 물러나는 데 동의했다. 그러나 마지막 순간에 그는 다시 이를 철회할 뻔했는데 소련과의 4개국 정상회담에서 그가 중재자 역할을 해야 한다고 생각했기 때문이었다. 여왕은 그날 3월 29일의 면담에서 침착한 태도를 유지하면서[80] 자신은 연장에 이의가 없다고 말했다. 이틀 뒤에 처칠은 예정대로 물러나겠다는 공식적인 통보를 해왔다. 여왕의 개인 비서 마이클 아딘은 답변을 하면서 여왕께서는 "개인적으로 심심한 유감의 뜻"[81]을 전한다고 하면서 덧붙여 "너무나 유익하면서도 또, 국정에 대해서 이런 표현이 맞는지 모르지만, 너무나 재미있는 주례 면담을 더는 못하게 되어 못내 아쉬워하셨다."고 썼다.

4월 4일, 처칠은 여왕에게 고별 만찬을 베풀면서 그는 여왕에게 "현명하고 친절한 삶의 방식을 위한 성스러운 과업을 수행하는 젊고 빛나는 지도자"[82]라고 건배했다. 그는 그날 오후 각료들에게 "절대로 미국과 떨어지지 말라."[83]고 충고했다. 4월 5일 마지막 면담에서 여왕은 처칠에게 영국 역사에서 그가 이룬 각별한 업적을 기리기 위하여 현재는 오직 "왕족들"에게만 주어지는 공작의 작위를 하사할 것을 제안했다. 콜빌은 여왕에게 처칠은 "하원 의원으로서 죽기를 원하기"[84] 때문에 이 제안을 사양할 것이라고 귀띔했다. 그러나 수상이 프록코트와 톱햇을 쓰고 버킹엄 궁을 향해 출발했을 때 콜빌은 처칠이 일순 감상에 사로잡혀 심경의 변화를 일으키지 않을까 우려했다. 처칠은 면담후 다우닝 가 10번지로 돌아와 개인 비서에게 눈물을 글썽이며 이렇게 말했다. "여왕께서 이 제안을 하셨을 때 너무나 아름답고 매력 있고 친절한 모습에 감동받아 순간 그 제안을 받아들일 뻔했다네. 그러나 마침내 나는 내가 지금까지 살아온 윈스턴 처칠로 죽어야 한다는 것을 상기했지. 그래서 나는 여왕께 그 제안을 받아들일 수 없음을 용서해 달라고 했다네. 그런데 이상하게도 말일세, 여왕에게서 안도의 표정을 읽었다네."

훗날 엘리자베스 2세는 처칠에게 편지를 쓰면서 그 어떤 후계자도 "나의 첫 수상의 자리를 대신하지는 못할 것"[85]이라고 했다. 그녀는 그의 "현명한 보좌"와 더불어 특히 "전시나 평화 시나 그대가 한 번도 겪어보지 못했던 삼엄한 위협과 위험"에 둘러싸였던 냉전 기간의 지도력에 대해 감사를 표했다. 처칠은 답장에서 그는 항상 "폐하로 하여금 우리 시대의 심중하고도 복잡한 문제들에 대하여 정면으로 대응하도록"[86] 최선을 다했다고 썼다. 그는 또한 그녀의 재위 초기에 그녀가 "현대 국왕의 존엄한 의무들과 더불어 현명하고 활달한 성장 과정을 통하여 이미 획득한 지식"으로 무장되어 있었음을 인식했으며 그녀가 "여왕으로서 봉사하며 동시에 통치하며, 실은 봉사를 통해 통치한다는 확고한 결의"에 차 있음을 아울러 인식했다고 썼다.

보수당 의원들과의 협의 후에 하원에서 필요한 다수 의석을 장악할 수 있는 차기 당 지도자를 선택하는 것은 여왕의 헌법적 특권이었다. 처칠이 사임한 뒤 그녀는 마지막 면담에서 그에게 후계자를 추천해달라고 요청했다. 그러나 그는 더 이상 수상이 아니므로 그런 자문을 할 수 없었기 때문에 응하지 않고 그녀에게 일임했다. 콜빌에 의하면 그녀는 "이 일은 어려운 일이 아니므로[87] 앤서니 이든을 부르겠다."고 그에게 말했다.

그녀는 아마도 보수당의 각료들과 협의를 거쳤을 것이지만 그 논의의 구체적 성질이나 내용은 밝히지 않았다. 그녀가 강조한 것은 그 뒤의 재위 기간 동안 일관된 것이지만 헌법적으로 타당한 절차에 엄격히 따른다는 것이며 그녀의 사적인 호불호는 배제한다는 것이었다.

이든과의 첫 면담에서 여왕은 직무를 수행함에 있어서 거의 즉흥적이었다. 한동안 환담을 나눈 뒤에 그가 마침내 "폐하, 그럼 어떻게 할까요?"[88]라고 묻자 여왕은 "귀하에게 정부 구성을 부탁해야겠네요."라고 대답했다.

준남작의 아들이며 이튼 졸업생인 이 57세의 수상은 "당대에 가장 잘생긴 정치가"[89]였으며 옥스포드 대학에서 페르시아어와 아랍어를 포함하여 동양 언어를 전공한 세련된 인물이었다. 그는 1923년부터 전쟁 전과 도중 그리고 전후에까지 지도적 지위를 가지고 의회에서 탄탄한 경험을 쌓아왔다. 외교관 글래드윈 젭의 아내인 신시아 글래드 윈에 따르면 그는 상당한 매력의 소유자였으나 "괴팍하고 격렬한 성 품"[90]을 지녀 격하고 때때로 종잡을 수 없으며 게다가 칭찬과 아부에 약했다. 수줍음을 타는 그의 성격은 가까이하기 쉽지 않게 보여서 이 점은 여왕으로 하여금 관계 설정에 부담을 주었다.

이 같은 우려는 그해 여름 이든과 윈스턴 처칠의 조카인 그의 아 내 클러리사가 여왕과 함께 윈체스터에서 열린 군대 행사에 참여했을 때 말끔히 해소되었다. 행사 후 수상은 여왕과 주례 면담을 가졌는데 옆방에서 쉬고 있던 클러리사가 엿듣게 되었다. "앤서니는 여왕에게 자기가 아익스 식당에서 시켜 먹었던 메뉴에 대해 얘기했는데[91] 무척 즐거운 분위기였다. 둘은 잡담을 하면서 줄곧 웃었다.[92] 시끄러울 정도 여서 나는 놀라기까지 했다. 나는 둘의 대화가 준비된 질문과 대답이 리라고 생각했었다."라고 그녀는 일기에 적었다.

이든은 첫 번째 부인인 베아트리스가 다른 남자와 외도한 뒤에 클 러리사와 재혼했기 때문에 이혼 경력이 있는 첫 수상이 되었다. 이런 사정은 1955년 8월 21일에 마거릿 공주가 25세가 되고 나서 그녀와 피터 타운센드의 로맨스—귀책 사유 없이 이혼당한 이든처럼—가 다 시 화제의 중심에 떠오르면서 그를 미묘한 입장에 처하게 했다. 생일 6일 전에 마거릿은 이든에게 편지로 타운센드가 연례 휴가를 받아 런 던으로 돌아올 무렵인 10월까지 밸모럴에서 머물 것이라고 설명했다. "이런 식으로 그를 만나는 것만이 내가 그와 결혼할 것인지 아닌지를 올바로 결정할 수 있다고 느낍니다.[93] 내가 어떻게 할 것인지를 귀하와 다른 코먼웰스 수상들에게 말씀드릴 수 있는 입장이 되기를 바랍니다."

언론은 다투어 왕실의 염문에 대한 대중적 정서를 부채질("마거 릿, 어서 결심하라!"[94], 〈데일리 미러〉의 촉구 기사)하는 동안 여왕과 수상과 마이클 아딘은 영국 교회의 수장으로서 거부할 수밖에 없었다. 마거릿으로 하여금 영국과 코먼웰스의 의회에 승인을 요청하도록 요구하는 절차를 어떻게 진행할 것인가에 대해서 갑론을박을 벌였다. 10월 초에 이든은 수상의 연례 주말 휴가로 밸모럴을 방문하여[95] 필립 공까지 포함한 여러 사람들과 긴 협의를 가졌다. 여왕은 동생의 행복을 원했지만 국민에 대한 왕실 가족의 모범적 역할에 대해서도 똑같이 관심을 두었다. 그녀는 고통스럽지만 중립을 지키기로 했고 마거릿이 스스로 선택하도록 했다.

의회는 교회가 반대하는 결합을 승인할 수 없다고 결정한 뒤에 런던으로 돌아온 이든은 마거릿에게 만약 그녀가 타운센드와 민간인의 자격으로 결혼하기를 원한다면 왕위 계승권을 포기해야 한다고 통보했다. 이는 동시에 왕실 가족 연금을 포기함과 더불어 직계 자녀의 왕위 계승 자격도 박탈된다는 것을 뜻했다.

1955년 10월 20일 내각은 의회의 왕위 계승 포기법에 포함될 사항들을 마련했으며 나흘 뒤에 〈더 타임스〉는 도덕적 관점에서 공주의 단호한 선택을 언명했다. 곧 타운센드를 포기하고 코먼웰스의 기준에 부합하는 "높은 수준"[96]을 유지하거나 민간의 예법에 따라 결혼하고 왕실 지위를 포기하라는 것이었다.

10월 31일 마거릿 공주는 타운센드와의 결별을 발표했다. 타운센드와 함께 작성한 이 슬픔 어린 성명서는[97] 비록 종교적 믿음과 코먼웰스에 대한 책무감을 강조했지만 정작 결정적 요인은 그녀가 공주로서 사치스러운 생활을 누려왔고 따라서 케네스 로즈의 표현대로 그녀의 정체성의 본질인 왕실 가족을 떠나서 "일개 대령의 월급으로 오두막에서"[98] 살게 될 현실을 감당할 수 없었기 때문이었다.

마거릿의 무산된 결혼 계획은 일부의 가벼운 비난도 있었지만 대부분 왕실 의무의 제단에 개인의 행복을 희생시킨 의지에 대한 찬사가 쏟아졌다. 마거릿은 모친과 함께 계속 클라렌스 하우스에서 생활하며 공중 행사에도 모습을 드러내고 화려한 외모를 떨치기도 했지만 토미 라셀스가 묘사했듯이 그녀는 일부에서 보기에 "이기적이고 딱딱하고 거칠어졌다."[99] 여왕은 이전의 부친처럼 그녀가 일탈 행동을 하더라도 면박을 주기보다 따스하게 감싸주었다.

1950년대 중반 무렵 여왕에 대한 대중의 상상력은 각각 독특하게 다른 의미로 낭만화된 두 개의 가장 유명해진 초상화들에 의해 만들어졌다. 코먼웰스 순회를 기념하기 위하여 안경을 쓴 호주 화가 윌리엄 다기는 1954년 말에 버킹엄 궁의 1층 드로잉 룸에서 7회에 걸쳐 그녀의 모습을 그렸다.[100] 다기는 그녀가 수다스럽다고 느꼈으며 그녀의 "곧은 등은 …… 한번도 굽은 적이 없었다."[101]며 신기해했는데 다만 "그녀의 입술은 그리기가 매우 힘들었다."고 지적했다. 그가 그린 여왕의 모습은 접근성을 갖춘 위엄이 깃들었는데 여왕 자신은 "근사하게 친근한 초상"[102]이라고 말했다. 이 그림은 호주의 캔버라에 있는 의사당에 걸리기 위하여 위촉되었는데 여왕이 이 그림을 너무 마음에 들어 해서 그녀는 다기에게 궁전의 자기 아파트에 걸기 위하여 복사본을 만들어 줄 것을 부탁했다. 여왕이 소장한 또 하나의 초상[103]은 제임스 건 경이 그린 공식 국가 초상화로 대관식 예복을 걸친 그림인데 윈저 성에 걸려 있다.

    1954년 10월부터 1955년 2월에 걸쳐 여왕은 또 피에트로 안니고니를 위해 16회에 걸쳐 모델이 되었다. 그는 45세의 플로렌스 태생 화가로 5피트의 단신에 건장한 체구를 지녔으며 강렬한 갈색 눈매에 농부 같은 커다란 손을 지녔다. 그의 영어는 엉터리여서 둘은 불어로 대화했다. 그는 여왕이 "친절하고 자연스럽고 결코 으스대지 않는다."[104]고 보았으며 "내 남편", "내 엄마", "내 동생" 같은 꾸밈없는 말투에 깊은 인상을 받았다. "몰 가에서 사람들과 자동차들이 오가는 것을 내려다보던"[105] 어린 시절의 기억들이 그로 하여금 "그녀가 사랑했던 수백만 명의 사람들 마음속에 친근하게" 느껴져 있다 하더라도 그녀를 "외롭고 초연한"[106] 모습으로 보이게 그리도록 했다고 말했다.

최종 작품은 적막한 가상의 풍경을 배경으로 가터 훈장을 달고 품이 넉넉한 검푸른 외투를 걸친 맨머리의 여왕을 앞면과 옆면의 중간에서 바라본 눈길을 사로잡는 그림이 되었다. 그녀의 자태는 국왕답고 표정은 사색적이되 결의에 찬 듯한 모습이었다. 여왕은 마음에 들어 했고 마거릿은 언니의 까다로운 입매를 성공적으로 그렸다고 칭찬했다.[107] 이듬해에 마거릿은 안니고니 초상화를 위해서 33회나 모델이 되었는데[108] 그림이 너무나 아름다워서 눈물까지 흘렸다. 미국 화가인 프롤릭 웨이머스가 마거릿에게 그녀 언니의 초상화에 대한 의견을 물었을 때 그녀는 "제 그림이 언니 것보다 더 나아요."[109]라고 대답했다.

엘리자베스 2세가 1956년에 서른 살 생일을 앞두고 있을 때도 그녀는 여전히 허니문 효과 덕을 보고 있었지만 수상은 일련의 국내 위기에 휩싸여 골머리를 앓고 있었다. 집권 후 겨우 한 달 만인 1955년 5월에 다시 선거를 치렀고 보수당은 쉽게 이겼다. 그러나 나라는 노동계의 불안정으로 몸살을 앓았다. 철도 파업이 일어나자 수상은 비상사태를 선언했고 6월에 있을 여왕의 생일 축하 행렬도 취소되어야 했다. 처칠은 전후 노동당 정부에 의해 만들어진 복지국가의 성장을 낮추기 위한 아무런 노력도 하지 않았고 물가는 경제의 발목을 잡고 있었다.

여왕은 국민으로부터 거리를 두어온 전통을 탈피하려는 몇 가지 발걸음을 내디뎠다. 2월에 나이지리아를 갔을 때 오지 강 나환자촌을 방문했는데[110] 당시에는 나환자가 이단자로 취급받을 때였다. 영국의 언론인 바버라 워드는 "나병이 치료될 수 있다는 것을 믿지 않던 겁 많은 주민들에게 확신을 주기 위하여 완치된 나환자와 악수를 나누는 젊은 여왕의 정경이 환하게 빛을 발했다."[111]고 썼다. 이 같은 여왕의 행동은 1987년에 에이즈가 신체 접촉을 통해 감염된다는 대중의 공포가 만연해 있을 무렵에 다이애나 왕세자비가 에이즈 환자와 악수를 나눴던 것 못지않게 획기적인 사건이었다.

1956년 5월 11일,[112] 여왕은 버킹엄 궁에서 의학, 체육, 문학, 예술, 종교, 교육, 사업 등 각 분야의 "유력인사"들을 초청하여 비공식적인 오찬 모임을 주재하기 시작했다. 이는 필립 공에게서 영감을 받은 것인데 그는 매달 5~6명 정도의 명사들을 함께 만나면 여왕이 바깥세상과 더 잘 소통할 수 있을 것이라고 믿었다. 이 같은 모임의 한 특징은 여기에 초대된 인사들이 서로 아무런 공통점이 없다는 것인데 어떤 참가자는[113] 이를 난파선에서 구출된 사람들의 모임에 비교했다. 엘리자베스 2세는 항상 코기 견의 무리와 '도기dorgies'라고 부르는 코기와 닥스훈트의 특이한 잡종견을 앞세우고 다니면서 모든 사람들과 칵테일을 나누고 그중 두 사람과는 따로 1844 거실 또는 중국 식당의 타원형 식탁에서 진지한 대화를 나누곤 했다.

공식 행사에서처럼 여왕은 사소한 사고를 즐긴다. 한번은 그녀의 코기 견 한 마리가 양탄자에 볼일을 보자[114] 여왕은 얼른 집사장인 부제독 피터 애시모어 경에게 손짓했다. 그는 근처 책상 서랍에서 흡착지를 가져다가 무릎을 꿇고 얼룩을 닦아냈으며 나머지 사람들은 모른 척하고 있었다.

그해 봄에 엘리자베스 2세는 새로 소련의 지도자로 부상한 니키타 크루시체프 서기장과 니콜라이 불가닌 수상을 상대로 외교적 수완을 발휘했다. 이 두 강고한 냉전의 우두머리들은 여왕의 초청을 받은 국빈 자격으로 영국에 온 것이 아니었다. 그러나 그들은 기꺼이 여왕과 만나기를 희망했고 여왕은 그들을 윈저 성에 초대했다. 이든 수상과 만난 뒤에 이들은 "말쑥한 검정색 예복과 깨끗한 셔츠에 새 넥타이를 매고"[115] 런던을 떠났다.

이 러시아의 지도자들은 국왕의 평상복 차림에 매료되었다. "그녀는 평범한 흰색 드레스를 입었다.[116] 그녀는 화창한 여름날 고르키 가를 거니는 여느 젊은 여성처럼 보였다."라고 크루시체프는 회고록에 썼다.

여왕은 그들에게 안내원을 붙여 경내를 둘러보게 했고 러시아식으로 차 한 잔씩을 대접했다. 필립은 그들에게 레닌그라드에 대해 물었고 엘리자베스 2세는 성 위를 날아서 런던 공항에 착륙했던 비행기 TU-104에 대해서 물었다. 크루시체프는 그녀가 "부드럽고 침착한 음성의 소유자였으며 전혀 허식이 없고 왕족에 대해서 짐작하던 거만한 기색이 전혀 없었다. …… 우리 눈에는 그저 한 남편의 아내이자 자녀들의 모친으로 보였다."고 그때 받은 깊은 인상을 술회했다. 런던의 클라리지 호텔로 돌아오는 차 안에서 두 사람은 서로 우위를 다투었다. "여왕께서 내게 이렇게 말하셨다니까."[117] "아니라니까. 그 말은 내게 한 말이라니까."

그해 봄과 초여름의 고요는 7월 중순부터 연말까지 고조된 수에즈 운하 사건으로 산산이 부서졌다. 사건은 영국과 프랑스가 수에즈 운하 회사를 통해 지배해오던 수에즈 운하를 이집트의 대통령 가말 압델 나세르가 국유화하면서 시작되었다. 지중해와 홍해를 잇는 이 120마일의 수로는 영국 해군의 전략적 통로였지만 원유를 유럽으로 실어 나르는 수송로로써 중요성이 증대되고 있었다. 나세르는 이 지역에서 영국의 영향력, 특히 이라크와 요르단 왕국들과의 긴밀한 연대를 제거하여

스스로를 아랍 세계의 맹주로 군림하고자 했다. 이든은 4년 전에 파루
크 왕을 축출한 나세르를 제어해야 할 위험한 독재자로 보았다.

몇 달에 걸쳐 영국은 공개적으로 운하의 국제 관리를 위한 다양
한 외교적 해결책을 모색하는 한편에 은밀히 프랑스, 이스라엘과 공동
으로 군사적 대응책을 강구하고 있었다. 계획의 내용은 이스라엘로 하
여금 1956년 10월 29일에 시나이 반도를 통해 이집트를 침공하게 하
고 이스라엘과 이집트의 교전으로부터 운하를 보호하기 위한 목적으
로 수천 명의 영국과 프랑스의 군대를 파견한다는 것이었다.

침공은 일주일의 교전 끝에 성공을 거두었다. 그러나 이든은 영
국 정부와 "각별한 관계" 속에 공조를 취해오던 미국을 따돌려 드와이
트 아이젠하워를 격분케 하는 엄청난 실수를 범했다. 막 재선에 성공
한 미국 대통령은 중동 정세를 불안하게 하는 수에즈의 군사적 모험에
반대했을 뿐 아니라 이집트를 지원하겠다고 나선 소련의 제안이 확전
을 불러올 것이라는 우려를 가졌다. 미국은 다수의 영국 코먼웰스들을
포함한 많은 나라들과 연대하여 유엔에서 수에즈의 군사 행동을 규탄
하고 종전을 촉구했다. 이 위기는 파운드화의 유통에까지 불똥이 튀
어—특히 미국에서 수백만 파운드의 유출—침공군이 철퇴하지 않을
경우 영국에 대하여 국제 차관을 거부할 것이라는 아이젠하워의 추가
적 제제를 가능케 했다. 유엔의 종전 결의는 11월 6일에 발효되었고
12월 말에 프랑스와 영국의 군대는 퇴각하는 수모를 겪었다.

여왕은 매일 오는 상자들을 통해 수에즈 작전에 관한 외무부의
문건들을 파악하고 있었다. 한 궁정 보좌관에 의하면 "여왕에게 숨겨
지는 것은 없었다.118 그녀는 비밀 거래를 미리 알고 있었다." 이든의
견해에 의하면 "그녀는 우리가 하고 있는 일들을 잘 알고 있었다."119
침공이 있기 몇 주 전에 그녀는 수상과 두 차례의 면담을 가졌는데 그
는 매우 신경이 쇠약해 있었다. 그는 불면증을 해소하기 위해 각성제

를 복용하고 있었고[120] 불안 증세를 보였다. 마이클 차터리스는 후에 그가 "불안"[121]과 "초조"에 시달리고 있었으며 버킹엄 궁에 올 때에는 좌불안석이었고 "여왕은 그가 제정신이 아니라고 생각했다."고 회고했다.[122]

일부의 우려에도 불구하고 이든의 내각은 수에즈 작전을 거의 만장일치로 뒷받침했었다. 마이클 아딘은 수상을 지지했지만 여왕의 개인 비서보인 마틴 차터리스와 에드워드 포드는 단호하게 반대했었다. 엘리자베스 2세는 자신의 서명에 따른 문제를 제기할 수 있었을 것이다. "귀하가 지금 현명하다고 확신합니까?"[123]라고. 이든이 20년 뒤에 전기 작가인 로버트 레이시에게 털어놓은 내용은 여왕이 반대 의사를 표명하지 않았다는 것이며 동시에 "그녀가 수에즈 문제에 찬성했다고 주장하지도 않겠다."[124]였다. 그녀는 자신의 헌법적 역할에 충실하면서 어정쩡한 중립을 유지했다." 게이 차터리스는 "나는 그녀가 결코 찬성했다고 생각하지 않는다.[125] 마틴 역시 똑같은 인상을 받았었는데 그는 격렬히 반대했었다."고 회고했다.

이든은 심신이 피폐해져서ㅡ"정신을 못 차릴 정도로 나쁜 상태"[126]에 빠졌다고 본 사람도 있었을 정도ㅡ11월 중순에 작가 이언 플레밍의 저택 골든아이가 있는 자메이카로 날아가서 휴양 치료에 들어갔으며 R. A. 랩 버틀러에게 직무를 잠정 위임했다. 이든이 아이젠하워와 미리 상의하지 않은 것을 비판했던 처칠은 그의 옛 친구에게 편지를 보내 두 나라는 이든의 속셈에 대해 따질 것이 아니라 소련에 대응하는 공동 전선을 펴야 한다는 점을 강조했다.[127] 아이젠하워는 11월 23일의 답신에서 "진짜 적"[128]은 소련이라는 데 동의했으며 미국과 영국은 "중동에서 우리의 합법적인 목표를 달성하는 데" 집중해야 한다고 썼다.

처칠은 아이젠하워의 답신을 여왕에게 보냈고 여왕은 "현 상황에 대한 그의 관점을 알게 되어 매우 흥미롭게 생각한다.[129] 나는 영국과 미국이 서로 다른 견해를 지니고 있다는 현재의 느낌이 신속히 보다 강화된 연대로 대체되길 바란다."고 밝혔다. 영국은 비록 강대국으로서의 특권이 퇴색되고 그 식민지들은 독립에 대한 압박을 증대해왔지만 실제로 이후 수십 년간 국제 무대에서 미국과 조화로운 관계를 유지하게 된다.

비록 여왕은 개인적으로 책임은 없었으나 수에즈 사건의 여파는 그녀의 통치에도 그림자를 드리웠다. 당장의 손실은 이든이었다. 건강의 악화로 인하여 그는 1957년 1월 9일에 59세의 나이로 불과 집권 20개월 만에 사퇴를 결정했다. 여왕은 험난했던 시기에 그가 발휘한 "높은 가치를 지닌"[130] 지도력을 칭송했고 이든은 그녀의 "매사에 있어서 현명하고 공평한 처사"[131]에 대해 감사를 표했다. 그러나 정치가로서 그의 평판은 다시는 회복될 수 없을 만큼 추락했다.

또다시 차기 당 지도자를 선임하는 과업이 엘리자베스 2세에게 주어졌으나 이번에는 그녀가 정치적 책략에 휘말려 최초로 공평성에 대한 평판에 나쁜 후유증을 남겼다. 노동당은 민주적 투표에 의해 당 지도자를 선출하지만 보다 엘리트 계층인 보수당은 "응급 상황"이라고 부르는 불투명한 개인적 의견 조사의 절차를 선호했다. 두 명의 선두 후보는 62세의 재무장관 해럴드 맥밀런과 54세의 하원 지도자 랩 버틀러였다. 버틀러는 수상 직무대행을 맡았었고 차기 수상으로 유력시되었다.

수십 년간 지도자로서 봉사해온 버틀러에게 보상을 하는 것이 합리적으로 보였다. 그는 또 수에즈 문제에 반대했으나 반면에 맥밀런은 추진 세력의 핵심이었음에도 불구하고 재앙이 터지자 그 문제와 거리를 두기 위해 안간힘을 쓰기도 했다. 이든은 후임자 문제에 있어서 공식적인 발언권은 없었으나 여왕에게 버틀러를 지지한다고 말했다.

사임하는 수상의 제안에 따라 여왕의 결정을 도울 자문위원이 선임되었는데 고위 당료인 56세의 데이비드 맥스웰 파이프와 대법관을 지낸 비스카운트 킬뮤어와 의회의 고위 당직자 등으로 구성되었다. 이들은 몇 명의 전임 장관들과 평의원 대표 등과 함께 내각 구성에 대한 투표를 실시했다. 솔즈베리는 여왕에게 맥밀런이 압도적으로 선두를 달렸다고 보고했다. 처칠도 여왕에게 "나이가 더 많은 사람을 고르라."[132]고 거들었다.

그러나 1월 10일에 여왕이 맥밀런을 궁으로 불러들여 정부를 구성하라고 요구하자 그녀의 선택은 다수가 버틀러를 지지했던 일반 보수당원들을 놀라게 했다. 엘리자베스 2세는 의견 조사의 범위가 너무 협소하고 편협한 소수 원로들의 판단에 일임한 것으로 보였다. 여왕의 입장에서 보았을 때 그녀는 다만 보수당의 임시방편적 규정을 따랐을 뿐이었다. 만약 그녀가 독자적인 결정을 내렸더라면―그녀의 성정을 보았을 때 이는 대단히 있을 법하지 않은 일이지만―그녀는 권한을 넘어섰다는 혐의를 받았을 것이다. 그럼에도 젊은 여성이 시류를 파악하지 못했다는 의혹의 눈초리와 함께 지나치게 기득권 집단의 눈치를 본다는 여론을 피해갈 수는 없었다. 새로운 엘리자베스 시대는 지난 5년간의 생동하던 시대를 지나 이제 차가운 비판의 기류 속에서 정점을 지나고 있었다.

"휘!" 여왕은
맨해튼의 스카이라인을
먼빛으로 바라보며
탄성을 발했다.
그 모습이 그녀에겐 마치
"커다란 보석들이 줄지어 놓인 것"
같이 보였다.

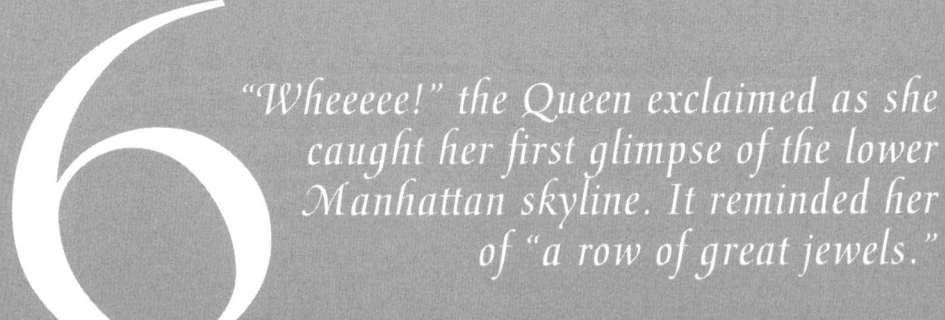

6 "Wheeeee!" the Queen exclaimed as she caught her first glimpse of the lower Manhattan skyline. It reminded her of "a row of great jewels."

국왕 부처가 페리를 타고 뉴욕 시로 향하고 있는 모습.
1957년 10월 ⓒ Associated Press

CHAPTER 6

TV에 빠지다

Made for Television

수에즈 운하 갈등과 지도자 교체가 일어났던 격동의 나날 속에서 빠진 목소리가 하나 있었는데 바로 필립 공이었다. 그때는 여왕이 그의 정신적 뒷받침을 받을 수도 있었을 때였다. 그러나 10월 15일, 35세의 공작은 아내의 격려 속에 브리타니아호에 몸을 싣고 근 4천 마일의 거리를 누비며 단독으로 코먼웰스 순방에 나섰다.

그의 첫 목적지는 그가 1956년 올림픽 경기의 개막을 선언하는 멜버른이었는데 그가 뒤에 설명한 대로 "비행기로 날아왔다가 되돌아갔더라면 간단할 수도 있었다." 그러나 그와 여왕은 호주에서 더 많은 지역을 돌고 뉴질랜드와 케냐, 잠비아는 물론이고 파푸아뉴기니, 셀군도, 실론과 말레이 반도 등 "코먼웰스에 충성스러운 먼 지역"까지 방문하기로 결정했다. 그는 또한 남태평양의 포클랜드와 남극의 영국 기지까지 갔다. 그 자신의 설명대로 필립은 "세상에서 얼마 존재하지 않는 크나큰 우애, 곧 바다의 우애에 몸 바친 뱃사람이 직업"인 사람이었다. 그래서 1956년 가을에 그는 해군에 복무했던 시절로 돌아가 장교 식당의 동지애를 만끽했는데 다만 이번에는 20명이 한 식탁에 둘러앉아 은제와 수정 식기와 왕실 요트의 와인 창고에서 가져온 최상의 포도주를 반주로 그때보다 훨씬 사치스럽고 격식 있는 만찬을 즐겼다.

이 여행은 또한 그에게 궁정 생활의 규제와 궁정인들의 의혹에 찬 시선으로부터 벗어나 자유를 만끽하게 해주었다. 자기 세대와 계층의 다른 남자들과 달리 그는 아내에게 의존했고 또 복종했다. 그는 혼자 있을 때만 동료들은 당연히 누리는 것들을 요구할 수 있었다. 그는 유명한 남극 탐험대원인 레이먼드 프리스틀리 경을 대동하여 탐험에 대한 호기심을 충족했고 영국 해군에서는 "풀셋 full set"이라고 알려진 턱수염과 콧수염을 동시에 기르기도 했고 노픽의 화가 에드워드 세아고에게서 회화 개인 지도를 받기도 했다. 향수에 젖은 기분으로 필립은 자기가 그린 그림에 그리스 철자인 "φ"라고 서명했다.

본국에서는 비판자들이 그의 장기 여행을 "필립의 어리석음 Philip's Folly"이라고 부르며 오랜 부재를 문제 삼았다. 특히 실패로 돌아간 중동 침공 기간도 그렇지만 아홉 번째 결혼기념일(대신 그는 여왕에게 흰 장미 꽃다발과 서로 껴안고 있는 이구아나 한 쌍의 사진을 보냈다.)은 물론 크리스마스에도 없었다. 그날엔 대신 뉴질랜드와 케이프혼 중간쯤에서 짧은 방송 연설을 보내왔는데 코먼웰스의 모든 남녀들은 "자기보다도 남을 위하여 봉사할 의사가 있음"을 알리는 내용이었다.

아내가 여왕의 재위에 오른 지 5년째에 접어들면서 필립은 앞으로 추구해나갈 목표와 열정을 굳게 확립했다. 한 버킹엄 궁의 보좌관은 "그는 문이 닫혀 있으면 닫힌 문 뒤를 들여다보고 싶어 하는 사람 중의 하나이다. 그는 무슨 일들이 벌어지고 있는지 알고 싶어 한다. 그건 남자의 본성이다."라고 말했다.

그는 해군에 복무했을 때부터 과학과 기술에 심취했으며 기회 있을 때마다 이 방면의 교육을 증대시켜야 한다고 말했다. 그러나 그는 동시에 지성과 인격을 형성해야 한다는 전인 개발을 강조했다. 그는 정신적 건강과 도덕적 건강을 신체적 건강과 연결시켜야 하고 그가 명명한 소위 "저건강 sub-health"의 확산을 막기 위하여 젊은이들에게 신체 단련의 기회를 주어야 한다고 열정적으로 주장했다. 그는 엄격한 신체 훈련을 통해 리더십과 자신감을 배양할 목적으로 설립된 고든스타운의 창시자인 쿠르트 한이 시작한 야외 학교인 아웃워드 바운드 Outward Bound를 초기부터 후원해왔다. 또한 1956년부터 필립은 에든버러 공작상을 제정하여 지역 봉사와 신체 단련의 전 과정을 수료하는 청소년들을 지원하기 위한 세계적인 프로그램을 시작했다.

필립의 여행이 끝나갈 무렵에 그의 오랜 친구이며 충실한 개인 비서인 마이크 파커가 갑자기 런던으로 떠났다. 그의 아내 아일린이 남편에게 간통 혐의로 이혼 청구 소송을 제기한 것이다. 이 소식은 영국의 대중지들을 장식했으며 영국 언론은 왕실 내 파커의 두드러진 지위와 필립의 해외 장기 체류를 한데 엮어서 왕실 결혼의 안정성에 관한 의문을 제기했다. 언론은 공작이 몇 년간 소호에 있는 클럽 서스데이에서 독신 남성들의 오찬 모임을 가져왔는데 여기에는 파커는 물론 배우 데이비드 니븐과 피터 유스티노프 등도 참여했다.

이 모임에서 술 마시고 담배 피우고 걸쭉한 농담이 오간 것 외에는 이렇다 할 불미스러운 일은 일어난 바가 없다고 보았다. 그러나 참석자 중 한 사람인 사진작가 스털링 헨리 나훔이 공작과 이름 모를 어떤 "파티 걸"의 밀회를 위해 자기 아파트를 제공한 것으로 전해져서 그의 결혼에 "균열"이 발생했다.

필립은 호감형의 외모를 가진 데다가 그 또한 여성의 미모에 대한 관심이 두드러졌기 때문에 한동안 팻 커크우드, 헬렌 코뎃과 케이티 보일 같은 여배우들이나 사교계의 미인들과 연계된 소문의 진원지가 되어왔다. 그러나 그녀들은 한결같이 친구이거나 지나치다 알게 된 사이 이상이 아니었노라고 부인했다. "파티 걸"에 관한 얘기도 실상 아무 근거가 없었고 필립은 이런 혐의에 대하여 "대단히 상처 입고 격노"했다.

여왕은 평소 입을 굳게 닫아온 언론 비서인 리처드 콜빌 사령관으로 하여금 이례적으로 "여왕과 공작 사이에 어떤 균열이 존재한다는 것은 전혀 사실이 아니다."라는 단호한 부인 성명을 발표하도록 조치했다. 이로써 소문은 잦아들었지만 필립의 밀회 소문은 그가 무도회장에서 사람들의 눈에 띄거나 아름다운 여성과 쾌활한 대화를 나누는 장면이 포착되면 어김없이 되풀이되었다.

파커는 그의 소송이 진행되는 동안에 언론 보도를 진정시키기 위하여 사직했다. 엘리자베스 2세와 필립 공은 1957년 2월 16일 포르투갈에서 상봉했는데 이 시점을 택한 것은 그녀의 결혼 상태에 대한 의문을 종식시키기 위하여 그녀 나름대로 채택한 영악한 방식이었다. 햇볕에 타고 말쑥하게 면도한 그녀의 남편은 여왕의 비행기에 탑승하자 여왕을 비롯한 가족 전원이 가짜 턱수염을 달고 있는 것을 발견하고 놀라움을 금치 못했다.

국왕 부처는 이틀간을 단둘이서 보낸 뒤 3일간의 포르투갈 국빈 방문에서 그들의 공식적 임무를 수행했다. 26일 런던에서의 오찬에서 자기의 여행에 관해 보고하며 공작은 젊은 시절이었다면 4개월간 집을 비우는 것은 "아무런 문제도 되지 않았을 것"이지만 지금은 그와 그의 가족에 대해서 "다들 아는 이유로 해서" 장기 부재는 "내게 더 많은 것을 의미했다."고 힘들게 말했다. 그러나 그는 "약간의 개인적 희생"은 조금이나마 코먼웰스의 안녕을 증진시키는 데 기여한 값어치가 있었다고 덧붙였다.

바로 나흘 전에 여왕은 그의 희생과 그동안 남편으로서의 업무에 대한 보상으로 그를 공식적으로 영국의 왕자 Prince of the United Kingdom 로 만들었다. 이는 그들의 결혼 이후 그에게 주어졌던 왕실 공작의 지위 보다 격상된 것이었다. 이 생각은 새 수상이 된 해럴드 맥밀런에게서 나왔는데 그는 필립의 지위를 아내와의 관계에서 한층 강화할 필요가 있다고 명철하게 판단했으며 이는 영국과 코먼웰스들의 시각에서도 그럴 필요가 있었다.

타고난 어두운 심성에도 불구하고 맥밀런은 낙관주의의 기운을 내뿜으며 업무에 착수했는데 재빠르게 수에즈 사건의 수치에서 벗어나 근면한 시민들로 가득 찬 위대한 국가로서의 영국의 지위를 재확인 시켰다. 1957년 7월 20일에 그는 "우리 대부분의 사람들에게 이렇게 좋은 시절이 없었다."라는 유명한 말을 던졌다. 그의 재임 중 영국은 보다 번성을 이룩했다. 다우닝 가 10번지로 옮긴 직후 맥밀런은 또한 재빨리 수에즈 사건으로 손상된 특수 관계를 복원하는 작업에 매달렸고 아이젠하워로 하여금 1957년 가을에 여왕을 미국으로 국빈 방문을 위해 초청하도록 조용히 물밑 작업을 했다.

맥밀런은 소심했던 전임자보다는 엘리자베스 2세와 보다 편한 관계를 형성했다. 비록 처칠과의 관계처럼 편안하지는 않았으나 여왕의 입장에서는 이전보다 동조적이었다. 그러나 여왕은 때때로 그의 고풍스러운 허세와 거들먹거림에 짜증을 내기도 했다. 처칠처럼 맥밀런의 모친 또한 미국인(강압적이고 위압적이라는 세평)이었다. 그의 전기 작가 앨리스테어 혼에 의하면 맥밀런은 "국왕에 대한 본능적 존경심" 을 타고났다고 한다. 수상은 약삭빠르고, 재치 있고, 말쑥하며, 남의 성격을 꿰뚫어 볼 줄 알았는데 그런 점들이 정치판의 가십을 즐기는 여왕의 환심을 샀다.

맥밀런은 복잡한 성격의 소유자였는데 교활한가 하면 무르고 신앙심이 깊으면서도 냉혹한 면모를 지녔다. 가난에 찌든 스코틀랜드 농부의 손자로 태어나 출판업으로 부를 쌓은 맥밀런은 이튼과 옥스포드를 다니며 온갖 교육의 혜택을 입었다. 제1차 세계대전 때에 그는 다섯 번이나 부상을 당했으며 그 경험은 참호 속에서 같이 싸웠던 노동자 계층에 대한 흔치 않은 유대감을 얻게 한 동시에 생존자로서의 죄의식을 갖게 했다.

그는 9대 데본서 공작의 셋째 딸인 도로시 캐번디시와 결혼해서 귀족으로 단숨에 신분 상승을 했는데 부인이 화려하고 재미있는 양성애자 정치가인 로버트 부스비와 10년에 걸친 외도에 빠져 그를 괴롭혔다. 이 관계는 공개된 비밀로 맥밀런을 한층 더 수치스럽게 만들어주었다. 처음에 그는 신경쇠약에 걸렸지만 시간이 지나면서 "꿰뚫어 볼 수 없는 침착함의 가면"을 개발해내어 이를 이겨냈다. 그러나 미국 대사인 데이비드 브루스가 "빅토리아 양식의 나태Victorian languor"라고 이름 붙인 것 뒤에서 맥밀런은 "힘"과 "의지"와 함께 "신속한 행동"을 이끌어낼 수 있었다.

세인트제임스 거리에 위치한 클럽인 화이츠White's에서 배짱이 맞는 동료들과 둘러앉을 때 더 마음이 편안했던 그는 그럼에도 불구하고 급속히 여왕과 친밀해졌다. 그의 교제 범위 내의 여성들과는 전혀 다른 부류의 지성적인 여자이면서 국내외 문제들을 소상히 파악하고 있는 데 대하여 그는 처음부터 놀라움을 금치 못했다. 그는 그녀를 "터놓고 얘기를 나눌 수 있는 유일한 사람으로서 나에게 큰 힘이 되어준다."고 묘사하면서 처음부터 그녀의 뛰어난 분별력과 어머니같은 친절함을 활용하였다.

맥밀런이 해외여행 중일 때 그를 대신해서 주례 면담을 하기 위해 화요일 저녁마다 버킹엄 궁을 방문했던 노련한 보좌관인 버틀러 역시 대화 상대자로서의 그녀에 대하여 비슷한 의견을 가졌다. "그녀는 한 번도 과도한 반응을 보이지 않았고 말도 함부로 하지 않는다. 대화 중에 자기 의견을 일찌감치 내놓는 법이 없다. 오히려 상대의 의견을 이끌어내며 끝까지 경청한다."

맥밀런은 7여 년간의 재임 기간 동안 엘리자베스 2세와 순수한 업무 공조 체제를 형성했다. 그는 자주 여왕에게 긴 편지를 써서 보냈는데 그 안에는 세계 지도자들에 대한 평가와 자신의 실책에 대한 고백과 함께 재미있는 일화나 암울한 전망 등이 담겨 있었다. 여왕은 손수 자필 답장을 보냈는데 격려와 감사의 뜻을 빼놓지 않았다. 맥밀런은 그녀의 격식을 떠난 허물없음과 유머 감각에 탄복했다. 많은 다른 사람들처럼 그 또한 여왕이 대중 앞에서 "더 많이 웃는 모습을 보여주기를" 바랐다. 그의 희망에 대하여 여왕은 "사람들은 여왕의 엄숙한 모습을 주로 보고 싶어 한다고 나는 항상 믿어왔다."고 말했다.

6년의 불임 기간을 거친 31세의 여왕은 남편과 마찬가지로 간절히 더 많은 자녀를 원하게 되었다. 디키 마운트배튼은 그 탓이 여왕이 즉위 이후 자녀 이름에 필립의 성을 따르는 것을 거부한 데 대하여 필립이 분노했기 때문이라고 말했다. 그러나 여왕의 입장에서는 훌륭한 국왕으로서의 역할에 충실하기를 원했기 때문에 대가족을 이루고 싶은 꿈을 연기해왔었다.

1957년 5월에 버킹엄 궁을 방문한 엘리너 루스벨트 여사는 근 한 시간 동안 엘리자베스 2세와 만났는데 마침 찰스 왕자가 편도선 제거 수술을 받은 다음 날이었다. 그녀는 여왕이 "가엾은 어린아이는 염두에도 없는 듯 침착하고 여유 있는 모습이었다."고 보았다. 여왕은 찰스는 목이 아픈 것을 가라앉히기 위해 벌써 아이스크림을 먹었노라고 담담하게 말했다. 그 시각이 저녁 6시 반이었지만 그녀는 여덟 살짜리 아들의 침상 곁을 지키기보다 전임 미국 대통령의 부인을 접대하는 데 더욱 열중했다.

여왕은 자녀들을 사랑했지만 대부분의 시간을 아이들로부터 떨어져 있었던 직업적 습관에 빠져 있었다. 애들은 보모들과—찰스에게는 특히 메이블 앤더슨이야말로 "안전한 보금자리"였다—맹목적인 사랑을 쏟아붓는 할머니의 보살핌을 받았다. 그러나 그녀의 의무에 대한 불굴의 헌신이 타고난 절제와 마찰을 회피하려는 성향까지 보태져서 엘리자베스 2세는 모친으로서 겪었어야 할 도전과 만족을 동시에 놓쳤다.

게이 차터리스는 "그녀는 되도록 피했다. 그녀에게는 매일 살펴야 할 업무가 있었다. 아이들과 아옹다옹하는 것도 행복했지만 일로 돌아가면 더욱 편했다. 그녀에겐 항상 붉은 상자들^{정부 문서가 담긴 비밀 상자—옮긴이}이라는 평계가 있었다. 훗날 마거릿 공주의 남편이 된 사진작가 앤서니 암스트롱 존스가 1957년 찍은 상징적인 사진에는 우연히도 국왕 부처와 자녀들 간의 거리감이 함축되어 있었다. 사진에 보면 엘리자베스 2세와 필립은 버킹엄 궁의 정원 돌다리에 기대어서 사랑스럽게 앤과 찰스를 바라보고 있는 것에 비해 찰스는 다리 아래 바위에 떨어져 앉아 혼자 책을 읽고 있다.

여왕의 모성애에 대한 부정적인 면은 1955년 4월에 윈저 성에서 남편과 같이 머물며 왕실 가족과 함께 피크닉을 갔던 클러리사 이든에게도 분명히 보였다. 여섯 살이 된 찰스가 앤서니 이든의 의자에 폴짝 올라앉자 여왕은 아이에게 비키라고 했다. 그가 말을 안 듣자 그녀는 다시 비키라며 "이건 수상의 의자이며 그분은 피곤하시단다."라고 했는데도 여전히 찰스는 꿈쩍도 안 했다. 그러고 나서 찰스가 손을 안 씻었다는 평계로 음식을 안 먹으려고 하자 모후가 나서서 "오, 그래. 알겠다. 여기 찰스를 위해 접시에 물을 좀 따라주렴." 하고 말했다. 클러리사 이든은 왕자의 버릇없음이 재미있었지만 여왕이 "'자, 찰스. 어서 일어나렴.' 하고 말할 줄 알았는데 한마디도 하지 않아서 놀랐다. 아마 그녀는 그 정도의 일을 가지고 소란을 떨고 싶지 않았기 때문일 것이다."라고 말했다.

그 봄날 오후, 원래 규율이 엄격한 필립은 그 자리에 함께하지 않고 근처 호수에서 보트를 타고 혼자서 즐기고 있었다. 여왕이 너그러워서 잘못됐다면 그녀의 남편은 반대로 지나치게 엄격했다. 엘리자베스 2세가 "자연스러운 상태"라고 표현한 가장으로서 그는 규칙을 강요했는데 예를 들자면 찰스에게 아침마다 침대를 정돈하고 제시간에 아침 식탁에 도착하게 했다.

필립은 이 왕위 계승권자에 대하여 모든 실권을 행사했는데 찰스는 아버지와 현저하게 달랐다. 소심하고 불안정하고 내성적이며 운동신경은 둔했다. 모후의 말을 빌리자면 어린 시절부터 "아주 상냥한 마음씨를 지닌 부드러운 소년"이었다. 오빠보다 두 살 아래인 앤 공주는 훨씬 강인한 성격을 타고났다. 자신감에 넘치고 엄격하고 필립처럼 자기주장이 분명했다.

찰스에게 있어서 가장 중요한 결정은 그의 교육에 관한 것이었다.(상류사회의 전통에 따라 앤은 13세가 되어 기숙학교에 가기 전까지는 가정교사에게 가르침을 받았다.) 보통 사람들과 비슷한 삶을 만들어주기 위하여 공작과 여왕은 아들을 사립 초등학교에 보내기로 결정했다. 이는 왕위 계승권자에게는 최초의 일이었다. 필립은 어린이들의 심성은 "채워져야 할 배가 아니라 태워야 할 불길"이라는 플루타크의 신조를 따라서 5년 전에 창설된 런던의 힐 하우스 스쿨을 선택했다. 육아실에서 수년을 보낸 찰스가 교실에서 다른 소년들과 함께 공부하고 더구나 마룻바닥을 닦고 체육장까지 버스를 타고 다니는 평등한 경험은 완전히 새로운 것이었다. 그러나 찰스가 1년 만에 간신히 적응할 무렵인 1957년 가을에 부모는 그의 아홉 살 생일을 두 달 남겨두고—상류사회 소년들은 이 나이에 관습적으로 기숙학교에 보내진다—그를 부친의 모교인 햄프셔의 침 스쿨로 보냈다.

필립은 그의 "전인 교육"의 철학에 맞추어 학교를 선택했다. 또한 그는 아들의 연약함을 고쳐서 강인하게 만든다는 사명도 지녔다. 몇 년 뒤에 공작은 자기의 논리를 펴며 "아이들은 집에서는 하고 싶은 대로 해도 되지만 학교에서는 자기 통제력이 있고 사려 깊고 독립적인 성인으로 키우는 과정 속에서 스파르타식으로 규율을 철저히 해야 한다."고 썼다.

　　찰스는 기숙사에 들어가는 순간부터 비참했다. 향후 5년간 그는 엄격한 식이요법에 적응하고 교실과 운동장에서 80명이 넘는 소년들과 함께 지냈지만 항상 약간은 외톨이었고 멀리 떨어진 집의 위안을 그리워했다. 많은 친구들을 사귀지 못한 데 대해서 훗날 그는 "나는 항상 일대일 관계의 단짝 친구를 원했다."고 말했다.

　　그는 자신의 두드러진 지위에 대하여 점차 자의식이 깊어졌다. 특히 1학년 말에 그의 모친이 그에게 웨일스 왕자Prince of Wales의 작위를 하사했을 때였다. 이는 왕위 계승에 있어서 그의 위치를 가장 선명하게 드러내는 상징이었다. 그는 1968년 여름 몇몇 친구들과 교장실에서 함께 4년마다 코먼웰스들이 참가하여 개최되는 운동경기인 코먼웰스 게임의 폐막식에서 여왕이 발표하는 메시지를 TV 중계로 보면서도 전혀 영문을 몰랐다. 마침내 여왕이 작위 하사를 선언하자 작은 TV 스크린 속의 군중이 "웨일스 왕자 만세"를 부르며 환호할 때 찰스는 당황해서 어쩔 줄을 몰랐다.

그의 부모는 그가 학교에서 행복하지 못했음을 잘 알고 있었다. 여왕은 그녀의 아들이 휴가를 마치고 침 스쿨로 돌아갈 때의 "두려움"에 대해서 글을 남기기도 했다. 그러나 부모는 그에게 불굴의 정신력을 심어주어야 한다고 믿었고 여왕은 아들의 불만을 남편에게 떠밀었다. 필립은 격려보다는 무뚝뚝한 태도로 일관했으며 호되게 야단을 치는 방식을 고수했다. 전적으로 아들 편을 들어주지 않아서 부자간의 사이는 더욱 멀어질 수밖에 없었다.

찰스를 기숙학교에 보낸 것은 여왕과 필립 공의 바쁜 일정을 감안했을 때에는 현실적이기도 했으며 언론의 감시로부터 그를 보호해주기도 했다. 그때까지는 신문과 잡지—조용하고 정확한 BBC 방송은 물론—가 여왕에 대하여 충분히 존중심을 표했으며 칭찬의 도를 넘어 흠모에까지 이르렀으나 그녀의 남편과 그의 여동생에 관한 선정적인 보도가 실리긴 했다. 그러나 이제 최초로 엘리자베스 2세와 그녀의 최측근 보좌관들에 대한 비판적인 기사가 실리기 시작했다.

1957년 대체로 한가한 8월에 여왕과 왕실 일행이 스코티시 하일랜드로 연례 휴가를 떠났을 때 〈내셔널 앤드 잉글리시 리뷰〉라는 무명의 잡지에서 편집인인 2대 올트링엄 남작이 존 그리그라는 이름으로 "오늘날의 군주"라는 기사를 게재했다. 그는 반보수당파로 상원 의원인 동료 세습 귀족들 중 많은 인물들이 "직위에 부적합"하다고 비판하고 나서서 이미 물의를 빚었다. 그는 영국 교회의 여성 성직자 서품을 옹호했으며 앤서니 이든의 수에즈 침공을 격렬히 비판했었다.

이제 그는 자신이 지지한다고 말한 국왕을 보좌한—그의 견해에 따르면 잘못 보좌한—사람들을 표적으로 삼았다. 그의 작위는 즉각 그의 주장에 무게를 실어주었는데 나아가 그는 이튼과 옥스포드에서 교육을 받았으며 버킹엄 궁의 궁정인 계층의 온상인 왕실 근위대에서 근무한 경력까지 있었다.

올트링엄은 궁정인들을 여왕의 공식 연설을 진부하게 만드는 "촌티 나는" 귀족들의 "소수 패거리"라고 매도했으며 "여왕의 입을 빌린 말들 속에 담긴 인격은 고상한 척하는 여학생 수준"으로 "독자적이고 분명한 성격"을 담아내지 못했다고 썼다. 올트링엄은 왕실 가족이 "진정 계급을 타파한 코먼웰스의 궁전"이 되기 위하여 보다 인종적으로 사회적으로 다양한 인물들로 둘러싸여야 한다고 촉구하면서 그래야 여왕으로 하여금 "평범하면서도 동시에 특출난, 불가능해 보이는 목표"에 도달할 수 있게 할 것이라고 했다.

이 같은 비판적 노선은 2년 전에 언론인이자 방송인인 맬컴 머거리지가 〈뉴 스테이츠맨〉에 기고했으나 별로 알려지지 않았던 기사를 상기시켰다. 마거릿 공주와 피터 타운센드의 드라마에 의해 촉발된 흥미 위주의 보도 태도에 대하여 머거리지는 1955년 10월에 언론의 과잉 보도를 경고했다.

그는 선견지명을 가지고 왕실 가족에게 "한심한 궁정인들" 대신에 "효율적인 대외 협력 체제"를 세우면 언론을 적절히 조종하여 "최악의 오용을 걸러낼 수 있을 것"이라고 충고했다. 그는 보다 나은 자문 기구는 왕실 가족과 그들의 생활을 "일종의 왕실 싸구려 신파극으로 만드는 것으로부터 방지할 수 있을 것이다."라고 썼다.

명철한 논객인 머거리지는 이 같은 건전한 충고를 절제되고 예의 바르게 제안했다. 그의 통찰 가운데 가장 도발적인 부분은 왕정이 "사이비 종교가 되었다."는 것이며 따라서 영국의 왕족은 "국민들 속에서 소박하고 꾸밈없이" 사는 스코틀랜드식의 접근 방법을 고려할 필요가 있다고 제안했다.

올트링엄과 비슷한 생각은 그의 잡지 구독자 4,500명 정도만이 눈살을 찌푸리는 수준에 그쳤을 터인데 그는 더 나아가서 여왕의 "사교계 데뷔 초대장debutante stamp"에 대해 개인적 비난을 퍼붓는 만용을 부렸으며 국왕으로서의 훈련이 "걱정스러울 정도로 부족하다."고까지 주장했다. 그는 계속해서 "크로피, 헨리 마틴 경, 런던 연극 시즌, 경마, 꿩 사냥, 카드놀이, 빈번한 해외 순방 등은 엘리자베스 1세 여왕이었다면 합당치 않다고 여겼을 것이다."라고 썼다.

더 나아가 그는 "엘리자베스 2세의 연설 솜씨는 솔직히 괴롭다. 그녀의 모친처럼 원고 없이는 단 두 줄을 말하지 못하는 것으로 보인다. …… 설사 원고를 읽는다 하더라도 길건 짧건 최소한 읽는 방법이라도 향상시켜야 한다. 연습을 하면 원고를 읽더라도 즉석 연설 같은 분위기를 낼 수 있다."라고 썼다. 올트링엄은 이것이 다 "충성심"에서 비롯되었으며 "건설적 비판"을 위한 것이라면서 이제 그녀가 "젊음의 향기마저 잃고 나면" 그녀의 명성은 온전히 그녀의 인품에 의존할 수밖에 없으므로 "그녀는 사람들이 기억할 수 있는 말을 해야 할 것이며 사람들이 자리를 떨치고 일어나 주의를 기울일 만한 행동들을 해야 할 것"이라고 썼다.

그의 말들에 대해 언론과 기득권 계층에서 분노에 찬 비난이 쏟아졌다. 대중지들은 여왕에 대한 "공격"이라는 머리기사를 표지에 실었다. 〈선데이 타임스〉는 올트링엄을 비열한 인간이라고 매도했고 헨리 페얼리는 〈데일리 메일〉에서 감히 "수 세기 동안 쌓여온 것에 대항하여 보잘것없고 일시적인 허튼 생각을 들이대는 것"이라고 반박했으며 캔터베리 대주교인 제프리 피셔는 그를 "매우 한심한 인간"이라고 일축했다. 제국 충성 연맹League of Empire Loyalists의 B. K. 버비지는 런던 길거리에서 올트링엄을 만나서 따귀를 때렸다. 이 사건에 대하여 1파운드의 벌금형을 선고한 치안판사는 피고의 분노에 동정을 표하면서 "이 나라 인구의 95퍼센트는 그 글을 보고 역겨움과 모욕을 느꼈다."

고 말했다.

궁 안에서는 이 기사를 건설적인 비판으로 받아들였다. 마틴 차터리스는 사적으로 이를 "전후 국왕의 분수령"이라고 묘사했고 저자가 "지대한 공헌"을 했다고 말했다. 어떤 사람에 의하면 필립 공―궁정인들을 싫어했던―역시 같은 생각이었다고 한다. 이후 필립 공과 BBC의 데이비드 애튼버러, 필립의 고든스타운 시절 친구인 앤서니 크랙스턴 같은 전문가들의 도움을 받아 여왕의 연설 솜씨는 향상되었는데 주로 음성을 낮추고 딱딱한 악센트를 부드럽게 고쳤다. 그러나 그녀는 잘못된 발언으로 국왕으로서의 중립적 위치를 깨부수는 모험을 하기보다 여전히 준비된 원고를 읽어 내려갔다. 올트링엄의 예상과는 달리 젊음의 향기를 잃고 난 뒤에도 대중은 여왕의 무뚝뚝한 스타일과 "사람들이 자리를 떨치고 일어나 주의를 기울이게 하는" 행동을 거부하는 그녀의 겸손한 태도를 존경했다.

올트링엄이 울려준 경종에 대한 차터리스의 감사하는 마음은 시대의 변화에 부응키 위한 여왕의 여타 조치에서도 나타났다. 우선 여왕의 일부 활동들을 민주적으로 고쳤고 마침내 직원 구성도 다양화했다. 이듬해에 버킹엄 궁에서 사교계 데뷔자들을 위한 특권층만의 "소개 파티presentation parties"가 마지막으로 개최되었는데 이는 조지 3세 시절까지 거슬러 올라가는 고색창연한 상류층의 의식이었다. 그러나 이번에는 개방된 왕실 가든파티로 대체되었다.

장막 뒤에서 이 같은 변화들이 시작되고 있을 무렵 맬컴 머거리지는 1957년 10월에 미국 주간지 〈새터데이 이브닝 포스트〉에서 "영국은 진정 여왕이 필요한가?"라는 제목의 기고문을 써서 난국을 키웠다. 그는 종전의 "왕실 싸구려 신파극"의 주제를 더 확대시켰을 뿐 아니라 여왕과 그녀를 존경하는 추종자들을 직설적으로 비꼬아서 문제를 증폭시켰다.

그는 "왕실 가족과 사교적으로 어울리는 무리"는 여왕에 대해서 가장 "경멸적으로 얕보는 사람들"이라고 썼다. 그는 계속해서 "여왕이 볼품없고 너저분하고 진부하고 따분하다고 생각하는 사람들은 가게 점원이 아니라 공작 부인들"이고 여왕은 "제스처나 행동이나 예절에 있어서 마치 몽유병자처럼 보였으며" 한 걸음 더 나아가 그녀는 "속물 근성의 발원지이며 아첨의 중심에 있다."고 썼다.

머거리지는 언론에서 올트링엄보다 훨씬 더 격렬하게 두들겨 맞았다. 그는 길거리에서 봉변을 당했고 그의 집은 약탈당하기도 했고 황산이나 오물, 면도날 등이 들어 있는 우편물을 받기도 했다. BBC는 심지어 당분간 그를 방송에서 추방하기도 했다. 그런데 그가 돌아왔을 때 그는 가장 걸출한 방송인 중의 한 명이 되었다.

이렇게 격렬한 반응이 일어났던 원인 중의 하나는 이 기사의 타이밍이 무척 기대를 모았던 여왕의 북아메리카 순방과 의도적으로 맞추어졌기 때문이었다.

10월 12일 5일간의 방문을 위해 캐나다에 도착한 여왕은 최초의 TV 연설을 했다. 영어와 불어를 교대로 사용하며 행한 이 연설은 캐나다의 전체 인구 1,650만 명 중에서 1,400만 명이 시청했다. 그녀는 최초로 영상 자막기를 사용하여 카메라를 똑바로 응시할 수 있었다. 〈뉴욕 타임스〉에 의하면 그녀의 모습은 "수줍어 보였으며 약간 어색"했지만 연기가 "너무 인간적"이어서 사랑스러웠다고 했다.

어쩌면 올트링엄과 머거리지의 비판은 어느덧 가라앉은 것으로 보였는데 "나는 여러분에게 보다 개인적으로 말씀드리고 싶습니다."라고 시청자를 향해서 7분 길이의 연설을 시작했기 때문이다. 이어서 그녀는 거의 은밀하게 말했다. "인생이 보잘것없고 지루하고 아무 목적도 없는 시시한 것으로 보이는 긴 기간이 있습니다. 그런데 갑자기 우리들 존재의 단단하고 믿음직한 토대가 언뜻 드러나는 어떤 크나큰 사건의 한가운데 놓이게 됩니다."

이튿날 그녀는 캐나다 의회를 개원하는 첫 국왕이 되었다. 이로써 캐나다인들은 그들이 "캐나다 역사의 한 부분에 참여하고 있다."는 느낌을 가질 수 있었다. 또한 여왕은 오타와의 상원 회의실에 마련된 옥좌에 앉아 행한 연설을 TV로 방영하는 것을 허락했다.

여왕은 그녀의 두 번째 미국 방문을 무척 기대했다. 앤서니 이든에게 보낸 편지에서 그녀는 "러시아 인공위성^{스푸트니크-옮긴이}이 러시아의 과학 발전에 대한 우리들의 견해를 흔들어놓은 이후 미국과 우리가 보다 가까워진 것 같은 느낌이 든다."고 썼다. 1951년의 반짝 방문 때와는 달리 이번에는 정식 방문으로 6일간을 워싱턴과 뉴욕 그리고 미국의 첫 영국 식민지로서 창설 350주년을 맞아 축하 행사가 열리는 버지니아 주 제임스타운 등에서 머문다.

그녀는 67세의 이 미국 대통령과 정감 어린 관계를 맺었는데 이는 제2차 세계대전 중에 아이젠하워가 연합군의 총사령관으로 런던에 체류했을 때로 거슬러 올라간다. 그는 그녀의 부모와 "막역한 우정"을 나누었다. 그는 조지 6세 부부가 윈저 성의 사적인 지역을 둘러보도록 특별히 배려했던 때를 자주 회고했다.

장군 일행이 마음대로 경내를 둘러보게 하려고 조지 6세 가족은 아파트 실내에서만 머물기로 했다. 그런데 막상 방문하기로 한 날, 조지 6세는 이를 깜박 잊고 있었다. 그와 그의 가족들은 로즈 가든 위의 테라스에서 마거릿 로즈와 함께 흰 테이블보가 발밑까지 덮힌 식탁에 둘러앉아 차를 마시고 있었다. 이때 아이젠하워 일행이 들이닥치자 왕은 자기들이 있으면 그들이 탐방을 중단할 것을 알았다. "우리는 모두 테이블 밑으로 들어가 숨었다."고 여왕은 말했다. "만약에 그들이 테이블을 쳐다보았더라면…… 그 밑에 숨은 사람들이 웃음을 참지 못해 킬킬거리느라 그 진동 때문에 테이블이 흔들리는 것을 보았을 것"이라고 마거릿 로즈는 몇 년 뒤에 회고했다. 뒤에 조지 6세가 이 얘기를 아이젠하워에게 들려주자 장군은 "영국의 국왕이 숨었다는 이야기에 놀라 자빠질 뻔했다."고 한다.

10월 16일, 여왕과 공작이 버지니아에 도착했을 때 1만 명의 시민들이 나와 환영했으며 제임스타운과 윌리엄스버그에서 하루 종일 축하 행사가 펼쳐졌다. 영국 외무장관 셀윈 로이드를 포함하여 66명의 수행원들이 뒤를 따랐다. 윌리엄스버그에서 여왕은 윌리엄 앤드 메리 대학의 발코니에서 연설하며 미합중국을 창설한 "선구적이며 유능한 정치가"들을 칭송했다. 〈워싱턴 포스트〉는 "주여, 그 '아무개'는 완전히 틀렸나이다."라며 "그녀는 웅변가는 아니지만 오늘 그녀의 연설을 들은 사람들은 그녀의 목소리가 듣기 좋았다."고 썼다.

이튿날 아침 그들은 긴 날개에 네 개의 강력한 엔진을 탑재한 빠르고 날씬한 아이젠하워 전용 프로펠러 비행기를 타고 워싱턴으로 향했다. 그들이 이륙을 기다리고 있는 동안 필립은 신문의 스포츠란을 읽고 있었고 엘리자베스 2세는 자그만 황금 열쇠로 수첩을 열고 자녀들에게 편지를 쓰기 시작했다. 그러다가 "필립?" 하고 남편을 불렀다. 그는 신문에 정신이 팔려 있었다. "필립!" 하고 그녀가 다시 불렀다. 그는 얼른 고개를 쳐들었다. "이렇게 큰 비행기는 어느 쪽 엔진부터 시동을 켜죠?" 남편은 잠시 어리둥절해 있었다. "아, 어서요, 필립. 엔진이 켜지기 전에 대답해야죠!" 그는 대답을 했는데 그의 추측이 맞았다.(그 비행기의 엔진들은 교대로 시동이 걸린다. 안쪽 엔진부터 시작해서 바깥쪽 엔진에서 걸리고, 다음으로는 다른 쪽 날개의 바깥쪽 엔진부터 시작해서 안쪽 엔진으로 시동이 걸린다.) "그는 머뭇거렸다. 남편이 딴짓을 하고 있을 때 여느 부인네들이 하는 것과 조금도 다르지 않았다."라고 아이젠하워의 수석 의전 비서인 와일리 T. 뷰캐넌의 아내 루스 뷰캐넌이 회고했다.

대통령과 그의 부인 매미와 함께 방탄 리무진을 타고 수도를 향해 가는 길에서는 간간이 쏟아지는 빗줄기를 마다않고 나온 백만 명이 넘는 인파의 환영을 받았다. 국왕 부처는 나흘간을 최근에 새 단장한 백악관의 호화로운 영빈 숙소에서 보냈다. 여왕을 위해 페더럴 양식으로 꾸민 로즈 스위트가 제공되었고 8피트 길이의 자목 침대가 놓인 링컨 침실은 에든버러 공작을 위하여 배정되었다.

방문 기간 동안의 일정은 대부분 통상적인 리셉션과 백악관 및 영국 대사관 주최의 공식 만찬으로 이루어졌고 인근 지역의 관광도 곁들여졌다. 그중 몇 번은 경호 없이 다니는 여왕의 모습이 포착되기도 했는데 언론은 이런 광경들을 "작은 영국의 국왕", 또는 "귀여운 군주" 등의 제목으로 소개하기도 했다.

여왕을 쭉 지켜본 루스 뷰캐넌은 여왕이 "자기 역할에 확신을 가지고 그 역할을 편안하게 수행했다. 그러나 결코 장막을 내려놓지는 않았다. 그녀는 거리를 유지한다. 그리고 자기 행동을 철저히 통제한다. 비록 내 남편의 농담에 웃음을 터뜨리기는 했지만."이라고 소감을 말했다. 한번은 뷰캐넌이 국왕 부처를 리무진으로 안내해줄 남편을 기다리고 있었는데 "떠나갈 듯한 웃음 소리가 들렸다. 그녀가 그렇게 큰 소리로 웃을 줄은 짐작도 못했다. 그런데 그녀가 모퉁이를 돌아서 우리를 발견하자 금방 자세를 곧추세웠다."

영국 대사 해럴드 카치아는 80명의 외교관과 부인들을 초대한 소규모의 모임에 이어 2,000명을 초대한 가든파티를 베풀었는데 비단처럼 빛나는 유리 섬유로 된 다섯 개의 천막을 쳤다. 국립 미술관을 방문했을 때는 여왕이 관장인 존 워커에게 런던의 경매에서 모네의 그림을 한 점 사고 싶었는데 "엄청난 금액" 때문에 엄두를 못 냈다고 고백하기도 했다.

리처드 닉슨 부통령은 국회 의사당의 난초로 장식된 옛 대법정 홀에 96명의 내빈을 초대하여 오찬을 베풀었다. 이는 예리하나 사교적으로 서툰 부통령과의 첫 만남이었다. 어쩌면 최근 여왕에 대한 비판을 의식했던지 닉슨은 여왕에게 화술에 대하여 얘기했다. 이튿날 그는 심지어 "엉뚱한 발상"으로 그녀에게 도움이 될 것이라는 생각에 책을 한 권 보냈는데 '편하게 말하기plain talk'를 옹호하는 저명한 언어학자 루돌프 플레시가 쓴 〈쉬운 글쓰기의 방법The Art of Readable Writing〉이라는 책이었다.

3일째 되는 날 여왕은 정상적인 활동 범위를 벗어난 이례적인 시도를 감행했다. 미식 축구 시합을 보고자 한 것이다. 백악관은 노스캐롤라이나 대학교와 경기를 치르는 메릴랜드 대학교의 버드 스타디움 50야드에 위치한 "귀빈석"에 자리를 마련했다. 경기장으로 가는 길에 그녀는 거대한 슈퍼마켓을 발견하고 "미국의 가정주부들이 어떻게 장을 보는지 알기 위해서" 가보도록 주선해줄 수 있는지를 물었다.

43,000명 관중의 환호 속에 여왕은 운동장으로 내려가서 짧은 머리를 한 건장한 양 팀의 선수들과 만나 한담을 나눴다. 미국 모피 농장주들의 모임인 변종 밍크 양육자 협회가 기증한 15,000달러짜리 밍크 코트를 걸친 그녀는 열심히 경기를 관람했으나 선수들이 블로킹을 할 때마다 "괴로워"했다.

경기는 미국적 정수精髓를 펼쳐 보였다. 응원단이 옆으로 뛰어 돌고 여성 고적대가 드럼을 치며 군악대가 행진하고 대형 담뱃갑 속에 머리와 가슴을 묻은 의상을 걸친 노스캐롤라이나 여대생들이 떼춤을 추는 가운데 아나운서가 자기 주의 "산업 행렬parade of industries"에 대해 자랑을 쏟아놓았다. 국왕 부처가 경기를 반쯤 보았을 때 경호팀은 부산하게 슈퍼마켓으로 달려가서 방문에 대비한 준비를 했다.

경기가 21대 7로 메릴랜드의 승리로 끝난 뒤, 여왕 일행은 오후

5시에 퀸스타운 쇼핑센터에 도착했다. 이를 본 수백 명의 쇼핑객들은 깜짝 놀랐다. 엘리자베스 2세와 필립은 그전에 한 번도 슈퍼마켓을 본 적이 없었으며 당시까지 영국에는 이런 것들이 없었다. 이들의 방문은 즉흥적이었고 신선해서 주목을 끌 만했다.

그들은 인류학자 같은 호기심 그리고 영국에서는 공개적으로 한 번도 보여준 적이 없는 소탈한 태도로 15분간 머물며 악수를 나누고 질문을 던지고 쇼핑 카트 속의 물건들을 들여다보았다. 엘리자베스 2세는 "이렇게 자녀들까지 함께 데려오시다니 참 좋군요."라고 말하며 어느 가정주부의 카트에 실린 꼬마를 향해 고개를 까딱하기도 했다. 여왕과 남편은 음식의 수량뿐 아니라 다양한 품목들—의류, 문구, 화장품, 심지어 핼러윈 의상—을 보고 놀라움을 금치 못했다. 그녀는 특히 냉동 닭고기 팟 파이에 관심을 나타냈고 필립은 치즈를 바른 크래커를 씹으며 "생쥐한테 주면 딱 좋겠군!"이라고 농담을 했다. 그들은 냉장 기술에 대한 설명을 듣고 계산대를 통과하면서 계산원인 데이비드 페리스의 계산대에 대한 설명을 듣고 신기해했다. "안내해줘서 고마워요. 매우 즐거웠어요."라고 여왕은 슈퍼마켓 지배인 도널드 다반조에게 인사했다. 훗날 다반조는 "놀랍고 두려웠다. …… 여태까지 내 평생에 일어난 일들 가운데 최고였다."고 말했다.

워싱턴에서의 마지막 날 여왕과 필립은 이번 순방 기간 중 유일하게 사적인 목적으로 햇살을 받으며 버지니아로 달려가 미들버그 종마 훈련장에서 18마리의 1년생 종마들을 둘러봤다. 그녀는 거의 한 시간 정도 머물면서 소유주와 조련사들과 얘기를 나누었다. 엘리자베스 2세를 초대한 인물은 친구이자 종마 사육가인 폴 멜런으로 인근 어퍼빌의 4000에이커에 달하는 자기의 영지에서 그날 오후 그녀에게 차를 대접했다.

이튿날 아침 뉴욕 시에서는 훨씬 더 열광적인 환영식이 엘리자베스 2세와 필립을 기다리고 있었다. 여왕은 어린 시절부터 꿈꾸어오던 대로 바다에서 보이는 맨해튼을 보여달라고 특별히 요청했었다. "휘! 여왕은 미 육군 페리 갑판에 서서 맨해튼의 스카이라인을 먼빛으로 바라보며 탄성을 발했다. 그 모습이 그녀에겐 마치 "커다란 보석들이 줄지어 놓인 것"같이 보였다.

125만 명의 군중이 배터리 파크에서 월도프아스토리아 호텔까지 늘어섰다. 영국과 미국의 국기를 흔들며 그녀의 자동차 행렬을 향해 "안녕, 리즈"와 "필 만세"를 외쳤고 간간이 "여왕 폐하 만세"까지 등장시키며 환호했다. 아이젠하워가 제공한 방탄 리무진이 지나는 길 위에는 색종이들과 찢긴 전화번호부 조각들이 눈보라처럼 쏟아졌다. 마천루 사이를 통과하며 위를 쳐다본 여왕은 "이렇게 건물들이 빼곡히 들어차 있을 줄은 몰랐다!"고 감탄했다.

그녀에겐 하고 싶었던 일을 다하고—그녀는 맛만 보았다고 했다—근 3,000명과 악수를 나누기에는 모자란, 고작 15시간밖에 없었다. 짙푸른 새틴 칵테일 드레스에 꼭 맞는 분홍빛 벨벳 모자를 쓴 그녀는 유엔 총회에서 82개국 대표들 앞에서 연설을 했다. 유엔의 훌륭한 이상을 높이 찬양하고 회원국들의 평화 추구 노력을 촉구한 6분간의 연설이 끝나자 2,000명의 청중은 일제히 "우렁찬 기립 박수"를 보냈다. 뒤이어 그녀는 한 시간 동안 개관 5년째인 유엔 본부를 둘러보다가 이 39층 높이의 유리로 된 건물이 어떻게 "똑바로 설 수 있는지"를 묻기도 했다. 대표들과의 리셉션 도중에 필립은 소련 대사 안드레이 그로미코에게 아내가 앤서니 이든에게 보낸 편지에서 언급했던, 최근에 발사된 스푸트니크 인공위성에 대해서 얘기를 나눴다.

국왕 부처는 월도프 타워의 28층에 루이 15세 양식으로 꾸며진 스위트를 임시 본부로 사용했으며 이 전설적인 호텔에서 두 번의 파티에 초대받았다. 로버트 와그너 시장이 1,700명을 초대한 오찬 그리고

영미 우호 친선을 도모하는 단체들인 영어 사용 연합English Speaking Union
과 미국 순례자회Pilgrims of the United States가 4,500명을 초대한 만찬이 그
것들이었다. 그사이에 ─ 이번에도 여왕의 특청에 따라 ─ 엠파이어스
테이트 빌딩의 102층에서 "장엄한" 경치를 내려다보았는데 영국의 작
가 앨리스테어 쿡의 말대로 그때는 "저녁 하늘이 자줏빛을 띠었고 사
무실들에는 환하게 불이 켜져 있었으며 도심의 스카이라인은 거대하
고 아름다운 레이스 천으로 뒤덮인 듯했다."

이어 그랜드 볼룸에서 화이트 타이 만찬이 시작되었을 때 비록
31세의 활력에 넘친 여왕이었다 하더라도 살인적인 스케줄은 후유증
을 낳기 시작했다. 여섯 개의 만찬장에 나뉘어 앉은 내빈들을 위해서
설치된 CCTV는 3인치 높이의 다이아몬드 관을 쓰고 파스텔 톤의 보
석들로 장식된 이브닝 드레스를 걸친 엘리자베스 2세의 보기 힘든 모
습을 구석구석 보여주었다.

그녀의 식사 장면은 절대로 영상으로 보여질 수 없도록 되어 있
었음에도 TV 스크린 속에서 그녀는 왼손에 포크를 들고 샴페인 소스
를 친 줄무늬 농어와 버섯 양념을 곁들인 부드러운 쇠고기 스테이크와
감자 튀김과 완두콩 요리 그리고 럼주를 넣어 만든 케이크를 들었다.
내빈들은 그녀가 엄격한 식사 의전 규칙을 따르는 것을 지켜보았는데
처음 두 코스가 나올 때까지는 전임 주영 미국 대사였던 루이스 더글
라스와 얘기를 나누었고 메인 코스가 나오자 옆으로 고개를 돌려 휴
불룩 순례자회장과 대화를 나누었다.

〈뉴욕 타임스〉는 그녀에 대해 "체류 기간 중에 꼭 한 번 …… 피
곤한 기색이 엿보였고 …… 그녀는 억지로 웃으려 하지 않았다. ……
연설문을 낭독하며 꼭 한 번 더듬거렸지만 그녀의 음성에서 피로가 느
껴졌다."고 지적했다. 가라앉은 태도를 보이긴 했으나 그녀는 만찬을
주최한 두 단체들이 영국과 미국의 "공통의 언어와 역사적 유산"을 강

조해온 데 대하여 칭송해 마지않았으며 두 나라가 "서로의 고마움을 결코 잊지 않으려고 의식적인 노력을 지속해온 데 대하여도 찬사를 보냈다.

그날 밤 그녀는 한 군데를 더 들렀는데 파크 애버뉴에 위치한 7연대 병기창^{1880년 뉴욕 민병대 본부로 지어진 광대한 벽돌 건물-옮긴이}에 4,500명의 초대객이 운집한 로열 코먼웰스 무도회였다. 의전 수석 와일리 뷰캐넌은 그녀가 피로에 지쳐 있음에도 "통치자답게 시종 의자에 등을 한 번도 기대지 않고 꼿꼿하게 연단에 앉아" 있었던 것을 보고 감탄했다. 자정이 지나서 여왕과 필립이 리무진이 대기하고 있는 곳을 향하여 퇴장하면서 그녀는 자주 발걸음을 멈추고 퇴역 군인들과 얘기를 나누었다. 제1차 세계대전에서 실명한 한 조종사가 휠체어에서 일어나 인사를 하려고 하자 "그녀는 그의 어깨에 부드럽게 손을 얹으며 일어나지 말라고 했다."고 뷰캐넌은 회고했다. "그녀는 몇 분간 그와 얘기를 나누고 자리를 떴다."

뷰캐넌은 국왕 부처의 자동차 바닥에 조명을 설치해서 아이들와일드 공항으로 가는 도중에 스위치를 켜서 맨해튼과 퀸스 거리에 줄지어 운집한 군중으로 하여금 여왕의 드레스와 보관이 잘 보이도록 했다. 거리의 많은 여인들은 잠옷 차림에 머리에는 컬러를 꽂고 있었다. "필립, 저기 잠옷 차림으로 나온 사람들을 좀 봐요. 나라면 그게 누구든 차를 타고 지나는 사람을 보기 위하여 잠옷을 걸치고 나오지는 않을 거예요!"라고 엘리자베스 2세가 말했다.

새벽 2시에 여왕과 필립은 BOAC DC-7 세븐 시즈에 탑승하여 거의 14시간이 소요되는 귀국길에 올랐다. 아이젠하워는 "두 분의 매력과 친절이 우리나라 국민들의 마음을 사로잡았습니다."라는 고별 편지를 국왕 부처에게 보냈다.

미국과 영국의 언론들은 다투어 여왕의 방문을 "대단히 성공적"

이며 "크나큰 미국의 승리"라고들 호언했다. 누구보다 기뻤던 것은 다음주에 국왕의 뒤를 이어 워싱턴을 방문해서 아이젠하워와 일련의 회담을 하기로 되어 있었던 맥밀런 수상이었다. 맥밀런은 일기에서 여왕이 "조지 3세를 영구히 매장했다."고 썼다. 그러나 영국 국민들은 여왕이 미국 땅에서 베푼 즉흥적인 시도로부터 소외되었다고 느꼈는데 특히 그녀가 허락한 집중적인 TV 노출이 불만이었다. 런던의 〈데일리 헤럴드〉는 "왜 그녀는 대서양까지 넘어가서 속살을 다 보여주었을까?"라고 의문을 제기했다.

여왕의 TV에 대한 새로운 집착은 결코 우연이 아니며 이 변화에는 그녀의 남편도 한몫했다. 과학기술에 관심이 많았던 필립이 국왕을 위한 방송의 잠재력을 내다본 것은 우연이 아니었다. 이미 1952년 11월에 그는 라디오와 TV가 "단지 즐길 거리에 그치는 신기한 물건"의 시대를 넘어섰다고 예견했다. 그 자신이 찍은 그의 코먼웰스 국가 순방에 관한 다큐멘터리로 TV 프로그램을 만들어 호스트 역할을 한 것은 왕실 가족 중에서 그가 최초였다.

　대관식 때부터 엘리자베스 2세는 TV 카메라가 끼어드는 것을 경계했다. 북아메리카 순방을 떠나기에 앞서 여왕은 이든에게 쓴 편지에서 "TV는 최악이다. 그러나 익숙해지면 처음에 그랬던 것만큼 나쁘지는 않다."고 썼다.

　그녀는 지난해 여름에 라디오를 떠나서 TV로 크리스마스 방송을 하기로 처음 결정했는데 이때가 그녀의 증조부인 조지 5세가 즉위 시에 라디오 방송을 한 지 25주년이 되던 해였다. 캐나다로 떠나기 여러 날 전에 그녀는 심지어 버킹엄 궁에 임시 스튜디오를 꾸미고 영상 자막기로 연습까지 했다. 이 장비를 이용할 것을 적극 권장한 필립은 연출을 맡아서 옛 연설문을 가지고 그녀를 연습시켰다. 그녀의 음성이 딱딱하자 그는 몇 분간 그녀와 실랑이를 한 뒤 재연습에 들어갔고 이 번에는 "훨씬 더 생동감이 있었다."고 격려했다. 그녀는 적당한 순간에 고개도 끄덕이고 미소도 지어 보였다.

캐나다에서의 TV 방송 연설은 12월 25일 오후 3시에 방송된 TV 생중계를 위한 연습이었던 셈이지만 그녀는 여전히 불안해했다. 그것 은 그녀의 여섯 번째 크리스마스 메시지로 그녀가 직접 국민에게 말하 는 연례 행사였다. 그러나 정부로부터 아무런 "간언"도 받지 못한 채 준비되었다. 그녀는 항상 타인으로 하여금 높은 수준을 유지하고 좋은 일들을 하도록 복돋우기 위하여 애쓰면서 자신의 종교적 신앙과 의무 감을 재확인하는 자기 나름의 개인적 설교를 다듬는 데 무척 공을 들 인다. 그녀의 메시지는 개인 비서들의 아이디어를 수렴하기도 하지만 주로 수 개월간에 걸쳐 필립과 상의하여 작성되는데 때로는 지난해에 있었던 사건들과 관련된 구체적인 주제들을 다루기도 한다.

필립은 1957년의 TV 중계를 위하여 각별히 적극적인 역할을 자 임했는데 이를 위하여 BBC의 친구 앤서니 크랙스턴을 끌어들였다. 그들은 우수한 음향 시설을 갖춘 샌드링엄의 롱 라이브러리를 택해서 크리스마스 카드와 가족 사진으로 채워진 캐비닛 앞에 작은 탁자를 설 치했다. 탁자 위에 진열된 접시꽃으로 마이크를 숨겼고 영상 자막기를 설치한 두 대의 카메라도 설치했다.

화면을 돌려가며 읽을 수 있는 기계 장치까지 하고 나서 여왕은 BBC 아나운서인 실비아 피터스가 만든 교육 영화를 공부했다. 세 번 의 연습을 마치고 나서 여왕은 윈저 성에서 열린 직원 휴무 파티에서 손님들에게 "내 남편은 TV 앞에서 긴장하지 않는 비법을 발견한 모양 인데 나는 아직 찾지 못했다."고 말했다. 방송 며칠 전에 크랙스턴은 그 녀와 45분간 대본 연습을 하면서 문장 하나하나까지 짚고 넘어갔다.

여왕은 7분간 연설하면서 가끔씩 원고를 바라보고 페이지를 넘길 때만 시청자들과의 시선에서 벗어났다. 그녀는 이따금 웃음도 지어 보였고 강조해야 할 부분에서는 두 손을 마주 잡았다. "TV는 자기를 덜 '머나먼 존재'로 만들어주며 영국과 코먼웰스들에 전하는 연례 메시지를 '보다 개인적이고 직접적으로' 만들어줍니다."라고 그녀는 말했다. 그러나 동시에 그녀는 이 새로운 매체의 위험성을 경고했는데 "우리 주변에서 모든 것이 너무나 빨리 변하는 속도"가 사람들로 하여금 "무엇을 붙잡고 무엇을 버려야 하며 옛날의 좋았던 것들을 잃지 않으면서 새로운 삶의 이점들을 어떻게 쟁취할 것인가를 결정하는 데 혼란을 줍니다."라고 말했다.

"발명품" 그 자체는 문제가 아니며 "정작 문제는 장구한 이상이 단지 오래되고 낡아졌다고 해서 함부로 내다버리는 생각 없는 사람들 때문에 생깁니다."라고 그녀는 덧붙였다. 위기에 처한 "근본적인 원칙"을 지키기 위하여 우리는 "우리가 옳다고 믿고 또 진실되고 정직한 모든 것들을 지켜내기 위하여 특별한 종류의 용기를 필요로 합니다. 냉소주의자들의 타락에 맞서서 결코 미래가 두렵지 않다고 세상을 향하여 말할 수 있는 그런 용기를 필요로 합니다."라고 말했다.

엘리자베스 2세는 "나는 여러분을 싸움터로 안내할 수는 없습니다. 그러나 그 대신 나는 다른 것을 할 수 있습니다. 나는 여러분에게 내 마음을 드리고 이 오래된 섬과 세계의 모든 형제 국가 국민들에게 나의 헌신을 드리겠습니다."라고 말했다. 그녀는 마지막으로 크리스마스 소원을 빌고 나서 카메라 뒤에 서 있던 남편에게 짧은 시선을 보낸 다음 시청자들을 향하여 환한 웃음을 지어 보였다.

약 3천만 명의 사람들이 TV를 보았고 언론들은, 특히 미국의 언론들은 그녀의 연설을 비판자들에 대한 효과적인 대답, 곧 "포스트 올트링엄 왕실 연설"이라고 치켜세웠다. 〈뉴욕 타임스〉는 "편안하고 자연스러웠다.”고 평했고 〈데일리 익스프레스〉의 평자는 “그녀의 매력과 우아함과 소박함이 모두 담겼다.”라고 했다. 해리 트루먼은 그녀의 연설 중 “생각 없는 사람들”이란 표현에 대하여 “좋은 말이다. 우리는 이상을 잃지는 않았으나 소홀히 해온 것만은 사실이다.”라고 언급했다.

지난 50년간 어떤 크리스마스 메시지도 이만한 파동을 불러온 적이 없으며 또 이처럼 놀랍도록 어두운 뜻을 내포한 적이 없었다. “마지막 원고는 실상 필립 공이 쓴 것이다.”라고 크랙스턴은 훗날 말했다. 그러나 그것은 또한 여왕과 남편과 사이에 오고 갔던 생각들의 산물이었다. 그녀는 항상 자기가 믿지 않는 말은 피하려고 최선을 다했다. 심지어 “매우”라는 단어조차 자신이 진정 “매우”라고 느끼지 않으면 삭제했다. 그녀가 국민들에게 충성을 다하겠다는 맹세와 “우리가 옳다고 믿는 것을 위해 일어서겠습니다.”라고 한 말들은 분명히 이 메시지를 관통하는 깊은 정신적 줄기와 함께 진실된 것이었다.

1년 뒤에 정부는 최초로 의회의 개원식을 TV로 중계하는 것을 허용했다. 의회의 개원은 거창한 볼거리 중의 하나로 여느 왕실 행사들 못지않게 TV에 알맞은 행사이다. 이는 또한 하원과 상원 그리고 국왕이 한자리에서 만나고 여왕이 정부의 입법 계획을 낭독함으로써 여왕의 자리를 “의회 안의 국왕”으로 새삼 환기시키는 것이기도 하다.

의식은 수 세기에 걸친 전통과 해묵은 절차에 따른다. 장소는 항상 상원 회의실인데 요란하게 장식된 높은 천장과 스테인드글라스로 된 창문과 정교하게 깎은 나무들로 지어졌다.

의식이 있기 전날 제국 왕관과 17세기의 어검Sword of State들이 런던탑에서 버킹엄 궁으로 옮겨지며 거기서 여왕은 다시 3파운드 무게의 관을 머리에 얹는 기회를 가진다. 저녁에는 흔히 책상에 앉아 3천 개의 다이아몬드가 빛을 발하는 자주색 벨벳 관을 쓰고 일을 하기도 한다. 어느 해에는 시종이 그녀가 분홍색 슬리퍼를 신고 있는 것을 보았다고 한다.

개원식 날 아침에 말이 끄는 마차가 왕관과 어검 그리고 흰색 족제비 털 장식을 두른 진홍색 벨벳 모자인 어모Cap of Maintenance를 신고 몰 가를 지나 의사당으로 향한다. 두 번째 마차는 황금 지팡이gold maces들을 나른다. 여왕은 이것들을 "왕실 권력의 상징the working pieces of kit"이라고 부르며 거대한 흑색 황태자 루비와 컬리넌 II 다이아몬드가 박힌 왕관의 앞부분이 마차의 정면을 향하도록 한다. "한 가지 꼭 기억할 것이 있는데 말들이 항상 마차의 맨 앞에 서야 한다."고 그녀는 눈을 깜빡이며 진귀한 보석들을 신고 웨스트민스터 궁으로 처음 행진할 때 왕실 보석가 데이비드 토머스에게 말했다.

긴 흰색 드레스에 보석 박힌 가터 칼라를 달고 팔꿈치까지 오는 장갑을 끼고 다이아몬드 관을 쓴 그녀는 항상 그렇듯 함대 사령관 제복을 입은 필립과 함께 네 필의 말이 끄는 왕실 마차를 타고 왕실 기병대의 호위를 받으며 행진한다. 아서 왕의 전설이 벽화로 장식된 의복실에 도착하면 그녀는 18피트 길이의 자줏빛 벨벳 예복을 입고 왕관을 쓴다.

상원 회의실은 이미 활인화活人畫, tableau vivant를 연상시키는 붉은 긴 관복에 흰색 칼라를 두른 귀족들로 가득 차 있다. 긴 가발에 검은 옷을 입고 울색Woolsack이라 일컫는 방석 의자에 앉은 판사와 군 장성, 성직자 그리고 흰색 넥타이를 맨 대사 등이 그들이다.

행렬은 진귀한 중세의 직함을 지니고 모두 금분을 한 주홍색 외투와 반바지와 스타킹으로 차린 남자들이 이끈다. 이어 백조의 깃털을 꽂은 투구를 쓴 여왕의 호위병과 무릎까지 오는 진홍색과 금색의 튜닉에 진홍색 반바지에 검은 튜더 양식의 보닛을 쓴 왕실 근위병들이 뒤

따른다.

엘리자베스 2세는 네 명의 시종들과 두 명의 궁녀들을 거느리고 왼팔을 치켜들고 주먹을 쥔 필립 공과 함께 위엄 있게 로열 갤러리를 지나 회의실로 들어선다. 두 명의 고위 관리가 긴 장대에 검과 모자를 매달고 앞장서며 역시 두 명의 고위 관리인 문장원 총재와 의전 장관이 뒷걸음질로 앞서간다. 정확히 11시 반에 여왕은 금색 지붕 아래 역시 도금을 한 옥좌에 좌정하며 필립은 그녀 왼편 몇 인치 아래에 자리 잡는다. 여왕을 보좌하는 흑장관Black Rod이 이웃한 하원을 향해 걸어 들어가면 문이 쾅하고 닫히는데 이는 하원의 독립성을 나타내는 것이다.(1642년에 찰스 1세가 하원에 쳐들어가서 4명의 의원을 체포하려 했던 사건 이후 국왕은 하원에 입장할 수 없다.) 그가 안에서 흑단장으로 크게 문을 두드리면 그는 다시 회의실로 입장하여 모인 사람들에게 "상원에서 폐하를 즉시 알현하라."라고 명령을 내린다. 이어 수상을 필두로 각료들과 야당 지도자와 의원들이 상원의 입구에 설치한 목제 칸막이인 상원 바Bar of the House of Lords 뒤에 가서 선다. 대략 사방 18피트와 12피트의 좁은 공간에 꼭 끼여 있는 모습이 다소 누추해 보이는데 미국 대사인 데이비드 브루스는 이를 "재판정에 출두한 범인들" 같았다고 썼다.

대법관이 연단으로 올라가서 비단 가방 속에서 수상과 각료들이 작성한 연설 원고를 꺼내서 여왕에게 건넨다. 여왕은 15분 이내에 다음 해 정부의 입법 계획을 의무적으로 낭독한다. 훗날 여왕은 "내 생각에 내 인생에서 가장 멍청하고 지루한 연설을 한 것 같다."고 피에트로 안니고니와 초상화 작업을 하며 털어놓았다. "그러나 내용이 워낙 딱딱해서 목소리에 약간이라도 표현력을 주려고 했으나 눈곱만큼이라도 생기 있게 표현할 길이 도저히 없었다."고 덧붙였다. 게다가 무거운 왕관을 쓰고 있는 것 자체가 힘겨웠다. 몇 시간이 지나서도 "내 목에 여전히 느낌이 남는다."고 그녀는 고백했다.

1958년 10월 28일의 연설은 딱 2분 10초로서 가장 짧은 기록 중의 하나였다. 문장들은 그녀가 신념을 가지고 읽어 내려갈 수 있는 것들이었으며 대체로 코먼웰스의 발전을 도모하고 유엔과 대서양 동맹을 진전시키자는 일반적인 내용이었다. 그녀는 이 의식을 방송으로 생중계하는 것은 "수백만 나의 국민으로 하여금 …… 의회의 생명이 부활하는 현장을 목도케 하기 위한 것"이라고 그 역사적 의의를 말했다. 그녀는 또한 이듬해 "사랑하는 남편과 함께" 캐나다와 1957년에 영국으로부터 독립을 선언한 가나를 뒤이어 방문할 계획에 대해서도 언급했다.

그러나 둘이 가나를 향해 떠나기에 앞서 필립은 또다시 브리타니아호에 탑승하고 4개월에 걸쳐 인도, 파키스탄, 브루나이, 보르네오, 홍콩, 솔로몬 제도, 태평양의 엘리스 제도, 파나마, 바하마와 버뮤다 등을 친선 방문했다. 그는 1959년 4월 말에 돌아왔고 직후 엘리자베스 2세는 마침내 임신을 했다. 몇 년 뒤에 이때 임신되었던 앤드루 왕자는 남편의 장기 부재 중에 여왕의 친구이자 종마 애호가인 헨리 포체스터와의 사이에 출생한 아이라는 소문이 돌았다. 그러나 아이가 1960년 2월 중순에 태어난 시점을 고려했을 때 임신은 여왕과 필립이 "거의 떨어진 적이 없었던" 전년도 5월 중에 되었을 것이라는 점이 최초 소문의 발설자이자 가십 전문 기고가 나이젤 뎀스터의 조사 결과 밝혀졌다.

여왕은 자신의 임신을 확인한 뒤 마틴 차터리스에게 비밀 지령을 내렸다. "나는 한동안 계획했던 대로 아이를 가지게 되었다. 그래서 계획했던 가나 방문을 갈 수 없게 되었다. 그러니 나 대신에 가서 응크루마 대통령에게 사정을 설명하고 비밀에 부치도록 하라"고 지시했다.

그녀와 필립은 15,000마일을 항해해서 6주간의 일정으로 캐나다를 향해 떠났으며 도중에 모든 지역과 영토에 머물렀다. 미국과 공동으로 개최되는 세인트로렌스 해로의 개설 축하식을 위해 그들은 6월 26일 브리타니아호에서 열리는 오찬에 아이젠하워 부처를 초대했다. 열흘 뒤 국왕 부처는 시카고에 정박하여 14시간을 보냈다. 이때 아이젠하워 대통령은 또다시 리무진을 보냈는데 이번에는 컨버터블이었다. 리처드 데일리 시장은 레이크쇼어드라이브 대로에 레드 카펫을 깔았으며 엘리자베스 2세를 자신의 일곱 자녀들에게 소개했고 "시카고는 폐하의 것입니다!"라고 선언했다. 아이젠하워는 리무진 운전사가 보고하기를 "연도에 늘어선 군중이 그보다 더 열광하는 모습을 본 적이 없다."고 했노라고 편지에 썼다.

그녀는 아침 입덧으로 힘들어하면서도 내색을 하지 않았지만 유콘 지역을 방문하는 도중에는 며칠간 침대에 누워 지내야 했다. 그녀의 언론 담당은 가벼운 위통이라고 둘러댔고 쉬고 난 뒤에 여행을 계속했다. 일주일 뒤인 8월 1일 런던으로 돌아오자 궁에서는 그녀의 임신 사실을 공표하고 그녀는 밸모럴로 연례 휴가를 떠났다.

여왕의 귀국 때까지 선거를 미뤄왔던 해럴드 맥밀런은 아이젠하워의 세계 순방의 일환으로 그를 영국에 초청하는 데 그녀를 활용했다. 수상은 다가오는 선거에서 미국 대통령의 방문은 자기 당의 선거에 도움이 될 것을 알고 있었다. 아이젠하워가 망설이자 맥밀런은 만약에 그가 영국을 지나친다면 "이는 여왕에 대한 모욕"이 될 것이라는 말을 전했다. 여왕이 런던으로 돌아올 의사가 없자 아이젠하워는 이틀간의 밸모럴 초대를 수락했다.

필립 공은 8월 28일 애버딘 공항에서 아이젠하워와 매미 그리고 아들 존을 영접해서 밸모럴로 안내했다. 대통령 일행은 금세 하일랜드의 리듬에 젖어들었고 여왕의 가족은 물론 친구들인 웨스트몰랜드 백작, 포체스터 경 부부, 5대 민토 백작의 아들인 도미니크 엘리엇과 마거릿 공주의 친구들과 가까워졌다.

엘리엇은 "여왕과 아이젠하워가 매우 친해졌다. 대통령은 대단한 인물로 사람 좋고 잘 어울렸다."고 회고했다. 아이젠하워가 다른 남자들과 함께 꿩 사냥을 나가지 않자 여왕은 근처의 로크뭑에서 점심을 대접했는데 전쟁 중에 윈저 성에서 요리사로부터 배운 대로 구운 핫케이크를 내놨다. 그는 홀딱 반해서 요리법을 알려달라고 부탁했고 그녀는 몇 달 뒤에 자필로 세세하게 써서 보내면서 16인용밖에 안 된다고 용서를 구했다. "사람이 적으면 밀가루와 우유를 덜 넣는다."며 "반죽을 할 때 많이 두들겨야 한다."고 덧붙였다.

모후는 그들이 떠나기 전에 버크홀에서 즐거운 칵테일 파티를 베풀었다. 대통령은 이 여행이 "모든 면에서 완벽했다."며 여왕에게 감사를 표했고 특히 그날 사냥한 꿩을 작별 선물로 준 데 대하여도 인사를 잊지 않았다. 그와 수상은 다음 날 저녁에 체커스에서 저녁 식사 때 그 꿩 요리를 먹었다.

맥밀런과 보수당은 6주 후에 실시된 총선에서 결정적 승리를 거두었다. 수상은 거의 임신 5개월에 접어든 여왕에게 편지로 공연히 서둘러 런던으로 돌아올 필요가 없다고 알렸다. 그녀의 상태 때문에 의회 개원식에 참석할 수 없었고 연설은 대법관이 대신 낭독했다.

그녀의 가나 방문은 할 수 없이 연기되었지만 필립이 여왕을 대신해서 11월 말에 방문했는데 여왕의 방문이 취소되자 깊은 실망감에 사로잡힌 응크루마를 달래기 위한 목적도 있었다. 필립은 6일 동안에 여섯 번의 연설을 했는데 대학에서의 학문의 자유와 과학기술의 장려 등을 주제로 다루었다. 이 나라가 "커다란 국가적 각성기"에 접어들었다는 그의 칭찬은 성공적인 반응을 불러일으켰으며 그는 1961년에 다시 오겠다고 약속했다.

여왕이 임신 6개월에 접어들자 그녀는 모든 공식적 임무에서 손을 뗐다. 그러나 한 가지 미결된 숙제를 풀어야 했다. 1960년 초에 맥밀런이 샌드링엄을 방문했을 때 그녀는 1952년에 그녀 남편의 성인 마운트배튼 대신에 윈저를 사용하기로 결정한 이래 남편을 괴롭혀왔던 가족의 성 문제를 재검토할 필요가 있다고 말했다. 수상은 일기에 이렇게 적었다. "여왕은 단지 그녀가 열렬히 사랑하는 남편을 기쁘게 하기 위하여 무엇인가를 해주고 싶어 했다. 다만 내게 걸리는 것은 이 문제에 대하여 필립 공이 여왕에게 거의 무자비할 정도라는 것이다." 여기에 그는 아리송하게 덧붙이기를 "그날 밤 샌드링엄에서 그녀가 내게 한 말을 나는 영원히 잊을 수 없을 것이다."라고 했다.

맥밀런은 그 직후 아프리카로 여행을 떠나면서 이 골치 아픈 여왕 가족 문제의 해결을 수상 서리인 랩 버틀러와 대법관으로서 정부의 법률 문제를 담당하던 킬뮤어 경에게 일임했다. 버틀러는 1월 27일 요하네스버그에 가 있는 맥밀런에게 전보를 보내 여왕이 필립 공을 위해서 바꾸기로 "결심을 굳혔다."고 알렸다. 어떤 정보에 의하면 버틀러는 친구에게 엘리자베스 2세가 "울었다."고 털어놓았다고 한다.

여왕의 비서진과 정부 관료들 사이의 토론 결과 왕족은 여전히 "윈저 가문과 가족The House and Family of Windsor"으로 부르기로 하되 여왕의 "왕위 서열 밖"의 후손들—"전하Royal Highness"의 칭호를 받지 않는 손주들로부터 시작해서—은 "마운트배튼윈저Mountbatten-Windsor"의 성을 갖도록 했다. 왕위 계승의 서열에 포함된 직계들은 여전히 "윈저"로 불리게 된 셈이다. 이는 매우 명백해 보였는데 그로부터 13년 후 앤 공주는 디키와 찰스 왕자의 촉구에 힘입어 규정을 어기고 그녀의 결혼 대장에 "마운트배튼윈저"라고 서명했다.

엘리자베스 2세는 이 절충 방법으로 인해 "큰 짐을 내려놓았다."고 말했다. 2월 8일, 그녀는 이렇게 성명을 발표했다. "여왕은 이를 오래전부터 생각해왔으며 가장 마음에 와 닿는다." 1960년 2월 19일에

그녀는 버킹엄 궁에서 둘째 아들을 순산했고 궁의 담장 밖에는 군중이
몰려와 환호했다. 엘리자베스 2세는 남편을 따르는 아내의 심경으로
아들의 이름을 15년 전에 별세한 필립의 부친 이름을 따서 지었다.

맥밀런은 "그녀의 아름답고
환하게 빛나는 눈매"에
매료되었다.

7

*Macmillan was enchanted
by "those brightly shining eyes
which are her chief beauty."*

엘리자베스 2세와 그녀의 세 번째 수상인 해럴드 맥밀런.
1960년 10월 옥스퍼드에서. © Popperfoto/Getty Images

CHAPTER 7

새로운 시작
New Beginnings

엘리자베스 2세는 세 번째 출산을 했을 때 34세 생일을 두 달 남겨두고 있었다. 찰스와 앤의 출산 때와는 달리 그녀에게는 산후 조리와 더불어 국왕으로서의 임무 또한 막중했다. 개인 비서보 에드워드 포드 경은 "그 무엇도 그녀를 임무로부터 떼어낼 수 없었다. 그녀는 진통을 하고 아기를 낳게 되자 우리는 한동안 그녀를 못 보게 될 줄 알았으나 바로 얼마 뒤 채 48시간도 안 되어서 그녀는 봐야 할 서류가 있으면 가져다달라고 하는 것이 아닌가?"라고 회고했다.

왕위 계승 서열 두 번째인 앤드루 앨버트 크리스천 에드워드가 태어난 지 일주일도 못 되어 29세의 마거릿 공주가 동갑인 유명 사진작가 앤터니 암스트롱존스와 약혼을 발표하여 세간의 주목을 끌었다. 불과 4년 전 피터 타운센드와의 성급한 로맨스로 뼈저린 실망을 겪은 이래 이 여왕의 동생은 런던 유행가에서 첨단을 걸었다. 그녀의 머리 모양은 기분에 따라 바뀌었고 그녀의 굴곡진 몸매는 화려한 색상과 미끈한 다리를 드러낸 최신 의상에 휘감겼다. 게다가 골초인 마거릿은 항상 들고 다니는 10인치 길이의 담배와 자주 과음을 불러오는 페이머스 그라우스 위스키로 일약 유명세를 탔다.

여왕이 사람들과 대화를 나누고 있을 때 마거릿이 끼어들면 그녀는 "약간 톤이 튀는 말투"로 그것도 명령조로 말하는 버릇이 있다고 박물관장 로이 스트롱은 말했다. 그녀는 여왕보다도 더 격식을 따져서 친구들이 부지불식간에 말이나 행동에서 의전 규칙을 어기면 곧바로 질책을 했다. 그녀의 한 친구에 의하면 "만약에 그녀를 부를 때 '왕실 전하Your Royal Highness'라고 하지 않고 그냥 '전하Your Highness'라고 하면 그 자리에서 박살이 난다고 했다." 그녀는 말하기를 "아랍 국가에도 전하는 널렸다. 나는 왕실 전하다."라고 했다. 이 말에 신빙성이 가는 대목으로 헬렌 미렌이 엘리자베스 2세 역으로 출연했던 영화 〈더 퀸〉에서 이런 대사가 있다. "나는 내가 무릎 인사를 꼭 받아야 하는지 잘 모르겠다. …… 그런 것은 내 동생이 더 잘 안다."

1953년부터 마거릿 공주는 클라렌스 하우스에서 모친과 함께 살면서 청소년기를 더 연장해서 살았는데 그때 그녀는 밤늦게까지 파티를 즐기고 늦게 귀가해서 늦잠을 자곤 했었다. 다른 일행들까지 녹초가 되도록 놀았는데 그 사람들은 왕족보다 먼저 자리를 뜨는 것이 결례인 줄 알기 때문에 어쩔 수 없이 붙들려 있었다. 그녀의 친구들이 당황할 정도로 그녀는 거침없이 모친의 방에 들어가서 함부로 TV 채널을 돌리곤 했으며 오찬 파티에서 모친에게 음식 타박을 해댔다. 마거릿의 이런 버릇없음에 대하여 한 친구가 염려를 하자 모후는 "걱정할 것 없네. 난 이제 익숙해졌다네."라고 대답했다.

여왕도 비슷하게 차분히 대했는데 심지어 마거릿이 버킹엄 궁에

서 거행된 재위 10주년 기념식에 한 시간 반이나 늦게 도착했을 때도
그랬다. 퍼트리샤 브라본은 "내 느낌에 국왕의 평판에도 도움이 되지
못하는 동생으로부터 언니 대접도 제대로 못 받은 것 같다. 그럼에도
언니로서 사적으로 동생에게 도움을 주었고 때로 심한 질책을 했다 해
도 별반 효과는 없었다."고 말했다.

마거릿은 또 한 면에서는 피터 타운센드가 지적했듯이 다정다감
한 "드물게 부드러운" 면을 가지고 있어서 특히 아픈 사람들을 보살피
고 친절을 베풀어왔다. 그녀는 극장과 공연예술에 대단히 깊은 관심을
가져왔는데 특히 발레를 좋아했다. 그녀는 예리한 지성이 뒷받침된 명
민한 재치와 활력을 보여 절친한 친구들을 매료시켰다.

마거릿이 토니^{앤터니의 애칭-옮긴이} 암스트롱존스와 사랑에 빠졌을 때
무엇보다 동생의 행복을 원했던 여왕은 안도했다. 귀족은 아니었으나
그의 배경은 특출했다. 부친 로널드 암스트롱존스는 웨일스에 깊이 뿌
리 내린 법률가였고 미모의 모친 앤 메셀은 런던으로 이주해서 유대교
에서 기독교로 개종하기 전에 독일에서 부를 쌓았던 부유한 은행가 집
안의 딸이었다. 왕실은 이러한 가계를 애써 무시했다. 암스트롱존스
부부는 토니가 다섯 살 때 이혼했으며 그의 모친은 로스 백작과 재혼
하여 귀족의 반열에 올랐다. 또한 이튼과 케임브리지에서의 교육은 토
니에게 상류사회 진출의 발판을 마련해주었고 거기서 고객을 조달하
여 그의 사진 사업이 날로 번창하였다.

그는 왜소한 마거릿보다 몇 인치나 컸으며 뇌쇄적인 미소를 지닌
미남이었으나 16세 때 앓았던 소아마비의 후유증으로 약간 다리를 절
었다. 섬세하고 매력적인 그는 예술가와 작가에 둘러싸인 분방한 세계
로부터 벗어나 왕궁의 특이한 분위기에 쉽게 적응했다. 못지않게 중요
한 것은 그가 마거릿의 뛰어난 기지에 필적했으며 고급 생활에 대한
취향을 공유했다는 것이다. 그는 또한 결혼 전 그에게 이미 백작의 작

위를 제안했던 여왕과 모후의 환심을 샀다. 그는 처음에는 작위를 사양했다. 그러나 이듬해에 마거릿이 첫 아들 데이비드를 낳자 왕실은 여왕의 조카인 그 아이가 그냥 미스터 암스트롱존스로 불려선 안 되기 때문에 그 아이에게 합당한 작위—린리 자작—를 주기 위하여 먼저 그에게 귀족의 작위를 내려야만 했다. 이에 따라 그는 스노던 백작^{웨일}스 지방의 제일 높은 산의 이름을 딴—옮긴이의 작위를 받게 되었다.

엘리자베스 2세는 새 부부를 위하여 선심을 베풀었다. 결혼 이틀 전에 그녀와 필립은 버킹엄 궁에서 호화로운 궁정 무도회를 개최했는데 그 "전반적인 분위기는 허세가 결여된 웅장한 위엄이 서렸다."고 노엘 카워드는 썼다.

1960년 5월 6일 금요일의 결혼식 날은 화사한 햇살이 비쳤다. 머릿 글자 A와 M을 금색으로 새긴 깃발들이 몰 가에 펄럭였고 10만 명의 군중이 웨스트민스터 성당으로 가는 길을 가득 메웠으며 그 광경은 마치 "끝없이 펼쳐진 다년초 화단" 같았다. "경찰과 근위병은 담뿍 웃음을 지었고 대기는 봄의 마법과 흥분으로 탱탱했다."고 카워드는 묘사했다.

마거릿은 동화 속 공주와 같은 이미지로 하얀 오간자 천으로 솜씨 있게 만든 단순한 드레스를 걸쳤는데 노먼 하트넬의 이름만 빌렸을 뿐 실상 토니가 디자인했다. 3인치 높이의 폴티모어 다이아몬드가 박힌 보관을 머리에 얹고 긴 비단 망사로 만든 베일을 썼다. 필립 공이 토니가 기다리고 있는 제단으로 처제를 안내했고 토니는 "창백"한 얼굴에 약간 "떨리는" 자세로 그녀를 맞았다. 아홉 살의 앤 공주가 앞장선 여섯 살에서 열두 살까지의 신부 들러리들이 바닥까지 끌리는 하얀 드레스를 걸치고 뒤따랐다.

노엘 카워드는 연푸른 드레스에 어울리는 긴팔 볼레로 재킷을 입고 우아하게 앉아 있는 여왕이 "매서운 눈초리로 지켜보는" 모습을 보고 이것이 "감춰진 슬픔인지 아니면 단지 심술인지" 의아해했다. 엘리자베스 2세를 가까이서 관찰한 사람들은 그녀의 표정이 강렬한 감정을 숨기고 있는 것이라고 보았다. 노동당 정치가인 리처드 크로스먼은 "그녀가 깊은 감동에 빠져 이를 숨기려고 할 때는 표정이 마치 대단히 분노한 사람처럼 보인다."고 말했다.

다른 왕실 행사처럼 그날의 행렬도 노퍽 공작이 조직했는데 BBC는 최초로 왕실 결혼식을 TV로 방영했다. 왕실 부부를 호송하는 과거 50년의 전통에 따라 유리 마차가 미소 짓는 신혼부부를 버킹엄 궁으로 안내했고 거기서 2,000명의 결혼식 축하객 가운데 120명을 선발하여 결혼 축하 조찬을 가졌다. 여왕은 동생과 제부를 위해 브리타니아호를 내주어서 6주간의 신혼여행을 보냈다. 총 26,000파운드가 소요된 결혼 비용은 모후가 지불했는데 여왕이 상당액을 보탰고 맥밀런 정부가 별도로 신혼여행 경비 6만 파운드를 지출했다. 이후 런던으로 돌아온 마거릿과 토니는 여왕이 제공한 20개의 건물에 4층으로 된 켄싱턴 궁으로 입주했다. 85,000파운드를 들여서 전쟁 중 폭격으로 손상된 구조를 수리했는데 그중 5만 파운드는 정부의 공공사업부의 재정 지원을 받았다.

엘리자베스 2세는 세 번째 아이를 출산한 뒤 1년 동안인 1960년에는 해외여행을 자제했지만 그 대신에 맥밀런이 주로 외교에 관한 문서를 계속 보내와서 국정에 몰두해야 했다. 그들의 주례 면담을 위해서 맥밀런은 "현안에 대해 숙고하고 그녀의 견해를 정리할 기회를 갖게 하는 분명한 안건들을 제공했다."고 그의 전기 작가 앨리스테어 혼은 썼다. 여왕에 대한 맥밀런의 신임은 시간이 갈수록 깊어졌는데 "그녀는 자신에게 전달된 방대한 분량의 문서들을 꼼꼼히 검토했으며—그 짧은 재위 기간에도 불구하고―정치적 경륜도 뛰어나다고 판단했기 때문이었다."

1960년 초에 맥밀런이 아프리카를 방문했을 때 그는 백인들로 구성된 의회에서 "이 대륙에 변화의 바람이 불고 있는데 싫건 좋건 민족주의적 각성이 점증하는 것은 엄연한 정치적 현실이다."라고 말했다. 그로부터 한 달도 되지 않아서 남아프리카공화국의 경찰이 샤프빌에서 67명의 시위자들을 학살했고 이로 인해 격년에 한 번 런던에서 열리는 코먼웰스 수상 회의가 인종 갈등으로 무산될 위기에 처했다.

열흘간의 줄다리기 끝에 맥밀런은 흑백 양쪽 지도자들을 모두 달래는 공식 성명을 발표할 것을 계획했다. 그는 여왕에게 "공식 문안은 다소 미약하지만 양쪽 모두의 동의를 얻을 수 있다는 장점이 있습니다. …… 적어도 당분간 코먼웰스가 해체되는 것만은 막을 수 있습니다."라고 호소했다. 그러나 남아프리카공화국은 분리 정책을 고수했고 1960년 10월에 백인 유권자들은 남아프리카공화국에서 국왕제를 철폐시키고 백인 위주의 공화국을 수립하는 데 압도적으로 찬성표를 던졌다.

맥밀런 외교의 초석 가운데 하나는 영국 경제의 발전을 위하여 프랑스, 서독, 이탈리아, 벨기에, 룩셈부르크와 네덜란드 등으로 구성된 유럽 자유무역 지대인 유럽 공동 시장Common Market에 영국의 가입을 성사시키고자 하는 전략이었다. 이 과정에서 실권을 쥔 인물이 프랑스의 샤를 드골 대통령인데 그는 영국이 코먼웰스 국가들 그리고 미국과 더 깊은 연대 관계를 맺고 있다고 의심하고 있기 때문에 영국이 유럽 공동 시장의 정회원으로 참여할 의사가 있음을 설득시켜야 할 필요가 있었다. 이 전략을 성사시키기 위하여 맥밀런은 여왕을 동원했고 그녀는 드골과 그의 부인을 초청하는 3일간의 국빈 방문을 주도했다.

엘리자베스 2세는 즉위한 이래 매 2년마다 한 번씩 엄격한 의전 규칙과 변함없는 의례에 따라 버킹엄 궁에서 국가수반들을 초청했다.(1960년대에는 윈저 성을 초대 장소로 추가했다.) 이 국빈 방문은 그녀의 의무 사항 중에서도 핵심적인 부분으로서 그녀는 크고 작은 국가들을 가리지 않고 똑같이 성심성의껏 우호를 베풀었다. 영국 정부는 초대할 대상 국가를 선택하지만 막상 초대는 여왕만이 할 수 있다.

방문 기간은 관례로 3일간이며 국가수반은 버킹엄 궁의 가장 호화로운 숙소에서 머물게 된다. 정원이 바라보이는 여섯 개의 방으로 된 벨기에 양식의 스위트이다. 정해진 일정은 환영식으로부터 시작되는데 근위병 사열과 군악대의 연주에 이어 왕실 가족들과의 오찬을 위해 궁으로 향하는 마차 행렬이 따른다. 그리고 선물 교환이 이뤄진 뒤에 여왕은 초상화실로 안내하여 왕실이 소장하는 흥미로운 그림들을 보여준다. 저녁에는 궁의 무도회장에서 160명 정도를 초청한 화이트 타이 국빈 만찬을 베푼다. 다음 이틀간은 국빈으로 하여금 정부와 업계의 고위 인사들을 접견하게 하고 둘째날 저녁에는 엘리자베스 2세와 필립 공을 위한 송별 만찬을 가지게 된다.

영국 정부는 프랑스 대통령에게는 통상적인 화려한 행렬 외에 "드골의 장엄미에 대한 허영심을 충족시켜주기 위하여" 현란한 호화로움을 추가했다. 4월 5일 도착 시부터 여왕과 마차를 타고 행렬을 벌여 요란을 피웠으며 국빈 만찬 때는 과장된 건배를 했다. 왕궁 기병대의 트럼펫 연주에 이어 웨스트민스터 홀에서 상하 양원의 합동 회의에서 연설을 하도록 했고 코벤트가든에서 경축 행사도 벌였는가 하면 궁 밖에서는 한밤중에 요란한 불꽃놀이도 벌였다. 만찬의 대화 상대로 까다로운 인물인 드골은 훗날 "엘리자베스 2세는 모든 것에 대해 정통했다. 사람과 사건에 대한 그녀의 판단은 분명하고 사려 깊었으며 그 어떤 사람보다도 폭풍이 몰아치는 우리 시대의 고민과 문제에 대하여 더 집착했다."라고 썼다. 영국과 유럽 공동 시장에 대하여는 아무런 언급도 남기지 않았다.

1961년 새해 벽두, 여왕은 해외 순방을 재개하였고 앤드루 왕자의 첫돌을 제쳐두고 필립과 함께 인도, 파키스탄, 네팔, 이란, 사이프러스와 이탈리아 등지를 5주간에 걸쳐 방문했다. 3월 초 귀국 후 얼마 있다가 맥밀런은 여왕에게 새 미국 대통령 부처인 존 피츠제럴드 케네디와 그의 젊고 매력적인 부인 재클린에 대한 자신의 견해를 전달했다. 케네디는 그의 부친인 조셉 P. 케네디가 주영 미국 대사로 근무했던 제2차 세계대전 전부터 영국에서는 친숙하게 알려졌었다. 어떤 미국 대통령도 존 케네디만큼 영국과 깊은 인연을 가진 인물은 전무후무했다.

엘리자베스 2세보다 근 10년이나 나이가 많은 케네디는 1930년대 후반에 대학생이었으며 당시 그녀는 아직 어린아이였기 때문에 둘은 서로 알지 못했다. 그러나 그녀는 부친 조셉 케네디와 그의 부인 로즈가 윈저 성과 버킹엄 궁을 방문했을 때 본 적이 있었다. 여왕은 캐나다 수상 브라이언 멀로니에게 케네디 대통령의 모친에 대해 가졌던 호감을 표현했다. 언젠가 친척이 사망했을 때 부모님이 귀빈들을 접대하고 있는 동안에 그녀와 마거릿은 좁은 방에 갇혀 있었다. "그런데 오직 로즈 케네디만이 그 방에 들어와서 그들과 대화를 나누었다. 다른 손님들은 아이들을 무시했었다. 그런데 그로부터 40년이 지나서도 그때 일을 기억하다니!"라고 멀로니는 회고했다.

조셉 케네디는 대사로서 실패했다. 그는 1940년에 프랭클린 D. 루스벨트 대통령에 의해 고작 2년 만에 본국으로 소환되었다. 케네디는 나치에 대해 유화적이었으며 공습을 피해서 시골의 영지로 피신하자 영국인들로부터 비겁자라고 경멸을 받았다. 부친의 이런 굴욕적인 경력은 "존 케네디의 영혼 속에 뿌리내렸다."고 대통령의 친구이자 철학자인 아이제이아 벌린은 보았다. 그러나 이것이 반발을 불러오기보다는 청년 케네디의 영국에서의 체험은 이 나라와 지도자에 대한 깊은 애정을 심어주었다. 누구보다도 그는 윈스턴 처칠이야말로 "그가 만나본 가장 위대한 인물"이었다고 여겼다.

맥밀런은 대놓고 조셉 케네디를 싫어했으며 처음부터 그의 아들에 대해 "젊고 건방진 아일랜드 녀석"에다가 "고집 세고 민감하고 거칠고 색욕에 넘친 수상한 인물"이라는 우려를 가졌다. 그러나 아내인 도로시 맥밀런의 조카이며 하팅턴 후작인 빌리가 케네디의 여동생인 캐슬린과 결혼(둘 다 1940년대에 비행기 추락 사고로 사망했다.)했었기 때문에 이 점은 맥밀런의 호기심을 자극했다.

1961년 3월과 4월 두 번에 걸쳐 케네디를 만난 뒤 66세의 수상은 약관 43세의 대통령과 의기투합했다. "단둘이 만났을 때 우리는 서로 자유롭고 솔직하게 얘기를 나누었으며 우리의 보좌관들과 우리 자신에 대해서도 웃어넘길 수 있었다."고 후일에 썼다. 그는 여왕에게 케네디가 "대단히 지성적인 사람들로 꾸려진 보좌관들에게 둘러싸여 있다."고 보고했다.

케네디의 제안을 받아들여서 맥밀런은 주미 영국 대사로 42세의 윌리엄 데이비드 옴스비 고어 경을 임명했는데 그는 케네디의 오랜 친구였으며 빌리 하팅턴의 사촌이었다. 고어의 여동생 캐서린은 또한 맥밀런의 아들 모리스와 결혼하여 둘의 관계는 "특수 관계 속의 특수 관계"로 이중의 결속을 이루었다. 케네디는 주영 미국 대사로 이전에 프랑스와 서독의 대사로 일하며 외교팀을 이끌었던 노련한 외교관인 63세의 데이비드 K. E. 브루스를 임명했다. 그의 첫 번째 아내 알리사는 경마계에서 여왕과 가장 가까웠던 미국 친구인 폴 멜런의 자매이기도 했다. 브루스는 여왕의 사교계 인사들과 잘 어울렸다. 그의 동료들로부터 "직업 정치인"으로 알려진 그는 왕실 원로뿐 아니라 고위 정치가들로부터도 신임을 얻었으며 8년간이라는 최장수 주영 미국 대사로 복무했다.

1961년 6월에 미국 대통령 부처는 파리를 깜짝 방문하여 프랑스인들을 놀라게 한 뒤 이어 비엔나를 이틀간의 일정으로 방문해 매우 공격적이고 고집불통인 니키타 크루시체프를 만나서 미소 간의 첨예한 냉전 갈등을 새삼 확인하고 런던을 방문했다. 표면상으로는 재클린의 여동생 리 라지윌과 남편인 스타스의 딸 세례를 위해서라고 했으나 정작 목적은 맥밀런을 만나서 크루시체프와 논의한 내용을 토로하기 위해서였다. 이후 수상은 여왕에게 케네디가 "러시아 수상의 무례함과 야만성에 완전히 압도되었다."고 보고했다.

세례를 마친 날 저녁에 여왕과 필립은 버킹엄 궁에서 케네디 부처를 만찬에 초대했는데 여기에서 만찬을 한 것은 미국 대통령으로서는 1918년 우드로 윌슨이 조지 5세의 초대를 받은 이래 처음이었다. 국왕 부처는 "아름다운 리셉션 룸에서 최대의 성의를 베풀었다."고 데이비드 브루스는 뒤에 썼다. 그런데 8년 전에 대관식을 취재했을 때 매우 편안함을 느꼈던 31세의 영부인은 35세의 여왕에게서 그다지 편안함을 느끼지 못했는데 그녀는 여왕을 "버겁게" 느꼈다. 재클린은 훗날 작가인 고어 비달에게 "내 생각에 그녀는 날 싫어하는 것 같았다. 필립은 친절했지만 어딘가 신경질적이었으며 둘의 관계가 무척 소원하다고 느꼈다."고 말했다.

재클린은 사진작가 세실 비튼에게도 털어놓았다. "그분들이 한결같이 무척 친절했지만" 자기는 "버킹엄 궁의 아파트 내부의 꽃이나 실내 장식이 별로 마음에 들지 않았고 여왕의 짙푸른색 드레스와 어깨 멜빵이나 평범한 헤어 스타일도 별로였다."고 말했다. 재클린은 비달에게 "여왕이 딱 한 번 인간적 모습을 보였다."고 회고했는데 그녀가 캐나다 여행을 갔을 때 퍽 긴장했었다고 불평을 토로하자 여왕은 음흉한 시선과 함께 은밀하게 "그러다보면 꾀가 나서 어떡하든 견디게 되죠."라고 말했을 때였다.

그해 말에 접어들어 재조정된 가나로의 국빈 방문 때에 엘리자베스 2세는 전혀 예상치 못한 방법으로 미국 대통령에게 자신의 진가를 보여주었다. 1957년 아프리카 여러 나라들이 영국으로부터 독립하면서 새로 선출된 응크루마 대통령은 서양의 정치 경제적 이해와 보조를 맞추고 다인종주의를 따르는 계몽된 지도자로 보였다. 그는 콥트 기독교 신자인 이집트 여인을 부인으로 두었고 그의 고위 보좌관들 가운데 몇은 영국인이었는데 그중에는 육군 대위 출신의 비서와 보좌관으로 일하는 여성도 끼어 있었다.

그러나 여왕의 방문이 연기된 2년 동안에 응크루마는 윈스턴 처칠이 "부패한 독재 정권"이라고 특징지은 독재자로 굳어져버렸고 재판 없이 야당 인사 수백 명을 투옥시켰으며 영국 장교들과 보좌관들을 추방했고 연설에서 영국을 매도하였다. 더욱 불길한 것은 1961년 9월에 모스크바를 방문한 뒤에 응크루마는 소련과의 동맹으로 기울었으며 코먼웰스 탈퇴 의사를 내비치기도 했다.

시위로 인한 폭력과 노동자 파업과 응크루마에 대한 살해 위협 등에도 불구하고 맥밀런은 여왕에게 11월 중순으로 예정된 방문을 추진할 것을 권했다. 이와 동시에 그는 그간 케네디가 수백만 달러가 소요되는 볼타 댐 건설 지원 요청을 보류해왔는데 소련의 가나를 포섭하려는 계획을 무산시키기 위해 그 요청을 수락해달라고 촉구했다. 의회 의원들과 일부 언론도 여왕의 방문을 취소하라고 압력을 가했다. 처칠은 맥밀런에게 "여왕의 신변의 안전에 대한 우려와 함께 …… 이번 방문이 철저하게 전제적인 정권에 대한 지지의 표명으로 비칠 염려도 있다."고 편지를 보냈으나 맥밀런은 바로 당일 보낸 회신에서 "그녀의 뜻은 가는 것이며 …… 이는 용기 있는 인물에게는 당연한 것이다."라고 썼다.

여왕은 "의회와 언론의 겁쟁이들"로부터의 압력을 몹시 못마땅해 했으며 "내가 두려워서 가나를 방문하지 못한다면, 그래서 대신 크루시체프가 가서 융숭한 대접을 받는다면 내 꼴이 얼마나 우습게 보이겠는가?"라고 말했다. 방문 닷새 전에 아크라^{가나의 수도}에서 폭탄이 터졌음에도 그녀는 여행 계획을 물러서지 않고 추진했다.

그녀는 응쿠르마를 녹였다. 국빈 초청 무도회에서 함께 춤추는 모습이 사진에 찍혔고 가나의 언론도 그녀에게 매료되어 그녀를 "세계에서 가장 위대한 사회주의 국왕"이라고 찬사를 아끼지 않았다. 가나의 국민들 또한 "그녀에게 빠져 제정신을 잃을 지경이었다."고 BBC의 오드리 러셀 기자는 보도하며 "응쿠르마와 함께 오픈카를 타고 가며 …… 그녀는 눈 하나 깜빡이지 않았다. 여왕의 모습은 매우 침착했고 표정은―웃음엔 인색했지만―딱 적당했다."고 보냈다. 한참 뒤에 엘리자베스 2세는 친구인 헨리 포체스터에게 쓴 편지에서 응쿠르마에 대한 놀랄 만큼 정확한 평가를 내렸는데 우선 그녀는 "그의 세계 정세에 대한 인식이 뒤틀려 있었고 그 자신과 조국에 대한 그의 포부가 얼마나 순진하고 허황된 것"이었는지에 대해 놀랐다고 했으며 그가 "자기 생애를 넘어서서 미래를 관찰할" 능력이 없으며 오직 "눈앞의 단기 계획"밖에 모르는 데 대해 경악을 금치 못했다고 했다.

11월 말 여왕의 귀국 직후 맥밀런은 케네디에게 전화를 걸어 "나는 여왕을 걸고 모험을 했으니 당신은 돈을 걸라!"고 말했다. 케네디는 여왕의 "용감한 공헌"에 상응하는 조치를 취하겠다고 약속하고 채 2주도 안 되어 미국이 볼타 댐에 대한 재정 지원을 하겠다고 발표했다. 이로써 가나의 코먼웰스 탈퇴 가능성은 약화되었다.

여왕은 케네디를 다시 보지 못했다. 다만 재클린과 그녀의 동생 리는 1962년에 인도와 파키스탄을 방문하고 귀국하는 길에 런던에 들렀다. 이번에는 엘리자베스 2세가 이 미국의 자매들을 버킹엄 궁의 오찬에 초대했는데 이 자리에는 맥밀런, 앤드루 데본셔, 마이클 아딘, 궁정 집사장 패트릭 플런킷과 그 밖의 내빈들이 참석했다. 영부인과 여왕은 지난번 방문 때와는 달리 이번에는 호흡이 잘 맞았다. 엘리자베스 2세는 케네디 대통령에게 편지로 "케네디 부인을 다시 만나서 무척 반가웠답니다. 부인의 파키스탄 말(대통령 모하마드 아욥 칸이 선물한 거세된 말)이 성공을 거두기 바랍니다. 내 말은 휴일에 어린아이들의 망아지와 뛰어놀다가 몹시 흥분하더군요. 부인의 말은 침착하기를 바랍니다."라고 썼다.

그해 봄, 찰스는 침 스쿨에서 마지막 해를 보낸 후 다음 단계의 교육을 준비해야 할 시점에 이르렀다. 4월에 그는 15세의 나이에 고든스타운으로 보내졌다. 필립은 그의 모교의 엄격한 교육이 소심하고 내성적인 그의 아들을 강인하게 만들어주어서 기백을 심어줄 것으로 믿었다. 그는 소년에게는 그가 무엇으로 만들어졌는지, 그는 누구인지 적어도 그 자신의 가능성에 대해 희미한 인식이 주어져야 하는 것이 중요하다고 보았다. 젊은이는 신체적 도전을 극복한 뒤에야 그에게서 "눈에서 빛을 볼 수 있고 남과 다른 그만의 모습을 볼 수 있다."고 했다. 그런 젊은이들이 다르게 보이는 까닭은 "그들이 감내할 수 있다."는 발견이라고 말했다. 곧 "처음에는 자기 자신에 대해 두려움을 느끼지만 이제는 더 이상 자기 자신은커녕 어떤 무엇도 두려워하지 않게 되는 것"이라고 말했다.

그래서 침 스쿨에서처럼 필립은 그 자신의 고든스타운에서의 성공적인 경험을 찰스에게도 맛보게 할 수 있다는 희망적 생각을 품었으며 이에 대해 엘리자베스 2세와 모후도 그를 말릴 수 없었다. 모후는 이튼 학교가 더 알맞다고 권했는데 거기라면 찰스가 귀족들 자제와 친근하게 어울릴 수 있다고 보았다. 그러나 필립은 이튼이 윈저 성과 런던에 가까워서 대중 잡지 기자들이 주위를 배회할 것이라고 반대했다. 또한 현대적 사고를 지닌 필립으로서는 그의 아들을 상류사회의 전통이 깊이 뿌리내린 이튼보다는 보다 평등주의적이고 다양한 환경에 노출시키는 것이 유익하다고 보았다.

찰스는 훗날 말했듯이 북동부 스코틀랜드에서 침 스쿨보다도 더 심한 여건 아래 5년간의 "감옥 생활"을 해야 했다. 쌀쌀한 날씨에 반바지를 입고 이른 아침부터 달리기를 하고 냉수 샤워를 하고 연중 내내 창문을 열고 생활해야 했다. 그러나 그보다도 더 견디기 힘들었던 것은 끊임없는 따돌림이었다. 그는 부모에게 "지옥 같다. 밤이면 특히."라고 편지에 썼다. 기숙사 친구들이 슬리퍼와 베개를 던지고 "방 안을 뛰어다니며 힘껏 나를 팼다."고 덧붙였다. 그는 부모에게 집으로 돌아가게 해달라고 애걸했으나 그의 부친은 찰스가 역경 속에서 스스로 강인해져야 한다고 반응했다.

그나마 찰스가 잠시 숨을 돌릴 수 있었던 때는 밸모럴을 방문하고 특히 버크홀에서 할머니로부터 극진한 보살핌을 받으며 함께 미술과 음악에 대한 취미를 나눌 때였다. 그러나 13대 에얼리 백작이며 왕실 친구인 데이비드 오길비에 의하면 "그가 학교로 돌아가기 사나흘 전부터는 먹구름이 짙게 깔렸다. 그는 고든스타운으로 돌아가는 것을 증오했다."

그해 밸모럴에서의 왕족들의 연례 휴가가 끝난 뒤 10월, 세계는 13일간 숨을 멈추었는데 미국이 소련의 쿠바 미사일 기지 건설에 정면으로 맞서 가까스로 핵전쟁을 모면할 수 있었다. 여왕은 케네디와 자주 접촉을 해오던 맥밀런으로부터 이 위기의 전말을 소상히 보고받고 있었다. 이 미사일 위기는 영·미 관계를 한층 더 강화시켰다. 케네디는 일부 결정적인 전술적 결정을 내리는 데 있어서 데이비드 옴스비 고어에게 의존했다. 가장 중요했던 것은 봉쇄의 반경을 정하는 것이었고 맥밀런은 유용한 반응 시험의 대상이 돼주었다.

여왕이 맥밀런을 수상으로 함께 일한 지 7년째이자 마지막 해가 되던 때에 둘은 상호 이해하고 존중하는 우호적인 관계로 안착해 있었다. 그는 나름대로 위엄을 뽐냈지만 처칠과 마찬가지로 그녀를 국왕으로서 예우하는 데 소홀함이 없었다. "그녀는 자신의 임무를 사랑하며 꼭두각시가 아니라 여왕답게 처신하려고 한다."고 그는 썼다. 그는 특히 코먼웰스 체제를 안정시키고자 하는 성실한 노력에서 여왕의 신임을 얻었다. 그녀는 대신 그의 기분에 따라서 때로는 가볍게 아니면 강하게 또는 동정적으로 혹은 칭찬을 곁들여 대하는 법을 알게 되었다. 그리고 1963년에는 어떤 반응으로든지 대처할 수 있었다.

1월에 드골이 유럽 공동 시장의 영국 회원 가입을 정중하게 거절하자 그녀는 그의 실망감을 위로해주었다. 그 직후에 그녀와 필립은 브리타니아호에 몸을 싣고 또다시 호주와 뉴질랜드를 포함하여 태평양 지역의 코먼웰스 순회에 나섰다. 3월에 귀국했을 때 그녀는 맥밀런 정부를 전복시킬 정도로 위협적이고 골치 아픈 성 추문을 알게 되었다. 그의 전쟁부 장관인 존 프로퓨모가 크리스틴 킬러라는 "상류사회의 런던 콜걸"과 정사를 가졌다는 것인데 문제는 이 여자가 실상은 소련 대사관 무관의 애인이며 킬러에 의한 간첩 활동의 혐의를 지닌 동시에 케네디의 보좌관인 아서 슐레진저의 표현을 빌리자면 "경솔하고 타락한" 정부의 "정치적 부패"의 인상마저 풍긴다는 것이었다.

프로퓨모는 처음에는 맥밀런과 하원 모두에 성 추문 사실을 부인했는데 6월에 가서야 거짓말임을 시인하고 치욕적으로 사임했다. 맥밀런은 의회에 나가서 자신이 "크게 속았다."고 말할 수밖에 없었는데 데이비드 브루스는 이를 두고 "한심하고 크나큰 손상을 입힌" 일이라고 했다. 브루스는 맥밀런에 대한 신임이 "크게 약화"될 것을 우려했다.

여왕에게 수상은 "최근의 사건에 대해서 깊은 유감"을 표하는 편지를 쓰면서 폐하의 각료 중 한 명의 못난 행동으로 의심의 여지없이 상처를 입힌 데 대하여 용서를 구했으며 프로퓨모와 그 부류들의 "해괴한 암흑세계에 대하여 자신은 물론 전혀 알지 못했다."고 덧붙였다. 엘리자베스 2세는 앨리스테어 혼이 묘사한 바에 따르면 "수상이 겪어왔던 끔찍한 시기에 대하여 동정을 금치 못한다는" 심심한 위로의 답장을 보냈다.

프로퓨모는 일체의 공직 사회에서 물러났으며 남은 일생을 가난한 무주택자들을 돌보는 일에 조용히 전념했다. 수년 뒤 그는 마거릿 대처 수상과 진중한 친분 관계를 맺게 되었는데 대처는 그의 품위와 책임 있는 봉사를 높이 샀다. 1995년 클라리지 호텔에서 가진 자신의 고희 생일 파티에서 그를 엘리자베스 2세 옆자리에 앉혔다. 궁정은 여왕의 관대함과 관용의 뜻을 받들어 그에게 영예로운 자리 배치를 허용했다. 여왕은 프로퓨모의 헌신적 선행에 대한 대처의 존중심에 공감했고 그날 저녁 "그와 활기찬 대화를 나누었다."고 대처의 고위 보좌관인 베이워터의 파월 남작인 찰스 파월은 회고했다.

데이비드 브루스가 우려했듯이 프로퓨모의 행위는 맥밀런에게 심각한 타격을 안겨주어 그는 1963년 9월에 여왕에게 다음 해 총선 전에 당의 리더십을 넘겨주겠다고 말했다. 그로부터 한 달도 못 되어 그는 전립선 비대증으로 심한 통증을 느껴 10월 10일 악성 종양을 제거하는 긴급 수술을 받았다. 수술은 성공적이었고 다행히 종양은 무해한 것으로 밝혀졌다. 그러나 이든의 경우처럼 불안에 휩싸여 맥밀런은 즉각 사임을 결정했고 여왕은 밸모럴에서의 휴가를 중단하고 런던으로 복귀했다.

그다음 주에 펼쳐진 드라마는 맥밀런이 수상 서리인 랩 버틀러의 승계 저지를 획책하면서 엘리자베스 2세에게 불필요하게 나쁜 영향을 끼쳤다. 맥밀런은 일련의 기발한 조작을 통하여 킹 에드워드 7세 병원의 병상에 누운 채 4명의 수상 후보자 전원을 면담함으로써 그 자신이 궁극적인 조종자 역할을 수행했다. 그는 보수당의 가장 높은 지지를 끌어낼 수 있는 지도자로 60세의 외무장관인 14대 홈 백작을 선택했다. 맥밀런은 그 근거로 각료들의 의견 조사 결과 홈 지지가 10표, 버틀러 3표 그리고 나머지 두 후보는 각각 3표씩을 얻은 것을 들었다. 그러나 당의 평당원들의 지지도는 불분명했다.

수술로 입원해 있었기 때문에 맥밀런은 사표를 궁정으로 발송했으며 개인 비서인 마이클 아딘과 조율하여 여왕이 그와의 마지막 면담을 위하여 병실을 방문하도록 했다. 1963년 10월 18일에 궁에서는 맥밀런의 사임을 발표했다. 그 직후 여왕은 초록색 공작 코트와 모자를 쓰고 병원으로 출발했다. 맥밀런은 병원 중역실로 옮겨진 병상에 누워 그녀를 기다렸다. 그는 흰 비단 셔츠 위에 오래된 갈색 스웨터를 걸쳤고 침대 밑에 담즙을 추출하는 튜브를 연결했고 옆에는 유사시를 대비한 소변통이 놓여 있었다.

엘리자베스 2세가 방 안에 들어서자 맥밀런은 "그녀의 꼿꼿한 걸음걸이와 주된 매력인 환하게 밝은 웃음"에 매료되었다. 수상의 주치의인 존 리처드슨은 "그녀의 눈가에 눈물이 맺혀 있었다."고 기록했다. 훗날 맥밀런은 여왕이 병상 옆의 높은 의자에 앉으면서 "감정에 복받쳐서 나의 사직서를 받고 얼마나 마음이 상했는지 모른다고 말했다."고 기록했다. 그 순간부터 그는 전임 수상이었고 여왕은 그의 제언에 귀 기울여야 할 헌법적 필요는 없었다. 실상 지난 두 번의 전례에서 보듯이 그녀가 보수당의 지도자를 선택하는 특권을 행사함에 있어서 처칠과 이든은 사임 이후의 공식적 건의를 사양했다.

그러나 맥밀런에 의하면 "여왕은 우리가 어떻게 할 것인가에 대

해 나의 건의를 요청했다." 그래서 그는 홈 경을 지지하는 각서를 큰
소리로 낭독했으며 그를 "즉각" 호출해야 한다고 말했다. 맥밀런은 또
한 그녀에게 홈을 즉시 수상으로 지명하지는 말라고 말했다. 그 대신
"의견 조사를 실시"하고 그가 정부를 구성할 만큼 충분한 지지를 받았
는지 보고해달라고 말했다.

　여왕은 전임 수상의 건의를 받아들였다. 홈은 내각의 지지를 받
고 있었고 버틀러 역시 내각의 일원이었으므로 거역을 하면 불충으로
낙인찍히기 때문에 동조했다. 이튿날 아침에 홈은 그의 작위를 반납하
고(1960년대까지 수상은 귀족들로 구성된 상원 의석에 앉을 수 없으므로) 버
킹엄 궁으로 가서 여왕의 손에 그녀의 네 번째 수상이자 알렉 더글라
스홈 경의 자격으로 키스했다. 이는 정부 수반으로 임명됨을 뜻하는데
여왕의 손을 들어 입술로 가볍게 스치는 행동이다.

　수상의 선임 과정은 언론과 양 정당의 정치가들 모두로부터 비난
을 샀다. 헌법적 적실성을 자주 언급해왔음에도 불구하고 맥밀런은 사
임한 뒤에도 사실상 여왕으로 하여금 자신의 건의를 따르도록 강압함
으로써 여왕의 진로를 방해했다는 데 대하여 비판자들은 동의했다. 여
왕의 특권을 보호하려는 것이었다는 그의 주장에도 불구하고 그의 행
동은 보수당의 지도자를 선출하는 데 있어서 그녀의 역할에 종지부를
찍게 했다. 얼마 지나지 않아서 보수당은 선거를 통해서 지도자를 뽑
는 노동당식의 규정을 채택했다.

　비판자들은 맥밀런과 익히 알려진 귀족 남성들로 구성된 소위
"마법 서클magic circle"이 보다 광범위한 의견 청취에 바탕을 두었어야
할 결정을 조작했다고 비난을 퍼부었다. 그러나 엘리자베스 2세 또한
내각 차원을 넘어서 독자적인 의견 수렴을 하는 데 실패했고―더구나
이미 1955년과 1957년에 수상 지명을 할 때 자문의 범위가 너무 협소
했다는 혐의를 받은 마당에―맥밀런의 반버틀러 노선에 굴복한 잘못

이 있을 수 있다. 이는 오늘날까지 그녀가 내린 결정 가운데 가장 논란이 되어오고 있는데 지난 12년간의 통치를 통해서 그녀가 개발해 왔던 정치적으로 영리한 판단력을 어떻게 방기할 수 있었던지 신기할 정도였다.

궁정 보좌진에 의하면 더글라스홈은 여왕이 선호하는 스타일이었다고 지적했다. 그녀는 버틀러에 대해서는 "너무 소원하고" 또 "너무 복잡하다."고 여긴 반면에 더글라스홈은 이튼 학교 출신이었고—또한 기벽이 있는 헨리 마틴 경에게서 수학했다—오랜 가족의 친구로서 스코틀랜드의 영지에서 시골 생활을 함께 즐겼었다. 그녀의 새 수상은 연약하다고 해야 할 정도로 꽃꽂이를 즐기는 완벽한 신사였다. 데이비드 브루스는 그를 "말할 수 없이 재미있는" 사람으로 보았다.

그는 여왕의 공식 활동에서도 자주 모습을 보였는데 맥밀런 정부의 각료였을 뿐 아니라 의회 개원식 때에 긴 장대에 대관식 관모를 치켜들었던 고위 귀족이었다. 그는 1957년에 상원에서 당대 귀족에 관한 법률을 발의했을 때에 진보적 입장을 취하기도 했는데 짓궂게 "여성을 의회에 받아들이는 것은 다만 귀족의 정상적 기능을 겸손하게 연장하는 것이다."라고 덧붙였다. 그의 경력을 더 돋보이게 한 것은 그가 젊은 시절에 척추 결핵을 앓았을 때 〈자본론〉을 비롯한 마르크스주의 서적들을 1년간 탐독하며 쌓은 지식을 바탕으로 외교 정책에 관한 전문 지식을 익혔다는 점이다. 그는 여왕에 대하여 친절한 교장 선생님처럼 항상 경청하고 명민한 질문을 던지며 그의 문제들에 관심을 표명한다고 말했다.

맥밀런은 은퇴했을 때 69세였으며 그 후로도 23년간이나 활동적인 삶을 살았다. 여왕은 그가 요양 중일 때도 정에 넘치는 긴 편지를 보내서 "국제 문제의 난국 속에서 지도와 편달을 베풀어주었으며 헌정의 유지와 우리 국민의 정치, 사회적 삶과 관련된 중요한 업무들에서

교사의 역할을 맡아준 데" 대하여 감사를 표했다. 그녀는 그가 "상원의
벤치에서 공적 활동에 계속 참여할 수 있도록" 하기 위하여 가터 훈장
의 서훈과 함께 백작의 작위를 하사하겠노라고 제의했으나 무엄하게
도 그는 둘 다 사양했다. 20년 이상의 세월이 흘러 그가 90세 생일을
맞이했을 때 그는 마침내 스톡턴 백작의 작위를 공손히 받았는데 이는
20세기 후반에서는 매우 이례적으로 여왕이 개인적으로 하사한 세습
귀족의 작위였다.

1963년 10월에 보수당의 권력이 교체되었을 때 엘리자베스 2세는 임
신 4개월이었다. 그녀의 둥지는 이미 3분의 2가 비어 있었는데 찰스는
고든스타운에 있었고 앤은 그해 9월에 베네덴의 기숙학교로 보내졌
다. 11월에 여왕은 공식 석상에서 사실상 모습을 감추었지만 그달 중
순에 데이비드 브루스와 그의 두 번째 부인 에반젤린이 리젠트 파크에
있는 그들의 저택인 윈필드 하우스에서 주최한 블랙 타이 만찬에는 참
석했다. 여왕은 당시 그녀의 상황 때문에 규모를 줄여달라고 요청해서
16명의 손님들만 초대되었는데 브루스와 마이클 아던 사이의 의논을
거쳐 여왕의 승인을 얻었다.

　브루스는 일기에서 "만찬 준비를 위해 얼마나 섬세하게 계획을
짰는지 믿을 수 없을 정도이다."라고 썼다. 폴란드 출신 집사와 러시아
요리사, 네 명의 하인과 헤아릴 수 없이 많은 하녀들까지 "마치 거창한
카니발을 준비하듯이" 공을 들였으며 심지어 여왕은 임신 중에 수프를
들지 않고 오직 토마토 주스만 마신다는 근거 없는 소문까지 추적했
다. 궁에서 온 요리사가 지시한 주의 사항 한 가지는 페이스트리를 밝
은 색상이나 식용 은으로 코팅한 하트 모양의 초콜릿으로 장식하지 말
라는 점이었다. 여왕은 질문을 받고 여자들이 긴 드레스를 걸치건 짧

은 드레스를 입건 개의치 않는다는 대답을 했다.

파티는 고위층 인사들의 모임이었지만 매우 활기찬 영미 집단이었다. 몰리와 로버트 크랜본, 보수파 정치인 이언 길모어 부부, 캐롤라인, 미국 언론인 월터 리프먼과 그의 아내 헬렌, 리와 스타스 라지월, 데본셔의 공작 미망인, 마이클 아딘, 보수당의 각료이자 후일의 수상 에드워드 히스, 캐서린 맥밀런 등이었다. 여왕은 리프먼을 제외한 나머지 모든 사람들을 알고 있었고 브루스의 스패니얼 개도 반갑게 맞아주었다.

"분위기는 활력에 넘쳤다. 여왕은 모든 요리와 포도주를 즐기는 것처럼 보였다. 그녀는 남편과 마찬가지로 기꺼이 그리고 즐겁게 대화를 나눴다. …… 그녀는 위엄을 지키면서도 개방적이었고 화색이 돌았으며 다정했고 꾸밈없는 매너를 보여주었다."고 브루스는 회고했다. 만찬 후에 그녀는 먼저 월터 리프먼에게 말을 걸었고 차례로 남자들과 얘기를 나눴으며 필립은 여자들과 대화를 즐겼다. 국왕 부처가 자리를 뜬 것은 거의 자정 무렵이었다.

11월 22일, 그로부터 열흘 뒤에 존 F. 케네디 대통령이 암살되었다. "재앙과도 비슷한 유례없는 슬픔의 파도가 우리 국민에게 내습했다."고 엘리자베스 2세는 회고했다. 필립 공과 알렉 더글라스홈은 장례식 참석을 위하여 워싱턴으로 날아갔으나 임신한 여왕은 의사의 만류로 세인트폴 성당에서의 장례식에 참석할 수 없었다. 그녀는 독자적으로 윈저 성의 세인트조지 교회에서 장례 미사를 드리자고 고집했으며 여기에 영국 주둔 미군 4백 명을 초청했다.

그로부터 18개월 후인 1965년 5월 14일, 그녀는 작고한 대통령을 추념하기 위한 각별한 기념관 헌정식을 주재했는데 1215년에 존 왕이 대헌장^{Magna Carta}을 인준한 장소인 러니미드의 1에이커의 땅을 영국 국민의 이름으로 미국에 영구히 기증하는 내용이었다. 기념관의 주

촛돌에는 케네디의 생몰 일자와 더불어 그의 취임식 연설의 발췌문이 새겨졌다. "세계의 모든 나라들은 알지어다. 그들이 우리가 잘되길 바라건 잘못 되기를 바라건, 우리는 자유의 지속과 성공을 위하여 어떤 대가이든 지불할 것이며 어떤 짐도 마다하지 않을 것이며 어떤 고난도 두려워하지 않을 것이며 어떤 동지도 도울 것이고 어떤 적과도 싸울 것이다." 데이비드 옴스비 고어가 위원장을 맡은 위원회는 기념관 모금과 설계와 건설을 주관했으며 여왕은 전 과정을 지대한 관심을 가지고 지켜보았다.

헌정식에서 엘리자베스 2세와 에든버러 공작은 재클린 케네디와 자녀들을 대동하고 숲길을 지나 기념관 부지로 갔다. 네 살배기 존 케네디 주니어는 여왕에게 약식으로 절을 했고 일곱 살 캐롤라인은 얼른 무릎 인사를 했다. 그들이 언덕을 오를 때 필립은 부드럽게 존의 손을 잡아주었다.

의식이 진행되는 동안에 맥밀런은 친구이자 동맹이었던 고인에 대한 감상에 젖은 인사말을 했고 엘리자베스 2세는 품위 있는 식사에서 "자비와 동정과 이해"를 드러냈다고 데이비드 브루스는 회고했다. 그녀는 케네디와 영국의 깊은 인연에 대해 언급했는데 제2차 세계대전 전의 "암울했던 시절"에 영국에서 살았던 때와 그의 형인 조가 전쟁 중 "위험한 작전"에서 사망한 일과 그가 "그토록 사랑했던" 여동생 캐슬린이 "영국 교회의 뜰에 묻혀 있다는 것" 등을 꼽았다. 여왕은 케네디의 "기지와 스타일"에 대해 말했으며 이어서 "우리 모두 진심으로 그의 승리를 함께 기뻐했으며 그의 좌절에 슬퍼했고 이제 그의 죽음에 눈물을 쏟았다."고 맺었다. 재클린은 답사를 하지는 않았으나 영국 국민에게 감사의 성명을 발표했다. "여러분께서는 눈물을 쏟기에 너무 깊은 제 생각과 함께해주셨습니다."

1964년 3월 10일, 37세의 여왕은 버킹엄 궁의 벨지언 스위트에서 네 번째 아이 에드워드 앤터니 리처드 루이스를 낳았다. 그녀는 5월까지 공석에 모습을 드러내지 않았으나 업무는 계속했다. 아기가 겨우 한 달쯤 되었을 때 그녀가 받은 정부 상자들 속에는 불온한 기밀이 담겨 있었는데 그녀는 15년 후에 밝혀질 때까지 이를 숨겨야 했다. 1945년 부터 그녀의 궁에서 미술 수장품을 관장해오던 왕실 사진 자료 감독관 앤서니 블런트 경이 소련 스파이라는 사실이었다. 소련 측 협력자에 대한 "대단히 귀중한" 정보를 제공받는 대신에 영국 정보부는 블런트를 사면했다. 이 사면 문제를 다루었던 정부의 법무차관인 이웰의 로린슨 남작인 피터 로린슨은 "여왕은 이자가 스파이였음을 수년 전부터 알고 있었다. 그럼에도 그자를 여왕의 사진 자료들을 담당하는 버킹엄 궁의 직책에 그대로 머물게 하는 것은 중요했다. 안 그러면 러시아가 그의 정체가 폭로되었음을 눈치챘을 것이기 때문이었다."라고 말했다.

그녀는 블런트의 반역에 대해서 불안을 느꼈겠지만 표면적으로 아무런 내색도 하지 않았다. "나는 마땅치 않은 일들은 마음속에서 자주 지워버린다."고 그녀는 한 궁정인에게 말했다. 훈련에 의한 것이기도 하지만 본능적 분별력에 의해 엘리자베스 2세는 다양한 출처—정보 보고, 정부 개정안에 대한 내각의 문서들, 법정에 계류 중인 사안에 대한 판사와의 대화 등—로부터 정보를 입수하는 데 익숙해 있으며 민감한 정보를 숨기는 법을 배웠다. "그녀의 두뇌에는 여러 개의 상자를 따로따로 보관하는 칸막이가 있다. 그녀의 머릿속에서는 헌정에 대한 문제로 골치가 아파도 겉보기에는 아주 명랑해 보인다."고 마거릿 로즈는 말했다.

블런트의 충격적 자백이 있은 지 불과 일주일도 못 되어 엘리자베스 2세는 윈저 성에서 봄이면 자주 열리는 "먹고 자는dine-and-sleep" 모임을 주최했다. "그녀는 각종 브리핑과 문서 자료들을 가지고 라오스, 사이프러스, 잔지바르 등의 정치적 문제들을 포함하는 온갖 얘기를 다했다. 보다 가벼운 화제들은 잡담에 속했다."고 데이비드 브루스는 회고했다.

빅토리아 여왕이 19세기부터 시작한 이 주기적인 여흥의 자리는 대체로 10명 정도의 예술, 외교, 성직, 군사, 학계, 법조, 정치 등의 명망가들이 모여서 한가하게 만찬을 가지며 대화를 나눈다. 격식을 차리지만 비슷한 성격의 버킹엄 궁의 오찬보다는 편안했다. 알렉 더글라스 홈은 "그녀는 윈저를 집으로 여긴다. 어느 누구의 집처럼. 우리한테는 이해하기 어렵지만."이라고 말했다. 엘리자베스는 부활절 시즌 이외에도 가능한 한 주말이면 윈저에 머물며 성주^{城主} 행세를 하는 데 긍지를 느낀다. 그녀는 손님들이 도착하기 전에 객실들을 둘러보고 그들이 심심풀이로 읽을 거리를 직접 고르기도 한다.

이 먹고 자는 모임의 패턴은 조지 6세 때나 제2차 세계대전 후 이를 재개한 엘리자베스 여왕 때나 달라진 것이 없다. 손님이 6시와 7시 사이에 도착하면 시종무관과 궁녀들의 영접을 받아 랭커스터나 요크 또는 에드워드 3세 타워의 스위트로 안내된다. 이들 숙소에는 두 개의 침실과 욕실과 여성 탈의실과 널찍한 거실이 딸려 있는데 여기에는 필기도구가 놓인 책상과 식탁이 있다. 그 위에는 미네랄 워터와 위스키, 셰리, 진과 더불어 과일 바구니와 캔디, 비스킷, 생화 꽃병 등이 놓여 있다.

그녀는 하인들로 하여금 각 손님의 수발을 들도록 한다. 그들의 임무는 짐을 풀고 속옷을 얇은 천 가방에 담고 화장품과 향수를 순서대로 진열하고 세탁과 다림질을 위한 옷가지를 치우고 손님의 요청에 따라 목욕물의 온도를 맞추고 근처 의자에 큰 목욕 타올을 걸어두고 옷들을 정리하고 떠날 시간에 맞춰 다시 휴지를 넣어서 짐을 싸는 등의 일이다. 이를 위한 직원들의 수효나 솜씨는 타의 추종을 불허할 정도인데 다만 박물관장 로이 스트롱이 말했듯이 "너무 많은 사람들이 달려드니 오히려 불안했다."고 한다.

초대된 손님들은 성의 드넓은 거실 중의 한곳에서 만나는데 거기에서 여왕과 필립이 늘상 붙어다니는 코기 견들과 또 대여섯 궁정인들과 함께 술잔을 돌린다. 여왕은 지난번 초대되었던 손님들 얘기를 하면서 그들의 성격과 말씨까지도 언급하고 말썽꾸러기 개들 때문에 웃기도 한다. "개들이 왕의 명령을 듣지 않는 걸 보면 항상 재미있다."고 한 궁정인은 회고했다. 그러고 나면 모든 사람들은 다시 정방형의 성 동쪽과 남쪽의 붉은 카펫이 깔린 복도를 따라 각자의 방으로 돌아간다.

손님들은 서둘러 30분 이내에 만찬 정장으로 옷을 갈아입고 8시 15분에 왕실 만찬장에서 건배와 함께 시작한다. 여왕과 필립은 15분 뒤에 어김없이 등장한다. 엘리자베스 2세는 긴 드레스를 입고 목과 귀와 팔목에는 번쩍이는 다이아몬드로 치장한다. 필립은 스스로 디자인한 만찬 재킷을 입고 나타나는데 원래 조지 3세가 궁정의 신사들을 위해 창안한 "윈저 제복Windsor Uniform"의 블랙 타이 버전으로 짙푸른 벨벳에 황동 단추, 자줏빛 칼라에 커프스를 했다.

여왕은 식사 도중에 전체와는 물론 3자 대화도 하지 않는다. 그녀가 먼저 왼쪽으로 고개를 돌리면 모두 따라서 하고 식사가 중반을 넘어서서 그녀가 갑자기 오른쪽으로 고개를 돌리면 모두의 고개가 따라서 돈다. 그녀는 만찬의 손님들이 모두 만찬 의전을 알고 있을 것으로 기대하지만 때로 조언을 던지기도 한다. 한번은 이렇게 말했다. "냅킨에 대해서 할 말이 있어요. 저기를 봐요. 다들 잘못하고 있어요. 풀 먹인 쪽을 아래로 놓으면 냅킨이 무릎에서 미끄러져 떨어지거든요. 이렇게 해보세요. 풀 먹인 쪽을 무릎 위쪽에 놓고 엉덩이 밑으로 밀어넣는 거에요."

그녀의 대화는 상냥하며 결코 깊이 파고들지 않고 자주 화제를 바꾼다. 식사가 끝나면 그녀는 이브닝 백에서 콤팩트를 꺼내서 립스틱을 다시 바르는 기괴한 습관이 있다. 한번은 미국의 영부인 로라 부시가 워싱턴의 부인들을 위한 오찬 때에 비슷한 화장 고치기를 하면서 유쾌하게 말했다. "여왕께서 이렇게 해도 된다고 저한테 말했다고요."

1970년대에 페미니즘이 등장한 뒤에도 한참 이후까지 지속된 상류사회의 풍속도에 따라 엘리자베스 2세와 여인들은 만찬 후 만찬장을 떠나고 남자들만 남아서 식탁에 둘러앉아 포도주를 마시고 시가를 피운다. "그녀는 눈 하나 깜짝 안 하고 으레 그러려니 했다."고 그녀의 오랜 경마 관리인 미망인 진 카나번은 회고했다. 따로 모인 여인들은 여왕의 견해에 아랑곳하지 않고 개인적 일에 관해 잡담을 즐겼다.

다음 행선지는 항상 성의 장서관인데 거기서 여왕은 각 손님들에게 각별히 흥미 있을 만한 전시물을 배치했다. "선별한 전시물들은 정보용이라기보다는 단지 즐기기 위한 것이었다."고 근 20년간 왕실 자료관에서 근무했던 사서인 올리버 에버렛은 말했다. 만찬 며칠 전에 사서는 전시할 품목을 제안하면서 그 의의를 설명한 노트를 보낸다. 미국 관리들을 위해서는 조지 워싱턴의 편지나 남편이 암살된 뒤에 빅토리아 여왕이 조의를 표한 데 대하여 링컨 대통령의 미망인이 보낸 감사의 답장 등이다. 작가인 벤 핌롯의 미망인인 진 시튼은 "이런 것들이 사람들에게 화젯거리를 제공한다. 근본적으로 수줍음을 타는 여왕으로서는 좋은 방식이다."라고 말했다.

이날 저녁의 절정은 세계에서 유일하게 여왕과 공작이 직접 안내를 맡아 이 성의 접견실에 전시된 귀중한 수집품을 관람시키는 것이다. "나는 풍경화가 가장 마음에 든다."라고 좋아하는 회화 양식에 대한 질문에 그녀는 대답했다. 조지 스터브스가 그린 승마 장면을 그녀는 가장 좋아했는데 "이 화가는 캔버스에 너무 많은 실험을 해서 그의 그림 중 하나가 물감이 떨어져 나가는 걸 막을 수가 없다."고 걱정했다. 그녀는 또한 현대 미술을 싫어하는 것으로 알려졌다. 그녀가 태이트 현대 미술관을 개관했을 때 "그녀는 헝크러진 침대와 소금물에 담겨 몇 개의 추상적 물체를 바라보는 짐승 조각들에 대해 언급을 피했다."고 다이애나 미트퍼드는 그녀의 동생 데본셔 공작 부인에게 썼다.

그러나 반다이크, 홀바인, 루벤스 등과 같은 윈저 성의 걸작들에 대해 그녀가 창작 연도, 소재, 각 작품의 간략한 배경 등을 줄줄 외워서 설명하면 사람들은 놀란다. "그녀의 그림에 대한 평가는 정직하며 정확하다. 그녀는 시각적 기억이 좋다. 자기가 좋아하지 않거나 이해하지 못하는 그림에 대해서 아는 척하지 않는다."라고 여왕의 전직 소장품 감독관은 말했다. 빅토리아 여왕과는 달리 엘리자베스 2세는 새로운 작품의 매입에 몰두하는 열정적 수집가는 아니다. 올리버 에버렛은 "그녀는 미술사가도 전문 감식가도 아니다. 그렇지만 그녀는 자기 소장품의 의의를 안다."고 말했다. 그녀의 전직 자문관이 말했듯이 그녀가 선호하는 것은 "자연 속의 아름다움"이다. 그녀는 약 7,000점에 달하는 왕실 소장품의 관리자로서의 자신의 역할을 진지하게 생각한다.

거실에서 커피를 마신 뒤에 작별 인사를 하고 나면 여왕과 필립은 다시는 보이지 않는다. 아침 식사는 각자의 스위트에서 접대받는데 여왕 폐하의 종사자들에게 돈을 선물로 내놓는 일은 삼가달라는 인쇄된 카드가 방마다 놓인다. 다만 하급 보조 요원들에게 팁을 주는 것은 허용된다. 어떤 사람들은 접견실을 다시 한 번 둘러보고 상급 왕실 직원들의 안내를 받아 나오면서 두꺼운 흰색 카드 뭉치로 되어 있는 방명록에 서명을 요청받는다. 로이 스트롱은 "내가 놀란 것은 '얼마나 많이'가 아니라 '얼마나 적은' 사람들이 여기에 묵었었느냐 하는 점이었다."고 말했다.

1964년 여름에 여왕은 공식 활동을 본격적으로 재개했다. 다시 한 번 그녀는 6월의 연례 생일 축하 행렬에 참가하여 말을 탔고 7월에는 버킹엄 궁과 스코틀랜드의 홀리루드 하우스에서 일련의 가든파티를 베풀었다. 이들 파티는 1860년대에 빅토리아 여왕이 귀족 계층을 위해 시작했고 1960년대에는 엘리자베스 2세가 사교계 데뷔 행사를 철폐하면서 민주화되었다. 매번 약 8,000명을 대상으로 펼쳐지는 이 가든파티는 사회 전 분야에서 영국인의 삶에 기여한 사람들에게 보상하기 위해서 마련된다.

개별 초청장에는 "여왕 폐하의 하명을 받은 시종장"은 당신을 지정된 일자에 초대한다고 쓰여 있다. 오후 3시에 궁의 문이 열리면 모닝 수트를 입은 남자들과 모자를 쓰고 드레스를 입은 여성들과 군복을 입은 군인들 그리고 사제복을 입은 성직자들이 정원과 잔디밭을 거닌다. 그들은 녹색과 흰색 줄무늬의 거대한 천막 안에 차려진 4백 피트 길이의 뷔페 상 앞에 차분하게 긴 줄을 지어 늘어선다. 거기에는 여왕의 기호에 따라 만들어진 다르질링과 아삼 차, 샌드위치, 케이크와 빵이 진열되어 있는데 이것들은 모두 여왕이 미리 살펴본 것들이다. 2개 조의 군악대가 경쾌한 음악을 연주하면 주홍색과 금색 튜닉을 걸치고 흰색 칼라에 검은 벨벳 모자를 쓴 근위병들이 군중을 여러 줄로 나눠 세운다.

4시 정각이 되면 여왕과 필립과 왕실 가족들이 국가 연주와 함께 테라스에 모습을 드러내며 늘어선 군중의 줄 여기저기로 흩어진다. 정장에 톱햇을 착용한 퇴역 군 장교로 구성된 궁정 안내원들이 시종장에 의해 여왕에게 소개될 100명 정도의 각계각층의 인사들을 골고루 선발한다. 그녀는 한 시간 정도 줄을 따라 능숙하게 이동하면서 결코 서두른다는 인상을 주지 않으며 대화자들과 일일이 얘기를 나누고 커다랗고 번뜩이는 왕관이 새겨진 왕실 천막으로 간다.

여기서 그녀는 하인이 따라주는 차를 한 잔 마시고 10분간 휴식을 취한 뒤에 이웃해 있는 외교관 천막으로 이동해서 고위 인사들을 접견하고 오후 6시에 궁으로 돌아간다. 어느 해에는 여왕이 "차를 마시고 나서 구두를 벗어 던지더니 스타킹만 신은 채 서서 한 손을 엉덩이에 대고 마시며 웃으며 하인과 잡담을 나누는" 광경을 지켜본 한 외교관의 부인은 놀라 자빠질 뻔했다. 엘리자베스 2세는 따분한 의례적 행사에서도 결코 지루해하는 모습을 보이지 않으며 수천 명의 손님들을 접대하는 행사의 의미를 숙지하고 있다. 세실 비튼은 여왕이 선 채로 "한 노부부와 조용조용히 대화하는 모습"을 지켜본 뒤 "이런 사람들이야말로 사랑스럽다. 그들은 이 나라의 소금이다. 이들은 나라를 위해 열심히 일했고 선행을 베풀어왔다. 이들이야말로 나라의 기둥이다. 나는 여왕께서 이를 잘 알고 계시다고 느꼈다."라고 회고했다.

1964년 가을에 여왕과 필립은 캐나다로 9일간의 국빈 방문 여행을 떠났다. 그들은 10월 15일의 총선거 이틀 전에 런던으로 돌아왔다. 알렉 더글라스홈의 지난 1년간의 수상 재직 기간 내내 언론은, 그중에도 주로 1960년대 대중문화의 산물인 두 풍자 매체 잡지 〈프라이빗 아이〉는 그를 시대착오적인 귀족이라고 무자비하게 조롱했다. 여기에 노동당 당수였던 해럴드 윌슨은 반복적으로 그를 14대 홈 백작이라고 부르며 불을 붙였다. 이에 더글라스홈은 "그렇게 말하는 윌슨 당신이야말로 생각해보니 14대 미스터 윌슨 아닌가?"라며 그의 별명을 꼬집었다.

실상 더글라스홈은 직무를 원만히 수행했으며 유권자들로부터도 인기가 있었다. 그러나 변화에 대한 갈망이 노동당에게 간발의 차이로 승리를 안겨주었다. 노동당은 44. 1퍼센트 득표율에 317석을 얻었고 보수당은 43. 4퍼센트 득표율에 303석을 얻는 데 그쳤다. 해럴드 윌슨은 과거 1945년에 애틀리가 집권한 이래 최초로 노동당 출신 수상이 되었다. 또한 여왕이 수상을 선임하는 데 개입하지 않은 최초의 예가 되었는데 이미 당에서 윌슨을 당수로 선출했기 때문이었다.

애틀리는 내각에 세 명이나 되는 이튼 출신을 포진시켰기 때문에 예측이 가능한 노동당 정치인이었지만 윌슨은 여왕에게 생소한 부류에 속했다. 그는 중하류 계층 출신으로 학력을 중시하는 영국의 중등학교를 거쳐 옥스포드에서 최우수 졸업생이 되었고 모교에서 근 10년간 경제학을 강의했다. 그는 지방 출신임을 자랑스럽게 내세워 요크셔 방언을 대놓고 구사했지만 길버트와 설리번의 코미디 오페라의 열정적 팬이었으며 파이프 담배를 즐기는 학자풍의 취미를 지녔다. 그럼에도 그의 소박한 취미와 상냥함과 번뜩이는 재치는 사람들과 잘 어울리게 했다.

10월 16일에 여왕의 손등에 키스를 하기 위해서 버킹엄 궁에 왔을 때 그는 아내뿐 아니라 두 아들과 부친 그리고 그의 정무 비서이자 심복인 마샤 윌리엄스까지 대동했다. 통통한 새 지도자는 민주적 이미지를 나타내기 위해 정장이 아니라 줄무늬 바지에 어울리지 않는 평복 재킷을 걸치고 나타났다. 궁정인들은 태연하게 그를 맞이하였고 윌슨이 여왕을 알현하는 동안에 가족들에게는 시종무관실에서 셰리를 대접했다.

그녀의 의무 중의 하나는 수상의 정치적 성향을 고려하지 않는 것인데 윌슨은 분명 지난 12년간의 보수당과는 달랐다. 윌슨이 노동조합에 "사회 계약Social Contract, 물가와 임금에 관한 협정-옮긴이"을 공여한 뒤에 샌드링엄의 종마 사육 관리장인 마이클 오즈월드가 여왕에게 그 이름을 여왕의 망아지 중 하나에 붙여주자고 건의했을 때 "나는 여왕에게서 절망적인 표정을 읽었다."고 오즈월드는 회고했다.

엘리자베스 2세는 첫 면담에서부터 다섯 번째 수상이 자기를 진지하게 상대하도록 교육시켰다. 그는 일상적인 잡담이나 나눌 것으로 예상하고 왔으나 그녀는 그에게 파운드화를 강화할 수 있는 방안에 대한 그의 견해를 묻고 만성적인 국제 수지 적자를 지적했다. 비슷한 경우에 놓였던 처칠처럼 윌슨은 "난처한" 상황에 놓여 당황했으며 수년 뒤에 후임자에게 "모든 전보문과 내각 회의 문서를 꼼꼼히 읽고 가지 않으면 예습 안 한 학생처럼 보이게 될 것"이라고 충고했다.

첫 면담을 끝낸 여왕은 "우리는 이 사람한테 공을 많이 들여야겠어."라고 웃으며 한 궁녀에게 말했다. "불과 석 달만에 그는 여왕을 위해 죽음도 불사할 것같이 되었다. 그녀는 어떻게 사람을 휘어잡을 수 있는지 요령을 안다."고 그 궁녀는 훗날 말했다. 드러내놓고 보수당 지지자인 모후는 윌슨이 "약간 과민한 데다가 …… 말 상대하기 불편한" 사람이라고 보았는데 마침내 딸이 그를 길들여놓았다는 것을 알고 기뻐했다. 실상 그는 유순하기 짝이 없는 사람이었다. 후일 포켄더 남작 부인이 된 마샤 윌리엄스는 "윌슨은 결코 공화주의자인 적이 없었다. 그의 가족들은 모두 열렬한 여왕 지지자들이었다."고 말했다. 그는 "왕실의 진짜 의식"들을 좋아했으며 "나는 전통에 대한 대단한 존중심을 가지고 있다."고도 말했다.

또한 48세인 그는 여왕보다 고작 열 살이 위였다. 그의 부인 메리는 "그녀를 딸처럼 여긴 처칠과 처음 시작했지만 윌슨과는 거의 동년배 같은 느낌이었다."라고 말했다. 윌슨은 그가 전혀 기대하지 않았던 편안한 마음으로 여왕을 상대할 수 있었다. 마샤 포켄더는 "그는 여왕이 이런 식으로 앉자 놀랐다."고 말하며 몸을 앞으로 숙이며 자기 팔목을 열중해서 꼭 쥐어 보이며 "그녀는 그와 마주 앉을 때 숙녀처럼 단정한 자세를 취하지 않았으며 그 자세를 보면 그녀가 그의 말에 매우 흥미를 느끼는 것 같았다."고 덧붙였다. 얼마 후 그의 충직한 정치 비서는 "아무도 윌슨과 여왕 사이에 끼어들지 못했다. 그는 매주 화요일 저녁 6시 반에 면담을 가졌는데 우리는 아래층에서 그를 만나면 그가 어디로 가는지 알았다. 그는 파이프를 꺼내 물고 불쑥 농담을 한마디 던지고는 사라졌다. 그러고 나서 *그가 돌아왔을 때 우리는 그가 즐거운 시간을 보냈음을 알았다.*"라고 말했다.

그녀는
말들을 원하는 대로 조종하는
능력이 있었으며
말들로 하여금 그렇게 하는 것을
즐기게도 만들었다.

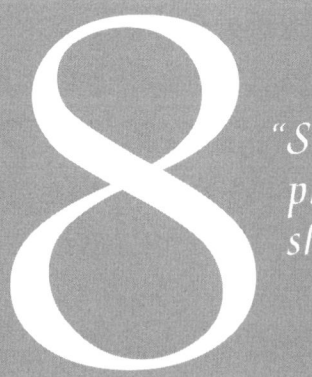

*"She has an ability to get horses
psychologically attuned to what
she wants and then to persuade
them to enjoy it."*

언제나처럼 딱딱한 승마 모자를 쓰지 않고
가족들과 함께 애스콧에서 경주 코스를 달리고 있다.
1961년 6월 ⓒ Popperfoto/Getty Images

CHAPTER 8

일상 속의 도피

Refuge in Routines

해럴드 윌슨의 수상 취임이 여왕의 삶에 있어서 한 페이지를 넘긴 것이라면, 그로부터 석 달 뒤에 있었던 획기적 사건은 그녀의 삶에 있어서 중요한 한 장을 마감하는 것이었다. 1965년 1월 24일 윈스턴 처칠은 90세를 일기로 별세했다. 즉각 국장國葬 준비에 들어갔으며 비 왕족으로서는 1852년의 웰링턴 공작^{나폴레옹을 패배시킨 워털루의 영웅-옮긴이}의 사망 이래 최초로 거국적인 행사가 되었다.

작전명 "Operation Hope Not"[1] 없는 것이 좋다는 의미-옮긴이으로 명명된 이 작업은 처칠이 폐렴으로 거의 사망 직전에 이르자 여왕이 최상의 예우를 결정하고 예식 전문가인 16대 노퍽 공작에게 미리 준비시켰다. 처칠의 딸 메리 솜스는 "국장으로 치러야 한다는 것은 전적으로 여왕의 결정이었으며,[2] 아버지가 돌아가시기 몇 해 전에 여왕이 직접 귀띔했고 아버님은 감사를 표했다."고 회고했다.

린든 존슨 대통령이 미국을 대표하여 참석할 예정이었으나[3] 심한 기관지염으로 해군 병원에 입원한 상태여서 의사들이 만류했다. 대통령은 간절히 참석을 원했는데, 단지 처칠이 영미 양국의 혈통을 이어받았으며 그가 양국의 연대를 "계속 가꾸고 소중히 간직해야 할 실체"[4]라고 여겼기 때문만은 아니었다. 그는 장례식에서 앉을 의자를 직접 가져가고, 궂은 날씨에 대비하여 피할 곳을 따로 마련하고, 다른 사람들이 서 있을 때에도 앉아 있을 수 있게 해달라는 조건으로 사흘간의 방문을 끝내 고집했다.[5] 동시에 그는 장례식이 끝난 뒤에 버킹엄 궁에서 여왕을 알현하는 약속을 받아냈다.

그러나 결국 의사들이 승리했다. 존슨은 이 크나큰 행사에 참여할 기회, 동시에 여왕을 만날 기회마저 영영 잃고 말았다. 대통령이 지명한 대타는[6] 딘 러스크 국무장관이었는데 그마저 독감에 걸려 제외되고, 공식 미국 대표로 얼 워렌 대법관과 데이비드 브루스가 결정되었다. 드와이트 아이젠하워는 개인 시민 자격으로 참석해서 추도사를 발표했는데 처칠을 가리켜 "위협에 맞선 영국의 대항이었으며 역경에 처한 영국의 용기였으며 위험에 처한 영국의 침착성이었으며 성공을 이루고도 절제를 잃지 않은, 전 세계의 자유인들에게 빛을 내준 지도자이며 위대한 역사의 제조자[7]였다."고 말했다.

엘리자베스 2세의 칙령에 따라 처칠은 웨스트민스터 홀에 사흘간 안치되었다가 6월 30일 토요일에 세인트폴 성당에서 "국가적 영웅의 모범적인 삶을 위하여…… 감사의 빚진 마음을 기리는"[8] 장례식이 거행되었다. 장례식은 20세기 최대의 장관을 이루었다. 그의 관은 빅토리아 여왕과 조지 5세, 6세의 장례식에 사용되었던 포차로 120명의 해군 부사관이 운구하였고, 각급 군부대에서 차출된 병사들, 9개의 군악대, 90년 생애를 기리기 위한 90발의 예포까지 이어졌다. 처칠 가문의 남성들은 운구 행렬의 바로 뒤를 따랐고 이어 처칠의 미망인과 딸들은 추운 날씨를 염려하여 담요와 뜨거운 물병이 준비된[9] 마차를 타고 그 뒤를 이었다. 물론 이 모든 것은 여왕이 제공한 것이었다. 수십만 조문객들은 웨스트민스터로부터 세인트폴에 이르는 연도에 줄지어 서서 이 광경을 지켜보았다.

여왕은 성당에 행렬이 도착하기 전 110개국 대표를 포함한 3,000명의 회중, 남편, 모후와 함께 365피트 높이의 돔 아래에 설치된 관대 앞 금박 의자에 앉아 기다렸다. 메리 솜스는 "여왕은 모든 관습과 전례를 제치고[10] 가장 위대한 신하를 기다렸다."고 말했다. 여왕은 또 처칠 가족들에게 "내 앞을 지나갈 때 군이 무릎 인사를 할 필요가 없다.[11] 그랬다가는 진행에 방해가 될테니까."라고 말했다.

장례식은 30분이 소요되었는데 설교도 추도사도 없이 다만 기도와 성경 독회가 진행되고 처칠이 좋아했던 찬송가 세 곡만을 불렀다. 두 번째 찬송가인 미국의 시인 줄리아 워드 하우의 곡은 〈The Battle Hymn of the Republic〉[애국심을 담은 미국의 찬송가-옮긴이]이었는데 이 노래는 미국 출신인 처칠의 모친에 대한 경배였다. 이 찬송은 1년 전 존 F. 케네디의 장례 미사 때에도 불리었다. 데이비드 브루스는 이 노래가 처칠의 장례식에서 "가장 감동적이었다."[12]고 썼다.

트럼펫 연주가가 〈마지막 편지〉[장례곡-옮긴이]를 연주하고 나팔수가 이어 〈Reveille〉의 취주까지 마치자 또다시 전례를 깨고 8명의 근위병들이 관을 운구하고 처칠 가족들이 그 뒤를 따라갔다. 왕실 가족들은 성당 계단에 침묵을 지키고 서 있었으며, 드럼 소리가 울려퍼지는 가운데 장례 행렬이 떠날 때 "여왕의 입에서는 하얀 입김이[13] 뿜어져 나왔다." 가족들의 호송 아래 관은 배에 실렸고 템스 강을 건너 다시 기차로 옮겨졌으며, 마침내 처칠의 탄생지인 블레넘 궁 근처의 교회 묘지에 안장되었다.

여왕은 버킹엄 궁에서 주요 문상객과 외국 귀빈들을 위하여 오찬 뷔페를 대접했다. 이 또한 전례 없는 일이었다.[14] "절제되었지만 격식에 얽매이지 않았다."고 데이비드 브루스는 기록했다. 여왕은 손님들을 줄 세워 인사하지 않고 자연스럽게 무리를 돌았으며 왕실 가족들의 소개로 인사를 나누었다. 찰스 왕자와 앤 공주와 앤드루 왕자는 "멋대로 여기저기 돌아다녔고", 10개월 된 에드워드 왕자도 "바삐 돌아가며 선보였고", 여왕은 2시에 자리를 떴다.

그날 가장 기념할 만하면서 두드러지게 눈에 띈 것은, 영국 국기로 감싼 처칠의 관을 장식한 검은 베개에 꽂혀 있던 최고 가터 훈장이었다. Collar of the Order라고도 불리는 이 정교한 목걸이에는 성 조지와 용의 상징이 에나멜로 새겨져 있고 "Honi soit qui mal y pense이것을 나쁘게 생각하는 자는 부끄러운 줄 알라—옮긴이"라는 성 조지와 가터의 신조가 새겨진 십자가 배지가 부착되어 있다. 노벨상을 비롯한 여타 수많은 상들을 받은 수상자들도 가터 훈장만큼은 다른 그 무엇에 비길 수 없다고 여겼는데 그 이유는 "오직 여왕 혼자서 결정한다."[15]라는 처칠의 말 때문이었다. 한 시점에서 최대 24명의 수상자—그들은 이를 '동료Companions'라고 부름—에 국한하는 데다가 왕족과 외국의 국가 원수만 받을 수 있다. 따라서 이 가터 훈장을 받고 기사로 책봉된 인사들은 세계에서 가장 배타적인 클럽에 속한다. 이 훈장은 1348년에 에드워드 3세에 의해 창설되었으며 회원은 종신 자격을 갖는다.

1965년에 여왕은 연례 기사 모임을 소집했는데, 여기에는 북아일랜드의 전임 수상 베실 브룩과 전임 공공 인사국장 에드워드 브리지스가 신입 회원으로 참석했다. 엘리자베스 2세는 그녀 "은총"[16]을 베푸는 구체적 이유를 밝히지는 않지만 그동안 8명의 수상과 그 밖에 정치, 사법, 경제, 군사, 외교 분야의 특출한 인사와 그녀를 위해 봉사해 온 세습 귀족을 포함시켜왔다. 본래 왕족 외의 여성에게는 훈장을 줄 수 없었는데, 1987년에 여왕은 남성과 동등한 자격을 가진 여성 '동료'를 결정하고 노퍽 공작 부인인 라비니아 피츠앨런 하워드에게 처음으로 훈장을 하사했다. 그녀는 대관식 연습 때 들러리를 섰으며 여름철에 굿우드 경마가 열릴 동안 엘리자베스 2세와 필립을 애런델 성의 자기 고택에서 모셨다.[17] 매우 흥미로운 것은, 엘리자베스 2세는 동생인 마거릿 공주에게는 이 훈장을 내린 적이 없지만 1994년에 앤 공주에게 그리고 2003년에는 사촌인 알렉산드라 공주에게 이를 하사했다. 둘은 왕실에 대한 헌신적인 봉사로 널리 존경을 받았다.

부친이 사망한 지 40년이 지나 메리 솜스도 이 훈장을 받았다. 그녀가 버킹엄 궁을 방문했을 때 여왕은 훈장을 그랜드피아노 위에 올려놓았다. 엘리자베스 2세가 훈장을 가리키며 "자, 여기 있어요.[18] 아버님 것이에요."라고 말하자 메리는 "오, 폐하, 그럴 리가 없습니다." 그러면서 여왕의 말을 거스르는 것 같아 염려하며 아버지의 훈장은 켄트의 생가인 차트웰에 전시 보관되어 있다고 대답했다. 그러자 여왕은 "내가 그걸 가져오라고 했어요."라고 말하면서 전시품은 모조품으로 대체했노라고 설명했다.

가터의 날Garter Day은 6월의 군기 분열식 다음 월요일에 개최되는데 여왕의 연례 행사 중에서 빼놓지 않고 각별히 즐기는 행사이다. 가터의 기사들은 윈저 성에 모여 가터 즉위실에서 행해지는 신입 회원의 입회식을 참관한다. 어깨에 흰 리본을 단 푸른색 긴 벨벳 예복에 번쩍거리는 훈장과 배지로 치장한 그들은 중세의 벽화를 연상케 했다. 여왕은 언젠가 "이 예복을 누가 만들었는지 모르지만[19] 이런 옷을 실제로 입고 다녔던 시절에도 매우 불편했을 것"이라고 말한 적이 있다. 여왕은 기사들에게 선서를 시키고 충성을 당부할 때에도 "매우 실제적이고[20] 빠르게" 진행했다. "언어는 고어 古語투성이에 신기했고 무섭기까지 했어요. 온통 싸우는 내용뿐이더라고요."라고 데버러 데본셔는 그녀의 남편인 11대 데본셔 공작 앤드루가 책봉될 때 말했다.

여왕은 워털루 챔버에서 기사들에게 오찬을 대접하는데 이 방은 정교하게 조각을 한 천장과 19세기 군함을 연상케 하는 높은 창들이 나 있는 긴 회랑이다. 식탁은 훌륭한 금 도금 은기와 꽃으로 장식되어 있다. 여느 왕실 잔치들처럼 "천천히 먹는 사람들을 위한 시간 끌기"[21]는 없었다고 데버러 데본셔는 회고했다.

오찬에 이어[22] 기사들은 호화로운 행렬을 위한 차림을 하는데, 예복을 단정히 하고 배지와 칼라를 바로 달고 타조 깃털을 휘날리는 평평한 벨벳 모자를 고쳐 쓴다. 그들이 성에서 나와 세인트조지 교회로 향하는 자갈길을 걸으면 금색 튜닉을 걸친 군악대와 주홍색 제복을 입은 윈저의 군대 기사, 주홍색과 황금빛 외투에 검은색 반바지를 입은 근위병 장교들이 앞장서서 말에서 내려 연도에 도열한 의장대 옆을 지나간다. 가터의 기사들 중 다수는 노인이라서 무겁고 부피가 큰 예복 때문에 발걸음이 느리다. "여왕은 항상 그들의 안위를 염려한다.[23] 그래서 여왕은 내게 '이 분 좀 잘 모셔요. 저 분은 숨가쁘지 않게 해드려요.'라고 지시한다. 그러면 나는 그를 지름길로 안내한다."라고 여왕의 전임 회계 부장이었던 맬컴 로스 중령은 말했다.

가터의 날은 인기 있는 왕국의 관광 상품 중 하나로 매년 8,000명의 관람객들이 모이며 부활절 미사에는 9,000명이 세인트조지 교회에 모이는데, 가터의 기사들은 위층 합창단석에 앉는다. 행사가 끝난 뒤 여왕과 에든버러 공작, 기사들은 마차와 자동차를 이용하여 성으로 돌아온다. "언덕길을 오르는 것보다 내려가는 것은 한결 나아."[24]라고 여왕은 말했다. "왕족들이 자리를 뜨고 나면 동료들은 워털루 챔버에서 차도 마시고 모자도 벗고 가발도 내려놓고[25] 다들 편안해지는 분위기였다.”고 데버러 데본셔는 회고했다.

여왕의 첫 번째 사회주의자 수상인 해럴드 윌슨이 이 희귀한 가터 의식—그는 이 행렬을 보고 찬탄해 마지않았다—을 참관한 것은 10년도 더 되었을 것이다. 그러는 한편 그는 광범위한 사회 개혁의 의제들을 밀고 나갔으며 주택, 연금, 의료와 복지 지원 등에 정부 지출도 늘려 나갔다. 일단 정부가 의회에서 다수 의석을 확보하면 그 차이가 아무리 미미하더라도 다수당은 야당과의 협상 없이 사실상 제약이 없는 권력을 지니게 된다. 전후에 보수당 정부는 애틀리 정부가 수립해놓은 복지 국가 정책을 그다지 축소하지 못했고 윌슨은 이들 복지 계획들을 한층 더 확대시켰다.

1965년부터 시작하여 다수당인 노동당은 사형 제도와 정부 검열을 철폐했으며, 낙태를 자유화했고, 선거권을 18세로 하향했으며, 이혼 절차를 개혁하고, 동성애를 합법화시키는 등의 법 개정을 밀어붙였다. 윌슨 정부는 대학의 수효를 거의 두 배로 늘려서 무료 고등교육을 의미 있게 증대시켰다.(이 제도는 33년 뒤에 자산 대비 소득에 따른 등록금 제가 도입되면서 철폐되었다.) 그와 동시에 공공 지원에 의존하는 경쟁력 있는 중등학교들을 없앰으로써 중등 교육의 질을 저하시켰다. 이같이 학구적으로 엄격한 학교들이 학력 기준이 낮은 평등주의 종합 학교로 대체되었다. 노동당은 차입과 증세로 확대된 정부 사업의 비용을 조달했다.

수상은 버킹엄 궁의 화요일 저녁 면담에서 그의 계획을 여왕에게 내놓고 의논했다. 윌슨은 여왕이 “모든 문제에 대하여 훌륭한 견해를 가졌다.”[26]고 느꼈다고 말했다. 마샤 포켄더는 “그녀는 ‘이것이 나의 충고이니 따르시오.’라는 식으로 접근하지 않았다. 자신은 충고를 하기 위해 존재하는 것이 아니라는 점을 알고 있었다. 그녀는 가급적 적절하게 의논하기 위해 노력했다."고 회고했다. 윌슨의 언론 담당 비서인 조 헤인스는 "여왕의 소크라테스적 접근 방법은 수상으로 하여금 어떤 제안을 할 때 타당성을 충분히 확보하도록[27] 했으며 그것은 좋은 훈련이었다. 이는 그로 하여금 자기 마음속에서 논지를 분명히 세워야 한다는 것을 의미했다."고 말했다. 그러나 넓게 본다면, 비록 해럴드 맥밀런은 그녀가 "자제하도록 영향을 미쳤다."[28]고 했으나 사회주의적 정책을 늦추도록 한 것으로 보이지는 않는다.

맥밀런처럼 윌슨도 정치적 가십에 대한 여왕의 호기심을 충족시켜주었다. 그중 하나로, 그는 그녀에게 프랑스 대통령인 발레리 지스카르데스탱이 여자를 낚기 위하여 파리 시내를 배회한다는 소문을 얘기했다. 그녀는 매사를 일면이 아니라[29] 전면에서 보았으며 어떤 무엇에도 놀라지 않는다. 그녀는 사람들에 대해 매우 정확한 이해를 가지고 사람들을 읽는다. …… 그녀는 정치적 현상에 대해서도 지성적으로 대화를 나눌 줄 안다."고 마샤 포켄더는 말했다. 윌슨은 또한 여왕에게 속마음을 터놓고 의지했다. 그가 자기를 모함하려는 동료 각료에 대해서 걱정을 털어놓자[30] 여왕은 흔쾌히 기대서 울 수 있게 어깨를 빌려주었다.

윌슨과의 관계는 처음부터 우호적이었지만 계층에 민감한 그의 동료들은 국왕제와 여왕에 대하여 부정적 인식을 가지고 있다는 것을 엘리자베스 2세는 알고 있었다. 그러나 그녀는 시간이 지나면서 몇 번의 힘든 경우들을 잘 이겨냈는데 그중에서도 붉은 머리의 선동가로서 "노동당의 붉은 여왕"이라고 불리는 바버라 캐슬과 역사학자 A. N. 윌슨이 "거대한 주책바가지 양성애자"[31]라고 묘사한 리처드 크로스먼이 대표적이었다. 해럴드 윌슨의 각료들은 자문 위원 위촉 선서를 위하여 엘리자베스 2세를 처음 만났다. 그때 그들은 사회주의자인 웨지우드

벤이 "끔찍하게 굴욕적으로"[32] 무릎을 꿇고 성경에 맹세하고 여왕의 손을 잡은 뒤 뒷걸음으로 물러나는 의식을 마지못해 치르는 일에 동의했다. 벤은 혼자서 심술궂게 "지금까지 보지 못했던 가장 약식의 절"[33]을 했다.

다른 많은 사람들처럼, 크로스먼은 여왕이 "사랑스런 웃음"을 보였으며 "진정 솔직 담백한 인물이었음"[34]을 간파했고 자기를 편하게 대해준 데 대해 고마워했다. 여왕은 그와의 면담에서 다양한 화제들에 대해 솔직하게 털어놓아 편안함을 느꼈고 그는 여왕의 미묘한 부분들마저 꿰뚫어 볼 수 있다는 자부심마저 느꼈다. 크로스먼이 도시 재개발 담당 공무원인 에벌린 샤프 령爵, Dame, Sir에 해당하는 여성에 대한 호칭-옮긴이에 대해 언급하자 여왕은 "아, 그 여자 말이군요.[35] 난 사실 그 여자가 솔직히 마음에 안 들어요."라고 즉각 받아쳤다. 그녀는 또 자문 위원 회의라는 것에 대해서도 "필립은 항상 이 회의가 시간 낭비라고 한답니다."라고도 말했다. 그녀의 대화 상대는 부지런히 엘리자베스 2세 모르게 그의 수첩에 그녀의 말을 적었다. 1947년에 그가 사망한 뒤 그의 문헌 담당자들이 이를 출판하려고 했을 때 마틴 차터리스는 여왕의 어록들 가운데 "가장 곤란한 부분들"을 삭제해달라고 요청했다.

날카로운 유머 감각과 활달한 성품의 소유자인 바버라 캐슬은 여왕의 기지와 "타고난 매력"[36]에 반해서 여왕과 쉽게 친분을 쌓았다. 1965년 공식 만찬 후에 캐슬은 여왕과 마거릿 공주와 나란히 서서 찰스 왕자가 대학 입시를 앞두고 걱정이 많다고 한담을 나누고 있었다. 그때 노동당 정치인이 옆에서 듣고 얼른 "입시가 생각만큼 어려운 것은 아니다."라고 거들자 여왕은 느닷없이 동생에게 "너나 나나 틀림없이 대학에 못 갔을 거야."[37]라고 말했다. 캐슬은 엘리자베스 2세가 자신의 경험담을 들추어내서 반대 의견을 지닌 정치가들 사이에서 재빨리 빠져나가는 모습을 보고 깊은 인상을 받았다. "그런 점이 대화를 안

전하면서 정치적으로 중립을 유지하도록 만들어준다."[38]고 보았다.

그러나 벤은 반성은커녕 여왕과 여왕으로 대표되는 모든 것에 대해 끝까지 반대했다. 홀란드 파크의 대저택에서 사는 부유한 미국 여성과 결혼한 뒤에도 전혀 변하지 않았다. 윈스턴 내각에서 체신부 장관을 맡은 그는 우표에서 엘리자베스 2세의 얼굴을 없애버리자는 엉뚱하기 짝이 없는 주장을 펼쳤다. 그녀는 그의 제안을 침착하게 경청하고[39] 새로 고친 도안을 검토했다. 그는 40분간의 면담을 마치고 나오면서 그녀가 자기의 제안에 동의한 것으로 생각했다. 사학자 케네스 로즈는 "그녀는 그를 멍청이로 보았다.[40] 그러나 그는 자기가 그녀를 마음대로 주무를 수 있다고 생각했다."라고 말했다. 그녀는 사적으로 윌슨에게 불쾌감을 전달했고 수상은 이 일을 없던 일로 처리했다. 훗날 벤이 윌슨에 의해 기술부 장관으로 바뀌면서 선서를 하기 위해 다시 궁을 찾았을 때 여왕은 참지 못하고 한마디했다. "우표를 바꾸지 못해서 많이 섭섭하겠네요."[41] 그는 "그 문제를 다루는 데 있어서 친절과 격려를 베풀어주셔서" 감사하다고 말하고 다소곳이 절한 뒤 뒷걸음으로 면회장을 물러나왔다.

여왕을 비방하던 사람 중에 또 한 명은 노동당 외교부 장관 마이클 스튜어트였다. 1968년 윈저 성에서 '먹고 자는' 방문 기간 동안에 미국 법무장관의 부인인 리디아 카젠바크에게 "여왕은 말고기에 대한 지식을 빼놓고는[42] 멍청한 여자다."라고 말했다. 카젠바크가 훗날 이런 비판을 되풀이하자 데이비드 브루스는 놀라움을 금치 못했다. "여왕이 국제 문제에 대하여 정통하다는 사실을 모두가 알고 있는 마당에 그럴 일도 없지만, 여왕이 국정보다 말을 더 좋아한다고 해서 문제될 게 뭐란 말인가. 끝없이 이어지는 이 공적 업무들이 그녀를 권태롭게 할 수는 있어도 그녀가 결코 이를 소홀히 취급했다고 비난할 수는 없을 것이다."

엘리자베스 2세가 중년에 접어들자 말은 아닌 게 아니라 그녀의 열정이자 도피처가 되었다. 수년간 그녀는 전혀 말을 구입하지 않고 "집에서 기르는 쪽"을 택했는데 이는 엘리자베스 1세 때부터의 전통이었다. 1960년대에 그녀는 10년 이상 샌드링엄과 부근의 월퍼튼과 햄프턴 코트, 버크셔의 폴햄프턴 로지 스터드 등지에서 왕실 말 사육 사업을 관장해왔다. 10년 뒤에 그녀는 폴햄프턴을 매입하여 최근에 젖을 뗀 1년생 말들과 휴식을 요하는 경주마들을 위한 전원 기지로 사용했는데 그의 노련한 종마 사육사인 마이클 오즈월드는 이들을 "걸을 수는 있으나 부상당한walking wounded"[43] 말들이라고 불렀다.

여왕은 사생활이나 공적 생활에 있어서 모두 예측 가능한 일상을 보내는 여성으로, 경주마의 예를 보아도 그녀의 일상은 말들의 짝짓기와 출생과 젖떼기, 훈련 그리고 경주까지의 리듬에 맞추어진다. 그녀는 매년 첫 6주에 번식기가 시작할 무렵 보통 두 차례씩 샌드링엄에 있는 종마 농원의 암말과 종마를 둘러보고, 4월과 7월에 지난 시즌에 짝짓기를 통해 출생한 망아지들을 보기 위해 다시 방문한다. 늘상 지니고 다니는 낡은 카메라로 암말과 새끼들을 차례차례 사진에 담는다.

이른 봄과 가을에 그녀는 폴햄프턴에서 1년생 말들을 점검하고 시간이 날 때마다 봄과 여름에 윌트셔와 햄프셔와 버크셔의 마구간에서 훈련 중인 어린 말 20여 마리를 관찰한다. 그녀는 연중 내내 경주에서 각 말들이 얼마나 좋은 성적을 냈는지 관심 있게 보지만 임무가 많다보니 직접 관찰하는 말들은 소수에 지나지 않는다. 6월의 더비와 그달 말에 열리는 로열 애스콧 경마는 그녀의 일정에서 빠질 수 없으며, 시간이 허락하면 다른 주요 경마장도 찾는다.

샌드링엄의 왕실 종마 사육장[44]은 그림 같은 19세기 양식의 복합 건물로 붉은 벽돌과 갈색 사암으로 지었다. 암말들은 널찍한 마구간에서 새끼들과 함께 지내고, 종마들은 각각 타일로 된 벽과 10인치 두께

의 목조 마루, 높직한 창, 갈대로 만든 경사진 지붕에 적외선 전등까지
갖추어진 널찍한 마구간에서 제왕처럼 지낸다. 그리고 종마들을 위한
2에이커 넓이의 방목장이 네 개나 있는데, 벽돌담과 생나무 울타리가
쳐져 있으며 근처에 정원과 호수도 있다.

종마 사육의 주요 업무는 모래 바닥에 동굴 같은 구조를 한 헛간
같은 곳에서 시작된다. 여왕의 사육사와 경마 조련사는 짝짓기에 대하
여 조언을 하지만 이때 그녀는 그 제안을 수용하기보다 자신의 관찰
결과와 혈통에 대한 깊은 지식을 통해 직접 지시를 내린다. 그녀는 어
느 말이 스태미나가 좋고 속도가 빠르며, 어느 말이 끓어오르는 용기
를 지녔는지 잘 안다. 그녀는 말의 신체 구조에 대해 명민한 판단력을
지녔다. 헨리 포체스터가 말했듯이 "어느 말이 튼튼한 어깨, 짧은 정강
이뼈, 튼튼한 다리, 평평한 발, 구부러졌거나 곧은 무릎, 튼튼한 볼기와
좋은 시력 아니면 명민한 두뇌를 지녔는지를" 한눈에 파악한다. 그녀
가 어느 마구간에서 전에 딱 한 번 본 1년생 망아지들인 두텔르와 어
그리먼트 사이에서 태어난 잡종 망아지를 식별해낸 것은 유명한 일화
다. 마이클 오즈월드는 "그녀는 많이 안다. 정말 많이.[45] 만약 누군가가
그녀에게 말을 팔려면 진짜 공부를 많이 해야 한다. 왜냐하면 그녀는
그 말의 증조모가 어느 말인지까지 알 것이기 때문이다."라고 말했다.
최종적 결정은 "항상 여왕 자신이 내린다."[46]고 아서 피츠제럴드는 왕
실 종마 사육의 공식 역사로 기록했다.

오즈월드는 샌드링엄의 종마 사육장을 농담 삼아 "말들을 위한
산모 지원 및 결혼 안내 센터"[47]라고 부른다. 그러나 현장 지도—수백
만 달러의 상금을 따온 종마와 여왕의 암말을 교배시키는 일—는 강
심장이어야 감당할 수 있다. 실상 이는 거의 1톤 가까운 무게가 나가
는 힘세고 극도로 흥분한 말들의 성욕을 통제하는 심각한 작업이다.
시골 여성의 토속적 기질을 타고난 여왕은 순종마가 교배하는 생생한

현장을 수도 없이 목격했다. 종마장 지배인, 사육 담당자, 보건 안전 당국이 그녀에게 높이 단을 세워 관찰대를 만들라고 요청하기 전에는 딱딱한 안전모를 쓰고 보호막사의 한 구석에 서서 구경했다. "그녀는 담담하다.[48] 어떻게 진행되는지 잘 안다."고 마이클 오즈월드는 말했다.

신속하고 격렬하며 위험하기까지 한 짝짓기는 달아오른 암말이 보호막사에 이끌려 오면 시작된다. 암말의 뒷다리에 두툼한 가죽 장화를 신겨 종마에게 발길질을 하지 못하도록 한다. 또 두꺼운 가죽으로 만든 "가짜 말갈기"를 목과 등에 묶어서 성교의 광란 속에서 두들겨 맞는 것을 방지해준다.

처음에는 암말을 종마에게 데려가 서로를 느끼고 충분히 흥분하도록 전희를 유도한다—암말의 클리토리스가 "윙크"하면 뚜렷한 흥분의 징조이다—수의사는 암말의 배란을 확인하기 위해 촉진과 초음파 검사를 한다. 그래서 확인이 되면 암말을 보호막사로 다시 들여보내서 한가운데 세워둔다. 한 사육사는 고삐를 잡고 또 다른 사육사는 말을 진정시키기 위해 고리를 매단 장대를 들고 선다. 그러고 나서 가장 흥분한 순종마를 골라서 네 사람이 달라붙는다. 그 말이 날뛰고 히힝거리며 뒷발로 서다가 암말을 올라타면 그 종마의 격렬한 동작을 꼬리 근처에 서 있던 사육사가 잘 유도해야 한다.

일단 초음파 검사로 수태가 확인되면 여왕은 11개월의 임신 과정을 추적하며 보통 한밤중에 시작되는 암말의 출산을 지켜보기도 한다. 대개는 망아지의 사진을 여왕에게 보내는데 어떨 때는 출산도 하기 전에 이름부터 지어주기도 하고, 망아지가 젖을 떼고 1년쯤 자라면 폴햄프턴으로 보내지는 과정을 관찰하기도 한다.

한번은 여왕이 헨리 포체스터와 사육사 숀 노리스, 조련사 이언 볼딩과 그의 아내 에마와 더불어 폴햄프턴으로 갔다. 길들이기 위해 들판에 데려온 여섯 마리의 수망아지들을 관찰하기 위해서였다. 그런데 갑자기 망아지들이 길길이 날뛰면서 뒷발로 서고 발길질을 해대는 등 소위 "급강하 폭격 dive bombing"[49]을 해대는 것이 아닌가. 오직 볼딩과 여왕만 제자리에서 꼼짝 않고 서 있고 나머지 세 명은 부리나케 문 쪽으로 달아났다. 엘리자베스 2세와 조련사만이 그들이 가만히 서 있으면 어린 말들은 그들을 공격하지 않고 결국 진정된다는 것을 알고 있었다.

"오, 무서웠어요."[50]라고 여왕은 뒤에 말했다. "그녀는 전혀 동요하지 않고 침착했다."고 그녀의 특성 중 하나인 불굴의 용기를 목격한 볼딩은 회고했다. "말 마법사 horse whisperer, 말의 심리를 이용해서 말을 조련하는 사람-옮긴이"로 불리며 후일에 그녀의 절친한 친구가 된 캘리포니아의 조련사 몬티 로버츠는 "그녀는 문제에 봉착하면 흥분해서 공포에 질리지 않고 오히려 침착하게 정면 대응을 한다."[51]고 말했다.

여왕은 사육뿐 아니라 1년생 말들의 경주 훈련에 대해서도 관심을 기울인다. 헨리 포체스터에 의하면 그녀의 전문성의 정도는 "조련사와 대화하는 수준에 버금간다."[52]고 말했다. "만약 그녀가 보통 사람이었다면[53] 아마도 조련사가 되었을 것이다. 이 일을 너무 좋아한다."고 이언 볼딩은 말했다. 그녀는 항상 자기 말들을 여러 명의 조련사들에게 나뉘어 맡기는데 그들이 각기 어떻게 다르게 접근하는지를 알고 싶어하기 때문이다. "어떤 조련사들은 특정한 종류의 말들에 잘 맞는다.[54] 마치 자녀들을 어떤 학교에 보내느냐 하는 것과 비슷하다."고 오즈월드는 말했다. 그녀는 이른 아침 안개 속에서, 머리에 스카프를 매고 장화를 신은 채 말을 타고 달리며 말들이 초원을 누비는 모습을 망원경으로 관찰한다.[55] "그녀는 말들이 어떻게 움직이고 주저앉고 어떻게 달리는지를 알 수 있다."고 이언 볼딩은 말했다.

그녀는 말들을 보살피는 저녁 시간에[56] 다시 말들을 찾아 하나하나 점검하며 당근과 클로버 건초를 먹이고 애정을 담아 투닥대며 사육사들과 한담을 나눈다. 그녀는 마구간의 모든 사육사와 종업원을 잘 알고 있으며 그들의 전문성을 존중한다. 여기서는 예외적으로 일체 의전 규칙의 장벽을 허물고 모두 동등한 자격으로 대화한다. 그녀는 네 발 달린 짐승뿐 아니라 일하는 사람들의 문제점과 관심사가 무엇인지 잘 안다.

그녀는 킹스클러에 있는 볼딩의 마구간을 둘러보고 환기 장치에 대해 물었다. 말들은 코로만 숨을 쉬기 때문에 호흡기 질환에 감염되기 쉽기 때문이다. 차를 마시러 집으로 돌아왔을 때 그녀는 코를 풀더니 손수건에 묻은 시커먼 콧물을 조련사에게 보여줬다. "마구간에 먼지가 너무 많다고 느꼈는데[57] 거긴 공기가 잘 통하지 않더라고요."라고 그녀는 말했다. 자기 말들이 고통을 겪고 있다는 것을 극적으로 실감나게 보여준 것이었다. 볼딩은 마구간의 뒷벽에 구멍을 여럿 내고 커튼으로 가린 뒤에 천장에 환풍기를 달아서 공기 순환이 잘 되도록 했다.

그녀가 전원 저택에 머물 때는 거의 매일, 비오는 날에도 시간을 내서 말을 타는데 기분 전환과 체중 조절을 위해서이다. 그녀는 어린 시절부터 말을 잘 탔는데 고삐를 가볍게 잡고 바른 자세로 안정감 있게 조종한다. 그녀는 항상 사육사와 형사를 대동하지만 시골 들판에서 박차를 가하고 달리면 순식간에 그들을 따돌린다. 이는 여왕에게는 흔치 않은 일이다.

그녀는 마장마술에는 한 번도 관심을 가진 적이 없었는데 그것이 얼마나 위험한지 잘 알았기 때문이다. 그러나 그녀는 신중한 성품을 가졌음에도 말을 탈 때에 단단한 승마 모자를 쓰지 않았다. 심지어 어릴 때, 로열 애스콧 경마에서 골드컵 시즌에 왕실 가족들만 따로 아침 승마를 할 때에도 승마 모자를 쓰지 않았다. 그녀는 머리에 쓴 스카프를 바람에 휘날리며 동생과 딸과 함께 경주로를 질주했다. 진 카나번은 자기 남편은 "모자에 대해서 철저했다.[58] 그 얘기를 여왕에게 했더니 그녀는 들은 척도 안 했다."고 말했다. 한번은 이언 볼딩이 그녀에게 "나는 폐하께서 다른 것은 몰라도 헬멧을 쓰지 않겠다는 것은 도대체 말이 안 된다고 생각합니다."[59]라고 꾸짖듯이 말하자 여왕은 "나는 한 번도 쓴 적이 없어요.[60] 당신이야 머리 모양을 나처럼 할 일이 없을 테니까 모르지."라고 대답했는데 그녀의 표정은 허영심 때문이 아니라 다른 약속들에 대비해서 머리 모양을 유지해야 하는 실제적 필요 때문임을 말해주고 있었다.

그의 아내와는 달리 필립은 일찍부터 말을 타지 않았다. 그는 1950년에 몰타에서 근무할 때 처음 폴로를 배웠는데, 활달한 스포츠의 신체적 도전을 즐겼기 때문이었다. 처음부터 그는 공격적으로 말을 탔다. "그는 오직 경기에서 이기기 위해서 탔다.[61] 억눌린 좌절감을 씻어내기 위해서 폴로에 열중했으며 게임이 끝나고 귀에서 김을 내뿜으며 말에서 내릴 때는 완전히 다른 사람이 되어 있었다. …… 좌절감이 사라진 모습이었다."라고 그와 자주 게임을 했던 로널드 퍼거슨 소령은 말했다.

공작에게 있어서 폴로를 할 때 타는 조랑말은 산악 자전거 같은 것이었다. "그는 자전거에 올라타서[62] 페달을 밟으면 출발하고 브레이크를 밟으면 서고 왼쪽과 오른쪽으로 빨리 달려야 한다. 그는 왜 타는지에 대해서는 관심이 없고 오직 어떻게 타느냐만 문제일 뿐이다."라고 몬티 로버츠는 말했다. 필립에게 있어서 말은 이해의 대상이 아니고 이 말이 저 말과 어떻게 다른지는 관심도 없다.

엘리자베스 2세는 보다 직관적이고 학구적인 관심을 가지고 말들이 어떻게 반응하는지 유심히 살핀다. "그녀는 말들을 심리적으로 조종하여 자기가 원하는 쪽으로 맞추었고 그렇게 하는 것을 말들도 즐기게 만든다."[63]라고 오랫동안 왕실 시종무관이자 종마 관리장을 해왔던 존 밀러 경은 보았다. 로버츠는 덧붙여 "그녀는 말의 내면을 꿰뚫어 타고난 성향을 탐구한다."[64]라고 말했다.

필립 공은 전혀 경마를 좋아하지 않지만 1711년 앤 여왕이 시작한 왕실 가족들의 인기 있는 행사이자 여왕의 경마 사랑의 중심이랄 수 있는 로열 애스콧에는 매번 충실하게 아내를 따라다닌다. 여왕은 6월 가터의 날 다음 화요일(어떤 이는 주말의 승자를 위해 무릎을 꿇고 기도한다고 해서 "애스콧 기도"[65]라고 부른다.)부터 4일간 윈저 성에서 은총과 더불어 군대식 엄격함을 더해 주로 경마계의 친구들을 접대한다. 모든 참석자들은 최고의 정장을 차려 입는데 남자들은 모닝 코트에 톱햇을 쓰고 여자들은 "낮 시간 정장formal day wear"[66]을 입고 모자를 씀으로써 로열 애스콧의 왕실 경마장이 요구하는 복장 규칙에 따른다.

엘리자베스 2세는 호화로운 오찬을 베풀고 예정된 시간에 자리에서 일어나면 식탁 밑에서 쉬고 있던 코기 견과 도기 견들도 따라나선다. 왕실 일행은 자동차로 윈저그레이트 파크를 지나 애스콧 정문까지 가서 사륜마차로 옮겨 탄다. 각 마차는 두 명의 주홍색 코트를 걸친 기수들이 앞장서고 붉은 제복과 검은 모자를 쓴 하인들은 뒷좌석에 탄다. 조지 4세 때인 1820년대부터 시작된 이 왕실 행렬은 시골길을 2마일 정도 달린 뒤 경마 코스의 골든 게이트에 오후 2시면 도착해서 전통에 따라 1마일의 풀밭 직선로를 달린다.

이렇게 해서 귀빈석에 도착하면 여왕의 손님들은 자유롭게 행사를 즐긴다. 그 사이에 여왕은 오후의 경마에 집중하며 여유를 가진다. 마이클 오즈월드는 "경마의 큰 장점[67]은 그녀가 세상의 걱정과 일상적 업무들로부터 완전히 벗어나서 두세 시간 동안 줄곧 몰입할 수 있다는 것이다. 그녀의 개인 비서들 중의 한 명이 내게 이것이 매우 탁월한 치료 효과가 있다고 말한 적이 있다."라고 말했다.

그녀의 말이 우승을 하면 그녀는 벌떡 일어나서 마치 어린 소녀처럼 큰 소리를 지르며 함빡 웃고, 공식 석상에서 보였던 자제력을 내던진다. 그러나 그녀는 절대로 내기를 하지는 않는다. 그녀가 경마를 읽을 줄 아는 비범한 관찰력을 지녔다는 것은 익히 알려진 사실이다. 예리한 눈초리로 관찰하며 시종 "저기를 봐요. 발이 틀렸잖아.[68] 저러니 코너를 돌 수 없지. …… 저 말은 더 못 달리겠어.[69] …… 저 말이 방향을 바꾸는 걸 봤어요? 저 말의 귀가 뒤로 젖혀졌잖아요. 저기서 가속을 잘 했어. 저 말은 오른쪽보다 왼쪽으로 도는 코스에 더 잘 맞는다고요." 등등의 말을 계속한다.

뒤쪽에는 TV를 설치하고 앞쪽에는 둥근 유리창 안쪽에 커다란 의자들을 배열한 그녀의 지정석은 경마 코스를 가장 잘 볼 수 있도록 설계되어 있다. 네 번째 경마가 끝나면 여왕은 왕실 경마장에서 모셔 온 다양한 고위 인사들을 포함한 손님들에게 귀빈석 뒤편의 개인 응접실에서 차를 대접한다. 하인들이 오가며 샌드위치, 빵, 딸기, 아이스크림 등을 서빙한다. 그녀는 잠시 앉아서 대화를 하다가 다음 경마가 시작되면 중요한 장면을 안 놓치려고 벌떡 일어선다. 여왕은 그녀가 왜 그토록 경마를 사랑하는가에 대한 질문을 받고 "한 사람의 인간으로서 누구나 희망을 원한다.[70] 그런데 사람들은 항상 내 말이 남의 말보다 잘할 수 있다는 일종의 도박 본능을 지녔다. 그래서 계속하는 것이다." 라고 말했다.

여왕은 말 사육과 경마에 따른 비용을 그녀의 개인 자금으로 충당하는데 그 비용 중 일부는 우승 상금과 자기 종마를 이용한 교배 대금, 선별된 우승마를 다른 사육업자에게 판매한 대금으로 상쇄하기도 한다. 어느 추정치에 의하면 연간 순수 지출액이 50만 파운드 정도라고 한다. 1950년대에 그녀는 연속으로 우승마를 배출했는데[71] 그중에서도 그녀가 가장 애착을 가졌던 오레올은 더비에서 패배한 뒤 애스콧에서 펼쳐졌던 유명한 킹 조지 6세와 엘리자베스 여왕 현상 경마 등에서 우승했다. 1954년과 1957년에 여왕은 영국에서 최고의 현상금을 획득한 우승자였다.

엘리자베스 2세와 그녀의 어머니는 말 사육과 경마의 역사를 함께한 사이였다. 둘은 1949년에 처음으로 말을 소유했는데 모나빈이라 불리던 장거리 장애물 경주마였다. 그러나 그 말이 허스트 파크에서 경주 도중에 발목이 부러지자 은퇴시킬 수밖에 없었다. 이후 여왕은 평지에서의 경주에 집중했는데 모후는 여전히 장애물 경주마에 주력했다. 왜냐하면 모후는 자유로운 시간이 더 많았기 때문에 여왕보다 더 자주 경마장에 다녔으며 자기 말들이 달리는 스릴 있는 모습을 즐길 수 있었기 때문이었다.

모후는 딸의 순종마 사업에 깊은 관심을 지녔고 엘리자베스 2세는 자기 말이 평지보다는 장애물 경주에 더 적합하다고 판단되면 어머니에게 넘겨주곤 했다. 두 여성은 말에 대한 광범위한 지식에 바탕을 둔 많은 공통점이 있었다. 매일 전화를 주고받으며 기수와 조련사, 우승마와 최근 부상당한 탈락마까지, 그리고 사육과 신생마 출산과 이름 지어주기에 이르기까지 대화를 나누었다. 둘 중 한 사람이 여행을 떠나면 서로의 경험담을 나누고 충고를 주고받는 편지들을 보내곤 했다. 여왕은 뉴질랜드에서 보낸 편지에서 "이 동네에서 경마 열풍이 불고 있는데[72] 모두들 미친 듯이 돈을 걸고 한 번에 여덟 차례씩 경마를 벌인답니다."라고 썼다.

엘리자베스 2세는 경마가 어머니에게 커다란 기쁨을 안겨준다는 것을 알고 금전적인 지원도 마다하지 않았다. 어느 해에는 그녀의 장애물 경주마의 성적이 떨어지자 여왕은 모후에게 조련사 비용을 대신 지불하겠다고 나섰다. "모후는 이를 감사히 받았는데[73] 청구서에 서명

을 하고 총액을 기재한 뒤에 그 밑에 '이리도 고마울 데가.'라고 적었
다."고 그녀의 전기 작가 윌리엄 쇼크로스는 썼다.

60대에 접어들며 마음도 태평해지자 "퀸 맘(Queen Mum, 언론에서
붙여준 정겨운 별명)"[74]은 자제력을 잃었다. 귀엽게 살이 통통 오른 그녀
는 "거대한 미식가"로 여겨졌으나 가족들은 그녀가 너무 많이 먹고 마
신다고 놀려댔다. 그녀에겐 한 가지 건강상의 위협이 있었다.[75] 1966
년에 결장암 진단을 받았는데 가족들은 이를 비밀로 했다. 의사들은
종양을 제거했고 별다른 치료 없이 퇴원했다. 암이 전이되거나 다른
악성 종양은 나타나지 않았다. 샌드링엄에서 조용히 요양을 한 뒤에
그녀는 생기를 되찾았다.

그녀는 매년 1백 건 또는 그 이상 되는 공식 임무를 썩 잘 그리고
신이 나서 수행했다. 그녀의 명랑함은 전염성이 있었는데 특히 기쁜
나머지 두 손을 높이 들고 휘저을 때 같은 경우이다. 데버러 데본셔는
어느 결혼식 후에 그녀에게 "케이크"이라는 별명을 붙여주었다. 신부
와 신랑이 케이크를 자른다는 말을 듣고 모후는 "오, 케이크. 그렇지,
케이크!"[76]라고 마치 케이크를 처음 보는 양 소리를 질렀다. "그녀는 자
기 나름대로 독특하게 뛰어나다."고 이 공작 부인은 1965년에 동생인
다이애나에게 편지로 썼다. 리젠트 파크에 있는 존 프로퓨모의 저택에
서 있었던 디너 파티에서 모후는 테드 히스, 데이비드 브루스와 그 밖
의 몇몇 귀족들과 함께 심지어 최근에 유행하는 트위스트 춤을 밤늦도
록 연습하기도 했다.[77]

그녀는 자기의 여러 저택들에서 호화로운 블랙 타이 디너를 베풀
고 친구들을 초대하여 접대하기를 즐겼다. 클라렌스 하우스에서는 정
원에 나무 그늘막을 치고 흰 식탁보에 은기들로 식탁을 차려 대여섯
명의 하인들이 서빙하는 야외 오찬을 베풀기도 했다. 그녀가 원하는
사람이라면 누구라도 초대할 수 있었기 때문에 무용가, 미술인, 작가,

배우 등 그녀를 즐겁게 해주고 밝은 대화를 나눌 수 있는 사람이라면 다 불렀다. 음식은 풍성하게 제공되었고 적포도주도 마음껏 들었다. 그 자리에서는 그녀의 독설도 이어졌다. 주로 노동당에 대해 비판했고 "일본놈들 Japs"[78]을 싫어했으며 독일인과 프랑스인들에 대해서도 의혹에 찬 견해를 지녔다.(프랑스인에 대해서는 "아주 좋으면서도 아주 고약한[79] 사람들인데……. 그런 사람들을 어떻게 믿나요?")라고 말했다. 수단에서 만났던 딩카 족에 대해서는 "모두 홀딱 벗고 있더라고요.[80] 그런데 온통 새까마니까 아무렇지 않았어요!"라고 말했다.

모후가 태어났던 에드워드 시대는 어딘가 비현실적인 분위기가 있었다. 그녀의 오랜 친구인 토토 길모어가 자기 동네에서 보다 작은 집으로 이사를 간 뒤에 모후는 차를 마시러 왔다가 창밖의 평범한 경치를 바라보고 "이봐, 저기 주유소를 없애고 학교는 딴 데로 옮기도록 해야겠어."[81]라고 말했다. 클라렌스 하우스에서 우아한 오찬을 들면서 주위를 둘러보고 지난날의 왕비이자 여왕의 모후인 그녀는 이렇게 말했다. "우리를 봐. 우리는 그저 보통 사람들이라고.[82] 여기 식탁을 봐. 그저 평범한 점심을 먹고 있잖아."

1960년대에 이르러 진짜 보통 사람들은 급속히 변해가고 있었다. 노동당의 광범위한 사회 개혁과 발맞추어 영국의 문화는 일대 지각 변화를 맞았다. 로큰롤 음악은 인습을 타파시켰고 산아 제한을 위한 피임약은 여성들에게 성적 자유를 가져다주었으며 영화와 연극에서의 성적 표현은 보다 과감해졌다. 심지어 1967년에는 앤 공주가[83] 전신 나체로 출연하는 뮤지컬 〈헤어 Hair〉 공연을 보러 갔다.

대중문화의 정점에는 비틀스가 있었다. 해럴드 윌슨은 그의 현대화 노력의 신호탄으로 1965년 10월 여왕에게 이 "찬란한 4인방 Fab

Four" 각자에게 MBE Member of the Most Honorable Order of the British Empire, 젊은이에게 주는 영국 최고의 기사 작위로, 1917년 조지 5세가 창설했다.-옮긴이를 수여할 것을 건의했다. 불과 4년 전만 해도 이들은 리버풀의 지하에서 연주를 하던 그룹인데 이들의 전염성이 강한 음악과 걸레 머리 모양은 비틀스 열풍을 불러일으켰고 괴성을 지르는 추종 집단과 수백만 장의 음반 판매를 가져왔다. 기성 사회에서는 정부가 팝스타에게 이 상을 줌으로써 상의 권위를 추락시켰다는 항의가 빗발쳤으며 일부 전쟁 영웅들은 상패를 반납함으로써 항의하기도 했다. 노엘 카워드는 "이는 수상의 큰 실수[84]이며 …… 아마도 여왕은 동의하지 않았을 것이다."라고 말했다.

비틀스는 1963년 로열 버라이어티 쇼에서 연주했을 때 처음 그녀를 만났다. 그들이 소개되면서 정중하게 절을 하고 난 뒤에 여왕은 언제 또 연주하느냐고 물었다. "내일 밤입니다, 폐하."[85]라고 폴 매카트니가 말하자 "어디서요?"라고 여왕이 다시 물었고 그는 "슬라우Slough, 버크셔 북동부의 공업 도시 이름이지만 폴 매카트니는 '진창'이란 의미로 사용했다.-옮긴이 입니다."라고 대답했다. 그러자 여왕은 "오, 그럼 우리 동네군요."라고 받았다. "물론 그건 윈저 성을 의미하신 거죠. 재미있었으며 매우 겸손하셨어요."라고 매카트니는 회고했다.

2년 뒤에 그녀는 버킹엄 궁에서 그들에게 상을 주었는데 궁 밖에서는 경찰들이 소리를 지르는 소녀들이 궁문에 몰려드는 것을 제지해야했다. 호화로운 흰색과 금색의 무도장에서 거행된 시상식에서 "여왕은 아름다웠고 마치 우리들의 엄마 같았다."[86]고 매카트니는 회고했다. 그러나 이후 존 레논은 수상의 기쁨을 거두고 1969년 베트남 전쟁에 항의하여 상을 반납했다.

매카트니는 혼자가 아니었다. 윌슨 정부는 동남아시아에 대한 미국의 점증적인 개입을 지지했으나 수상은 린든 존슨의 파병 요청을 묵살했다. 심지어 "군악대 1개 소대"[87]도 보내지 않았다고 미국 대통령은 불만을 터뜨렸다. 분개한 존슨은 윌슨을 "나쁜 놈"[88]이라고 욕했다고 한다. 이 전쟁으로 인해 모든 대학 캠퍼스와 영미 두 나라의 길거리에서는 대규모 항의와 폭동이 이어졌다.

또 다른 종류의 폭력이 북아일랜드에서 폭발했다. 오랫동안 차별을 받아온 가톨릭이 남부의 아일랜드 공화국과의 독자적 연대를 요구하는 "내분 The Troubles"이 시작된 것이다. 1960년대 후반에 전투적인 아일랜드 공화군[IRA]이 가톨릭 편을 들어 전면에 나섰다. 현상 유지를 주장해온 프로테스탄트와 가톨릭이 충돌하자 평화 유지를 위하여 영국 군대가 배치되었다. IRA는 폭탄 테러와 일대 소요를 일으켰고 이어 30년간 유혈 충돌이 지속되었다.

1960년대의 격동은 영국에 있어서 기성 질서에 대한 반감의 물결을 일으켰으며 국왕은 주요 타깃이 되었다. 1960년대 중반에 알렉더글라스홈의 실각을 초래했던 풍자지 〈프라이빗 아이〉는 왕족을 겨냥하여 "시대에 뒤떨어지고 오만방자하며 구질서에 얽매어 있다"고 독설을 퍼부었다. 필립 공은 "그리스인 필 Phil the Greek"로 불리었다. 이 잡지는 또 주류 언론들을 국왕에 아첨하는 사이비 언론으로 풍자했다. 신문들은 이런 추세에 발맞추어 여왕과 그 가족들에 대하여 의혹적 시각에 입각한 불경스러운 기사를 쏟아냈으며 궁에서 제공해온 것들 이상의 보다 상세한 정보를 점차 더 요구하기에 이르렀다.

여왕은 신문을 읽고 TV 뉴스를 보고 기밀 자료 등을 통해서 사태의 추이를 지켜보았다. 데이비드 브루스는 대학 당국과 베트남 전쟁, 핵무기를 비롯한 이슈들에 대해 항거하는 운동권 학생들의 폭동이 거세게 일어났던 1968년에 굿우드 경마장 귀빈석에 나란히 앉아서 "여왕은 전 세계에서 일어나고 있는 폭력이 특히 젊은이들 사이에서 일어나고 있는 데 대하여 길게 얘기를 했을 때"[89] 충격을 받았다고 술회했다.

엘리자베스 2세는 격동의 1960년대 사회 개혁의 열풍 속에서도 자신의 임무를 수행하면서, 왕실 문장이 새겨진 마차나 짙은 갈색의 롤스로이스 승용차를 타고 지나면서 손을 흔드는 친숙한 모습을 보이던 일상을 유지했다. 그녀는 아시아, 아프리카, 태평양, 카리브 해와 북아메리카의 코먼웰스들을 정기적으로 순방해온 데 이어 세계의 10개 국가들을 방문했다. 1965년 5월 열흘간의 독일 방문은 1913년 이래 영국의 왕실 가족이 처음 공식적으로 방문한 것이었다. 방문 계획은 2년 전 맥밀런 정부 때부터 착수되었는데 이번에는 노동당 정부가 유럽 공동 시장 회원 가입을 재신청하려는 새로운 정치적 함의가 추가되었다.

　이 여행은 동시에 제2차 세계대전 종전 20주년을 기념하여 화해를 모색하는 의미도 있었다. 여왕에게 있어서는 그녀의 독일 가계의 뿌리를 탐색하는 계기도 되었고 필립에게 있어서는 자기 가족의 고향을 찾는 감상적 귀향이기도 했으며 아내에게 제2차 세계대전 전에 그가 누이들과 행복한 시절을 보냈던 장소를 보여줄 기회가 되기도 했다. 전후의 반감 때문에 엘리자베스 2세와 필립의 결혼식에 초대받지 못했던 그의 생존하는 누이들―데오도라, 소피 그리고 마가리타―은 모두 독일 왕실과 결혼했는데, 대관식 때에 초대받아 웨스트민스터 성당의 귀빈석에 앉았었다. 그들은 또한 여왕과 필립에게 따로 조용히 접대를 받기도 했는데 특히 매년 봄 승마 경연, 군대 의식과 불꽃놀이 등이 펼쳐지는 로열 윈저 호스 쇼에 초대받았었다.

　서베를린의 존 F. 케네디 광장에 운집한 군중이 "엘리자베스!"라고 열광적인 환호성을 질렀을 때 그녀의 감정이 고조되었다. 그녀의 조상이 독일인이란 언급까지 했던 여왕이었으나 열정적 반응에 대해 오히려 불편해했다. "내 생각에 그녀는 좋은 것에도 한계가 있다고 생각한 것 같았다.[90] 나치의 함성을 연상시켰다고 느꼈을 것이다. 그녀가 불쾌해하는 모습을 본 것은 아마도 그때가 처음이었던 것 같다."라고 외무장관 마이클 스튜어트는 회고했다.

엘리자베스 2세에게 있어 가장 의미심장했던 경험은 하노버에서 생겼는데 거기서 그녀는 자기가 속한 왕조를 출범시켰던 편지를 꼼꼼히 읽어보았다. 1714년에 한 영국의 귀족이 하노버의 제후 조지―미래의 조지 1세―에게 쓴 편지인데 "앤 여왕이 죽어가고 있소.[91] 어서 오시오. 어떤 사람들은 당신이 아니라 재커바이트Jacobite, 스튜어트 왕조와 그 지지 세력-옮긴이 후계자를 원한다오."라고 쓰여 있었다.

1965년 여름에 여왕의 관심은 아프리카로 옮겨졌는데 그녀는 영국 정부와 남부 로디지아와의 충돌에 휘말렸다. 로디지아의 수상 이언 스미스는 일방적으로 영국으로부터의 독립을 선포하고 이웃 남아프리카공화국의 인종 분리 정책을 본뜬 백인 소수 정부를 수립했다. 영국의 정책이, 다수가 지배하는 식민지에 한해서 독립을 승인한다는 것이었기 때문에 해럴드 윌슨은 유엔으로 하여금 경제 봉쇄를 하도록 설득함으로써 이에 대처했다. 스미스는 영국의 지지를 얻어내기 위해 여왕이 자기 나라의 국가 수장으로 남게 될 것이라고 주장했다. 윌슨은 엘리자베스 여왕으로 하여금 직접 스미스에게 그녀는 다수 민족인 흑인이 참여하지 않는 정권의 수장이 되지 않을 것이라고 통보하도록 했다. 여왕은 자필로 편지를 써서 로디지아의 지도자에게 타협을 하도록 촉구했다.

비판자들은 이러한 당파적 개입이 여왕의 중립성을 훼손했다고 주장했다. 스미스는 영국 정부가 자기 나라 정부를 불법이라고 주장함에도 불구하고 여전히 자기 나라는 국왕을 섬기는 나라라는 환상을 고집했다. 그가 마침내 이 환상을 깨고 공화국으로의 독립을 선언했을 때 흑인 투사들은 게릴라전을 벌였다.

1년 뒤에 여왕은 그녀의 직감이 대중의 기대와 어긋나면서 또다시 비판의 도마 위에 올랐다. 1966년 10월 21일, 남부 웨일스의 광산촌인 애버판에서 물과 진흙과 온갖 잔해가 눈사태처럼 산에서 쏟아져

내려 초등학교를 통째로 삼켜버리는 사고가 일어났다. 모두 116명의 어린이와 28명의 어른이 목숨을 잃었다. 동향의 웨일스 사람들을 돕겠다는 충동에 이끌려[92] 토니 스노던은 왕실에도 알리지 않고 사고 현장으로 떠나 슬픔에 잠긴 유가족을 위로하고 생존자들을 만났다. 이튿날 필립 공까지 합세하여 두 사람은 구조 현장과 치료 과정을 지켜봤다. 그러나 보좌관들의 촉구에도 불구하고 여왕은 현장 방문을 꺼려했다. "사람들은 나만 쳐다볼 거라고요.[93] 그러다 잔해 더미 밑에 깔려 있을지 모를 불쌍한 어린애를 놓칠 수도 있어요."라고 그녀는 말했다.

그녀는 사려 깊음과 더불어 본능적 조심성을 나타낸 것이다. 마침내 일주일에 걸쳐서 마지막 시신까지 찾아낸 뒤에 그녀와 필립은 애버판으로 가서 두 시간 이상 머물며 유가족을 만나고 학교를 뒤덮은 언덕에도 오르고 81명의 어린이들이 나란히 묻힌 묘지에 헌화를 했다. 불가피한 상황으로 말미암아 고마움을 표시하는 주민들과 준비 없이 현장에서 맞닥뜨린 여왕은 순간 껍질을 벗고 "같은 어머니으로서 여러분의 감정을 이해하고자 한다.[94] 지금으로서는 동정을 표하는 것 외엔 해줄 수 있는 것이 없어서 미안하게 생각한다."라고 말하며 눈물을 글썽였다.

공식 석상에서 감정을 통제하기 위하여 그토록 노력해왔던 사람에게 있어서 감정을 겉으로 드러내도 무방하다는 인식을 하기란 쉽지 않았을 것이다. 주민들은 그녀의 등장에 위로를 받았다. 그러나 위기를 맞았을 때 한발 늦은 대응이 앞으로 닥칠 수많은 나날들에서 문제의 소지가 될 수 있다는 부작용을 보여준 사례이기도 했다.

여왕이 밸모럴에서의 두 달간의 연례 휴가에서 돌아온 지 얼마 지나지 않아 애버판에 재난이 닥쳤다. 크리스마스 때부터 시작해서 이듬해 2월

까지 이어지는 샌드링엄에서의 겨울 휴가는 전원 생활을 만끽하기에
충분했다. 하지만 23,000에이커에 달하는 노퍽의 영지는 공공 도로와
교차하고 대여섯 개의 마을들이 주변에 흩어져 있어서 온전한 사생활
은 쉽지 않다. 반면 공공 도로와 영지가 경계로 나뉘어 있는 밸모럴에
서만은 완전히 외부로부터 벗어난다. 매일 받아보는 보고서만 빼고는.
"매우 활동적인 생활을 하는 사람들에게 동면은 꼭 필요하다."[95]고 그
녀는 말했다.

　　정문에서부터 울창한 사철 침엽수림을 통과하여 성에 이르는 긴
도로를 달리는 것만으로도[96] 사생활의 고적함에 젖어든다. 수 세기에
걸친 왕실 행차의 모습대로 옷들로 가득 찬 트렁크[97]와 기타 옷가지,
가재도구 등을 실은 화물차들이 8월 초 여왕의 도착에 앞서 군인들에
의해 미리 런던으로부터 옮겨진다. 말들은 윈저 성에서 오고 개들은
샌드링엄에서 데려온다. 여왕이 버킹엄 궁을 떠나면 사적인 방들에 있
는 가구는 먼지 덮개를 씌우지만 사무실은 천천히라도 업무를 계속한
다. 하녀, 요리사, 가사도우미, 하인, 경비원 등을 비롯한 기타 종사자
들은 두 부대로 나뉘어 북행한다. 80명으로 구성된 각 부대들은 밸모
럴의 직원 숙소에서 각기 한 달간씩 체류한다.

　　"이곳을 빅토리아 여왕 시절 그대로 유지하는 것 자체가 환상적
이다."[98]라고 여왕은 말했다. 실내 장식은 놀랄 만큼 그대로인데 다만
화분에 담았던 야자수를 치운 것은 다행이었다. 그녀의 사촌인 마거릿
로즈는 "가구들도 거의 자리를 옮기지 않았고[99] 그림들도 그대로다."라
고 말했다. 그리고 빅토리아 여왕이 애용했던 거실의 의자에는 아무도
앉을 수 없다. "처음 와본 사람들은 누구나 다 그 의자로 가서 앉으려
고 하는데[100] 그러면 나머지 모든 사람들이 일제히 비명을 지른다."고
진 카나번은 말했다.

　　엘리자베스 2세는 약간 현대적 변화를 주었을 뿐 19세기에 뿌리

를 둔 변함없는 일상을 되풀이하며 모두가 다 이를 따른다. 마치 기숙학교의 일과와 같은 여름 캠프의 분위기를 연상시킨다. 오전 9시 정각에 백파이프 연주가 끝나면 여왕은 디 강의 계곡이 올려다보이는 1층의 서재—빅토리아 여왕이 바로 이 경치 때문에 선택했던 바로 그 방—에서 손수레에 실려 배달된 예의 상자들에 몇 시간을 바친다. 그녀는 또 5만 에이커에 달하는 영지를 보살핀다. 밸모럴은 그녀의 남편이 직접 관리하지만 "폐하께서는 모든 것들을 알고 계신다."[101]고 영지 관리인이자 대리인으로 16년간 일해왔던 마틴 레슬리는 말했다. 그녀는 관리인의 정기 보고서를 읽고 그녀가 사육하는 하일랜드 캐틀_{스코틀랜드 고지대에서 사육하는 긴 뿔 달린 소-옮긴이}의 상태를 점검하고 나서 사냥꾼들과 사냥터 관리인 등 그녀가 십수 년간 익히 알아온 사람들에게 이것저것을 묻는다. 그녀의 지식은 놀라운 방면에서도 드러난다. 스코틀랜드의 성직자를 태우고 영지를 둘러보던 중 젊은 여인과 언덕길을 오르는 사냥터 관리인 가운데 한 명을 만나자 갑자기 "축하해!"[102]라고 외쳤다. 여왕은 설명하기를, 그 관리인의 부인이 달아났는데 이제 새 여자 친구가 생겼으니 축하할 일이라고 했다.

아침 일과를 마치면 그녀는 가능한 한 야외 활동으로 시간을 보낸다. 말을 타기도 하고 때로 개들을 데리고 전나무 숲을 거닐기도 하며 자주색 헤더 꽃이 만발한 언덕을 오르기도 하고 바위 틈에서 솟아난 작은 개울을 건너기도 한다. 그녀는 소나무 향기를 마시며 멀리 눈 덮인 케언곰 산맥과 근처의 로크뮉 호수 위로 3,000피트나 높이 솟은 로흐나가 산을 바라보기도 한다. 바이런은 이 산을 "가파르게 찌푸린 영광_{steep frowning glories}"[103]이라고 일컬었다. 오랜 세월 집안일을 돌보았던 상급 직원인 맬컴 로스는 "밸모럴에 대해서 그녀는 구석구석을 다 안다.[104] 그녀는 시골 여자처럼 사는 걸 즐긴다."라고 말했다.

엽총을 잘 다루게 된 열여섯 살부터 그녀는 토종 붉은사슴을 쫓는 재미에 빠졌다. 많은 날 그녀는 매킨토시 바지를 걸치고 집에서 기른 개론이나 펠 당나귀를 타거나 아니면 짙은 녹색의 레인지로버를 몰고 높은 산등성이까지 올라간다. 그녀와 사냥꾼 한 명은 오전부터 늦은 오후까지 참을성 있게 수사슴을 추적하는데, 때로는 2,000피트까지 올라가며 딱 한 번 쉴 때 가방에 넣어간 찬 고기와 과일, 자두 한 조각으로 점심을 때운다. 사격할 때가 되면 수사슴이 사정권에 들어올 때까지 덤불 속을 기어간다. 10대 때부터 사촌인 여왕과 함께 사냥에 나갔던 마거릿 로즈는 "새로 온 사냥꾼이 여왕과 처음 사냥을 나갈 때면 언제나 재미있다.[105] 그녀가 배를 깔고 기어갈 때에 보면 코끝이 사냥꾼의 장화 뒤꿈치에 닿아 있는데 이걸 알면 사냥꾼은 놀랄 수밖에."라고 말했다.

수사슴을 쏘아 잡으면 바로 내장을 꺼내고 그 시체를 튼튼한 당나귀 등에 붙들어 맨 뒤 바위 더미 산비탈을 내려온다. 그리고 성으로 돌아오면 가죽을 벗기기 위해 식품 창고에 매달아둔다.(여왕은 사냥을 멈춘 후에도 일과가 끝나면 식품 창고에 들렀다.) 사슴은 버릴 데가 없다. 머리와 뿔은 트로피용으로 쓰고 고기는 식용으로 쓰며 발굽과 눈알은 수출용으로 팔린다. 흰색 개론 당나귀는 온몸에 피를 뒤집어써서 매일 밤 박박 씻어줘야 한다.

그런 정도의 살육은 그녀에게 있어서는 간단한 일이었다. 그 밖의 다른 전원 생활의 취미, 가령 성 너머 황야에서 사냥 놀이가 벌어지는 동안에 떨어지는 꿩을 줍는 일 등에서도 마찬가지로 태연하다—다만 85세가 되자 지속적인 무릎 통증 때문에 그만둘 수밖에 없었지만.[106] 엽총은 별로 좋아하지 않았다. 트위드 사냥 바지와 방수 코트로 날렵하게 차려입은 왕실 가족의 남자들이 나란히 서서 새들을 향해 총구를 겨누고 있으면 그녀는 스커트와 두꺼운 재킷 차림에 스카프를 머리에 두르고 두세 마리의 사냥개들을 거느리고 서서 기다린다. 그러다가 독특한 휘파람 소리나 손짓 등으로 개들을 보내 사냥감을 주워 오게 하는데 어떨 때는 1,000야드나 떨어진 곳까지 가서 사냥감을 찾기도 한다. 그런데 찾아낸 새가 미처 죽지 않았으면 막대기를 들고 간단히 해치운다. 한번은 그녀의 독특하면서 능숙한 실력을 보고 엽사와 사냥 안내인과 몰이꾼이 갈채를 보내자 "여러분이 쳐다보고 있는 줄 알았다면[107] 안 그랬을 텐데."라고 말했다.

밸모럴에 오는 사냥꾼 손님들은 대체로 주말에 오지만 성은 항상 친구들과 친척들로 붐빈다. 여왕은 모든 손님에게 숙박을 허락하며 집주인 역할을 중시하여 방문객이 성에 들어오는 측문까지 나가서 영접한다. "그녀는 손님을 숙소까지 안내하며[108] 그 방에 어떤 책들이 진열되어 있는지 소개하기까지 한다. 그 책들은 매년 바뀐다. 편안한 격식이랄 수도 있고 격식이 있는 편안함이라고도 할 수 있을 것이다."라고 자주 방문했던 한 손님은 말했다. 맬컴 로스는 "마치 스위치가 켜진 것 같다.[109] 그녀는 여전히 여왕이면서도 이곳의 집주인 역할을 훌륭히 해낸다. 그녀가 그렇게 편안해하는 모습을 볼 수 있다는 것은 대단한 특혜라고 할 수 있다."라고 말했다.

수상은 매년 9월이면 의무적으로 이곳을 방문하고 자문 위원들도 하루 동안 머물다 오는데 공식 업무는 불과 몇 분밖에 소요되지 않는다. 대부분의 시간은 끝없는 사교적 분위기로 이어진다. 스코틀랜드의 숲이나 언덕 깊은 곳에서 피크닉 오찬을 하거나 호수와 강변의 오두막에서 촛불을 켜고 바비큐 파티를 즐긴다.

여왕과 필립 공은 피크닉 의식을 마치 군대 훈련처럼 짠다. 성의 요리사들이 예비 작업을 하고 모든 음식과 식기와 요리 기구들은 트레일러에 실려 온다. 가사 담당 직원들은 의도적으로 자리를 비우고 여왕이 기꺼이 손수 온갖 잡일을 맡는다. 항상 직접 식탁을 차리는데 "철저하게 격식에 맞추어 한다."[110]고 마거릿 공주의 초대를 받아 자주 방문했던 앤 글렌코너는 말했다. 필립은 연기를 뒤집어 쓴 채 고기를 굽는다. 그는 소시지에서 돼지고기 구이에 이르기까지 TV에서 본 조리법을 응용하여 요리하는 창의적인 조리사로 알려져 있다.

가을이면 두 차례 성 안의 무도회장에서 모여 길리스 무도회Ghillies' Ball를 연다. 남자들은 검은 넥타이를 매고 스코틀랜드 전통의 상인 킬트를 입으며 여자들은 보관을 쓰고 긴 가운에 다이아몬드 브로치를 단 바둑무늬 띠를 두른다. 군악단이 음악을 연주하면 여왕과 가족들은 사냥꾼 관리인, 안내인, 하인, 하녀 등과 한데 어울려 벨레타 춤을 춘다. 마치 지난 세기의 광경과 음향이 합성된 것 같다.

밸모럴은 여왕에게 개인적 기억을 떠올리게 한다. 어린 시절과 전쟁, 필립의 청혼은 물론 저 멀리 빅토리아 여왕에게까지 이어진다. 심지어 앨버트 왕자가 독일 건축 양식을 차용한 데서 연상되는 조상들의 바바리아적인 풍경과도 연결된다. "밸모럴에 있으면 그녀는 자기가 여왕이라는 것을 한시도 잊지 않는다.'''' 그리고 당신 또한 그녀가 여왕임을 잊지 못한다."고 자주 방문했던 한 스코틀랜드 성직자가 말했다. 그녀를 릴리벳이라고 부르는 친척들과 친구들도 그녀를 아침에 만나면 무릎 인사를 하며 밤에 자러 갈 때도 똑같이 한다.

그럼에도 하일랜드에서의 시간은 그녀에게 평범한 삶과 자유를 만끽하게 한다. 그녀는 인근에 있는 발라터 마을의 한 가게 앞에서 줄을 선다. 오두막에서는 허드렛일을 한다. 낡은 옷을 티내지 않고 입는다—항상 타탄 스커트를 걸치고 평범한 검은 구두에 짧은 양말을 신고 스웨터 위에 걸친 카디건의 단추는 꼭 채워 입으며 흔히 볼 수 있는 진주 목걸이를 한다. 한가한 시간에는 재미로 책을 읽는다. 역사 소설을 주로 읽지만 〈비범한 독자The Uncommon Reader〉라는 여왕에 관한 풍자 소설에서 작가인 앨런 베넷이 상상한 것처럼 "언덕 위의 젖은 구덩이 속에서 엽총의 공포탄 소리가 들리는 가운데" 7권이나 되는 프루스트의 소설을 읽지는 않는다. 오랫동안 그녀는 1921년에 출판과 독서를 독려하기 위해 창설된 영국의 자선단체인 '북 트러스트'의 권장 도서 목록에서 책들을 고르곤 했다.[112]

그러나 그녀의 주된 탈출구는 전원과의 원시적 교감을 통해서 마련되었다. "몇 마일을 걸어도 사람 하나 볼 수 없다.[113] 무한한 가능성이 펼쳐져 있는 것이다."라고 그녀는 말했다. 이 세계야말로 그녀가 진정 삶을 "무한대로" 살 수 있는 세계이다.

어머니와 내가 손을 맞잡고,
세상의 그 어떤 사람들에 대항해서도
내 목숨을 걸고 신하로서
충성을 맹세했을 때
가장 감동적이고
의미 있는 순간이 닥쳐왔다.

"By far the most moving and meaningful moment came when I put my hands between Mummy's and swore to be her liege man of life and limb and to live and die against all manner of folks."

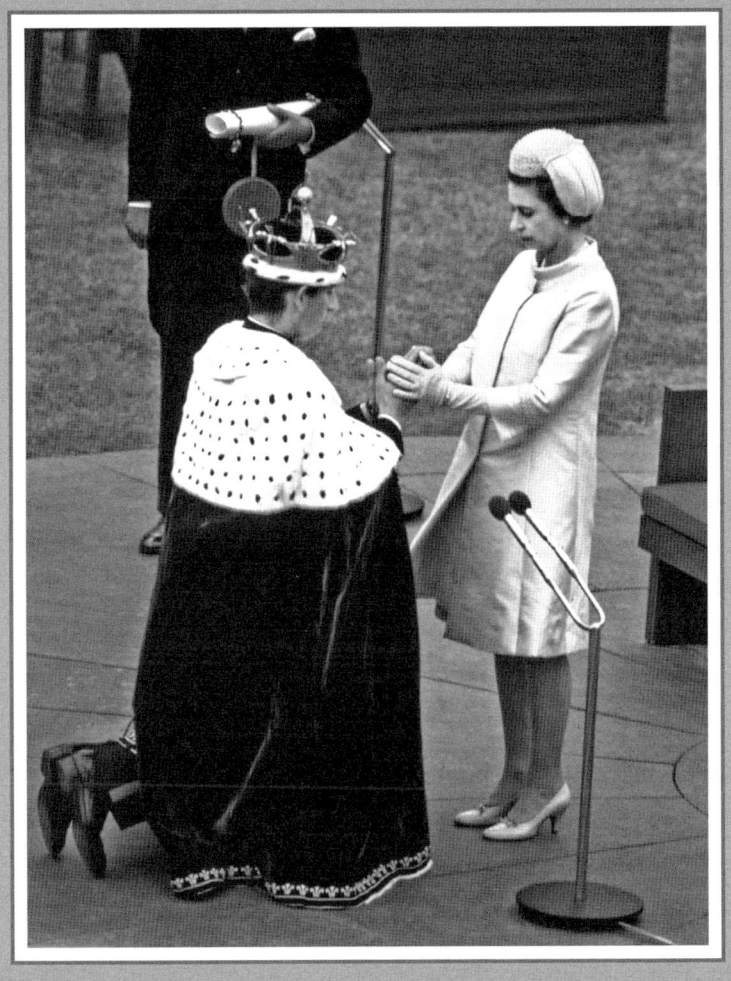

웨일스의 왕자 칭호를 하사받을 때 어머니에게 경의를 표하는 찰스 왕자.
1969년 7월 © Reginald Davis MBE(London)

CHAPTER 9

햇빛 아래 노출된 마술

Daylight on the Magic

1960년대에 여왕은 두 자녀를 새로 얻으면서 보다 편안하고 안정감 있는 어머니가 되었다. 1964년 에드워드가 태어났을 때 여왕은 "집안에 다시 애가 생기니 너무나 좋다!"[1]라고 말했다. 메리 윌슨이 남편에게 들은 바에 의하면 여왕은 화요일 저녁에 수상과의 면담이 끝날 무렵이 되면 "항상 아이들을 목욕시키러 가고 싶어 했다." 이 사실을 남편은 아주 인상적으로 여겼다고 메리 윌슨은 회고했다.

엘리자베스 2세가 육아실에서 더 많은 시간을 편안하게 보낼 수 있었던 또 다른 이유는 그녀가 메이블 앤더슨과 썩 잘 어울렸기 때문이다. 찰스와 앤의 책임 보모였던 헬렌 라이트바디는 여왕보다 열다섯 살이나 위인 데다가 아이들 위에 군림하는 독재자였다. 게다가 라이트바디는 찰스를 편애했고 앤만 가지고 야단을 쳤다. 활달한 딸을 거칠게 대하는 데 불쾌감을 느낀[2] 필립 공은 라이트바디를 물러나게 했다.

메이블 앤더슨은 여왕보다 한 살 어린 데다가 다정하고 융통성이 있었으며 옳고 그름을 구별할 줄 알았다. 여왕은 라이트바디와 달리 앤더슨에게는 기죽을 일이 없어[3] 아이들과 더불어 잘 지냈다. 앤더슨이 휴가를 떠나면 여왕은 편안하게 육아실에서 앤드루와 에드워드와 함께 머물며 앞치마를 두르고 목욕도 시키고 달래서 잠도 재웠다. 일부 비판자들은 그녀가 앤드루와 에드워드에게 너무 빠져서 위의 형제들을 소홀히 하지 않았느냐고 문제를 제기했다.

여전히 끌어안고 뽀뽀하는 데는 익숙하지 못해도, 그녀는 앤드루와 에드워드와는 장난끼를 발휘했다. 그들은 버킹엄 궁이 무엇보다도 "일과 책임과 의무"[4]를 수행하기 위한 장소임을 알고 있었지만 육아실 바깥의 복도에는 테니스 공이 튀는 소리가 울려퍼지고 축구공이 유리 찬장을 아슬아슬하게 빗나가곤 했다.

왕실 가족의 이비인후과 담당 의사였던 세실 호그 경은 12년 이상 궁을 드나들며 "옆방에서 아이들이 쿵쾅거리며 뛰노는 소리를 들었으며[5] 한 녀석이 여왕 침실로 뛰어들어 오면 여왕은 깔깔대고 웃으며 '이런 괴물딱지 같은 녀석!' 하고 말하는 것을 들었다."고 그의 딸 민 호그가 말했다.

아이들이 진짜 그들의 집으로 생각하는 윈저 성에서는 자전거를 타며 "부딪치기 놀이"[6]를 하는데, 그때는 카날레토의 그림 22점이 걸려 있고 대리석 받침대에 흉상 조각 42점이 전시되어 있는 금박칠한 회랑 아니면 바깥의 자갈밭 길을 놀이터로 쓴다. 그러다가 아이가 넘어지기라도 하면 여왕이 "일으켜 세워주고 나서[7] '칠칠치 못하기는. 괜찮아. 가서 씻으렴.' 하고 여느 부모처럼 말했다."라고 앤드루는 회고했다.

티타임에는 아이들도 부모와 함께 토요일과 일요일의 크리켓 리

그를 중계하는 BBC의 스포츠 프로를 본다. "한 가족으로서 우리는 주
중보다는 주말에 여왕을 더 자주 보았다."고 앤드루는 말했다.

찰스와 앤은 1960년대 대부분을 집에서 떨어진 학교에서 보냈다. 베
넌든의 켄트에 있는 특수 기숙학교에서 보낸 앤의 생활은 오빠보다는
훨씬 더 행복했다. 그녀는 아버지를 닮아서 뻔뻔한 데가 있고 앙칼진
면도 있어서 그녀가 "못된 것들caustic lot"[8]이라고 부르는 여자애들로부
터 방어 능력이 있었다. 그녀의 학교 교장은 앤의 능력에 대해 "공격적
이지 않으면서 자연스럽게 권위를 발휘한다."[9]고 지적했다. 필립 공처
럼 그녀는 "사태를 아주 민첩하게 파악하면서" 그렇지 못한 사람들을
참지 못한다. 모친보다 큰 5피트 6인치의 키에 늘씬하고 매혹적인 몸
매를 지녔다. 그녀는 여왕처럼 도자기 같은 말쑥한 피부를 타고났으나
처진 아랫 입술은 심술맞은 인상을 준다. 10대 때에는 머리를 길게 길
러서 외모가 부드럽게 보였다.

명민한 지성에도 불구하고 학구적인 관심이 부족하여 시험 성적
은 대학 입학 자격에 미치지 못했다. 그녀는 또 아버지를 닮아서 한계
를 뛰어넘는 모험을 즐겼다. 필립 공은 그녀에게 스코틀랜드 해안에서
거친 파도를 헤쳐가며 노를 젓는 법을 가르쳤으며 카우스에서 함께 보
트 경주도 했다. 앤은 배 타기가 그녀에게 "자연과 나의 이상과 또 내
가 되고 싶은 인간상에 맞설 수 있는 능력을 시험한 …… 말을 타고 달
릴 때 외에는 맛본 적 없는 완전히 격리된 느낌"[10]을 맛보게 해주었다
고 썼다.

한편 펌이라고 불렸던 조랑말 등에 처음 앉았던 두 살 때부터 말
을 타기 시작한 이래[11] 승마는 앤의 열정이었다. 베넌든에서 졸업한
1968년 이후 그녀는 3일간에 걸친 고단한 승마 경기 시합에 몰두했다.

찰스가 고든스타운에서의 마지막 해에 접어들 무렵인 1965년 12월에 그의 부모는 왕위 계승자의 적합한 미래를 의논하기 위한 만찬을 곁들인 회합을 가졌다. 당사자는 참석하지 않았다. 전대의 왕들, 에드워드 7세, 에드워드 8세 그리고 조지 6세는 모두 옥스포드와 케임브리지에서 수학했으나 학위를 취득하지는 않았다. 필립 공과 엘리자베스 2세는 대학 진학의 경험이 없었기 때문에 자문을 얻기 위하여 캔터베리 대주교인 마이클 램지, 해럴드 윌슨 수상, 당시 국방부 장관이던 디키 마운트배튼, 윈저의 주임 사제인 로빈 우즈, 글래스고 대학 총장이자 재단 부위원장인 찰스 윌슨 등을 모셨다.

몇 시간에 걸쳐 그들은 여왕이 경청하는 가운데 다각적인 대안에 대해 토의했다. 해럴드 윌슨은 옥스포드를 권했고 디키는 케임브리지의 트리니티 칼리지와 다트머스에 있는 왕립 해군 대학에 이어 해군에 복무할 것을 권했다. 부모는 1년 뒤에 디키의 제안을 따랐다. 찰스는 케임브리지를 다니게 된 것을 기뻐했는데 최상급의[12] 야생 조류들이 서식하는 샌드링엄의 사냥터와 가까웠기 때문만은 아니었다. 그가 1967년에 등록을 했을 때는 대학 내에서 거주하는 유일한 왕족이었다. 전 보수파 정치인이었으며 현 학장인 랩 버틀러가 그의 멘토가 되었다.

원칙적으로 여왕은 찰스와 앤이 도전적 상황에 맞닥뜨리게 하고 그들과 "어른 대 어른으로"[13] 대화하기를 선호했다고 1968년에 한 작가는 보았다. 메리 윌슨은 "나는 찰스가 온통 어른들에 둘러싸여 있을 때 보여준 인내심을 기억한다."[14]고 말했다.

한번은 버킹엄 궁에서 나이지리아에서 온 대표를 환영하는 오찬이 열렸는데 신시아 글래드윈은 그가 "사람들을 즐겁게 하려고 애쓰는 모습,[15] 간간이 모든 사람들에게 관심을 표하고 분위기를 부드럽게 하려는 태도 등 부친에게는 없는 감수성을 호감 있게" 보았다고 했다.

왕족이라는 신분의 범위 내에서 엘리자베스 2세는 자녀들이 스스로 어려움을 돌파하면서 생각하는 법을 배우도록 했는데 일부 가까운 사람들은 이를 너무 느슨하다고 비판했다.

여왕의 자녀 교육 방식을 비판했던 언론인 그레이엄 터너에게 한 궁녀는 "처음부터 그 아이들한테 너무나 방만한 자유를 주었다."[16]고 말했다. 그 궁녀는 계속해서 "어려서부터 독립심을 심어주어서 가정이라기보다 마치 동호회 같았다. 찰스와 앤은 아마도 이렇게 생각했을 것이다. '엄마를 귀찮게 하지 말자. 그렇잖아도 일이 바쁜데.' 그리고 그녀는 그 이상을 기대하지도 않았을 것이다. …… 여왕과 필립 공은 자녀들을 아주 거칠게 키웠다."

앤 공주는 어머니가 그들을 잘 보살피지 않았다는 지적에 "전혀 믿을 수 없다."[17]고 반박하면서 "우리가 어쩌면 많은 것을 해달라고 요구하지 않았는지 모르지만, 어머니는 국왕으로서 해야 할 업무도 많았고 여행도 자주 다녀야 했기 때문에 시간적인 제약을 받고 있다는 것을 이해할 수밖에 없었다. 하지만 우리 중 누구도 단 1초라도 다른 어떤 어머니들보다도 더 우리 어머니가 우리를 아끼지 않았다고 믿지 않는다. …… 우리는 스스로 길을 찾아갈 수 있었고 문제가 생기면 따져보고 터놓고 의논한다. 잘못을 해도 자기가 스스로 해결해야 하며 어머니는 이를 항상 받아주셨다."고 말했다.

여왕의 자녀들 중에서 앤은 가장 안정감 있었고 자족적이었다. 모녀 간의 관계는 원만했으며 무엇보다도 둘은 승마를 통한 강한 공감대를 형성했다. 앤은 혈기 넘치고 자신감 있고 직설적인 면이 아버지를 빼닮아서 그의 강인한 애정을 다룰 줄 알았다.

그러나 찰스는 부친의 요구와 기대를 힘겨워했다. 그는 신체적

도전을 감내하는 패기를 보여주었는데, 호주의 오지에 있는 팀버탑 학교에서 두 학기를 보낸 것이 대표적 예이다. 고든스타운으로 돌아와서 그는 예전에 아버지가 맡았던 "학생장"으로서의 지도적 지위도 맡았다. 그는 심지어 부친의 버릇을 흉내 내기도 했는데 걸을 때 한 팔을 등 뒤로 돌린다거나 다른 사람들을 편하게 해주기 위해 가벼운 농담을 던진다거나 옷소매를 잡아당긴다거나 두 손을 꼭 쥔다거나 아니면 강조할 때 오른손 둘째 손가락을 까딱거리는 등의 행동들이다.

그러나 필립은 아들을 칭찬하기보다 계속해서 야단만 쳤다. 필립은 언젠가 스스로 "저 녀석은 로맨티스트고 난 현실주의자다."라고 말했듯이 둘 사이의 "크나큰 차이"[18]를 좁히지 못했다. "찰스 왕자는 차마 자존심 때문에 인정하지 못했으나[19] 여전히 부친─그리고 모친─이 내밀지 않았거나 아니면 주지 못했던 애정과 관심을 갈망했다. …… 그래서 그는 방어적이고 점점 더 부모와 형식적인 관계로 빠져 들어갔다."고 조너선 딤블비는 썼다. 찰스의 장래에 대한 문제가 닥쳤을 때 아버지와 아들은 지극히 사무적인 편지만을 주고받으며 갈등을 최소화했다.

자녀들이 부모와 공통의 장을 찾은 곳은 샌드링엄과 밸모럴에서였다. 여왕은 샌드링엄에 대해 이렇게 말했다. "내게 샌드링엄은 도피처[20]이다. 또한 상업적으로도 쓸모가 있다. 나는 농사를 좋아한다. …… 동물도 좋아한다. 여기에 그냥 곡식만 심는다면 행복하지 못할 것이다." 여왕과 필립 공은 자녀들에게 동식물에 대한 깊은 지식을 심어주었으며 그들은 이를 따랐다.

앤은 "말을 타고 샌드링엄의 풀밭을 한없이 달리는 순수한 사치"[21]에 대해서 그리고 "마가목과 은색 버찌나무의 낙엽과 디 강변의 옛 스코틀랜드 소나무의 장엄미"[22]에 대해서도 썼다. 찰스는 너무나 감동받아 스무 살 때 동생들을 위한 책을 썼는데, 밸모럴을 지나 산꼭대기의 동굴에서 살다가 런던으로 여행을 떠나려 했지만 결국 포기하고 다시 동굴 집의 고독 속으로 되돌아간 신화 속의 인물 "로흐나가 산의 노인"에 관한 것이었다.

필립은 네 자녀 모두에게 사격을 비롯하여 디 강에서 플라이 낚시를 해서 연어를 낚는 법도 가르쳤다. 앤은 어머니와 함께 사슴 사냥에 나섰는데 사슴을 쫓는 무리 가운데 어머니를 제외하고는 거의 유일한 여자였다. 그들은 시골의 전통과 풍습에 대한 존중심을 품고 있어서 처음으로 사슴을 잡으면 그 피를 뺨에 바르기도 했다.

가족들은 왕실 열차를 타고 하일랜드로 가서 때로는 브리타니아호로 서부 스코틀랜드의 섬들을 도는 휴가를 즐기기도 했다. 1960년대 후반에는 바다 여행이 전통으로 자리 잡았다. 이럴 때에는 드물게[23] 여왕이 말을 탈 때나 야외 스포츠를 즐길 때만 입던 바지를 애용하는데 주로 한적한 해변에서 피크닉을 즐기기 위해 상륙용 보트와 연결된 계단을 쉽게 또 단정하게 오르내리기 위해서였다.

항해의 절정은 "브리타니아의 날Britannia Day"인데 북부 해안의 케이스네스에 머물 때이다. 그들은 스크랩스터 포구에 내려서 자동차 행렬을 이루어 메이 성으로 향한다. 그곳에서는 모후가 몇 주에 걸쳐 궁녀인 루스 퍼모이의 도움을 받아 요리사에게 지시하고 정원의 과일과 채소가 잘 자랐는지 확인해둔다.[24] 어느 해에 모후는 브리타니아호에 타고 있는 여왕에게 긴급한 전갈을 보냈는데 "레몬이 매우 심각하게 부족하단다.[25] 몇 개라도 좀 구해올 수 없겠니?"라고 쓰여 있었다. 여왕은 순순히 왕실 요트에서 레몬을 플라스틱 가방 가득히 꺼내 왔다.

왕실 일행은 담으로 둘러친 정원을 한 바퀴 거닐고 나서 메이 성의 식당에 앉아 달걀, 새우, 바닷가재 등을 넣은 무스와 연어, 닭고기,

양고기와 여름 푸딩으로 오찬을 들었다. 오후에는 이웃 농장을 방문하거나 해변을 걷다가 스크랩스터로 돌아와 차를 마신다. 전통적으로 여왕과 모후는 해안 경비대를 통해 작별의 시를 주고받았다.("황홀하고 열정이 담긴 식사. 다 소화시키려면 일요일까지 걸릴 거예요. 숲이 우거진 밸모럴로 우리는 갑니다. 마음은 메이 성에 남겨 두고 떠납니다.")

브리타니아호가 해안을 따라 모습을 드러내면 배와 해변에서 동시에 신호탄이 솟아오르고 모후는 친구들, 직원들과 함께 성벽을 등지고 티 타월과 식탁보를 흔들었다. 망원경을 통해 바라보면 저 멀리[26] 갑판 위에서 자그맣게 보이는 여왕이 흰 천을 흔들고 브리타니아호는 기적을 울린다.

1967년 봄에 왕실 가족은 뜻밖의 가족을 새로 맞이했다. 여왕의 초청을 받아 필립의 모친이 버킹엄 궁에 와서 살게 된 것이다. 가난에 찌들고 허약해진 82세의 앨리스 공주는 아테네에서 살고 있었는데 재정적 문제로 간호 지원이 중단되었다. 그녀는 정식 수녀는 아니었지만 실용적 목적 때문에 계속 회색 수녀복을 입었다. "의복이나 머리 모양에 대해서 걱정할 필요가 없었다."[27]라고 필립은 어머니의 전기 작가인 휴고 비커스에게 설명했다.

거의 모든 중요한 모임에서 항상 핵심적 일원이었던 모후와는 달리 앨리스는 런던과 윈저와 샌드링엄과 밸모럴을 오락가락하며 가족의 주변을 맴돌았다. 그녀는 필립을 젖먹이 때의 이름인 "버비킨스Bubby-kins"[28]라고 불러 주위 사람들을 어리둥절하게 했으며 모든 손주들은 그녀를 그리스어로 할머니를 뜻하는 "야야Yaya"[29]라고 불렀다. 가족들은 모두 그녀의 기벽과 굵은 음성을 신기해하기도 했고 무서워하기도 했다. 항상 손에 담배를 들고 연기를 내뿜으며 거친 기침 소리와 함께 유령처럼 나타나기도 했다.

앨리스는 아들처럼 눈치가 없는 데다가 귀가 먹어서 증상이 더 심했다. 한번은 만찬 도중에 "아, 좀 전에 재미있는 얘기를 했던 것 같은데……."[30]라고 여왕의 개인 비서보인 에드워드 포드에게 말을 걸었는데 그때는 이미 그가 서커스에 관한 별 시답잖은 얘기를 여러 차례 반복한 뒤였다.

앤은 앨리스가 "꼭 안아주고 싶은[31] 그런 할머니"는 아니었다고 인정했고 찰스는 처음에는 그녀가 무서웠다고 고백했다. 그러나 곧 그들은 빅토리아 여왕의 어린 시절 얘기에 푹 빠졌으며 두뇌를 "구획으로 나누어야 한다."[32]는 기묘한 이론에 감탄했다.

그녀가 버킹엄 궁의 발코니 오른쪽 1층에 있는 스위트로 옮겨간 후에 앤드루와 에드워드는 그 방에 자주 들러[33] 할마halma, 중국식 장기-옮긴이 놀이를 즐겼다. 여왕도 자주 들러서 함께 정담을 나누었고 때로는 창밖의 근위병 교대 의식을 함께 구경하기도 했다.[34] 필립은 모친을 극진히 받들기는 했지만 껄끄러운 관계를 유지했다. 앤이 휴고 비커스에게 설명한 바에 따르면 "다퉜다기보다는 약간의 견해 차이가 있었을 뿐이다.[35] 그러면 아버지는 복도 계단을 내려가면서 투덜거렸고 할머니는 방안에서 또 혼자서 투덜거렸다."고 한다.

앨리스는 고질적인 기관지염을 앓았고 1969년 2월에 맞이한 84세의 생일 이후 건강이 급속히 악화되었다. 그해 12월 5일 그녀는 자다가 세상을 떠났으며 그녀가 태어났던 윈저에 묻혔다. 그녀가 남긴 유품[36]은 죽은 남편보다도 더 빈약해서 달랑 드레스 세 벌뿐이었는데 곧바로 간호사들에게 나눠주었다.

앨리스가 궁에서 보낸 말년의 생활은 대중들의 시선 밖에 있었다. 왕실 가족들이 총출연하는 사상 최대의 기획 영상물에서조차 잠깐도 얼굴을 비치지 않았다. 이 특이한 기록 영화는 왕실 가족들이 일하고 또 즐기는 모습을 몰래 촬영한 것이다. 이 영화는 공동 기획 작품으로 필립 공과 성공한 영화 제작자 존 브라본, 디키 마운트배튼, 리처드 콜빌 경의 후임 언론 비서관 윌리엄 헤셀타인 등이 참여했다. 조지 6세가 1947년에 언론 담당 비서로 채용했던 콜빌 경은 1968년에 은퇴하고 헤셀타인에게 그 자리를 넘겼다. 여왕은 콜빌 경의 오랜 공로를 인정해서 그에게 기사의 작위를 하사했다.

20년 동안 그의 임무는 노골적으로 방어적이었다. 1949년에 그는 "우리는 왕실 홍보 요원이 아니다.[37] 우리 임무는 언론이 일정 선을 넘지 못하게 하는 것이다."라고 말했을 정도였다. 그의 주 임무는 버킹엄 궁 안에 사무실을 차린 영국의 주 언론 대행사인 프레스 어소시에이션The Press Association의 왕실 출입 기자 두 명에게 무난한 토막 뉴스를 떠먹여주고 여왕의 국내외 활동 모습을 담은 무성 영화 필름을 제작하는 것이었다.

그러나 1960년대에 접어들면서 여왕이 국민과 유리되어간다는 인식이 자리 잡기 시작했다. 국민들은 그녀와 가족들이 따분하게 느껴지며 그녀가 생계를 위해 구체적으로 무슨 일을 하는지 의아하게 생각했다. 보다 불길한 것은 그녀와 가족을 위해 사용되는 정부 예산이 과연 그만한 값어치가 있느냐는 데 대하여 의문을 품게 되었다는 것이다. 필립은 TV가 효과적인 소통의 수단이 될 수 있다고 믿은 유일한 왕실 가족이었다. 1957년에 코먼웰스 순회를 기록 영상물로 남긴 이후 10년 뒤에 그는 갈라파고스 섬에 대한 두 번째 프로그램을 제작했으며[38] 1961년에는 최초로 TV 인터뷰에 출연했다.

필립은 윌리엄 헤셀타인에게서 동지적 느낌을 가졌다. 솔직 담백한 호주인인 그는 전통적으로 여왕을 섬겼던 정장 차림의 귀족들과는 정반대의 유형이며 현대적인 관점을 지녔다. 그는 "나는 아주 다른 종류의 사람이었다.[39] 나는 사적 생활과 공적 생활을 멀리 떨어뜨려놓는 전략이 너무 지나쳤다고 생각했다."[40]고 회고하며 그래서 여왕과 가족들이 "1차원적인 인물"이 되어버렸다고 보았다. 그래서 필립을 비롯한 여러 사람들 역시 공감한 그의 생각은, 여왕이 다양한 장소에서 열심히 일하는 모습을 보여주고 그녀의 업무가 얼마나 과중한 것인가를 알리는 등 그녀의 사생활에 드리운 커튼을 열어젖힘으로써 한 사람의 아내이자 어머니로서 한 번도 대중에게 공개되지 않았던 모습들을 보여주어야 한다고 생각했다.

이 영상을 1969년 7월에 찰스 왕자가 웨일스 왕자의 작위를 하사받을 때 방영하여 이제 21세가 된 그를 왕가의 새로운 세대의 상징으로 소개하자는 것이 그의 생각이었다.

무엇보다도 이 영상물을 설계한 사람들은 국왕으로서의 고원한 지위에 가려진 엘리자베스 2세의 인간미를 전달하고 그녀의 모범적이고 가정적인 이미지를 속속들이 보여주자는 의도를 갖고 있었다. 필립은 "멀리 동떨어진 혹은 제왕 같은 느낌을 주는 것은 잘못됐다고 생각한다. 사람들은 국왕이 누구이건, 그를 한 인간으로 보았을 때 제도를 받아들이고 제도의 일부가 되어줄 수 있다."고 말했다.

여왕은 카메라가 불쑥 끼어드는 것에 당황해서 처음에는 망설였다. 그런데 오랜 친구인 존 브라본이 이 아이디어를 내놓았을 때 그녀는 "그럼 한번 해봐요.[41] 일단 하고 나서 보자고요."라고 말했다. 브라본은 BBC의 리처드 코스턴을 데려다가 연출을 맡겼다. 필립은 서로 라이벌 관계인 BBC와 ITV 사람들로 자문 위원회를 구성하고 감독하면서 헤셀스타인 팀과 함께 모든 것을 조종했다. 엘리자베스 2세는 마침내 이를 묵인했는데 그 이유는 "여왕은 해야 할 일이라면 하기 때문"[42]이라고 게이 차터리스는 말했다. 이 영상물의 제목은 그냥 '왕실 가족^{Royal Family}'이라고 붙이기로 했다.

촬영은 1968년 6월 8일에 시작해서 근 1년이 걸렸다. 여왕은 전 세계 172개 장소를 돌며 75일간에 걸쳐 조명과 카메라와 스태프의 지시 아래 43시간 분량의 촬영을 마쳤다. 그 결과 110분 길이의 영상물이 완성되었다.

그녀는 처음에는 불편해했으나 코스턴이 긴장을 풀어주었고 마침내는 그가 코앞에서 촬영을 할 때에도 그의 존재를 덜 의식하게 되었다. 존 브라본은 "그녀는 어느 날 갑자기 자기가 할 수 있는 일임을 알게 되었다."[43]고 말했다. 그녀는 연출자를 놀리듯이 "코스턴"이라고 불렀고 그를 식사에 초대해서 카메라 각도와 조명에 대해서 의논도 했다. "여기 그림자 피할 수 없어요?"[44]라든가 "그에게 후광을 주면 안 되죠." 등 어느새 촬영 현장의 용어까지 사용했다. 그녀가 러시^{rush, 편집 이전의 필름-옮긴이}를 보자고 하자 코스턴은 그녀에게 자의식이 생길 수 있다며 거절했다.

이 영상물의 신선한 점은 공적인 면과 사적인 면을 병치시켰다는 것이다. 그럼으로써 서류가 사방에 흩어진 사무실에서 일하는 공적인 모습뿐만 아니라 따사로운 워킹맘으로서의 새로운 이미지 역시 강화했다. 국민들은 최초로 왕실 열차의 평범한 실내를 볼 수 있었으며 브리타니아호 거실의 전원주택 같은 편안함도 엿볼 수 있었고 윈저 성과 버킹엄 궁의 거주 아파트도 보게 되었다.

영상 제작자들은 직업적 활동도 다루었다. 여왕이 시상을 하는 모습, 칠리와 브라질의 국빈 방문, 개인 비서 마이클 아딘과 브라질에서의 연설문에 대한 토의, 해럴드 윌슨과의 주례 면담, 대사 접견, 버킹엄 궁에서의 오찬을 앞둔 리처드 닉슨과의 격식에 얽매인 대화, 가든 파티를 주재하는 모습, 그녀의 생일 축하 행렬에서 옆으로 말타기 하는 모습, 버킹엄 궁의 리셉션 장을 한 바퀴 도는 모습 등이 그것들이다. 찰스는 수상 스키와 자전거를 타는 모습, 역사 과목 논문 숙제에 대하여 농담을 하는 모습이 포착되었다. 필립은 비행기와 헬리콥터를 조종하고 자선단체에서 일하는 모습(그의 아내보다 세련되고 현대적인)과 풍경화를 그리는 모습 등이 담겼다. 중요한 장면들 사이사이에 붉은 상자들도 등장했는데 상자가 왕실 열차에 배달되는 장면과 헬리콥터로 브리타니아호의 갑판 그리고 밸모럴과 샌드링엄으로 배달되는 장면들도 보였다.

　　여왕이 헌신적으로 일하는 모습 외에도, 근무 이외의 시간에 그녀의 모습이 어떠한지를 최초로 상세하게 보여주었다. 말들에게 당근을 먹이고 앤과 더불어 버크셔에서 달리는 모습, 보보 맥도널드와 함께 커다란 루비 목걸이를 살펴보는 모습, 접시를 닦고 랜드로버에 자녀들을 태워 샌드링엄에 있는 개 사육장의 강아지들을 보러 가는 장면, 로크뮉에서 필립, 찰스, 앤, 앤드루, 에드워드 그리고 코기 견들과 더불어 바비큐를 요리하는 장면, TV에서 미국 시트콤을 보면서 깔깔대는 모습, 점심을 먹으면서 이야기를 주고받는 모습, 먼저 세상을 뜬 선왕에 대한 추억담을 잊지 않는 모후를 포함한 온 식구들이 모여서 크리스마스 트리를 장식하는 모습 등. 제외된 장면이 있다면 사냥하는 모습인데 이는 지나치게 '엘리트 취미'라는 점과 유혈이 낭자하다는 점 때문에 배제되었다.

　　이전까지 한 번도 보여준 적이 없었던 부드러움이 느껴진 대목은 여왕이 어린 두 아들과 함께 소파에 앉아서 가족 앨범을 보는 장면, 에드워드와 소풍을 나갔다가 밸모럴 인근의 가게에 들르는 장면이다. 지갑에서 동전들을 꺼내다가 여왕이 카운터의 여인에게 "가진 게 이것뿐인데."라고 말하는 장면이 나온다.

　　이 영상물에서 가장 논란이 많았던 장면 중 하나에서는 현실을 왜곡하고 부정적 인상을 악화시키기 위하여 편집이 이용되었다. 주영 미국 대사로 임명된 월터 애넌버그는 1969년 4월 29일에 여왕 앞에서 그녀의 공식 의례 가운데 가장 격식을 따지며 오랜 전통을 자랑하는 신임장 제청식을 가졌다.

대사는 흰색 넥타이에 연미복을 입고 톱햇을 쓰는 "궁정 복식"을 갖추어 입고 여왕이 제공한 황금색 마차를 타고 오전까지 버킹엄 궁으로 나와 면담을 가지도록 되어 있다. 이것은 외교관에 대한 여왕의 개인적 책무를 암시하는 것이며 날씨가 나쁠 때 마차를 보내지 않으면 궁정 직원들을 질책하는 것으로 알려져 있다. "그녀는 절대로 의례의 중요성을 간과하지 않는다.[45] 그러나 여왕은 공식적 순서가 끝나면 가능한 한 상대방을 편안하게 해준다. 그녀는 격식과 편안함을 놀랄 만큼 적절히 혼합한다."라고 오랫동안 신임장 제청식을 지켜본 한 외교관은 말했다.

애넌버그는 자기가 해야 할 말을 여러 번 반복했으며 아내와 더불어 절하고 무릎 인사를 하는 법 또한 연습했다. 약속된 날 아침에 그는 완벽하게 걸음을 재듯이 걷고 절하고 "전임자의 소환과 본인의 신임을 제청하는 서신"을 정중히 올리자 여왕은 늘상 하듯이 분위기를 부드럽게 하기 위하여 그와 그의 아내가 어디에 거주하느냐고 물었다. 그는 "저희는 대사관 사저에서 삽니다. 물론 그게, 약간의 보수 문제 때문에, 그러니까, 재건하는 과정에서 문제가 있어서……."라고 대답했다. 그녀는 잠시 의아한 표정을 짓더니 얼른 나머지 대사관 직원들과 리 애넌버그를 접견하는 순서로 넘겼다.

마치 이 대사의 우스꽝스런 실수를 과장하기 위해서인 듯 영상의 다음 장면은 여왕이 외교관들을 위한 파티를 위해서 버킹엄 궁으로 들어서는 모습을 보여주었다. "그 사람 안 보이네요."라고 그녀가 남편에게 중얼거리자 필립은 "누구 말이오?"라고 되묻는다. "미국 대사 말이에요."라고 여왕은 미소를 머금으며 말하는데 마치 그 운 나쁜 애넌버그를 암시하는 것처럼 들렸지만[46] 사실은 전임자인 데이비드 브루스를 뜻한 것이었다. 그리고 이 파티는 실상 지난 11월에 열렸다.

애넌버그는 리처드 닉슨 대통령에게 그의 신임장 제청이 "대단히 보람 있고 인상적이었다."[47]고 보고했다. 그러나 〈왕실 가족〉이 1969년 1월 21일에 BBC를 통해서 방영되었을 때 미국 대사의 "재건하는 과정에서"라고 언급한 부분[48]은 영국 내에서 떠들썩한 웃음과 광범위한 조소를 불러일으켰다.

신문들은 독자들로 하여금 더 심한 야유를 퍼붓게 했다. 〈선데이 타임스〉는 애넌버그를 "허둥대는 사절"이라 불렀고 어느 잡지는 그를 가리켜 "W. C. 필즈미국의 유명한 코메디언-옮긴이의 복제판"이라고 조롱했다. 그러나 언론이 몰랐던 것은 이 61세의 대사는 여왕의 부친처럼 평생 동안 말더듬이 증세를 앓았다는 것이었다. 언어 치료를 통해서 그는 말을 더듬는 것을 방지하기 위하여 요란한 장식어들을 동원한 복잡한 문장을 구사하는 역설적 전략을 학습하게 되었다.[49]

애넌버그는 세인들의 격렬한 반응에 너무나 굴욕감을 느낀 나머지 윌리엄 로저스 국무장관에게 만약 닉슨 대통령이 자기가 임무에 부적합하다고 생각한다면 즉시 사임하겠다고 말했다. 닉슨은 대사에게 그대로 그 자리에 있으라고 그를 안심시켰다.

마틴 차터리스는 후일에 "우리가 이 영상물을 최종 점검할 당시[50] 이 장면은 아무래도 우스꽝스러워서 뺄 것인지를 의논했다가 결국 그대로 살렸지만 그건 잘못된 선택이었다. 결과적으로 〈왕실 가족〉은 월터를 조롱의 대상으로 만들었기 때문에 일말의 죄책감을 느꼈다. 그러나 그는 실상 존경할 만한 인물이고 솔직한 분이었다."[51]라고 고백했다.

이 영상물은 겉보기에는 전혀 꾸밈이 없는 것처럼 보이지만 실상 보통 사람들과 같은 행동을 하는 친근하고 서민적인 모습으로 보이도록 왕실 가족의 이미지를 면밀한 계산 아래 조작한 것이었다. 대다수 평론가들은 인간적인 면을 강조한 이 영상물의 효과를 칭찬했다. 20년 이상 여왕을 가까이서 지켜본 세실 비튼은 그녀가 영상에서 "강인한 성격으로 묘사되었고, 엄격하며 확신에 차 있고, 좀 오만해 보이기도 하고, 진지하고, 약간 찌푸렸다. 그녀의 말은 중간중간 끊어지는 듯 멈 칫거리기도 했고 그래서 움츠러든 것처럼 보이기도 했지만 …… 다시 금 당당한 모습을 보였다. 그녀 본래의 근사한 모습이 잘 드러났다."고 말했다.

물론 이 가족의 구식 전통과 갑갑해 보이는 의상에 대한 조롱도 피해갈 수는 없었다. 어느 짓궂은 사람은 이 영상물의 제목을 "코기와 베스"라고 붙이기도 했고 〈프라이빗 아이〉는 노동자 계층의 이름을 붙여서 여왕은 브렌다, 필립 공은 키스, 마거릿 공주는 이본느 그리고 찰스 왕자는 브라이언이라고 부르기도 했다.

한편 일부에서는 19세기 경제학자이며 헌정 전문가인 월터 배젓이 "국왕은 신비감을 지켜야 한다"고 말한, 즉 "우리는 마술을 햇빛 아래 노출시켜서는 안 된다."[52]고 한 계율을 깼을 때의 결과를 우려하기도 했다. 〈이브닝 스탠더드〉의 TV 평론가인 밀턴 셜먼은 여왕과 그녀의 가족이 마치 "서비턴과 크로이던에 사는 중산층 가족같이"[53] 행동하는 모습의 진실성에 의문을 표시했다.

"대중적 인기를 끌거나 자신을 과장하기 위해 TV를 이용했던 어떠한 기관이나 제도도 결국 비웃음거리가 됐다."는 점을 지적하면서, TV를 이용해서 "국왕의 이미지를 조작하려는" 선례로 남을 것이라고 말했다. 심지어 〈왕실 가족〉의 제작자 중 한 사람인 BBC의 데이비드 애튼버러 역시 이 영상물이 '왕정'이라는 제도를 자칫 죽일 수 있다고 주장했는데, 이 제도란 "신비함에 싸여 있던[54] 원시 추장의 오두막을 부족들이 들여다본다면 추장 제도 자체가 손상을 입고 마침내 해체될 수 있다."고 말했다.

여왕도 궁정의 어느 부서도 이 영상물에 대하여 다른 의견을 제시하지 않았으나 그녀는 이와 유사한 접근을 다시는 허용하지 않았다. 앤 공주는 후일 그 영상물에 대해 "밥통 같은 아이디어"[55]였으며 "결코 좋아하지 않았다. …… 어린 시절부터 남들의 주목을 받고 자라왔기에 더 이상은 원치 않는다. 남들 앞에 노출되는 것은 결사적으로 피하고 싶다."라고 말했다.

그러나 대중의 반응은 압도적으로 긍정적이었다. 〈왕실 가족〉은 영국에서 다섯 번이나 재방영되었고 도합 4천만 명이 시청했으며 세계적으로는 모두 130개 국가에서 총 4억 명이 시청했다. 시청자들은 여왕과 그 가족들의 소탈함에 매료되었으며 그녀의 전염성 강한 웃음소리와 일상 대화 투의 말씨를 듣고 놀라워했다.

이 영상물이 만들어낸 호의적인 반향은 7월 1일 찰스 왕자의 작위 수여식에까지 이어졌다. 이 광경은 웨일스에 있는 고대 카나번 성안 풀이 무성한 궁정 뜰에서 생중계되었다.

찰스의 증조부인 윈저 공작이 1911년 이 성에서 왕자 작위를 수여한 적이 있었다. 웨일스 지방과 보다 탄탄한 연대를 형성하고, 13세기에 잉글랜드의 왕들이 이 지방을 정복한 때로부터 시작된 역사적 반감을 극복하고, 또 민족주의 감정이 싹트는 것을 억제하기 위하여 여왕은 찰스로 하여금 지난 봄에 케임브리지를 떠나서 8주 동안 애버리스트위스의 유니버시티 칼리지에서 공부하도록 했다. 거기서 그는 초보적인 웨일스어를 터득했고 이 지방의 민족주의 역사에 대한 개인 지도를 받았다. 훗날 그는 이때의 공부가 매우 소중했으며 그로 하여금 "웨일스의 언어와 문화[56]는 매우 독특하고 특별하며 보존할 가치가 있다."는 것을 깨닫게 해주었다고 말했다.

작위 수여식은 노퍽 공작의 주관 아래 디자이너이자 사진작가인 웨일스 출신의 스노던 경이 연출했는데, 마치 현대적인 무대 장치에 중세적 전통을 떠올리게 하는 20세기적 창작극처럼 보였다. 스노던은 TV 카메라를 염두에 두고, 창 자루를 닮은 철봉이 지지하는 간단한 플렉시글라스를 씌운 지붕 아래에 나지막하고 둥근 슬레이트 연단을 설계했다. 연단 위에는 진홍색 쿠션을 얹은 세 개의 위엄 있는 슬레이트 옥좌를 놓았다. 스노던은 "거대하면서 단순한"[57] 현대 국왕의 이미지를 보여줄 것을 의도했다. "나는 붉은 카펫을 원치 않았다.[58] 나는 그가 소박한 초록색 풀밭을 걸어 들어오기를 원했다."라고 스노던은 말했다.

여왕은 놀랍게도 궁정 안으로 들어오는 행렬을 준비하면서 긴장해 있었다. 눈에 띄게 초조해하며 자기가 낭독해야 할 연설문이 자기 자리에 놓여져 있는지 큰 소리로 물었다. 필립은 자기는 모른다고 마치 남의 일인 양[59] 대답했다. 몇 마디 더 주고받더니 얼굴이 밝아지면서 둘은 자리를 떴다.

단상에 앉아서 아들의 입장을 기다리며 엘리자베스 2세는 한 손에 핸드백을 들고 다른 손에는 우산을 접어서 들고 있었다. 가랑비가 살짝 내리기는 했으나 우산을 펼 정도는 아니었다. 4,000명의 내빈들이 바라보는 가운데 찰스는 번뜩이는 가터 훈장을 차고 웨일스 왕립 연대 명예 연대장의 짙푸른 정복 차림으로 체임벌린 탑으로부터 등장했다.

이 의식의 절정은 그가 어머니 앞에 무릎을 꿇었을 때였다. 간간이 수줍은 미소를 짓는 그에게 문장紋章을 하사하는 엄숙한 의식이 집행되었다. 여왕은 먼저 그의 "나는 섬긴다Ich Dien"는 좌우명이 새겨진 검을 내리며 목 주위에 걸쳤다가 칼집에 부착된 끈을 고쳐 매주었다. 그리고 족제비 털로 장식된 자주색 벨벳 캡 위에, 24캐럿의 웨일스산 금으로 만들고 다이아몬드와 에메랄드를 듬성듬성 박은 왕관을 씌워주었다. 다른 왕관들과는 달리 찰스의 것은 완전히 양식화한 것으로, 아치형의 모양에 보주를 위에 새기고 장식 핀처럼 생긴 십자가에 웨일스 왕자의 상징인 세 가닥의 깃털이 꽂힌 모양이었다.

엘리자베스 2세가 그의 머리 위에 왕관을 올려놓자 왕관은 그의 눈 바로 위까지 내려왔다. 그는 어머니를 도와 왕관을 손가락으로 밀어 올려서 바로 썼다. 그녀는 그의 왼손에 웨일스와의 통합을 상징하는 카보숑 자수정 반지를 끼어주고 황금 막대^{잠정적 통치의 의미-옮긴이}를 쥐어주었다. 이어서 그의 어깨에 족제비 털로 된 넓은 깃이 달린 자줏빛 망토를 걸쳐주었다. 어머니다운 능숙한 손길로 망토를 편 다음 황금 단추를 채워주었다. 그가 어머니에게 경의를 표하고 나자 그녀는 아들을 일으켜 세우고 서로의 왼쪽 뺨에 충성을 맹세하는 키스를 나눴다. 이는 그녀가 왕자의 임무 수행을 보호할 것을 맹세하는 의미가 담겨 있다.

훗날 그는 이렇게 썼다. "어머니와 내가 손을 맞잡고, 세상의 그 어떤 사람들에 대항해서도 내 목숨을 걸고 신하로서 충성을 맹세했을 때 가장 감동적이고[60] 의미 있는 순간이 닥쳐왔다." 이 말은 그의 부친이 여왕의 대관식 때 했던 말과 똑같았는데, 찰스에게 있어서 그 말은 "매우 아름답고 중세적이며 적절했다." 당시 여왕은 응당 엄숙한 표정을 짓고 있었다.

그러나 실상은 조금 달랐다. 그달 말에 노엘 카워드가 여왕과 함께 로열 로지에서 점심을 들며 작위 수여식에서 감동을 받았노라고 말했다. "그러자 그녀는 나의 감상적 착각을 즐겁게 깨트려주었다."고 카워드는 기록했다. "그 순간 두 사람은 웃음을 참느라고 무진 애를 썼는데 왜냐하면 총연습을 할 때 왕관이 너무 큰 나머지 얼굴까지 쑥 내려가 버려서 마치 캔들 스너퍼^{candle-snuffer, 촛불 끄는 기구-옮긴이}로 촛불을 꺼트린 꼴이 되었다."고 그녀는 실토했던 것이다.

어림잡아 전 세계 5억 명의 시청자가 이 왕위 계승자의 시대가

도래할 것임을 지켜보았다. 찰스에게 있어서 작위 수여는 차기 국왕의
견습기가 시작되었음을 뜻했지만 그 기간이 얼마나 소요될지는 전혀
짐작도 못했을 것이다.

"폐하의 임무는 행복의 카펫을
펴는 것입니다."
그는 엘리자베스 2세에게
이렇게 말하곤 했다.

He used to say to Elizabeth II,
"Your job is to spread a carpet
of happiness."

늦은 밤, 왕실 요트 브리타니아호 선실에서 여왕이 오랜
개인 비서인 마틴 차터리스 경과 함께 서류들을 검토하고 있다.
1972년 3월 ⓒ Lichfield/Getty Images

CHAPTER 10

침묵의 고리

Ring of Silence

1969년 봄, 피에트로 안니고니는 여왕의 초상화를 그리기 위하여 다시 버킹엄 궁에 입성했다. 여왕을 매일 접해온 사람들은 못 느꼈겠지만, 15년만에 여왕을 다시 본 안니고니는 그녀의 변화를 발견할 수 있었다. "그녀에 관한 모든 것들이 작아진 것 같았는데,[1] 어느 면에서는 연약해지고 또 어느 면에서는 강인해진 것 같았다. 포즈를 취할 때 그녀의 얼굴 표정은 변덕스러웠다. 웃었다가 생각에 빠진 듯하고, 결의에 찬 듯하다가 불확실한 듯 보이고, 느긋해 보이다가 긴장한 듯하는 등 시시각각 빠르게 변했다. …… 그림을 위해 자리에 앉을 때마다[2] 여왕은 자연스럽게 나와 한담을 나누었다. 허심탄회한 태도는 항상 나를 놀라게 했고 내 마음을 사로잡았다."

이 작은 체구의 화가는 여왕에게 이 초상화에 대한 자신의 구상을 기탄없이 털어놓았다. "폐하께서는 당신의 지위로 인해 고독하실 수밖에 없습니다.[3] 아내이자 어머니로서의 폐하께서는 전혀 다르지만 국왕으로서는 진정 혼자이시고 저는 그런 면을 다루고 싶습니다. 만약 제 그림이 성공한다면 한 여인이자 여왕이신 모습과 그로 인한 고독함이 나타날 것입니다."라고 그는 말했다. 그녀는 고개를 끄덕이며 지난 여덟 번의 만남에서 그가 그린 습작을 보고 나서 "사람은 자기 자신을 모릅니다. 결국 우리가 우리의 모습을 거울을 통해서 보면 편향된 관점을 가지게 되는 데다가 거울에 비친 모습은 어차피 반대 방향이 아니겠습니까."라고 말했다. 그리고 그가 그녀의 모습을 "사려 깊고 엄격하며 심오한 인간"으로서 여왕답게 그러나 수수하게 그리겠다는 그의 의도에 동의했다. "그런 것들이 영감이 되리라고 느낍니다."라고 그녀는 말했다.

그들은 그녀가 밸모럴에서 돌아온 후인 10월 말에 다시 그림 작업에 착수했다. 그러는 동안에 전 세계는 인간이 최초로 달에 착륙한 사건에 주목했다. 여왕은 지난 2월에 데이비드 브루스가 아폴로 8호 우주인 프랭크 보먼—최초의 달 선회 비행 사령관—과 그의 아내 그리고 어린 두 아들들을 버킹엄 궁으로 초대한 이후 이들 20세기의 탐험가들에게 매료되었다.[4]

닐 암스트롱은 7월 20일에 달 표면을 걸었을 때 여왕에게서 받은 마이크로필름에 담긴 메시지를 두고 왔다. 그녀는 또한 아폴로 11호 승무원들에게 축하를 보내면서 더불어 "이 같은 역사적 사건에 즈음하여 미국 국민들에게도"[5] 축하를 보냈다. 그녀는 암스트롱과 버즈 올드린과 마이클 콜린스, 이 세 우주 비행사들의 용맹이 감동을 주었으며 그들의 노력이 "우주에 대한 인간의 지식의 새로운 지평을 열었다."[6]고 말했다. 이 세 영웅들은 세계 순회의 일환으로 다음 해 10월에 런던을 방문해서 가장 먼저 버킹엄 궁에 들렀으며 거기서 그들은 엘리자베스

2세와 가족들의 환영을 받았다. 그들은 친절의 도를 넘어서 어린 앤드루와 에드워드에게 악수를 하면서 절까지 했다. 우주 비행사들은 모두가 다 후두염과 독감에 시달리면서도, 여왕이 그들의 우주 비행에 대하여 많은 정보를 지니고 있었다고 언급했다.

11월 14일에 아폴로 12호가 우주로 발사되었을 때 엘리자베스 2세는 이제 승무원들에 대한 동지적 관심을 가지기에 이르렀다. 그녀는 안니고니에게 두 번째 달 착륙을 TV로 지켜보기 위해서 이른 새벽에 깼다고 고백했다. 초상화를 위한 두 번의 만남에서 그녀는 이 우주 비행의 진척 상황을 상세히 설명하면서 이는 분명 "우리에게 놀라움과 감탄을 안겨주었으나 감정적으로 우리를 감동시키지는 못했다."는 데 대해서 화가와 의견을 같이 했다.

두 번째 달 착륙은 찰스 왕자의 21세 생일과 겹쳤는데 여왕은 이를 기념하기 위해 윈저 성에서 400명의 손님들을 초청하여 대무도회를 개최했다. 이 무도회는 활기에 넘쳤고 여왕은 신발을 벗고 양말만 신은 채 자정이 넘도록 춤을 추었다. 이때 옥스포드 대학 학부생 한 명이 파티 훼방꾼party crasher으로 정원의 담을 넘어 들어와서 손님들과 어울렸다. 여왕은 그를 보았고 "그가 너무나 취해서[7] 무례하기 짝이 없는 행동을 했다."고 회고했다. 경찰이 그를 체포하고 나서 조사해보니 평소 우수한 학생임이 밝혀졌고 여왕은 그의 만용을 용서해주었다. 그녀는 그가 대학에서 퇴학당하지 않기를 희망했으나 대신 "엄하게 문책하고 혼쭐이 나야 한다."[8]고 말했다.

윈저의 모든 행사들은 1954년부터 가사국 부국장Deputy Master of the Household을 맡아온 패트릭 플런킷의 작품이었다. 7대 플런킷 남작인 그는 여왕의 최측근 보좌관이자 어릴 때부터의 친구였다. 여왕보다 세 살 위인 그는 평생 총각으로 지냈으며 항상 청결한 차림에다가 군인다운 몸가짐에 장난끼 섞인 미소를 지었다. 그는 윈저 성을 백일초와 엽

초, 그리고 모란과 키 큰 흰색 제비고깔을 섞은 알케밀라 같은 형형색색의 꽃들로 두루 장식했으며 극적인 효과가 나도록 조명까지 비추었다. 한번은 엘리자베스 2세가 "윈저그레이트 파크의 온실들이 텅텅 비었겠어요."라고 말하자 그는 "거의 다요. 하지만 좀 남겨뒀죠."라고 대답했다.

플런킷의 감독하에 엘리자베스 2세의 손님 명단은 예술계 사람들로 확대되었는데 "과거에는 한 번도 오지 않았던 사람들"[9]이라고 오래 근무한 한 궁녀가 말했다. 그는 버킹엄 궁의 비공식 오찬에 시류에 따라 적절하게 다양한 손님들을 초청자 명단에 포함시키는 데 핵심적 역할을 했으며 주말의 사냥 모임에도 변화를 시도했다. "그는 모든 사람들을 다 알았으며[10] 마거릿 공주가 싫어하는 사람이 누군지도 알아서 옆자리에 앉히지 않았다."고 마거릿 로즈는 말했다.

플런킷은 겉으로 드러나지 않지만 여왕에게 중요한 역할을 해왔으며 이는 둘 사이의 깊은 우정에 기초하고 있었다. 플런킷의 부모이며 조지 6세와 가까웠던 테디와 도로테는 1938년에 비행기 추락 사고로 사망했다. 그와 두 어린 남동생이 고아가 되었을 때 플런킷은 고작 15세였고 국왕과 왕비는 그들을 키우는 데 지대한 관심을 가졌었다. 그는 이튼과 케임브리지를 졸업한 뒤에 제2차 세계대전 당시 근위보병 4연대에서 복무했으며 1944년 벨기에 전투에서 부상을 입었다.

런던으로 돌아오자 국왕은 그를 시종무관으로 채용했으며 엘리자베스 공주가 여왕이 되자 그녀는 즉시 플런킷으로 하여금 그 자리에서 계속 근무하도록 했다. "그녀는 플런킷이 믿을 만한 사람이라는 것을 즉각 알아챘다.[11] 그는 사람 이름과 얼굴을 잘 기억했고 판단력이 뛰어났고 해야 될 일과 해서는 안 될 일들에 대한 놀라운 직감을 타고났다. 그녀는 그의 이런 점에 의지했다."고 그의 동생인 숀 플런킷은 회고했다. 많은 보좌진들이 불편한 진실을 전달하기 싫어하는 왕실 분위기에서 플런킷은 그가 "내 주인^{my boss}"이라고 부르는 여인에게 솔직하게 그것도 "번번이 웃으면서[12] 말하면 그녀 또한 웃음으로 받았다."고 숀은 말했다.

그가 소장한 회화 작품 컬렉션 가운데도 특히 루벤스 작품 전문가였던 플런킷은 여왕에게도 미술품 구매 자문을 했다. 필립 공과 함께 그는 버킹엄 궁의 폭격으로 파괴된 사설 교회를 퀸스 갤러리로 개조하는 데도 앞장섰는데 이 미술관은 1962년에 최초로 왕실 예술품들을 일반에게 공개했다. 그는 자신의 열정과 지식을 엘리자베스 2세와 공유했다. 여왕은 그녀의 진귀한 소장품에 대한 가치를 인식하여 윈저와 버킹엄 궁에서 만찬이 끝나면 내빈들에게 소장품을 빼놓지 않고 소개했다.

흔히들 그를 가리켜 '실제로는 존재하지 않은 그녀의 오빠'라고 한다. 그는 분명 그녀의 심복이었다. 여왕은 사적인 문제들도 그에게는 말할 수 있다고 믿었고 그의 분별력에 의존했다. 그의 사촌인 애너벨 골드스미스 부인은 그를 "대단한 보호자^{great protector}"[13]라고 불렀다. 만약에 여왕이 피곤한 기색을 보이면 그는 "피곤해 보이십니다."라고 말하는 대신에 "폐하, 이제 그만 마무리할까요?[14] 아니면 누굴 시켜서 마무리하라고 할까요?"라고 묻는다. 그는 항상 그녀를 맴^{Ma'am}이라고 부르며 그녀가 누구이며 자신의 위치가 무엇인지 분명히 이해했다.

그러나 그는 그녀를 겨냥한 불경스러운 유머 감각도 지녔다. 의례적인 행사에서 플런킷은 엄숙함을 희화화하는 윙크나 고갯짓을 친구들에게, 그것도 바로 여왕의 어깨 너머로 하기도 했다. 그리고 뒤에 가서는 그때 재미있었던 얘기들을 여왕에게 들려주곤 했다.[15] 가령 언젠가 가든파티에서 먹다 만 찐득거리는 빵을 발견했는데 의치가 통째로 박혀 있었던 일 등이다. 그는 분위기를 가볍고 재미있게 만들었고 필립이 없을 때는 여왕과 춤을 추기도 했지만 그렇다고 해서 결코 그녀 남편의 역할을 빼앗지는 않았다. 필립과 이 궁정인은 서로를 즐겼으며 필립은 그의 아내에게 자기가 해줄 수 없는 영역에서 의논해주는 사람이 있다는 데에 안도했다.[16]

재치 있고 딱딱하지 않은 태도를 가졌다는 점에서 플런킷은 여왕의 주위에서 보다 개방적인 분위기를 조성해온[17] 마틴 차터리스와 흡사했다. 이 두 사람은 처음부터 엘리자베스 2세와 함께 있었으며 그들의 충성심이 깊어지면서 그녀에 대한 호감도 두터워졌다. 그들은 둘다 시골에 집이 있었는데 런던에서는 여왕과 가까이서 살았다. 플런킷은 버킹엄 궁 안에 작은 침실과 욕실과 사무실을 가지고 있었고 차터리스는 세인트제임스 궁 안의 프라이어리 코트 내의 아파트에서 살았다.

차터리스는 거의 20년간 개인 비서보로 일했을 뿐이지만 모든 중요한 결정에 다 관여했다. 또한 여왕의 자녀들과도 가까웠는데 특히 찰스는 "마틴은 속을 털어놓을 수 있는 사람이었다."[18]라고 게이 차터리스는 전했다. 그러나 1960년대가 끝났을 때 오랜 세월 동안 봉직해왔던 이 궁정인은 임기를 끝마칠 때가 왔음을 느꼈다. 마이클 아딘은 고작 세 살 위인데, 그가 정년퇴직을 하고 나서 차터리스가 비서보에서 비서로 승진하기에는 "이미 너무 늦었다."[19]고 차터리스의 미망인은 말했다.

1969년 초에 데이비드 브루스는 이렇게 말했다. "왕실 가사국Royal Household에 대하여 기꺼운 점은 종사자 전원이 여왕에 대해 가지는 호감[20]이다. 나는 이것이 마땅하고도 남는다고 믿는다. …… 그녀가 이끌어가는 화목한 분위기는 보는 사람으로 하여금 분명 진정성을 느끼게 한다." 여왕은 종사자들에게 높은 수준을 유지하게 하고 존중심과 공정함을 가지고 대한다. 화를 내는 경우는 극히 드물다.

여왕은 정예 궁정인들을 거느리고 있을 뿐 아니라 처음부터 똑같이 유능한 궁녀들을 휘하에 거느리고 엄격한 위계질서 하에 중세적 지위를 부여했으며 분명하게 각자의 업무를 분장했다. 그들은 거의 예외 없이 귀족 가문에서 차출했는데 상당수는 왕실 가족들의 친구였다. 모두 공통된 관심사를 지녔고 타고난 조심성과 궁정의 예의범절에 대한 섬세한 이해와 더불어 사교적 성품을 지녔다.

1967년에 "대표 궁녀^{head girl}"로 뽑힌 포춘 프리츠로이는 그래프턴 공작 부인으로 여왕의 의상 담당 여관장^{the Queen's Misterss of the Robes}이었다. 하지만 실상 그 임무는 국왕의 의상과는 관련 없는 직책이었다. 이 직위는 역사적으로 공작 부인이 맡아왔는데, 포춘은 데본셔의 미망인 공작 부인이 은퇴한 뒤에 이 자리를 물려받았었다. 포춘 그래프턴은 경험이 풍부한 전문가로서 2등급직인 침실 담당 여관장^{Lady of the Bedchamber}이었는데, 이 직책도 역시 국왕의 침실과는 관련 없는 직책이었다. 3등급 직위는 침실 담당 궁녀들^{Women of the Bedchamber}로서, 이 2등급과 3등급 직위는 특별 행사가 있을 경우 추가로 궁녀를 차출할 수 있어서 대략 11명이 정원을 이룬다.

고참 궁녀로서 포춘 그래프턴은 가장 중요한 행사나 방문 시에 여왕을 수행한다. 침실 담당 여관장은 국내와 국외를 교대로 근무하며, 침실 담당 궁녀들은 주로 통신 업무를 맡고 다양한 행사에서 여왕을 보좌한다. 모든 궁녀들은 리셉션장을 돌아다니며 대화에서 지나치게 끼어들어 여왕을 귀찮게 하는 손님들을 차단하거나 손님들 간에 소개를 시키는 등의 업무에 능숙하다.

엘리자베스 2세는 궁녀들―똑같은 임무를 수행하는 시종무관들과 함께―이 어디에 있는지 항상 알고 있다. 그녀가 그들을 정면으로 바라보면 무엇인가를 원한다는 것을 뜻한다. 그들은 그녀의 몸짓을 통해서 그녀가 자리를 뜨고 싶어 하는지 알며, 그들 중의 한 명이 끼어들어 여왕 대신 대화를 이어간다. 때로는 핸드백을 바꿔들거나 손가락에 낀 반지를 돌린다. 이렇게 신호는 다른 사람 눈에 잘 뜨지 않는다. 구체적으로 어떤 지시를 내리기보다 오랜 세월 동안 일하면서 그녀를 관찰해서 학습한 결과이다. "정해진 규칙 같은 건 없다.[21] 남편이 술자리에 갔다가 도중에 일어서고 싶은 것을 오랜 경험을 통해 눈치 채는 아내처럼 그냥 직관으로 아는 것이다."라고 한 고참 궁녀는 말했다.

궁녀들은 국왕을 만나기 전에 미리 진정시켜야 할 "골칫덩이들Awkward Squad"을 식별해내기 위한 안테나를 세심하게 곤두세운다. 그들은 접견을 위해 대기한 줄을 따라다니며 여왕의 손에 쥐어주는 화환이나 예기치 못한 선물들을 대신 받아준다. "여왕은 '들 수 있겠어요?[22] 안 되면 경찰관에게 부탁해요.'라고 말한다. 어떤 사람은 꽃들로 가득 찬 엄청나게 큰 바구니를 들고 올 때도 있는데 그러면 그녀는 돌아보며 '이걸 어떡한다지?'라고 말한다."고 한 숙련된 시종은 말했다.

그들은 대부분 임무를 완벽하게 수행하지만 실수를 하게 되면 20년 동안 여왕의 침실 담당 여관장을 지낸 레스터 백작 부인인 엘리자베스가 이름 붙인 "눈총glare"[23]을 받게 된다. 한번은 침실 담당 궁녀인 수잔 허시 부인이 사학자인 폴 존슨과 언쟁을 하자 바로 근처에 있던 여왕이 둘을 향해서 "국왕다운 눈총"을 보내며 매섭게 말했다. "두 사람, 그만 좀 떠들어요!"

여왕과 차를 타고 가면 궁녀들은 당연히 그녀에게 대화의 주도권을 넘긴다. 1967년에 임명된 크로머 백작의 미망인 에스메는 "수다스러운 궁녀가 있으면 그녀는 못 견딜 것이다.[24] 그녀는 무엇을 해야 할지, 누구를 만날지, 연설은 어떻게 할지 등 생각할 일들이 많다. 그러니 한심한 수다쟁이가 옆에서 떠들어댄다면 화가 나지 않겠나. 그래서 나는 아예 입을 닫는다."라고 말했다.

궁녀들은 지칠 줄 모르는 그들의 주인과 보조를 맞추기 위해서라도 자주 오랜 시간 동안 서 있어야 하지만 약간의 보상과 경비 정도를 받을 뿐 사실상 자원봉사로 일한다. 때로 어떤 선발 과제들을 놓고서는 경쟁 관계에 빠질 수도 있지만 그런 경우에도 그들은 경쟁을 자제한다. 그들의 직책은 그 자체가 국왕을 위해 봉사하는 명예이며 또 "사치를 누릴 수 있는" 특수 클럽에의 진입을 뜻한다고 모후의 궁녀였던 프랜시스 캠벨프레스턴은 썼다.

그들은 왕실 저택들 중 한 곳에 체류하며 일상 업무를 돌봐줄 하녀들을 따로 거느린다. 버킹엄 궁에서 근무할 때에는 2층 아가방 맞은편의 전용 거실에 모인다. 대부분 낮에는 저택의 식당에서 개인 비서, 시종무관 그리고 그 밖의 선임 관리와 점심을 먹는다. 늦은 저녁에는 시종무관실에서 차와 음료를 들기 위해 모인다. "우리는 절대로 여왕과 필립 공에 대한 얘기를 나누지 않는다.[25] 어떤 불평이나 보고 들은 것에 대해서 일체 함구하며 항상 사려 깊게 행동한다. 이야기가 돌아다니는 일은 전혀 없다."라고 에스메 크로머는 회고했다.

여왕은 고위 보좌관에게 하듯이 항상 궁녀들과 시종무관들에게는 이름을 불렀다. 하인이나 가사 종사원들 같은 직원들은 성을 불렀다. 다만 가까운 개인 보조원들이나 의상 담당, 급사들은 예외지만. 여왕 재위 20년간 일해온 보보 맥도널드는 궁정 서열에서 매우 특수한 경우로서 그녀의 가장 사적인 부분들을 돌봐온 엄마 같은 존재이자 국왕의 눈과 귀로 알려져 왔다. 버킹엄 궁에서 이 작고 안경을 쓴 스코틀랜드 여인은 여왕의 아파트 바로 위층에 거주하며 식사도 다른 직원들과 식당에서 함께하지 않고 정복을 입은 하인들이 별도로 제공했다. 그녀는 엘리자베스 2세처럼 웨이브 진 머리 모양을 하고 진주가 박힌 세 가닥의 목걸이를 걸고 왕실 디자이너인 노먼 하트넬이 만든 실크 드레스를 걸쳤다.

왕실 가족 외에 보보만큼 여왕과 그녀의 어린 시절에 대해 알고 있는 사람은 없었다. 둘은 윈저 성에서 전쟁 기간을 포함하여 엘리자베스 공주가 10대에 이르기까지 침실을 함께 썼다.[26] 보보는 여왕의 신혼여행도 따라갔고 국왕의 영면도 지켜보았으며 자유분방했던 몰타에서의 목가적 생활도 함께했다. 필립이 여행을 떠났을 때와 네 자녀가 태어났을 때, 휴가 기간은 물론 해외 순방 때도 함께했다. "보보는 여왕한테 무슨 말이든 다 했다.[27] '그 옷을 입으니까 보기 흉하다', '초록색을 입으면 어떡하느냐' 등 그녀는 그야말로 심복 중의 심복이었다."고 마거릿 로즈는 말했다.

엘리자베스 2세의 의상 디자이너들인 노먼 하트넬과 하디 에이미스는 보보의 보수적인 취향이 여왕의 옷 선택에 영향을 끼친다는 점을 깨닫게 되었다. 여왕이 의복을 고르는 것은 군인 장교가 여러 종류의 제복들 가운데서 어느 때에 어느 것을 입어야 하는지 선택하는 것과 유사했다. 그러나 크로피가 보았듯이 여왕이 공주였을 때는 자기 모습 꾸미는 것을 즐겼다. "의상 스케치와 옷감들을 온 바닥에 늘어놓고[28] 바닥을 기어다니며 '이것과 저것을 입어야겠다.'라고 말하곤 했다. 그녀는 어깨에 패드를 많이 넣는 것을 싫어했고 짧은 것도 싫어했다. 그녀는 앉아 있는 시간이 많고 자주 몸을 흔들어댔기 때문이었다." 라고 하디 에이미스의 판매 직원인 발레리 라우스는 회고했다.

보보는 실용적이고 편안한 쪽을 선호했는데 특히 겨울에는 "작은 아가씨"가 따뜻하게 입어야 한다고 수선을 피워댔다. 그녀는 또 액세서리들을 자기 소관이라고 여겼는데 특히 디자이너들을 골탕 먹인 여왕의 상자 모양의 큼직한 핸드백들이 그러했다. 보보는 에이미스를 무척 싫어해서 여왕이 그에게 작위를 하사할 때 "이 사실을 알면 보보가 난리를 피우겠다."[29]고 말하기까지 했다.

국왕과 충직한 직원들은 단단한 결속력을 지녔지만 그들 사이에 무슨 일들이 벌어지는지는 소수의 사람들만이 알아서 이것이 보보의 강력한 존재를 뒷받침했다. 오래 근무한 한 하인은 이렇게 말했다. "그녀는 여왕에 관하여 속속들이 알고 있었다.[30] 둘은 그야말로 단짝이었다. 미스 맥도널드(보보)는 어떤 일도 결코 다른 사람들한테 맡기지 않았다." 시종장에서부터 말단 하녀에 이르기까지 거의 모두가 보보의 강한 성품에 겁을 먹을 정도였는데 그러나 "기분이 좋을 때는 매우 친절했다."[31]고 하인 존 딘은 썼으며 또 유머 감각도 좋았다고 했다.

1967년에 여왕이 노르망디의 어느 말 사육 농장을 방문했을 때였다. 보보가 저택에서 숲 속으로 산책을 나갔다가 행방불명이 됐는데[32] 나중에 프랑스 비밀 경찰에 의해 체포된 적이 있었다. 이는 왕실 일행들 사이에서 두고두고 즐거운 화제가 되었다.

여왕의 절친한 친구 그룹은 그녀의 가장 충직한 심복들과 똑같이 엄격한 사리 분별력을 갖춘 것으로 알려져 있다. 그녀는 새로운 친구들을 열심히 사귀지는 않았지만 때때로 그 범위를 넓힐 만큼 마음이 열려 있었다. 여왕의 친구가 된다는 것은 본질적으로 일방적인 경험이 될 수밖에 없다. 여왕의 내밀한 성소에 발을 들여놓은 사람들은 규칙을 이해하며 눈에 보이지 않는 장벽에 대한 본능적인 감각을 가지게 된다. 그녀를 만나는 여자들은 무릎 인사를 하며 여왕은 그들 뺨에 키스하고 자유롭게 다정한 제스처로 답한다. 그들은 어떻게 하면 그녀를 편안하게 또 웃게 하는지 알며 그녀는 마음을 터놓고 자신의 내밀한 느낌까지는 아니더라도 자기가 경험한 사람들이나 사건에 대한 신랄한 견해를 서슴없이 말한다.

그들은 여왕의 조언을 구하기도 하는데 퍼트리샤 브라본에 의하면 "타당하고 매우 인간적이며 현명하다."[33]고 한다. 그러나 그들은 전화를 걸거나 속마음을 털어놓지 않는다. 무엇보다 그들은 존경심을 품는다. 다섯 살 때 그녀를 처음 만났던 데이비드 에얼리마저도 "그만 집어치워요." 따위의 말은 하지 않는다. 한 가지 철칙은 그녀의 말을 그대로 반복해서는 안 된다는 것인데—그들은 이를 "침묵의 고리"[34]라고 일컬었다. 그녀의 평생 친구 중 한 명의 아들은 "사적인 부분을 들여다본 사람은[35] 그녀의 신임을 잃을까봐 두려워서 구체적인 얘기를 절대 하지 않는다."고 말했다. 그러나 그녀를 가장 잘 아는 사람은 신임을 배반하지 않으면서도 그녀의 성격과 인품에 대해서 예리하게 말하곤 했다.

60년 가까이 알아온 한 친구는 "그녀와 대단히 친한 사이는 아니지만,[36] 그녀는 좋은 친구이며 아주 재미있고 놀랍다. 솔직하고 현실적이고 사려 깊다. 누군가의 아이가 몹시 아프면 그녀는 어느새 알고 어떠냐고 묻기도 한다. 그렇지만 너무 가까이 가서는 안 된다. 어딘가 범접할 수 없는 기운이 있다. 소파에 앉아 있는 친한 친구처럼 대하지는 못할 것이다. 그녀가 일부러 그렇게 만드는 것은 아니다. 그것까지 그녀의 일부인 것이다. 그녀의 사생활에 함부로 다가갈 수 없다. 거기까지는 못 간다."라고 말했다.

피상적으로 보면 여왕의 친구들은 그저 말쑥하게 차려입은 귀족들 정도로 보일지 몰라도 실상 남자들은 유능하고 업적을 쌓은 사람들이며, 여자들은 총명하고 활달하며 모두가 단단하게 속이 꽉 차 있고 신뢰할 수 있는 사람들이다. "그녀의 가장 큰 장점은[37] 늙은 땅부자들과는 어울리지 않는다는 것이다. 그녀는 패거리 작당을 하지 않는다. 그녀의 친구들은 오랫동안 알고 사귀어온 사람들로서 가족 같은 관계를 유지해왔다."라고 이 그룹의 회원이며 7대 솔즈베리 후작인 로버트 개스코인세실은 말했다. 여기에는 말보로, 데본셔와 보포트의 대공大公들도 포함되어 있다.

친교를 위해서 그녀는 보우즈 라이언 쪽의 폭넓은 인척 연줄에 의존했다. 주로 메리 콜먼, 진 엘핀스턴 윌스와 그녀의 동생인 마거릿 로즈, 마운트배튼의 인척인 퍼트리샤 브라본, 파멜라 힉스와 헨리 카나번, 휴 그래프턴, 루퍼트 네빌 등 윈저 성에서의 전쟁 기간부터 알았던 이들이다. 또한 오랫동안 가족들의 친구로서 함께 운동을 즐겼던 에얼리와 웨스트모얼랜드 백작들 그리고 여왕과 여러 경로로 알게 된 에릭과 프루든스 펜 경 등이 있다. 프루든스는 10대부터 친구였으며 그녀의 남편은 20년 이상 궁정의 의식들을 조직해왔다. 그의 친척이자 사실상 보호자였던 아서 펜은 모후의 가장 친한 친구 중 한 명이었고 보좌관이기도 했다. 그는 어린 여왕을 "대령 the Colonel"[38]이라고 부르며 무척 귀여워했다.

"여왕에게는 속물근성이 전혀 없었다.[39] 공작이나 하인이나 모두 예의와 우정을 가지고 똑같이 대했다."라고 퍼트리샤 브라본은 말했다. 이 점은 미국인들에 대한 태도에서도 똑같이 드러난다. 그녀의 교제 범위 안에는 영국의 과거 식민지의 연줄이 상당히 많다. 데이비드 에얼리의 아내인 버지니아의 어머니 닌은 뉴욕과 뉴포트 사교계에서 명망가로 알려져 있다. 카나번의 어머니는 뉴욕 출신의 캐서린 웬델이며, 그의 아내 진 월럽은 와이오밍에서 자랐다. 그녀의 친할아버지인 8대 포츠머스 백작은 미국에 정착하여 켄터키의 판사 딸과 결혼했다. 진의 사촌은 여왕의 어린 시절 친구였던 미키 네빌로서 미국인 어머니와 9대 포츠머스 백작의 딸이었다.

진 월롭이 1955년에 잉글랜드에 도착했을 때, 그녀 사촌의 친구들인 2대 헤버의 아스터 남작인 게빈 아스터와 그의 아내 이렌느의 런던 저택에서 여왕을 만나 술을 마셨다. "나는 무서워서 죽을 뻔했다.[40] 그녀가 여왕이라는 생각 자체가 겁이 났다. 하지만 그녀는 스타였음에도 불구하고 내 기분을 편하게 해주었다."라고 그녀는 회고했다. 월럽은 엘리자베스 2세의 "대단한 일관성"에 감명을 받았고 "그녀는 알기 어려웠지만 기다린 보람이 있었다. 그러다가 친구가 된다. 그녀를 알기까지 오래 걸린다."라고 말했다.

친구들의 사적인 접대를 받는 것은 엘리자베스 2세에게는 오랜 세월에 걸쳐 중요한 탈출구였다. 그녀는 거창한 전원 저택이나 조그만 마구간을 개조한 집에서나 똑같이 편안해했다. 초대한 곳에서 여왕에게 참석자 명단을 보내오지만[41] 그녀는 오찬이건 만찬이건 집주인에게 자리 배정을 일임한다. 그녀는 자그마한 자동차로 이동하며 수행원 한 명만 대동하는데, 이후 수행원은 조용히 다른 방으로 간다. 1966년 존과 퍼트리샤 브라본의 저택에서 베푼 만찬에서 노엘 카워드는 여왕이 "편안해 보였고 즐겁게 웃을 태세를 하고 있었다."[42]고 보았다.

필립은 이 같은 사적인 생활 속에서 자주 그녀의 편이 되어주었다. 1960년대가 저물면서 그도 50세가 가까워졌다. 국왕의 배우자로서 그의 생활은 여러 해외 활동을 포함하여 연간 평균 370회의 독자적인 공식 활동으로 매우 바빴다. 그는 나아가 공적인 모습에서도 점차 공격적으로 바뀌었다. 그는 카리브 해 지역 한 병원 간호사에게 "당신들은 모기에 시달리지만[43] 우리는 언론에 시달린다."라고 말해서 왕실 취재 기자들로부터 항의를 받고 급기야 사과로 마무리했다. 몇 년 뒤에 그는 반성의 기미 없이 또다시 에든버러 대학에서 청중에게 "난 말만 하면 얻어터진다."[44]라고 했고, 스코틀랜드의 TV 인터뷰에서는 "왕정[45]은 때때로 목을 내놓기 때문에 유지되는 것이다. …… 얻어맞을까봐 두려워서 아무것도 하지 않는 것은 결국 양배추처럼 사는 것이고 그럴 바엔 살 까닭이 없다. 자기가 믿는 것을 위해서 고개를 내밀어야 한다."고 말했다.

1969년에 북아메리카를 순방하면서 필립은 자신의 주장을 스스로 실천해서 언론의 머리기사를 장식했다. 그는 오타와에서 한 단체에게 이렇게 말했다. "이 왕정의 문제에 대한 해답[46]은 간단하다. 만약에 사람들이 원하지 않으면 바꿔야 한다. 그러나 원만하게 종결해야지 싸울 필요는 없다. 왕정은 그 자체를 위한 것이 아니라 국가를 위한 것이다. 우리는 건강을 위해서 여기에 오는 것이 아니다. 즐기기 위해서라면 그보다 나은 방법은 얼마든지 있다." 캐나다에서 여왕의 국민들을 짜증나게 한 뒤에 그는 미국으로 건너가서 더 심한 논란을 일으켰다.

여왕이 미국을 다녀간 지 10년이 지났지만 필립은 영국과의 무역과 그가 공들여온 사회 운동에 대한 지지를 모으기 위하여 여러 차례 방문을 했다. 1966년 10일간의 깜짝 방문 시에는 심지어 버라이어티 클럽Variety Club, 영국의 어린이 자선단체-옮긴이을 위한 10만 달러의 기부를 얻고자 마이애미 해변에서 열린 리셉션에서 수영장에 점프를 하는 모험을 하기도 했다.[47] 3년 뒤에 닉슨 대통령은 공작을 위하여 행정부와 의회, 군부, 법조계 및 재계와 언론계, 학계 등에서 105명의 남자들을 초청하여 남자만을 위한 만찬을 베풀기로 했다.[48]

그런데 그날 우연히 NBC의 〈투데이 쇼〉를 진행하는 바버라 월터스가 백악관에서 닉슨의 딸인 트리샤와 인터뷰를 하고 있었다. 월터스는 대통령을 보자 그날 저녁 필립을 위한 만찬에 여성을 초대하지 않은 데 대하여 항의를 했다. 그는 대신에 공작을 그녀의 프로에 출연하도록 설득하겠노라고 했는데 이 요청은 이미 필립이 거부한 상태였다. "나는 미국 대통령이 출연 섭외도 하는 줄은 꿈에도 몰랐다."[49]고 월터스는 회고했다.

그러나 이튿날 필립은 TV에 나왔고 월터스로부터 이런 질문을 받았다. "엘리자베스 여왕께서 혹시라도 퇴위하시고[50] 찰스 왕자에게 왕위를 물려줄 가능성이 있습니까?" "누가 압니까? 무슨 일이든 일어날 수 있는 거죠."라고 필립은 대답했다. 그의 경솔한 이 말 한마디는

영국 언론에 일대 파장을 일으켜서 여왕이 계속 왕위에 머물러줄 것을
탄원하는 군중이 궁 앞의 대로에 쏟아지는 사태를 야기했다. 월터스는
필립에게 소동을 일으켰고, 죄송하다는 편지를 보냈다. 그는 고맙다고
하면서 "대부분의 시위가 분노와 도발만을 반영해오던 이 시대에
…… 환호와 선의를 대대적으로 표출하는 매개 역할을 하게 된 것[51]을
기쁘게 생각한다."고 덧붙였다. 그는 또 닉슨에게는 월터스가 "대단히
매력적이고 지성적이다."[52]라고 전했다.

필립은 이보다 훨씬 더 의미 있는 발언을 다음 일요일 NBC의
〈언론과의 만남Meet the Press〉에 출연해서 쏟아냈는데 이를 〈더 타임스〉
는 "에든버러 공작이 그의 우정 어린 적수인 언론the Fourth Estate, 신문·언론에
대한 별칭. 제4권력이라고도 한다.-옮긴이과 언쟁을 벌이다"[53]라는 제목으로 기사화했
다. 왕실 가족이 어떻게 인플레이션에 대처해나갈 것이냐는 질문에 그
는 "우리는 내년에 적자를 보게 된다.[54] 살림살이를 줄여야 하지 않을
까 싶다. …… 조그만 요트가 있었는데 팔지 않을 수 없었고 나는 머지
않아 폴로를 그만두어야 할지도 모르겠다."고 대답했다. 필립의 대답
은 지나치게 솔직했지만 즉석에서 튀어나온 이 발언은 후유증을 남겼
다. 실상 이 문제는 심각했다. 인플레이션은 영국 경제를 좀먹고 있었
으며 왕실 재정에도 타격을 주었다. 1953년에 소비자 물가는 74퍼센
트나 올랐고[55] 대체로 민간 기업보다 낮았던 왕실 직원들의 급여는
167퍼센트가 인상되었다.

여왕의 공식적 지출에 대해 정부는 연간 왕실 비용을 475,000파
운드로 고정시켰다. 이는 만일의 사태에 대비한 여유분을 비축하고도
적정했다. 그러나 1962년부터 인플레이션이 심해지자 지출이 수입을
초과하였고 여유분마저 늘어나는 결손을 충당하기 위하여 소진하였
다. 필립이 문제의 발언을 했을 무렵에 여왕은 연간 왕실 비용 보조금
을 마련하기 위한 다른 재원을 확보해야 하는 문제에 봉착했다. 여왕

은 공사公私의 목적을 위하여 별도로 관리해오던 면세 자산과 투자 재원인 랭커스터 영지로부터 상당한 수입을 올릴 수 있었다. 또한 정확한 금액을 따질 수는 없지만 사적인 수입이 있어서 이를 밸모럴과 샌드링엄 그리고 경마 사업과 기타의 개인 지출을 충당해왔다.

그 밖에 왕궁들의 보수 관리와 교통, 보안 등이 정부 부처의 지원으로 충당되었다. 그러나 연간 왕실 비용의 지출은 여왕뿐 아니라 그녀의 남편, 모친, 동생, 딸 그리고 왕실의 직무를 맡은 다양한 친척들에게까지 부유한 왕실 가족들을 부양하는 데 반대해온 노동당의 비판자들에게는 정치적 호재였다.(찰스는 웨일스 왕자이며 동시에 콘월 공작으로서 중세 때부터 내려오는 콘월 영지에 대한 상당한 지분으로부터의 개인적 수입도 있었다.) 비판자들은 연간 왕실 비용의 원천이 국왕의 영지였으며 그 영지로부터 200여 년간 정부 재정으로 넘어간 총 수입액에 비해 왕실에 배정된 금액은 미미했다는 사실은 무시해버렸다.

필립의 발언은 여왕이 공식적으로 연간 왕실 비용의 증액을 요청할 무렵에 새어나와서 기름에 불을 부은 형국이 되었다. 이 문제는 의회에서 뜨거운 쟁점으로 떠올랐고 결국 왕실 재정에 대한 철저한 감사 요구로 이어졌다. 심지어 해럴드 윌슨마저 필립의 발언에 유감을 표하고 1969년 11월 11일에 특별 위원회를 구성하여 감사를 실시한 뒤 의회에 결의안을 제출하도록 할 것이라고 발표했다.

1970년 2월 25일 새로운 시대의 서막을 장식하는 여왕의 이미지가 안니고니의 초상화에 담겨 국립 초상화 박물관에 전시되었다. 그의 첫 번째 초상화에서 보였던 화려함과 아름다움은 배제되고 훌륭하지만 동시에 낯설게 느껴지는 놀라운 그림이었다. 이 그림에서 그녀는 대영제국을 상징하는 붉은색 휘장을 두르고 별다른 장식이 없는 맨 머리를 한 채 저 멀리 낮은 지평선 위로 보이는 텅 빈 저녁 하늘을 배경으로서 있었다. 텅 빈 배경은 그녀가 짊어진 고독한 직무의 막중함을 강조하고 있었다. 그녀의 표정은 엄격하지만 눈매는 어딘가 애잔해 보였다. 이 정치적, 사회적 격변기에 안니고니는 굳은 확신과 헌신 속에서 나라와 국민을 바라보는 여왕의 모습을 포착했던 것이다.

사반세기 전
여왕과 필립의 결혼식처럼,
그들의 딸을 축하하는 행렬은
당시 암담한 시기를 보내던
영국에 잠시나마 환한
불꽃을 피웠다.

11

*Like the wedding of the Queen
and Philip a quarter century
earlier, the pageantry of their
daughter's celebration struck
a bright spark at a particularly
bleak moment for Britain.*

앤 공주와 마크 필립스 대위의 결혼식 후에 버킹엄 궁의 발코니에 선 왕실 가족들.
1973년 11월 ⓒ Mirrorpix

CHAPTER 11

어림없는 소리!

"Not Bloody Likely!"

1970년 6월에 해럴드 윌슨은 의회에서 노동당이 다수당으로서의 지위를 굳힐 것이라는 가정 아래 총선거를 실시했다. 그러나 그는 여론조사를 오판했고 물가 인상과 실업 증대에 따른 대중의 실망감을 잘못 읽었다. 보수당은 놀랄 만한 반전으로 압도적 승리를 거뒀다. 53세의 에드워드 히스가 여왕의 손등에 키스하기 위하여 19일에 버킹엄 궁에 입성했다. 그는 여왕에 의해서 지명되지 않고 당내 선거에 의해 선출된 최초의 보수당 수상이었다.

그날 밤 엘리자베스 2세는 윈저 성에서 모후를 비롯하여 여왕의 사촌 디키 마운트배튼, 글로스터 공작인 모후의 친척 해리 그리고 즉위 이후 그녀의 명예 마사국장^{Master of the Horse}이었던 10대 보포트 공작인 헨리 서머셋 등의 70회 생신을 축하하는 대무도회를 열었다.

이 무도회는 패트릭 플런킷이 연출했는데[1] 조명이 성 전체를 비추고 화분에 심은 바늘꽃들이 고딕 양식의 입구에 죽 장식되었다. 많은 내빈들은 보수당의 승리를 축하했다. "우리는 윌슨과 그 고약한 일당들을 또 5년간 참아줄 각오가 돼 있었다.[2] 그런데 극적으로 모든 것이 변했다."고 세실 비튼은 말했다. 새 수상이 정복자처럼 당당하게 등장하자 내빈들은 환호했다. "나는 그가 목까지 빨개졌다고 들었다."[3]고 비튼은 기록했다.

그러나 히스는 윌슨과 정확히 동시대인으로서 열 살 아래인 여왕을 힘들게 했다. 노동당 전임자처럼 그의 출신도 소박했다. 그는 중등학교와 옥스포드에서 우수한 학생이었다. 히스의 편협성은 고전 음악에 대한 전문성과 요트 조종사라는 교양의 허울을 쓰고는 있었지만 두 가지 모두 여왕과의 공통 화제로서는 어울리지 않았다. 평생 독신인 그는 그의 전기 작가인 필립 지글러는 그를 "독신주의자"[4]로 묘사했지만 여성에게 무관심했고 가끔은 여성 혐오자처럼 보였다.

여왕의 여섯 번째 수상은 퉁명스러우며 심지어는 무례하다고 정평이 나 있었다. 윌슨은 그를 "차갑고 비정한"[5] 인물이라고 묘사했다. 그에게는 윌슨이 가진 친밀감과 본능적 존중심이 없었다. 더 심한 것은 여왕의 관점에서 보았을 때 그는 유머 감각이 없었고 거리감마저 느껴졌다. 그래도 여왕은 그에게서 호감을 가질 만한 특징을 찾을 수 있었다. 정치적으로 유능했고 업적이 뛰어났으며 결단력과 정직성을 지녔다. 그러나 인품으로 보았을 때, 국왕에 대한 예의범절은 지겨울 정도였다.

히스는 여왕의 가치를 빠르게 배웠고 특히 그에겐 속마음을 털어놓고 좌절을 하소연할 배우자가 없었기 때문에 여왕과의 면담이 보람 있다고 느끼게 되었다. 그는 여왕에게 개인 비서들이 적어둔 안건의 범위를 넘어서 "아주 많이"[6] 털어놓았을 때 그녀가 "참을성 많은 경청자"[7]였다고 묘사했다. 그는 "오랜 세월 동안 경륜을 쌓은 그녀가[8] 전혀 동요하지 않는 것 자체가 큰 격려가 된다."고 말했다. 히스는 또 외국의 지도자들과 계속 연락을 주고받는 것도 그녀를 "매우 쓸모 있게 만들며 …… 특히 외교 문제에서 그렇다."[9]고 보았다.

그러나 그는 코먼웰스에 대한 여왕의 열정에는 동의하지 않았고 그로 해서 둘 사이에 긴장이 흘렀다. 선출된 순간부터 히스는 맥밀런이 시도했으나 샤를 드골 프랑스 대통령이 두 번씩이나 퇴짜를 놓은 유럽 공동 시장의 가입을 재추진했다. 히스는 여전히 거부권을 지닌 프랑스의 조르주 퐁피두 대통령을 설득하는 데 필사적인 노력을 기울였다. 프랑스에게 영국은 진정한 유럽 국가라는 것을 입증하기 위하여 히스는 코먼웰스의 중요성을 폄하했다. 그는 또 1967년에 윌슨이 남아프리카공화국에 대하여 취했던 무기 수출 금지 조치를 철회하고 인종 차별 정권에 무기 수출을 재개했다. 잠비아의 케네스 카운다와 탄자니아의 줄리우스 니예레레는 코먼웰스 탈퇴를 위협했다.

1971년 싱가포르에서 열린 코먼웰스 지도자 회의에서의 충돌을 우려해서 히스는 여왕의 참석을 막았다. 예상대로 아프리카너들은 그를 질타했으나 아무도 탈퇴하지는 않았다. 히스의 전기 작가 존 캠벨에 의하면 여왕은 그녀가 사랑하는 코먼웰스들을 "히스가 대놓고 무시하는 태도에 대해서 깊이 실망했으며"[10] 1971년의 회합을 "훼손시킨 분쟁에 대하여 크게 우려했다."고 한다. 마틴 차터리스는 만약에 그녀가 참석했더라면 악감정을 완전히 해소하지는 못했더라도 상당히 완화시킬 수는 있었으리라고 말했다. "마치 그들의 보모처럼"[11] 그녀 앞에서 버릇없는 행동을 하지 못하도록 타이른다. …… 그녀는 그들을 다 알고 그들은 그녀를 좋아한다."라고 그는 말했다. 그녀는 자기가 배제된 데 대하여 분노했으며 "다시는 이런 일이 없도록 하겠다는 결의를 다졌다."고 그는 덧붙였다.

미국과의 관계 또한 히스가 유럽과의 유대를 강화하기 위한 노력의 과정에서 잠시 소원해졌다. 리처드 닉슨의 안보 보좌관인 헨리 키신저는 수상이 "특수 관계"를 진척시키기는커녕 적극적으로 격려시켰다[12]고 썼다. 닉슨은 히스와의 관계를 돈독히 하기 위하여 최선을 다했으며 여왕을 기쁘게 하기 위해서도 애썼다. 그는 필립과의 만찬 이후 1970년 7월에 찰스와 앤을 백악관으로 초청했다. 이는 그들의 첫 미국 방문[13]이었으며 1860년 이래 웨일스 왕자영국의 왕위 계승자를 지칭함-옮긴이의 네 번째 방문이었다.

엘리자베스 2세의 두 자녀들은 마치 그녀가 어린 시절에 교육받아왔듯이 왕실의 임무들에 대하여 입문 과정을 치르고 있었다. "나는 원숭이처럼 부모가 하는 걸 보고 배웠다."[14]라고 찰스는 언젠가 말했다. 앤이 부모와 함께 1970년 3월에 뉴질랜드를 방문했을 때, 왕실 이미지 메이커인 윌리엄 헤셀틴은 여왕의 통상적인 활동을 현대화했다. 예를 들어 자연스럽게 돌아다니며 보통 사람들을 만나서 악수하고 대화를 나누는 것 등이었다. 그녀의 딸 역시 따라서 하도록 요구받았다. "열아홉 살의 나이에 갑자기 길 한복판에 뛰어들어서[15] 느닷없이 아무나 붙잡고 얘기를 하는 것이 재미있다고요? 천만에. 내 생각에 그건 도전이었어요."라고 앤은 회고했다.

닉슨은 찰스와 앤의 이틀간의 워싱턴 체류를 위하여 야심찬 계획을 세웠다.[16] 대통령 전용 요트인 세쿼이아에서 오찬을 하고 마운트버넌으로 항해한 뒤에 대통령 별장인 캠프 데이비드의 야외에서 스테이크를 먹고 백악관 잔디밭에서 700명을 초대한 만찬 겸 무도회를 즐긴다. 또 워싱턴 세너터스 팀의 야구 경기를 관람하고 이어 각종 기념관과 박물관을 답사하는 일정이었다. 그들과의 친교를 위해 초대된 인사들 가운데는 찰스의 작위 수여식에도 참석했던 닉슨의 딸인 24세의 트리샤와 그녀의 동생인 줄리, 전임 대통령의 손자이자 줄리의 남편인

데이비드 아이젠하워도 있었다. 그로부터 30년 뒤에[17] 찰스가 그의 새 아내인 커밀라와 함께 백악관을 방문해서 당시 대통령 부처인 조지 W. 부시와 로라 부시를 만났다. 그때 그는 닉슨이 과거에 자기를 트리샤와 짝지어주려 했던 것처럼 자기의 두 아들 윌리엄과 해리에게 부시의 쌍둥이 딸들을 엮지는 말아 달라고 농담을 하기도 했다.

닉슨은 오벌 오피스[백악관 내 대통령 집무실-옮긴이]에서 찰스와 30분간 단둘이 만나기로 했다. 브리핑 자료에서 키신저는 이 21세의 왕자로부터 코먼웰스와 웨일스, 스코틀랜드와 북아일랜드에 대한 견해와 캐나다에 대한 인상, "그가 속한 세대의 희망과 소원"[18]에 대한 견해를 이끌어내도록 건의했다. 두 사람은 90분간에 걸쳐 광범위한 주제들에 관해 얘기를 나눴다. 닉슨이 찰스에게 논란을 어느 정도 감수하고라도 "존재감"을 드러내라고 촉구하자 왕자는 "지나치게 자주 논란의 중심에 서는 것은 피해야 한다. 안 그러면 사람들이 진지하게 대해주지 않는다."는 점을 지적했다.[19] 찰스는 후에 일기에 덧붙여 말하기를 "단지 존재감만을 드러내는 것은 치명적일 수 있다. …… 존재감은 쉽게 날아가버릴 수 있다."라고 했다.

이듬해 10월에 닉슨은 히스와 의논하기 위하여 다시 영국을 찾았다. 밸모럴에서 휴가를 보내던 여왕은[20] 미국 대통령의 방문 기간이 짧긴 하지만 그 안에 그를 만나지 않으면 예의에 어긋나지 않겠느냐고 염려했다. 그녀의 보좌관들은 윈저나 버킹엄 궁으로의 초대할까 했으나 두 장소가 모두 "짧은 시간 내에 대규모 파티를 열기에는" 적합하지 않았다.[21] 대신에 그녀는 히스의 초대로 스코틀랜드에서 비행기로 체커스—수상의 전원 별장으로 여왕의 첫 방문이었다—까지 날아가서 닉슨과의 오찬에 합류했다. 히스의 개인 비서인 로버트 암스트롱에 의하면 이 모임은 여왕으로 하여금 "불과 네 시간 동안이지만[22] …… 대통령과 수상이 공식 회담하는 시간을 방해하지 않으면서 격식 없이 닉슨을 만날 수 있는 기회였다."고 한다. 닉슨은 여왕의 "소중한 친절"[23]
에 감사했으며 방문은 성공적이었다.

윌슨이 감탄했던 위용과 격식에 대한 거부감에도 불구하고 히스
는 왕당파로 자랐기 때문에 잘 작동하고 있는 제도를 지원하는 일에
적극적이었다. 윌슨은 왕실 재정에 관한 연간 왕실 비용 조사를 약속
했는데, 그의 후임자가 나서서 보수당이 다수를 차지하는 특별 위원회
를 조직, 1971년에 6회에 걸쳐 시행했다. 마이클 아딘은 여왕의 공식
임무들에 관하여 세부적인 증언을 했는데 이는 정부와 국가에 대하여
그녀의 가치를 정당화한 최초의 포괄적 문서가 되었다. 그는 또한 겉
보기에는 간단해 보이는 그녀의 일상생활의 배후에 가려진 그녀의 집
중력과 세심한 배려를 공개했다. "매사에 적극적인 관심을 보이고[24] 친
절한 한마디를 던지고 질문을 던지기도 하고 차를 타고 지나면서도 항
상 웃으며 군중의 환호에 답하고 이러기를 몇 시간씩 되풀이하는 것
또한 합당한 평가를 받아야 할 일들이다."라고 그는 말했다.

노동당의 비판자들은 왜 여왕은 면세 혜택을 받아야 하는지 의문
을 제기했고 그녀의 개인 수입의 규모도 밝히라고 요구했다. 특별 위
원회에서 공격적인 공화주의자인 윌리엄 해밀턴은 누가 보아도 공식
일정이 별로 없는 마거릿 공주를 가리켜 "돈이 많이 드는 여자expensive
kept woman"[25]라고 불렀다. 궁정에서는 여왕의 순 화폐 가치를 1억 파운
드로 산정한 것은 지나치게 부풀린 것이라고 지적했다. 그녀가 소장한
미술 작품과 왕실 보물, 국가 소유의 세 궁전들 내부의 동산動産 모두
국왕에게 보관을 맡긴 것들로 수익이 발생하지 않으며 매각이 불가능
하다는 점을 아울러 지적했다.

특별 위원회는 12월 2일에 보고서를 발표했으며 의회는 1972년
연간 왕실 비용법을 통과시켰다. 결과는 여왕이 원했던 대로 향후 10년
간 연간 왕실 비용을 98만 파운드로 인상하며 여타의 왕실 가족들에

게는 그들의 공적 임무 수행을 위한 추가 비용을 지출한다는 것이었다
(마거릿 공주에게는 연간 15,000파운드에서 35,000파운드로 증액되었다). 개
인 경비 외에 직원들의 연금 등 일부 공적 경비에서 충당하던 것을
더 이상 연간 왕실 비용으로 사용할 수 없고 오직 랭커스터 영지의 수
입에서만 지원받을 수 있게 되었다. 그리고 최초로 연례 감사도 받게
되었다. 언론은 이제 과세의 문제와 더불어 왕실 가족 주변 인물들에
대한 지원도 두고두고 문제를 제기할 수 있게 되었다.

　1972년 초에 마이클 아딘은 예정된 은퇴를 3년 앞당겨 물러나기
로 결정했고 마틴 차터리스가 개인 비서로 지명되었다. 게이 차터리스
는 "마틴에게 기회가 주어졌고[26] 그는 기뻐했다. 그는 '내가 꼭 하고 싶
은 일은 대중에게 그녀가 정말 어떤 사람인지 보여주는 것이다.'라고
말했다. 나는 그 일을 해내는 데 그가 도움이 되었다고 생각한다."고
말했다. 마틴은 그의 뜻을 펼치기 위하여 엘리자베스 2세에게 줄곧
"폐하의 사명은 행복의 카펫을 펴는 것입니다."[27]라고 말해왔다. 그가
최측근 보좌관의 자리를 차지하면서부터 여왕의 연설은 그의 능란한
솜씨 덕에 전에는 없던 번뜩이는 유머로 넘쳐났다. 그는 또한 그의 개
인 비서보가 된 윌리엄 헤셀타인과 잘 어울렸으며 언론계에서 잔뼈가
굵고 기자들의 사고방식을 잘 이해하는 새 언론 비서 로널드 앨리슨과
도 잘 어울렸다.

45세에 이른 여왕은 에너지에 넘쳐났고 강인한 체력을 자랑했으나
1971년 11월에 원인을 알 수 없는 수두에 걸렸다. 자녀들한테서 옮긴
것도 아니었다. 그녀는 "말도 안 되는 병"[28]이라고 했지만 감염 기간 동
안 격리되었다. 이후 감염의 위험은 벗어났으나 여전히 "전신에 반점
이 생긴" 상태에서 업무를 재개했고 수상과의 주례 면담도 계속했다.

히스가 그녀의 병환에 대하여 "삼가 위로"[29]의 서한을 보내자 그녀는 그의 친절에 감사한다는 답장을 보내면서 혹시나 다시 감염될까 봐—"바이러스는 이길 수 없으므로"[30]—군중 속으로 들어갈 수 없는 답답함을 호소했다. 여왕에게 건강상의 문제가 생기는 것은 드문 일이다. 그녀는 항상 신선한 공기와 더불어 규칙적인 승마와 매일 걷기 등의 운동을 철저히 실천했다. 대중을 만날 때는 항상 장갑을 끼었고 기침이나 재채기를 하는 사람을 피하는 것은 일상이 되었다. 30, 40대에는[31] 그래도 더러 감기나 후두염, 축농증 증세를 앓기도 했지만 불평을 하거나 움츠러든 적은 전혀 없었다. "그녀는 일을 계속하면 감기는 나아진다는 지론을 가졌다."[32]고 여왕의 사촌은 말했다. 딱 한 번 예외가 있었다면 찰스의 작위 수여식 후에 독감을 심하게 앓아서 나흘간 모든 약속을 취소한 것이다.

오랫동안 그녀의 이비인후과 담당 의사였던 세실 호그 경은 여러 곳의 왕실 저택에 왕진을 왔다. 버킹엄 궁을 처음 방문한 뒤에 그는 "여왕이 잠옷을 입고 침대에 누워 있는데 가슴 진찰을 위해 이불 속에 손을 넣는 것은 너무나 불편한 일이었다."[33]고 말했다. 그의 딸 민 호그에 의하면 "여왕은 아버지를 편하게 잘 대해주었으며 아버지가 이불 속에 손을 넣자 '나도 당신처럼 불편해요.'라고 말했다."고 한다.

엘리자베스 2세는 전문의들을 포함하여 어떤 의사라도 다 동원할 수 있었지만 당시엔 일반화되지 않았던 동종요법homeopathy에 대하여 큰 믿음을 지녔었다. 그녀의 모친과 같이 여왕의 믿음은 이 치료법이 "전혀 무해하며[34] 좋은 효과를 거둘 수 있다."는 것이었다고 노퍽의 이웃 친구인 앤절라 오즈월드는 설명했다. 질병의 증상을 일으키는 물질을 희석해 다량 투여하는 동종요법은 빅토리아 여왕이 시도한 바 있다. 1923년에 스코틀랜드의 의사인 존 위어가 이 치료법을 왕실 가족들에게 시술했다. 1968년 위어가 은퇴하자 여왕은 처음으로 여성 왕실 의사인 마저리 블래키를 임명했는데 그녀 역시 동종요법 전문가였다. 블래키의 더 진기한 치료법[35]은 축농증 치료를 위해 비소를 섞은 광천수를 사용하는 것이었다.

동종요법 치료사들은 "설사 잘못되어도 온다.[36] 진짜 의사들은 믿으려 들지 않는다."고 민 호그는 말했다. 그래도 여왕은 항상 의료 전문가의 전문성을 존중했다. 세실 경이 1971년에 70세가 되어 은퇴하게 되자—여왕의 의료 자문 위원들에 의해 정해진 법칙—그녀는 "미안해요. 당신은 항상 믿음직했는데."라고 말했다.

재위 30년째에 접어들면서 여왕은 해외여행의 빈도를 늘렸다. 영국의 지위를 강화하기 위하여 여섯 번에 걸쳐 태평양 국가로 장기 순방을 갔고 15개의 코먼웰스를 돌았으며 17개의 비코먼웰스 국가에도 국빈 방문을 했다. 이들 중에서 가장 중요했던 것은 1972년의 프랑스 친선 방문이다. 히스가 회의적인 태도의 조르주 퐁피두를 끈질기게 설득하며 협상해온 유럽 공동 시장에 영국의 가입을 허용하는 조약의 의회 비준을 끌어낸 것이었다.

이 여행 전에 가장 염려했던 것은 여왕의 백부인 77세의 윈저 공작이 불치의 식도암으로 위독한 상태에 놓여 있었다는 점이다. 그를 자기의 결혼식과 대관식에 초대하지 않았던 여왕은 7년 전에 그가 눈 수술을 위해서 런던에 왔을 때 화해의 신호를 보냈다.[37] 그가 요양 중일 때 그녀는 두 번씩이나 찾아가서 원기를 복돋아주었고 윈저 부처가 망명한 이래 처음으로 공작 부인을 만났다. 2년 뒤 공작 부처는 모후를 추념하는 명판(名板) 제막식에 왕실 가족들과 함께 참여했지만 뒤이은 오찬에는 초대받지 못했다. 그러나 1968년에 공작이 윈저홈 파크 내 프로그모어에 있는 왕실 가족묘에 공작 부인과 함께 묻히도록 해달라는 요청은 기꺼이 수락했다.[38] 그의 아내가 미망인이 될 경우 적정한 생활비를 지급해달라는 요구도 수락했다.

1971년 11월에 의사들이 그에게 암 진단을 내리고 이어서 방사선 치료가 실패로 돌아가자 여왕은 외무부에 5일간의 국빈 방문 중에 그를 만나기를 희망한다고 미리 알려두었다. 주불 영국 대사인 크리스토퍼 솜스 경은 순진하게도 공작의 건강과 영불 외교 관계를 위험한 저울대에 올려놓았다. 그는 "만약에 윈저 공작이 5월 12일에서 14일 사이 또는 여왕이 파리로 향하기 전인 15일 오전에 사망한다면[39] 방불 계획은 취소되어야 할 것이다. 나는 퐁피두가 이번 방불이 성사되는 데 중대한 의미를 부여하고 있다는 것을 강조하려 한다. 따라서 전면 취소의 경우 비록 이성적으로는 납득될지언정 그에게는 회한을 남길 것으로 우려된다."라고 썼다.

공작은 다행히 고비를 넘겼고, 프로방스를 여행하였으며 롱샹의 경마에도 참석했다. 5월 18일에 여왕은 필립과 찰스 왕자 및 마틴 차터리스와 포춘 그래프턴을 거느리고 파리 교외에 있는 윈저의 저택에 도착했다. 공작 부인은 심란한 가운데 거실에서 차를 접대한 뒤 여왕을 대동하고 2층의 거실로 갔다. 노쇠한 공작은 궁정의 예절에 따라 매우 힘들게 휠체어에서 일어나 정맥 주사를 꽂은 채 조카딸에게 절하고 두 뺨에 키스했다. 그는 체중이 85파운드로 줄었으나 유행을 따르는 멋쟁이답게 말쑥한 푸른색 블레이저를 걸쳤다. 둘이서 15분간 대화를 나누고 여왕이 자리를 떴을 때 공작의 주치의인 장 텐은 그녀의 눈가에서 흐르는 눈물을 보았다.

여왕은 36명의 수행원을 거느리고[40] 프랑스에서 전 일정을 소화했다. 숨 돌릴 사이도 없이 퐁피두와 함께 오픈카를 타고 거리를 누볐으며 저녁에는 베르사유 궁과 영국 대사관에서의 연회에 잇달아 참석했다. 엘리자베스 2세는 프랑스 대통령을 위한 연회 석상에서 "우리는 도로의 다른 차선을 달리고 있을지 몰라도[41] 같은 방향을 향해서 달리고 있습니다."라고 선언하며 영국과 서유럽 사이에 보다 긴밀한 협력 관계를 위한 시대가 도래했음을 암시했다.

그녀는 성대한 환송을 받으며 프랑스를 떠났다. 브리타니아호에 탑승하기 위하여 센강 어구인 루앙으로 이동했다.[42] 루앙은 정복자 윌리엄의 고향인 노르망디의 수도가 아니었더라도 낭만인 도시였다. "그녀는 이른 저녁에 브리타니아호에 탑승했다.[43] 집집마다 지붕 위에는 사람들로 가득했다. 센강 입구에서 사람들은 강둑까지 전조등을 일제히 켠 채 차를 몰고 왔다. 여왕은 사람들이 손을 흔들며 전송하는 동안 몇 시간을 서 있었다."고 영국 대사의 부인인 메리 솜스는 말했다.

여행은 외교적 성공을 이뤘고 퐁피두는 만족했다. 영국의 〈옵서버〉는 "수십 년간의 냉각기를 지나 정치적 우호 관계를 현저히 드러냈다."[44]고 썼다. 〈르 피가로〉는 여왕이 "그녀의 소박함과 매력으로 유혹하고 정복했다."[45]라고 쓰면서 이번 방문이 "프랑스와 영국이 협력하는 새로운 시대의 시작에 대한 축성"이었다고 맺었다. 〈더 타임스〉는 "여왕의 방문[46]으로 영국은 유럽 공동 시장 가입에 완전히 성공을 거둔 것으로 보인다."고 결론지었다.

5월 28일 여왕의 방불 이후 열흘 만에 윈저 공작은 서거했다. 영국에서는 엘리자베스 2세가 패트릭 플런킷으로 하여금 엄숙하되 조용한 장례식을 6월 5일에 거행하도록 지시했다. 한 가지 곤란한 문제는 이보다 이틀 앞선 군기 행렬식을 어떻게 할 것이냐 하는 것이었다. 결국 그녀의 생일을 축하하는 이 행사를 취소하는 대신에 근위 보병 연대의 백파이프와 드럼 연주를 선왕을 추념하는 장송곡으로 연주하도록 했는데 이는 차터리스의 절충적 아이디어였다. 공작의 시신은 윈저 성의 세인트조지 교회에 이틀간 안치했다가 30분간의 미사를 올린 뒤 프로그모어에 안장되었다. 캔터베리 대주교와 요크의 대주교, 스코틀

랜드 교회 의장 그리고 윈저 성의 세인트조지 교회 수장 등 네 명의 종
교계 원로들이 집전했으며 왕실 가족의 모든 성인들이 참례했는데 공
작의 유일한 형제인 글로스터 공작은 와병 중이어서 불참했다.

　75세의 공작 부인은 버킹엄 궁에 머물렀는데 첫날 밤 여왕과 찰
스와의 저녁 식사 도중에 남편의 죽음을 모르기라도 하는 듯 이상하다
싶을 만큼 수다를 떨었다.[47] 다음 날 저녁 그녀는 세인트조지 교회를
방문하여 "그이는 너무나 작은 것을 위해 너무나 큰 것을 포기했다."[48]
고 반복하면서 자기를 가리키며 "기이한 웃음"을 지어 보였다고 찰스
는 회고했다. 그녀는 장례식 당일에는 대단히 차분해졌으나 여왕과 함
께 합창단석에 앉아 있을 때는 눈에 띄게 정신이 혼미한 모습을 보였
다. "여왕은 어머니처럼 부드럽게[49] 자기 손을 공작 부인의 팔과 장갑
에 올려놓았다."고 클러리사 이든은 보고했다.

　그해 엘리자베스 2세의 크리스마스 방송은 지난 달 그녀와 필립
의 결혼 은혼식을 언급하면서 성공적인 결혼을 위해 필요한 관용과 이
해를 국가 간의 융화를 달성함에 있어서 추구해야 할 가치들과 연결
지었다. 그녀의 주된 메시지는 영국이 이제 1973년 1월을 기점으로
유럽 경제 공동체EEC, European Economic Community, 유럽 공동 시장의 새 명칭-옮긴이 공
식 가입을 앞두고 코먼웰스들을 달래려는 것이었다. 그녀는 "유럽과
새롭게 연대하는 것은[50] 결코 코먼웰스와의 관계를 대체하는 것이 아
니다. 옛 친구들은 결코 잊지 않을 것이다. 영국은 코먼웰스와의 연대
를 유럽으로 확장시킬 것이다."라고 말하며 목적은 "보다 큰 국가들 간
의 가족 관계를 만들어가는 것이다."라고 맺었다.

　크리스마스 메시지는 〈왕실 가족〉 기록 영상물의 성공에 힘입어
보다 향상된 방식으로 만들어졌다. 1969년에 그녀는 통상적인 방송
연설 대신에 문서로 작성한 성명서를 발표했다. 필립의 표현을 따르면
그녀와 보좌관들은 "둘러앉아 머리를 긁적이며[51] 보다 나은 방법이 없

을까 고민했다." 그래서 리처드 코스턴은 여왕이 영상 자막을 보고 낭독하는 정적인 이미지 대신에 지난해 활동 실황을 담은 영상 자료를 사이사이에 겹쳐서 내보냄으로써 현대적인 감각을 살렸다. 연설 도중에 왕실의 해외여행 장면, 여왕과 자녀들이 함께하는 장면, 은혼식 축하 행사 장면 등을 삽입했다. 1969년의 감각에 맞게 새롭게 포장된 연말 작품은 여왕과 그녀 가족들의 건강한 행복감을 한층 강조했다.

동시에 영국의 대중지들은 왕실에 대하여 보다 공격적이고 선정적인 접근을 시작했다. 이 대열에 앞장을 선 것은 〈더 선〉과 〈뉴스 오브 더 월드〉였다. 이 두 잡지는 왕정을 "속물근성의 극치"[52]라며 대놓고 주장한 공화주의자인 호주의 출판인 루퍼트 머독의 소유였다. 여왕은 자기 나라의 국가 수장이었다. 머독과 같이 공화정을 지지하는 사람들은 호주 인구의 4분의 1 정도로 그 안에는 1972년에 고프 휘틀럼이 수상이었을 때 정권을 장악한 노동당도 포함되어 있다. 머독은 영국에서 왕실 가족들의 동태를 면밀히 감시할 기회를 엿보았다. 만약에 그들이 잘못된 행동을 저지르면 이를 기사화하여 신문 판매고를 높이는 동시에 왕정의 지위에 흠집을 내기 위해서였다.

영국의 언론 매체들은 1970년대에 접어들며 왕실 가족들 가운데 젊은 세대, 특히 찰스와 앤을 주목하였다. 1970년 케임브리지 대학을 졸업한 찰스는 가족의 계획에 충실하게 1년 뒤 다트머스의 왕립 해군 대학에 입교했다. 언론의 시각으로 보았을 때 그는 모험적 인간형, 곧 "행동인Action Man"[53]이었다. 해군 경력에 첫발을 내딛으며 그는 예쁘고 활동적이면서 자기보다 한 살 위이고 갓 사교계에 데뷔한 커밀라 샌드를 만나게 되었다. 그녀는 "어딘가 섹시하고 톡 쏘는 음성"[54]을 지녔으며 무엇보다 웨일스 왕자를 편안하게 해주고 그를 웃게 했다. 그들의 조용한 로맨스는 반년간 이어졌는데 그가 장기간 항해를 떠난 동안에 커밀라는 왕실 기병대 장교인 앤드루 파커 볼스와 결혼했고 찰스는 "공허감"[55]을 맛보아야 했다.

앤드루 파커 볼스는 앤 공주와도 잠깐 데이트를 했으나 가톨릭이었기 때문에 왕실 가족과는 결혼할 수 없었다. 오빠의 "충격과 놀라움"[56] 속에 22세의 앤은 1973년에 24세의 마크 필립스와의 약혼을 발표했다. 그는 1968년 멕시코시티에서 열렸던 올림픽에서 금메달을 딴 승마 선수에다가 잘생긴 육군 대위였다. 두 사람은 경기 후 영국팀을 위한 파티에서 처음 만났는데 그때 첫눈에 사랑에 빠진 것은 아니었다고 한다. "우리가 1968년에 처음 만났다고 하는 남들의 말을 듣고[57] 그제서야 생각이 났다."고 앤은 회고했다. 찰스는 처음에는 마크가 멍청하고 둔하다고 생각했는데 머잖아 언론에 의해서 불쑥 드러난 장래의 처남의 관심사와 열정[58] 그리고 촌스러움에도 공감을 하게 되었다. 여왕과 필립은 마크가 적합하다고 보았다. 토니 스노던처럼 그는 평민이었다. 매력은 없지만 마크는 앤과 더불어 말과 마장마술에 대한 열정을 공유했다.

그들은 11월 14일 찰스의 25세 생일날에 1,500명의 하객들이 모인 가운데 캔터베리 대주교의 주례로 웨스트민스터 성당에서 결혼식을 거행했다. 여왕은 밝은 푸른색 코트와 드레스를 걸치고 앤과 그녀의 남편이 가족들과 함께 결혼식 조찬을 위해 버킹엄 궁으로 돌아가는 유리 마차에 오르는 모습을 지켜보며 환한 미소를 지었다. 그들이 궁의 발코니에 의례적으로 모습을 드러내자 1만 5,000명의 군중은 환호를 보냈다. 그날은 국경일로 선포되어 수천, 수만 명의 군중이 줄지어 결혼 축하 행렬을 지켜보았다. 또 전 세계 16개국에서 수억 명의 시청자들이 이 광경을 TV로 보았다. 사반세기 전 여왕과 필립의 결혼식처럼, 그들의 딸을 축하하는 행렬―마차, 군악대, 팡파르를 울리는 16개의 트럼펫, 호위대 등—은 당시 암담한 시기를 보내던 영국에 잠시나마 환한 불꽃을 피웠다.

히스가 집권한 이후 경제는 인플레이션과 높은 실업률로 몸살을 앓았다. 막강한 광산 노동조합의 임금 인상 요구를 억제하려던 그의 시도는 격렬한 시위로 말미암아 실패로 돌아갔고 1972년 말 물가, 임금, 임대료와 배당금을 동결하려던 노력도 좌절되었다. 1973년 최악의 위기는 국가를 거의 정체 상태에 빠트렸다. OPEC^{석유수출국연합-옮긴이}은 1973년 초에 유가를 12퍼센트 인상했으며 이집트와 시리아가 이스라엘을 침공한 10월의 욤 키푸르 전쟁은 미국과 서유럽에 대한 전면적 석유 금수 조치를 가져왔다. 유류 공급은 급락했고 가격은 4배가 뛰었으며 심지어 광산 노동자들은 추가 시위를 협박했다. 12월 31일 히스는 주 3일 근무제와 유류 절약을 위한 강제 단전^{斷電}을 발표했다.

여왕은 그해 크리스마스 방송 연설에서 국가가 처한 곤경에 대해 우려의 심경을 토로하는 것이 좋겠다고 느꼈다. 이 메시지는 순전히 개인적인 것이며 정부의 건의에 따른 것이 아니지만, 그녀는 마틴 차터리스로 하여금 히스에게 그녀가 연설 말미에 현 위기에 대하여 다음과 같이 "몇 마디"[59]를 하고 싶다는 의사를 전달했다. "나는 현재 우리가 처한 어려움에 대하여 국민 여러분께 나의 간곡한 심경을 밝히지 않고는 크리스마스를 보낼 수 없다고 생각했습니다. 왜냐하면 이 어려움은 국민 개개인뿐 아니라 국가 전체에 관한 일이기 때문입니다. 사람들마다 현재 우리가 처한 문제들에 대하여 모두가 심히 우려하면서도 각자 다른 해법을 찾아볼 수 있습니다. 그러나 우리 모두는 기억해야 합니다. 우리가 이 모든 것을 함께 공유한다는 것이 더 중요하다는 점입니다."

이튿날 주례 면담에서 히스는 여왕에게 현 위기에 대한 언급을 자제해달라는 요청을 받았다. 그의 간섭에도 굴하지 않고[60]—이 사실은 언론에는 알려지지 않았다—그녀는 고집했다. 차터리스는 히스에게 짧게라도 연설 앞부분에서 이를 언급하기를 원한다고 전했다. 그러나 히스는 여왕의 요청을 받아들이지 않고 그의 개인 비서로 하여금 여왕에게 국가가 처한 "전적으로 예외적 상황" 때문에 어떠한 언급도 자제해달라고 지시했다. 그녀는 이에 응할 수밖에 없었다.

새해에 접어들자 광부들은 파업에 돌입했고 주 3일 근무는 전쟁 이후의 배급제와 경제 침체를 상기시켰다. 전력은 차단되었고 사무실마다 촛불이 등장했으며 근로자들은 두꺼운 외투를 껴입고 책상에 앉았다. 엘리자베스 2세와 필립이 태평양 지역의 코먼웰스를 순회하고 있을 때 히스는 느닷없이 2월 28일 총선거를 선언했다. 여왕은 히스를 만나거나 아니면 또다시 해럴드 윌슨에게 키스를 받기 위해 손등을 내밀어야 할지 모르는 가운데 호주에서 비행기로 날아왔다.

노동당이 301석, 보수당이 297석, 자유당 14석 그 밖에 군소 정당들이 도합 23석을 획득했다. 주요 정당들은 어디도 쉽사리 정권 인수 절차를 달성할 수 있을 만큼의 의석을 확보하지 못했다. 3월 1일 금요일에 히스는 사임을 하지 않고 버킹엄 궁으로 가서 여왕에게 자유당수 제러미 소프와 연정을 하고 싶다고 말했다. 엘리자베스 2세는 재위 기간 중 처음으로 다수당이 없는 상황을 맞이했지만 조심스럽게 처신했다. "여왕은 사태의 추이를 지켜볼 수밖에 없었다.[61] 히스가 스스로 사임하지 않는 한 그녀는 먼저 행동에 나서지는 않을 것이다."라고 로버트 암스트롱은 말했다. 그녀는 히스가 협상을 진행하는 동안 4일간을 기다렸으나 그는 3월 4일 마침내 손을 들고 사표를 제출했다. 윌슨은 58세의 나이에 두 번째로 수상이 되어 버킹엄 궁에 도착했는데 "우리의 친근했던 관계는 금세 회복되었다."[62]고 그는 회고했다.

근소한 차이로 다수를 확보한 노동당은 만약에 윌슨이 자기 당의 의석 수를 늘리기 위하여 의회 해산을 요구했다면 여왕을 난처한 입장에 처하게 할 수 있었다. 그녀는 경제 불안의 시기에 그것이 국가를 위하여 나쁘다고 판단되면 요청을 거부할 권한이 있었다. 하지만 거의 발동된 사례가 없을 정도로 헌법적 특권을 행사하기를 원치 않았다. 월슨은 결코 강요하지는 않았다. 수상이 즉각적인 선거에 관해 말을 꺼냈을 때 "여왕은 이를 승인하지 않았다는 것을 알아야 한다."[63]고 마틴 차터리스는 말했다. 대신 노동당은 10월까지 기다렸으며 두 번째 선거에서 안정적인 다수 의석을 확보했다.

월슨은 광부들의 요구에 굴복했으며 주 3일 근무제도 철폐했다. 그러나 불안은 지속되었고 산업 생산은 정체되었으며 인플레이션은 15퍼센트까지 치솟았다. 1970년대 중반에 이르러 영국 성인 인구의 절반은 정부 혜택에 의존했다. 그러나 월슨은 사회 보장 계획의 증강을 계속 밀어붙였다. 그는 또 급증하는 경비의 압박 때문에 연간 왕실 비용을 140만 파운드로 추가 증액해달라는 여왕의 요구도 받아들였다.

1974년 3월 20일에 여왕과 필립 공이 인도네시아를 국빈 방문하고 있을 때 앤 공주와 남편이 충격적인 납치 사건에 휘말렸다. 왕실 부부가 자선 행사를 마치고 버킹엄 궁으로 돌아가고 있을 때 이언 볼이라는 괴한이 자기 차로 왕실 부부가 탄 롤스로이스를 막아섰다. 볼은 총을 발사했으며 앤의 경호원인 짐 비튼(후일 영국에서 민간인에게 주어지는 최고의 영예인 조지 크로스 훈장을 받았다.)에게 총상을 입혔고 운전기사와 행인 한 명과 경찰관 한 명도 부상을 당했다. 그러나 볼이 앤에게 즉각 차 밖으로 나오라고 명령하자 앤은 고함을 질렀다. "어림없는 소리!"[64] 그녀는 볼이 끌어내려고 하자 계속 저항했으며 남편은 그녀의 다른 팔을 붙잡고 있었다. 마침내 볼은 경찰에게 제압당하고 체포되었다. 앤은 이때의 사건을 전화로 찰스에게 전했다. "마치 별일 아닌 것처럼 그 상황을 설명했다.[65] 그녀의 용감한 대처는 믿을 수 없을 정도였다." 여왕과 필립은 즉각 이 사실을 보고받았지만 남은 일정을 계속했고 22일에야 런던으로 돌아왔다.

그러나 앤과 마크는 이미 고향 마을인 월트셔의 그레이트 소머포드의 집으로 돌아가 예정대로 기념 식수를 했으며 그들이 겪었던 격렬한 사건을 털어내고 있었다. "그 일을 계속 생각하는 것은 별로 좋은 일이 아니다.[66] 우리는 다시 일상으로 돌아왔고 그 일은 실상 다 잊었다."라고 앤은 동네 사람들에게 말했다. 부부는 마크가 강사로 일하는 샌더스트의 왕립 해군 대학 기지 내에 있는 침실 5개짜리 오크 그로브로 돌아갔다. 둘은 함께 말을 훈련하고 크로스컨트리 경주를 즐기며 말들과 함께 만족스러운 생활을 계속했다.

1974년에는 아끼던 순종마 오레올이 목숨을 잃는 사건으로 인해 여왕이 슬픔에 잠기기도 했지만 여왕의 승마 취미에는 행운이 따랐다. 그 무렵에 그녀는 50마리를 훈련시키고 있었는데 20마리 이상은 경마에 나갈 만큼 자랐다. 1960년대에 말 사육과 경마에서 중간 정도의 성공을 거둔 뒤에 1970년대에는 보다 체계적으로 사업에 임했는데, 그때 헨리 포체스터를 공식적인 경마 매니저로 임명했고 마이클 오즈월드를 종마 사육 매니저로 고용했다. "헨리는 여왕의 가장 가까운 친구이자[67] 가장 영향력 있는 보좌관이었다. 어느 날 그가 그녀에게 '가뜩이나 승리마가 충분치 않은데 폐하의 말들은 잘 관리되어 있지 않다.'고 하자 그녀는 '그러면 당신이 내 매니저를 하세요. 그러면 아주 잘할 텐데!'"라고 했다고 그녀의 오랜 조련사인 이언 볼딩이 말했다.

샌드링엄에서의 말 사육 사업은 그녀가 지분을 매입한 조합 소유의 종마들을 포함해 확장하면서 복잡해졌다. 그 조합은 그녀의 말만이 아니라[68] 매년 100마리의 외부 암말까지 관리했다. 근처에 사는 오즈월드는 종마들과 암말들을 현장에서 책임지는 매니저가 되었다. 동시에 포체스터는 그녀의 조련사들과 함께 일하면서 어떤 말을 경마에 내보낼 것인지를 결정하고 종마를 사고파는 문제들에 대하여 조언하고 짝짓기에 대해 의논하며 여왕이 공무 때문에 참석할 수 없는 경마에 그녀 대신에 참석했다.

엘리자베스 2세는 고위 보좌관들과 항상 협의를 했는데 오즈월드와는 매주 두세 차례, 포체스터와는 거의 매일 만났다. 포체스터는 "새로운 종자를 만들기 위해"[69] 엘리자베스 2세의 암말들을 미국으로 보내는 전략적 결정을 내렸다고 오즈월드는 말했다. 1960년대에는 말들의 일부를 프랑스로 보내고 또 다른 일부를 미국으로 보냈는데, 1970년대에 가장 우수한 종마는 켄터키에 있다는 것이 분명해졌다. 포체스터는 여왕으로 하여금 적어도 여섯 마리는 대서양 건너의 종마 사육장으로 보내서 니진스키 같은 챔피언 말과 교배를 시키라고 자문했다.[70] 망아지가 태어나면 거기서 젖을 뗀 후에 영국으로 데려와서 훈련시키자는 것이었다.

1974년에 여왕의 우승마는 "걸음이 큰 암말"[71]로, 하이라이트에게서 태어났으며 피올라의 후손이었다. 이 말은 1930년대에 잘 달렸을 뿐 아니라 이후 수십 년간 계속 우승마들을 배출해냈고 6대 카나번 백작인 포체스터의 부친이 소유한 종마 퀸스허사가 그의 아비였다. 여왕은 이 암말의 이름을 카나번 종마 농장의 이름을 따서 하이클리어라고 지었다. 뉴마켓에서 1,000기니의 상금을 벌어서 18년 만에 여왕에게 최초로 최우수 타이틀을 안겨준 하이클리어는 6월에 유명한 프리드 디안 혹은 프렌치 오크스라고 불리는 경마 대회에 출전하기 위해서 샹티로 보내졌다.

16일에 여왕은 헨리 포체스터와 그의 아내 진, 마이클 오즈월드, 마틴 차터리스 등을 대동하고 윈저 성을 출발해서 대망의 경기가 열리기 전 점심에 맞추어 프랑스에 도착했다. 프랑스의 새 대통령 발레리

지스카르데스탱은 붉은 장미 한 바구니를 보냈고[72] 엘리자베스 2세와
일행은 오픈카를 타고 경주로를 달렸다. 여왕은 마구간의 말지기 여성
과의 대화를 통해서 하이클리어가 "불길 같은 상태"[73]에 있다는 것을
알았다. 그가 마지막 220야드 코스를 달릴 때 귀빈석에서 경주를 바라
보며 미소를 짓고 기도하듯이 두 손을 모으고 있었다. 포체스터와 오
즈월드는 길길이 뛰면서 고함지르고 있었다. "나는 경주를 보며 너무
흥분했다.[74] 너무 흥분한 나머지 전혀 영국인답지 않았다. 드디어 하이
클리어가 상을 타게 된 순간 나는 여왕의 등짝을 내리쳤다."고 포체스
터는 회고했다. 영국의 국왕이 프랑스의 최고 경마 대회에서 우승한
것은 처음이었다.

군중이 벌떼처럼 모여들어 "여왕 만세"[75]를 외쳐댔고 여왕이 하이
클리어를 보러 갔을 때는 군중에게 거의 포위되어 간신히 포체스터와
오즈월드 그리고 경찰관들의 보호를 받았다. 그날 저녁에 그녀는 조련
사 딕 헌과 우승 기수 조 머서를 포함한 왕실 일행을 윈저 성에 초대하
여 모후와 필립 공, 앤 공주, 디키 마운트배튼 등까지 어울려 왕실 파티
를 열었다. 영예로운 자리인 식탁의 중앙에는 새 황금 트로피가 놓였다.
하이클리어는 애스콧에서도 상을 휩쓸며 여왕에게 14만 파운드의 상
금을 안겼다.

프랑스에서 여왕이 승리를 거둔 날은 로열 애스콧 경마 개최 전
일이었고 그 무렵에는 그전에 비하여 보다 화려한 즐길 거리들이 마련
되었다. 60명가량의 손님들이 일주일 내내 성에 초대되었다. 20대 초
반에 심부름을 했던 한 안내원은 "우리는 매일 여러 가지 행사들 중에
서 한 프로그램의 안내를 맡았다.[76] 나는 점심과 애스콧 경마를 위해
정장을 입었고 매일 밤 화이트 타이 만찬이 베풀어졌다. 아무도 늦어
서는 안 되었으며 우리 안내원들은 정장을 하고 제시간에 가 있어야
했다."고 말했다.

여왕은 대체로 아침 시간에 공적 업무을 마쳤고 친구들은 승마나 테니스, 수영, 필립이 나무로 만든 폴로 조랑말을 타고 공을 쳐서 망 속에 던져 넣는 게임 등 다양하게 즐겼다. 다른 사람들은 실내에 남아 책을 읽거나 그림 맞추기 놀이 때로는 글자 놀이를 했다. 매일 오후에 는 경마에 매달렸다. 수요일 밤에는 워털루 챔버에서 대규모 만찬이 벌어졌고 다른 날 밤에는 만찬 후에 인근 극장에 가서 공연을 관람했 다. 하루는 도서관과 왕립 미술관을 방문하기도 했다. 이 모든 것들은 패트릭 플런킷에 의해 분 단위로 준비되었다.

여왕의 친한 친구이자 헌신적인 이 기획자는 1975년 초에 수술 이 불가능한 간암 진단을 받았다. 플런킷은 3월 중순에 에드워드 7세 병원에 입원했는데 며칠 있다가 버킹엄 궁의 중요한 리셉션에 꼭 참석 해야 한다고 고집을 피우며 "나는 흰 타이를 매고 메달을 달아야 한 다."[77]고 말했다. 그는 모르핀 주사로 고통을 가라앉히고 궁으로 갔다. 자기 방에서 정장을 찾아서 갈아입은 뒤 입장하는 모든 손님들을 호명 했다. 그러고 나서 새벽 2시에 병원으로 돌아갔는데, 몇 시간 뒤에 그 는 아침 식사 쟁반 위에 여왕이 쓴 편지가 놓여 있는 것을 발견했다. "패트릭, 당신이 어젯밤에 해준 일에 대해서 진심으로 감사를 드립니 다.[78] 당신께 진심으로. 엘리자베스 R."

패트릭 플런킷은 열흘 뒤 51세를 일기로 부활절 일요일에 세상을 떴다. 여왕은 세인트제임스 궁의 채플 로열에서 소년 합창단이 구슬픈 노래를 부르는 가운데 영예로운 장례식을 거행하도록 했다. 조문객은 플런킷의 가족들과 여왕과 필립 등 소수였다. 국왕 부처는 또 세인트 제임스 공원 건너편의 가즈 채플에서 열린 장례 미사에 참석했고 거기 서 필립은 봉덕문을 낭송했다. 장례식에서 애너벨 골드스미스는 여왕 을 흘깃 보았는데 "깊은 슬픔에 잠긴 모습이었다."[79] 플런킷의 동생 숀 에 의하면 여왕은 〈더 타임스〉의 부고란에 관여했다고 한다. "그녀가 관여한 것은 틀림없다.[80] 내용은 가벼웠다. 고인의 헌신적 봉사를 떠올리는 대목이 있었다."고 그는 말했다. 그러나 그녀는 관습대로 애도문을 보내지는 않았다. "우리는 그녀가 그를 그리워한다는 것을 알고 있으며 우리도 그를 그리워한다. 이를 군이 신문에 내야 할 필요는 없다."라고 숀 플런킷은 말했다. 그는 유서를 통해 그의 애장품 가운데 하나인 19세기 영국 화가 리처드 파크스 보닝턴의 바다 풍경 한 점을 여왕에게 남겼다. 그의 형제들이 그 그림을 버킹엄 궁의 서재에서 그녀에게 전달했고[81] 그녀는 그들에게 감사의 편지를 보냈다.

그녀는 나아가 윈저그레이트 파크의 밸리가든스 언덕 위에 그를 위한 기념물로 하얀 정자를 지어 고마움을 표시했다. 정자에 새겨진 현판에는 "왕실에 대한 패트릭 플런킷의 헌신적인 봉사를 추념하여"라고 썼다. 이 정자는 여왕과 필립과 모후를 포함하여 그의 친척과 친구들의 헌금으로 지어졌다. 엘리자베스 2세는 조경뿐 아니라 설계에도 관심을 표했다. 그녀는 언젠가 답사를 하면서 "나는 옥잠화를 별로 좋아하지 않는다고 정원사에게 말한 것 같은데,[82] 왜 그가 이것들을 여기다 심었는지 모르겠군."이라고 숀 플런킷에게 말했다. 이 기념물은 스미스론에서 불과 몇 분 거리에 있는데 여왕은 폴로 경기를 보기 위해 올 때 가끔 그곳 벤치에 앉아 옛 추억을 더듬었다.

플런킷의 사망으로 인해 여왕은 단지 심복 한 사람을 잃은 것이 아니라 그가 궁정 생활에 불어넣어주었던 활력마저 빼앗겼다. 그녀의 즐길 거리들은 더욱 진부해졌고 그녀의 초대 손님들은 덜 모험적인 사람들로 구성되었다. 어떤 사람은 심지어, 만약에 그가 살아 있었더라면 웨일스 공주인 다이애나를 궁정에서 그 누구보다도 잘 관리했을 것이라고 믿기도 했다.[83] 그가 죽은 지 1년이 흐른 뒤에 누군가 여왕에게 물었다. "패트릭 플런킷을 대신할 사람을 혹시 생각해보셨나요?"[84] 여왕은 대답했다. "아무도 그를 대신할 사람은 없네."

그녀는 평생을 몸 바쳐
봉사하겠노라고
스물한 살 생일에
했던 맹세를 반복했다.
"나의 판단력이 설익었을 때인
풋내기 시절의 그 맹세를
후회하지 않으며 그때 했던
단 한마디도 철회하지 않겠다."

12

*She restated the pledge of lifelong
service that she had made
on her twenty-first birthday
"in my salad days when I was
green in judgment. I do not
regret or retract a word of it."*

재위 25주년 축하 기념식에서 여왕은 천으로 만든
25개의 작은 종들로 장식한 모자를 쓰고 군중과 인사를 나누고 있다.
1977년 6월 ⓒ Getty Images

CHAPTER 12

사랑을 느끼다

Feeling the Love

패트릭 플런킷의 죽음은 23년 전 부친의 죽음 이래 그녀가 겪은 큰 상실이었다. 그녀는 이를 극복하기 위하여 그녀의 오랜 친구들이 일컫는 "심오한 종교적 존재"[1]로 귀의했다. 이는 어린 시절로 거슬러 올라가 1953년 축성을 받으면서 한층 강화되었다.

국왕은 영국 교회의 최고 수장으로서 법에 의해 보장받고 정서^{情緖}의 뒷받침을 받아 국가의 공식 종교로 확립된 신앙의 수호자이다. 그러나 여왕이 스코틀랜드로 여행을 가면 정부의 관리 감독을 받지 않고 자치권을 가진 스코틀랜드 교회의 일원이 된다. 경계를 넘을 때 그녀는 영국 성공회 신앙을 포기하는 것이 아니라 추가하는 것일 뿐이다. 다만 성공회 주교가 설교를 위해 밸모럴에 오지는 않는다.

엘리자베스 2세는 전 캔터베리 대주교 조지 캐리가 항상 말했듯

이 "자신의 직무를 성사聖事의 일부로" 바라보는 태도를 견지했다.[2] 그
녀는 자신의 신앙을 의무로 여겼는데 국민에 대한 "짐이 아니라 기꺼
운 봉사로서"[3] 여겼다. 또한 그녀에게 신앙은 일상생활의 리듬이다.
"그녀는 신과 편안한 관계를 맺고 있다.[4] 신앙으로 인해 세상이 그녀에
게 던져주는 어떤 것도 받아들일 준비가 되어 있다. 그녀의 신앙은 모
든 것이 정돈되어 있다는 삶의 신학으로부터 온다."고 캐리는 말했다.

여왕은 일요일마다 빠짐없이 교회에 나간다. 퀘벡의 산 속에 있
는 작은 교회이건 두 시간씩 보트를 타고 들어가는 에세퀴보에 있는
나무로 된 오두막 교회이건, 가리지 않았다. 그러나 "그녀는 자기의 신
앙을 과시하지 않는다."[5]고 존 앤드루 수사는 말했다. 휴가 중에는 샌
드링엄의 교구 교회에서 그리고 밸모럴 바깥에서는 크래시에서 미사
에 참례한다.

여왕은 크리스마스와 부활절, 오순절 그리고 간간이 있는 특별
미사 등 1년에 서너 차례 성찬식에 참여하는데 이는 "그녀가 어릴 때
부터 배우고 자랐던 성공회의 구식 방법이었다."[6]고 존 앤드루는 말했
다. 그녀는 평범하고 전통적인 찬송가와 짧고 직설적인 설교를 좋아했
다. 조지 캐리는 그녀를 "중도파[7]로 보았는데 그녀는 영국의 국교주의
를 중요하게 여겼다. 1662년에 나온 기도문을 좋아해서 샌드링엄에서
는 항상 그것을 사용했다. 현대적 미사를 인정하지 않았지만 드러내고
거부하지는 않았다. 그녀가 선호하는 성경은 제임스 왕의 판본이다.
영어를 무척 사랑해서 언어의 아름다움을 즐겼다. 성서는 그녀의 몸
안에 배어 있다."고 말했다. 여왕은 제임스 왕 판본의 성경을 영국 산
문의 걸작[8]이라고 평했다.

여왕은 샌드링엄과 밸모럴에 설교를 하기 위해 찾아온 외지의 성
직자들을 자주 손님으로 접대한다. "왕실 가족은 성직자들을 달리 대
접한다.[9] 우리들을 편하게 대해주고 분위기가 매우 활기에 넘친다. 그

들은 우리 앞에서 자기들의 생각을 말하곤 한다."라고 스코틀랜드의 한 목사는 말했다.

국가 수장으로서 엘리자베스 2세는 지위 고하를 막론하고 교황에서부터 교구 목사에 이르는 인물들을 모두 알고 있었다. 미국의 복음주의자 빌리 그레이엄은 여러 번 윈저 성에 와서 여왕과 함께 사적으로 예배를 드리기도 했다. 그녀는 그레이엄을 좋아했다.[10] 그러나 그가 10만 명이 운집한 웸블리 스타디움에서 열리는 선교 대회의 귀빈석에 자리해 주길 여왕에게 부탁했을 때, 여왕은 정중히 사양하여 공개 석상의 노출에는 선을 그었다.

그녀는 캔터베리 대주교를 정기적으로 1년에 대여섯 차례 만나고 중요한 영적 문제가 발생할 때에도 만난다. 그녀는 다른 고위 성공회 성직자들과도 친밀하지만 아마도 윈저의 주임 사제와 가장 가까웠을 것이다. 그는 "가족 고해성사 담당"[11]이라고 마거릿 로즈는 말했다. "그는 윈저의 주임 사제이기 때문에 비교적 정기적으로 여왕과 접촉한다. 만약 그녀가 의논할 일이 있으면 그를 찾는다. 그녀는 그가 대화 상대로 적합하다는 것을 안다."

종교는 엘리자베스 2세의 공적인 임무에 스며들어 있는데 비단 크리스마스 메시지뿐 아니라 11월 둘째 주말에 열리는 전몰자 추도일_{연중 유일하게 검은 상복을 입는 날–옮긴이}과 같이 대중의 관심이 높은 행사에 참여할 경우에도 그렇다. 런던의 세노타프에서 열리는 이 추도식은 영국과 코먼웰스 국가의 전사자들을 추모하는 행사이다.

또한 부활절 3일 전의 세족^{洗足} 목요일도 기념한다. 이날은 예수가 최후의 만찬에서 사도들의 발을 씻어주었다는 데서 유래하였으며, 겸손을 상징하는 현대 의식이다. 지난 세기에는 실제로 국왕들이 가난한 백성들의 발을 씻어주었는데 1685년 제임스 2세 시대에 사라졌다. 그 대신에 국왕들은 자선 모금함을 돌렸는데 여왕의 시대에는 세족일의 모금액 수령자로 지역사회에 기여한 원로 시민들이 선발되었다. 필립의 제안으로 그녀는 1957년에 이 봉헌의 장소를 런던 교외의 성당으로 옮겼고 그 이후 그녀는 전국을 순회하게 되었다. 여왕의 행렬은 세심하게 구성되었는데[12] 흰색 주름의 주홍색 코트를 걸친 근위병들이 은쟁반 위에 특별히 제조한 은전을 가득 담은 지갑들을 올려놓고 행진한다. 여왕은 동년배이며 동수인 남녀가 서 있는 줄을 지나며 이 지갑을 나눠주는데 때로는 그들의 선행에 대하여 치하의 말을 덧붙이기도 한다.

영국 국교회의 수장으로서 여왕의 일차적인 역할은 수상이 추천한 대주교와 주교, 지역 주임 사제에게 임명장을 수여하는 것이다. 그는 수상의 추천을 거부할 수 없지만 다른 세속의 문제들과 마찬가지로 의문을 제기하며 추가적인 정보를 요구할 수 있다. 사학자 케네스 로즈는 "이것은 수상으로 하여금 추천한 인물을 재고할 수 있도록 만드는 매우 영리한 방식이다.[13] 만약에 다음 주에 수상이 다시 와서 '저는 여전히 이 사람을 대주교로 추천합니다.'라고 말하면 그걸로 끝난다. 여왕은 그만한 일로 헌정을 위태롭게 하지는 않을 것이다."라고 말했다.

해럴드 윌슨은 이러한 임명 절차에서 각별한 즐거움을 맛보았다. 그의 전기 작가 엘리자베스 롱포드는 "그에게 이 성직자 임명 절차는[14] 대다수 수상들이 자기네 정원을 가차 없이 짓밟아 만든 사막 한가운데서 찾은 평화로운 오아시스였다."고 썼다. 영국을 괴롭히던 각종 문제들은 그가 처음 정권을 맡았을 때보다 더 무겁게 윌슨을 짓눌렀고 그의 기력마저 예전 같지 않았다.

그의 어려움을 감지한 여왕은 밸모럴에서 그를 세심하게 대접했다. "그들은 애버딘까지 와서 우리를 담요에 폭 싸서 차로 데려갔다.[15] 우리가 복도에 들어서면 여왕과 필립이 마중 나왔다. 바닥에는 공들이 굴러다니고 코기 견들이 뛰어다녔다. 그리고 그녀는 내 방의 화병에 용담 꽃을 가득 꽂아놓았다. 하녀가 말하기를 여왕께서는 내가 그 꽃들을 좋아할 거라고 했다. 그녀는 그처럼 세심한 배려를 해주었다."고 메리 윌슨은 회고했다.

1975년 9월의 방문에는[16] 엘리자베스 2세가 윌슨 부처를 오두막으로 데려가 차를 대접하고 비스킷을 구워줬다. 그러고 나서 그녀와 메리가 접시를 닦고 있을 때 윌슨은 이듬해 3월 자신의 60세 생일에 사임할 뜻이 있다고 털어놓아 그녀를 놀라게 했다.

윌슨은 후에 알츠하이머 병을 앓았는데, 세간에서는 인지 기능에 문제가 있어 통치 능력을 상실하기 전에 물러날 결심을 했었다는 추측이 나돌았다. 그러나 마샤 포켄더는 1974년 3월에 "그가 처음으로 수상 관저에 들어갔을 때[17] 윌슨은 자신이 오래가지 않을 것이라고 이미 말했다."고 전했다. 그의 아내와 포켄더 외에 마틴 차터리스만이 이러한 내용을 알고 있었고 마틴 차터리스는 수상의 비밀을 여왕과 함께 끝까지 비밀에 부쳤다.

윌슨 부처가 마지막으로 밸모럴을 떠날 때 엘리자베스 2세는 사진을 몇 장 찍어두었다. 한 사진에는 그녀가 머리에 스카프를 매고 레인코트의 모자 아래로 미소를 지어 보이고 있으며 바로 옆의 윌슨은 말쑥한 트위드 차림에 손에 파이프를 든 신사의 모습으로 담겨 있다. 윌슨은 이 사진을 무척 좋아해서[18] 지갑 속에 몇 년씩 넣고 다녔다.

호주의 노동당 수상인 고프 휘틀럼은 그해 11월에 여왕을 향하여 또 다른 도전을 시도했다. 엘리자베스 2세는 자신의 대관식 이후 호주의 여왕으로서 무려 다섯 차례나 호주에 방문하면서 이 머나먼 영토에 대한 변함없는 애정을 드러냈다. 그녀는 1972년에 처음 수상으로 선출되었으며 호주에서 왕정을 축출하기를 원한다고 솔직하게 공언한 휘틀럼을 자기 편으로 만들기에 공을 들였다. 그녀는 1973년 4월 자신의 47세 생일 저녁에 그와 그의 아내 마거릿을 윈저 성으로 초대하였다. 왕실 가족은 휘틀럼을 즐겁게 하기 위하여 최선을 다했다. 우선 그들을 윈저그레이트 파크를 지나서 스노힐의 조지 3세 동상까지 쭉 뻗어 있는 롱웍이 내려다보이는 스위트를 제공했다.[19]

만찬 후에 휘틀럼은 여왕에게 생일 선물을 주었는데 푹신한 양털 가죽 카펫[20]이었다. 여왕과 그녀의 동생은 거실 마룻바닥에 카펫을 깔고는 시끌벅적하게 떠들면서 그 위에 주저앉았다. "그날 저녁 그녀는 이 남자를 꼭 붙잡아야겠다고 결심했다.[21] 그녀는 섹시한 매력을 자제해왔으나 그날 밤은 그것을 무기로 삼았다. 그녀는 고프 휘틀럼을 그녀의 작은 손가락으로 휘감아서 옆으로 자빠트렸다. 그녀는 카펫 바닥에 그와 마주 앉아서 카펫을 어루만지며 너무나 아름답다고 말했다. 그것은 순진무구한 성적 유희였다. 나는 그야말로 놀라 자빠질 뻔했다."라고 마틴 차터리스는 작가인 그레이엄 터너에게 말했다. 휘틀럼은 후일 차터리스에게 "좋아, 그녀가 그렇게 나온다면 좋다고!"라고 말했다.

국왕 부처는 뒤이은 두 번의 호주 방문을 통해 돈독한 관계를 형성했다. 휘틀럼이 1973년 10월 그들의 방문 뒤에 작별 인사를 했을 때 마거릿은 이것이 "우리 모두에게 분에 넘칠 만큼 감동적이었다."[22]라고 썼다. 그러나 이 좋은 느낌은 1975년 11월 11일 휘틀럼이 정부의 채무 불이행을 초래할 위험이 따르는 예산 통과 문제를 놓고 호주 상원과 교착 상태에 빠지면서 그 효과를 잃어버리고 말았다.

영국 이외의 코먼웰스들에 있어서 여왕은 그 나라 수상의 자문을 받아서 총독을 지명하며 그 총독이 여왕을 대신하여 영국에서 국왕이 수행하는 임무와 같은 임무를 그 나라에서 수행하도록 되어 있다. 예산 위기가 발생했을 당시에 호주의 총독은 명망 있는 전직 판사인 존 커 경이었다. 입법부와의 교착 상태를 해소하기 위하여 커는 놀랍게도 "유보되어 있는 권한"을 발동하여 휘틀럼이 거부했던 총선거가 있을 때까지 자유당 당수 맬컴 프레이저를 임시 수상으로 옹립하였다. 여왕은 사태의 진전에 대한 보고를 받아왔으나 커는 의도적으로 그가 행동을 취하기 전까지는 알리지 않았다. 왜냐하면 그는 여왕을 난국에 빠트리지 않고 정치적 논란에서 배제시키기 위해서였다. 커는 호주의 대법관과 미리 의논했는데 현행 호주 헌법에 의하면 그가 유보된 권한을 발동하여 각료들을 해임할 수 있다는 확답을 들었다.

격분한 휘틀럼과 노동당은 여왕으로 하여금 권한 남용을 이유로 총독을 해임할 것을 요구했으나 무위로 돌아갔다. 그녀는 그녀의 대리자인 총독을 오직 현직 호주 수상의 제청에 의해서만 해촉할 수 있었다. 커의 행위는 합법적이었다.

새 총선거는 자유당 연립 정부를 태동시켰다. 정부는 예산을 통과시켰고 정상 궤도에 진입했다. 휘틀럼은 여왕과는 우호적인 관계를 유지했으나 커는 결단코 용서하지 않았다. 총독은 1977년에 직위에서 물러났으며 빅토리아 훈장Knight Grand Cross of the Royal Victorian Order을 받았는데 이는 여왕의 개인적 선물이었다. 1986년에 호주 의회는 커가 행했던 것과 같은 총독의 개입 권한을 삭제하는 법안을 통과시켰지만 호주 인구의 3분의 2는 엘리자베스 2세를 자기 나라의 여왕으로 받들기를 원했다.

1975년 가을에 마거릿 공주와 토니 스노던의 결혼이 파경에 이르면서 엘리자베스 2세의 가족 안에서 싹튼 위기는 그녀에게 커다란 고통을 안겨주었다. 결혼 이후 5년간 그들은 런던에서 아름답고 매력 있는 멋쟁이라는 찬사의 대상이었으며 예술계와 사교계의 재미있는 인물들을 초대하여 별인 활기찬 파티로 유명했다. 둘 사이에는 두 자녀를 두었는데 1961년에 데이비드, 1964년에 사라를 낳았다. 토니는 사진 활동과 산업디자인협의회의 무료 자문과 더불어 〈선데이 타임스〉의 예술 보좌관 작업을 통해서 큰 성공을 거두고 있었다.[23]

그러나 마거릿은 권태에 빠졌고 심술을 부리기 시작했으며 점점 더 독점욕에 사로잡혔다. 반면에 토니는 점점 더 일중독에 빠졌고 저녁에는 켄싱턴 궁의 자기 스튜디오로 도피하거나 자주 해외 업무를 맡았다. 비록 겉으로는 어울리는 듯 보였으나―강렬한 성적 매력, 넘치는 기지, 발레와 연극 애호, 저녁마다 즐기는 쾌락 위주의 파티, 거기에 호화판 휴양지에서의 긴 휴가 등―처음부터 사고의 씨앗은 잉태되어 있었다.

마거릿은 피터 타운센드로부터 버림을 받고 홧김에 결혼했다. 그녀는 47세의 타운센드가 19세의 벨기에 처녀와 결혼한다는 소식을 들은 직후인 1959년에 비밀리에 토니와 약혼했는데 그것은 토니를 사귄지 고작 1년밖에 되지 않은 때였다. "나는 피터로부터 아침에 편지를 받았다.[24] 그리고 그날 저녁에 토니와 결혼하기로 결정했다."라고 마거릿은 회고했다. 공주는 적어도 토니의 창의성과 거리낌 없는 보헤미안 기질이 그녀 부친의 전직인 시종무관과는 전혀 다르다는 점 때문에 이 끌렸다.

마거릿은 토니가 강박적인 여성 편력자라는 것을 알 리가 없었다. 둘 다 자기 중심적이었으며 끊임없는 쾌락을 추구했고 무대의 중심에 서고 싶어 했으며 둘 사이의 관계에 대한 성찰의 의지도 능력도 없었다. 토니는 내키는 대로 오고 갈 자유를 원했다.[25] 마거릿은 무엇이든 함께해야 한다는 비현실적인 기준을 내세웠지만 토니는 아침 일찍 일어나 일을 시작했고 그녀는 거의 점심 때가 다 되어서야 나타났으며 그때부터 밤새도록 사교 생활에 빠졌다.

둘 사이의 긴장이 고조되면서 그가 그녀를 놀리기라도 하면 가학적 사태로 진전되곤 했다. 실없는 농담은 급기야 친구들이 보는 앞에서 술주정이 더해진 추악한 싸움으로 발전했다. 그들 각자는 돌아가며 바람도 피웠다. 그가 바람 피운 여성 가운데는[26] 서섹스에 있는 그의 집 이웃인 리딩 후작 부부의 딸도 있었다. 마거릿의 애인들 가운데는 토니의 절친한 친구인 앤서니 바턴도 포함되어 있었다.[27]

그럼에도 토니는 공적인 왕실 행사에서 그녀를 수행하는 임무에는 성실하게 임해 두 발짝 뒤에서 따라다니며 항상 그녀가 먼저 말하도록 했다. 끊임없이 사람들과 만나서 인사하는 리셉션 행사에서는 상냥한 웃음을 지어 보이며 최선을 다했다. 1965년 11월에 그들은 백악관에서의 공식 만찬을 포함한 미국 내 3주간의 여행에서 사람들의 마음을 사로잡았다. 린든 존슨 대통령은 공주를 "귀여운 아가씨"[28]라고 부르며 행복한 결혼을 위한 처방을 제시했는데 이 왕실 부부에게는 이보다 더 어울리지 않는 말이 있을 수 없었다. "첫째, 아내가 자기 하고 싶은 대로 한다고 믿게 하라.[29] 둘째, 실제로 그렇게 하라."

마거릿이 친구인 콜린 테너트(훗날 글렌코너 공)에게서 선물로 받은 카리브 해의 무스티크 섬에 있는 별장으로 달아나기 시작하면서 스노던 부부의 사이는 점점 더 멀어지기 시작했다. 마거릿은 그녀의 동생이나 모친과 거의 매일 대화를 나눴지만 자신의 결혼에 대해서는 말을 아꼈다.

모후는 마거릿의 친한 친구에게 "나는 남편 문제를 나와 의논하도록 내 딸을 키우지 않았다."[30]고 말했다. 여왕과 모후 모두 토니의 매력뿐 아니라 예술적 재능에 대해서도 탄복했다. 그들과 함께 있을 때 토니는 항상 바르게 행동했다. "그는 그들 모두를 속였다.[31] 여왕은 토니가 무슨 꿍꿍이짓을 할지 모르고 있었다. 그리고 여왕이 드러내놓고 말하고 싶은 그런 일이 아니었다. 그녀는 험담을 하지 않는다."라고 앤 글랜코너는 말했다.

여왕은 마거릿이 어긋난 행동을 하는 것을 보게 되었다. 모후에게 버릇없는 말을 함부로 지껄이며 울분을 삭인다거나 식사 도중에 의전 규칙을 무시하는 태도를 보이곤 했다. 그녀는 마거릿이 과음하는 것도 알았다. 그녀의 사촌 파멜라 힉스가 남편의 음주 문제 때문에 파티를 취소해야 했을 때 여왕은 "이해해요.[32] 나도 마거릿을 겪어봐서 알아요."라고 말했다. 그러나 늘 그러하듯 여왕은 그 문제로 공주와 정면으로 부딪치지는 않았다. 로열 로지에서의 오찬 때 그녀는 동생 친구에게 "마거릿의 기분이 어떻지?"[33]라고 물었다. "내가 테라스에 나가볼까?"

1973년에 마거릿은 자기보다 열여덟 살이나 어린 귀엽고 순진한 아마추어 예술가인 로디 루엘린에게 빠졌다. 이 관계는 토니를 격분시켰다. 급기야 마거릿이 월트셔의 상류층 보헤미안들이 거주하는 공동체에서 루엘린과 동거하는 지각없는 행동을 하자 여왕은 착잡해졌다. 1975년 11월에 스노던 부부는 파경에 이르렀다.

토니는 여왕에게 편지로 "우리 모두가 경악스러운 상황이며"[34] 자기들은 헤어질 수밖에 없다고 썼다. 몇 주 지나서 여왕은 답장을 보내며 토니의 편지는 "절망적이었다."[35]는 말을 남겼다고 스노던의 전기 작가인 앤 드 쿠시는 썼다. "그녀는 그들의 관계가 얼마나 엉망인지를 알고 있었다. 두 사람은 돌이킬 수 없는 단계에 이르렀다."

그녀는 다만 크리스마스 때까지만 참아달라고 요구했다. 궁에서 논의한 뒤에 그녀는 그들의 자녀들이 돌아오는 부활절 휴가 기간에 별거를 하도록 했다. 궁은 다만 스노던 부부가 "별거할 것"[36]이라는 것만 발표하고 "이혼 절차에 대한 계획은 없다."고 밝힐 예정이었다.

1976년 2월 한 대중지가 무스티크의 한 식탁에 마거릿과 로디가 수영복 차림으로 앉아 있는 장면을 포착함으로써 궁정의 계획은 수포로 돌아갔다. 루퍼트 머독의 〈뉴스 오브 더 월드〉는 공주와 어린 애인의 치정 관계를 암시하는 기사를 대서특필했고 이는 토니의 퇴장을 재촉했다.

토니는 이미 그 자신도 루시 린지호그라는 애인을 두고 있으면서도 도덕적으로 우위를 차지했다. 그는 별거 계획을 〈데일리 익스프레스〉에 발설해서 3월 17일에 기사화되었는데 궁의 발표가 있기 이틀 전이었다. 이 과정에서 그는 19일자 해럴드 윌슨의 사임 발표를 덮어버렸는데 아이러니하게도 수상은 폭발적인 스노던 스캔들로부터 주의를 흐트러트리도록 타이밍을 잡았다.

항상 언론을 대하는 데 능숙한 스노던은 17일에 기자회견을 자청했다. 아내의 행복을 빌며 자녀들이 이해해주기를 바란다고 했고 왕실 가족들에 대한 변함없는 애정을 고백했다. 그는 영악하게 머리를 굴려 마거릿에게 책임을 뒤집어씌우고 그녀를 무궤도하고 방종한 공주로 만들었다. "여왕과 모후는 별거에 대해서 결코 스노던의 편을 들지 않았다.[37] 그러나 그들은 그를 적으로 돌리지도 않았다. 그와 자기 딸이자 동생이 함께 살 수 없음을 깨달았다."고 여왕의 한 친척이 말했다. 스노던은 다시는 마거릿에 대한 험담을 하지 않았고 왕실 가족들에 대해서도 영원히 침묵을 지킴으로써 여왕과 모후의 눈 밖에 나지는 않았다.

해럴드 윌슨의 은퇴는 국민들뿐 아니라 당원들에게도 뜻밖의 일이었으며 그의 후임으로는 외무장관인 제임스 캘러헌이 선출되었다. 1976년 4월 5일에 여왕의 손등에 키스한 새 수상은 재무장관과 내무장관을 역임하여 버킹엄 궁의 회랑에서는 잘 알려진 인물이었다. 은퇴하는 수상을 치하하기 위하여 여왕은 다우닝 가 10번지에서 열린 송별 만찬에 참석하는 데 동의했는데 이는 21년 전 처칠이 떠날 때 이후 처음이었다. 이는 차터리스의 생각이었는데 윌슨은 이 제안을 듣고 매우 기뻐했다. 여왕 개인 비서의 이 재치 있는 착상은 그녀가 연설에서 자신과 윌슨을 가리키며 우리는 몰 가의 양 끝에 마주하고 살아온 동거인이라고 말했을 때 그 효과를 더욱 발휘했다.

1976년 4월 21일, 여왕은 50세 생일을 맞았다. 그녀는 부러울 정도로 젊어 보였는데 타고난 유전인자에 건강한 생활 그리고 단순한 식이요법이 이뤄낸 결과였다. "그녀는 햇볕 아래 앉지 않고[38] 사냥도 하지 않았다."고 친한 친구가 말했다. 군데군데 희끗거리는 그녀의 갈색 머리는 미용사인 찰스 마틴이 오랫동안 매만져왔다.[39] 보통 하듯이 머리를 뒤로 젖히는 대신 앞으로 수그리고 턱을 싱크대 안으로 밀어넣은 다음 달걀과 레몬 샴푸를 섞어서 커다란 분무기로 뿌려 가며 머리를 감는다. 머리를 말아서 건조시키는 사이에 마틴은 한 시간 반을 들여 똑같은 머리 모양을 만든다. 그동안에 그녀는 무릎에 서류 다발을 쌓아놓고 검토하는데, 고개를 쳐들어 거울에 비친 모습을 살피거나 하지 않는다. 피부를 위해서 그녀는 장미 보습제 크림을 비롯한 여러 종류의 사이클렉스 제품을 사용하며[40] 우유와 꿀로 된 클렌저로 씻어낸다. 그녀는 화장에 많은 시간을 쓰지 않고 그저 파우더를 바르고 입술에는 붉은 립스틱을 발랐다. 그것이 사람들 눈에 잘 띄기 때문이다.

그해 6월에 그녀는 프랑스 대통령 발레리 지스카르데스탱의 국빈 방문의 주최를 맡으면서 약삭빠르게 초음속 콩코드 비행기를 지지하는 공개 행사를[41] 주도했다. 이 영불 합작 시도는 고비용에 따른 염려에도 불구하고 프랑스의 관리들에게 유용한 합작으로 간주되고 있었다.

지스카르데스탱은 영국이 이 사업에 대해 열의를 잃지 않았나 우려했다. 버킹엄 궁에서의 국빈 연회에 앞서 여왕은 마틴 차터리스로 하여금 의전 규칙을 무시하고 그녀가 연설 도중에 이 비행기에 대해 언급할 때 크게 박수를 하라고 일러두었다. 차터리스는 때맞춰서 박수를 했고 그가 여왕의 개인 비서라는 고위 직책을 맡고 있었기 때문에 다른 영국 쪽 내빈들도 덩달아 요란하게 박수를 해댔다. 이튿날 기자회견에서 프랑스 대통령은 "자발적인 요란한 박수 소리"를 듣고 나서 영국의 전폭적인 지지를 확인했노라고 말했다. 이 과정을 지켜본 노련한 외교관인 니컬러스 헨더슨은 이것이 "교도 민주주의guided democracy의 작동을 이해한 여왕에 대한 찬사"[42]라고 보았다.

다음 달 그녀는 17년 만에 미국을 다시 방문했다. 미국 독립 200주년에 즈음하여 국빈 방문을 하자는 얘기는 1973년 초 워터게이트 사건이 벌어져 사임하기 18개월 전에 닉슨 대통령이 꺼냈었다. 영국 관리들은 여왕의 미국 방문 시점에 대해 "주의 깊은 숙려"[43]가 필요하다고 생각했다. 히스의 수석 개인 비서인 로버트 암스트롱은 마틴 차터리스에게 "여왕이 영국에 항거한 축제와 이런 식으로 연관되는 것이 옳은 일인지를 숙고해야 한다."[44]고 썼다.

그는 3대 크로머 백작인 롤런드 베어링 역시 "미국 독립기념일 축하 행사에는 절제 없는 흥분이 뒤따르게 마련이어서 여왕이 연관되는 것은 전혀 바람직하지 않을 수 있다. …… 미국에서는 품위라고는 찾아볼 수 없는 이런 종류의 축제는 어느 정도 소란이 불가피하다."고 느꼈다고 덧붙였다.

애초 이 같은 불안감에도 불구하고 6일간의 국빈 방문의 대장정은 7월 6일에 출발해서 필라델피아에 도착하는 것으로 정리되었다. "7월 4일은 아무래도 모험이었다.[45] 그 정도가 적당했다."라고 영국 대사관의 데이비드 워커는 말했다. 여왕의 일행 가운데는 13대 백작의 아내인 43세의 버지니아 에얼리도 있었는데 그녀는 여왕의 좋은 친구이자 최초의 미국계 시녀였다.

여왕처럼 자그마하고 세실 비튼에 의하면 "명랑하면서 품위를 갖춘"[46] 버지니아 에얼리는 1973년에 임명되었다. 처음에 그녀는 자신이 여섯 아이를 두고 있는 데다 막내는 두 살밖에 안 되었으며 더구나 "여왕은 마땅히 왕실의 일들에 단련된 사람을 구해야 한다."[47]며 버텼다. 그러나 여왕은 고집을 꺾지 않았다. 이 수수한 귀족의 아내는 왕실 가정에 잘 맞았고 파티나 샌드링엄과 밸모럴의 주말 사냥터에서 보고 배운 왕실의 법도에도 금세 적응했다. 그럼에도 불구하고 침실 담당 시녀인 수잔 허시는 그녀를 "저 미국인"이라고 불러댔다.[48]

20명의 왕실 일행은 버뮤다로 날아가서 브리타니아호로 갈아타고 3일간의 항해 끝에 미국에 입항했다. 항해 첫날 밤, 강도 9의 강풍을 만나게 되었다.[49] 외무장관 앤서니 크로스랜드의 볼티모어 태생의 아내 수잔 크로스랜드는 만찬 전에 술을 마시다가 출렁이는 바다를 바라보는 여왕이 "20야드나 되는 시폰 스카프를 어깨 너머로 흩날리고 있었고, 철학적이며 또 즐겁게"[50] 보였다고 했다. 그러나 해군 장교인 필립은 1951년에 폭풍 속의 북태평양을 항해하며 멀미를 했던 때와 같이 얼굴이 잿빛으로 변하고 일그러졌다. 그때처럼 이번에도 여왕은 구토를 견뎌낸 유일한 사람이었다.

거실에서 커피를 마신 뒤에 파도가 뱃전을 치자 여왕은 문 손잡이를 붙잡았다. 그 바람에 문이 닫히자 그녀는 "휙!"[51] 하고 탄성을 질렀고 스카프는 휘날렸다. 또 다른 파도가 휘몰아치면서 이번에는 문이 열리자 그녀는 또다시 "휙!" 하고 탄성을 지르고 곧바로 몸을 돌려 "잘 자요."라고 말했다. 이튿날 아침 식사 때 그녀는 전날의 소감을 피력했다. "나는 여태 만찬에서 그렇게 많은 사람들이 죽을상을 하는 모습을 한 번도 본 적이 없어요."라고 말했다. "필립도 안 좋았어요." 그리고 또 말을 멈추었다가 다시 낄낄거리며 "그런데 그게 그렇게 재밌더라고."

라고 말했다.

마침내 브리타니아호가 1681년에 윌리엄 펜이 정박했던 바로 그 지점에 정박했을 때 운집한 5,000명의 군중이 환영해주었다. 그날 약 75,000명의 환영 인파가 몰려나와서 성조기와 유니언잭을 흔들어대는 가운데 여왕은 걸어서 사적지를 둘러보았다. 이날 필라델피아의 날씨는 푹푹 찌는 듯했다. 기자들은 "그녀가 군중을 성실히 대하는 모습"[52]에 놀라워했다.

인디펜던스내셔널 파크에서 그녀는 1752년의 자유의 종Liberty Bell을 화이트채플 주조사에서 녹여서 주조한 6.5톤 무게의 200주년 기념종을 선물했다. "나는 조지 3세의 직계 자손으로서 여러분에게 말합니다."[53]라고 그녀는 말머리를 꺼내면서 언명하기를 7월 4일은 "미국뿐 아니라 영국에서도 경축해야 합니다. …… 건국의 아버지들에 대한 심심한 감사의 마음으로 …… 그들이 영국에 매우 귀중한 교훈을 안겨주었습니다. 우리는 우리가 지킬 수 없는 것을 언제 어떻게 넘겨주어야 하는가를 알아채지 못했기 때문에 미국의 식민지들을 잃었습니다. …… 우리는 타인들이 스스로의 방식으로 스스로를 통치할 권리를 존중하는 것을 배웠습니다. …… 200년 전에 바로 여기 독립기념관에서 행해진 자유를 위한 크나큰 행동이 없었다면 우리는 결코 제국을 코먼웰스로 변모시키지 못했을 것입니다."라고 했다.

그날 밤 그녀는 필라델피아의 뚱보 시장이며 "나는 훈족 아틸라를 묵사발로 만들겠다."[54]라는 선거 구호를 내세웠던 프랭크 리조의 무심한 의전 규칙 위반을 감수해야 했다. 400명을 초대한 우아한 필라델피아 미술관 만찬에서 리조는 그녀의 옆자리를 떠나서 테이블을 돌며 악수를 하고 다녔다.[55] "정말 놀라운 사람이로군."[56]이라고 말하며 그녀의 표정은 굳어졌다. 그녀는 화장실로 도피했다. 왕실에서는 완곡한 표현법으로 화장실을 "몸단장을 할 기회" 또는 "건강을 위한 휴식"이라고 부른다. 이어서 열린 600명을 초대한 리셉션 때까지 거기에 머물렀다.

워싱턴의 기온은 섭씨 38도를 넘나들었지만 여왕은 "따가운 햇볕 아래를 걸어도 끄떡없었다."[57]고 수잔 크로스랜드는 썼다. 백악관의 사우스론에서 환영식을 치른 후 제럴드 포드 미국 대통령과 그의 아내 베티는 일본식 등불을 밝힌 로즈 가든에서 224명을 초청한 화이트 타이 만찬을 베풀었다.

공영 TV가 연회 장면을 생중계했는데 여왕이 음식을 먹는다거나 춤을 추는 장면은 방송이 금지되었다. 노란색 오간자 가운에 다이아몬드가 박힌 보관과 목걸이, 귀걸이를 한 엘리자베스 2세는 그 누구도 실망시키지 않았다.

헨리 키신저의 아내 낸시[58]는 식사 시간 내내 담배를 피워댔고 부통령인 넬슨 록펠러의 아내 해피는 필립에게 그의 독일 태생에 대해 물어댔다. 그는 자기는 덴마크 태생이라고 반박했고 그러자 해피는 토니 크로스랜드에게 "필립 공께서는 독일 태생임을 부인하셨다고요!"[59] 라고 말했다. 이스트룸에서 이어진 여흥 시간에는 밥 호프가 출연했다. 이어서 대중 스타인 캡틴 앤 테닐이 등장하여 촛불 아래에서 사랑을 나누는 두 마리 사향쥐에 관한 그들의 히트송 〈사향쥐의 사랑Muskrat Love〉을 불렀다. 뒤이어 여왕과 제럴드 포드는 프랭크 시나트라에 의해 유명해진 로저스 앤 하트의 대표곡인 〈떠돌이 아가씨The Lady Is a Tramp〉에 맞추어 춤을 추었다. 여왕과 필립은 새벽 1시가 되어서야 그들의 방으로 떠났다.

이튿날 쉴 틈도 없이 여기저기 모습을 드러낸 엘리자베스 2세는 다음 날 저녁에 화답으로 영국 대사관에서 화이트 타이 만찬을 열어 84명을 초대했다. 이에 앞서 잔디밭에서 1,600명을 위한 리셉션을 베풀었는데 눈부신 조명을 켠 채 TV 촬영팀이 따라다녔다. 그런데 갑자기 카메라와 조명이 사라졌다. 뉴욕 소재 영국 공보원장인 마이클 시어는 엘리자베스 테일러가 "요란하게 등장했다."[60]라고 회고했다. 영국 대사인 피터 램스보텀은 씩씩거렸으나 여왕은 "재미있다는 듯 난생처음 자기 아닌 다른 사람이 언론의 주목을 끄는 모습을 바라보았다."

1957년에 왔을 때와 같이 여왕은 뱃길로 맨해튼에 도착했는데 이번에는 브리타니아호에서 내려진 냉방 장치가 된 왕실 바지선을 이용했다. 100야드 정도를 거닐 동안 맨해튼 중심가는 그녀를 가까이서 보려고 몰려드는 군중 때문에 대혼란에 휩싸였고 "경찰은 흥분한 무리에 압도당했다."[61]고 마이클 시어는 말했다. 이번에도 마찬가지로 여왕은 비지땀을 쏟는 무리 속에서도 시원해 보였다. "다행히 나는 더위는 개의치 않아요."[62]라고 즐겁게 말했다.

그녀는 미국 순례자회와 영어 사용 연합을 이번에는 월도프아스토리아 호텔의 오찬에서 다시 만났다. 여왕과 필립이 오픈카를 타고 할렘에 있는 맨해튼에서 가장 오랜 고가古家인 18세기 양식의 모리스주멜 맨션을 보기 위해 업타운 쪽으로 향하던 중 여왕은 파크 애버뉴와 61번가 사이 모퉁이에서 한 친구를 발견하고 "오! 저기 존 앤드루가 있어요!"[63]라고 외쳤다. 이 성공회 신부는 손을 흔들며 자기도 외쳤다. "헬로, 헬로. 오늘 밤 보러 갈게요." 그녀가 지나간 뒤에 그는 혼자서 생각했다. '이런 바보 천치 같으니라고. 여왕한테 도대체 그게 무슨 말버릇이람.'

그날 빽빽한 일정 속에서도 가장 돋보였던 것은 블루밍데일 백화점을 방문한 것이었는데, 19년 전에 슈퍼마켓을 들렀을 때와는 달리 이번에는 철저히 사전에 준비를 갖추고 있었다. 백화점 간부가 나와서 그녀를 안내하며 3개 층의 전시품들을 샅샅이 훑게 해주었다. 그녀는 치펀데일 양식 의자의 모조품을 구경했고 최신 유행의 트위드 미니 스커트를 입은 캘빈 클라인 모델들을 보고 신기해했다. "어머나, 정말로 그 정도 길이의 스커트를 입나요?"[64]라고 물었다. 필립 또한 펫록pet rock, 애완동물처럼 키우는 돌-옮긴이과 말하는 계산기 같은 것들을 구경하며 유쾌한 답사를 했다.

국왕 부처는 브리타니아호에서 30여 명을 초대한 소규모 만찬을 베풀었는데 〈뉴욕 타임스〉는 이 배의 실내를 "영국의 전원주택에 온 것 같이 편안한 느낌을 주는 꽃무늬를 수놓은 덮개 천,[65] 가족사진, 긴 등받이 의자들이 제국 시대의 유물과 조화롭게 배치되었다. 솔로몬 군도에서 잡은 상어 이빨, 넬슨의 트래펄가 해전 승리를 기념하는 황금 단지 등이 그것들이다."라고 묘사했다. 한 지각없는 선원이 〈더 타임스〉 기자에게 "우리는 여왕이 없고 공작만 있을 때에는 신나는 파티를 즐긴다."고 털어놓았다. 실상 엘리자베스 2세가 있을 때에도 활기에 넘치는 저녁을 보내곤 하는데,[66] 마틴 차터리스가 쓴 재치 있는 소극笑劇을 가지고 의상을 차려입은 왕실 사람들이 출연해 피아노 연주에 맞추어 노래하고 춤춘다.

만찬 후에 200명이 더 참여한 리셉션도 열렸는데 그중에 존 앤드루 신부도 끼어 있었다. 그는 셔먼 더글라스를 안내하고 있었는데 그의 부친 루이스 더글라스가 주영 미국 대사로 복무 중일 때인 1940년대 이래 여왕의 친구였다. 엘리자베스 2세는 앤드루를 보자마자 고개를 젖히고 웃어대며 "아까는 골목길에 혼자 서 있는 모양이 너무 우스웠다고요!"[67]라고 말했다. 그녀와 셔먼 더글라스가 서로 인사하고 난 뒤에 필립이 양복 자락에 뉴욕 시를 상징하는 "빅 애플Big Apple" 스티커를 붙이고 나타났다. "대체 그게 뭐예요?"라고 존 앤드루가 물었다. 공작은 스티커를 떼어서 수사의 이마에 철썩 붙이며 "자, 보라고!" 하자 여왕은 다시 한 번 크게 웃었다.

다음 이틀 동안 엘리자베스 2세는 대서양 연안 오르내리며 먼저 토머스 제퍼슨의 농장 몬티첼로와 버지니아 대학교를 방문하고 이어서 로드아일랜드의 뉴포트로 가서 포드 부처를 브리타니아호로 초대하여 만찬을 베풀었다. 그녀는 보스턴에 이르러 "1776년의 기억을 상기시키는 장소들을 둘러본 뒤"[68] 여행을 마무리지었다.

고색창연한 주의회 의사당에서의 연설에서 자신은 "그 모든 것들이 시작되었던" 도시에 왔다고 말했다. 보스턴을 떠나 노바 스코샤의 핼리팩스로 향하는 브리타니아호 선상에서는 〈올드 랭 사인〉이 연주되었다. "나는 회복된 우정으로부터 우러나오는 선함을 상기하게 되었다.[69] 200년 전에는 조지 3세의 후손이 이 축제에 동참할 수 있으리라고 누가 생각이나 할 수 있었겠나?" 훗날 엘리자베스 2세는 이렇게 회상하였다.

이후 여왕은 2주간 캐나다를 여행했다. 그곳에서 몬트리올 올림픽 경기의 개막을 선언했고 딸 앤이 영국 승마팀의 일원으로 경기에 참여하는 것을 지켜보았다. 여왕은 손톱을 깨물며 초조하게 크로스컨트리 경기를 지켜보았다. 그런데 그만 앤의 말이 울타리에 부딪히면서 그녀를 땅바닥에 떨어트렸다. 모친을 쏙 빼닮은 딸 앤[70]은 상처를 무릅쓰고 다시 말 등에 올라탄 뒤 경주를 계속했는데 가벼운 뇌진탕 증세로 경주의 기억도 잃었다.

언제나와 같이 여왕의 참을성은 놀라웠다. 그보다 몇 년 전 여왕이 서스캐처원을 여행할 때 당시 북부 지역 문제와 천연자원 담당 장관이던 앨빈 해밀턴이 여왕의 개인 비서에게 "우리가 하루종일 이동하는 동안에 폐하께서는 화장실을 한 번도 안 가시는 걸 보았다."[71]라고 말하자 개인 비서는 "염려할 것 없습니다. 폐하께서는 여덟 시간을 견딜 수 있도록 훈련을 쌓으셨답니다."라고 대답했다.

장소가 어디이건 간에 엘리자베스 2세는 공무를 수행하면서도 여유 있어 보였다. 몇 달 뒤에 룩셈부르크를 여행할 때 만찬이 끝나고 나서 기분이 좋아진 여왕이 드럼을 치면서 "리듬에 맞춰 고개를 연신 흔들어대는 것"[72]을 지켜본 사람들은 놀라움을 금치 못했다.

베니스 위기 대처 기금^{베니스의 예술, 건축 및 환경을 지원하는 기금-옮긴이}을 위한 자선 행사에서 루키노 비스콘티가 감독한 영화 〈베니스의 죽음〉을 상영할 때 그날의 주최자인 존 줄리우스 노리치가 여왕과 앤 사이에 앉았다. 그는 두 시간짜리 영화가 시작된 지 몇 분 후에 여왕이 한숨을 쉬는 소리를 들었다. "나는 그녀가 또다시 한숨을 쉬는 소리를 들었다.[73] 아주 긴 한숨이었다.

나는 영화를 보는 내내 한숨 쉬는 소리를 들으며 불이 켜지면 뭐라고 말해야 할지 고민에 빠졌다."고 노리치는 회고했다. 그러나 영화가 끝나자 그녀는 고개를 돌리며 환한 미소를 짓더니 "영화가 좀 우울하죠?"라고 말했다. "그녀는 오히려 나를 편하게 해주려고 했다. 그녀는 내가 불편해하는 것을 눈치챘다."라고 노리치는 설명했다.

1976년의 크리스마스 메시지에서 여왕은 재위 25주년을 맞이하는 실버 주빌리^{Silver Jubilee}에 관하여 처음 언급했다. "내년은 내게 있어서 매우 뜻깊은 해입니다.[74] 내게 가장 소중한 선물은 …… 화해가 필요한 모든 곳에서 화해가 이루어지는 것입니다." 캘러헌 정부는 경제적 침체 때문에 처음에는 실버 주빌리 축하 행사를 반대했으나 차터리스와 그의 궁정 동료들은 이것이 국민의 사기를 복돋워줄 것이라며 설득했다. 나아가 여왕은 전국 순회에 이어 전 코먼웰스 국가들을 순방해야 한다고 주장했다. 그러나 그녀는 "과도한 경비 지출"은 자제해야 한다는 "분명한 의사"[75]를 강조했다. 언론은 특히 회의적이었는데 친공화주의파인 〈가디언〉은 2월 6일 일요판에서 "주빌리 행사가 무관심의 철퇴를 맞다"[76]라는 제목까지 달았다.

여왕은 역사에 한 획을 그을 만큼 의미 있는 즉위식 기념일을 맞았지만 그날은 부친이 사망한 날이기도 했으므로 축하 행사를 자제하고 가족과 함께 윈저 성에서 조용히 주말을 보냈다. 나흘 뒤에 그녀는 두 번의 실버 주빌리 기념 순방의 첫 순서로 브리타니아호를 타고 서사모아, 통가, 피지, 파푸아뉴기니, 뉴질랜드 그리고 호주로 떠나 7주를 보냈다.

그녀에 대한 환영 물결은 〈가디언〉의 암울한 예언이 거짓이었음을 보여주고도 남았다. "항구의 입구는 사방에서 몰려든 사람들로 발디딜 틈조차 없었다."[77]라고 앤서니 모로 사령관은 회고했다. 피지에서는 민속춤을 보여주다가 지붕이 무너졌는데 다행히 다친 사람은 없었다. 어떤 기자는 "군중이 몰려들자 여왕은 얼른 립스틱을 꺼내서 한 번 더 입술을 붉게 칠했다."[78]고 했다.

영국으로 돌아온 여왕은 1970년대 그녀의 두 번째 경주마인 세 살배기 던펌린이 영국의 5대 경마에 속하는 엡섬의 오크와 동커스터의 세인트레저 경마 대회에서 우승을 거머쥐는 것을 보게 되었다.

본격적인 축하 행사는 여왕이 1977년 5월 4일 웨스트민스터 홀에서 국회 상하원으로부터 "충성 연설loyal address"을 듣고 답사하는 것으로부터 시작되었다. 크리스마스 방송 연설처럼 그녀의 메시지는 자신의 사적인 견해를 밝힌 것이었으며 따라서 주목할 만했다.

예상했던 대로 그녀는 영국 코먼웰스를 찬양했으며 또한 영국의 유럽 공동체 가입을 "나의 재위 기간 중 가장 뜻깊은 결정 가운데 하나"[79]였다고 했다. 더욱 놀라운 것은 그녀가 스코틀랜드와 웨일스에 권력을 이양하자는 압력에 대하여 솔직한 반응을 보였다는 점이다. "나는 이 같은 열망을 충분히 이해한다. 그러나 나는 영국Great Britain과 북아일랜드를 통합하는 통합 왕국United Kingdom의 여왕으로 재위에 올랐다는 것을 잊을 수가 없다. 어쩌면 이번 주빌리가, 이 통합이 본국은 물론 국제 관계에 있어서도 통합 왕국의 모든 국민들에게 베푼 혜택들을 상기해야 할 시점이라고 본다.”고 말했다.

2000년부터 2002년까지 여왕의 언론 홍보 비서를 맡았던 사이먼 워커는 이렇게 말했다. “이는 매우 뜻깊은 발언이었다.[80] 왜냐하면 이것은 그녀가 말한 유일한 정치적인 발언이었으며 또한 독특한 것이었기 때문에 한층 뜻깊었다.” 스코틀랜드의 민족주의자들은 통합이야말로 그녀의 굳건한 원칙임을 알기에 당연히 반발심을 가졌다. 그러나 여왕은 자기의 진심을 말하기로 결심했던 것이다.

6월 6일 월요일, 엘리자베스 2세는 윈저그레이트 파크의 스노힐 정상에 서서 세찬 바람에 머리칼이 나부끼지 않도록 예의 머리 스카프를 두르고 횃불에 불을 당기는 자세를 취했다. 이를 신호로 전국의 온 국민도 여왕을 축하하기 위하여 그들의 횃불에 불을 붙이기로 되어 있었다. 그런데 불행히도 한 방정맞은 병사가 선수를 쳐버렸는데 여왕은 짜증을 내기보다 재미있어했다. “폐하, 잘못될 것 같은 일들은 잘못됩니다.”[81]라고 불꽃 점화 전문가이자 왕실 행사 기획관인 마이클 파커는 말했다. “아, 좋아요. 재밌네요.”라고 여왕은 웃으면서 대답했다.

축하 행사는 이튿날 절정을 이루었다. 여왕과 필립 공이 왕실 기병대와 근위병들의 호위를 받으며 왕실 마차를 타고 행진했는데 말을 탄 찰스 왕자는 근위 보병 연대의 곰 가죽을 덧댄 붉은 제복을 입고 뒤를 따랐다. 여왕이 새로 금박을 하고 현란하게 치장한 마차를 탄 것은 대관식 이후 처음이었다. 그녀는 “마차를 타는 것이 그렇게 불편할 수 없었다.”[82]고 훗날 친구에게 털어놓았다.

왕실 가족들을 태운 마차 행렬은 버킹엄 궁을 출발해서 세인트폴 성당까지, 지난 밤 빗속에서 노상 철야한 사람들을 포함하여 백만 명의 군중이 둘러싼 연도를 천천히 이동했다. 성당에는 2,700명의 내빈들이 운집했는데 현존하는 수상 6명을 포함하여 세계 각국의 지도자들이 다수 참석했다. 101대 캔터베리 대주교인 도널드 코건은 여왕을

"지칠 줄 모르는 헌신적 봉사와 성실한 임무 수행과 안정적이고 행복한 가정의 표본"[83]으로 칭송해 마지않는 가운데 TV 카메라는 왕실 가족과 친척들을 차례대로 비추었다. 토니 스노던과 1년 이상 별거하며 여전히 로디 루엘린과의 행각으로 언론의 머리기사를 장식하고 있는 마거릿 공주도 두 자녀와 함께 카메라에 잡혔다.

밝은 분홍색 시프트 드레스에 걸맞은 코트와 천으로 만든 25개의 작은 종들로 테두리를 두른 모자를 쓴 여왕은 남편과 함께, 몰려든 군중과 악수하거나 인사를 나누며 성당 인근의 도로를 걸었다. 길드홀에서 열린 오찬에서 그녀는 21세가 되던 생일을 맞았을 때인 "판단력이 어설프던 풋내기 시절"[84]에 평생 몸바치겠다고 한 맹세를 되풀이하며 그때 했던 맹세를 "단 한마디도 후회하지 않으며 바꾸지도 않겠다."고 덧붙였다.

여왕과 필립이 마차를 타고 버킹엄 궁으로 달려갈 때 군중의 함성이 너무 커서[85] 마부는 말발굽이 노면에 부딪히는 소리도 못 들었다. 왕실 가족들은 궁정의 발코니에 한 줄로 늘어섰다. 엘리자베스 2세는 기꺼워 보였다. 웃고 말하고 손을 흔들며 1937년 부친의 대관식 때 이래 누차 보았던 군중을 맞이했다. 그러나 군중은 그녀가 상징하고 또 이룩해낸 것들에 대해 과거 어느 때보다도 찬사를 보냈다.

여왕의 직계 사촌인 에드워드 켄트 공작의 아내인 켄트 공작 부인은 너무나 감동해서 두 팔로 엘리자베스 2세를 감싸 안으며 "사람들은 폐하를 너무나 좋아해요."[86]라고 외쳤다. 캐서린 켄트는 후일에 설명하기를 여왕은 "자신에게 쏟아지는 거대한 애정의 물결에 압도되어 어쩔 줄을 몰랐다."고 했다. 전 세계 약 5억 명이 TV를 통해 이 광경을 지켜보았다.

이틀 뒤에 축제는 한껏 고조되어 튜더 왕조 시대의 황제 거동을 연상케 하는 바지선의 항해 행렬이 템스 강을 따라서 그리니치에서 램

버스까지 이어졌다. 날이 어두워지자 불꽃들이 하늘로 솟았고 또다시 엄청난 군중이 버킹엄 궁과 몰 가를 따라서 몰려들었다. 그리고 환하게 불 밝힌 마차들이 여왕과 그녀의 가족들을 다시 버킹엄 궁으로 데려가는 광경을 지켜보았다.

군중 틈에 섞였던 빅토리아 앤 앨버트 박물관장인 로이 스트롱은 "기본적으로 교양있는 중산층 영국인들[87]의 목소리가 들렸다. 정장을 한 신사들이 우산 끝에 유니언잭을 꽂고 지나갔다."고 회고했다. 떼로 모여 있던 군중은 우발적으로 영국 국가 〈신이여, 여왕을 보호하소서〉와 〈브리타니아여, 통치하라 제임스 톰슨의 시에 곡을 붙인 애국에 관한 노래-옮긴이〉를 목청껏 불러대기도 했다.

마차들이 덜컹대며 지나갈 때 스트롱은 공동체의 "감동의 물결"을 느꼈다. 엘리자베스 2세와 가족들이 궁의 발코니로 나왔을 때 군중들의 환호는 극에 달했다. 하는 수 없이 그들은[88] 자정이 지나 다시 한 번 모습을 드러냈다.

런던에서만 4,000회의 거리 파티가 열렸다. 약 12,000회의 거리 파티가 전국의 도시와 마을, 촌락에서 열렸다. 펑크 록 그룹인 섹스 피스톨스만이 영국 국가를 허무주의적으로 거칠게 편곡하여 여왕을 미래가 없는 파시스트 국가의 지도자로 부르며 노골적인 반감을 표시했다. BBC는 이 노래의 방송을 거부했지만 인기 차트에서는 2위를 기록했다.

그러나 이 미심쩍은 히트가 주빌리의 감동을 흐리게 하지는 못했다. 향후 몇 달에 걸쳐서 여왕은 전국의 36개 지방을 순회했다. 축하 분위기가 고조하면서 군중이 불어나기 시작하여 랭커셔에서는 하루에 1백만 명이 모이기도 했다. 여왕의 국내 일정 가운데 마지막 순번은 그녀가 11년 만에 처음 가는 북아일랜드였다.

궁정 관료들과 정부의 장관들은 그녀가 이 모험적인 여행을 감행

해야 하느냐를 놓고 격론을 벌였다. 1960년대 후분 분리 운동이 일어
난 이래 계속된 북아일랜드 내의 갈등은 여왕에게 지속적인 관심의 대
상이었다. 소수파 가톨릭을 보호하기 위한 목적으로 1960년대 후반
북아일랜드에 파견된 영국 군대는 고조되어온 긴장 속에서 IRA 폭탄
공격과 저격수의 표적이 되어왔다. 1971년 8월에 당국은 폭력을 진압
하기 위해 노력하는 과정에서 재판 없이 가톨릭 투사들을 투옥하기 시
작했다.

에드워드 히스는 이렇게 회고했다. "한번은 여왕과 정규 면담을
하려는데[89] 당시 그녀는 TV로 벨파스트의 소요 사태를 시청하고 난
직후였다. 여왕은 자신의 왕국 한 지역에서 벌어진 흉폭한 사건에 심
히 충격을 받았다. 특히 그녀는 영국 군대를 보호하기 위하여 설치한
높은 철조망에 매달린 채 증오로 일그러진 여자들의 얼굴이 담긴 장면
을 보고 끔찍해했다. 여왕이 국민들의 고난에 대해 초연하거나 무관심
하다고 비난받을 때마다 나는 그때의 순간을 떠올린다."

1972년 1월 30일, 약 1만 명의 가톨릭 시위자들이 새로 실시된
억류 정책에 항의하기 위해 대규모 집회 금지 조치를 무시하고 런던데
리의 거리를 행진했다. 영국의 특전대가 현장에 투입되었고 시위대가
돌과 기타 물건들을 던지며 공격해오자 군대는 아수라장 속에서 실탄
을 발사하였다. 이로 인해 13명이 사망하고 14명이 부상을 입었으며
부상자 중 한 명은 이후 사망했다. 군중 속에는 무장 IRA 대원이 있었
지만 사망한 사람들은 모두 비무장한 가톨릭 교도들이었으며 다수는
도망치다가 죽었다.

피의 일요일Bloody Sunday이라고 알려진 이 살육은 북부와 아일랜드
공화국의 통일을 강행하려는 IRA의 투쟁을 급속히 고조시켰다. 그 즉
각적인 여파로 폭도들이 더블린의 영국 대사관을 불태웠다. IRA는 과
격한 젊은 회원들을 급격히 충원하며 영국 군대와 영국의 민간인들은

물론 북아일랜드의 신교도들에게까지 무차별 테러를 감행하여 수천
명의 사상자가 발생했다.

피의 일요일 이후 여왕은 여러 차례의 크리스마스 연설에서 "북
아일랜드에서 우리들이 겪은 각별한 슬픔"[90]에 대해 언급하며 고통받
는 사람들에 대한 기도와 동정을 보내며 신교도들과 가톨릭 신도들이
"인간성과 상식을 되살리기 위하여" 평화를 향한 공동의 노력을 기울
여줄 것을 당부했다. 그녀는 1977년에 관료들이 그녀의 북아일랜드
방문 계획에 대해서 문제를 제기하자 예상했던 대로 1961년에 가나
여행이 거의 무산될 뻔한 때처럼 반발했다. "마틴, 우리는 북부에 간다
고 했잖아요.[91] 안 가면 그건 매우 유감스러운 일이에요."라고 여왕은
개인 비서에게 말했다.

8월 10일 그녀는 헬리콥터 편으로 벨파스트 교외의 힐스버러 성
의 땅바닥에 내렸다. 이것이 "여왕이 여행하는 가장 안전한 방법"[92]이
라는 보안 자문관들의 판단에 따른 것이었다. 이는 그녀의 첫 헬리콥
터 여행인데 평소 대단히 용감함에도 불구하고 그녀에게는 오래도록
신경 쓰이는 교통수단이었다.

그녀는 북부에서 이틀을 머무는 동안에 32,000명의 군대와 경찰
의 엄중한 경호를 받았다. 약 7,000명이 리셉션과 가든파티와 작위 수
여식에 초대되었으며 이 모든 과정은 TV로 중계되었다. 북부 콜레인
에 있는 얼스터 대학교를 방문한 뒤 그녀는 가족들과 만나 브리타니아
호를 타고 연례적인 웨스턴 아일스 항해를 마쳤고 밸모럴에서 두 달간
휴가를 가졌다. 그녀는 그해 크리스마스 연설에서 북아일랜드 여행은
그녀에게 "세상 어느 곳보다도 절실히 화해가 요청되는 곳"[93]임을 상
기시켰다고 말했다. 그녀가 그 지역을 여행한 것은 "선의의 사람들"로
하여금 "축하 행사에 동참할 수 있는 기회를 가지게 함으로써 그들을
크게 고무시켰다."

두 번째 코먼웰스 순방은 거의 3주간에 걸쳐 캐나다와 카리브 해 군도로 이어졌다. 그녀는 11월 2일 버베이도스에서 콩코드 편으로 귀국했는데 영락없이 매부리코처럼 생긴 이 초음속 제트기는 1976년부터 취항하였다. 3시간 45분간의 여행은 그동안 56,000마일에 걸친 주빌리 여행의 막을 내리는 초현대적 미래를 예감케 했다.

11월 15일 오전 10시 46분에 앤의 첫째 아이 피터 필립스가 태어나면서 여왕은 51세에 할머니가 되었다. 그 아이는 부친 마크 필립스가 앤과 결혼할 때 귀족의 작위를 사양했기 때문에 500년 만에 처음으로 왕실 가정에 태어난[94] 최초의 평민이 되었다. 부모는 그들의 아들—그리고 4년 뒤에 태어날 여동생 자라까지—이 왕실의 의무로부터 해방되어 키우고 싶었으며 훗날 두 자녀는 이 결정을 환영했다.

그달에 마틴 차터리스는 여왕에 대한 27년간의 봉사를 마치고 64세의 나이에 은퇴했다. 그는 보보 맥도널드를 제외하면 왕실에서 그 누구보다도 그녀를 잘 알았고 그녀와 가장 가까운 거리에서 일했다. 또한 그녀가 공주로 성장하며 일찍이 부친을 잃은 슬픔을 거쳐 마침내 신뢰받고 유능한 국왕으로 자리 잡을 때까지 수많은 단계를 거쳐 가는 것을 지켜보아왔다. 그는 모든 면에서 그녀의 짐을 덜어주었는데 평소 예리한 판단력을 발휘했을 뿐 아니라 그녀의 연설에 생기를 불어넣었고 그녀로 하여금 새로운 도전에 나서도록 마음을 열게 해주었다.

두 사람은 버킹엄 궁에서 만나서 짧게 작별 인사를 나눴다. 엘리자베스 2세는 자기 감정을 억제하기 위하여 어머니가 우는 모습을 결코 용납하지 않을 딸을 대동했다. "여왕은 마틴이 울 것을 알았고,[95] 마침내 그는 울었다. 그는 자기 감정을 억제하지 않았다. 반면 그녀는 울지 않았다. 그리고 말수를 줄이는 편이 낫다고 보았을 것이다." 몇 년 뒤에 엘리자베스 2세는 모친에게 "내 마틴"이 떠났을 때 그가 그리웠지만 "언제건 힘든 일이 생기면 아무 때나 찾을 수 있다."[96]는 것을 알았다고 말했다. 그날 궁에서 그녀가 한 말은 단 한마디, "마틴, 평생토록 고마울 거예요."[97]였으며 그에게 같은 감정이 새겨져 있는 은쟁반을 선물로 주었다. 그는 눈물이 가시자 평소처럼 경망을 떨었다. "다음에 이 쟁반을 또 보시게 되면 분명히 여기에 진토닉이 올려져 있을 것입니다."

여왕은 항상 다이애나에게 친절했다.
그러나 다이애나는
함께 많은 시간을
보내고 난 뒤에도
항상 "여왕을 무서워했다."

The Queen was always kind to
Diana. But even after she had spent
time in her mother-in-law's company,
Diana remained "terrified of her."

13

찰스 왕자와 미래의 아내 다이애나 스펜서가 약혼을 발표한 직후에 여왕과 함께.
1981년 3월 ⓒ Press Association Images

CHAPTER 13

철의 여인과 영국 처녀

Iron Lady and English Rose

여왕의 실버 주빌리는 그녀의 결혼이 전후의 암울했던 시기에 그랬던 것처럼 고난의 시기에 국가의 사기를 드높이는 데 성공했다. 64세의 수상 제임스 캘러헌은 1976년 총선이 끝난 직후부터 영국의 침체된 경제에 활력을 불어넣기 위해서 고투해왔다. 그해에 그의 정부는 파산을 모면하기 위하여 IMF^{International Monetary Fund}로부터 39억 달러를 차입해야만 했다. 이 돈에는 조건이 붙었다. 정부 지출을 줄이고 공공 부문의 임금 인상을 억제하는 등, 관행적으로 개발도상국에 적용되는 강제성 있는 것들이었다.

"서니 짐^{Sunny Jim}"이란 별명을 지닌 수상은 자기보다 열네 살이나 어린 여왕과의 주례 면담에서 마치 친척 아저씨처럼 보였다. 영국 해군의 하사관과 교사의 아들인 그는 대학에 입학할 형편이 안 되자 세금 징수원으로 공직에 입문했다. 드러내놓고 군주제를 지지해온 그는 여왕과의 면담을 즐겼는데 "화제가 사회, 정치, 국제 문제 등을 광범위하게 넘나드는 편안한" 분위기에 안도했다. 그들은 예정된 세 가지 주제에 관하여 15분 정도 이야기한 뒤에, 한 시간에 걸쳐[1] 그들의 가족들에 관하여 말하거나 그의 농장이 있는 서섹스의 건초 가격을 노퍽이나 스코틀랜드와 비교하기도 했다. 캘러헌은 정계 인사들에 관한 여왕의 호기심에 능숙하게 대처하는 법을 배웠다. 또한 그는 여왕이 자기 주장을 완곡하게 전달하는 과정에서 자기 생각을 암시하되 "거리감을 두고"[2] 직접적 제안을 피하면서 수상의 문제를 "가늠"하는 방법에 대해 호감을 가졌다.

키가 6피트 1인치인 그는 여왕의 수상들 가운데 가장 크고 잘생겼으며 느긋하고 인사치레에도 능하고 은근히 여왕에게 추근대기도 했다. 어느 날은 여왕이 그를 데리고 버킹엄 궁의 뜰을 산책하면서[3] 은방울꽃 가지를 꺾어서 그의 양복 단춧구멍에 꽂아주었다. 캘러헌은 그녀와 각별한 사이였던 윈스턴 처칠을 제외하고는 모든 수상들에게 공평하게 대해왔음을 한마디로 정확하게 요약했다. "여왕이 베푸는 것은 친절일 뿐 우정이 아니다."[4]

모후의 표현대로 "이 딱한 캘러헌"[5]에게 있어서 화요일의 주례 면담은 정치적 쟁투 속에서의 한 가닥 짧은 고요의 순간이었다. 1978년, 어느 때보다도 검박함이 요구되던 시대에 노조들은 공공 부문 근로자들을 달래기 위해 정부 지출을 늘려야 하는 막대한 임금 인상 요구를 밀어붙였다. 사상 최악의 "불만의 겨울 Winter of Discontent"로 알려진 이 시기에 전국은 트럭 운전사, 병원 잡역부, 청소부, 앰뷸런스 기사, 학교 청소부, 묘지기 등의 시위로 몸살을 앓았다. 수거해가지 않은 쓰레기가 거리에 넘쳐났는데 이는 길을 잃은 국가의 상징이었다.

1979년 3월 28일, 하원의 보수당은 정부에 대한 불신임안을 제출했는데, 헌법에 따르면 이는 재석 과반수의 동의를 필요로 했다. 노동당은 단 한 표(보수당에 대한 자유당의 지지로 인해) 차이로 신임을 잃었고 5월 3일에 총선거가 실시되었다. 53세의 마거릿 대처가 이끄는 보수당은 339표를 얻어 268표의 노동당과 11표의 자유당을 압도하고 권력을 거머쥐었다.

이튿날 대처는 최초의 여성 수상으로서 여왕의 손에 키스하기 위하여 버킹엄 궁에 도착했다. 27년 전 엘리자베스 2세의 즉위는 "최고 위직에 도전하는 여성에 대한 편견의 마지막 흔적"[6]을 제거해줄 것이라고 썼던 이 야심찬 젊은 정치인에게 있어서 역사적인 순간이 아닐 수 없었다. 바로 뒤이어 여왕의 종마 조련사인 이언 볼딩이 여왕을 방문했다. "마거릿 대처가 수상이 된 것을 어떻게 생각해요?"[7]라고 여왕은 물었다. "폐하, 저는 아무리 생각해도 여자가 나라를 다스린다는 것이 상상이 안 됩니다."라고 그는 대답했다. 여왕은 잠잠했다. "제 말 뜻을 아시죠?"라고 그는 또 말했다. 그녀는 이번에는 웃었다. 그리고 대답을 하지 않았다.

두 여성은 고작 여섯 살 차이밖에 나지 않았다. 말쑥하게 차려입고 단정하게 머리를 가꾼 두 사람은 똑같이 전문적이고 근면하지만 그들의 배경과 기질은 매우 판이했다. 마거릿 로버츠는 링컨셔 그랜섬의 식료품으로 성공한 집안의 딸로서 가게 위층에 살았다. 그녀는 장학금을 받아서 옥스포드 대학에서 화학을 전공했고 이혼 경력이 있는 사업가 데니스 대처와 결혼해서 1959년에 의회에 진출하기까지 변호사로 일했다.

그녀는 여러 명의 보수당 수상 밑에서 주택과 교육 정책을 주관해왔다. 1975년, 당은 에드워드 히스를 제거하고 그녀를 당수로 선출했다. 그녀는 국가 경제의 침체를 극복하기 위하여 노동조합을 약화시키고, 공공 지출을 대폭 삭감하며, 정부에 대한 국민의 의존도를 낮추고, 성장을 위하여 기업 규제를 풀어야 한다고 주장했다. 그럼으로써 세계 무대에서 영국의 지위를 향상시켜야 한다는 결의에 차 있었다.

마거릿 대처는 토론에서 담대하고 명민한 모습을 보였다. 밀턴 프리드먼과 프리드리히 하이에크 같은 지성인들에 의해 형성된 굳건한 보수주의 원칙에 열정적이었다. 보수적 사학자인 폴 존슨은 그녀를 가리켜 "영원한 학생[8]이다. 배우고 공부하고 시험 치르고 우수한 성적으로 합격하는 것들을 좋아했다."고 말했다. 그녀의 투쟁에 대한 열정은 정면충돌을 싫어하는 여왕의 성격과 대조를 이루었다. 나아가 여왕은 이언 볼딩과의 대화에서 즐기던 반어적 표현 같은 것을 대처와는 나눌 수가 없었다. 대처에게서 유머 감각이란 거의 찾아보기 힘들었기 때문이다.

향후 11년간 여왕은 예전 캘러헌의 정책에 관한 그녀의 생각이 어떠했든 그와 즐겼던 생기발랄한 농담은 더이상 즐길 수 없었다. 대처와의 대화는 늘 일방적이었는데, 이는 강의하듯 말하는 그녀의 습관 때문이었다. "여왕은 짜증을 냈다."[9]고 엘리자베스 2세와 가까운 사이였던 한 고위 장성이 말했다.

그들의 면담은 공식적이고 사무적이었다. 수상의 고위 외교 정책 보좌관인 찰스 파월은 이렇게 말했다. "의제는 주요 현안 과제[10]였으며 결코 사소한 일이 아니었다. 하지만 대처 여사는 미리 준비를 하지 않았다. 이미 철저히 준비가 되어 있기 때문이다. 그녀는 여왕이 무슨 일들에 대해서 말하기를 원하는지 알고 싶어 했으며 여왕도 똑같은 사전 정보를 가지고 있었다. 대처 여사는 규율을 따로 정할 필요가 없을 만큼 규율이 잡혀 있었다."

면담 후에 대처는 여왕의 개인 비서들과 함께 위스키를 마셨다. "그녀는 우리들과 잡담을 나눴는데[11] 이는 그녀에겐 매우 드문 일이다. 내 생각에 면담이 그녀에게는 진정제와 같았다고 생각한다."라고 한

전직 궁정인이 말했다. 다우닝 가로 돌아온 대처는 여왕으로부터 육군
연대와 관련된 요청을 받곤 했다. "그녀는 기분이 좋아져서 돌아왔
다.[12] 면담을 무척 즐겼다. 돌아왔을 때 그녀의 태도는 '젠장, 이 무슨
쓸데없는 시간 낭비람.'[13]이 아니라 실은 그 정반대였다."라고 찰스 파
월은 말했다.

1953년에 쌍둥이를 출산한 대처는 여왕처럼 그녀의 세대에서는
예외적으로 워킹맘이었고 그녀 또한 자녀 양육을 보모에게 의존했다.
두 여성은 자기 감정을 털어놓기를 꺼려서 직업과 엄마 노릇을 병행하
는 데 따르는 고충과 자기보다 지위가 낮은 남편과 사는 문제 등 연대
감을 형성할 수 있는 사적인 문제들을 회피했다. 예외가 한 번 있었는
데 수상이 사우디아라비아를 방문할 때 의상에 대한 조언을 해주면서
면담을 마쳤을 때였다.

이외에는 전혀 "여자들끼리의 수다"를 나누지 않았다. "대처는 자
신이 친근한 관계를 맺으려고 시도하는 것은 무례한 일이라고 생각해
여왕이 먼저 나서주기를 기대했을 것이다."[14]라고 전직 정부 보좌관은
말했다.

비록 여왕이 먼저 나서는 일은 없었지만 그녀는 수상에게 예의를
갖추고 배려했다. 대처 부처가 윈저 성에 초대되어 파티에 참석하면[15]
엘리자베스 2세는 각별한 의미가 담긴 소장품을 일부러 전시해 보였
는데 어느 해에는 골동품 부채들을, 또 어느 해에는 모차르트가 열 살
때 쓴 악보를 보여주었다.

여왕과 대처는 둘 다 남성 위주의 세상에서 승승장구했지만 방법
은 달랐다. 엘리자베스 2세는 "내성적인 편이었지만 요염한 눈길까지
는 아니더라도[16] 고무적이고 친절한 시선을 보낼 줄 안다. 그녀는 우리
가 남자임을 느끼게 해준다."고 오래 근무한 궁정인인 에드워드 포드
가 말했다.

내각의 유일한 여성이었던 대처는 살벌한 엄격함으로 자기의 지위를 나타냄으로써 "철의 여인^{Iron Lady}"이라는 별명을 얻었다. 그런 살벌함은 여왕에게 어울리지도 않았겠지만 그럴 필요도 없었을 것이다.

1984년에 정치인과 왕실 가족을 비롯한 여러 유명 인사들을 풍자하는 TV 쇼 〈닮은꼴^{Spitting Image}〉에서 수상이 각료들과 함께 식사하는 장면을 우스꽝스럽게 재연해 화제가 된 적 있었다. 웨이트리스가 와서 대처(남자 양복을 입고 넥타이를 매고 왼손에 시가를 들었다.)에게 물었다. "무엇을 주문하시겠습니까, 손님?^{sir라는 남자에 대한 경칭을 사용함-옮긴이}" "스테이크로 줘요."라고 그녀가 대답했다. 또 "어떻게 요리해 드릴까요?"[17]라고 묻자 "날것으로 해줘요."라고 대답했다. 다시 웨이트리스가 "그럼 채소는요?"라고 묻자 대처는 "아, 그것들도 나와 똑같이 해줘요."라고 대답했다.

여왕의 친척 부인인 켄트의 마이클 공주는 각자 독특한 분위기를 지닌 영국의 두 여성 지도자와 그들의 업무 분담에 대해서 매우 적절한 비유를 했다. 그녀는 자기 아이들에게 "여왕은 이 나라의 어머니란다.[18] 그분은 너희를 학교에 보내주신단다." 그리고 "마거릿 대처는 너희들이 학교에서 반드시 지켜야 할 규칙을 만드시는 교장 선생님이란다."라고 이야기했다.

그러나 수상은 고지식할 정도로 국왕에 대한 존경심을 품고 있었다. "마거릿 대처보다 더 무릎을 낮추어서 절하는 사람은 없다.[19] 내가 그랬다가는 크레인을 가져와서 나를 일으켜 세워야 할 것이다. 그녀는 매우 애국적인 중하류 가문의 출신으로 왕실 가족과 여왕에 대하여 엄청난 존경심을 가지고 있다. 그 때문에 격식에 얽매이는 면이 있는 것 같다."고 찰스 파월은 말했다.

언젠가 대처는 만약에 자기가 헌정 제도를 새로 만들기 위해서 화성에서 파견된 사람이라면 "의무감과 지도력으로 잘 훈련되어 있으며 모범을 이해하는, 항상 변치 않고 정치를 뛰어넘는, 그리하여 온 나라가 존경하고 애국심의 상징이 되는 세습 군주제를 채택할 것이다."[20]라고 말했다.

수상이 부담스러워했던 의무 중 하나는 연례적으로 밸모럴로 가을 순례를 가는 것이었다. 그녀는 "충성심 때문에"[21] 마지못해 응했다고 찰스 파월은 말했다. 그녀는 변함없이 트위드 정장 차림에 힐을 신었는데 이는 전원생활에 전혀 맞지 않는 차림이었다. "수상께서는 언덕길 걷기를 좋아하시나요?"라고 밸모럴을 자주 방문하는 한 내빈이 여왕에게 물었다. 여왕은 대답했다. "언덕? 아니오, 그분은 도로를 걷는답니다!"[22]

여왕은 또 대처가 만찬 후에 다른 여성들과 함께 자리를 뜨는 관습을 용인하지 않는다는 것을 알았다. "대처 부처를 초대할 때 항상 바비큐로 접대하는 방법으로 이 문제를 교묘하게 해결했다.[23] 이는 성에서의 만찬보다는 격식을 그다지 따지지 않기 때문에 군이 여성들이 퇴장해야 하는 관행을 따르지 않아도 되었다."라고 한 내빈이 설명했다. 데니스 대처를 위해서는 시종무관 한 사람을 붙여서 골프를 치게 했다. 대처 수상은 함께 차를 마시기 위해 버크홀로 데려왔는데 이는 모후가 대처를 각별히 좋아해서였다. 그리고 마지막 날이 되면 수상과 그녀의 남편은 대체로 새벽에 일찍 떠났다.

취임한 지 고작 석 달만에 마거릿 대처는 코먼웰스 수장으로서의 역할에 강하게 집착하는 여왕과 맞닥뜨리게 되었다. 흑인 게릴라들의 끈질긴 공격에 의해 짓밟힌 이언 스미스의 로디지아 백인 소수 정부가 버림받은 것이 원인이었다. 1979년 7월 말과 8월 초에 코먼웰스 지도자들은 로디지아 내전을 종식하고 자유 공명 선거를 준비하기 위하여 스미스와 흑인 게릴라 지도자인 로버트 무가베[독실한 마르크스주의자—옮긴이]와 조슈아 은코모가 런던에서 회합하자는 제안을 지지하기 위하여 이웃

잠비아의 수도인 루사카에서 만나기로 되어 있었다. 영국 수상은 게릴라 지도자들을 테러리스트로 규정하고 스미스가 보다 온건한 흑인 정당과 협상해서 맺은 분권 협약을 선호했다.

게릴라 군대가 잠비아의 기지에서 작전을 취하고 있었기 때문에 대처는 여왕이 위험에 처할지도 모른다는 이유로 그녀의 코먼웰스 회의 참가를 막으려고 했다. 그러나 여왕은 8년 전 히스가 싱가포르 회의 참가를 저지했던 것을 떠올리면서 아프리카행을 고집했다.

루사카에 도착하기 전에 여왕은 9일간의 시간을 따로 내어 탄자니아, 말라위, 보츠와나, 잠비아에 국빈 방문했다. 다수 흑인들이 로디지아를 통치하지 않는 한 상당수의 아프리카 국가들이 코먼웰스를 탈퇴할지도 모른다는 소문이 공공연하게 나돌면서 그녀를 더욱 전전긍긍하게 만들었다.

말라위의 국빈 만찬에서 그녀는 이 나라의 "종신 대통령"인 헤이스팅스 반다 박사에 흠뻑 빠져서 잠시 예절을 접어두고 팔꿈치를 식탁에 올린 채[24] 긴 대화를 나눴다. 그도 그럴 것이 반다는 아프리의 기이한 지도자 중 하나였다. 억압적인 독재자였던 그는 미국과 스코틀랜드에서 교육을 받았고 영국에서 의사 생활을 했으며 그때부터 홈버그 모자를 쓰고 양복 재킷, 바지에 조끼까지 갖춰 입고 다녔다.

엘리자베스 2세는 1979년 7월 27일에 대처보다 이틀 앞서서 루사카에 도착해서 잠비아 대통령 케네스 카운다를 만나 지역 언론에 반영국적인 언사를 삼가달라고 촉구했다. 나흘간의 코먼웰스 회의 기간 동안에 그녀는 이 기구의 상징적 수장으로서의 통상적인 임무들을 수행하여 전체 42명의 지도자들을 위한 연회를 베풀었다. 그날 저녁에 여왕은 이례적으로 거의 자정까지 머물렀으며 "방 배정[25]도 하고 여러 정부 수반들과 대화를 나눴다."고 나이지리아의 에메카 아냐오쿠 추장은 회고했다. "나는 여왕의 개입이 해체 위기에 놓인 이 기구로 하여금 절충을 모색하게 만들었다고 확신한다."

여왕의 비공식적 역할은 장막 뒤에서 계속되었는데 자기의 방갈로에서 각개 지도자들과 15분에서 20분씩 사적인 면담을 가졌다. 특히 아프리카인들과의 면담에서 그녀는 자신의 입장을 개진하는 것이 아니라 주로 그들의 입장에 대해 공감하는 시간을 가졌다. 그들은 여왕이 자신들의 문제에 대해 풍부한 지식을 갖춘 데 감명을 받았다. 이처럼 열기를 식혀준 여왕 덕분에 대처는 외무장관 피터 캐링턴과 호주 수상 맬컴 프레이저가 공개적으로 촉구해오던 코먼웰스에 대한 입장을 따르기에 더 용이해졌다. 아프리카 지도자들도 로디지아의 새 의회에 일부 백인 의석을 할당하는 처방에 동의했다.

여왕이 캐링턴의 표현대로 "모든 것들을 잠재운 거창한 역할"[26]을 수행했다는 것 이상의 일을 했는지 아무도 정확하게 짚을 수는 없었다. 회의가 끝날 무렵에 대처는 9월 런던의 랭커스터에서 열릴 헌정회담을 소집하는 루사카 협약에 서명했다. 여왕은 "대처와 카운다에게 이야기했다."[27]고 당시 코먼웰스 사무총장인 가이아나의 소니 램펄은 말했다. "그녀가 거기에 있었다는 사실이 이 모든 일을 가능하게 만들었다."

영국의 수상은 평화 정착 과정을 열렬히 추진하여 12월 21일 협약을 이끌어냈다. 휴전과 자유 총선거를 실시하여 1980년 4월에 로버트 무가베를 수상으로 한 43번째 코먼웰스 회원국인 짐바브웨 공화국으로 로디지아를 독립시킨다는 내용이었다. 그러나 무가베에 대해 대처가 처음부터 가졌던 불안은 적중했다. 그는 지독하게 부패한 독재자로 군림하여 정적을 척결하고 백인 농장주를 그들의 농토에서 쫓아내었으며 아프리카에서 가장 번성하던 농업 경제를 초토화시켰다. 2002년, 코먼웰스 연합은 짐바브웨의 회원 자격을 박탈했고 무가베는 다음해에 영구적으로 탈퇴했다.

1979년 8월 4일, 아프리카에서 영국으로 돌아온 직후 여왕은 연례 휴가지인 밸모럴로 떠났다. 성에서 여왕과 필립이 함께 점심을 먹을 때는[28] 비상시가 아니고는 방해를 하는 것이 금지되어 있었다. 그래서 8월 27일 한낮에 그녀의 개인 비서보가 식당에 들어섰을 때 엘리자베스 2세는 그가 나쁜 소식을 가져왔음을 직감했다.

그날 아침 아일랜드 공화국 내의 슬리고에 있는 마운트배튼의 여름 별장에서 휴가를 즐기고 있던 여섯 명의 왕실 가족과 한 소년이 타고 있던 27피트 길이의 낚싯배가 IRA의 폭탄에 맞았다. 필립의 친척 어른이자 여왕의 사촌인 79세의 디키 마운트배튼, 노먼 브라본의 83세의 모친인 도린, 브라본의 14세 쌍둥이 아들 중 하나인 니컬러스 내치불, 14세의 아일랜드 소년 폴 맥스웰 등이 사망했고 퍼트리샤와 노먼 브라본 및 남은 쌍둥이 아들 티모시는 중상을 입었다.

여왕과 나머지 가족들은 슬픔에 빠졌다. 찰스 왕자는 마운트배튼을 "가장 신뢰할 수 있는 분이었으며[29] 가장 큰 영향을 주신 분"으로 여겼다. 일기에는 "나에게 크나큰 애정을 주셨으며[30] 내가 듣고 싶지 않았던 안 좋은 말씀도 하셨고 내가 잘할 때는 칭찬을 아끼지 않으셨던 분…… 그분이 떠나신 지금, 인생은 결코 예전 같지 않을 것이다."라고 썼다.

여왕은 병원을 방문해서[31] 유가족과 긴 대화를 나눴지만 애도의 편지는 필립만이 썼다. 적십자 소속 의사가 퍼트리샤 브라본에게 설명했듯이 "그런 위치에 놓인 개인은 아무리 깊은 슬픔의 감정을 느끼더라도[32] 그것을 절대 노출하고 싶어 하지 않는다. 아마도 그녀는 자기가 내놓은 말들이 매우 부적절하다고 느낄 것이다. 그러니 차라리 쓰지 않는다." 그러나 이와는 대조적으로 사촌인 파멜라 힉스로부터 언젠가 왕실에서 키우던 코기 견 한 마리가 죽었다는 편지를 받았을 때 여왕은 6페이지에 달하는 답장을 보냈다. "개는 중요하지 않다.[33] 그래서 그녀는 달리 말할 길 없는 깊은 감정을 표현할 수 있었다."라고 힉스는 생각했다.

9월 5일, 왕실 가족들은 웨스트민스터 성당에서 성대하게 거행되는 장례식에 참석하기 위해서 런던으로 향했다. 대규모 군악대와 122명의 해군 장교들이 대포 마차로 마운트배튼의 시신을 운구하였다. 추모의식은 세세하게 준비되었으며 지난 주에는 여러 차례 예행 연습도 치렀다. 가족들이 매장을 위하여 롬지로 가는 열차에 탑승했을 때 여왕은 파멜라 힉스에게 "내 옆에 앉아서[34] 자세히 얘기해주세요."라고 말했다. "그녀는 아무 언급 없이 한마디 한마디를 열심히 듣기만 했다."고 파멜라는 회고했다.

매장이 끝난 뒤 가족들은 브로드랜즈에 모였다. 브라본 부부의 장녀인 조안나 내치불은 부모가 아직도 병원에 입원 중이어서 안 계신 가운데 정문에 나와 서서 손님들을 맞았다. 여왕은 차에서 내리며 눈물을 글썽였다. "폐하, 위층으로 가시겠습니까?"[35]라고 조안나가 묻자 여왕은 "그래야 할 것 같네."라고 대답했다.

한 달 뒤에 여왕은 가장 의미 있는 처신을 보였는데, 병원에서 퇴원한 14세의 티모시 내치불을 초대하여 밸모럴에 머물게 했다. 누나인 아만다와 함께 밤늦게 도착한 그는 "잃어버린 새끼들을 찾아 나선 엄마 오리처럼 복도를 달려오는"[36] 여왕을 발견했다. 그녀는 티모시와 아만다를 맞아 키스하고 수프와 샌드위치를 먹이고 그들 방으로 데려가서 짐을 풀기 시작했다. 아만다가 그만 주무시라고 그녀를 말렸다. "막무가내인 그녀는 마치 엄마 같았다."[37]고 티모시는 회고했다.

다음 날부터 여왕은 티모시의 잠잘 시간을 정해주고 꿩 사냥터에 나가서는 안 되는 시간도 알려주고 자기 주치의를 불러서 상처를 치료해주도록 했다. "그분은 항상 나를 돌봐주셨으며 예민하고 눈치도 빨랐다."[38]고 그는 말했다. 점심 때 옆자리에 앉은 그녀는 그가 테러 공격에 대해서 말하고 싶어 하는 것을 눈치챘다. "그분은 캐묻지 않았다. 그분은 자기 귀를 자석처럼 이용하는 법을 알아서 남들로 하여금 말을 하게 만들었다. 나는 그분에게 여태까지 누구한테도 말해보지 않았던 식으로 말했다. 다른 사람들이었다면 결코 끌어낼 수 없는 말들이었다."

찰스 왕자는 디키 아저씨가 어떻게 죽었는지를 깊이 생각해보고 이렇게 썼다. "나는 저들을 용서하기까지[39] 아주 많은 시간이 걸릴 것이라고 생각한다." 마거릿 공주는 더욱 거칠게 반응했다. 그해 가을에 시카고를 방문했을 때 누군가 테러 공격에 대해 동정을 표하자 그녀는 아일랜드인들에게 돼지라고 말했다.[40]

엘리자베스 2세는 입을 다물었다. "그녀는 누구라도 그렇듯이 상처와 충격을 받았다. 그녀가 아무런 분노와 경악을 못 느꼈다면[41] 오히려 놀랐을 것이다. 그러나 그녀는 고매한 왕실의 원칙에서 결코 벗어나지 않았다. 기품 있게 마거릿 공주를 염려하며 바라보고, 영국과 아일랜드 사람들 모두 다 그들 나름대로 고통과 상처를 입었음을 인정했다."라고 티모시 내치불은 말했다. 수많은 대화를 통해서 그는 아일랜드에 대한 여왕의 감정이 나빠졌다는 아무런 증거도 발견하지 못했다.

찰스 왕자에게 있어서 한 가닥 위로가 되었던 것은[42] 엉뚱하게도 그 무렵 드러내놓고 바람을 피우는 남편과의 사이에 두 자녀를 두고 사는 오랜 연인 커밀라 파커 볼스였다. 1979년에 두 번째 아이가 출생한 뒤에 그녀는 찰스와의 로맨스를 재개했으며 이는 앤드루 파커 볼스의 왕실 기병대 동료 장교에 의해 포착되었다. 그들 중 한 명이 이 치정 관계를 여왕에게 보고했으나 그녀는 알았다고 하면서도 아들에게는 한마디도 하지 않았다.

이와 동시에 찰스는 다이애나 스펜서와 사귀게 되었다. 다이애나는 모후의 오랜 친구이자 침실 담당 시녀인 루스 퍼모이(4대 퍼모이 남작의 미망인)의 손녀딸이자 중세 때부터 부를 쌓은 거대 지주인 휘그 당파 가문의 자손이며 여왕의 전직 시종무관인 조니 스펜서의 딸이었다. 스펜서 가문은 1714년에 신교도 하노버 왕족을 데려와서 가톨릭의 압제로부터 영국을 구출했던 영국 귀족 집단의 일부였다. 이러한 조상들의 업적이 다이애나로 하여금 왕족에 대해 우월감을 느끼게 했다. 한참 뒤에 찰스와의 결혼이 파탄 나자 그녀는 이혼 전문 변호사인 앤서니 줄리우스에게 애당초 "독일 가문"[43]과 결혼하는 게 아니었는데, 이제와 후회한다고 말했다.

조니 스펜서는 대관식 후 여왕과 필립이 6개월간 코먼웰스 순방에 나섰을 때 수행했다. 1953년 당시 순방 일행이 출발하기 전에 그는 루스 퍼모이의 딸인 프랜시스에게 청혼했는데, 결국은 고작 두 달만에 영국으로 돌아가기 위해 일행에서 이탈했다. 궁정인으로는 이례적인 일이었다. "우리가 호주에 도착했을 무렵[44]에 여왕은 그가 프랜시스를 무척이나 그리워하는 걸 보고 '조니, 그만 돌아가야겠군요.'라고 말했다."고 당시 시녀였던 파멜라 힉스는 회고했다.

스펜서 부부는 여왕에게 빌린 노퍽의 파크 하우스에서 살면서 세 딸들인 사라와 제인, 다이애나 그리고 아들인 찰스를 낳았다. 그들은 샌드링엄에서 엎어지면 코 닿을 만큼 가까이 살았지만 조니가 왕실에서 사직하고 농장주로 살아가면서 왕실 이웃과의 접촉은 뜸해졌다.

다이애나가 여섯 살이었을 때인 1967년 9월에 프랜시스는 남편을 버리고 애인인 피터 샌드 키드에게 갔다. 결국 험악한 과정을 거쳐 이혼을 하고 샌드 키드와 재혼했다. 사라와 제인은 멀리 기숙학교에 가 있었지만 다이애나와 세 살배기 남동생은 쓰라린 맛을 봐야 했다. 이는 평생 동안 깊은 정서적 불안을 남긴 기억이 되었다. 아홉 살에 그녀는 비록 성적이 좋지 않은 데다가 두 번씩이나 오레벨^{O-level, 보통 수준-옮}

^{긴이} 시험에서 낙방했음에도 양육 환경을 갖춘 기숙학교에 입학했다. 스위스의 예비 신부 학교에서 6주간 불행한 학교 생활을 하다가 1978년에 영국으로 돌아와서 1년 뒤에 런던의 영 잉글랜드 유치원에 조교로 취직했다.

1976년 말에 찰스가 5년간의 해군 복무를 마쳤을 때 대중지들은 그의 연애 행각을 집중 추적하기 시작했다. 그가 일찍이 3년 전에 "남자의 결혼 적령 나이"⁴⁵라고 밝힌 30세가 되던 1978년 11월에 본격적인 작전이 시작되었다.

그가 잠시 흥미를 느꼈던 여성은 다이애나의 언니인 사라 스펜서였다. 그러나 조니 스펜서가 1975년에 부친의 사망으로 상속받은 노샘프턴셔의 13,000에이커 크기 영지인 올소프에서 꿩 사냥을 하다가 다이애나를 보고 관심을 가지게 되었다. 찰스가 열두 살이나 위였지만, 불과 열여섯 살밖에 안 된 다이애나는 언니의 남자 친구에게 추파를 던졌고 이 왕위 계승자에게 홀딱 반해버렸다. 이후 1980년 7월 서섹스의 한 가정집 파티에 그 둘이 초대되어 갔을 때 둘의 연애가 시작되었다. 다이애나는 커다랗고 감정이 풍부한 눈매에 두 뺨 가득 홍조를 띠어 매혹적이고 아름다웠다. 더구나 "편안하고 개방적인 매너"⁴⁶를 갖고 있었으며 찰스와 같이 전원생활을 좋아했다. 그는 전년도에 디키 마운트배튼이 사망한 데 대해 그녀가 상심해하는 것을 보고 각별히 감동을 받았다.

둘의 연애는 급속도로 진척되었다. 카우즈 경마도 다녀오고 밸모럴도 함께 갔는데 거기서는 다이애나가 그 이전에도 여왕의 보좌관인 로버트 펠로스와 결혼한 동생 제인과 두어 번 묵은 적이 있었다. 그러나 이번에 그녀는 엘리자베스 2세의 손님으로서 그곳에 묵게 되었다. 한 대중지의 기자가 이 "완벽한 영국 처녀"를 발견했고 〈더 선〉은 "LADY DI IS THE NEW GIRL"⁴⁷ ^{DI는 다이애나를 가리킴-옮긴이}이라는 대문짝

만한 제목의 기사를 실었다.

그로부터 몇 달에 걸쳐서 찰스는 청혼을 할까 말까 고민했다. 그의 두 친구 니콜라스 솜스와 마운트배튼의 손자인 노튼 내치불의 아내 페니 롬지는 다이애나에 대하여 회의적인 견해를 밝혔다. 페니 롬지는 그녀가 "사람이 아니라 생각과 사랑에 빠진 것"[48]처럼 보인다고 걱정했고 솜스는 그녀를 "어린애 같고 미성숙하다."며 한마디로 묵살했으며 "그녀와 찰스는 전혀 어울리지 않는다."고 말했다.

그러는 사이에 대중지와 파파라치가 집요하게 다이애나의 뒤를 추적하자 1981년 1월에 필립은 아들에게 그가 청혼을 하거나 아니면 조용히 관계를 청산하지 않으면 그녀의 평판에 손상을 끼칠 것이라고 편지를 썼다. 가장으로서 필립은 어쩌면 아내의 의견까지 대변한 것인지 모르지만, 그녀는 왕위 계승자의 아내로서 다이애나가 적합한지 여부에 대해 직접적인 언급은 하지 않았다. 스키 휴가를 다녀온 뒤에 31세의 찰스는 19세의 다이애나에게 2월 6일 윈저 성에서 청혼을 했고 2월 24일에 약혼이 발표되었다.

훗날 찰스는 부친의 편지가 그에게 상처를 주었으며 압박을 받았다고 말했다. "필립 공과 여왕은 조니가 시종무관이었기 때문에 다이애나에 대한 책임감을 느꼈다.[49] 필립 공은 도움이 되고자 하는 뜻에서 편지를 썼는데 찰스는 이를 달리 해석했다. 그는 그 편지가 자기의 희생을 요구한 것이고 빨리 결심하라는 뜻으로 생각했다. 그는 그 편지를 가지고 다녔고 꺼내서 읽어주려고까지 했다."라고 파멜라 힉스는 말했다.

찰스가 귀족 가문의 태생이고 순수한 처녀라는 주요한 요건을 충족시키는 한 젊은 여성과의 결혼을 다소 성급하게 추진하던 과정에서 그와 부모는 카리스마와 유머, 따스함, 수줍은 듯하면서도 매력적이고 순종적인 태도 등 다이애나가 갖춘 장점에 주목했다. 그들은 그녀의 부모가 이혼하긴 했지만 그녀가 왕실 가족의 일원이 되는 것을 마다하지 않을 것이라고 생각했다. 또한 그녀가 왕실 생활과 유사한 환경 속에서 자랐기 때문에 그에 따른 의무들을 별 무리 없이 견뎌낼 것이라고 보았다. 그러나 결국 이는 맹신으로 드러나고 말았다. "단지 이웃해서 산다는 것과 결혼해서 궁 안에서 살며 연회에도 나가고 사람들을 알게 되고 그들과 얘기를 나누는 것들은 다른 것이다."[50]라고 노픽에 사는 다이애나의 한 학교 친구는 말했다.

만약에 왕실 가족이 다이애나의 친구들과 친척들을 먼저 만나 보았더라면 다이애나의 성격과 배경 등 그들을 멈칫하게 할 만한 여러 가지 사실을 알게 되었을 것이다. 힘들었던 어린 시절, 버릇없음, 변덕스러움, 강박적 행동 성향, 부정직함 등으로 쌓인 지속적인 불안정감을 파악하지 못했다. 이런 점에 대하여 루스 퍼모이는 잘 알고 있었지만 나중에 찰스의 전기 작가인 조너선 딤블비에게 설명했듯이 그녀는 자기의 염려를 입 밖에 꺼낼 수 없었다. "내가 만약에 그에게 '넌 지금 큰 잘못을 저지르고 있는 거야.'라고 얘기를 했더라도[51] 그는 이미 푹 빠져 있었기 때문에 콧방귀도 뀌지 않았을 것이다."라고 그녀는 말했다고 한다.

6월 13일 장남의 결혼식 몇 주 전에 여왕은 그녀의 생일을 맞이해 1969년 당시 왕립 캐나다 기마 경찰대로부터 선물받은 19살의 흑마 버미즈를 타고 몰 가를 행진했다. 지난 2주간 그녀는 매일 버킹엄 궁의 왕실 마구간에서 옆으로 타기 연습을 했으며 6월의 그날 아침에는 궁정 정원에서 평소 즐겨하던 구보를 했다.

열세 번째로 버미즈를 타고 몰 가의 환호하는 군중 사이를 지나는 그녀는 웨일스 근위병의 주홍색 튜닉에 푸른색 승마용 스커트를 걸쳤다. 안장에 올라타 자세를 곧추세우고 정면을 바라보며 두 다리는 버미즈의 왼편에 두고 왼손에는 고삐, 오른손에는 채찍을 들었다. 그녀는 붉은색 튜닉에 검은 모자를 쓴 찰스와 필립, 그리고 왕실 기병대 몇 명이 뒤따르는 가운데 앞장섰다.

오전 11시가 조금 지나서 그녀가 군기 행렬식의 시작을 위해 왕실 기병대 행렬을 향해 오른쪽으로 선회할 무렵 군중 속에서 여섯 발의 총성이 울렸다. 놀란 여왕의 말이 앞으로 달리자 그녀는 본능적으로 고삐를 잡아당겨 말을 진정시키려고 애썼다. 그녀의 남편과 아들은 경비대와 주위 사람들이 즉각 총을 든 남자를 제압하는 광경을 지켜보았으며 경찰들은 행진 도로에 길게 포진하여 지원에 나섰고 기병대 한 명은 말에 박차를 가해 여왕의 옆으로 달려갔다. 그 와중에 여왕은 침착하게 말을 걷게 하고 몸을 숙여 왼손으로 버미즈를 다독거리며 군중을 향해 미소를 지어 보인 뒤 행렬을 계속했다. 총은 공포탄이었으며 총을 쏜 17세의 마커스 사전트는 국왕을 "놀라게 할 의도"[52]를 지닌 죄로 5년의 징역형이 선고되었다. 훗날 여왕은 당시 찰나의 순간에 군중 속에서 권총을 겨누던 사전트를 보았으나 자기 눈을 의심했다고 말했다.

여왕의 반응은 능숙한 승마 기술을 선보인 것이기도 하지만, 군중은 그녀의 굽힘 없는 용기와 침착함을 생생하게 목격한 최초의 일이었다. 그러나 그녀의 친구들과 궁정인들은 익히 보아오던 모습이었다. 수망아지가 미쳐서 날뛰는 가운데서도 눈 하나 깜빡 않고 조용히 서 있다거나 크리켓 시합을 할 때 공이 옆자리로 날아와 사람들이 놀라 자리에서 벌떡 일어날 때도 그녀는 침착하게 앉아 있었다.[53] "나는 그녀가 겁을 먹는 것을 본 적이 없다."[54]고 15년간 개인 비서보를 지냈던 에드워드 포드는 회고했다. 심지어 한번은 벨파스트를 방문했다가 한 광인이 그녀의 자동차에 돌멩이를 던진 일이 있었는데 그때도 "그녀는 아무 일도 없었다는 듯 계속 달렸다."

여왕은 말을 타거나 오픈카를 타고 다닐 때의 위험을 항상 알고 있었지만 대중과의 사이를 가로막는 그 어떤 보호 장치도 거부했다. 그녀의 암살 가능성에 대한 운명론적인 태도는 질서정연한 왕위 계승이 확립되어 있다는 안도감에 의해 강화되었다. 그럼에도 불구하고 1982년 육군은 여왕의 생일 축하 행렬에 두 명의 기병대 병사를 여왕의 양옆에 배치하는 새로운 조치를 취했다.

그녀는 어느 해에 맬컴 로스가 자기 옆에 배치되자 명랑하게 그에게 다가가 "그대가 왜 그 자리에 배치되었는지 알고 있죠?[55] 나 대신 총을 맞으라고 그런 거예요."라고 말했다. 주기적으로 말을 타고 몰 가를 행진할 때 그녀는 주위를 둘러보며 엄격한 승마 교사처럼 "왼발 바로! 왼발 바로!"[56] 구령을 붙였다. 여왕은 1986년까지 계속 말을 탔는데 그때 버미즈가 24세로 은퇴했다. 새로운 말을 훈련 시키는 대신에 그녀는 말이 끄는 마차 아이보리 페이튼으로 바꿨다.

언론과 대중은 여왕이 총격 사건에 대처한 태도를 칭찬해 마지않았다. "전국의 술집과 클럽에서[57] 내려진 판결은 동일하다. 폐하는 배짱과 용기와 뚝심과 자신감을 보였다."라고 〈데일리 메일〉은 썼다. 이같은 찬사는 찰스와 다이애나의 결혼에 대한 열기와 결합하여 왕정 지지 정서에 불을 당겼다. 왕실에 대한 여론조사가 12년 전에 시작된 이래 찬성 여론은 평균 80퍼센트를 유지해왔는데 1981년 7월에는 86퍼센트까지 치솟았다.[58]

결혼 축하 파티에 초대된 여러 손님들 중에서도 특별히 눈에 띈 인물로는 영부인 낸시 레이건이 있었다. 영부인은 몇 년 전 찰스가 해군 복무 중에 캘리포니아를 방문했을 때 닉슨이 영국에 파견한 사절인 월터 애넌버그와 그의 아내 리를 통해서 이미 그를 만난 적이 있다.[59] 낸시 레이건 또한 왕실 가문에 대해 호감을 보여[60] 지난 5월 백악관 사저에서 베푼 만찬에 캐리 그랜트, 오드리 헵번, 윌리엄 F. 버클리, 다이애나 브릴랜드 등과 함께 찰스를 초대했다. 찰스는 "나는 레이건 부인을 좋아하게 되었다.[61] 그녀와 키스하고 싶었다!"라고 영국 대사 니컬러스 헨더슨의 아내 메리 헨더슨에게 말했다.

여왕이 결혼식 준비 때문에 바빠서 새 영부인을 접대할 수 없게 되자 사촌인 진 월스에게 7월 28일 화요일에 자기 대신 그녀를 위한 오찬을 주재해달라고 부탁했다. 이어서 로열 로지에서 모후와 차를 마시고 스미스론에서 폴로 시합을 하도록 주선해달라고 했다. 낸시 레이건과 새로 임명된 주영 미국 대사인 노먼 루이스의 아내 조제핀 루이스는 "최고의 의상으로 빼입었다.[62] 폴로 시합에는 그다지 맞지 않았지만."이라고 회고했다. 그들은 또 경호 요원들에게 둘러싸였는데 지난달에 레이건 대통령의 암살 시도가 있은 직후여서 경호가 훨씬 강화되었다.

시합이 한창 진행 중일 때 랜드로버가 등장하더니 운전석 옆자리의 문이 열리며 여왕이 튀어나왔는데, 격식 없는 트위드 스커트 차림에 편한 운동화를 신고 있었다. 군중 속을 헤치고 귀빈석으로 왔는데도 경호원들은 그림자조차 볼 수 없었다. "그녀는 그날 너무나 멋있었어요.[63] 따뜻하고 친절하고."라고 조제핀 루이스는 회고했다. 또한 낸시 레이건은 모후와 금세 친해졌다. 모후는 그날 오후에 "윈저그레이트 파크의 작은 집"[64]의 방문 기념으로 다정한 편지와 함께 비터민츠 초콜릿 한 상자를 그녀에게 보냈다.

이튿날 세인트폴 성당에서의 결혼식은 도심에서 벌어진 인종 폭동과 치솟는 물가로 고통받고 있던 영국에 왕실이 내린 또 하나의 강장제가 되었다. 런던의 시가지를 메운 60만 명의 군중과 TV를 시청하

는 전 세계 750만 명이 지켜보는 가운데 분위기는 뜨겁게 달아올랐
다.[65] 풍성한 호박단에 25피트 길이의 치맛자락이 길게 드리워진 웨딩
드레스 차림의 다이애나는 눈부시게 아름다웠다. 캔더베리 대주교 로
버트 런시는 하객을 향하여 "여기 동화가 현실이 된 광경이 펼쳐졌다."
라는 기억에 남을 선언을 했다. 그러나 훗날 런시는 다이애나가 "잘 적
응하리라고"[66] 믿었지만, 그 둘은 처음부터 어울리지 않았다고 뒤늦게
시인했다.

　가족과 친지 그리고 왕실에서 초대한 하객 180명은 버킹엄 궁의
결혼 축하 조찬에 참석했고 그외 국가 수반들은 영국 중앙은행에서 마
거릿 대처가 베푼 오찬에 초대되었다. 그날 저녁 찰스와 다이애나가
신혼여행을 떠난 뒤에 여왕의 사촌인 엘리자베스 앤슨 부인은 클라리
지 호텔에서 500명의 내빈을 초대한 만찬을 베풀었는데 여기에는 여
왕과 필립도 참석했다. TV 스크린에 결혼식 장면을 영상으로 내보낸
이 만찬은 화기애애한 자리였다.[67] 여왕은 한 손에 마티니 잔을 들고
걸터앉아 몇 시간 전에 자신이 참석했던 결혼식 장면들을 관람하며
"오, 필립, 저걸 봐요![68] 내 얼굴이 꼭 미스 피기Miss Piggy, 코믹한 아기 돼지 인형-옮
긴이 같잖아요!"라고 외쳤다.

　여왕은 노먼 루이스의 에스코트를 받은 낸시 레이건과 모나코의
그레이스 공주를 뷔페에 초대하여 옆자리에 앉혔으며 필립은 근처에
서 손님들을 접대하고 마거릿은 바닥에 주저앉아 달걀 스크램블을 먹
고 있었다. 무도회장은 형형색색의 리본으로 치장했으며 리본 끝에는
사과를 매달아 놓았는데 필립은 지나가다가 사과에 눈을 부딪히기도
했다. 왕실 부부들은 춤추러 플로어로 자주 나갔는데, 여왕이 키가 6피
트 4인치나 되는 미국 대사와 춤을 출 때는 약간 불편해 보였다. 모든
사람들이 거의 새벽 1시 반이 될 때까지 레스터 래닌 오케스트라 반주
에 맞추어 춤을 추었다. 많은 사람들이 다채로운 색상의 동그란 비니

나 밀짚모자, 중산모자 등을 썼으며 그 위에 "찰스와 다이애나"라는 글씨가 새겨진 밴드를 둘렀다.

마침내 여왕이 "나도 밤새도록 춤추고 싶어요!"[69]라고 아쉬운 듯 말하고 자리에서 일어섰다. 노먼과 조제핀 루이스는 엘리자베스 2세와 필립 공을 따라나섰고 낸시 레이건은 그날 저녁의 일들을 백악관에 있는 남편에게 세세하게 보고하기 위하여 전화 부스에 들어갔다. "여왕은 남편이 비니를 벗으려 하지 않자 몹시 화를 냈다."[70]고 조제핀 루이스는 회고했다. "그녀는 그게 예의에 어긋난다며 계속 추궁하자 그는 마지못해 비니를 벗었다가 차에 타자마자 얼른 다시 썼다."

그날 파티에 참석했던 어느 누구도 찰스와 다이애나의 결혼이 이미 흐트러지기 시작했음을 알지 못했을 것이다. 약혼 기간부터 그녀는 버킹엄 궁에서 살고 있었는데 찰스가 왕실 임무를 수행하는 동안에 외로움을 느끼면서 문제가 발생하기 시작했다. 남모르게 폭식증에 시달리고 있던 다이애나는 급격히 체중이 줄어서,[71] 결국 결혼식을 올리기 전까지 의상 디자이너인 엘리자베스 이매뉴얼은 여러 번 웨딩드레스를 줄여야 했다.

찰스는 약혼녀의 심술과 지나친 의존, 이미 관계를 청산한 커밀라 파커 볼스에 관한 비난에 시달려야 했다.(그녀와 남편 앤드루는 결혼식 하객 3,500명 중에는 끼어 있었으나 다이애나에 의해 리셉션의 참석은 거부되었다.) 신혼부부가 2주간 브리타니아호를 타고 항해를 마친 뒤에 신혼여행을 위해 밸모럴에 도착했을 때 다이애나는 눈물을 쏟으며 분노했다. 그때 다이애나는 5피트 10인치의 키에 몸무게가 고작 110파운드에 불과했다.[72]

왕세자비는 자신이 밸모럴을 비롯한 이곳이 대표하는 모든 것들—성에서의 생활양식과 꿩 사냥터, 특히 엽총질 등—을 얼마나 싫어하는지 분명히 밝혔다. "이건 정말 너무했다.[73] 그녀는 아침 식사 때도 나타나지 않았다. 점심 때는 헤드폰을 끼고 음악을 들었으며 그러다가는 어느덧 사라졌다가 다시 나타나 걷거나 뛰었다."고 필립은 회고했다.

아무도 다이애나만큼 의전 규칙을 무시한 적이 없었고 여왕에게 그렇게 무례할 수 없었다. 찰스는 아내를 구슬러 보려고 애썼지만 소용이 없었다. 그는 그녀의 요구에 부응할 능력이 없어 화를 내거나 아예 포기했다. 상냥함으로 그를 매료시켰던 "명랑한 처녀"의 "또 다른 면"[74]을 보고 아연실색했다. 마침내 찰스는 모친의 동의 아래 정신과 자문을 받기 위해 다이애나를 런던으로 보냈는데[75] 그녀는 이를 반기기는커녕 모욕으로 받아들였다.

여왕은 다이애나의 불안정한 행동을 피해갈 수 없었지만 그 원인을 보다 깊은 곳에서 찾기보다 새로운 삶에 대한 스트레스 때문이라고 여겼다. 그녀는 다이애나를 이해하지 못했는데 그 이유 중 하나로는 "여왕은 이 세상에서 가장 덜 자신에게 몰두하는 사람"이기 때문이라고 전직 고위 보좌관은 말했다. "그녀는 자기 자신에 관한 얘기는 잘하지 않는다. 그녀는 다른 사람들이 지나치게 자기 자신의 일을 가지고 안달하는 데 관심이 없다." 또한 그녀는 자기 가족들의 생활에 간섭하기를 꺼렸다. "마거릿 공주가 자기에게 아무리 무례하게 굴어도[76] 아무 말도 하지 않는다. 그게 그녀의 원칙이다. 그녀는 자녀들에게도 아무 말도 하지 않는다. 그녀는 매우 점잖은 사람이긴 하지만 다른 사람 일에는 개입하려 들지 않는다."라고 모후의 친한 친구 중 한 사람이 말했다.

맞서는 것을 싫어하는 여왕의 이면에는 고도의 관용이 숨어 있다. 런던으로 돌아온 여왕은 며느리에게 아무 때나 찾아와도 좋다고 일렀다. 그녀를 "마마mama"라고 불렀던 다이애나는 처음에는 버킹엄궁의 수영장에 수영을 하러 갈 때면 그녀에게 들렀다. "여왕은 다이애나에게 항상 친절했다.[77] 항상 그녀를 맞아주었다."라고 왕세자비의 심복이었던 루시아 플레차 드 리마는 말했다. 그러나 다이애나는 많은 시간을 함께 보내고 난 뒤에도 여전히 그녀를 무서워했다[78]고 로버트 런시는 전했다.

또 여왕은 그녀의 가장 젊은 시녀인 42세의 수잔 허시 부인을 시켜서 다이애나에게 왕실 법도를 가르치게 했다. 허시는 호락호락한 인물이 아니어서 여왕의 지시를 성실히 수행했다. 예리한 유머 감각을 지닌 그녀는 "가장 민첩하면서 가장 깊숙이 그리고 가장 정확하게[79] 무릎 인사를 한다."는 명성을 지녔는데 청소년 시절의 찰스와 앤에게 생활의 요령을 가르치기도 했다.

그러나 의전 규칙에 엄격한 허시는 다이애나의 어수선한 기질에는 지나치게 엄정했고 그녀의 분명한 약점들에 대해서 충분히 너그럽지 못했다. 그 당시에 다이애나는 그녀가 마치 큰언니 같았다고 감사의 편지를 쓰기도 했지만[80] 후일에는 찰스와 오랜 친구 사이였던 이 시녀를 믿지 못했다고 말했다.

왕실 가족과 가까웠던 한 여인은 여왕이 차라리 미국인 침실 담당 시녀였던 버지니아 에얼리를 대신 시키는 것이 나을 뻔했다고 생각했다. 비록 나이는 여섯 살이 더 많았어도 그녀라면 보다 나은 관계를 맺었을 것이다. "그녀는 예쁘고 부드럽고 재미있었다.[81] 그녀라면 다이애나에게 정직하게 충고했을 것이고 즐겁게 지냈을 것이다."라고 그 여인은 말했다.

애석하게도 결국 다이애나는 수잔 허시의 찰스에 대한 의심할 나위 없는 충성심에 의해 배신당했다고[82] 말하면서 그녀와 크게 틀어지고 말았다.

다이애나는 신혼여행 중에 임신을 했지만 그녀의 상태는 더욱 악화되었다. 대중지들의 험담이 지나치게 여왕의 심기를 건드리자 그녀는 1981년 12월에 버킹엄 궁으로 21명의 편집인들을 불러서 회견까지 하는 이례적인 조치를 취했다. 언론 담당 비서인 마이클 시어는 언론인들에게 그들의 지나친 사생활 침해가 다이애나를 "실의에"[83] 빠트리는 바람에 그녀가 집 밖을 나가는 일조차 두려워하게 되었다고 말했다. 선정적 잡지인 〈뉴스 오브 더 월드〉의 편집자인 배리 어스큐가 왕세자비는 왜 시종을 시키지 않고 본인이 직접 가게로 캔디를 사러 가기 위해 외출을 했느냐고 묻자 여왕은 이렇게 말하지 않고는 견딜 수 없었다. "그렇게 오만 방자한 말은[84] 내 평생에 처음 들어요."

레이건 대통령은
여왕을 매력적이며 견실하다고
묘사하면서 "그녀가
말을 능숙하게 다루었다."고 말했다.

*The president described the Queen
as "charming" and "down-to-earth,"
and observed that "she was in
charge of that animal!"*

14

여왕과 로널드 레이건 대통령이 윈저홈 파크에서 승마를 즐기고 있다.
1982년 6월 ⓒ Kent Gavin Associates

CHAPTER 14

매우 특별한 관계

A very Special Relationship

새해가 시작되면서 남대서양 포클랜드 섬을 놓고 영국과 아르헨티나 사이에 전운이 감돌자 대중과 왕실 모두 다이애나에 대한 관심은 멀어졌다. 1982년 4월 2일, 아르헨티나 군대는 18세기부터 영국의 식민지였던 이 섬이 사실은 그들 소유의 말비나스 섬이라고 주장하면서 침공을 감행했다. 영국의 영토가 침략을 당했다는 근거에 입각하여 마거릿 대처는 이 섬을 탈환하기 위해 즉각적인 파병을 명령했다. 여왕은 침공받은 국가의 국왕으로서의 자격뿐만이 아니라 코먼웰스의 수장으로서 수상의 조치를 전폭적으로 지지했다.

그녀는 또한 왕위 계승 서열 두 번째인 22세의 아들 앤드루를 전선에 내보내야 할지 말지를 고려해야 하는 비상한 입장에 처하게 되었다. 앤드루는 그 무뚝뚝한 성격이 아버지를 닮았는데 고든스타운까지의 행적도 아버지의 뒤를 그대로 이어왔다. 찰스와 달리 마초적인 성격을 지닌 앤드루는 학교의 엄격한 규율에도 쉽게 적응했다. 그는 6개월간 캐나다 온타리오의 레이크필드 대학에서 교환 학생으로 지냈지만 1979년에 고든스타운을 졸업한 뒤 대학 진학을 접고 부친처럼 다트머스에서 훈련을 마친 뒤 곧장 해군에 입대했다. 그리고 포클랜드 전쟁이 터질 무렵 앤드루는 완벽하게 자격증까지 갖춘 헬리콥터 조종사였다.

정부는 전투의 위험성에 대한 우려를 표명했지만 앤드루가 HMS 인빈서블 항공모함 소속의 비행 편대와 함께 가겠다고 고집을 피우자 엘리자베스 2세는 그의 편을 들었다. "어머니로서의 책임과 국왕으로서의 책임이 동시에 조명을 받게 되었다.[1] 여왕과 공작은 내가 참전해야 한다는 데 전적으로 찬성했다. 그 결정은 일사천리로 내려졌다."라고 앤드루는 회고했다. 그의 참전은 "국민들로 하여금 사실상 여왕이 이 극적인 작전에 함께 참여한다는 느낌을 가지게 했다. 그녀는 다른 부모들이 겪었던 것을 똑같이 겪게 될 것이었다."

6월 14일 아르헨티나가 항복할 때까지 255명의 영국 측 사망자와 650명의 아르헨티나 측 사망자가 발생했다. 앤드루는 직접 전투에 참가하지는 않았으나 시킹Sea King 헬리콥터를 타고 여러 차례의 견제 작전에 참여했고 병사들을 나르고 수색 및 구출하는 작전에도 투입되었다. 다만 어느 경우에도 위험하지는 않았다. 그는 친구들과 동료들을 잃었으며 한번은 엑조세 미사일이 그가 타고 있던 배에 적중했는데 그때 그는 갑판 위에 있었다. "나는 전선에 나갈 때는 소년이었으나[2] 남자가 되어서 돌아왔다."고 그는 말했다.

포클랜드 전쟁의 수행에서 보여준 마거릿 대처의 단호함은 "철의 여인"으로서의 이미지를 제고했으며 수에즈의 낭패 이후 사반세기 만에 남성적이고 효율적인 군사 강국으로서의 영국의 이미지를 드높였

다. "우리는 더 이상 후퇴하는 나라가 되지 않을 것이다."[3]라고 그녀는
말했다. 이 전투에서 그녀의 든든한 동맹자는 로널드 레이건이었는데
그의 정부는 남아메리카의 동맹국들을 소외시킬 우려에도 불구하고
아르헨티나에 대해 경제 봉쇄 조치를 단행했고 영국 측에 각종 정보와
핵심 군사 장비를 제공했다. 개인적으로나 이념적으로 강한 친밀감을
가진 두 지도자 간의 연대는 과거 처칠 수상의 시대 이래로 영미의 "특
수 관계"가 최고조에 도달하게 만들었다. 여왕은 이후 레이건과 국방
장관 캐스파 와인버거에게 대영제국의 명예 기사장Knights Commander 작
위를 수여함으로써 보상했다.

그해 6월, 때 맞춰 레이건 대통령과 아내 낸시는 지난해 7월 영부
인이 왕실 결혼식을 위하여 런던에 왔을 때 받은 초청으로 여왕과 필
립과 함께 머물게 되었다. 이는 정부에 의해 마련된 국빈 방문이 아니
었다. 레이건 부처는 여왕의 사적인 손님으로 초대되어 프랑스와 독일
에서의 정상회담 사이에 조용히 이틀[4]을 머물었는데 이는 최초로 미
국 대통령 부처가 윈저 성에서 머문 사례가 되었다.

이 여행에서 가장 기대되는 대목은, 그해 초부터 워싱턴과 런던
을 오가며 열린 여러 차례의 회합의 결과로 여왕과 대통령이 나란히
말을 타기로 한 계획이었다. 영국 대사인 니컬러스 헨더슨은 레이건의
핵심 이미지 메이커이자 참모부장인 마이클 디버가 이 일을 성사시키
기 위해 승마 건을 "끈질기게 들고 나왔다."[5]고 언급했다. "카터라면 이
런 일을 못할 것이다. 얼마나 인상적인 사진이 찍힐지 생각해보라."라
고 디버는 흥분해서 말했다.

레이건의 전임자인 지미 카터는 여왕을 딱 두 번 만났다. 한번
은 그녀가 200주년 기념식 때 워싱턴을 방문했을 때였고 그다음은
1977년 5월 9일에 대통령의 자격으로 "미국 밖을 나와 최초로 방문한
나라"[6]라고 말한 취임 기념 외국 방문 때였다. 그는 경제 및 외교 정책

회담을 위해서 영국에 왔으며 회담 후 버킹엄 궁에서 나토^{NATO} 지도자들과 블랙 타이 만찬을 가졌다.

카터 필립의 것보다 세 배나 더 큰 나비 넥타이를 매는 76세의 모후를 만났을 때 그녀에게 아첨하기 위하여 자신의 사랑하는 어머니 "미즈 릴리안"과 비교를 했는데 흥분한 나머지 모후의 입술에 키스를 하고 말았다. "난 얼른 뒷걸음쳤는데[7] 멀찍이는 못 갔다."고 모후는 회고했다. 훗날 그녀는 그런 식으로 키스를 받아본 것은 25년 전에 남편이 죽은 이래 한 번도 없었다고 덧붙였다.

1982년 6월 7일, 로널드와 낸시 레이건은 헬리콥터를 타고 윈저 성에 도착했다. 그들은 랭커스터 타워의 방 7개가 딸린 스위트에 묵기로 했다. 침실 2개, 옷방 2개, 욕실 2개와 한스 홀바인이 그린 여왕의 조상 초상화들이 걸린 거실 등으로 구성되었는데 모든 방에서 다 롱워크의 전망이 한눈에 들어왔다. 여왕은 백악관 전용 전화와 더불어 윈저 성 최초로 샤워 시설도 설치했는데[8] 그녀의 보좌관들이 "그건 그가 꼭 필요로 한다."[9]고 들었기 때문이다.

오후에 국왕 부처는 레이건 부처를 데리고 정원을 둘러보았고 저녁에는 성에 함께 묵고 있는 고위 관료들 및 배우자들—마이클 디버, 알렉산더 헤이그 국무장관, 제임스 베이커 수석 보좌관, 윌리엄 클라크 안보 수석—도 함께 모여 그린 드로잉 룸에서 가볍게 한잔씩 한 뒤에 사저의 작은 식당 크림슨 룸에서 열린 사적인 블랙 타이 만찬에 왕실 가족들과 함께 참석했다.

"우리는 가족 만찬에 초대받은 것 같았다.[10] 그들은 낯선 사람들 앞에서 스스럼없이 농담을 했다."고 캐롤라인 디버는 말했다. 찰스와 겉보기에도 불행해 보이는 임신 8개월의 다이애나는 물론 앤 공주와 마크 필립스도 참석했다. "다이애나는 붉은 드레스를 입었고 고개를 숙이고 있었다. 그녀는 식탁 끄트머리에 앉아서 양옆의 사람들과만 조금 얘기를 나눌 뿐이었다."고 캐롤라인 디버는 말했다.

이튿날 아침 엘리자베스 2세와 필립은 레이건 부처를 여왕 부부의 침실 바깥에 있는 작은 테라스로 초대해서 아침을 들었다. "아무런 격식도 없는 자리였다. 우리는 그들의 침실을 지나서 걸어야 했고 테이블 위에는 시리얼이 놓여 있었다. 찰스에게 '어떻게 하면 되지요?'라고 물었더니 그는 '마음껏 드세요.'라고 대답했다. 내가 상상했던 것과는 전혀 달랐다.""라고 낸시 레이건은 회고했다.

오전 9시 반, 드디어 잔뜩 소문이 난 승마 시간이 왔다. 56세의 여왕은 버미즈를 타고 황갈색 승마 바지 차림에 체크무늬 털 재킷과 배이지색 장갑 그리고 머리 스카프를 했다. 71세의 대통령은 깃이 드러난 셔츠에 가벼운 트위드 재킷을 걸쳤다. 그리고 영국 안장을 사용해 센터니얼이라 불리는 8살짜리 종마를 탔는데 "가만히 있어야 하는데도 흔들거렸다.""2 둘 다 딱딱한 승마용 모자를 쓰지 않았는데 예상처럼 이후 비난을 불러일으켰다.

그들이 655에이커나 되는 홈 파크의 안개 속으로 달려가기 전에 레이건은 장애물 뒤로 몰려든 150명의 기자들을 향해서 농담을 던졌다. 한 기자가 "어때요? 말 잘 달립니까?""3라고 외치자 "그럼. 거기 가만히 서 있으면 내가 머리 위로 뛰어넘을 겁니다."라고 씩 웃으며 대답했다. 여왕은 그런 식으로 던지는 기자의 질문에는 으레 대답하지 않았다.

여왕은 앞을 노려보더니 고삐를 쥔 채 달려 나갔고 레이건은 황급히 그 뒤를 쫓았다. 그들 뒤에는 여왕의 시종무관 두 명과 경호원 두명이 말을 타고 뒤따랐으며 비밀 요원과 경찰 요원을 가득 태운 레인지로버도 뒤를 쫓았다.

낸시 레이건은 필립이 모는 사두마차를 타고 그의 안내로 공원을 둘러보았다. 관절염으로 1971년에 폴로를 중단한 필립은 장거리 마차 경주의 챔피언이 되었다. 마차를 달리며 마차 경주의 요령을 설명했고[14] 주위의 경치에 대해서도 설명을 곁들였다.

한 시간 동안 엘리자베스 2세와 레이건은 말을 걷게 하다가 구보도 시켰다가 달리기도 하면서 8마일을 갔다. 소 떼가 모여 있는 들판에서는 농부들과 인사를 나누기 위해 잠시 멈췄다. 템스 강변의 수로를 따라갈 때는 레이건이 구경꾼들에게 너무 자주 손을 흔들어대는 바람에 여왕은 그가 한눈을 팔다가 물에 빠지지나 않을까 염려했으며, 한번은 그의 고삐를 잡아채서 그의 말을 옳은 방향으로 이끌었다.

그들은 윈저그레이트 파크의 롱워크 정상에서 경주를 끝냈는데 거기에는 경호원들이 숲 속 곳곳에 포진한 채 그들을 호위하고 있었다. 기자들이 또다시 큰 소리로 질문을 해대자 레이건은 그들과 대화하기 위하여 말을 멈췄고 이때 여왕은 잠시 불편한 내색을 했다. 그는 여왕을 "매력적이며 견실하다."고 묘사하면서 "그녀가 말을 능숙하게 다루었다."고 설명했다.[15]

몇 시간 뒤에 레이건은 TV 중계된 상하 양원 합동 의회에서 미국 대통령으로는 최초로[16] 연설하는 특권을 누렸다. 이 연설에서 그는 영국의 포클랜드 작전을 칭찬했다. 여왕은 윈저 성의 전용 거실에서 "상자들"과 씨름하고 있었다. 캐롤라인 디버는 성 안을 둘러보며 오후를 보내고 있었는데 그랜드코리도를 배회하며 카날레토의 그림을 감상했다. "그림이 마음에 들어요?"[17]라고 익숙한 목소리가 문 쪽에서 들렸다. "너무나도 아름다워요."[18]라고 두 눈이 휘둥그레진 손님이 대답하자 여왕은 "마음껏 즐겨요. 그림이 마음에 든다니 반가워요."라고 여왕은 말했다.

캐롤라인 디버는 세인트조지 홀에서 열리기로 한 그날 저녁의 화이트 타이 만찬을 위하여 하루 종일 철저한 준비가 이루어지는 것을 보고도 깜짝 놀랐다. 길이 175피트의 마호가니 식탁은 너무 넓어서 시종들이 베개 같은 먼지털이를 발에 묶고 가운데로 걸어 들어가 은 도금을 한 나뭇가지 모양의 촛대들을 설치하고 금색 항아리에 꽃 장식도 했다.

158명을 초대한 연회에서 여왕은 레이건에게 "처음 본 말을 그렇게 능숙하게 다루고 더구나 낯선 안장도 솜씨 있게 타는 모습에 깊은 인상을 받았다."고 말했으며 진지한 태도로 덧붙여 말하기를 "포클랜드 갈등[19]은 우리가 일방적으로 노골적인 공격을 받아 시작된 것이었으며 …… 이 위기 상황에서 미국 국민들이 보여준 우리 입장에 대한 이해에 우리는 큰 위안을 받았다. 우리는 귀하가 동맹자이자 동시에 중재자로서 이중의 역할을 수행하며 보여준 정직과 인내와 수완에 대해 감사의 뜻을 표한다."라고 말했다.

만찬 후에 레이건 부처와 국왕 부처는 시종들이 치워놓은 식탁과 의자 사이의 통로를 걸었는데, 66세의 시종장인 27대 맥클린 부족^{Clan Maclean, 스코틀랜드의 용맹한 부족-옮긴이}인 찰스 맥클린이 뒷걸음으로 안내를 맡았다. 레이건은 놀라면서 이 왕조의 오랜 전통적 의례를 따르는 여왕을 지켜보았다. "나는 문득 이 자그마한 체구의 여인이[20] 손을 흔들며 내 곁을 걷는 모습을 바라보았다."라고 대통령은 회고했다. 여왕은 맥클린에게 이리저리 방향을 알리면서 설명을 이어갔는데 이는 "의자들이 나란히 놓이지 않았기 때문에 자칫하면 의자에 부딪혀서 넘어져 다칠 수도 있기 때문"이었다고 한다.

다이애나는 몸이 아파서 연회에 참석하지 못했으나 2주 뒤인 6월 21일, 윌리엄 아서 필립 루이스를 낳음으로써 남자 왕위 계승자를 출산하는 임무를 수행했다. "이제 다시 평화를 찾게 되어 너무나 다행이었다. 그리고 한동안은 괜찮았다."[21]라고 그녀는 회고했다. 여왕은 누구보다 먼저 세인트메리 병원을 찾아가서[22] 이제 왕위 계승 서열 두 번째로 올라선 새로 태어난 왕자를 보았다.

"그러면 다음에는 언니가 여왕이 되는 거야?"라고
엘리자베스의 여동생 마거릿 로즈가 물었다. "그래, 언젠가는."
엘리자베스가 대답하자 마거릿은 "참 안됐다."라고 위로했다.

새로 왕위에 오른 조지 6세와 엘리자베스 왕비가 버킹엄 궁의 발코니에 국왕의 모후 메리 왕비(중앙), 왕위 계승 예정자 엘리자베스 공주, 그녀의 동생 마거릿 공주(오른쪽)와 함께 서 있다. 1937년 5월 12일. Fox Photos/Getty Images

그녀는 3톤짜리
트럭을 몰고
런던 시내를 주행하고,
타이어와 점화 플러그를 교체하고
제동장치를 손질하고,
엔진을 해체했다.

제2차대전 당시 왕위 계승 예정자이자 군 소위로 복무한 엘리자베스 공주. 여성 예비군의 기계 수송병 훈련 중에. 1945년. Camera Press London

"남은 생애가 길건 짧건 간에 나는 여러분과 또 우리 모두가 속하는 가족들을 위해 헌신할 것입니다."

엘리자베스 공주가 남아프리카공화국 케이프타운에서 21세 생일을 맞아 연설하고 있다. 1947년 4월 21일.

"신께서 굽어 살피사, 이 이른 나이에
나에게 주어진 무거운 책무를 값지게
수행할 수 있도록 보살펴주기를 기원합니다."

엘리자베스 여왕(왼쪽)은 즉위한 지 9일째 되는 날 메리 조모후(중앙)와 엘리자베
스 모후와 함께 세인트 조지 성당에서 거행된 조지 6세 국왕의 장례식에 참석했다.
1952년 2월 15일. Ron Case/Getty Images

마거릿 공주는 약간 지루한 표정이었다.
그러나 엘리자베스가 국왕의 지위에 오르는 과정 중에는
"언니의 얼굴에서 한순간도 눈을 떼지 않았다."고 한다.

엘리자베스 모후(왼쪽)와 찰스 왕자와 마거릿 공주가 웨스트민스터 대성당의 로열석에 앉아 엘리자베스 2세의
대관식을 지켜보고 있다. 1953년 6월 2일. Topical Press Agency/Getty Images

마거릿(왼쪽)과 엘리자베
스(중앙)가 애스콧 경마장
의 로열석에 피터 타운센드
와 함께 앉아 있다. 마거릿
과 타운센드가 결혼 의사를
밝히기 4년 전. 1951년 6월
13일. Keystone/Getty Images

타운센드는 마거릿의 "성스럽고 우울한 듯하면서 평온한 모습에서 순간적으로
우스꽝스럽고 참을 수 없이 기쁜 얼굴로 돌변하는 놀라운 표정의 변화"에 감탄
했다.

여왕은 특히 냉동 닭고기 팟 파이에 관심을 나타냈고
필립은 치즈를 바른 견본 크래커를 씹으며
"생쥐한테 주면 딱 좋겠군!"이라고 농담을 했다.

엘리자베스 2세는 메릴랜드 대학교와 노스캐롤라이나 대학교의 풋볼 경기를 관람한 뒤에 메릴랜드 주 웨스트 하
얏스빌의 한 슈퍼마켓을 불시에 방문했다. 1957년 10월 19일. Associated Press

한번은 친한 친구들과 함께 있다가 여왕이 말했다. "상자한테 가봐야 해."
"꼭 가셔야 해요?"라고 친구가 말하자
"한번 놓치면 쫓아갈 수가 없거든."이라고 여왕은 대답했다.

여왕이 버킹엄 궁의 책상에 앉아 붉은색 가죽 상자 속의 비밀문서들을 검토하고 있다.
1959년 1월 25일. ⓒ TopFoto/The Image Works

마거릿이
토니 암스트롱존스와
사랑에 빠졌을 때,
동생의 행복을 간절히 원했던
여왕은 비로소 안도했다.

마거릿 공주와 그녀의 남편인 앤터니 암스트롱존스가 웨스트민스터 대
성당에서 결혼식을 올린 뒤 엘리자베스 2세 여왕에게 무릎 인사를 하고
있다. 1960년 5월 6일. ⓒBettmann/CORBIS

재클린이 캐나다 여행을 갔을 때 퍽 긴장했었다고 불평을 토로하자
여왕은 음흉한 시선과 함께 은밀하게
"그러다보면 꾀가 나서 어떡하든 견디게 되죠."라고 말했다.

국왕 부처가 존 F. 케네디 대통령과 그의 아내 재클린을 버킹엄 궁의 연회에서 접대하고 있다. 1961년 6월 15일.

남편의 죽음 앞에서 75세의 공작 부인은 무겁게 가라앉았다.
여왕은 어머니처럼 자기 손을 공작 부인의 팔과 장갑에 올려놓았다.

원저 성의 세인트조지 교회에서 거행된 전 에드워드 8세 국왕인 원저 공작의 장례식 후에 원저 공작 부인과 함께
한 여왕. 1972년 6월 5일. Reg Burkett/Getty Images

군악단이 음악을 연주하면 여왕과 가족들은
사냥꾼 관리인, 안내인, 하인, 하녀 등과 한데 어울려 벨레타 춤을 춘다.
마치 지난 세기의 광경과 음향이 합성된 것 같다.

여왕의 말이 프랑 드 디안 경마에서 1등으로 들어오자 군중이 벌떼처럼 모여들어 "여왕 만세"를 외쳐댔고 여왕이 하이클리어를 보러 갔을 때 거의 군중들에게 포위되어 오직 포체스터와 오즈월드 그리고 경찰관들의 보호만 받았다.

여왕과 그녀의 경마 매니저 헨리 포체스터(왼쪽)와 종마 매니저 마이클 오즈월드 경(오른쪽)이 샹티에서 열린 프랑 드 디안 경마에서 여왕의 암망아지 하이클리어가 결승선을 통과하여 우승을 거두자 기뻐하고 있다. 1974년 6월. Private collection of Sir Michael Oswald

여왕의 보좌관이자 친구인 플런컷은
재미있었던 얘기들을
여왕에게 들려주곤 했다.
가령 언젠가 가든파티에서
먹다 만 찐득거리는 빵을 발견했는데
의치가 통째로 박혀 있었던 일 등이다.

어린 시절부터 엘리자베스 2세의 측근 보좌관이자 가까운 친구이기도 했던 7대 플런컷 남작 패트릭 플런킷은 1975년 51세로 사망할 때까지 그녀의 사교 생활을 기획했다. Private collection of Shaun Plunket

윌슨은 또한 여왕에게 마음속을 터놓고 의지했다.
그가 자기를 모함하려는 동료 각료에 대해서 걱정을 털어놓자
여왕은 흔쾌히 기대서 울 수 있게 어깨를 빌려주었다.

윌슨이 밸모럴에서 이듬
해 3월, 60세 생일에 수
상직에서 물러나겠다고
털어놓은 뒤에 여왕과 함
께. 1975년 9월. Private
collection of Lady Wilson

루이스 마운트배튼의 장례식에 다녀온 여왕은 차에서 내리며 눈물을 글썽였다.
"폐하, 위층으로 올라가시겠습니까?"라고 조안나가 묻자
여왕은 "그래야 할 것 같네."라고 대답했다.

제1대 버마의 마운트배튼 백작인 루이스 마운트배튼의 장례식 동안 웨스트민스터 성당에 모인 왕실 가족들. 왼쪽부터
앤 공주, 모후, 마크 필립스 대위, 엘리자베스 2세 여왕, 찰스 왕자, 앤드루 왕자, 필립 공, 에드워드 왕자. 1979년 9월
5일. Associated Press/TopFoto/The Image Works

하일랜드에서의 시간은 여왕에게 평범한 삶의 맛을 느끼게 하며
자유를 만끽하게 한다.

엘리자베스 2세가 모후와 다이애나, 찰스와 더불어 밸모럴 성 인근에서 브레이마 게임스를 보며 웃고 있다.
1982년 9월. © Mirrorpix

말 조련사인 몬티 로버츠가 윈저 성의 실내 승마 교실을 방문했을 때
여왕은 큰 관심을 보였다.
"자, 어서 당신의 사자 우리를 보여주세요.
내게 채찍과 의자가 필요한가요?"라고 여왕은 말했다.

여왕은 캘리포니아에서 온 "말 마법사" 몬티 로버츠가 그가 말을 "길들이는" 기술을 선보이기 전
에 그와 함께 서 있다. 1989년 4월 10일. Photograph by Pat Robert

여왕이 미국의 빈민가를 방문했을 때 210파운드나 나가는
앨리스 프레이저와 맞닥뜨렸는데, 그녀는 다짜고짜 여왕을 억세게 끌어안았다.
"그게 미국식이잖아. 나도 모르게 그랬다고." 나중에 프레이저는 말했다.

여왕이 워싱턴 D.C.에 있는 프레이저
의 집을 방문했을 때 67세의 앨리스
프레이저에게 포옹을 당하는 장면.
1991년 5월 15일. Associated Press

찰스 왕자에게는 그의 뒤를 이을 든든한 두 아들이 있었다. 윌리엄 왕자는 계승 서열
두 번째였지만 자기의 때가 오기 전에 왕의 사다리에 오를 야망은 가지고 있지 않았다.

찰스 왕자는 왕위 계승 서열 두 번째인 윌리엄, 세 번째인 해리와 함께 샌더스트의 육군사관학교 졸업식에 참석했다.
2006년 4월 12일. Ian Jones Photography

여왕 재임 중 맞는 열두 번째 수상인 데이비드 캐머런.
그가 여덟 살 때 학교 연극 〈토드 오브 트드 홀〉에 출연했던 것을
여왕은 기억했다.

84세의 여왕이 그녀의 열두 번째 수상인 43세의 데이비드 캐머런으로부터 "손등의 키스"를
받기 위해 그를 맞이하고 있다. 2010년 5월 11일. Ian Jones Photography

아일랜드를 방문한 여왕은 추모의 묵념을 했다.
"우리들 고난의 과거 때문에 고통 받았던 모든 사람들에게
심심한 숙려와 동정을 보낸다."

엘리자베스 2세 여왕이 조부인 조지 5세가 1세기 전에 더블린을 방문한 이래 처음으로 아일랜드를 국빈으로 방문한 뒤 추모의 정원에 조화를 바치고 있다. 2011년 5월 17일. Arthur Edwards/AFP/Getty Imgaes

영국의 수상인
데이비드 캐머런은
케임브리지 공작과 공작 부인을
"미래의 팀"이라고
일컬었다.

엡섬 경마장을 방문한 케임브리지 공작과 공작 부인. 2011년 6월 4일. Ian
Jones Photography

85세 생일을 맞은 여왕은 나이를 먹고 약해졌지만 사람들은 그 어느 때보다
그녀에게 열렬히 충성을 맹세했다.

여왕의 85세 생일을 공식적으로 축하하는 군기 행렬식이 끝난 뒤에 버킹엄 궁에 모인 왕실 가족들. 2011년 6월
11일. Ian Jones Photography

결혼식을 마치고 신혼여행을 떠난 엘리자베스와 필립 공은
신혼여행지에서 그녀의 부모에게 편지를 썼다. "릴리벳을 아낀다? 저는 이 말이
제 마음속 생각을 충분히 표현해주는 것인지 모르겠습니다."

엘리자베스 공주와 필립 공의 결혼식 날 버킹엄 궁에서. 1947년 11월 20일. © TopFoto/The Image Works

엘리자베스 2세는
총 45파운드에 달하는
의상과 왕관과
홀의 무게 그 이상으로
엄청난 의무감이
그녀의 가녀린 체구를
짓누르는 것을 느꼈다.

캔터베리 대주교가 씌워준 왕관을 쓴 여왕이 5파운드 무게의 세인트 에드워드 왕관과 황금 대관식 예복을 갖춘 모습. 1953년 6월 2일. Hulton Archive/ Getty Images

대관식을 마치고 왕좌에 오른
엘리자베스 2세는
필립과 함께
황금색 왕실 마차에
몸을 싣고
쏟아지는 비를 맞으며
두 시간 동안
런던 시내를 행진했다.

엘리자베스 2세 여왕과 필립 공이 대관식 후에 18세기에 제작된 골드 스테이트 마차를 타고 버킹엄 궁으로 향하고 있다. 1953년 6월 2일. Reginald Davis MBE(London)

찰스는 모친을 '불행했던 어린 시절의 머나먼 존재'로 묘사했으며
부친은 '고압적이고 무감각한 존재'로 그렸다.

엘리자베스 2세와 필립 공이 버킹엄 궁의 정원에서 찰스 왕자와 앤 공주를 바라보고 있다. 1957년. Photograph by Snowdon, Camera Press London

여왕은 의회 개원식을 하기 위해 다시 3파운드 무게의 왕관을 머리에 얹었다.

여왕이 의회 개원식에서 연설할 때 필립 공은 그녀의 왼쪽에 자리하고 시녀들은 오른쪽에 서 있는다. 1958년 10월.
Archive/Press Association Images

직무 때문에 보모를 따로
두었던 여왕은
여전히 끌어안고
뽀뽀하는 데는
익숙하지 못했지만,
앤드루와
에드워드와는
장난을 치며 놀아주었다.

군기 행렬식 뒤에 버킹엄 궁의 발코니에서, 태어난 지 석달된 에드워드 왕
자를 품에 안은 여왕이 필립 공과 앤드루 왕자와 함께 군중에게 손을 흔들
고 있다. 1964년 6월 13일. Fox Photos/Getty Images

여왕은 매우 활동적이었으며,
딱딱한 승마 모자를 쓰지 않은 채 말을 타고 질주하기를 즐겼다.

엘리자베스 2세가 코기 견들을 거느리고 스코틀랜드의 밸모럴 성 위의 언덕에서 말을 타고 있다. 1965년.
Photograph by Godfrey Argent, Camera Press London

여왕 부처와 네 자녀들은 시골의 전통과 풍습에 대한 존중심을 품고 있어서 처음으로 사슴을 잡으면 그 피를 뺨에 바르기도 했다.

밸모럴에서의 연례 가족 휴가를 보내고 있는 여왕과 필립 공 그리고 그들의 자녀.(왼쪽부터) 앤 공주, 찰스 왕자, 에드워드 왕자, 앤드루 왕자. 1972년 8월 22일. Lichfield/Getty Images

연례 행사인 "가터의 날"에 여왕은 중세 벽화를 연상케 하는 치장과 리본, 긴 예복에 번쩍거리는 훈장과 배지를 달았다.

여왕이 가장 소중히 여기는 기사 훈장인 가터 훈장을 받은 기사들에게 경배를 바치는 연례 추수감사절 행사를 위하여 세인트조지 교회로 향하는 엘리자베스 2세와 필립 공. 1975년 6월. Reginald Davis MBE(London)

여왕은 말을 키우고, 타고, 경마에서 우승마를 점치는 데 탁월한 재능을 지녔다. 그녀의 말이 대회에서 우승했을 때 여왕은 무엇보다 기뻐했다.

여왕과 필립 공이 사륜마차를 타고 로열 애스콧 경마장의 잔디가 깔린 경주로를 행진하고 있다. 1980년 6월.
Reginald Davis MBE(London)

여왕의 생일 축하 행렬에서 총성이 울려퍼졌지만 그녀는 침착하게 말을 달랜 뒤
미소를 짓고 행렬을 계속했다. 군중은 여왕의 굽힘 없는 용기와 침착함을
생생하게 목격할 수 있었다.

군중 속에서 그녀를 향한 여섯 발의 공포탄이 발사되었지만 엘리자베스 2세가 필립 공과 함께 침착하게 군기 행
렬식 앞을 지나갔다. 1981년 6월 13일. Reginald Davis MBE(London)

테러리스트들의 야만적인 폭탄 공격으로 심난한 시기에 잠시나마 행복을 맛볼 수 있었던 것은 모후의 82세 생일과 윌리엄 왕자의 세례식이 있었기 때문이다.

윌리엄 왕자의 영세 후 여왕과 필립 공, 모후와 찰스가 버킹엄 궁에서 환하게 웃고 있다. 1982년 8월 4일. Kent Gavin, Royal Photographer

여왕은 미국 방문시에도 특유의 유머 감각을 발휘했다. "나는 여기 오기 전부터 우리가 미국에 수많은 전통을 수출했다는 사실을 알고 있었지만 날씨도 그중의 하나였다는 것은 몰랐습니다."

엘리자베스 2세가 필립 공과 함께 캘리포니아를 방문했을 때 6일간 폭우가 쏟아진 데 대하여 언급하자 로널드 레이건이 박장대소하고 있다. 1983년 3월 3일. Diana Walker/Time Life Pictures/Getty Images

여왕은 둘째 아들 앤드루 왕자의 연애에 대해 방임하는 편이었다. 앤드루가 사라와 결혼할 때, 여왕은 사라가 다이애나보다 낫다고 생각했다.

앤드루 왕자와 그의 신부인 전 사라 "퍼기" 퍼거슨—요크 공작과 공작 부인—이 그들의 결혼식 후 버킹엄 궁으로 사륜마차를 타고 가고 있다. 1986년 7월 23일. Time Graham/Getty Images

여왕은 켄터키에서 아주 편안함을 느꼈다. 영국에서는 그렇게 격의 없이 즐거워하는 모습을 본 적이 없었다.

엘리자베스 2세가 켄터키 주 렉싱턴의 종마 목장을 네 번째 휴가차 방문했다. 초청자인 윌 파리시(왼쪽)와 그의 아내 사라(맨 오른쪽) 그리고 여왕의 경마 매니저인 7대 카나본 백작인 헨리 포체스터(오른쪽에서 두 번째). 1991년 5월. David Perry/Lexington Herald-Leader

세계 지도자들 가운데 만델라와 잠비아의 케네스 카운다만이 기분 상하는 일 없이 그녀를 이름으로 부를 수 있었다.

여왕과 남아프리카공화국의 만델라 대통령이 그의 국빈 방문의 첫 행사로 함께 마차를 타고 버킹엄 궁으로 향하고 있다. 1996년 7월 9일. Tim Graham/Getty Images

왕족과 왕실의 상징처럼 여겨졌던 브리타니아 호가 수명을 다해 퇴역할 때
여왕은 끝내 눈물을 흘렸다.

엘리자베스 2세가 필립 공과 찰스 왕자와 더불어 포츠머스 항구에서 43년간의 취항 끝에 퇴역하는 브리타니아
호를 바라보며 눈물을 훔치고 있다. Tim Graham/Getty Images

에드워드 왕자와 결혼한 소피는 무엇보다도 그녀를 여왕으로서, 시어머니로서 존경하지만 동시에 그녀가 한 인간이라는 점을 이해하며 인간으로서 대했다.

에드워드 왕자와 소피 라이스가 윈저 성의 세인트조지 교회에서 결혼식 후에 마차 행렬에 나섰다. 1999년 6월 19일. Tim Graham/Getty Images

엘리자베스 2세가 세인트 제임스 궁의 프라이어리 코트 스튜디오에서 루치안 프로이트로 하여금 그녀의 초상을 그리게 하고 있다. 2001년. Davis Dawson, courtesy of Hazlitt Holland-Hibbert

루치안은
여왕과 수많은 시간을
함께 보냈으며
경마와 말에 대해서
얘기를 나눴다.

여왕은 찰스가 재혼을 통해 안정적이고 행복한 삶을 만들어 가길 바랐다.

찰스 왕자가 콘월 백작 부인인 커밀라 파커 볼스와 결혼한 뒤에 윈저 성의 세인트조지 교회 바깥에서 여왕과 함께 담소를 나누고 있다. 2005년 4월 9일. Bob Collier/Press Association Images

여왕은 자식에게
어머니가
보내는 듯한
눈길로 너그럽게
바라보았다.

조지 W. 부시 대통령이 백악관 환영식에서 실수로 그녀의 미국 방문일을 1976년이 아니라 1776년으로 잘못 말한 뒤에 엘리자베스 2세 여왕에게 윙크하고 있다. 2007년 5월 7일. Anwar Hussein/EMPICS/Press Association Images

월리엄 왕자의 결혼식은 왕실과 대중의 축복 속에 경건하고 성대하게 치러졌다.

이제 막 케임브리지 공작이 된 윌리엄 왕자 그리고 공작 부인이 된 그의 신부인 캐서린 미들턴의 결혼이 웨스트민스터 대성당에서 거행되었다. 2011년 4월 29일. Ian Jones Photography

여왕은
살며시
고개를 끄덕여
승낙의 신호를
보냈다.

신랑과 신부는 결혼식 후에 엘리자베스 2세 여왕에게 허리와 무릎을 굽혀 절했다.
2011년 4월 29일. Kirsty Wigglesworth/Press Association Images

마커스 사전트의 표적이 되었던 때로부터 채 1년도 되지 않아서 엘리 자베스 2세는 그보다 한층 더 무서운 일을 겪었다. 7월 9일 아침 7시 15분, 그의 직원들 누구도 감히 낼 수 없는 요란한 문소리에 잠을 깼다. 그녀는 필립이 교외에서 잡힌 약속 때문에 새벽 6시에 궁을 떠났다는 것을 알고 있었다. 그녀가 고개를 처들자 맨발에 티셔츠와 청바지 차림인 낯선 사람이 커튼을 열더니 깨진 재떨이에서 떨어져 나온 유리조각을 들고 오른손 엄지손가락에서 흐르는 피를 침대보에 묻히며 침대 끝자락에 앉았다.

34세의 마이클 페이건은 말도 안 되는 보안상의 허점을 이용하여 14피트의 담벽을 기어올랐다. 열린 창문을 통해서 궁에 침입한 뒤 아무런 제지 없이 복도를 걸어서 아무도 모르게 여왕의 침실로 들어간 것이다. 알고 보니 그는 6월 7일에도 침입하여 포도주 반 병을 훔쳐 마신 전과범이었다.

"어서 나가지 못해!"[23]라고 여왕이 말했으나 페이건은 그 말을 무시하고 어눌하게 자신의 고민을 털어놓기 시작했다. 그에게 해코지할 의사가 없다는 사실을 눈치챈 여왕은 작전을 바꿨다. 10분 동안 침착하게 그의 말을 듣고 그들의 자녀를 공통 화제로 삼아 얘기를 나누면서 공감을 표하기도 했다. 그동안 여러 차례 비상벨을 눌러 도움을 요청했고 두 번씩이나 궁정 교환대를 부르기도 했다. 이 상황은 1941년에 한 광인이 모후의 침실 커튼 뒤에 숨었다가 나와서 그녀의 발목을 붙잡았던 윈저 성에서의 섬뜩했던 사건을 연상시켰다. 모후는 소리를 치는 대신에 "어디 한번 말해봐요."[24]라고 얘기하면서 살금살금 걸어가 비상벨을 울렸다.

여왕은 페이건에게 모후와 비슷하게 대처했다. 이러한 행동이 가능했던 이유는 그녀가 친구들에게 "나는 골목길에 서 있는 사람들과 편안하게 대화하는 데 익숙해져 있다."[25]라고 말했던 데서도 알 수 있다. 그러나 무엇보다도 그녀의 타고난 침착성, 용기와 상식이 작용했을 것이다. 그가 담배를 찾았을 때 그녀는 기회를 포착하고 담배가 보관된 식품 창고를 알려주었다.

그가 복도로 나오는 순간 그들은 침실 담당 하녀인 엘리자베스 앤드루와 맞닥뜨렸고 그녀는 놀라 소리쳤다. "아니, 시상에! 폐하, 임마가 여그서 머하는 깁니꺼?" (여왕은 이후 이 하녀의 요크셔 사투리를 정확하게 흉내 내며 되풀이했다.) 이때 키가 6피트 4인치나 되는 고참 하인 폴 와이브루가 금방 정원에서 산책을 마친 코기 견들을 데리고 들어왔다. 개들이 미친듯이 짖어대는 동안에 그 하인은 페이건을 진정시키기 위해 물을 건넸다. 이어서 경찰 분견대가 마침내 도착했다. 경찰 한 명이 여왕을 보고 멈칫 서서 넥타이를 바로 매자 "자, 어서들 처리해요."[26]라고 여왕은 말했다.

이후 여왕은 "난 무섭지는 않았어요. 모든 게 너무나 초현실적이었지요.[27] 그자가 들어와서 우린 한참 얘기를 나눴고 별일 없이 가버렸으니까. 그뿐이었다고요."라고 모후의 시종무관에게 말했다. 그러나 그녀의 친척 가운데 한 사람은 여왕이 "충격을 받았고 믿을 수 없어 하는 반응[28]이었다."고 말했다.

여왕은 예정된 일정대로 오전 11시에 시상식을 진행했고 보좌관들에게 이 사건에 대해 조용히 해두라고 지시했지만 정부는 보안 실책에 대한 조사에 착수했다. 다음주 월요일에 〈데일리 익스프레스〉에는 "여왕 침실의 침입자"라는 제목의 톱 기사가 게재되었다. 그날 저녁에 마거릿 대처는 주례 면담을 하루 앞당겨 나타나서 사과했고 내무부 장관 윌리엄 화이트로는 하원에서 격렬한 질문 세례를 받고 사의를 표명했다.

그로부터 일주일 뒤, 하이드 파크와 리젠트 파크에서 IRA의 야만적인 폭탄 공격으로 인해 8명의 하우스홀드 기병대와 로열 그린 재킷

소속 군악대원이 사망하고 47명이 부상을 입는 사건이 벌어졌다. 이는 런던 중심가에서 벌어진 비극이며 테러리스트 집단이 왕궁 내에서도 난동을 일으킬 수 있다는 우려를 낳게 했다. 공개 행사에서 보인 여왕의 태도는 어둡게 가라앉았고 의사들은 그녀에게 당분간 휴식하기를 권유했다. 페이건은 여왕의 포도주를 훔친 혐의로 기소되었으나 9월에 내려진 배심 평결은 '사면'이었다. 이어 그는 5개월간 정신병원에 감금되었으나 다행히 형벌은 모면했으며 잠깐 동안이지만 유명세를 탔다.

이 심란한 시기에 잠시 행복감을 맛볼 수 있었던 것은 모후의 82세 생신에 열린 윌리엄 왕자의 세례식이었다. 여왕은 무대 중앙의 자리를 왕실의 최연소자와 최연장자에게 양보하고 어머니로 하여금 그녀 대신에 아기를 품에 안도록 했다.

다이애나는 그날 행사를 무난히 치렀지만 실상은 산후 우울증을 앓고 있었는데, 훗날 이때가 "최악의 시기"[29]였다고 말했다. 그녀는 또한 남몰래 폭식과 구토를 다시 시작했고 남편이 커밀라와의 관계를 청산했다는 사실을 부정하고 계속 추궁해댔다. 다이애나와 찰스가 밸모럴 영지 내의 오두막인 크레이고완에 머물던 9월, 그녀는 예리한 도구로 자해를 시도했다. 이 놀라운 그녀의 일탈 행위에 대해 찰스는 일체 부모에게 알리지 않았다. 그는 다시 다이애나를 런던으로 데려가서 전문가들로부터 정신과 치료를 받도록 했으나[30] 석 달 만에 그것마저 포기하고 말았다.

증상을 살펴보면─우울증, 거부와 포기에 대한 두려움, 변덕, 충동적인 자학 증세, 지속적인 고독과 공허감 등─그녀가 인격 장애의 경계를 오가고 있는 것으로 보이는데 이는 치료가 매우 지난한 것으로 알려져 있었다. 그러나 우연히 몇 번, 가령 1982년 연례 추모제Festival of Remembrance, 전몰 장병과 가족을 위한 자선 행사─옮긴이가 열렸을 때 가족들 앞에서 찰스와 대판 싸우고 난 뒤 늦게 귀빈석에 도착한 다이애나가 잔뜩 긴장된 상태에서 허둥대는 모습을 보였다는 것 정도 외에는, 일반 대중은 다이애나의 정서적 혼란과 이 웨일스 부부의 결혼 미스터리에 관하여 알 길이 없었다.

그해 가을에 앤드루는 5개월간의 복무를 마치고 HMS 인빈서블호를 타고 포클랜드에서 돌아왔다. 여왕과 필립과 앤 공주는 밸모럴에서 포츠머스까지 날아가서 귀향 행사에 참석했다. 환호하는 군중이 해변에서 환영 현수막과 국기를 흔들어댈 때 엘리자베스 2세는 눈에서 흐르는 눈물을 닦았다. "너무나 감정에 복받쳤었다."[31]라고 회고한 앤드루는 분위기를 가볍게 만들기 위해서 어머니에게 인사할 때 입에 장미꽃을 물었다.

1983년 2월, 여왕은 1957년 당시 "시간과 의전상의 이유"[32]로 일정에서 제외되었던 미국 서해안 여행의 오랜 꿈을 드디어 실현했다. 그녀는 1979년 니컬러스 헨더슨이 대사직을 맡아 워싱턴에 부임하기 전에 이 문제를 그에게 거론했다.[33] 그래서 레이건 부처가 윈저 성에 왔을 때 여왕에게 미국 방문을 제의하자 매우 기뻐했다. "대통령이 캘리포니아 태생일 때보다 더 좋은 때가 있으랴!"[34]라고 그녀는 말했다. 대통령이 서부식 승마법을 보여주겠다고 약속했던, 샌타바버라 인근 산 정상에 있는 레이건의 목장인 란초 델 시엘로를 가볼 수 있느냐고 적극적으로 묻기도 했다.[35]

열흘간의 여행은 먼저 브리타니아호를 타고 몇 주간 카리브 해지역을 순방한 뒤에 이뤄질 예정이었다. 국왕 부처는 전설적인 캘리포니아의 햇살 아래 공식적인 행사와 관광을 겸할 것으로 한껏 기대했다. 그러나 그들이 2월 26일 토요일에 도착해서 상륙할 때까지 내내

20년 만의 폭우가 쏟아져서 여왕의 다채로운 색상의 비단 드레스들 대신 우비에 검은 장화 차림을 제복처럼 입어야 했다. 한번은 영국에서 마거릿 공주가 언니에게 전화를 해서[36] 새 코트를 사라고 했다.

샌디에이고의 도로들은 홍수로 물에 잠겨 국왕 부처는 거대한 미 해군 버스로 이동해야 했다. 이는 왕실 일행과 함께 여행하던 런던의 기자들을 놀라게 했다. "우리끼리 말했다. '여왕이 버스를 탄 적은 한 번도 없었잖아!'"라고 〈데일리 메일〉의 피터 맥케이는 회고했다.[37]

"그들은 맨 앞의 두 자리에 앉았는데[38] 소풍 가는 어린애 같았다."고 레이건의 수석 의전비서인 셀바 루스벨트는 말했다. 샌디에이고의 시장 서리 윌리엄 클린턴은 여왕에게 항구를 안내하면서 그것은 크나큰 실례였다. 이에 대해 그녀는 미국 관계자들에게 불만을 제기하지는 않았으나 "여왕은 눈에 띄게 불쾌감을 드러내고 뿌리쳤다."[39]고 〈데일리 익스프레스〉는 보도함으로써 이 딱한 클린턴은 굴욕을 당했다. 그들이 방파제 옹벽을 따라서 걸었을 때는 물개 한 마리가 뛰어올라 필립에게 물벼락을 안겨서 그의 체면을 구겼다.[40] 여왕은 이를 보고 깔깔 대고 웃었지만 공작은 즐거운 낯빛이 아니었다.

필립은 여왕의 배우자 역할을 능숙하게 수행했으나 때로 과도한 경호에 대하여 모욕적인 언사와 불평을 내뱉기도 했다. 그는 미국 항공모함 USS 레인저호를 돌아보던 중에 그림자처럼 그의 곁을 붙어다니는 무관 피트 메츠거에게 "사고라도 나길 바라나?"[41]라고 퉁명스럽게 물었다. "아닙니다."라고 메츠거가 대답하자 "그럼 저리 비키게."라고 필립은 되받았다. 또 샌프란시스코에서는 공식 대표단 다섯 명의 여자들과 악수를 나눈 뒤 "여기 남자 위원들은 없나 보지.[42] 여자들의 도시로구먼."이라고 말했다. 셀바 루스벨트와 함께 브리타니아호로 가기 위해 차를 타고 갈 때도 한 경호원이 표적이 될지 모르니 실내등을 꺼달라고 요청하자[43] 반발하며 "끄지 않을 거요. 저 사람들은 우리를 보려고 나왔다고."라고 말했다. 부두에 도착하자 그는 차에서 바로 뛰어내리며 차문을 쾅하고 닫았다. 그는 배를 향해 반쯤 가다가 자기 행동이 잘못되었음을 깨닫고는 되돌아가서 셀바 루스벨트의 손에 키스하며 "정말 미안했소."라고 말했다.

일요일이 되어 여왕과 필립은 교회를 다녀온 뒤 팜스프링으로 오찬을 하러 가기 위해 비행기를 탔다. 월터와 리 애넌버그의 208에이커에 달하는 영지인 서니랜즈에 도착했을 때 식탁에는 휘황한 플로라 다니카의 도자기 식기들이 놓여 있었다. "애넌버그 부부는 여왕보다도 더 많이 가지고 있잖아!"[44]라고 한 시녀가 중얼거렸다. 사막인데도 비가 내리고 있어서 점심 식사 후 리 애넌버그는 외부 일정을 취소하고 일행에게 거의 1에이커에 달할 정도로 방대한 집을 둘러보게 했다. 집 안에는 인상파와 후기 인상파의 대작들이 전시되어 있었다. 반 고흐, 마네, 모네, 뷔야르, 코로 등의 그림이 포함된 개인 미술관이었다. 여왕이 비바람을 무릅쓰고 바깥으로 나가 9홀 골프 코스 등을 둘러보자고 고집하자 곧바로 마이크 디버는 다섯 대의 골프 카트를 동원했다. 그들은 우산을 쓰고 달렸고[45] 여왕과 대사는 빗자루와 걸레가 잔뜩 실려 있는 관리용 카트를 탔다.

저녁에는 여왕과 필립을 주빈으로 모시고 20세기폭스 영화사의 사운드 스테이지 9에서 500명의 내빈을 초대한 만찬이 베풀어졌다. 줄리 앤드루스, 더들리 무어, 프레드 아스테어, 베티 데이비스 등 영화계 스타들이 참석했으며 조지 번스와 프랭크 시나트라 그리고 페리 코모 등이 여흥을 벌였다. 메뉴로는 로널드 레이건이 즐기는 치킨 팟파이가 할리우드의 레스토랑 체이슨즈에서 배달되었다.

화요일에는 오래전부터 약속된 샌터바버라의 레이건 목장으로 향했다. 왕실 일행은 그칠 줄 모르는 비 때문에 브리타니아호 대신 공군 2호기를 타고 산 밑까지 가서 리무진을 포기하고 사륜구동 차량으로 갈아탔다. "그때 우리가 꼭 이 길을 올라서 목장을 가야 하느냐에 대해서 많은 논란이 있었다.[46] 그러나 여왕은 용기를 내서 '우리가 갈 수만 있다면 가야지.'라고 말했다."[47]고 영국 대사관의 언론 참사관 찰스 앤슨은 회고했다. 검은 고무장화를 신은 엘리자베스 2세는 지프차로 기어 올라타서 조제핀 루이스 옆에 꼭 붙어 앉았다. "나는 그녀가 그렇게 붙어 앉아 있는 것이 불편하지 않을까 생각했다.[48] 그녀와 몸이 닿았고 서로 기대지 않을 수가 없었다. 핸드백을 치우면 어떻겠냐고 물었지만 그녀는 '안 되지!'라고 말하면서 꼭 붙어 앉았다."라고 조제핀은 말했다.

아주 맑은 날에도[49] 위험할 정도로 깎아지른 듯한 낭떠러지에 가드레일도 없고 포장도 잘 안 된 구불구불한 길인 2,400피트 길이의 러푸지오 로드를 올라가는 것은 무시무시한 도전이었다. 도로는 급류에 대여섯 군데나 쓸려 나갔고 가시거리는 거의 제로 상태였다. 위험한 오르막길에서 그녀는 말이 없었지만[50] 겁먹은 것 같지는 않았다.

목장은 안개에 휩싸여 있었고 레이건 부처는 날씨 때문에 말 타는 것은 물론이고 파노라마 같은 경치도 보여줄 수 없다며 사과했다. "염려 말아요.[51] 이것도 모험이잖아요!"라고 여왕은 대답했다. 네 사람은 타코와 엔칠라다, 삶아서 튀긴 콩으로 텍사스식 멕시칸$^{Tex-Mex}$ 요리를 먹었다. "미스터 디버, 맛있게 잘 먹었어요.[52] 특히 콩 요리요."라고 식사 후에 여왕은 말했다. 일행이 다시 차를 타고 산에서 내려오자 해가 나왔다. "젠장할, 내가 머잖아 개일 거라고 했는데."[53]라고 레이건은 말했다.

모두 롱비치로 날아가서 브리타니아호에서 저녁을 먹었다. 마이크 디버는 저녁 식사 후 다함께 노래할 때 피아노를 연주했고 낸시 레이건은 배에서 잤다. "우리는 오래 얘기를 나눴어요.[54] 여왕과 영부인으로서가 아니라 어머니와 아내로서 서로의 생활에 대해, 특히 자녀들에 대해서 얘기했죠. 그녀는 다이애나에 대해서 걱정을 하기 시작했어요."라고 낸시는 회고했다.

거친 풍랑이 국왕 부처로 하여금 샌프란시스코까지의 항해를 어렵게 만들자 하는 수 없이 30명의 직원들과 관료들을 거느리고 공군 2호기를 타고 날았다. 목적지가 가까워지자[55] 조종사는 골든게이트브리지 위로 낮게 날았고 여왕은 비행기 한쪽으로 몰려 있는 사람들 틈에 끼어 유명한 이 다리의 경간(徑間)을 바라보았다. 대통령과 왕실 일행은 세인트프랜시스 호텔의 4개 층을 점령하고 46개의 방에 투숙했다. 여왕과 필립은 1박에 1,200달러 받는 프레지덴셜 스위트에 묵었는데 낸시 레이건의 실내 장식가 테드 그레이버가 서둘러서 칠을 새로 하고[56] 지역 미술관에서 소장품을 가져다가 장식하기도 했다.

이런저런 논의 끝에 그들은 트레이더 빅스의 트래펄가 룸에서 만찬을 하기로 결정했다. 여왕은 처음엔 망설였지만 그녀의 남편이 설득했다. "난 그날 밤 그녀가 그의 말을 듣는다는 것을 알았다.[57] '내 맘대로 아니면 안 돼.'가 아니었다. 내 생각엔 그가 약간 더 모험적이고 그녀도 따라주기를 원하는 것 같았다."라고 캐롤라인 디버는 말했다. 엘리자베스 2세는 디버 부부에게 자기는 지난 15여 년 간 레스토랑에서 밥을 먹은 적이 없다고 했는데, 막상 들어가자 웃으면서 이국적인 럼 펀치를 즐겼다. 식사 후에 그녀는 행운의 과자를 깨트려서[58] 읽어보고 필립에게 보여준 뒤 핸드백 속에 넣었다.

3월 3일, 여왕과 필립은 드 영 기념 박물관에서 열린 블랙 타이 만찬의 주빈이 되었다. 마이크 디버는 필립 무어에게 그날 저녁 여왕이 준비를 마치는 데 왜 이렇게 오랜 시간이 걸리느냐고 묻자 이 개인 비서는 "여왕께선 보관을 쓰는 데 긴 시간이 필요하다."[59]고 대답했다. 무어는 설명하기를 여왕은 다이아몬드 보관에 진주를 비롯한 각종 보석들을 꿰어서 장식하는 도구 상자를 가지고 다니는데[60] 전임 왕실 보석사 데이비드 토머스에 의하면 한가한 시간이면 이를 가지고 즐기기도 한다고 설명했다.

연회를 위하여 여왕은 진주를 선택했지만 오히려 보관보다는 그에 어울리는 목걸이와 커다란 드롭 귀걸이, "금테 두른 레이스로 만든 주름진 띠로 장식한 멋진 소매"[61]가 달린 샴페인색 호박단의 화려한 드레스가 돋보였다. 그녀는 돋보기 너머로 아치형의 허스트 코트에 운집한 260명의 내빈을 응시하면서 "나는 여기 오기 전부터 우리가 미국에 수많은 전통을 전했다는 사실을 알고 있었지만[62] 날씨도 그중의 하나였다는 것은 몰랐습니다."라고 말했다. 그녀가 이 대목에서 말을 멈추는 순간 레이건은 고개를 뒤로 젖히고 큰 소리로 한바탕 웃음을 터뜨렸다. 본의 아니게도 이는 옷감과 보석에 휘감긴 채 침착한 표정으로 안경을 쓰고 있는 여왕과 희극적인 대조를 이루었다.

금요일이 되자 날씨는 마침내 캘리포니아의 명성을 되찾았다. 국왕 부처는 그날 사크라멘토로 날아갔다. 여왕의 마지막 만찬은 31회 결혼기념일을 맞은 레이건 부처를 위하여 브리타니아호에서 베풀어졌다. "나는 결혼할 때 낸시에게 많은 것들을 약속했었지만[63] 오늘 이보다 더한 선물이 과연 있을까요?"라고 레이건은 말했다. 그는 여왕에 대한 호의의 표시로[64] 24,000달러짜리 휼렛 패커드 사무용 컴퓨터를 기증했다. 그녀는 즉각 이를 버킹엄 궁에 설치하고[65] 자신의 말 사육과 훈련 그리고 경마 활동에 사용했다.

이후에도 여왕과 레이건 부처는 순수한 우정을 쌓아갔다. 여기에는 그녀의 다른 가족들, 그중에서 찰스가 우선이었지만 마거릿 공주도 포함되었다. 1983년 10월 1일에 대통령과 영부인은 마거릿과 그녀의 친구들을 초청하여 백악관의 위층에서 만찬을 대접했다. 그녀는 레이건 부

처에게 "황홀한"[66] 저녁에 대하여 넘치도록 감사를 표했으며 "귀국에
대한 변함없는 사랑"을 맹세했다.

53세가 된 여왕의 동생은 비위를 맞추기 힘들었다. 친한 친구도
없고 자주 불행을 느끼며 골초인 데다 과음으로 인하여 알콜성 간염
진단을 받아 입원한 적도 있었다. 그녀와 토니는 1978년 7월에 이혼
했으며 불과 몇 달만에 그는 루시 린지호그와 결혼했다. 로디 루엘린
과의 관계는 한동안 유지되었지만 여왕은 1980년 8월 리츠 호텔에서
열린 마거릿의 50회 생일 잔치에 그를 초대하지 않았다.

다음 해에 루엘린은 의상 디자이너인 타니아 소스킨과 결혼했고
마거릿은 슬기롭게도 전 애인과 그의 새 아내와 사이좋게 지냈다. 그
부부는 이 왕족 친구에 대해 점잖게 입을 굳게 다물었다. 공주는 여전
히 왕실의 임무를 최소한의 수준에서 계속했지만 무스티크에서 휴가
를 즐기다가 혹은 짧은 연애 상대의 품에 안겨 사진을 찍히곤 했다. 그
러나 그녀는 자상한 어머니여서 아들 데이비드과 딸 사라를 눈에 안
띄게 곱게 키웠으며 그들의 예술적 재능을 키워주었다. "마거릿이 그
렇게 무궤도한 생활을 하면서도 어떻게 자녀들을 정상적으로 훌륭하
게 키웠는지 신기하다."[67]고 여왕의 전임 개인 비서 중의 한 사람은 말
했다.

마거릿이 대통령의 극진한 환대를 받은 지 불과 몇 주만에 레이
건은 미국 군대로 하여금 카리브 해의 섬 그레나다를 침공하도록 명령
함으로써 여왕의 심기를 크게 상하게 했다. 이 섬은 코먼웰스 회원국
이었으며 여왕을 국가의 수반으로 하고 있는데 1979년부터 마르크스
주의 독재자의 통치를 받아왔다.

10월 중순에는 보다 과격한 좌파 집단이 수상 모리스 비숍을 살
해하고 군사 정부가 집권했다. 레이건은 이 폭력적인 쿠데타가 이 지
역의 안정을 저해하고 섬에 체류 중인 미국 의대생들의 안전을 위협할

수 있다고 판단하여 여타의 카리브 해 국가들의 지원 요청을 긍정적으로 수락하기로 했다. 대통령은 마거릿 대처에게 침공 의사를 전달했는데 그녀는 이러한 조치에 반대하는 경고를 보냈다. 그러나 가장 신뢰하던 동맹국과의 더 이상의 협의 없이 그는 10월 25일에 군사작전을 명령했으며 대처에게는 쿠데타의 주동자들이 체포되고 미국 대학생들의 안전이 확보된 이후에야 통보했다.

그러나 수상과 여왕은 레이건이 두 사람 모두에게 일체의 정보조차 제공하지 않은 채 코먼웰스 내부의 문제에 개입한 오만불손한 행동에 대하여 격분했다. 엘리자베스 2세는 무엇보다도 친구인 미국이 이 섬의 국가수반의 역할을 훼손한 데 대하여 분개해 마지않았다. 그러나 분노는 얼마 후에 가라앉았고 11월 뉴델리에서 개최된 코먼웰스 지도자 회의에서 여왕의 관심은 "과거지사에 대한 토론"[68]보다는 "그레나다의 민주화를 달성하는 데 우리가 할 수 있는 모든 일들"로 주제가 옮겨졌다.

이듬해 6월, 레이건은 D-데이^{D-Day, 제2차 세계대전 당시 프랑스 노르망디 상륙작전이 개시된 1944년 6월 6일을 의미함-옮긴이} 40주년 기념을 위하여 유럽에 체류하고 있었고 런던의 정상회담에 참석했다. 버킹엄 궁에서의 블랙 타이 만찬에서[69] 그는 여왕과 모후 사이에 착석하는 영예를 누렸다.

엘리자베스 2세의 1984년 해외여행은 봄에는 요르단 국빈 방문, 가을에는 2주간의 캐나다 서부 방문으로 정해졌다. 그 두 번째 여행의 일환으로 그녀는 최초로 미국에서 개인적인 휴가를 가지기로 결정했다. 5일간은 블루그래스^{bluegrass, 목초 이름으로 켄터키 주의 상징-옮긴이}와 말의 고장 켄터키에서 보내고 이어서 3일간은 헨리와 진 포체스터 소유의 와이오밍의 목장에서 보내기로 했다.

지난 해 서해안 여행에서의 마지막 주말에[70] 요세미티 국립공원
의 웅장한 산세와 소나무 숲을 탐험하고 난 엘리자베스 2세와 필립은
미국 서부 곳곳을 더 다녀보고 싶은 충동을 느꼈다. 빅혼 산맥 아래에
있는 포체스터 부부의 캐니언 목장 방문은 최적의 기회였다. 필립은
1969년에 사냥과 낚시를 위해 5일간 이곳에서 머문 적이 있었고[71] 말
사육 농장을 방문하는 데는 관심이 없어서 아내를 따라 캐나다를 방문
한 뒤에는 중동으로 날아갈 계획이었다.

여왕의 여행은 말에 대한 관심을 반영한 것이기도 했고 미국과의
친밀한 관계를 위한 것이기도 했다. 재위 60년 동안에 그녀는 5회의
개인적 휴가를 포함하여 모두 11회나 미국을 방문했는데 밸모럴과 샌
드링엄을 제외하고는 가장 많이 휴가를 보낸 곳이었다. 이와는 대조적
으로 그녀는 주요 코먼웰스 국가인 호주에는 16회를 방문했다.

형식적으로는 개인적 방문이었지만 켄터키 방문은 국빈 방문과
똑같이 분 단위로 일정이 짜여 있었다. 여왕은 켄터키의 아름다움을
만끽하고도 싶었지만 우선적인 관심은 근 20년간 자기의 암말들을 사
육해온 종마 농장을 방문하고 짝짓기를 시킬 수 있는 순종마 60마리
를 검사하는 것이었다. 우수한 미국의 사육마들의 이점을 취하기 위
해[72] 그녀와 헨리 포체스터는 1985년에 23마리의 번식용 암말들 가운
데 5마리를 보낼 계획이었다.

종마 사육가 폴 멜런의 제안으로 여왕은 45세의 윌리엄 스탬스
패리시 2세의 소유인 렉싱턴 부근의 1,400에이커에 달하는 레인스엔
드 팜에서 머물기로 했다. 멜런은 신뢰성 있고 인자한 여왕의 친구였
다. 그는 수십만 달러의 종마 사육비를 감면해주면서 매년 그녀에게
뉴마켓의 내셔널 종마 사육장에서 자신이 보유하고 있는 챔피언 종마
밀리프의 지명권을 여왕에게 부여했다.[73]

패리시는 여왕이 1973년 스미스론에서의 폴로 시합에서 스치듯

만났을 뿐이었지만 멜런은 이 켄터키 부부가 절제되고 수수하며 신중한 사람들이라고 보증했다. 그들의 19세기 양식 벽돌집은 아름답게 설계되었고 건축학적으로 독특했다. 방 하나만 깊게 들어간 기다란 집으로 현관에는 아치와 기둥이 연달아 세워져 있었다. 실내는 검박하고 떡갈나무 기둥 밑에 시골 부엌이 설치되어 있었다. 노란색 거실에는 책장들이 가득했고 식당에는 조지 머닝스의 기수騎手 그림들로 채워져 있었다.

윌리엄 패리시는 험블 석유후에 Exxon와 시어스 로벅미국의 백화점-옮긴이의 가족 유산을 물려받은 억만장자였고 그의 아내 사라는 화장품 회사 뒤퐁의 상속녀였다. 20년 이상 그들은 조지 H. W. 부시와 바버라 부시의 절친한 친구였으며 패리시는 부시 대통령 재임 중 그의 재산을 백지위임받아 관리했다. 패리시는 1963년부터 켄터키에서 말 사육을 시작했는데 1984년에는 레인스엔드를 전국 최상위의 종마 사업장으로 발전시켰다.

10월 7일 일요일, 엘리자베스 2세가 렉싱턴 공항에 착륙했을 때[74] 세관과 이민 수속 담당 여자 직원이 여권이 없는 그녀를 통과시키지 않으려 했다. 여왕에게 배속된 국무성의 의전 관리인 캐서린 머독이 국왕은 여권을 소지하지 않는다고 했으나 그 관리는 워싱턴으로부터의 전화로 처리될 때까지 버텼다. 레인스엔드에 도착하자 여왕은 즉시 방수화로 갈아 신고[75] 비옷을 입고 머리 스카프를 두른 뒤 젖은 풀숲을 걸었다. 티타임에 패리시는 그들의 새 강아지를 데려왔는데 오자마자 여왕 앞에서 똥을 누고 말았다. "이것이 모든 사람들의 긴장을 풀어주었다.[76] 그녀는 하도 개들을 많이 다루어봐서 이런 일쯤은 대수롭지 않았는데 이것이 패리시 가족들의 첫인사였던 셈이다."라고 캐서린 머독은 말했다.

여왕은 매일 차량 행렬을 이루며 농장들을 차례로 방문했다. 매번 도착할 때마다 마구간지기 소년들이 종마들을 끌고 나오면 사육사와 조련사가 여왕과 보좌관에게 말들의 체격적인 장점과 혈통에 대하여 설명했다. 우승마들의 전시에는 시애틀슬루, 어펌드, 세크리테리엇 등 트리플 크라운Triple Crown, 3대 경마에서 모두 우승함-옮긴이 우승마들이 포함되어 있었는데 이들의 활달한 재간을 보고 여왕은 무척 즐거워했다. 존 갤브레스의 다비단 팜에서 그녀는 켄터키에서 사육 중인 자신의 유일한 번식용 암말인 라운드타워를 찾아갔다. 최근에 망아지를 낳은 그 암말은 어느새 또 임신 중이었다.

몇몇 목장주들은 엘리자베스 2세에게 점심과 차를 대접하기도 했으나 한가한 시간은 많지 않았다. 그녀는 킨랜드에서 경마에 참석해 엘리자베스 2세 챌린지컵 우승마에게 그녀가 런던 보석상에게 의뢰해서 제작한 조지언 식의 은제 트로피를 수여했다. 종마 혈통 연구소에서 헨리 포체스터의 25세 된 아들 해리 허버트는 10초 안에 짝짓기 조합을 알아낼 수 있는 최첨단 컴퓨터를 여왕에게 보여주었다. 그녀는 이 프로그램을 최근 버킹엄 궁에 설치한 컴퓨터 시스템에 사용할 계획이었다.

매일 밤 패리시는 만찬을 베풀었는데 엘리자베스 2세는 그녀의 보좌관들이 한 번도 목격한 적이 없을 정도로 편안히 긴장을 풀고 있는 모습이었다. 손님들은 모두 말과 관련된 세계에서 온 사람들이고 그중 많은 사람들은 여왕이 익히 알고 지내는 사람들이었으며 대화는 종마와 관련되지 않은 내용이 거의 없었다. "그녀는 켄터키에서 아주 편안함을 느꼈다.[77] 영국에서는 그렇게 격의 없이 즐거워하는 모습을 본 적이 없었다. 아무도 그녀에게 '맴Ma'am' 또는 '폐하Your Majesty'라고 부르지 않았다. 그녀는 웃고 농담하고 즐거워했다. 그녀는 미국을 매우 편안하게 느꼈다."라고 한 궁정인은 말했다.

10월 12일 금요일, 미국을 떠나기 직전에 여왕은 브라이튼의 그랜드 호텔에서 열린 보수당 대회 기간에 강력한 IRA의 폭탄이 터졌다는 소식을 들었다. 테러 공격의 주 표적이었던 마거릿 대처 수상은 부상을 면했지만 5명이 죽고 34명이 부상을 당했다. 그중에는 노먼 테빗과 제1 원내총무인 존 웨이컴 등 수상의 소중한 동료 두 명이 포함되었다. 대처는 4년 전 북아일랜드에서 일어난 감방 내 단식 투쟁에 대하여 강경하게 대응해왔으며 1983년 6월의 총선에서 더 많은 다수 의석을 확보하자 IRA의 정치적 요구에 대한 거부의 강도를 높였다. 폭탄 공격이 벌어진 다음 날 아침에 그녀는 예정대로 9시 반에 회의를 소집하고 "민주주의를 파괴하려는 모든 기도[78]는 실패할 것이다."라는 반박 성명을 발표했다.

엘리자베스 2세는 즉각 "심심한 동정과 우려"[79]의 메시지를 전달했으며 궁의 언론 비서 마이클 시어는 폭탄 공격을 "극악무도한 행위"라고 규탄했다. 그녀가 와이오밍에 도착해 대처에게 전화를 했는데 그녀의 첫마디는 "즐겁게 지내십니까?"[80]였다. 대처는 여왕의 지지가 "사람들의 사기를 복돋워주었다."[81]고 회고했다. 여왕은 로널드 레이건에게도 전화했는데 그는 지난번에 자신의 생명이 위협받았던 일을 상기하며 "깊은 유감"[82]을 표명했다.

영국에서 벌어진 어두운 사건들에도 불구하고 와이오밍에 있는 포체스터의 석조와 통나무로 된 2층집에 안착한 여왕은 거의 한 달 동안 처음으로 완벽한 휴식을 맛보았다. 일몰의 극적인 경관이 펼쳐지며 빅혼 산맥의 언덕 위에 수놓인 사시나무들이 황금빛으로 물들었다. 한 가지 거슬리는 것이 있었다면[83] 비밀경찰들이 사방에 포진해 있어서 엘크와 사슴을 놀라게 해 쫓아버린다는 것이었다. 그녀는 4천 에이커의 영지 내에서 5마일을 산책했고[84] 리틀구스크리크에서 몇 차례 피크닉도 즐겼으며 아침 사냥의 대열에 합류하여 엽총 소리와 함께 떨어지는 꿩과 자고새와 뇌조를 사냥개들과 함께 구경하기도 했다. 식사는 간편한 미국식이었는데[85] 무지개송어, 치킨 팟 파이, 아이스크림과 과자 등이었다.

그녀는 빅혼의 브래드포드 브린턴 서부와 인디언 예술 박물관과 셰리던의 대로를 방문하기도 했는데 거기서 비밀경찰의 반대를 무릅쓰고 거리 산책에 나서 그녀를 보러 온 1천 명의 주민들을 만나 그들을 기쁘게 했다.

여왕은 토요일 밤에 매버릭 서퍼 클럽에서 만찬을 주최하여 일행과 포체스터의 친구들 10여 명을 초대했다. 그녀가 식당의 메뉴에서 주문을 하게 된 것은 2년여 만이었는데 여전히 불편해 보였다. 그녀는 안심 스테이크에 관심을 보였는데 킹 사이즈와 퀸 사이즈의 차이에 대해 혼란을 느꼈다. "퀸 사이즈를 먹도록 할게요."[86]라고 말하며 해시 브라운 포테이토와 양파를 추가 주문했고 "왜냐하면 한 번도 먹어본 적이 없기 때문"[87]이라고 말했다. "샐러드 드레싱은 무얼로 하시겠습니까?[88] 프렌치, 이탈리언, 랜치, 허니 머스터드와 하우스가 있는데요."라고 웨이트리스가 말했다. 완전히 혼란에 빠진 여왕은 추천을 해달라고 해서 하우스 드레싱으로 결정했다.

월요일에 떠나기에 앞서 그녀는 미국 내에서 도움을 준 사람들에게 일일이 선물을 했는데[89] 서명과 날짜를 기입한 사진을 모두에게 주었고 여자들에게는 그녀의 문장이 새겨진 헬시언 데이즈 Halcyon Days의 에나멜 상자를 주었다. 그녀는 또한 로널드 레이건에게 편지를 썼는데 "아름다운 종마들을 바라본 것"[90]과 "산악의 광활한 대지를 걸었던 일" 등 그녀가 가장 좋아했던 일들을 하며 보냈던 시간에 대한 감시의 마음을 담았다.

집으로 돌아왔을 때 그녀는 새로 태어난 손자의 환영을 받았다. 여왕이 밸모럴에 있는 동안에 찰스와 다이애나 사이에 둘째 아들 헨리 찰스 앨버트 데이비드가 태어났다. 그녀는 해리 왕자Prince Harry, 주로 이 호칭으로 불리게 됨를 캐나다로 떠나기 이틀 전 아들의 글로스터셔 영지인 하이그로브에 방문했을 때 딱 한 번 보았었다. 23세의 다이애나는 윌리엄이 태어났을 때보다는 한결 기분이 나아져서 어머니로서의 역할과 공식 활동과 식이요법 사이의 균형을 유지했다. 그러나 다이애나에 의하면 그녀는 남편으로부터 "차단되었으며"[91] 그에 관한 모든 일에 대해 불만이 팽배해 있었다.

찰스는 가난한 도시의 젊은 빈곤층에게 취업 훈련을 제공하는 프린스 트러스트Prince's Trust와 같은 협동체를 통해서 자선 활동을 하는 것 외에도 환경을 보호하고 야만적 건축에 항거하는 공익적 활동으로 세간의 관심을 끌었으며 때로는 논란의 대상이 되었다. 1984년에는 내셔널 갤러리의 새로운 부속 건물 구상에 대해 "만인의 사랑을 받는 얼굴에 난 흉물스러운 종기"[92]라는 연설을 해 기성 건축계의 심한 반발을 불러일으켰으나 결국 보다 온건하고 전통적인 새 설계로 낙착되었다.

비록 겉으로 드러내지는 않았으나 찰스는 다이애나와 함께 외출했을 때 사람들이 그녀에게 찬사를 보내는 것을 혐오했다. 또한 그가 누차에 걸쳐 커밀라와 만나기는커녕 대화를 한 적도 없다고 부인했음에도 불구하고 계속되는 다이애나의 심술과 집착에 지칠 대로 지쳤다. 사촌 마이클 공의 아내인 켄트의 마이클 공주는 로이 스트롱에게 다이애나는 "파멸 직전"의 "시한 폭탄"[93]이라고 말하기도 했다. 찰스는 아내가 "미디어의 여왕"으로 언론의 각광을 받으면서 한층 불행이 깊어졌다고 말했다.

그해 초에 엘리자베스 2세는 다이애나의 신뢰를 높여주기 위하여 획기적인 조치를 취했다. 궁정 대변인을 통해 다이애나를 지원하는 공식 성명을 발표한 것이다. "여왕은 그녀의 며느리에 대해 매우 기쁘게 생각한다.[94] 여왕은 왕세자비의 국내외 활동에 대해 대견스럽게 생각한다."는 내용이었다.

그 무렵 다이애나는 자신이 해야 할 왕실 임무를 보다 성실하게 이행했으며 이전부터 참여했던 5개 단체 외에도 새로이 7개 자선단체의 후원자로 등록했는데 예술, 교육, 의료 등과 관련된 기관들이었다. 다이애나는 공식 대외 행사에서 특히 병들고 탄압받는 사람들에게 다른 어느 왕족도 주지 못했던 따스함과 연민의 정으로 다가가서 남다른 성과를 거두었다. 그녀의 평등주의적 태도는 널리 알려진 미모 그리고 최신 유행을 걷는 스타일과 결합하여 강력한 분위기를 자아냈는데 이는 그녀가 남편과 등을 돌렸을 때 잠재적 위험 요인이 되기도 했다.

1985년 가을에 찰스와 다이애나가 워싱턴을 방문했을 때는 그들 사이에 사적인 불화의 조짐은 없었다. 다이애나는 누구든 남편과 가까운 사람은 모두 질투했는데 남편이 내놓고 좋아한 낸시 레이건도 그중의 하나였다. 1년 전에 다이애나는 〈선데이 타임스〉의 편집자인 앤드루 닐에게 대통령은 "홀릭스Horlicks, 지루한 늙은이란 의미-옮긴이"라고 했으며 영부인은 오로지 왕족들과 사진 찍는 것에만 관심이 있었다고 말했다. 닐은 그녀의 코멘트들이 놀랄 만큼 "쓱쓱"했다고 보았다.[95] 그러나 왕세자비는 그들 부부를 위해 베푼 만찬에서 시종 함박웃음을 짓고 존 트라볼타, 닐 다이아몬드 그리고 클린트 이스트우드 등과 기억에 남을 춤을 추었다.[96]

이듬해 봄 엘리자베스 2세가 60세를 넘기고 그 사흘 뒤에 윈저 공작부인이 89세를 일기로 사망했다. 여왕의 선도 아래 왕실 가족들은 세인트조지 교회에서의 장례식에 참석하고 프로그모어의 남편 옆자리에 매장할 때에도 함께했다. 친구이자 같은 국외 거주자인 다이애나 모슬리는 동생인 디보 데본셔에게 편지로 여왕이 "가장 좋은 좌석을 조르주와 오펠리아에게 내주셨다."[97]고 썼는데 그들은 공작 부인의 프랑스 하인과 그의 아내였다. 놀랍게도 엘리자베스 2세는 묘지에서 눈물을 흘렸는데 "어쩌면 가련한 두 삶에 대한 슬픔 때문이었을 것이다."[98]라고 일기 작가 제임스 리즈밀른은 기록했다.

그녀는 채 한 달도 지나지 않아서 다시 두 번째 "일하는 휴가차" 미국으로 갔는데 이번에는 켄터키에서 나흘을 보냈다. 또다시 윌과 사라 패리시가 호의를 베풀었으며 여왕은 18개월 전에 그녀와 헨리 포체스터가 시행한 짝짓기의 결과를 평가했고 잠재적 수말들의 새 무리를 검사했다. 그녀의 암말들을 돌보아준 대다수 켄터키의 말 사육사들[99]은 비용을 받지 않아서 여왕은 80만 달러를 절약할 수 있었는데 그 대신에 그들 종마들의 자손들에게 왕실 가계의 혈통을 인정해주었다. 1980년대 중반에 그녀의 말들은 근 300회의 경마에서 우승을 했으며 상금만 2백만 달러를 벌었다. 그러나 영국의 가장 유명한 경마인 엡섬 더비는 계속 그녀를 회피했다.

6월의 경마는 각종 스포츠 행사와 파티 및 왕실 행사 등의 연례 "시즌"의 시작을 알리는데 1986년 7월 23일에 열린 여왕의 26세 아들의 결혼식으로 절정에 달했다. 앤드루 왕자는 26세의 매력적인 사라 퍼거슨(대중에게는 "퍼기 Fergie"로 불림)을 선택했는데 그녀는 부족한 학력—2류 기숙학교와 비서 과정—을 개방적 열정으로 메꾸었다. 다이애나처럼 그녀 또한 결손 가정 출신이었으나 자신의 불안정을 사교적인 생활 태도로 가려왔다.

사라 퍼거슨의 부모는 평민이었으나 점잖은 지방 신사로서 귀족 출신의 조상과 친척을 내세웠다. 그중에는 6대 버클루 공작과 글로스터 공작 부인인 앨리스 공주도 포함되어 있다. 부친 로널드 퍼거슨 소령은 근위 기병 연대 장교를 사직하고 햄프셔에서 가족 농장을 경영했으며 모친 수잔 라이트는 1954년의 사교계 데뷔 기간에 궁정에 소개된 적이 있었다. 부모는 모두 영국 사회의 상류 계층으로 쉽게 편입한 행세하는 전문 승마인이기도 했다.

사라가 열세 살이었을 때 그녀의 모친은 엑토르 바란테스라는 아르헨티나의 폴로 선수와 결혼하기 위해 집을 나가서 남아메리카로 갔고 부친이 사라와 사라의 언니를 키웠다. 부친 로널드 퍼거슨은 필립 공과 폴로 경기를 했으며 찰스 왕자의 폴로 매니저로 일했고 윈저의 가즈 폴로 클럽을 운영해서 그의 딸이 앤드루와 만날 수 있는 계기가 되었다.

그들의 로맨스가 시작될 무렵인 1985년 여름에 이미 대중지들은 왕자에게 "랜디 앤디^{Randy Andy, 바람둥이 앤디}"라는 별명을 붙여주고 그가 수많은 여자들과 염문을 뿌리는 기사들을 내보냈는데 그중에는 1976년에 소프트코어 포르노에 출연했던 미국 여배우 쿠 스타크도 포함되었다. 여왕은 둘째 아들을 통제하려고 노력하기보다 방임했다. 한 시녀는 여왕과 함께 샌드링엄의 차양 밑에서 편지를 쓰고 있었던 때를 회고했다. "갑자기 왼쪽 숲 속에서[100] 비명 소리와 키득대는 웃음 소리가 들렸어요. 그러더니 모퉁이에서 앤드루가 정원사의 딸을 끌고 나오는데 그녀의 옷이 다 헝클어져 있었죠. 여왕은 모른 체하고 계속 편지를 받아쓰게 했어요."

앤드루와 사라는 상스러운 농담을 즐기고 시끌벅적하게 놀았다. 그래도 여왕은 밸모럴에서 사냥감을 쫓고 엽총을 쏘고 낚시를 즐기는 사라에게 매력을 느꼈는데 이 모두가 다이애나보다는 낫다는 생각을 품게 했다. 사라는 여왕과 함께 주기적으로 말도 탔는데 "총애와 축복을 받는다고 느꼈다.[101] …… 나는 튼튼하고 명랑하고[102] 별로 긴장하지 않는다." 최근 사라의 사촌인 로버트 펠로스가 개인 비서 대리로 승진한 것도 도움이 되었다. "그녀는 매우 예리하고 영리하다.[103] 그리고 여왕과 몹시 친해졌다."고 켄트의 마이클 공주는 말했다.

그들의 결혼식 날에 여왕은 앤드루와 사라에게 각각 요크의 공작과 공작 부인의 작위를 하사했다. 그들은 웨스트민스터 성당에서 결혼식을 마치고 버킹엄 궁의 발코니에 섰을 때 왕족답지 않은 진한 키스를 해서 군중을 열광케 했다. 이제 여왕의 네 자녀들 가운데 세 명이 결혼했고 네 명의 손주가 있었으며 또 한 명이 출산을 기다리고 있었다. 그녀는 방대한 식구를 거느린 행복한 모계 가장이었다.

그 누구도
마거릿 대처보다
더 낮게 인사를 할 수는 없다.

15

*"No one could curtsy lower
than Margaret Thatcher."*

마거릿 대처 수상이 다우닝 가 10번지에서 여왕에게 무릎 인사를 하는 장면.
1985년 12월 ⓒ Tim Graham/Getty Images

CHAPTER 15

가족의 균열

Family Fractures

결혼 축하 행사가 이어지던 와중에 여왕은 그녀의 직업적 행위에 관하여 심각한 의문을 제기하는 언론 기사를 접하게 되었다. 1986년 7월 20일 일요일자 루퍼트 머독의 〈선데이 타임스〉는 엘리자베스 2세가 마거릿 대처의 정책에 크게 실망했다는 주장을 1면 기사에 실어 선정적인 보도를 했다.

인종 차별 정책에 종지부를 찍기 위한 코먼웰스 국가들의 남아프리카공화국 경제 봉쇄 정책에 대해 수상이 반대 입장에 서자 여왕은 이에 이의를 제기했다. 또한 1984년과 1985년의 길고 격렬한 파업 기간에 수상이 광산 노조를 분쇄하기 위한 강경 조치를 취한 것을 문제삼았다. 지난 해 4월 리비아에 대한 폭격을 개시하기 전에 미국의 영국 공군기지 내 재급유 허가를 그녀가 승인한 것과 제2차 세계대전 종전 후에 보수당과 노동당이 합의한 후생 복지 계획에 대해 공격한 데에도 이의를 제기했었다. 〈선데이 타임스〉 보도에 의하면 여왕은 대처의 통치 행위를 "매정하고 적대적이며 분열적"이라고 간주했으며 그녀가 "도전을 받는다면 다우닝 가와 대결할 태세가 갖추어진 날카로운 정치적 투사"[1]가 되었다.

엘리자베스 2세의 고위 보좌관들은 그날 밤 세인트제임스 가의 남성 클럽인 부들스에서 8개국 국왕의 개인 비서들과 식사를 하고 있을 때 이런 기사가 터졌다는 전화를 받았다. 궁정인들은 언론 비서보를 빅토리아역으로 보내서 밤 11시에 트럭이 배달하는 신문을 낚아챘다. "마치 앤서니 트롤럽의 소설에 나오는 장면 같았다.[2] 고위 인사들과 평화로운 식사를 하는 도중에 방 한쪽에서는 한 개인 비서가 버킹엄 궁과 통화를 하고 또 다른 개인 비서는 〈선데이 타임스〉와, 그리고 또 다른 비서는 다우닝 가와 통화하며 사태를 진정시키려고 애썼다."고 한 궁정인은 말했다.

"마거릿 대처는 매우 속상해했고[3] 누군가가 신문에 제보했다고 분개했으나 여왕이 했으리라고는 생각하지 않았다."고 찰스 파월은 말했다. 무엇보다도 수상은 "보통 사람들이"[4] 그녀가 "여왕의 심기를 건드렸다."고 분개할 것을 염려했다. 엘리자베스 2세도 화가 났다. 그녀는 대처를 윈저 성으로 불러들여 자신의 혐의를 완강히 부인했고 두 여성은 "서로를 위로했다."[5]고 고위 보좌관은 말했다.

궁정의 언론 비서 마이클 시어는 신속하게 부인 성명을 발표했다. 그는 동료들보다 유난히 더 당황해해서[6] 사람들은 그가 경솔한 행동을 저지른 것이 아닌가 하는 의심을 하게 되었다. 고든스타운을 졸업한 뒤에 에든버러 대학에서 경제학 박사를 취득한 그는 15년간 외교관 생활을 하다가 1978년부터 언론 사무를 맡게 되었는데, 당시에 그가 국왕제에 대해 회의적 시각을 지녔다는 얘기가 전해져서 그의 임

명은 탐탁지 않게 여겨졌다.[7]

지난 몇 주간에 걸쳐서 대처의 남아프리카공화국 정책 때문에 코먼웰스 회원국 일부가 탈퇴할지 모른다는 추측 기사가 보도됐다.[8] 1985년 10월 나소에서 열린 코먼웰스 지도자 회의에서 대처는 극도의 징벌적 경제 봉쇄는 남아프리카공화국 내 흑인들의 실업 사태로 이어질지 모르며 영국의 수출을 저해하고 P. W. 보타가 이끄는 백인 소수 정권이 더욱 우경화하는 결과를 가져올 것이라면서 열렬히 반대했다. 여왕은 코먼웰스 의장이던 캐나다 수상 브라이언 멀로니로 하여금 인종 차별을 종식시키기 위한 통일된 입장을 취하도록 다른 지도자들과 공조하기를 독려했다.[9]

엘리자베스 2세는 봉쇄 정책에 대해서는 아무런 의견도 제시하지 않았다. 그러나 6년 전 루사카에서 그녀가 지도자들과의 개별 회합을 통해 긴장을 해소시켰듯이 이번에는 브리타니아호의 접견실에서 대화를 계속할 "도덕적 책무"[10]를 강조했다. 대처는 마침내 인종 차별을 비난하는 공동 성명에 서명하고 은행 대출과 무역 사절단을 줄일 것을 요구했으며 추가적인 조치들을 고려하기 위하여 이듬해 8월 런던에서 7인의 지도자 회의를 구성하기로 타협안을 내놓았다.[11] 〈선데이 타임스〉 기사는 바로 이 미니 정상회담을 개최하기로 예정된 며칠 전에 터졌다.

국내 문제는 물론 외교 정책에 대한 이 신문의 전반적인 주장들은 재위 34년간 여왕이 세워온 정치적 문제에 대해서는 철저히 신중을 기한다는 철칙에 정면으로 위배되는 것이었다. "그녀는 민감한 문제에 대해서는 자신의 견해를 밝힌 적이 없었다."[12]라고 여왕의 고위 보좌관은 말했다. 더구나 여왕이 〈선데이 타임스〉의 기사를 사전에 인지하고 있었다는 의혹에 대하여 개인 비서인 윌리엄 헤셀타인은 거짓이라고 힘주어 비난했다. 과연 누가 이 같은 일을 누설했는가 하는 점

뿐만이 아니라 왜 그랬는가에 대해서도 초점이 모아졌다.

제보자를 은폐하기 위하여[13] 〈선데이 타임스〉는 취재원이 여럿이라고 둘러댔지만 주말에 이르러 범인은 마이클 시어로 밝혀졌다. 그는 21세기 국왕에 대한 추측성 이야기를 브리핑해준다는 생각으로 기자 사이먼 프리먼과 몇 차례 대화를 나눴음을 시인했다. 시어는 일반론적으로 얘기했을 뿐인데 프리먼과 해당 신문의 정치 편집인인 마이클 존스가 그의 말을 "왜곡"[14]했다고 말했다. 프리먼은 시어가 구체적으로 여러 문제에 관한 중도좌파적 견해들을 여왕에게 책임 지웠으며 이 내용은 보도 전에 언론 담당 비서로부터 확인했다고 주장했다. 시어는 그러나 그 내용을 알려주었을 때 프리먼이 "결정적 부분들"[15]을 유보했다고 반박했다.

시어가 〈선데이 타임스〉 기자와 거래한 사실을 모르고 있던 언론 담당 비서 동료들은[16] 프리먼이 온갖 아첨과 감언이설로 시어를 꼬드겨서 허영심에 부푼 그가 내뱉은 말을 해당 신문의 편집인인 앤드루 닐이 조작한 것으로 결론지었다. 심지어 루퍼트 머독마저 〈더 타임스〉와 〈뉴스 오브 더 월드〉의 기고가 우드로 와이엇에게 "나는 그가 과대망상에 사로잡힌 것 같다고 생각한다."[17]라고 말했다. 또한 시어의 친구들은 시어가 만찬 파티에서 자신의 견해를 거침없이 쏟아내는 것을 듣곤 했다. "그는 개인적으로 마거릿 대처를 공격하지는 않았다.[18] 그는 여왕이 하지도 않은 말을 한 것처럼 만들었다. 여왕은 당정에는 일체 개입하지 않도록 교육받았다. 그녀는 어느 정치인을 더 선호한다는 암시조차 하는 법이 없었다."라고 여왕의 친구인 앤절라 오즈월드는 말했다.

그 기사가 보도되고 일주일 뒤에 여왕과 수상은 에든버러의 홀리루드 하우스에서 오찬을 가졌는데 시어가 둘 사이에 자리했다. 그는 대처에게 사과했고 그녀는 "괜찮아요."[19]라고 대답했다. 이후 우드로 와이엇은 대처에게 전화해 여왕이 시어를 해임하거나 스스로 물러나게 해야 한다고 말했다. "글쎄, 난 그런 일은 할 수 없습니다.[20] 그건 그분이 알아서 할 일이에요. 다만 다시는 그런 일이 발생하지 않도록 어떤 새로운 조치가 취해지는지 지켜볼 따름입니다. 나는 그렇게 되리라고 생각해요."라고 그녀는 말했다. 그로부터 몇 달이 지나지 않아서 시어는 궁정직을 사임하고 기업에 취업했다.

1986년 8월 4일, 엘리자베스 2세는 다우닝 가 10번지에서의 첫 미니 정상회의에 이어 버킹엄 궁에 7개국 코먼웰스 지도자들을 모아 재임 중 첫 "일하는 만찬working dinner"을 베풀었다. 외무장관 제프리 하우 경은 이를 "우리 모두가 서로 함께해야 함을 상기시키기 위한 …… 여왕의 의도적 행위"[21]라고 말했다. 그날 앞서 잠비아 대통령 케네스 카운다는 대처를 격렬하게 공격하면서 그녀가 인종 차별을 옹호했다는 부당한 혐의를 씌웠다. 대처는 놀랄 만큼 침착성을 유지하며 그의 팔짱을 끼고 달래면서 "이봐요, 케네스.[22] 오후에 또 활발한 토론을 하려면 우선 점심부터 먹어둡시다."라고 말했다. 그날 밤 만찬에서 여왕은 카운다를 흘끗 보며 인도 수상 라지브 간디를 향해 눈을 찡긋하면서 "그래, 감정이 상한 건 좀 어때요?"[23]라고 말했다.

"폐하께서 코먼웰스 국가들 편이라는 사실에는 의심의 여지가 없었다.[24] 그러나 드러내놓고 말하지는 못했다. 그것을 이해하려면 먼저 그녀의 뉘앙스와 신체 언어를 이해해야 한다. 그녀는 비유와 간접 화법으로 표현했다.

만찬에서는 모든 사람들에게 중재자로서의 역할을 수행했다. 우리들을 인권에 대한 논의의 차원으로 끌어올렸다. 나는 그녀가 얼마만큼의 견해를 밝혔는지 모르지만 우리를 일정한 방향으로 밀어 올렸다."라고 브라이언 멀로니는 말했다.

회의 끝 무렵에 대처는 나머지 여섯 명의 지도자들과 함께 후일에 49개의 모든 코먼웰스 회원국들에게 제출될 일련의 발의안을 도출해내었다. "그날을 살려낸 것은 마거릿 대처가 폐하께서는 여하간 결론을 내주기를 원하고 있음을 알았기 때문에 가능할 수 있었다. 우리는 서너 가지 재정적인 사항들을 덧붙였고 마거릿이 이를 받아들였으며, 그래서 별 마찰 없이 차기 회의를 추진할 수 있었다."라고 브라이언 멀로니는 회고했다.

밸모럴에서의 연례 휴가가 끝나고 10월 중순에 여왕과 필립 공은 중화인민공화국으로 여행을 갔다. 이는 영국의 국왕이 중국 본토를 방문하는 최초의 사례가 되었다. 이 계획은 몇 년 전부터 추진되었다. 여왕은 중국의 역사와 문화에 대한 광범위한 브리핑 자료를 읽었고 82세의 노지도자 덩샤오핑의 브리지 게임과 줄담배에 이르는 습관까지도 알아두었다. 국왕 부처의 일정은 베이징으로부터 시작하여 상하이와 쿤밍을 거쳐 시안의 고도古都까지 이어졌는데 이곳에서는 고고학자들에 의해 최근에 발굴된, 붉은 진흙으로 만든 실물 대형의 전사戰士들로 형성된 거대한 군대 사이를 걸었다.

　　엘리자베스 2세는 오찬을 하면서 덩샤오핑의 환심을 샀는데 이때 그가 초조해하는 것을 간파했다. 제프리 하우를 돌아보며 여왕은 말했다. "내 생각에 미스터 덩께서 담배를 피우셔도 좋다는 얘기를 들으면 한결 기분이 나아지실 것 같은데."[25] 하우는 당시를 이렇게 회고했다. "나는 한 사람이 그렇게 금방 기분이 좋아지는 걸 처음 보았다. 여왕의 인간적인 면모에 그는 고마워했다." 중국의 지도자가 몇 피트 떨어져 있는 타구唾具로 침을 칵 뱉어넣었을 때 "여왕은 눈 하나 깜빡하지 않았다."[26]라고 마이클 시어는 말했다.

　　여행은 무난히 진척되었으나 필립이 시안에서 영국 학생들 일행

을 만나서 중국에 오래 머물면 "실눈"이 될지 모른다고 주의를 주는 일
이 발생했다. 대중지들은 짓궂은 농담을 섞어 중국 전체에 대한 공작
의 모욕적 언동을 떠들썩하게 기사화했다. 여왕이 애써 외교적 가교를
만든 긍정적 기사들을 뒤덮어버리고 만 것이다. "영국 언론은 멍청이
들이었다.[27] 그러나 우리는 이 '실눈' 발언에 대하여 왜 중국에서 아무
런 반응이 없었는지 이해할 수 없었다."라고 여왕의 한 보좌관이 말했
다. 궁정인들은 그들을 초청한 주최 측에서 이 방문을 망치고 싶지 않
았기 때문이라고 추정했다. 그러나 후일 중국 정부의 고위 관료들은
그들끼리도 사석에서 그런 말을 쓰기 때문에 전혀 눈치를 채지 못했다
고 말했다.

필립에게 있어서 이는 언론의 도마 위에 오른 수많은 실수담 가
운데 가장 최근의 것이다. 그의 친구인 데이비드 애튼버러 경에 의하
면 그가 진지한 왕실 활동 중에 한껏 부풀어 오른 "풍선을 찔러서"[28]
터뜨리고 싶은 충동을 지녔기 때문이라고 말했다. "나는 그가 왜 결국
에는 남들의 감정을 상하게 만들고 마는, 우스꽝스러운 생각을 하려고
애쓰는 재능을 타고났는지 모르겠다.[29] 그에게는 어딘가 무신경한 면
이 있다. 일단 언론이 꼬투리를 잡아채면 또 다른 사례가 없는지 물고
늘어지며 다른 것들은 다 무시해버리고 만다."라고 여왕의 한 전임 개
인 비서는 말했다.

궁정에서 수행해온 필립의 실질적 역할뿐 아니라 해박한 지식과
통찰력까지, 이런 농담들로 인해 가려지게 되었다. 케임브리지와 에든
버러 대학의 총장으로서 그는 혁신을 장려해왔는데 특히 기술 분야를
강조했다. "내가 자랑할 수 있는 일이라면[30] 기술 장비에 대하여 가장
경험이 풍부하다는 것이다. 나는 근 40년간 이 일을 해왔다. 애완동물
의 머리에 처음으로 마이크로칩을 심은 것이 바로 나다."라고 언젠가
그는 말했다. 그의 서가에 소장되어 있는 도서들은 종교, 야생 동식물

(특히 조류학에 관심이 많았다.), 환경 보전, 스포츠, 말 그리고 시와 미술 등을 포함했다. 거의 알려지지 않은 예술적 재능으로는 유화부터 보석 세공까지 다양한데, 다이아몬드와 루비와 사파이어로 장식하고 E와 P 자를 새긴 황금 팔찌[31]도 만들어 결혼 50주년 기념으로 아내에게 선물 하기도 했다.

1984년까지 그는 9권의 책을 저술했는데 연설문집, 종교, 철학, 과학과 환경 보전에 관한 논문들과 마차 경주에 대한 규칙을 집대성한 책 등이다. 그는 또한 브라질의 열대우림 보호를 호소하기 위한 기록 물 영상 〈네이처Nature〉에도 출연했는데 수십 년 뒤 아들인 찰스가 이 운동을 이어받았다. 1982년에는 샌드링엄에서 베드포드 스미스 전기 자동차를 타고 다니기 시작했다.[32] 또한 그곳에 그가 설치한 태양광 집 열기는 영국 최초의 사례였다. 이는 대체 전원이라기보다 "에너지 절 약"[33]이 목적이었다고 그는 인정했다.

"때때로 나는 여왕께 아이디어를 내곤 했는데[34] 물론 헌정에 관한 것은 아니다. 왜냐하면 그런 것이라면 개인 비서에게 물어볼 것이기 때문이다. 내가 아이디어를 제안하면 그녀는 '필립은 이에 대해 어찌 생각하나요?'라고 묻는다. 그녀는 필립과 먼저 그 아이디어에 대해 이 야기하기를 원하지 자기가 그 일을 가지고 그와 만나서 시간을 낭비하 고 싶어 하지 않는다."라고 그녀의 궁정인 중의 한 사람은 말했다.

아내의 보좌관들과 의논하는 가운데 "필립 공은 여러 각도에서 질문을 던진다. 그녀라면 'x 또는 y에 대해서 생각해보았나요?'라고 할 것이지만 필립 공과 상대할 때는 달라진다. 그렇다고 해서 여왕이 생 각이 없어서는 아니나 그녀에게는 항상 할 일들이 책상에 잔뜩 쌓여 있고 그래서 한 가지 일에 집중해서 완전히 파악할 때까지 양파 껍질 벗기듯 추궁해 들어가는 타입이 아니다.

필립은 국방부 관료 같은 엄정성을 지녀서 하나의 아이디어를 여러 조각으로 나누고 좋은 부분들을 추려내서 다듬어준다. 그런 다음에 이것을 들고 여왕에게 찾아가서 그 안에 담긴 필립 공의 견해를 상세히 설명한다. 결국 *그*가 아이디어에 만족하면 그녀 또한 만족할 것이다."라고 그 궁정인은 말했다.

1980년대 중반에 여왕이 직면한 핵심적 과제는 버킹엄 궁의 행정과 경비에 대한 사상 유례 없는 전면적 감사였다. 이는 존경받는 상업 은행인 슈로더스Schroders의 회장직을 59세가 되던 1984년 12월 1일에 은퇴하여 시종장으로 취임한 데이비드 에얼리가 수행했다. 평생 친구로서 그는 잘 알려진 인물이었다. 그가 아끼는 사진 가운데 하나는[35] 그의 부모가 그에게 페달을 밟아 달리는 장난감 자동차를 새로 사주고 난 뒤인 다섯 살 생일날에 다섯 살의 엘리자베스 공주와 함께 찍은 것이었다. 아버지가 그 자동차에 공주를 태워주라고 했을 때 데이비드는 싫다고 한껏 버티다가 마지못해 말을 들었다. 사진 속 공주는 즐겁게 페달을 밟고 있고 미래의 13대 에얼리 백작은 얼굴을 잔뜩 찌푸린 채 자동차를 밀고 있었다.

11월 말 여왕은 에얼리가 은행에서 은퇴하리라는 것을 알았고 그 무렵에 칩스 맥클린은 버킹엄 궁의 살림을 맡은 지 13년 만에 시종장직에서 은퇴하게 되었다. 에얼리와 함께 근위 보병 연대에서 함께 근무했던 맥클린은 그에게 자기가 맡았던 직책을 물려받을 생각이 없는지 물었다. 그 직후에 샌드링엄에서의 사냥에서 여왕은 "정말 시종장을 맡아줄 생각이 있느냐"[36]고 물었다. 이것이 장차 그가 모시게 될 사람과 가진 면접의 전부였지만 실상 그를 채용하기까지는 많은 점을 고려했다.

에얼리는 다부지고 대단히 성공적인 사업가이자 훌륭한 귀족 출신으로 궁정의 살림을 보살피는 데 있어서 유능하고 신뢰할 만한 인물이었다. 그는 엘리자베스 2세가 "대단히 현실적"이며 "극히 사업가적"[37]이라는 점을 즉각 깨달았다. 그가 회답을 요하는 메모를 올려 보내면 그녀는 어김없이 24시간 내에 답을 보내왔다. 만약 그렇지 못하면 그녀가 아직 결심을 못하고 "좀 더 심사숙고해야"[38] 한다는 뜻임을 알게 되었다. 에얼리는 여왕과 수년간이나 함께 사교 생활을 해왔지만 공식 행사에서 드러나는 그녀의 관찰력은 처음 인식하게 되었다. "그녀가 천천히 움직이는 것은[39] 방 안의 사람들 사이에 무슨 일이 오가고 있는지를 파악하고 싶어 하기 때문이다. 방 안을 걸어다니면서 둘러보고 분위기를 파악하는데, 그녀가 알아채는 것을 보면 무척 놀랍다."고 그는 말했다.

　　6개월간의 관찰을 마친 에얼리는[40] 내부 감사를 하려면 공평무사하고 철저하게 전문성을 확보할 수 있는 외부 자문 위원을 고용할 것을 건의했다. 그리고 여왕의 지원 아래 35세의 마이클 피트를 데려왔다. 피트는 이튼 출신으로 옥스포드를 졸업했고 프랑스의 저명한 경영대학원인 인시아드[INSEAD]에서 MBA 학위를 취득했다. 피트는 궁정의 회계 장부 감사 기관이자 자기 가문의 회계 회사인 KPMG에서 10년 이상 근무했고 에얼리는 슈로더스에 있을 때 그를 만났다.

　　에얼리의 감독하에 피트는 1년 이상 1,398쪽짜리 보고서와 188개 항목에 달하는 궁정 살림의 간소화 제안을 마련했으며 많은 기업체에서 활용되고 있는 "최선의 실행 방안"을 마련했다. 여기에는 보다 전문적인 인사 관리 부서의 설치와 국왕이 소장한 예술품 관리 및 소매점의 운영을 비롯한 기타 상업적 활동 관련 사항이 포함되었다. 제안된 사항 중에는 인력 감축도 들어 있었는데 시종장은 해고의 방식보다는 자연 감소를 고집했다.

　　에얼리는 엘리자베스 2세와 필립 공에게 세부적인 사항까지는 아니더라도 감사의 진행 상황을 보고했다. 시종장은 여왕이 단지 변화를 위한 변화는 싫어했지만 합리적인 토의는 환영한다는 것을 알았다.

1986년에 마침내 보고서가 완성되었을 때 여왕은 이를 전면적으로 수용했고 3년 이내에 이 개혁안이 실천되었다.

궁정의 현대화 작업자들의 일은 착착 진행되고 있었으나 여왕의 자녀들이 벌이는 엉뚱한 행동들은 제어되지 않았다. 그들 중 세 명이 TV 게임 쇼에 출연해서 웃음거리가 되고 있었다. 이 아이디어는 연예 오락 분야에서 두각을 나타내고 싶어 했던 23세의 에드워드 왕자에게서 처음 나왔다. 고든스타운을 졸업한 뒤 케임브리지에서 학위를 취득한 그는 가족의 전통을 순순히 이어받아 영국 해병대에 입대했다. 그는 테니스 경기에서는 씩씩하게 시합에 임하곤 했던 운동선수였으나 기질적으로 수줍음을 타고 예민했다.

1987년에 해병대에서 6개월간의 훈련을 마치기 직전에 그는 돌연히 임관을 포기했다. 그가 군 경력을 단념한 것은 신체적인 것보다 정신적인 이유였는데 언론은 그의 부친이 에드워드의 결정에 격노했다고 보도했다.[41] 그러나―나중에 〈더 선〉에 누설됨―해병대 사령관에게 보낸 편지에 의하면 필립은 실상 이해하고 수긍했다. "그들은 항상 그를 냉혈한으로 만들려고 하지만[42] 실상 그는 자녀들에게 지극히 친절했으며 항상 그래왔다."고 모후는 우드로 와이엇에게 말했다.

이후 에드워드는 연극과 TV에 대한 그의 관심을 높여 나가기로 했다. 첫 번째 작업으로 그는 참가자들이 웃기는 의상을 걸치고 역시 웃기는 게임에 참가해서 경쟁하는 인기 쇼 〈완전히 죽여준다It's Knockout〉를 변형한 프로그램을 제안했다. 그가 내놓은 〈왕족이 죽여준다It's a Royal Knockout〉라는 제목의 쇼 아이디어는 그의 형제자매들이 유명 인사들과 함께 출연해서 경쟁하여 왕실 자선 기금을 모금하는 것이었다. 찰스는 참여를 거부했고 아내의 출연도 금지했으나 앤과 앤드루와 퍼기는 참여하기로 했다.

가족들이 출연하기로 되어 있었으므로 에드워드는 모친의 허락이 필요했다. 그녀는 미심쩍어했다. 윌리엄 헤셀타인은 이 쇼가 왕실 가족들을 형편없어 보이게 할지 모른다고 우려했고 다른 보좌관들도 이 계획을 불허해야 한다고 촉구했다. 그러나 그녀는 자녀들을 방임하려는 충동에 굴복하여 에드워드에게 이를 허락했다. 한 가지 단서는 자녀들이 게임의 참가자가 아니라 "팀 주장team captain"으로만 출연하라는 것이었다.

1987년 6월 19일에 방영된 이 프로그램에는 에드워드와 앤, 앤드루 그리고 퍼기가 가짜 왕실 복장으로 출연했다. 그들은 가장자리에서 뛰어다니며 함성을 질러댔고 존 트라볼타, 마이클 폴린, 로완 앳킨슨, 제인 세이모어, 마곳 키더 등의 영미 배우들은 과장된 연기로 서로 싸우면서 괴롭히는 척했다. 왕족 출연진과의 인터뷰에서 쇼 호스트들은 과장된 인사법으로 풍자적 존중심을 표현하여 그들을 한층 더 우스꽝스럽게 만들었다. 이 볼거리는 궁정인들이 우려했던 그 이상으로 품격을 상실했으며 세계 야생동물 보호 기금, 세이브 더 칠드런 기금, 무주택자 보호 단체, 청년을 위한 에든버러 공작상 등을 위해 모금한 1백만 파운드의 금액도 무색케 했다.

앤 공주는 대중적 이미지를 개선하기 위하여 지난 10년의 대부분을 보냈는데 특히 행동거지에 유의해야 했다. 그녀는 1970년대 초에 왕실 임무를 늘리기 시작했을 때 특히 그녀가 꺼려했던 언론인들과의 관계에 있어서 거만하고 다혈질인 모습을 보였다. 배트민턴 경마 대회에서 자신에게 몰려드는 기자들을 향해 "꺼져버려!"라고 외친 것은 유명한 사건이다. 기자들은 그녀에게 "무례하신 폐하Her Royal Rudeness"라는 별명을 지어서 보복했다. 그녀는 까칠한 성품을 끝내 떨쳐버리지 못했지만 특히 세이브 더 칠드런 같은 자선단체들을 위한 헌신적인 노력 덕분에 애정은 아닐망정 존경을 얻었다. 〈왕족이 죽여준다〉 프로그램 방영 꼭 일주일 전에 여왕은 그녀의 열성과 전문성에 대한 보답으로 국왕의 장녀에게만 수여할 수 있는 "프린세스 로열Princess Royal"의 칭호를 부여했다.

에드워드는 쇼가 끝난 뒤에 기자회견을 열어서 망신을 증폭시켰다. "다들 어떻게 보셨습니까?"라고 물으며 50명 넘는 기자들에게 웃음을 유도했다. 그는 기자들의 반응이 신통치 않자 약이 올라서 혼자 씩씩거리다 도중에 걸어 나가버렸고 언론은 이런 그를 거만하고 바보같다고 일컬었다. 그 쇼는 참가자뿐만 아니라 국왕제 자체를 희화화했다. 궁정 내부와 여왕의 친구들 모두 마이클 오즈월드의 말대로 "방송 출연은 완전히 실패였으며[43] 다시는 되풀이해서는 안 된다."는 데 의견이 일치했다.

그해 여름의 가정 분규를 생각하면 브리타니아호가 전면적 보수를 위하여 연례 서부 제도 항해를 못하게 된 것은 어쩌면 다행이었는지도 모른다. 그 대신에 여왕은 북쪽으로 여행을 떠나서 메이 성에서 이틀을 묵었는데—여기서 묵은 것은 처음이었다—87세의 모친과 조용한 시간을 보냈다. 모후는 그녀가 소중히 여기는 애버딘앵거스 소떼와 노스컨트리체비엇 양 떼가 초원에서 풀을 뜯는 광경이 내려다보이는 그녀의 침실을 양보하고 "마거릿 공주의 침실"로 옮겨 갔는데 이곳은 "춥고 외풍이 심하며 비싸다."[44]는 이유로 마거릿이 메이 성을 싫어해서 단 한 번도 사용한 적이 없었다.

여왕과 모후는 근처의 숲 속과 바닷가를 거닐었고[45] 진흙 땅에서 하는 하일랜드 축구를 메이 지역의 방식으로 바꾼 시합에 구경도 나갔다. 저녁에는 모후가 즐거운 만찬 파티를 열었는데 기타를 들고 오는 지방 장관을 포함하여 인근의 친구들을 초대했다. 만찬 후에 장관은 스코틀랜드 노래를 연주했고[46] 여왕을 포함한 모든 사람들이 흥겹게 따라 불렀다.

몇 달 뒤에 마틴 차터리스는 로이 스트롱에게 왕족 가운데 젊은 세대는 "완전히 벌거벗었으며"[47] 이제라도 "신비감을 되찾아야" 한다고 말했다. 이 충직한 궁정인은 앞으로 여왕과 자녀들의 문제가 얼마나 더 심각하게 악화될 것인지를 예측할 길이 없었다.

1980년대 후반에 이르러 세 커플의 결혼 생활이 모두 긴장의 조짐을 보이고 있었다. 1985년에 다이애나는 아내와 두 자녀가 있으며 그녀의 보디가드 중의 한 명인 배리 매너키와 어울리기 시작했고[48] 다음 해 11월에는[49] 켄싱턴 궁의 만찬에서 그녀의 승마 교사였으며 근위 기병 연대 소속인 제임스 휴잇과 농도 짙은 로맨스를 시작했다. 그 사이 찰스는 "따스하고 …… 이해심이 있으며 한결같다."[50]는 이유로 1986년부터 커밀라와의 관계를 재개했다.

대중지들은 아직 이러한 불륜 사실에 대해서는 알지 못했으나 이 부부가 포르투갈의 국빈 방문에서 침실을 따로 쓰고 심지어 여섯 번째 결혼기념일조차 휴가를 따로 보내자 주기적으로 웨일스 결혼의 파경에 대한 소문을 보도하기 시작했다. 여왕은 그들이 얼마만큼이나 소원한지를 모르는 가운데 1987년 가을에 이르자 부부의 긴장은 더욱 고조되었다. 그녀는 찰스 부부가 서독으로 공식 여행을 떠나기 얼마 전인 어느 날 저녁에 두 사람을 버킹엄 궁으로 불렀다. 그녀는 두 사람에게 정신 차리라고 주의를 줬고 얼마간 그들은 그녀의 충고를 따르는 듯했다.

실상 두 사람은 화해하지 않았다. 차라리 그들은 서로에게 "교양 있는 공간"[51]을 제공했는데 찰스는 글로스터셔의 하이그로브 바깥에서 주로 활동하고 다이애나는 켄싱턴 궁의 런던 자택 바깥에서 활동했다. 이 같은 조치로 향후 몇 달간은 적어도 외관상으로는 보다 조화로운 모양새를 갖추었다. 언론은 "새로운 다이애나"[52]가 태어났다고 선포했는데 그녀는 1988년에는 250회에 달하는 자선 행사와 왕실 임무를 수행했다.

1988년 초에 퍼기 두 딸 중의 첫째인 비어트리스 공주를 임신했지만 앤드루와의 결혼 생활에 대하여는 불만이 쌓여갔다. 그가 해군에 복무했기 때문에 1년에 42일만 집에 머물 수 있었다. 그래서 그녀는 볼품없고 검소한 버킹엄 궁의 아파트에 홀로 남겨졌다. 퍼기는 하인을 비롯한 여타의 특전이 주어지는 것 빼고는 앤드루의 연봉 35,000파운드만 가지고 생활해야 했다.[53] 하지만 그녀의 낭비 습관은 그녀를 빚더미에 올라앉게 했고 이미 돌이킬 수 없을 정도인 10만 단위를 훌쩍 넘어서고 말았다.

그녀의 낭비벽은 부분적으로 다이애나와의 경쟁심에서 촉발되었다. 다이애나는 남편의 콘월 영지 수입원이 있었고 이것이 연간 1백만 파운드에 달했다. 며느리들은 경쟁적으로 고액 지출을 했고 때로는 청소년 같은 행동도 서슴지 않았다. 마치 언덕에서 스키를 타는 여학생들이 접은 우산으로 친구의 등덜미를 낚아채는 것 같았다. 대중지들은 예전에는 퍼기를 신선하게 접근할 수 있는 인물이라며 칭찬했지만 이제는 "나쁜 왕족[54]으로 …… 어리석고 무례하고, 거칠며 품위라곤 찾아볼 수 없다."[55]고 퍼부었다. 심지어 그녀의 부친마저도 런던의 마사지 업소와 사창가를 드나들며 구설수에 오르기 시작했다.

런던의 만찬장과 지방의 가정집 파티장 곳곳에서는 앤과 남편 마크 필립이 둘 다 바람을 피웠고 별거 중이라는 소문이 수년간 나돌았다.[56] 그녀는 신변 보호 요원인 피터 크로스뿐 아니라 필립을 만나기 전부터 데이트했던 커밀라의 남편 앤드루 파커 볼스와도 연결 지었다. 결정적인 사건은 1989년 4월 한 대중지에서 여왕의 34세 시종무관인 티모시 로렌스 사령관이 38세의 공주에게 썼다가 잃어버린 4통의 연애편지를 공개하면서 터지고 말았다.

마거릿 공주와 피터 타운센드의 로맨스를 연상케 하듯 앤은 로렌스가 왕실 기병대에 입대한 이후에 그와 가까워졌다. 18개월에 걸쳐 보내진 편지들은 그녀를 "달링"이라고 불렀으며 구체적으로 친밀도를 나타내지는 않았으나 "애정 어린 감정"으로 쓰였다.[57] 궁은 〈더 선〉이 경찰국에 넘긴 편지들이 진본임을 확인했다. 그 직후 앤과 남편은 별거를 발표했고 여왕은 대중적 인기가 있는 시종무관 제도에 대한 암묵적 지지의 표현으로 로렌스의 직위를 유지시켰다. 대중은 앤을 동정했지만 동시에 딸의 불행한 결혼이 여왕에게 타격을 안겨주었음을 목격했다.

엘리자베스 2세는 승마에 집착하며 가족이 주는 고난으로부터 벗어나려 했다. 1988년 말에 그녀는 미국 잡지 〈블러드 호스〉와 〈플로리다 호스〉를 읽으면서[58] 53세의 몬티 로버츠라는 캘리포니아 카우보이가 개발한 말 "출발법"의 새로운 기술에 대해 알게 되었다. 다리와 머리를 밧줄로 묶어서 승마인에게 굴복시키는 방법 대신에 로버츠는 "전진과 후퇴"[59]의 신체 언어와 시선 교환 그리고 말의 군집 본능에 소구하는 미묘한 신호에 바탕을 둔 방법을 고안해냈다. 그는 야생마들이 자신의 수망아지를 훈련시키는 모습을 보고 자랐으며 1955년 캘리포니아 주립 공과대학에서 심리학과 동물학 학위를 받은 뒤 종마 훈련의 이력을 시작했는데 부친이 사용했던 과격한 전술에서 벗어나려는 결의에 찼다.

여왕은 경주마를 제외한 그녀의 모든 말들을 관장하고 시종무관으로서 26년간 봉직하다가 은퇴한 존 밀러 경을 샌터바버라 북부에 있는 로버츠의 목장으로 보내 그의 시범을 지켜보도록 했다.[60] 이 새로운 시도가 효과적이라는 밀러의 보고를 받은 여왕은 로버츠를 윈저 성으로 초청하여 직접 그녀가 판단하기로 했다. 그는 1989년 4월 10일부터 닷새에 걸쳐 시범을 보여줄 것에 동의했다. 그녀는 약 2백 명의 손님들을 초대하여[61] 그가 열여섯 마리의 말들을 출발시키는 것을 관람하게 했으나 그녀 자신은 첫날 한 시간만 참석하겠다고 말했다. 만약에 그의 기술이 유용하다고 판단되면 그녀는 그를 영국 내 21개 도시를 순회하며 관련 업계에 종사하는 다른 사람들이 그 기술을 교육받게 하겠다고 약속했다.

시험이 있기 전 토요일에 로버츠는 말들과 작업을 하기 위한 장소인 50피트의 새 원형 우리를 검사하기 위하여 밀러와 함께 성 안의 실내 경주장에 갔다. 그때 이 경주장 안으로 승마용 바지와 멋진 재킷을 걸친 여왕이 걸어 들어와서 밀러에게 다가갔다. 그녀는 "자신감에 찬 모습으로 할 일을 하기 위해 서둘러" 왔다고 로버츠는 회고했다. 그녀의 모습은 그가 애스콧과 엡섬 그리고 뉴마켓 등에서 보아왔던 "드레스 차림에 팔에 핸드백을 걸치고 천천히 걸으며 모든 사람을 향해 웃어 보이며 조용하고 결코 서두르지 않으며 항상 모든 것이 그녀를 위해 준비돼 있는", 그러한 "결코 잊을 수 없었던 이미지"와는 사뭇 다르게 느껴졌다.

순간 정신을 차린 밀러가 자신을 소개하자 엘리자베스 2세는 손을 내밀어 검게 탄 몸에 푸른 눈을 한 건장한 말 사육가와 악수했다. "자, 어서 당신의 사자 우리를 보여주세요. 내게 채찍과 의자가 필요한가요?"라고 그녀는 말했다. "그녀는 눈빛을 반짝이며 내게 말을 건네는 솜씨ー분명 그녀의 재간이다ー는 나를 편하게 해주려는 것이었다."라고 로버츠는 회고했다.

다음 주 월요일 아침 9시, 그는 여왕만이 아니라 필립 공과 자기 말을 맨 먼저 우리에 넣은 모후까지 마주쳤다. 왕실 일행은 밀러와 〈호스 앤 하운드〉의 편집인 마이클 클레이턴―여왕이 친구로 삼은 유일한 언론인―과 신임 시종무관 세이모어 길바트덴햄 중령이 고딕 양식의 둥근 창이 나고 천장이 높은 홀 한쪽에 설치된 유리 칸막이 관람대에 앉았다. 종마 사육사들은 벽에 기대어 의심스러운 눈빛으로 바라보고 있었다.

　　로버츠가 말에게 보조를 맞추면서 가벼운 목화 끈을 던지자 말들은 우리의 반경을 돌면서 이에 반응했다. 다음 15분간 암말은 로버츠가 등을 돌리며 보내는 시선과 제스처에 고무되었다. 두려움은 점차 신뢰로 바뀌어갔고 마침내 그를 따르게 되었다. 그리고 또 10분 뒤에 암말은 그의 손길을 받아들였는데―그의 표현에 의하면 "가담^{joining} ^{up}"―뒤이어 고삐와 안장도 받아들였다. 바로 뒤이어 로버츠의 조수가 그 암말을 타고 우리를 돌았다. "정말 훌륭했어요." 여왕은 로버츠의 부드러우면서 효율적인 방식에 감명을 받아 그에게 말했다. 필립은 그와 굳은 악수를 나누며 그의 마차를 끄는 조랑말에게도 작업을 해줄 수 있는지 물었다. 모후는 눈물을 글썽이며 "내 평생에 이렇게 훌륭한 일을 목격한 것은 드물었다."고 말했다.

　　로버츠는 여왕이 명령을 내리는 것을 바라보며 놀라움을 금치 못했다. "그건 놀라웠다. 실제 삶에서는 여왕이 그처럼 행동하는 것을 볼 수가 없다."라고 그는 말했다. 여성 사육사 몇 명은 로버츠가 말의 코에 진정제 가루를 뿌린다고 말했다. 이로 인해 엘리자베스 2세는 오후에 햄튼 코트의 마구간에서 이송해온 3년생 야생 종마 두 마리를 데려다가 보다 엄격하게 시험해보기를 요청했다. 그녀는 일정을 변경해서 오찬 후에 돌아오기로 했다.

　　그날 오후 거의 1백 명의 손님들이 모였다. 여왕은 여성 사육사들과 함께 우리 옆에 서서 팔짱을 끼고 유심히 지켜보았다. 두 마리의 종마들은 "흥분해서 크게 날뛰고 땀을 쏟았는데" 로버츠는 30분간의 훈련 끝에 출발시켰다. 여왕은 예정된 일정을 취소하고 그 주 매일 아침과 오후에 22마리의 말들과 작업하는 그를 보기 위해 나타났다. 그녀는 전국의 정상급 조련사들을 불러 모아 로버츠의 시범을 관람하게 했으며 마이클 클레이턴에게 그의 잡지에서 이 행사를 취재하게 했다. 심지어는 로버츠가 운전할 수 있도록 방탄 승용차 포드 스코피오를 내주기도 했다.

국왕과 카우보이는 말의 심리에 대한 이해와 경주마의 족보에 대한 풍성한 기억으로 공감대를 형성하면서 급속하게 친해졌다. 그는 성의 정원에서 오찬을 들며 정확하고 느리며 부드러우나 단호한 음성으로 그녀가 던지는 무수한 질문에 응답했다. "나는 수십 년간 이어온 훈련과 관심이 전통적인 방법에 갇혀 있다가 깨어난 것을 보게 되었다. 그녀는 이것이 더 나은 방법임을 알게 되었다."[62]라고 로버츠는 회고했다.

로버츠는 여왕이 "모든 동작을 알고[63] 그것이 왜 그러한지 그리고 왜 수행되었는지를 알았다."며 놀랐다. 그녀는 몰랐던 사실을 들을 때면 "초등학생 같은 겸손한 태도"로 의자 끄트머리로 다가와 앉았다. 그는 또한 여왕이 로버츠의 생각을 영국의 청중에게 전달하는 방법을 제안했을 때 놀랐다. "서두를 필요가 없다. 그래야 지나치게 경쟁적인 것처럼 보이지 않는다."라고 그녀는 말했다. 그녀의 충고는 "의도를 간파하는 놀라운 능력"을 보여주었다.

여왕과의 친교는 몬티 로버츠의 인생을 바꾸었다. 그녀는 그의 방법을 자신의 수많은 말들에게 채택했을 뿐 아니라 그로 하여금 그의 훈련 기법을 담은 자서전을 쓰도록 격려했다. 그녀는 그의 초고에 대해 비평을 하기도 하고 중요 부분들의 수정을 제안하기도 했으며 그를 출판사에 소개하기도 했다. 1997년에 그의 책 〈말에게 귀 기울이는 사

람: 호스 위스퍼러의 이야기〉The Man who Listens to Horses: The Story of a Real-Life Horse Whisperer〉가 출판되자 무려 2백만 부가 팔렸다. 여왕은 그가 책을 썼다는 사실만이 아니라 "올바르게 이해시켰다."[64]는 점에 대해 칭찬했다. 그는 나아가 전 세계 도처에 훈련소를 세워 매년 1,500명의 학생들에게 그의 방법을 전수했다. 여왕은 이 모든 과정을 지켜보았고 매년 두 차례씩 윈저를 방문할 때마다 진척 사항을 확인했다. 2011년에 그녀는 로버츠를 로열 빅토리언 오더의 명예 회원으로 위촉했다.[65]

경마는 항상 여왕에게 순수한 기쁨의 원천이었다. 그러나 1989년에 경마계 내외에서 벌어진 논란은 몬티 로버츠와 나눈 우정과 새로운 훈련법의 가능성이 가져다준 기쁨까지 손상시키고 말았다. 그 중심에는 내쉬완이라는 걸음이 긴 수망아지가 있었다. 내쉬완은 여왕이 10년 전에 길렀으며 수상 경력이 있는 하이트오브패션의 자손이었다.

암말인 하이트오브패션은 1981년과 1982년에 총 일곱 차례 경주에 나가서 다섯 번 우승을 기록하여 두바이 왕가의 셰이크 함단 알 막툼의 주목을 끌었다. 그는 이 말을 100만 파운드 이상의 가격으로 구매할 의사를 밝혔는데[66] 당시에 아직 시험받지 않은 "처녀" 번식마로서는 지나친 가격이었다. 엘리자베스 2세는 헨리 포체스터의 자문을 받아 팔기로 결정하고 그 대금으로 버크셔의 웨스트일슬리의 마구간을 사기로 했다. 그녀의 인정받는 조련사인 딕 헌 소령은 여왕이 매입한 지역 인근의 교구관저에 살고 있었으며 이 마구간을 7년 기간으로 임차했다.

헌은 엘리자베스 2세를 위하여 1966년부터 일했고 막툼 가문을 포함하여 여러 저명한 마주馬主들의 조련사로 일했다. 그는 여왕이 '성공했다'고 자부하는 말들 가운데 가장 유명한 하이클레어와 던펌린을 조련했다. 또한 윈저 성에서 열린 프랑 드 디안의 승리를 자축하는 모임의 일원이었다.

그러나 불행하게도, 1984년에 헌은 사냥 도중에 사고로 목이 부러졌다. 그는 허리 아래 부분이 마비되었으나 휠체어를 타고 용감하게 훈련을 거듭하였으며 계속 우승마를 배출하였다. 4년 뒤에 그는 심각한 심장 수술을 받으며 다시 한 번 좌절을 맛보았다. 1988년 8월에 그가 병상에서 회복할 무렵에 여왕의 베테랑 경마 매니저—지난 해 부친의 사망으로 작위를 물려받아 이제는 7대 카나번 백작으로 알려짐—는 이 67세의 조련사에게 이듬해 임차 기간 종료와 함께 웨스트 일슬리를 떠나달라고 통보했다. 매정한 그의 행동은 경마 세계에서 비난의 표적이 되었다.

헌은 잠시 동안 엘리자베스 2세를 위해 조련을 재개했지만 1989년에 그의 자리는 미래의 헌팅턴 백작인 윌리엄 해스팅스바스로 교체되었다. 헨리 카나번을 향한 분노[67]는 여왕에게로 향했는데 그는 조련사의 직위에서 해고되었을 뿐만 아니라 1962년부터 살아오던 교구관저로부터도 축출되었기 때문이다. 헌의 좋은 친구인 이언 볼딩은 로버트 펠로스에게 이렇게 말했다. "만일 자네가 딕 헌을 위하여[68] 어떠한 배려도 하지 않는다면 여왕이 여태껏 해온 일 중 가장 나쁜 평판의 일이 될 것이며 우승마 구역에 들어간 여왕의 말들에게 야유가 쏟아질 것이네."

실제로도 그와 비슷한 상황이 벌어졌다. 5월 뉴마켓 경마에서 내쉬완이 우승했을 때 군중은 막툼을 위하여 그 말을 조련했던 헌이 "파나마모자를 흔들며 내쉬완을 우승마 구역으로 인도하자 요란하고 긴 박수로"[69] 그에게 찬사를 보냈다. "여왕은 해서는 안 될 일을 했다.[70] 그녀는 경마 클럽과 경마 세계를 공화주의자들에게 넘겨주었다."라고 우드로 와이엇은 18대 더비 백작의 아내인 이사벨라에게 말했다.

적어도 여왕과 같은 경쟁 마주에게 있어서 최악의 사태는 바로 다음에 벌어졌다. 6월 7일, 여왕은 그녀가 가장 승리에 목말라 하던 엡섬 더비를 참관했다. 그런데 다른 말도 아닌 여왕의 말이 될 수도 있었던 내쉬완이 달려 들어오며 극적인 승리를 쟁취했는데 무려 5마신의 차로 우승한 것이다.

그 무렵에 그녀는 카나번의 자문을 물리치고[71] 헌으로 하여금 웨스트일슬리에서 1990년까지 살게 하며 1년간 해스팅스바스와 공동으로 조련을 맡겼다. 헌에게 그의 집에서 언제까지든 원할 때까지 살아도 된다고 허용한 것은 더욱 의미심장한 선택이었다. 막툼 가문은 이 베테랑 조련사에게 마구간을 사서 새로 수리하게 했으며 그는 1997년 은퇴할 때까지 그들을 위해 성공적으로 일했다. 엘리자베스 2세는 종마 사육가로서의 이력을 통틀어 가장 커다란 실수를 용서받을 수 있었는데, 이는 헌의 관대함에 기인한 바가 컸다. 헌은 더비의 승리 후에 그녀에게 정중하게 인사했으며 한 번도 그녀에 대한 험담을 하지 않았다.

여왕의 재위 기간 중 가장 골치 아팠던 문제는 새해가 밝아오면서 해결의 실마리를 찾게 되었다. 1990년 2월 2일, 남아프리카공화국의 새로운 백인 대통령 프레데리크 빌렘 데클레르크는 인종 분리 정책에 항거하다가 27년간 투옥된 아프리카 민족 회의의 지도자 넬슨 만델라를 석방하겠다는 놀라운 발표를 했다. 그리고 9일 뒤에 만델라는 자유의 몸으로 감옥 문을 걸어 나왔다. 이어 데클레르크는 아프리카 민족 회의를 합법화하고 인종 분리 정책을 철폐했으며 민주적 보통 선거 제도를 수립했다.

두 지도자들은 내외의 압력에 승복했으며 이 성공적인 화해는 그

들에게 1993년 노벨 평화상을 안겨주었다.[72] 만델라는 코먼웰스의 반
인종 차별 기조가 이 기구의 통합을 유지하는 데 있어서 여왕의 역할
과 함께 결정적이었다고 믿었다. "소니 램펄코먼웰스의 사무총장-옮긴이은 런던
에서 타보 음베키와 올리버 탐보와 함께 앉아 있었다. 그는 코먼웰스
에서 있었던 모든 일들을 두 사람에게 인계했고 그들은 이를 만델라
에게 넘겼다. 만델라는 도덕적 리더십에 있어서 코먼웰스가 남아프리
카공화국을 살렸다고 말했다."라고 캐나다의 브라이언 멀로니는 회고
했다.

남아프리카공화국 문제의 종결은 1979년과 1983년 그리고
1987년 연달아 세 번에 걸쳐 보수당을 승리로 이끈 마거릿 대처가 수
상으로서 11년째를 맞이하면서 안도의 숨을 쉬게 했다. 긴축 재정 정
책과 고실업률 그리고 노조의 해체 등 영국이 겪어온 힘든 세월은
1980년대 후반의 경제 성장으로 가려졌다. 대처는 인플레이션을 잠재
우고 사업가들을 격려했으며, 주택 소유자를 늘렸고, 공기업을 사유화
했다. 또한 정부의 몸집을 줄였고 런던 금융 시장의 문호를 외국 투자
가들에게 개방했다. 국제적으로 그녀는 강력한 반공 기조(로널드 레이
건과 발맞추어)로 국가의 이미지를 강화했으며 그녀의 경제 정책은 부
상하는 동구 제국들에게 모범을 제시하여 1989년에 시작된 소련의 붕
괴 이후 비공산당 정권이 선출되었다.

1990년 7월, 데이비드 에얼리는 수상에게 연간 왕실 비용을 충당
하기 위한 새로운 제안을 제출했다. 피트 보고서에 의한 개혁안이 대
부분 실현되었으므로 그는 궁정 관리들이 "우리 자신의 운명을 책임질
수 있다."[73]는 점을 정부에 보여줄 수 있었다. 그의 제안은 1972년의
왕실 비용법에 나타난 10년 단위 지원으로 되돌리자는 것이었는데 이
법은 1975년에 노동당 정부가 매년 증액을 요청하는 법으로 대체했
다. 대처는 2000년까지 연간 5.1백만 파운드를 7.9백만 파운드로 증액

하는 데 동의했다.

보좌관들은 전문성과 효율성을 설명하여 수상을 설득시켰다. 또한 수상은 버킹엄 궁, 세인트제임스 궁, 켄싱턴 궁, 말보로 하우스, 클라렌스 하우스, 윈저 성 그리고 윈저그레이트 파크와 홈 파크 내의 부속 재산 등의 재정 관리 업무를 환경부로부터 왕실로 이관하면서 마이클 피트로 하여금 재정과 재산 관리 국장의 새 직위에 봉직하도록 했다. 대처는 왕실 비용이 "국왕에게 위엄과 연속성을 제공"[74]하며 나아가 "다수의 국민들이 왕실 가족을 영국이 가진 최대의 자산으로 여기며 그들이 하는 모든 일을 매우 찬양한다."고 강조하면서 왕실 비용 계획을 옹호했다.

대처의 수많은 성공에도 불구하고 그녀는 점차 유권자들과 보수당 내부의 반대에 봉착했다. 그녀는 교육과 오물 수거 같은 지역 서비스에 대한 세수를 증대하기 위하여 재산세를 철폐하고 그 대신에 인두세를 부과했다. 따라서 모든 성인은 동일한 액수의 세금을 물게 되었는데 지방 당국은 이 새로운 제도를 이용하여 저소득층에게 종전보다 과도한 세율을 부과하였다. 이 인두세에 대한 광범위한 불만은 1991년의 총선에서 보수당의 전망을 어둡게 했다.

보수당 내의 진보적 당원들은 냉전 이후 유럽 경제 공동체가 더욱 통합적인 방향으로 나아갈 때에 대처의 점증하는 "반유로Euro-skeptic" 입장에 대해 반발했다. 그녀는 내각의 일부 원로 장관들의 지지를 받은 정책인 단일 유럽 통화에 가입하기 위하여 파운드화를 포기하는 것을 적극적으로 반대했다. 1990년 11월 1일 반대 세력 중의 일원인 외무장관 제프리 하우가 항의의 표시로 사임했다. 2주 뒤에 1986년에 대처의 내각을 떠났던 마이클 헤셀타인이 그녀의 리더십에 도전했다.

그녀는 11월 20일 화요일의 첫 투표에서 다수를 얻어 승리했지만 결정적 승리를 거두기 위해서는 당규에 따라 더 많은 지지표를 획득해야 했다. 그때 그녀는 파리에 머물고 있었고[75] 수요일 아침에 런던으로 복귀하여 2차 투표에서 승리를 굳힐 작정이었다. 그러나 그녀의 주요 지지자들과 만난 뒤 그녀는 각료들을 개별적으로 만나 의논하기로 했다. 마침내 그날 저녁에 대처는 2차 투표에서 자신의 이름을 삭제하기로 결정했다. 목요일 아침에 그녀는 버킹엄 궁으로 가서 여왕에게 사임을 통지했다. "그녀는 매우 이해심 있는 분이었다.[76] 그녀는 내가 내린 결정이 옳았음을 이해했다. …… 11년 반 만에 수상으로서의 궁 방문도 이제 마지막이라는 사실은 매우 슬펐다."라고 대처는 훗날 말했다.

27일의 2차 투표에서 대처의 적수인 마이클 헤셀타인은 재무장관이며 대처의 지지를 받은 존 메이저에게 패배했다. 이튿날 아침 마거릿 대처는 여왕에게 사표를 제출했고 45분 뒤에 존 메이저가 궁에 도착하여 정부를 구성하라는 여왕의 하명을 받았다. 45세인 그는 1세기를 통틀어 최연소 수상이었다.

여왕은 발빠르게 국왕이 하사하는 최고의 개인적 영예인 가터 훈장과 메리트 훈장을 대처에게 수여함으로써 그녀에 대한 존경심을 드러냈다. 1902년 에드워드 7세에 의해 만들어진 메리트 훈장은 군사, 예술, 과학 등의 분야에서 탁월한 업적을 세운 이들에게 수여하는 훈장이다. 가터 훈장처럼 당시에 오직 24명의 회원만 있었으며 역대 수상으로서는 윈스턴 처칠과 클레멘트 애틀리와 해럴드 맥밀런뿐이었다. "가터는 모든 전임 수상들에게 주어지지만[77] 메리트 훈장은 대부분 과학자나 학자에게 수여된다. 진짜 여왕이 중시하는 훈장이기 때문이다."라고 그녀의 오랜 보좌관이었던 찰스 파월은 말했다.

모후는 대처의 사임에 대해 크게 실망했는데 그녀를 "매우 애국적"[78]이라고 불렀고 퇴임 후에 밸모럴에서 머물러 달라는 희망을 표시했다. "모후는 그들^{왕실 가족을 뜻함-옮긴이}이 이를 대단히 부당하며 일어나서는 안 될 일이라 생각한다고 말했다. 그들은 그녀를 좋아하며 훌륭한 분이라고 생각한다. 그녀는 영국을 위하여 국내외적으로 큰일을 했다."라고 모후의 친구인 우드로 와이엇은 대처가 물러나고 이틀 뒤에 일기에 기록했다. 와이엇에 따르면 여왕이 대처를 싫어했다는 얘기는 모두 "전적으로 지어낸" 얘기라고 한다.

조심스러운 손길과
이해심을 가지고
철저한 검증이 행해진다면
이는 효과적일 수도
있을 것이다.

"Scrutiny . . . can be just as effective
if it is made with a touch of gentleness,
good humor and understanding."

엘리자베스 2세 여왕이 〈고난의 해〉 관련 연설을 하는 장면.
1992년 11월 ⓒ Tim Graham/Getty Images

CHAPTER 16

고난의 해
Annus Horribilis

엘리자베스 2세의 모든 수상들 가운데서 존 메이저는 이국적이며 소박하다는 점에서 가장 이례적인 배경을 지녔다. 그의 부친은 미국에서 장래를 개척하기 위해 피츠버그의 제철 공장에서 일하다가 미국과 영국의 보드빌 극장을 전전하며 서커스 곡예사로 활동했다. 첫 번째 아내가 사망한 뒤에 그는 젊은 무용수와 재혼하여 정원 장식용품 사업을 시작했다. 존은 네 번째 아이였으며 부친이 64세일 때 태어났고 경제적인 어려움을 겪었다.

가족들은 브릭스턴의 빈민가로 이사했고 존은 부모를 부양하기 위하여 16세에 학교를 그만두어야 했다. 그는 잡다한 일들을 하다가 마침내 은행 업무에 손을 대서 성공했다. 이후 정치에 관심이 끌린 그는 지방 의회로부터 시작해서 마침내 국회에 입성했고, 1987년에 대

처 내각에 들어갔다. 그는 견실했고 정책의 세부사항에 대한 완벽하게
파악하고 있었다. 또한 조용하지만 결단력이 있었고 판단력에도 빈틈
이 없었다.

그가 수상이 되었을 때 메이저는 갈가리 찢긴 보수당의 정파들을
화합하는 데 몰두했다. 집권 후 5개월 뒤에는 증오의 표적이 되었던
인두세를 폐기하고 부동산의 가치와 거주 인구에 바탕을 두고 새롭게
설계된 재산세로 대체했다. 또한 대처 집권기 동안의 경제적 실적을
바탕으로 1991년의 마스트리히트 조약에서 유리한 조건으로 성공적
인 협상을 이끌어냈다. 이 조약은 강화된 유럽 연합European Union, 이전에는
유럽 경제 공동체-옮긴이에서 영국의 지위를 유지하여, 노동자의 임금과 건강
및 안전에 대한 문제에 있어서의 독립성을 얻어냈고 대륙의 단일 화폐
를 위한 파운드화의 철폐 요구를 거부할 수 있었다.

궁정인들이 배석한 가운데 여왕은 이 상냥한 메이저를 사무적인
전임자와 똑같이 대했다. "나는 두 사람 사이의 차이를 콕 짚어낼 수는
없었다."[1]라고 한 고위 보좌관은 말했다. 메이저는 면담 전에는 "여유
만만했고 유쾌했다. 면담이 끝나고 개인 비서들과 함께할 때면 항상
크리켓에 관해 이야기했다."

새 수상은 집권 직후에 지난 해 8월 이라크로부터 침공받은 쿠웨
이트를 해방시키기 위하여 미국을 비롯한 30개국과 동맹을 체결하였
다. 영국은 1991년 1월 17일에 시작된 이라크에 대한 공중 폭격을 성
공적으로 이끌었으며 이어 2월 28일 지상 작전을 승리로 마감했다. 이
와 관련해 메이저는 여왕에게 정기적으로 보고했으며 24일 일요일에
지상 공격이 개시되었을 때 여왕은 재위 기간 중 처음으로 전시 방송
을 통해 국민들에게 승리를 위해 기도를 드린다고 했다.

휴전은 쿠에이트 점령을 종식시켰으나 사담 후세인을 권좌에서
축출하지는 못했다. 그러나 이 전쟁은 메이저뿐 아니라 레이건의 후임

자인 조지 H. W. 부시에게도 의미 있는 성공으로 칭송을 받았다. 두 지도자들은 동맹으로서 굳건히 결속했으며 서로 "많은 공통점을 지녔다."[2]고 주영 미국 대사인 레이 세이츠는 썼다.

3개월 뒤에 워싱턴에서 부시는 세 번째 국빈 방문으로 여왕을 맞았다. 귀족적인 부시 부처와 국왕 부처는 처음부터 쉽게 동지애를 형성할 수 있었다. 거의 동시대인들로서 41세의 대통령과 에든버러 공작은 제2차 세계대전 중 태평양 전투를 목격했다. 두 가문은 비슷한 앵글로·색슨의 전통과 가치를 공유했다. 그리고 그들은 켄터키에서 여왕을 대접한 월과 사라 패리시를 좋은 친구들로 여겼다. "여왕은 약간 격식에 매어 있지만[3] 그렇다고 서먹하지는 않다. 설명하긴 좀 어렵지만 그녀와 함께 있으면 편하고 대화도 쉽게 풀린다."라고 부시는 회고했다.

5월 14일 화요일, 엘리자베스 2세가 워싱턴에 도착한 때는 걸프 전에서의 영국의 지원에 대한 감사 분위기가 절정에 달했을 때였다. 부시는 사우스론에 군악대와 고적대를 배치하고 타원형으로 배치된 곡사포에서 21발의 예포를 발사하는 가운데 인상적인 환영식을 베풀었다. 그러나 그녀를 "자유의 친구"[4]로 환영한 그의 과장된 인사말이 있은 뒤에 그와 그의 보좌관 어느 누구도 6피트 2인치의 대통령을 위해서 마련된 연단 뒤에 5피트 4인치의 여왕이 사용할 계단을 준비해 두지 못했다. 그녀가 답사를 할 때는 마이크가 그녀의 얼굴을 대부분 가려서 TV 시청자들은 자줏빛에 흰 줄무늬를 새긴 넓은 테두리의 모자 아래 그녀의 안경만 간신히 볼 수 있었다.

부시 가족들과 영미의 대사들 그리고 패리시 부부 등이 함께한 백악관의 내실에서 베푼 간소한 오찬에서 그들은 모자 사건 때문에 "실컷 웃었다.[5] 그녀의 유머로 모든 일이 잘 풀렸다."고 부시는 회고했다. 또한 그때 65세의 여왕은 처음으로 대통령의 장남인 44세의 조지

W. 부시를 만났는데 그는 미래에 43대 미 대통령이 되었고 당시에는 텍사스 레인저스 야구팀을 이끌고 있었다. "내가 처음 그녀에게서 느낀 것은[6] 반짝이는 눈빛이었는데 난 그것을 편안한 영혼의 징조로 보았다. 무엇보다 반가웠던 것은 그녀가 '난 너보다 잘났다.'는 그런 우월감을 전혀 주지 않았다는 것이었다."라고 그는 회고했다.

그는 엘리자베스 2세에게 그의 카우보이 장화는 수제手製이며 '텍사스 레인저스' 글자가 인쇄되어 있다고 말했다. "그 장화에 그렇게 새겨져 있다고요?"라고 여왕이 물었다. "아니요. '신이여, 여왕을 보호하소서.'라고요."[7]하고 그는 농담했다. 그녀는 매우 재미있어 하며 장난스럽게 "그대는 가족 중에서 말썽꾸러기인가요?"라고 묻자, "그런가 봅니다."라고 그는 대답했다. 여왕이 다시 "어느 집에나 말썽꾸러기들은 있게 마련이죠."라고 여왕이 대꾸하자 "댁에는 누가 말썽꾸러기인가요?"라고 부시는 물었다. "대답하지 마세요."라고 그의 모친이 끼어들었다. 여왕은 영부인의 도움으로 이 대화를 우아하게 비켜갔다.

오찬 후에 대통령은 여왕을 트루먼 발코니로 안내해서 타이들 베이슨Tidal Basin, 워싱턴의 저수지—옮긴이과 제퍼슨 기념탑을 보여주었다. 백악관은 다시 페인트 칠을 하고 있었는데 외관의 스무 겹이 벗겨져서 희뿌연 석재와 원목들이 노출되어 있었다. 근처의 벽 기둥에는 1814년에 영국 군대가 대통령 저택에 불을 질렀을 때 타다 만 자국이 남아 있었다. "나는 그녀에게 이것이 당신네 사람들이 한 짓이라고 놀렸다.[8] 우리는 이 탄 자국이 '영구 보존'되었다는 사실에 대해 얘기했다."고 대통령은 회고했다.

그날 밤 130명을 초대한 만찬에서 대통령은 익살을 섞어가며 여왕의 씩씩한 걸음걸이를 칭찬했는데 "심지어 비밀 경호원들도 숨차게 만들었으며[9] …… 나는 내 불규칙한 심장 고동이 이 걷기 시합을 견뎌내서 다행이었다." 그들의 건배를 통해 최근 전시 동맹을 통해 다진 영미의 우애를 다시 확인했다. "나는 여기 와서 이방인이라고 느낀 적이 없다.[10] 영국은 한 번도 미국을 외국이라고 느끼지 않았다."라고 여왕은 말했다. 그녀는 부시에게 걸프전에서 "허풍과 수사가 아니라 철저함과 용기"를 보여준 데 대해 칭찬했다.

여왕은 수도에서 이루어진 단 3일간의 일정을 무려 18개의 행사로 채웠는데 그중에는 상하 양원 합동 의회에서 영국 국왕으로서는 최초로 행한 연설도 포함되었다. 그녀는 연설 첫 머리에서 "나는 여러분이 오늘 앉아 계신 그 자리에서 제 얼굴이 똑똑히 보이기를 바라 마지 않습니다."[11]라고 말하여 폭소와 더불어 기립박수를 얻어냈다. 그녀는 또한 최초로 볼티모어 오리올스 팀과 오클랜드 애슬레틱스 팀 간의 메이저 리그 야구 경기를 관람했다. 또 다른 행사에서 미국 국민의 여가에 대한 요약 자료를 검토한 바 있었다. 그녀는 덕아웃에서 줄지어 껌을 씹고 서 있는 선수들과 인사를 나눈 뒤에 부시와 단주석(團主席)에 나란히 앉아서 과거에 예일대 대표팀의 1루수였던 그의 상세한 개인 교습을 받았다.

그녀의 방문 기간 중 가장 흥미로웠던 순간은 시내의 가장 빈곤한 지역에서 일어났는데, 엘리자베스 2세가 67세의 아프리카아메리칸인 앨리스 프레이저를 만났을 때였다. 방문의 목적은 저소득층의 생애 첫 소유주를 위한 민간 공공 합작 프로그램하에 매입된 프래지어의 신축 주택을 둘러보려는 것이었다. 여왕이 집안에 들어서자 몸무게 210파운드의 프레이저는 활달하게 악수를 청하며 "어때, 잘 지내요?"[12]라고 인사하고 두 팔로 손님을 감싸더니 억세게 포옹했다. 엘리자베스 2세는 프레이저의 어깨 너머로 태연하게 웃으며 가까스로 풀려날 때까지 두 팔을 허리에 꼭 붙이고 뻣뻣하게 앞으로 기댔다. "그게 미국식이 잖아.[13] 나도 모르게 그랬다고."라고 나중에 프레이저는 말했다.

한숨 돌리기 위하여 엘리자베스 2세와 필립은 블레어 하우스의 방 5개와 욕실 2개가 딸린 스위트로 돌아갔다. 그들은 위층 서재에서 하인들의 도움으로 조찬을 들었고 여왕은 자기 방 안에 머물렀으나 필립은 "이 무슨 낭비야."[14]라고 중얼거리며 분주하게 불을 끄고 다녔다. 어느 날 아침에 블레어 하우스의 매니저인 베네딕트 발렌티너가 정문 앞 복도에 서 있을 때 여왕이 첫 행사 전에 아래층으로 내려왔다. "그녀는 꼼짝 않고 서 있었다.[15] 마치 그녀가 준비를 마치고 내면을 응시하는 것 같았다. 그 모습이 너무나 좋았다. 이렇게 그녀는 재충전을 하는 것이로구나. 일체 잡담은 없었고 완벽하게 조용히 한 채 기다리며 쉬고 있었다. 놀라운 대응 방법이었다."라고 발렌티너는 회고했다.

금요일이 되자 여왕을 비롯해 50명에 달하는 일행과 4.5톤의 짐들—그녀의 짐에는 노란 글씨로 "여왕The Queen"이라고 새겨져 있었다—이 영국 항공 콩코드 전세기편에 실려 미국 내 6개 도시들과 켄터키에서의 사흘간의 휴식을 위하여 출발했다. 그들은 마이애미에 기착하여 10시간 동안 시내를 돌아본 뒤에 레이건 부처와 포드 부처를 포함한 50명의 고위 인사들을 초대하는 블랙 타이 만찬을 위하여 브리타니아호에 탑승했다.

돈독한 우정을 쌓은 레이건 부처와의 재회는 각별한 것이었다. 꼭 1년 전에 로널드 레이건은 흑마 버미즈의 사망 소식을 듣고 여왕에게 위로의 편지를 썼다. 2페이지에 달하는 감사의 답장에서 그녀는 개들을 데리고 산책을 하면서 28세의 암말이 윈저 성의 풀밭에서 행복하게[16] 풀을 뜯는 모습을 마지막으로 보았다고 썼다. 이튿날 아침에 버미즈는 심장마비로 사망하면서 "말로서는 긴 생애"를 마쳤다.

엘리자베스 2세는 브리타니아호에서 40대 미국 대통령을 만나 기분이 유쾌했는데 그는 큰 정부의 막중한 경비에 대해 불평을 늘어놓았다. "재정의 3분의 2가 관료들에게 지불되고[17] 나머지 3분의 1만이 필요한 사람들에게 주어진다면 이건 어딘가 잘못된 것입니다."라고 레이건은 말했다. "그래서 모든 민주주의 국가들이 파산하고 있잖아요. 가진 사람들에게 퍼주는 방식으로 서비스가 계획되고 있기 때문이죠." 라고 그녀는 힘주어 대답했다. 그가 관료들로 하여금 경비를 절감하기 보다 지출하도록 권장하는 데 대하여 질타하자 그녀는 동의했다. "맞 아요. …… 다음 세대는 매우 어려운 시절을 맞게 될거라고요." 그녀의 선견지명 있는 즉답은 레이건과 대처의 정치 철학을 반영하고 있었고 마침 이 사적인 대화는 그녀에 관한 기록 영상물을 만들고 있던 BBC 스태프들에게도 포착되었다.

왕실 일행은 멕시코 만의 드라이토투가스를 항해하며 고요한 주 말을 보낸 뒤에 세 시간 동안 탐파에서 내렸고 여왕은 걸프전의 연합 군 사령관인 노먼 슈와츠코프에게 명예 기사의 작위를 하사했다. 이번 에는 콩코드를 타고 론스타 주Lone Star State, 텍사스 주-옮긴이를 관통하여 오스 틴에서 1박을 한 뒤에 샌안토니오에서 2시간, 댈러스에서 7시간, 휴스 턴에서 2박 3일을 머물렀다. "난 놀라운 여자야![18] 어제 하루 동안 텍 사스 주의 주요 도시 네 군데를 들렀어! 한 도시에서 깨어나서 또 다 른 도시에 가서 잤는데 그 사이에 또 두 도시를 방문했다니!"라고 휴 스턴의 미술관에서 그녀를 위해 베푼 블랙 타이 만찬에서 탄성을 질렀 다. 휴스턴에서의 절정은 존슨 우주 센터의 미션 콘트롤Mission Control, 우 주선 조종실-옮긴이을 안내받은 것이었다. 그녀는 우주인들에게 매료되어[19] 우주복의 도금된 헬멧 바이저를 쓰고 어떻게 앞을 볼 수 있는지 그리 고 음식이 우주여행 중에 떠다니지 않고 접시에 들러붙는지를 물었다.

필립은 네 번째로 전설의 켄터키 블루그래스를 보러 가자는 제안 을 물리치고 9일간의 마라톤 여행 끝에 귀국했다. 엘리자베스 2세가 주말을 보내기 위해 렉싱턴에 내렸을 때 사라 패리시는 그녀의 뺨에 키스했다.[20] 사적으로는 우정의 표시로 자주 보이는 모습이었지만 공 적인 자리에서는 거의 없는 일이었다.

미국에서의 분주했던 나날은 런던에 돌아왔을 때 그녀를 기다리고 있었던 일들보다는 무척 평온한 셈이다. 대중지들은 찰스와 다이애나의 10주년 결혼기념일이 다가오면서 이 웨일스 결혼의 상태에 대한 광적인 추측에 몰두하고 있었다. 대중지 기자들은 찰스가 커밀라에게 돌아간 것을 알고 있었으며 다이애나와 제임스 휴잇의 염문도 감지하고 있었다. 〈더 선〉의 앤드루 모턴이 가장 배짱 좋게 "다이애나는 남편이 자기보다 커밀라와 더 많은 시간을 보내려 하기 때문에 모욕감을 느꼈다."[21]라고 썼다. 7월 29일 기념일 몇 주 전에 왕세자비는 모턴과 비밀리에 합작하여 모든 사실을 털어놓는 책을 준비하기 시작했는데 양쪽의 친구이기도 한 제임스 콜더스트 박사가 저술 책임과 더불어 진술 거부권을 행사하며 일련의 인터뷰를 진행했다.

앤드루와 퍼기 역시 그들 방식대로 일탈을 일삼고 있었는데[22] 여왕이 3.5백만 파운드 이상의 비용으로 마련해준 방 50개가 딸린 새 집인 서닝힐파크에서 호화 생활을 했다. 그들의 둘째 딸 유제니 공주는 1990년에 태어났다. 그러나 모성애는 앤드루가 해양 근무하는 동안 런던 나이트클럽에서 뛰놀고 모로코와 스위스의 알프스 산 그리고 남프랑스에서 호화 휴가를 즐기는 퍼기와 공존하지 못했다. 대중지들은 특히 그녀와 35세의 텍사스 백만장자 스티브 와이엇의 도피 휴가를 대서특필했다.

여왕 자녀들의 타락한 생활과 경박함은 〈더 선데이 타임스〉의 편집자 앤드루 닐로 하여금 따끔하게 비판적인 논설[23]을 쓰게 했으며 이는 언론에 큰 반향을 불러일으켰다. 이는 공공의 비용이 비생산적인 왕실 가족들을 위해서 낭비된다는 것뿐 아니라 여왕의 막대한 개인 수입에 대하여도 세금이 부과되어야 할 때라는 점을 일깨웠다.

실상 버킹엄 궁 내부에서도 천천히 그리고 조용히 국왕 또한 정당한 몫을 기여해야 한다는 움직임이 일고 있었다. 주동자는 1990년

49세의 나이에 윌리엄 헤셀타인의 후임으로 개인 비서가 된 로버트 펠로스였다. 이튼 출신이고 전직 왕실 경호대를 거친 그는 여왕의 개인 비서들 중에서도 가장 독특한 연관 관계를 지녔다. 그는 퍼기의 인척이며 다이애나의 형부이고 그의 부친인 윌리엄 펠로스 경은 28년간 여왕을 위해 샌드링엄의 토지 중개인으로 일했다. 그를 임명할 때 여왕은 "내가 내 품에 안아보았던 갓난애를 개인 비서로 두게 된 것은 이번이 처음이다."[24]라고 말했다.

펠로스는 1977년부터 개인 비서실에서 여왕을 위해 근무해오면서 신뢰를 쌓은 탁월한 카운슬러였다. 그는 고지식하고 정직했으며 금욕적 습관(출퇴근 시 자전거를 이용했고 다 떨어진 부친의 가죽 가방을 들고 다녔다.)을 가졌고 여왕에게 철저하게 충성했다. 그러나 신중한 면모에도 불구하고 놀라우리만큼 진보적인 견해를 지녔다ㅡ세인트제임스 궁의 남성 클럽에서는 그를 "무서운 빨갱이 a frightful pinko"[25]이라고 부를 정도였다. 언론이 과세 문제를 터뜨리기 시작하기 전부터 펠로스와 그의 부관인 로빈 잰브린은 이미 그 문제를 논의하기 시작했다.

여왕은 처음에는 "왕정의 내부 업무를 공중의 시선에 지나치게 노출한다."[26]는 우려를 가졌다고 한 궁정인은 말했다. 또 하나의 염려는 그의 부친이 면세는 지킬 가치가 있는 원칙이라고 고집한 것이었다. 그러나 빅토리아 여왕과 에드워드 7세는 그들의 수입에 따른 세금을 납부했는데 조지 5세 치하에서 이 의무가 축소되고 결국은 말소되었다.

얼마간의 연구 끝에 엘리자베스 2세의 고위 보좌관들은 소득세가 왕정에 과도한 부담이 되지 않을 것이라는 결론을 내렸다. 1992년 초에 펠로스는 여왕이 샌드링엄에서 런던으로 돌아오는 길에 소득세 신고 내역을 제출했다. 그는 여왕의 완강한 저항을 예상했다. 그러나 의외로 그녀는 선뜻 동의했고 궁과 정부의 관리들로 구성된 실무팀을 만들어 세부 계획을 작성하도록 했다.[27] "그녀는 얼마를 지출해야 하는 가에 대해서는 염려하지 않았다."[28]고 한 궁정인은 회고했다. 가장 설득력 있는 논거는 상징적 중요성으로 "그리하는 편이 왕정을 위하여 매우 이로울 것이다."라고 보았다.

1992년, 여왕은 정상적인 상황이라면 마땅히 축하 행사를 벌여야 할 재위 40주년을 맞이하게 되었다. 그러나 그녀는 이 기념일을 축소해서 치르기로 했는데 무엇보다도 자녀들의 생활이 안정되지 못했기 때문이었다. 앤드루와 퍼기는 지난 크리스마스에 여왕에게 별거를 고려 중이라고 말했고 여왕은 그 결정을 6개월간 연기해달라고 요구했다. 그로부터 채 한 달도 못 되어서 〈데일리 메일〉은 퍼기와 스티브 와이엇이 모로코에서 휴가를 즐기는 사진을 보도했다. 격분한 앤드루는 변호사들을 불렀고[29] 여왕은 불가피한 이들의 별거에 대비했다.

부정적 여론을 잠재우고 왕정에 대한 관심을 촉구하기 위하여 엘리자베스 2세는 1991년에 BBC로 하여금 그녀의 행적을 추적하여 그녀가 어떻게 업무를 수행하는가를 보여주는 기록 영상물을 제작하도록 했다. 그 결과로 1992년 2월 6일에 영상물 〈E Ⅱ R〉이 방영되었다. 이는 그녀의 일생을 통하여 가장 격동적이었던 10년이자, 재위 기간 중 최악의 해였음을 극명하게 보여주었다.

이 호감 가는 영상물은 자신의 생각을 담은 음성 녹음이 포함되었는데 인터뷰 형식은 아니고 촬영을 마친 뒤에 녹음을 한 것이다. 지난번 영상물에서 별반 주목을 끌진 못했지만 경마와 코먼웰스에 대해 언급했던 것처럼 이례적으로 사적인 진술[30]이었다. "대다수의 사람들은 직업이 있고[31] 일을 마치면 귀가한다. 이 같은 삶에 있어서는 직업과 생활이 함께 지속된다. 이 두 가지는 나눌 수 없다."라고 생각에 잠졌다. "우리는 마음속에서 힘든 일들을 감당해내야 한다. 그리고 나서 훗날 돌이켜 생각해보며 즐거움을 누리는 것이다." 그러면서 그녀는 자신이 "대단히 전통적이고 연속성에 입각해서" 살아오는 데 익숙해졌다고 말하며 쓸쓸하게 덧붙이기를 "나는 젊은이들이 이러한 것들, 특히 엄격한 규율을 잘 견뎌내지 못하는 것이 아닌가 싶다."라고 했다. 가장 의미심장한 부분은 그녀가 자기의 직업을 "평생의 업"이라고 말한 대목이었다. 이는 그녀가 즉위 기념일에 하야할 것이라는 소문을 잠재웠다.

언론은 이 영상물에 존경을 표했으며 여왕이 의무와 지성과 절제, 지혜의 귀감으로 묘사된 점을 칭송했다. 그러나 그녀의 숭고한 행위를 정성껏 다듬어 만든 이 영상물도, 한 대중지가 묘사하듯 "다이애나 왕세자비의 역동적인 섹시함[32]과 퍼기의 놀라운 한심함"은 차치하고라도 그녀 가족들이 일으킨 복잡하고 골치 아픈 문제들을 압도하기에는 역부족이었다.

다이애나는 언론과의 관계에서 새롭고도 위험한 단계에 접어들었다. 관심을 모으는 자석이 되었다는 인식의 수준을 넘어서 관심을 유도하고 갈망하며 이제는 찰스에 대항하는 무기로 이용하는 단계에 이르렀다. 2월 인도 방문 길에 그녀는 낭만적인 타지마할 앞에서 〈데일리 메일〉이 표현하듯 의도적으로 "갈망에 찬 고독"의 표정을 지으며 사진사들을 위해 포즈를 취했다. 그녀의 무언의 메시지는 "결혼이 암초에 부딪혔다."[33]는 것이었다고 찰스의 전기 작가 조너선 딤블비는 썼다.

앤드루와 퍼기는 3월에 공식적으로 별거를 선언했고, 앤과 마크 필립스는 4월 23일에 종지부를 찍었으며, 퍼기는 5월에 서닝힐파크에서 나왔다. 그러나 아무도 6월의 대재앙까지는 예견하지 못했다. 본래

이 시기는 여왕의 즉위를 기념하는 각종 축하 행사로 채워졌어야 할 무렵이다.

7일에[34] 〈선데이 타임스〉는 앤드루 모턴의 폭탄 같은 저서 〈다이애나: 그녀의 트루 스토리Diana: Her True Story〉의 발췌 기사 2회분 중 첫 회를 게재했다. 이 기사는 다이애나의 극심한 정서적 문제로 생생하게 채워졌다. 찰스는 냉혹하고 외도를 일삼는 남편(커밀라와의 정사를 다룬 장을 포함)이자 매정한 부친이며 왕실 가족들은 소원하고 냉담하다고 묘사한 점이었다. 형부인 로버트 펠로스가 다이애나에게 이 책의 저술에 협조했는지를 물었을 때 그녀는 거짓말을 했으며 아무 역할도 하지 않았다고 발뺌을 했다. 그녀가 개입했을 것이라는 끈질긴 풍문에도 불구하고 펠로스는 다이애나의 말을 믿기로 하고 언론 불만 위원회의 비난 결의를 묵살했다.

다이애나가 그를 속였다는 사실이 분명해진 그 주 후반에 펠로스는 국빈 방문으로 파리에 간 여왕을 수행했다. 그는 언론 불만 위원회를 난처하게 만든 데 대하여 책임을 지고 즉각 사의를 표명했지만 여왕은 유임해줄 것을 고집했다. 성실성과 정직성으로 잘 알려진[35] 펠로스는 다이애나의 부정직한 행동에 놀라고 분개했다. 둘 사이의 관계는 크게 손상되었고 왕세자비는 언니인 제인 펠로스와도 멀어졌다.

여왕은 파리에서의 일정을 예정대로 소화하면서도 48세의 언론 담당 비서인 찰스 앤슨을 통해 닫힌 문 뒤에서 은밀하게 언론 문제들을 처리했다. "단 한 번도 신경을 쓰는 모습을 보이지 않았다.[36] 문이 쉴 새 없이 열리고 여왕은 문 밖의 뭇 시선들을 마주하며 세상에 티끌만 한 걱정도 없는 듯이 걸어 나갔다."고 20년간 한 치의 흔들림도 없이 말쑥하게 외교 업무를 보아온 앤슨은 회고했다. 그러나 실상 그녀는 걱정에 휩싸였다. 펠로스 및 여타의 보좌관들과 의논하며[37] 그녀는 다이애나의 배신에도 불구하고 결혼을 유지하기를 원한다고 강조했다. 이는 무엇보다도 윌리엄과 해리를 위해서였고 또 이혼당한 왕위 계승자에게 헌정상의 부정적인 영향이 끼칠지도 모른다는 염려 때문이었다.

〈선데이 타임스〉 기사 후속편은 6월 14일에 터졌는데 그때는 여왕이 윈저 성에 돌아와 있었으며 저서는 이틀 뒤 로열 애스콧 경마 첫날에 출간되었다. 그 주 화요일 오후에 찰스와 다이애나는 성에서 그의 부모와 만났다. 그 만남은 다이애나에 의하면 감정에 복받친 것[38]이었다고 그녀의 하인 폴 버렐과 모턴의 협력자인 제임스 콜더스트가 말했다. 별거와 이혼의 가능성에 대한 논의가 있었지만 버렐의 얘기에 의하면 여왕과 필립은 부부에게 그들이 함께해야 하며 "왕정과 그들의 자녀와 나라와 국민을 위해서 타협하고[39] 덜 이기적이어야 하며 함께 어려움을 이겨내야 한다."고 말했다.

찰스와 그의 모친은 별로 말이 없었지만 다이애나는 그녀의 남편과 커밀라에 대한 심경을 눈물로 털어놓았으며 필립은 모턴의 저서로 인한 가족들의 고통을 대변했다. 모턴 위기가 시작된 이래 최초로 다이애나는 인척들과 남편에게 대놓고 거짓말을 했는데, 책의 저자에게 도움을 준 적이 없노라고 반복했다. "마마는 내 말을 들으며 내게 실망했어요.[40] 내가 하고 있는 것처럼 보이는 모든 것은 그녀에게 나의 고뇌를 전달하려는 것이에요."라고 다이애나는 버렐에게 말했다.

이제 대화의 통로가 열리자 여왕은 이튿날 두 번째 만남을 위해서 다이애나와 찰스를 불렀다. 그러나 다이애나는 오지도 않았을 뿐 아니라 아예 짐을 싸서 윈저 성을 떠났다. 필립은 두 페이지에 달하는 편지를 써서 실망감을 표하고 난관에 봉착한 그들의 결혼 생활에 관하여 몇 가지 제안을 했다. 이는 그가 "가족 내 문제를 우호적으로 해결하기 위하여"[41] 6월부터 9월 사이에 보낸 다섯 통의 사려 깊은 편지들 중 첫 번째였고 다이애나는 매번 긴 답장을 보내왔다.

가장으로서 필립은 며느리가 남편의 잘못뿐 아니라 스스로의 잘 못도 깨달을 수 있도록 노력했으며, 그녀가 해온 선행을 칭찬해가며 설득하려고 애썼다. 그녀와 찰스의 공통점을 강조했으며 그의 아내가 여왕이 되었을 때 자기가 독자적인 경력을 포기했던 경험을 예로 들기 도 했다. 미래에 대한 전망을 알려주기 위하여 그는 왕위 계승자의 아 내가 된다는 것은 "영국 국민들의 추앙을 받는 것보다 훨씬 더 많은 것 을 포함한다."고 썼다.

다이애나는 시아버지의 말들이 "신랄하고", "상처를 주며", "격분 하게 했다."[42]고 묘사했지만 필립의 개인 비서인 마일스 헌트데이비스 경은 훗날 선서 증언에서 "서신에는 단 한 줄의 비하 발언도 없었다."[43] 고 말했다. 다이애나의 답장은 "친애하는 아버지께Dearest Pa"로 시작했 으며 "사랑을 가득 담아fondest love"로 끝맺었다.[44] 그녀는 그에게 그의 지도에 "각별한 감동"을 받았다면서 그의 "진정성과 친절"에 감사를 표 했으며 "이렇게 힘든 가족의 문제를 해결하기 위하여 애쓰신 훌륭한 방식"에 대하여 호의를 표했다. 필립이 비록 "결혼 상담사로서는 전혀 재능이 없음"을 인정하면서도 "내 능력의 범위 내에서 최선을 다해 너 와 찰스를 도우려고" 애썼다고 썼을 때 그녀는 "결혼 상담사로서의 능 력에 대한 평가가 매우 겸손하십니다. 저는 그 의견에는 반대합니다! 이번에 보내주신 마지막 편지는 깊은 이해심과 요령이 담겨 있었어 요."라고 회답했다. 필립의 간청 속에는 여왕의 성원도 담겨 있었는데 다이애나도 이를 인정하고 어떤 대목에서는 "두 분에게 많은 사랑을 보냅니다."라고 썼다.

결국 필립의 충고는 그녀를 감동시키는 데 실패했다. 그 편지들을 읽어본 한 친구는 "그는 다이애나의 마음을 움직이지 못했다.[45] 그는 사랑이 아니라 의무만을 강조했기 때문이다."라고 말했다.

왕실 가족 모두는 이제 다이애나의 배신의 전모를 파악하고 나서 오로지 찰스의 편으로만 기울었다. 찰스는 모턴의 저서 이전에는[46] 자기 고민에 대해서 부모에게 말할 수가 없었다. "그보다는 그녀에게 잘못이 더 있었다는 것을 받아들이기까지 오랜 시간이 걸렸을 것이다.[47] 여왕은 다이애나의 교묘한 조작을 꿰뚫어보게 되었으나 사적인 상황 속에서는 정작 진실을 알아내기가 어렵다. 하나의 사건에 두 가지 측면이 있으며 이 상황을 어떻게 조합해낼지 고민해보아야 한다."라고 퍼트리샤 브라본은 말했다. 찰스는 부모로부터 새삼 동정을 받게 된 것을 다행으로 여겼다. 필립은 심지어 아들에게 그의 "성자 같은 용기"[48]를 언급하며 긴 편지를 썼다.

형제들 가운데 다이애나와 가장 가까웠던 앤드루 역시 형의 편으로 기울었고 다이애나와의 관계가 항상 차가웠던 앤과 형수와는 일정한 거리를 두어왔던 에드워드도 모두 찰스의 편이 돼주었다. 가족들 가운데 다이애나와 가장 가까웠던 사람은 그녀처럼 발레를 좋아하고 재치 있는 유머 감각을 지닌 마거릿 공주였다. 마거릿은 다이애나의 상처받기 쉬운 약점에 연민을 느꼈으며 다이애나는 마거릿의 실패한 사랑에 동정을 품었다. 그러나 마거릿은 모턴의 저서를 언니에 대한 공격으로 보았고 다시는 다이애나에 대해 우호적인 말을 하지 않았다.

여왕은 "차분한 견해를 유지"[49]하면서도 그녀의 불행한 심정을 가까운 사이의 사람들에게 토로했다. 노먼과 퍼트리샤 브라본 부부와 함께 만찬을 들면서 그녀는 "어쩌면 두 며느리 모두 이 모양이 될 수가 있단 말인가요?"[50]라고 말했다. "뭐라고 할 말이 없었어요. 누군가 이렇게 망쳐놓으면 어찌할 바를 모르죠. 어떻게든 고쳐주고 싶지만 도대체 어떻게요?"라고 퍼트리샤 브라본은 말했다.

지난 1년간 캔터베리 대주교로 있던 조지 캐리는 수잔 허시와 2대 엘튼 남작의 아내인 리첸다 엘턴 등 두 시녀들로부터 정보를 수집했다. "내가 이해를 얻기 위하여 도움이 필요하면[51] 두 사람에게 물을 것이다. 나는 항상 변함없는 여왕의 기분에 대하여는 걱정하지 않는다. 내가 그녀들에게 '그분이 무슨 생각을 하고 계시는지' 물으면 그들은 즉각 대답할 것이다."라고 그는 말했다.

대주교는 엘리자베스 2세에게 찰스와 다이애나 사이의 거리는 너무 멀어져서 그 누구도 이 상황을 바꿀 수 없다는 자기의 생각을 전달했다. "그들의 성격은 판이하다.[52] 여왕은 그 점을 이해했다. 그녀는 도움의 손길을 내밀고 그들을 위해 기도를 드릴 수도 있다."고 캐리는 말했다. 그녀는 또한 찰스가 커밀라와 결혼하게 될 가능성에 대하여도 관심을 기울였다. "우리가 이혼에 대하여 솔직하게 대화를 나눈 적도 있었다. 나는 그녀가 한숨을 내쉬며 '역사가 반복되고 있어요.'라고 말할 때 절망의 눈빛을 보았다. 그녀가 말한 것은 윈저 공작과 공작 부인이었다. 그녀는 찰스가 다이애나를 거부함으로써 모든 것을 창밖으로 내던지고 다른 관계를 맺을 위험에 처해 있다고 생각했다. 이는 매우 걱정스러운 순간이었고 나의 역할은 다만 그녀를 안심시키는 것뿐이었다."고 캐리는 말했다.

여왕은 이 격정적인 시절에 그나마 차분한 성격의 수상을 만나게 된 것이 다행이었다. 존 메이저는 그녀를 공평하고 신뢰할 만한 공명판 sounding board 으로 의지했고 그녀는 복잡한 가족 문제를 헤쳐나가는 데 있어서 똑같이 그에게 기댔다. 그들의 정례 화요일 면담은 거의 "서로를 지지하는 회합"[53]이 되었다고 왕실 전기 작가 윌리엄 쇼크로스는 썼다. "메이저는 스캔들이 그녀를 몹시 괴롭혔다는 것을 알았다." 몇 년 뒤에 메이저는 "사람들은 그녀가 얼마나 강인한지 잘 모른다.[54] 내 생각에 그 시절에 만일 그녀가 그런 선택을 하지 않았더라면 맞닥뜨릴 수밖에 없었던 최악의 문제들로부터 왕정을 구출해낼 수 없었다고 생각한다."라고 말했다.

7월에 이르러 수상은 조지 캐리를 만나서 이 부부가 이번 가을이면 별거할 가능성이 높으며 이혼은 확실해 보인다고 말했다. 수상은 대주교에게 대법관 클래시펀의 매케이 경과 내각 비서 로빈 버틀러, 외무장관 더글러스 허드와 더불어 "헌정상의 문제와 관련한 준비 작업"에 참여해달라고 요청했다. "그들의 결혼을 품위와 이해심을 가지고 종결하는 데 도움을 주는 것은 성직자로서의 내 의무이다."[55]라고 그는 썼다. 이 과정에서 그는 "애석하게도 찰스는 죄를 지은 것보다 죄를 뒤집어쓴 면이 더 많았음을 알게 되었으며 다이애나는 스스로 승복하지 못하는 심리적 기질도 있다."고도 썼다.

밸모럴 연례 휴가가 시작되었지만 이 혼란스러운 상황으로부터 도피하는 데 아무런 도움도 되지 못했다. 도리어 그 악몽은 앤드루의 초대로 그곳에 와 있던 퍼기로 인해 되살아났다. 8월 20일[56] 〈데일리 미러〉는 "퍼기의 도둑맞은 키스"라는 제목의 1면 기사를 실었다. 이 기사는 32세의 요크 공작 부인[퍼기]이 프랑스의 리비에라 해변에서 젖가슴을 드러낸 채 두 딸과 존 브라이언이라는 37세의 미국인 "재정 후원자"와 휴식하고 있는 모습이 담긴 10페이지 분량의 사진들을 게재했다. 그중 하나는 브라이언이 퍼기의 발가락에 키스하는 장면이었고 두 살짜리 유제니 앞에서 두 사람이 포옹하고 있는 장면도 실렸다.

그날 아침 식탁에서 왕실 가족과 내빈과 궁정인들은 이 모욕적인 전시물과 맞닥뜨렸다. "국물이 식어가고 있었다고 표현한다면 정확할 것이다.[57] 사람들의 눈은 휘둥그레졌고 입은 딱 벌어졌으며 어른들은 〈데일리 미러〉의 페이지들을 획획 넘기고 있었다. …… 있는 그대로의 나 자신이 통째로 드러났다.[58] 무가치하고 부적절하다. 전 국가적인 수치다."라고 퍼기는 회고록에서 썼다. 퍼기는 여왕에게 사과했으나 그녀는 며느리의 어리석은 판단에 대하여 "격분"[59]했다. "그녀의 분노는 내게 깊은 상처를 주었는데 그녀가 옳았기 때문에 더욱 그랬다."
라고 퍼기는 회고했다. 인척들의 차가운 시선을 더는 견디지 못하고
창피당한 공작 부인은 사흘 뒤에 런던으로 돌아갔다. 그녀는 향후 16
년간 밸모럴에 가지 않았다.

필립은 가족의 명예를 실추시킨 퍼기를 결코 용서하지 않았다.
그는 "그녀를 볼 이유가 없기 때문에 보지 않는다."[60]라고 작가인 가일
스 브랜드레스에게 말했다. 그러나 여왕은 본래의 관용적인 모습대로
사이좋게 지냈다. 심지어는 샌드링엄에서의 크리스마스 휴가 때 퍼기
의 딸들이 나머지 가족들과의 축하 행사 후에 엄마를 만날 수 있도록
하기 위해 퍼기를 인근의 우드 팜에 머물도록 배려했다. "비록 실수를
범한 며느리이긴 하지만 여왕은 그녀에 대한 애착이 있었다.[61] 어떤 면
에서 퍼기는 마음 편하게 솔직해서 멀찍이 떨어져 있어도 무슨 짓을
하는지 알 수 있었다."라고 한 고위 보좌관은 말했다. 다이애나는 달랐
다. 비밀스럽고 간교했다. 따라서 더 용서하기 어려웠다.

〈데일리 미러〉의 특종이 터지고 나흘 뒤에[62] 경쟁지인 〈더 선〉은
"내 인생은 고문이다"라는 제목의 폭탄 기사를 퍼뜨렸다. 이 기사는 모
턴의 저서에 협력한 친구인 제임스 길비와 다이애나 사이에 이루어진
통화 내용을 집중적으로 인용했다. 이것은 1989년 12월 말 다이애나
가 샌드링엄에 머물고 있을 때 비밀리에 녹음되었다. 그들의 대화는
애정 표현이 가득했으며(그는 그녀를 "말랑이 squidgy"라고 불렀고 그녀는 그
를 "달링"이라고 불렀다) 성적 암시가 깔려 있었다. 그녀는 그들의 밀회
를 다룬 여러 건의 표지 기삿거리들을 제안하면서 이중성을 드러냈다.
가장 고약했던 것은 찰스와 친척들에 대한 그녀의 격한 언사였다. 그
녀는 "내가 이 빌어먹을 놈의 가족들을 위해서 그만큼 해줬건만."이라
고 말했다.

궁은 이에 대한 언급을 피했으며 여왕은 평정심을 유지하기 위해

분투했다. 마거릿은 이탈리아에서 휴가를 보내기 위해 스코틀랜드를 떠난 뒤에 여왕에게 편지를 썼다. 이 어려운 시기에 "언니와 함께 있어서 개인적으로 큰 위안이 되었으며"[63] 그녀의 언니가 하일랜드의 아름다움 속에서 약간의 위안을 찾기 바란다고 했다.

다이애나는 퍼기처럼 밸모럴을 탈출하지 않았다. 대신에 그녀의 개인 비서 패트릭 제프슨에 따르면 "절망과 반항과 자기 연민 사이"를 오갔으며[64] 11월 예정된 찰스의 한국 방문에 동행하지 않을 것이라고 발표했다. 다시 한 번 여왕이 개입해야 했다.[65] 이번에는 필립의 도움을 받아 그녀가 여행을 떠나도록 설득했다. 그래봤자 치부 가리기에 불과했다. 가을에 런던으로 돌아온 뒤에 찰스와 다이애나는 변호사들과 상담했는데 둘 중 그 누구도 공식 별거를 위한 힘든 첫 걸음을 떼지 못했다.

봇물처럼 터진 자극적인 기사들은 면세의 문제로 불길이 옮겨 붙어 여왕에 대한 추가적 공격을 부채질했다. 9월 초에[66] 정부 관료들은 그녀가 정책을 변경할 태세를 갖추어야 한다는 암시를 보내기 시작했다. 그해 가을에 실무팀은 검토를 거의 끝마치고 최종 제안서를 다듬는 데 필요한 세부 사항을 점검했다. 데이비드 에얼리는 1월 초에 아내와 함께 주말 사냥을 하기 위해 샌드링엄에 머물러 갈 때—어려운 문제가 있을 때마다 자주 이용했던 방법—여왕에게 계획안을 제출할 생각이었다. 그는 이 방법으로 여왕이 편안한 기분일 때 만날 수 있었다. 한 고위 보좌관은 "시간을 두고 에둘러서 말하고[67] 필립을 배석시키라."고 말했다. 일단 여왕이 승낙하면 발표는 1993년 봄에 할 수 있을 것이라고 관료들은 생각했다.

11월 20일 금요일, 여왕과 필립의 결혼 45주년 기념일에 운명이 개입했다. 그녀가 늦은 아침에 면담을 위해 가고 있을 때[68] 앤드루가 윈저 성에서 전화를 걸어 성의 일부에 화재가 발생했다고 말했다. 여러 방들의 배선을 교체하던 중에 스포트라이트가 프라이빗채플의 커튼에 불꽃을 일으켜서 불길이 빠르게 번져 체스터 타워로부터 시작해서 브룬스윅 타워로 옮겨 붙으며 세인트조지스 홀과 스테이트 다이닝 룸, 크림슨 드로잉 룸, 그린 드로잉 룸, 그랜드 리셉션 룸과 옥타곤 다이닝 룸을 비롯한 1백 개 이상의 다른 방들까지 파괴하거나 손상시켰다. 마침 복구 공사가 진행 중이었던 덕분에 원래 가장 큰 피해를 입은 방들에 있던 많은 미술품을 지켜낼 수 있었다. 앤드루는 하우스홀드 기병대 등을 포함한 20여 명의 자원봉사자들과 함께 나머지 미술품과 가구 및 화재의 위험에 노출된 귀중품을 건져내기 위하여 힘을 합쳤다.

여왕은 오후 3시에 도착했다. "내가 본 것 중에서 가장 충격을 받은 모습이었다."[69]라고 한 고위 보좌관은 말했다. 엘리자베스 2세에게 윈저는 가장 의미 깊은 고향집이었고 대화재는 방황하는 그녀 가족의 일탈에 대한 응징처럼 보였다. 그녀는 우비와 모자, 장화 차림에 두 손을 바지에 넣고 궁정의 한복판에 서서 망연자실한 표정으로 불길이 솟구치고 아파트 지붕이 무너지는 것을 바라보고 있었다. 그 모습은 안니고니의 초상화보다 더 큰 울림을 주었고 그녀의 끝없는 고독을 보여 주었다.

그녀는 회색의 빗줄기 속에서 한 시간 정도를 보낸 뒤 개인 아파트로 가서 스태프들이 불이 옮겨 붙을 것을 대비해서 귀중품을 옮기는 것을 도왔다. 소방수들이 불길을 잡은 뒤에 그녀와 앤드루는 피해 상황을 조사했다.

필립은 아르헨티나의 회의에 참석 중이었으나 전화로 아내와 길게 통화했다. 모후는 딸을 로열 로지로 불러서 함께 주말을 보내며 긴 대화를 나누었고 영적 교감의 기회로 삼았다. 그다음 주 여왕은 "그 끔찍했던 날 이후에 나의 분별력은 온전히 새롭게 태어났다."[70]고 어머니에게 편지했다.

재산 담당 비서 피터 브룩은 복구 예산 추정액 2천만 내지 4천만 파운드를 정부에서 부담할 것이라고 발표했다. 왕실 저택들은 상업 보험에 가입할 수 없게 되어 있으므로 이는 전적으로 타당했다. 더구나 윈저 성의 운영과 복구—화재 발생 시의 복구 작업까지 포함해서—에 따른 비용은 관례적으로 정부가 지불했다. 그러나 〈데일리 메일〉은 이 계획에 대하여 대중 영합적인 항의의 기사를 내보냈다. 이는 왕실 가족의 후손들에 대한 누적된 혐오감과 맞물려 여왕과 존 메이저에게 충격을 안겼다. 경제적 침체의 시기에 여론은 비등하여 여왕이 복구비를 부담할 것과 아울러 세금마저 납부할 것을 촉구했다.

불과 며칠 만에 궁의 관리들은 서둘러 일정표를 작성하고 납세에 대한 여왕의 승인을 얻어냈다. 그녀와 찰스 왕자는 자발적으로 1993년부터 랭커스터와 콘월의 영지에서 얻는 개인적 수입에 대한 세금을 납부하기로 했다. 여왕은 또한 매년 앤드루와 에드워드, 마거릿 등이 공식 경비로 지출한 왕실 비용 중에서 90만 파운드를 개인 재정에서 배상하기로 했다. 윈저 성의 복구를 위하여 그녀는 버킹엄 궁의 스테이트 룸들을 입장료를 받고 일반에 공개하기로 하는 데 동의했다.

새로운 버킹엄 궁 정책의 추동력은 마이클 피트로부터 나왔으며 데이비드 에얼리도 적극 지지했으며 여러 달에 걸친 논란을 거쳤다. 처음에 여왕은 이것이 "왕정을 가리던 신비의 베일을 너무 벗겨내는 건 아닌지"[71] 우려했다고 한 궁정인은 말했다. "궁에 초대받는 것은 특권이었고 궁 안에 들어오는 것 또한 특권이었다. 관광을 허용함으로써 궁의 격을 낮추는 것은 아닐까?" 그러나 반면에 "그녀는 보다 개방적인 왕정은 좋은 것이며[72] 왕실의 소장품은 어차피 국민의 소유물이라고 생각했다."라고 또 다른 고위 보좌관은 말했다. "한편으로는 이것이 궁의 업무와 보안에 방해를 주지 않을지 염려했다." 웨일스 왕자는 이 아이디어에 찬성했지만 모후는 1977년 여왕이 처음으로[73] 샌드링엄의 저택을 일반에게 관광시켰을 때처럼 변화에 대해 소극적이어서 강력히 반대했다.

결론적으로 엘리자베스 2세는 그녀가 밸모럴의 저택에서 체류하는 몇 달 동안 궁을 일반에 공개하는 타협안을 수용했다. 모후도 결국 새 정책을 받아들였지만 우드로 와이엇에게 "메이저가 그녀를 설득해서"[74] 세금을 내도록 고집했다고 말했다. 덧붙여 마거릿 대처라면 "결코 그런 일을 제안하지도 허용하지도 않았을 것"이라고 말했다. 실상 메이저는 처음에는 주저했고 윈저 성에 대한 재정 지원에 항의하는 언론에 대해 분개하면서 이는 "대단히 한심하고 솔직하지 못한[75] 반응이고 고약한 심성으로 보이며 영국이라는 국가의 성격에 어긋난 것"이라고 말했다.

궁을 개방한 것은 "여왕의 재위 기간 중에서도 매우 핵심적인 개혁 중 하나"[76]가 되었다고 그녀의 한 고위 보좌관은 말했다. 이는 또한 노다지 세입으로 판명되었는데 성의 복구를 위한 3,700만 파운드 예산의 3분의 2(나머지는 모든 궁의 경비 절감 조치로 충당되었다.)를 충당했을 뿐 아니라 상승하는 유지비를 조달하는 데도 도움을 주었다.

화재가 난 지 4일이 지난 후 여왕은 즉위 40주년을 기념하기 위하여 런던 시장이 런던 시의 길드홀에서 베푼 오찬장에 나타났다. 그녀는 심한 감기를 앓고 있었는데[77] 체온은 38도가 넘었고 들이마신 연기로 인해 목도 쉬었다. 짙은 초록색 드레스에 테두리가 위로 향한 모자를 쓴 그녀는 핼쑥해 보였으며 음성은 연약하게 들렸다. 로버트 펠로스가 초고를 작성했으나 내용은 여왕의 사적인 느낌을 강하게 담았다. "1992년은 내가 오로지 기쁨만으로 되돌아볼 수 있는 한 해가 아니었습니다.[78] 나의 교우 중 한 사람의 말을 빌리자면 올해는 '고난의

해^{Annus Horribilis}'가 되고 말았습니다.'라고 그녀는 연설을 시작했다.

그녀는 이어 "동시대의 일부 논객들"을 가볍게 비판했는데 역사의 심판은 "절제와 연민과 심지어 예지를 위한 기회를 제공한다. 하지만 이런 것들이 실제 삶에서 일어나는 크고 작은 문제들에 즉각적인 견해를 내놓는 일을 업으로 하는 사람들에게서 간혹 무시당하기도 한다."라고 말했다. 그녀는 비평의 가치를 인정했는데 "어떠한 제도도 …… 그 제도에 충성과 지지를 바치는 사람들이나 그렇지 않은 사람들―간접적이나 명백히 공화주의 비판자들을 겨냥해서―의 검증으로부터 결코 자유롭기를 기대해서는 안 된다."고 말했다. 그녀는 덧붙여 "검증은 …… 선의와 이해심을 가지고 행해져도 똑같이 효과적일 수 있다. 이러한 방식의 심문 또한 변화를 위한 효율적인 기제로서 작용할 수 있으며 또 그래야만 한다."라고 말했다.

고위 인사들로 구성된 청중은 기립 박수를 보냈다. 심지어 〈데일리 메일〉도 그녀의 "열정적이고 복잡한"⁷⁹ 언명들을 그녀가 왕정의 행위에 있어서 개혁의 필요성을 인정한 징조로 칭송했다. "고난의 해"는 여왕의 기나긴 재위 기간을 통틀어 가장 기억에 남을 캐치프레이즈 중의 하나가 되었다. 그러나 당시 이 표현을 지어냈던 전직 개인 비서보 에드워드 포드는 고전학자로서 이 라틴어를 좀 더 정확히 쓰자면 "annus horrendus"라고 해야 했음을 인정했다. 본래 "annus horribilis"는 "위협적인 해"⁸⁰라는 뜻이라고 했다. 사실 여러 면에서 이 표현 또한 적합했다.

길드홀 연설을 했을 때 여왕은 찰스와 다이애나에 관한 더 나쁜 소식들이 들릴 것을 알고 있었다. 11월 초에 있었던 두 사람의 한국 방문 기간 동안 다이애나는 개인적으로 "권태와 눈물로 얼룩진 절망적 상태"[81]에 놓여 있었다. 공식 행사에 나타난 그녀는 몽유병자 같았으며 지루해하는 표정이거나 고뇌에 찬 모습이었고 찰스는 극도로 불편한 표정이었다. 대중지들은 국왕 부처를 "무뚝뚝이들The Glums"[82]이라고 일 컬으며 현저하게 드러나는 피로감을 부각시켰다.

영국으로 돌아온 직후 다이애나는 찰스의 연례적인 샌드링엄에 서의 사냥 파티에 그녀와 아들들이 참석하지 않을 것이라고 마지막 순 간에 통보하면서 찰스를 한계점까지 몰아붙였다. 그 순간에 찰스는 "아내에게 법적 별거를 요구하는 것 외에 다른 선택이 없다."[83]는 결정 을 내렸다. 여왕의 "고난의 해" 연설 다음날 그는 켄싱턴 궁에서 다이 애나를 만나 그의 결정을 말했다.

12월 9일 수요일에 존 메이저는 왕위 계승자와 그의 아내가 별거 할 것임을 발표했다. 그는 서둘러 덧붙이기를 그들은 "이혼할 계획은 없으며[84] 그들의 헌정상의 지위에도 영향이 없을 것이고 …… 왕위 계 승에도 영향이 없을 것이며 …… 웨일스 왕세자비가 정당한 절차를 거 쳐 왕비가 되지 못할 아무런 이유도 없다."고 말했다. 메이저의 주장은 설득력이 부족했다. 왜냐하면 극도로 멀어진 상태로 결혼 생활을 유지 하는 국왕 부처가 함께 대관식을 치른다는 것은 왕정을 위태롭게 하는 것이기 때문이다. "돌이켜 생각하면 그런 말을 한 것은 실수이다.[85] 이 는 그녀를 바깥의 어둠 속으로 내치는 것이 아님을 보여주어 충격을 완화하려는 의도였을 것이다."라고 내각 비서 로버트 버틀러는 말했다.

이 혼란 가운데도 토요일에 이르자 약간의 위안이 찾아왔다. 앤 공주가 구름이 뒤덮인 차가운 날씨에 밸모럴의 크라시 교회에서 티모 시 로렌스 사령관과 결혼했다. 앤은 종교적 결혼식을 원했으나 이혼녀 는 영국 교회에서 결혼할 수 없었기 때문에 부득이 보다 관용적인 스 코틀랜드의 교회를 선택했다. 이 준비 과정이 너무 서둘러 진행됐기 때문에[86] 모후는 로열 로지에서의 주말 파티 도중에 아침 일찍 빠져나왔다가 만찬에 손님들과 합석하기 위해 다시 런던으로 돌아갔다.

42세의 신부와 37세의 신랑은 앤의 부모와 할머니는 물론 두 자녀들과 세 남자 형제들과 고모를 포함한 30명의 하객 앞에서 30분간의 의식을 치르며 혼인 서약을 마쳤다. 로렌스는 영국 해군 정장을 입었고 앤은 무릎까지 오는 흰색 정장을 차려 입었다. 그녀는 베일 대신에 머리에 흰 꽃송이들을 꽂았다. 들러리는 그녀의 열한 살짜리 딸 자라뿐이었다. 밸모럴 성은 겨울 동안에는 닫혀 있으므로 일행은 결혼식 후 짧은 리셉션을 위해서 크레이고완 로지로 이동했다. 20년 전 앤의 첫 번째 결혼식 행사와는 완연히 달랐다.

크리스마스 메시지에서 여왕은 이 시련의 시기를 다시금 언급했으나 주로 그녀와 그녀의 가족들에게 "큰 지지와 격려"를 보내준 "기도와 이해와 동정"[87]에 대한 감사의 표현이었다. 결코 자기 연민에 빠질 그녀가 아닌지라 그녀는 "우울한 해"의 맥락을 어려운 환경을 딛고 남을 위하여 봉사하는 사람들을 강조하는 쪽으로 가져갔다. 그 예로 장애를 가진 사람들의 수호자가 된 전직 영국 공군 조종사 레너드 체셔 대령을 지목했다. 제2차 세계대전 중 보여준 영웅 정신과 "위험을 무릅쓰는 용감함"으로 그는 빅토리아 훈장을 수여받았고 여왕은 1981년에 다시 메리트 훈장을 수여함으로서 영예를 더해주었다.

그녀는 그해 초 그가 "오랜 불치병"으로 사망하기 얼마 전 메리트 훈장 수여식에서 만났다. 그 만남은 "1992년에 나로 하여금 나 자신의 걱정들을 긴 눈으로 바라보게 하는 데 그 어느 것보다도 큰 도움을 주었다. 그는 자신의 병세에 대해서는 일체 말이 없었으며 오직 타인의 삶을 개선할 수 있는 희망과 계획에 대해서만 얘기했다."고 그녀는 말했다. 그는 "그리스도의 가르침을 실행에 옮겼으며" 그의 "빛나는 본보기로서 우리도 타인의 삶을 도울 수 있음을 일깨워주었다." 체셔의 영감을 이어받아 그녀는 또다시 "앞으로도 계속해서 국민을 위하여 봉

사할 것을" 서약했다. 그녀 특유의 복원 능력을 발휘하여 그녀는 그해
를 뒤로 하고 "새로운 희망을 품고"[88] 1993년의 "새로운 도전"을 맞이
하였다.

국민들이 어떻게 반응할지
모르는 가운데
여왕은 불안한 표정이었다.
그녀와 필립이
꽃다발로 뒤덮인 곳을 향해
걸어 들어가자
군중은 박수갈채를 보내기
시작했다.

17

Uncertain how the people would
react, the Queen betrayed a trace
of anxiety in her expression.
As she and Philip walked toward
the floral display, the crowd
began clapping.

여왕과 필립 공이 다이애나에게 바쳐진 수천 개의 꽃다발 사이로 걸어 들어가
버킹엄 궁 바깥의 군중을 놀라게 했다. ⓒ Camera Press London

CHAPTER 17

비극과 전통
Tragedy and Tradition

1월 중순, 대중지들의 또 다른 머리기사들이 품위 있는 새해를 준비하려는 여왕의 희망을 깨트렸다. 〈데일리 미러〉와 〈더 선〉은 1989년 12월, 다이애나의 악명 높았던 "말랑이" 녹음 테이프가 폭로되었던 같은 달에 찰스와 커밀라 사이의 전화 통화를 비밀리에 녹음한 낯 뜨거운 녹취록을 게재했다. 대화의 많은 부분에서 커밀라는 찰스의 사기를 복돋우려고 했다.("자기는 영리하잖아. 그렇게 좋은 머리를 가지고 있잖아?") 그러나 관심은 그들이 주고받은 어리석은 성적 농담에 쏠렸는데, 특히 눈길을 끈 건 찰스가 생리대로 다시 태어나서 당신 바지 속에 들어가 살고 싶다는 사춘기 소년 같은 소망이었다. 궁은 이에 대한 언급을 거부했지만 이 테이프는 부인할 수 없는 사실이었으며 남편의 치정에 대한 다이애나의 주장을 확인시켜주었다. 대중지 〈투데이〉가 발표한 여론조사[1]에서 응답자의 68퍼센트는 찰스가 그의 평판을 더럽혔으며 42퍼센트는 열 살인 윌리엄 왕자가 다음 번 왕이 되어야 한다고 생각했다.

2월에는 잠시 스캔들로부터 사람들의 관심을 돌릴 수 있었다. 데이비드 에얼리가 기자회견을 열고 "여왕이 납세를 결정한 이유와 그 실행 방법에 대해 설명했다."[2] 여왕의 고위 보좌관들은 "궁정인들은 보아서도 들어서도 안 된다."[3]는 원칙 아래 그 기록에 대하여 말하지 않았다. 그러나 여왕은 그녀의 시종장으로 하여금 시대의 요청에 부응할 것은 물론 공개적으로 모든 질문에 답변할 의사가 있음을 알리기를 원했다.

에얼리는 의도적으로 역대 왕들의 초상화가 걸려 있는 세인트제임스 궁의 역사적 장소인 퀸 앤 룸으로 브리핑 장소를 정했는데, 이는 그가 수 세기에 걸친 전통을 대변한다는 사실을 분명하게 환기시키고자 함이었다. 그는 필립 공과 모후의 공식 경비에 대한 급여 등의 다양한 공제를 제외한 엘리자베스 2세의 개인소득과 더불어 자본소득에 대하여 납부할 세금의 내역을 상세히 설명했다. 언론은 가장 중요한 제외 사항에 대해 의문을 제기했다. 왜 샌드링엄과 밸모럴과 그녀의 후계자에게 상속될 랭커스터 영지 같은 자산에 대한 상속세를 납부하지 않는가를 물었다.

"여왕은 우리와 다릅니까?"라고 한 기자가 물었다. "그분은 당신과는 다릅니다!"[4]라고 에얼리는 반박하며 국왕은 상속을 통하여 소진될 수 없는 개인 자원을 가져야 한다고 설명했다. 에얼리의 설명회는 왕실 재정에 대한 불만을 잠재우는 데 도움이 되었지만 여왕의 재산 규모와 브리타니아호 같은 사치품에 대한 소요 경비 관련 질문들은 아직 남아 있었다.

그해 후반에 여왕이 밸모럴에 체류하고 있을 때, 그녀가 총애하던 보모이자 오랜 드레서였던 보보 맥도널드가 89세를 일기로 버킹엄 궁에서 사망했다.[5] 그녀는 수년간 은퇴에 가까운 상태였지만 여전히 여왕과 가까이 지냈다. 보보의 건강이 악화되면서부터 여왕은 두 명의 간호사들로 하여금 24시간 그녀를 돌보도록 했다.[6] 여왕은 스코틀랜드에서 런던으로 돌아와서[7] 그녀가 세인트제임스 궁의 채플 로열에 마련한 장례식에 참석했다. 여왕과 함께 왕실에서 오랫동안 근무했던 보보의 동생 루비를 포함한 다른 가족들과 스태프들도 함께 참례했다. 보보는 그녀의 "작은 아가씨"를 67년간 받들었고 여왕은 보보의 마지막 전례대로 예의를 갖추어 보냈다.

1993년에는 여왕의 자녀들 가운데 아무도 더 이상의 문제를 일으키지 않았으나 다이애나는 계속 혼란을 야기했다. 한편으로 그녀는 마약과 알콜 남용 환자, 말기 암 환자, 에이즈 환자, 지적 장애 아동 등을 위한 봉사와 자선 활동에 헌신했다. 그러나 장막 뒤에서 그녀는 〈데일리 메일〉의 왕실 출입 기자인 리처드 케이에게 자신의 행방에 대한 정보를 제공하며 찰스와 여타의 왕실 가족들을 무대에 끌어올리는 노력을 기울였다. 그녀는 또한 모턴이 또 다른 저서를 쓰는 데 협력했다.

다이애나는 1991년에 그녀의 전임 승마 교사인 제임스 휴잇이 언론 감시의 초점이 되자 그와의 관계를 청산했다. "그녀는 갑자기 전화를 걸지도 않고 받지도 않았다."[8]고 그는 몇 년 뒤에 말했다. 그러고 나서 그녀는 기혼자인 미술상 올리버 호어와 관계를 맺었다. 이때 왕세자비는 일종의 강박 증세를 보여 격정적인 관계를 원했는데[9] 호어의 집에 수시로 익명의 전화를 걸어 괴롭히는 바람에 급기야 경찰이 조사에 나서기도 했다. 언론은 이 로맨스의 냄새를 맡고 1993년 말에 이르러 취재 사실을 보도하기 시작했다.

비슷한 무렵에 다이애나는 "감당할 수 없는" 언론의 부당한 주목을 탓하면서 공적 생활로부터 은퇴해서 자기를 추스리고 아들들을 돌보기 위하여 "시간과 공간"[10]이 필요하다고 눈물로 호소했다. 여왕과 필립 공은 그녀가 왕실 임무와 자선 활동으로부터 손을 떼길 원한다면 조용히 진행하라고 촉구했다.[11] 비록 그녀가 대중을 위한 통속극을 선택했더라도 그들은 여전히 샌드링엄에서 크리스마스를 가족들과 함께 보내자고 초대했다. 긴장이 더해진 분위기 속에서[12] 왕세자비가 샌드링엄에 도착하자 그 모습을 촬영하기 위하여 대중지의 사진 기자들이 떼로 몰려들었고 이에 여왕은 화가 났다.

엘리자베스 2세는 몇 주 뒤에 샌드링엄에서 말을 타다가 말이 발을 헛딛는 바람에 그 위에서 떨어지는 이례적인 사고를 당했다. 그녀는 말이 쓰러질 때 목덜미를 잡아 밀쳤다. 그러나 말은 쓰러지면서 그녀를 덮쳤고 왼쪽 팔목의 인대에 큰 상처를 남겼다. 그녀가 탄 말은 센터니얼이었는데 12년 전에 로널드 레이건이 탔던 종마로 유명해진 바 있다. 이에 레이건은 위로의 편지를 보냈다. "제가 충분히 주의하지 못했기 때문입니다."[13]라고 그녀는 답장을 보냈다. 또 사고에 대해 상세히 설명하고 팔에 깁스를 하게 되어 실망했음을 전하기도 했다.

2월에 그녀는 깁스를 한 채 3주간에 걸쳐 6개의 카리브 해 제도와 버뮤다로 여행을 떠났다. 그 지역을 둘러보는 것은 그녀에게 각별한 만족감을 주었다. "피부색에는 관심이 없었다.[14] 자메이카는 네 번째로 큰 그녀의 영토이다. 그녀가 자신을 '자메이카의 여왕'이라고 부를 때 뚜렷한 자신감을 보였다. 카리브 해 지역에는 친밀감이 있다."라고 영국에서 백인 입양 부모에 의해 자란 자메이카 원주민으로서 오랫동안 BBC 통신원이었던 웨슬리 커는 말했다.

여왕은 커가 부친 쪽으로 19명에 달하는 이복형제들을 포함한 대가족을 자메이카에 두고 있음을 알고 있었다. "미스터 커, 아버지를 만났나요?[15] 그리고 그분이 나를 보았나요?"라고 한 모임에서 물었다. 다른 날 커는 켄싱턴을 걷다가 그녀의 태연자약한 모습을 보고 탄복했다. "한 떼의 여자들이 그녀를 붙잡고 '멋있다! 멋있어요!'라고 떠들어 댔다. 그녀는 태연했지만 경호원들은 그녀를 거의 붙들어야 했다. 그녀는 신체 접촉을 개의치 않았다. 자기가 무슨 도자기라도 되는 듯 대하기를 원치 않았다."라고 커는 말했다.

석 달 뒤인 1994년 6월 6일, D-데이 50주년 기념일을 맞아 엘리자베스 2세는 자신의 일생 그리고 조국에 있어서 의미 있는 행사를 지켜보았다. 또한 처음으로 42대 미국 대통령 빌 클린턴과 그의 아내 힐러리와 긴 시간을 가졌다. 노르망디 해안에서 펼쳐진 축하 의식 전야에 엘리자베스 2세와 필립은 포츠머스에서 연회를 베풀었으며 클린턴 부처를 브리타니아호에 초대하여 그날 밤 묵게 했다.

만찬에서 68세의 여왕 옆자리에 앉은 47세의 대통령은 "그녀가 공적인 문제에 대하여 토론하며 자신의 정치적 견해를 표명하는 경지까지 나가지 않으면서도 나에게 정보와 견해를 집요하게 질문하는 영리한 태도에 대하여"[16] 매력을 느꼈으며 "폐하는 타고난 자리만 아니었더라면 성공적인 정치가나 외교관이 될 수도 있었던 사람이라는 인상을 받았다. 그러나 둘 중 어느 하나로 보이지 않으면서도 실상은 두 가지 역할을 다하고 있었다."고 했다. 필립 공과 존 메이저 사이에 앉았던 힐러리는 여왕이 "빌의 얘기를 들으며 고개를 끄덕이고 웃기도 하는 모습"[17]을 지켜보았다. 이튿날 아로망슈 해안에서 여왕은 "퇴역군인들—그녀의 동세대—의 행군하는 모습을 보고 기뻐했다.[18] 노병들이 서로를 격려할 때 여왕은 울컥했고 왕위 계승자인 찰스 왕자도 함께 감동했다."고 윌리엄 쇼크로스는 썼다.

모자지간의 화해 분위기는 찰스가 그달 말에 언론인 조너선 딤블비와의 TV 인터뷰에 출연해서 부모에게 충격을 주면서 깨졌다. 왕자는 2년에 걸쳐 딤블비와 TV 프로그램과의 동반 전기를 위해 협력해왔는데, 표면적으로는 그가 웨일스 왕자로 서품받은 25주년을 기념하여 그의 자선 활동을 돋보이게 하기 위한 것이었다. 찰스에게 있어서 똑같이 중요했던 것은 다이애나가 모턴과 언론계 사람들에게 제공한 자신에 대한 부정적 인식을 반박할 기회를 가지고자 한 것이었다.

이 계획이 예정대로 진행된 후에 찰스는 부모에게 이 계획의 윤곽을 대강 설명했고 부모는 사적인 문제들을 지나치게 솔직하게 털어놓는 것은 삼가라고 충고했다. 그러나 그의 생각은 달랐다. 1994년 6월 29일에 방영된 두 시간 반 분량의 기록 영상물은 온건한 주제들을 광범위하게 다루었지만 이런 내용은 찰스가 "결혼 초부터" 다이애나를 배신하고 "지속적으로 외도를 일삼았다는 치명적 혐의"를 드러내는 짧은 대화에 의해 파묻혀버리고 말았다.[19] 찰스는 그들의 결혼이 "둘의 노력에도 불구하고 회복할 수 없을 정도로" 깨어지기 전까지는 "충실하고 명예로웠다."고 말했다. 그는 커밀라에 대해서는 "오랜 친구" 이상의 존재로서는 언급하지 않았다. 그러나 그녀가 그의 정부였고 그들의 정사가 찰스와 다이애나의 결혼 후 5년 뒤에 재개되었음은 분명해졌다.

찰스는 자신의 솔직한 태도가 "그의 결혼을 정상화할 의사가 전혀 없었다는 오해"[20]를 잠재울 수 있으리라고 믿었다. 그는 냉정하기보다 고통받고 회한에 찬 듯한 태도를 보였기 때문에 대중의 동정을 샀다. 그러나 그가 공개적으로 간통 사실을 시인한 것은 모친을 민망하게 만들었으며 신뢰의 규율을 어겼다. 이는 또한 다이애나가 복수를 위한 TV 출연을 고려하게 만드는 맞대응을 불렀다.

두 달 후에 여왕은 찰스가 딤블비에게 일기와 편지와 공문서를 제공했다는 사실을 알고 더욱 난감해했다. 존 메이저 또한 우려를 가지고[21] 우드로 와이엇에게 공적 비밀법Official Secrets Act, 국가 기밀을 보호하기 위한

영국법-옮긴이을 발동하여 내각 문서로부터 유출된 그 어떤 것들도 출판할
수 없도록 조치했다. 찰스는 여왕의 비밀 문서 반환 요청을 따랐지만
둘의 관계는 경직되었다. 그는 밸모럴의 부모를 방문하는 대신에 모후
와 함께 버크홀에 머물렀다.

　　10월 중순에 여왕은 4일간의 역사적인 러시아 방문을 시작했다.
이는 1908년에 증조부인 에드워드 7세가 러시아 영해에서 요트를 타
고 차르 니콜라스 2세를 만난 이래 영국의 국왕으로는 최초였다. 그런
데 이때 딤블비 저서 발췌문이 〈더 선데이 타임스〉에 실렸다. 620페이
지에 달하는 이 책의 내용은 찰스와 부모 사이를 더 갈라놓았다. 그는
모친을 불행했던 어린 시절의 머나먼 존재로 묘사했으며 부친은 고압
적이고 무감각한 존재로 그렸다. 엘리자베스 2세와 필립은 이 같은 묘
사에 충격을 받았다고 친구들은 말했다. 그녀는 언급을 자제했지만 찰
스의 세 형제들은 분개하여 그의 면전에 대고 질타했다. 이 논란에 대
한 질문을 받고 모후는 두 손을 저어가며 경멸을 나타냈고 "그놈의 조
너선 딤블비!"²²라고 외쳤다.

　　국내에서는 딤블비의 폭로로 떠들썩할 때 여왕은 모스크바와 상
트페테르부르크 여행을 계속했다. 그녀의 방문은 어두웠던 역사의 흐
름을 바꿔 놓았다. 러시아 제국의 로마노프 통치자들과 영국의 왕실은
가까운 친척 간이었다. 1918년에 볼셰비키가 니콜라스 2세와 그의 가
족들을 살해했을 때 여왕의 조부인 조지 5세는 그의 로마노프 사촌의
영국 망명을 거절함으로서 그들의 운명에 종지부를 찍었다. 역설적으
로 소련의 공산당은 영국 왕실에 대하여 항상 깊은 존경심을 드러냈
다.²³ 그러나 여왕은 양심이 허락하지 않아서 소련이 1991년에 붕괴될
때까지 러시아를 방문할 수 없었다.

　　1994년에 러시아는 그녀의 방문을 열렬히 바랐다. "왕정은 탄탄
하다.²⁴ 영국에서 무슨 일이 생긴다 해도 영국인들은 어떤 어려움이든

극복할 수 있는 제도가 있다는 것을 알고 있다."라고 러시아 일간지 〈이즈베스티야〉는 말했다. 러시아에서 최초로 민주적 선거에 의해 선출된 대통령 보리스 옐친은 흐루쇼프가 그랬던 것처럼 여왕에게 반하여 너무나 오랜 세월 동안 전제주의 통치를 겪은 뒤에 민주주의를 증진시키는 일이 얼마나 어려운 일인가를 털어놓았다. 옐친이 여왕의 견해를 이끌어내려 했을 때[25] 그녀는 외무장관인 더글라스 허드에게 이를 넘겼다.

볼쇼이 발레단의 〈지젤〉 공연을 보러 갔을 때 엘리자베스 2세는 휘황한 다이아몬드와 사파이어가 박힌 보관을 썼고 목걸이와 팔찌를 했으며 10분간 기립 박수를 받았다. "보석이 너무 많았던 것 같아요."[26]라고 그녀는 걱정하며 왕실 보석 담당 데이비드 토머스에게 말했다. 그러자 "국위 선양"을 중시한 토머스는 "아닙니다. 다들 좋아했어요."라고 대답했다. 더글라스 허드는 "그들의 과거를 그리워하는" 러시아 국민들 사이에서 "여왕이 일종의 향수를 불러일으켰다."[27]고 말했다.

국내로 돌아왔을 때는 마틴 차터리스가 〈스펙테이터〉와의 인터뷰에서 스캔들에 얼룩진 왕실 가족의 솔직한 면모를 무심코 발설해 새해 출발부터 불안해 보였다. 그는 후일에 고백하기를 기자의 "매력"에 넘어갔으며 "자만심 탓이었겠지만"[28] 비보도를 전제로 한 대화인 줄 알았다고 했다. 그는 이미 왕실 주변에서는 다들 알고 있는 사실을 큰 소리로 떠들어댄 셈이었다. 요크 공작 부인 사라 퍼거슨은 "더럽고, 더럽고, 더럽다."[29]고 표현했으며 찰스와 다이애나는 "이혼할 것"이며 이로써 "공기가 청소"될 것이고 "찰스가 국왕이 되는 데 장애물은 사라질 것"이라고 말했다.

이 퇴임한 궁정인은 또한 여왕의 장래를 내다보며 그녀를 "사람들이 상상하는 것보다 훨씬 더" 현실주의자라고 묘사했다. 그는 그녀가 끝까지 견뎌낼 것이라며 왕정은 어차피 "단계"를 거쳐간다는 것을 알고 있다고 말했다. 몇 달 뒤 이에 대한 질문을 받은 모후는 친구 우드로 와이엇에게 그녀와 나머지 가족들 모두 차터리스에게 악감정이 전혀 없다고 말했다. "그 사람은 머리가 비상한 사람이에요."[30]라고 그녀는 말했다.

1995년 3월, 엘리자베스 2세는 근 반세기만에 처음으로 남아프리카공화국에 발을 들여놓은 뒤 "평생에 걸친 엄청난 경험 중의 하나"[31]를 겪었다. 그녀는 자신을 국빈 방문으로 초대한 넬슨 만델라로부터 "엘리자베스."라고 인사를 받았다.(세계 지도자들 가운데 그와 잠비아의 케네스 카운다만이 기분 상하는 일 없이 그녀의 이름을 부를 수 있다.) 그녀는 그를 1991년에 짐바브웨에서 열린 코먼웰스 국가 수장 회의에서 처음 만났다. 만델라는 아프리카 민족 회의의 지도자로서 옵서버로 초대되었고 남아프리카공화국은 여전히 코먼웰스 바깥에 있었다. 그는 정부 지도자 자격이 없으므로 규칙상 여왕의 전통적인 연회에는 참석할 수 없었다. 그러나 로버트 펠로스는 여왕으로 하여금 예외를 만들도록 촉구했다. "그를 초대해요."[32]라고 그녀는 즉각 응답했다. 한편 그녀의 결정은 잠재적으로 논란이 될 수 있었는데 바로 4년 전에 마거릿 대처가 만델라를 테러리스트로 규정했기 때문이다.

1994년 4월에 만델라는 모든 인종에게 개방된 최초의 민주적 선거를 통하여 남아프리카공화국의 대통령으로 선출되었다. 코먼웰스는 그 직후 이 종전의 불량 국가를 회원국으로 받아들였고 여왕은 그해 7월에 웨스트민스터 성당에서 이를 기리는 특별 행사를 가졌다. 8개월 뒤 그녀의 남아프리카공화국 방문은 대규모의 군중을 불러모았는데 특히 흑인 거주 구역에서는 사람들이 "다시 오셔서 고마워요." 라는 팻말을 높이 들고 환호하였다. "이는 모든 사람들에게 가슴 벅찬 일이었다."[33]라고 더글라스 허드는 말했다.

한편 엘리자베스 2세의 영국에서 그녀의 지위에 대한 자신감은 떨어지고 있었다. 그녀는 다이애나의 행적에 계속 압도되고 말았다. 왕세자비의 올리버 호어에 대한 전화 스토킹을 비롯하여 대중지들이 "사랑쥐love rat, 간통하는 남자를 지칭-옮긴이"라고 조롱하는 제임스 휴잇과의 치정을 다룬 앤드루 모턴의 후속편 저서가 가세했다. 이 책에서는 다이애나의 섬뜩한 자해 소동까지 세세하게 다루었다. 또한 그녀가 은퇴를 선언한 지 채 1년도 되지 않아서 전 세계적 자선 사업가로 활동을 "재개"[34]함으로써 언론의 관심을 끄는 등 이루 열거하기 힘들 정도였다.

　1995년 5월 8일, 유럽에서의 제2차 세계대전 종전 50주년 기념일이 다가오면서 여왕은 그녀답지 않게 무엇을 해야 할지 망설였다. "그녀는 왕정이 대중의 존경 속에서 할 일을 잘못한다는 사실에 대해 불안감을 가지고 있었다."[35]고 이 행사 준비 책임을 맡은 상원의 보수당 지도자 로버트 솔즈베리는 회고했다. "나는 버킹엄 궁을 군중으로 가득 채우고 싶었다. 그녀는 군중이 모이지 않을 것을 두려워해서 군중이 덜 모여도 되는 기병대 행진으로 대체하기를 원했다. 나는 '아뇨, 전 채울 수 있습니다.'라고 말했다. 나는 매우 신경이 날카로워졌다. 만일 내가 틀렸다면 나는 바보 멍청이가 된 기분일 것이다."

　군중은 1945년 때보다 훨씬 더 많았다. 그녀의 동생과 94세의 모친과 더불어 발코니에서 군중의 바다를 내려다보면서―꼭 50년 전에 조지 6세와 함께 바로 이 자리에 섰던 세 사람―그녀는 강렬한 감정을 억누를 때 으레 그랬듯이 돌 같은 표정이 되었다. "여왕은 눈물을 글썽였다.[36] 그러나 다시 안으로 들어갔을 때는 절대 아무도 눈치채지 못하게 했다. 대신 커다란 잔에 담긴 진 토닉을 단숨에 들이켰다."고 한 시녀는 말했다.

왕실의 감동적인 시간은 그리 오래 지속되지 않았다. 11월 4일―매우 의도적이게도 찰스 왕자의 47회 생일―다이애나는 버킹엄 궁의 관리들에게 자기가 BBC의 점잖은 공공 행사 프로그램인 〈파노라마〉에 잠깐 출연한다고 통보했다. 그녀의 개인 비서와 언론 비서에게도 전혀 알리지 않고 이미 이 방송의 무명 리포터이자 프로듀서인 마틴 바시르와 그녀의 켄싱턴 궁 아파트에서 55분간의 인터뷰를 녹화한 뒤였다.

이 프로그램은 11월 20일 엘리자베스 2세와 필립의 48주년 결혼 기념일에 방영되었다. 이것은 남편에게 버림받은 다이애나의 마지막 복수였다. 중재자도 없이 그녀는 미리 질문을 받고 답변을 연습하기까지 했다. 이 인터뷰에 대해서 훗날 다이애나와 대화를 나눈 바버라 월터스는 이를 "뛰어난 연기"[37]라고 했다. 왕세자비는 조금도 굴하지 않고 그녀의 감정적 고통과 휴잇과의 로맨스, 산산이 부서진 결혼 생활에 대해서 말했다.[38] 또한 왕실 가족들은 그녀의 문제에 대하여 무심했고 그녀를 "불안정"하다고 치부해버렸다고 설명했다.

마지막으로 그녀는 찰스의 가장 아픈 곳을 찌르는 공격을 퍼부었다. 그가 왕이 된다면 그 지위에 "질식당할 것"이라고 말하여 왕으로서의 자격을 깎아내렸다. 그 "최고직"은 "그에게 엄청난 제약을 가져다줄 것이며 그가 과연 그 일에 적응할 수 있을지 모르겠다."고 말했다. 그 외 커밀라와의 관계에 대해서 다이애나는 인상적인 말을 남겼는데 "이 결혼에는 주인공이 세 명이었어요. 그러니 좀 붐볐죠."라고 했다. 1986년 이후 실상은 제임스 휴잇까지 포함하여 네 명이었다는 사실은 살짝 빠트렸다. 영국에서만 1,500만 명, 해외까지 수백만 명에 달하는 TV 시청자들의 귀에 울림을 남긴 또 다른 대목은 그녀가 "사람들 마음속의 왕비"가 되고 싶다는 소망이었다.

훗날 그녀의 가까운 친구인 로사 몽크턴은 당시 그녀의 연기는 "최악의 다이애나"[39]를 보여주었다고 썼다. 찰스의 친구인 니콜라스 솜스는 이 인터뷰가 "악화된 정신 분열 상태"[40]를 보여주었다고 말했다.

본인과 왕실 가족에게 끼친 손상은 모턴 저서에 의한 것보다 훨씬 더 심했으나 갤럽의 여론조사에서는[41] 왕세자비에게 긍정적인 반응을 보여, 77퍼센트의 응답자가 그녀에게 자기 이야기를 할 권리가 있다고 보았다. 여왕의 근심을 더한 것은 46퍼센트의 응답자가 찰스는 왕위에 부적합하다고 보았다는 것인데 이 수치는 2년 전보다 13퍼센트 상승한 것이었다. 메이페어에서의 오찬에서 마틴 차터리스는 우드로 와이엇에게 다이애나는 "불안정"할 뿐 아니라 "매우 위험하며"[42] 따라서 이제 이혼은 "불가피하다"고 말했다.

여왕은 다이애나의 인터뷰를 보지 않았다. 언론 비서 찰스 앤슨은 그녀를 대변하여 언론을 향해 "여왕은 한번도 〈파노라마〉를 본 적이 없다."고 못을 박았는데 이는 이례적으로 그녀의 사견을 밝힌 것이어서 "BBC를 놀라게 했다."[43]고 한 궁정인은 말했다. 보좌관들은 보조를 맞추어 핵심적인 문제에 관하여 보고했다. 존 메이저, 조지 캐리 등과 협의를 거친 그녀는 12월 12일, 찰스와 다이애나에게 개별적으로 "국가의 이익을 위하여 …… 서둘러 이혼"[44]할 것을 요청하겠다고 정식으로 수상에게 통지했다. 그들은 2년 이상 공식적으로 별거해왔기 때문에 찰스는 다이애나가 동의하면 합의 이혼을 청구할 수 있었다. 여왕은 며느리에게 보내는 정교한 지시문—사실상 왕명—에 서명하고 "마마로부터 사랑을 보내며"[45]라고 끝맺었다.

이혼과 관련한 가장 큰 쟁점은 돈이나 자녀 양육이나 특전이 아니라 다이애나의 직위였다. 1996년 2월 15일, 다이애나는 버킹엄 궁에서 여왕의 개인 비서보이자 기록을 맡은 로빈 잰브린이 배석한 가운데 여왕과 만난 자리에서 자청하여 "전하Her Royal Highness"의 칭호를 포기했다. 엘리자베스 2세는 예상대로 개입하지 않았으나[46] 다이애나로 하여금 찰스와 마주 앉아서 모든 문제에 관하여 세부적으로 논의할 것을 촉구했다. 뒤에 다이애나는 폴 버렐에게 시어머니가 그녀에게 "연민과 친절"[47]을 보여주었다고 말했다.

2월 28일, 마침내 찰스와 다이애나가 세인트제임스 궁에서 만났다. 다이애나는 이혼에 동의했다. 그들은 두 아들의 양육을 함께 맡기로 했고 "전하"의 칭호를 포기하는 대신에 웨일스 공주, 다이애나로 불리기로 했다. 그러나 다이애나는 이 논의의 상세한 비밀 사항을 언론에 즉각 노출하여 또다시 도를 넘었으며[48] 여왕과 찰스가 그녀의 왕실 지위를 포기하도록 압력을 가했다는, 그녀에게 부당해 보이는 부분(《데일리 메일》의 우군인 리처드 케이를 통해 전달했다.)을 함께 폭로했다. 그 주장은 거짓이었는데 엘리자베스 2세는 이를 증명할 왕세자비와의 만남 관련 기록을 가지고 있었다. 그녀는 찰스 앤슨으로 하여금 이례적으로 성명을 직접 발표하도록 했다. "그 지위를 포기한 것은 왕세자비 자신의 단독 결정[49]이었다. 여왕이나 왕자가 요청한 것이 아니었다. 나는 그녀의 주장이 결코 사실이 아님을 단정적으로 말한다. 궁에서는 어떤 사실에 대하여 절대적으로 확실하지 않은 한 구체적으로 말하지 않는다."

찰스와 다이애나의 복잡한 협의가 진행되던 5월 30일, 앤드루와 퍼기의 이혼이 결혼 10년 만에 결판이 났다. 다이애나가 동의한 선례에 따라 퍼기는 "전하"의 칭호를 포기하고 요크 공작 부인, 사라로 불리기로 했다. 그러나 웨일스 부처와 달리 요크 부처는 퍼기의 잦은 일탈에도 불구하고 우호적으로 헤어졌다. 그들의 딸들을 키우는 데 있어서 그들은 자신들을 "공동 부모"[50]라고 불렀고 퍼기는 자신들이 실상 "세상에서 가장 행복한 이혼 부부"[51]라고 말했다.

다이애나에 대한 찰스의 인심 좋은 이혼 계획은 그해 여름에 알려졌다. 먼저 1,700만 파운드를 주고 매년 다이애나의 사무실 경비로 385,000파운드를 주기로 했다. 그녀는 켄싱턴 궁 밖에서 살면서 일할 것이고 찰스 또한 세인트제임스 궁을 비울 것이다. 그녀는 왕실과는 무관하게 자선 활동을 이어갈 것이지만 이와 관련한 해외 활동을 할 경우에는 여왕과 외무부로부터 승인을 받도록 했다. 세인트제임스 궁의 스테이트 아파트는 여가용으로 사용할 수 있으며 공적 임무를 위하여는 왕실 교통수단을 사용할 수 있게 하였다. 다이애나는 마지막까지 그녀의 "전하" 칭호에 대한 집착을 버리지 못했지만 마침내 열네 살짜리 아들 윌리엄이 자기는 상관이 없다고 하자 승복했다. 반왕족으로서 그녀의 지위를 강화해주기 위하여 궁은 그녀가 여전히 "왕실 가족의 일원으로 간주될 수 있다."[52]는 입장을 어렵게 표명했다. 그녀가 국가적 행사에 참석할 때마다 그녀는 "전하"로서의 지위를 인정받게 되었다.

여왕은 7월 9일 화요일에 넬슨 만델라가 나흘간의 국빈 방문차 도착하면서 가족의 고통으로부터 해방되는 위안을 얻었다. 수십 년만에 최대의 인파인 수만 명의 관중이 쏟아져 나와 기병대 환영식을 마치고 버킹엄 궁으로 가는 만델라와 엘리자베스 2세의 마차 행렬을 향해 환호성을 보냈다. 그날 저녁 국빈 만찬에서 70세의 국왕은 77세의 남아프리카공화국 지도자를 "나의 마음과 영국인들의 가슴속에 특별한 자리를 차지하는"[53] 나라의 구원자로서 추앙했다. 그가 27년간 감옥에서 고통을 겪고서도 지혜와 이해심을 간직했다는 그녀의 칭찬은, 사흘 뒤에 그가 지난날의 적수였던 마거릿 대처와 20분간 만나서 "과거는 과거로 돌리자."[54]고 말했을 때 사실로 판명되었다.

　　화요일 밤, 전통적인 "답례" 만찬을 베푸는 대신에 만델라는 의전 규칙을 바꾸어 로열앨버트 홀에서 〈두 나라 Two Nations〉 콘서트를 베풀었다. 찰스 왕자는 이 행사의 조직을 도왔는데 필 콜린스, 토니 베넷, 퀸시 존스 등이 휴 마세켈라를 비롯한 여러 유명 남아프리카공화국 음악인들이 함께 출연했다. 만델라는 여왕과 필립과 찰스 그리고 다른 왕족들과 귀빈석에 함께 자리 잡았다. 휴식 시간에 그는 남아프리카공화국 주재 영국 대사로 일했던 로빈 렌윅을 한쪽으로 데려갔다. 남아프리카공화국의 발가락 장단에 맞춘 춤솜씨로 잘 알려진 그는 "내가 춤을 춰도 될까?"[55]라고 물었다. "그럼요."라고 렌윅은 말했다. 만델라가 "여왕은 괜찮을까?"라고 다시 묻자 "춤추세요. 염려마시고요."라고 대답했다.

남성 아카펠라 그룹인 레이디스미스 블랙 맘바조가 연주를 시작하자 검은색 실크 양복을 입은 만델라가 귀빈석에서 일어나 춤을 추기 시작했다. 필립은 망설이다가 일어나 가세했고 찰스도 뒤따라 음악에 맞추어 몸을 흔들며 손뼉을 쳐댔다. "놀랍게도 여왕 역시 자리에서 일어나 몸을 살짝살짝 양옆으로 흔들었다."고 로빈 렌윅은 말했다. 이튿날 〈데일리 텔레그래프〉가 지적했듯이 엘리자베스 2세는 "공중 앞에서 한 번도 춤을 춘 적이 없었다."[56]

8월 28일에 웨일스 부처는 마침내 이혼을 했고 왕실의 커다란 짐을 덜어주었다. 그러나 그들은 다이애나가 세인의 주목을 놓치지 않으려 한다는 것을 예상하지 못했다. 그녀는 노동당의 지도자이며 1997년의 총선 후보인 토니 블레어와 새로운 전략적 연대를 구축했다. 새해 초에 그들은 몇 번의 사사로운 디너 파티에서 조용히 만났고[57] 이 역동적인 젊은 정치가는 다이애나의 인품을 가늠했다. 그는 그녀의 아름다움과 카리스마에 매료되었고 그녀는 그에게 선거 운동을 위한 사진 촬영의 기회에 대한 조언을 하면서 그녀가 어떻게 '호의적인 각도'를 얻어냈는지 치밀하게 설명했다.[58]

블레어는 그녀의 "왕족과 평민의 극단적 결합[59]에 …… 편안하고 인간적이고 무엇보다도 동등한 자격으로 사람들과 어울릴 의사를 갖춘" 점들을 환영했다. 동시에 그는 그녀가 왕족의 "예측 가능하고 엄격한 규제가 따르는 생태계"에 뛰어든 "예측 불가능한 유성流星"[60] 같은 존재임을 인지했다. 비록 그녀는 자신의 정치적 성향을 명시하지 않았으나 그는 그녀가 "기질과 시기 그리고 그녀가 불러일으키는 분위기"에 있어서 그의 노동당 계획에 "최적임자"[61]임을 느꼈다.

다이애나가 격식에 덜 얽매인 왕실 스타일을 보여주었다면 블레어는 노동당의 정통성에 항거하는 "제3의 길"을 추구함으로써 정치적 관행을 무시했다. 기본적으로 두 사람은 모두 뛰어난 배우들이었다. "근본적으로 우리는 자신만의 방식으로 조작에 능한 사람들이어서[62] 타인의 감정을 재빨리 포착하고 그들의 비위를 본능적으로 맞추는 재주를 타고 났다."라고 그는 뒤에 썼다. 이런 카멜레온적인 기질이 블레어로 하여금 일관성은 있으나 우둔한 지도력의 존 메이저를 무너뜨린 선거 전략을 구사하게 했다. 블레어의 "새 노동당" 의제는 완고한 사회주의 대신에 시장을 기반으로 한 보수적 사상을 접목시켜 젊은 혈기와 현대화를 약속했다. 1997년 5월 1일, 노동당은 압도적인 승리를 쟁취했고 44세 생일을 나흘 앞두고 집권한 블레어는 여왕의 즉위 이후에 태어난 최초의 수상이 되었다.

블레어는 신분 상승을 이룬 스코틀랜드 가정의 자손이었다. 그의 부친 리오의 양부모는 글래스고의 조선소 출신이었고 그의 외조부는 도살업자였다. 리오는 자수성가해서 법학 대학에 진학했고 변호사 자격을 취득한 뒤 영국 더럼 대학의 법학 강사가 되었다. 이후 보수당 정계에 진출했으나 뇌졸중으로 그의 이력은 짧게 끝났다.

그는 토니를 위해서 우수한 사립 교육을 고집했다. 그리고 그를 스코틀랜드의 이튼으로 알려진 에든버러의 기숙학교인 페테스 칼리지에 보냈다. 블레어는 옥스포드에서 법학을 전공했고 런던에서 변호사로 일했으며 리버풀 출신의 야심차고 능란한 변호사로 알려진 체리 부스를 만나서 결혼했다. 그는 노동당 정계에 뛰어들어 1983년에 의회에 진출했고 개혁파로 활동했다. 환한 미소에 미소년처럼 잘생긴 용모—모후는 비꼬듯이 그를 가리켜 "이빨만 있지 물지는 못한다. all teeth and no bite."[63]고 묘사했다—를 지닌 블레어는 뛰어난 언변과 진술한 수사로 주목을 받았고 호감 가는 인품으로 지지를 끌어모았다. "그는 영국뿐 아니라 세상 어디에서도 내가 만난 수상 가운데서 가장 멋진 매너를 지녔다."[64]고 보수파 역사가 폴 존슨은 말했다.

1994년 노동당 지도자 존 스미스의 사망 후에 블레어는 야당의 지도자로 선출되면서 강인함을 드러냈다. 그리고 그의 친구이자 동료이며 그 자신도 지지세를 끌어모으고 있던 고든 브라운과의 관계를 단절했다. 브라운은 블레어를 "배신자"로 몰아붙였으나 블레어는 그가 결국은 브라운을 자신의 후계자로 만들 것이라고 달랬다.[65] 이 거래의 여파는 그들이 함께한 수년간에 걸쳐 두 정치가 사이의 적대감을 키웠다.

블레어는 1997년 5월 2일 "손등의 키스"를 위한 버킹엄 궁 방문에서 기억에 남을 만한 모습을 연출했다. 여왕의 시종무관으로부터 설명을 들은 뒤에 그는 카펫의 끝자락을 헛디뎌[66] 입술을 가져다 대야 할 여왕의 손등 위에 넘어지고 말았다. 엘리자베스 2세는 민망해할 틈도 주지 않고 그가 자기의 열 번째 수상이라고 말했다. "윈스턴이 첫 번째였어요.[67] 당신이 태어나기 전이었죠."라고 그에게 말했다. 그들의 대화는 영화 〈더 퀸〉에서 일부 등장했는데 이 또한 블레어의 신경 과민 증세를 그대로 드러냈다. "나는 광활한 역사의 시간 속에서 내 나이가 많은지 적은지 혼동되었지만[68] 그날 만남에서 …… 그녀는 사람을 편하게 해주려고 무척 애쓴다는 점은 금세 분명해졌다."라고 블레어는 2002년의 인터뷰에서 말했다.

노동당의 입법 계획에 대한 "이러저러한"[69] 논의가 오간 지 20분 정도 지나자 궁의 안내 직원이 체리를 들여보냈다. 그녀는 전투적인 공화주의자로 국왕에 대한 적절한 예의를 지키지 않는 것으로 비난받은 바 있다. "내가 무릎 인사를 하지 않았는지 잘 기억이 나지 않는다.[70] 그러니 했을지도 모르겠다."라고 체리는 애매하게 회고했다. 두 여인은 가족의 이사 문제에 대한 실질적인 대화를 나눴는데—당시 블레어는 세 자녀를 두었다—다우닝 가 10번지로 이사하는 데 대하여 여왕은 "대체로 동정적이었다."[71] 엘리자베스 2세는 "꼭 알맞은 시간 동안만 대화를 나누고 아주 미세한 제스처로 대화를 끝낸 다음 우리를 밖으로 바래다주었다."고 수상은 회고했다.

71세 생일을 맞은 엘리자베스 2세는 그 축하식을 윈저 성에서 열하루나 일찍 조용히 치렀다. 그녀는 승마를 했고 오찬에는 96세의 모후를 대접했으며 낸시 레이건에게 그날을 묘사한 대로 "따사로운 봄 햇살"[72] 아래 사색하며 프로그모어 정원의 아름다움을 즐겼다.

그녀 나이 또래라면 편안하게 은퇴해서 시야를 좁히고 살아야 하건만 여왕이라는 독특한 지위는 그녀로 하여금 문화의 변혁을 품을 수 있는 넓은 시야를 가지도록 요구했다. 3월 6일, 왕정에 대한 150페이지에 달하는 정보를 담은 최초의 왕실 웹사이트가 개설되었다. 그녀는 인터넷이 "국경을 넘어서 무수한 지식의 영역에 문호를 개방한다."[73]고 언명했다. 그러나 또 다른 면에서 블레어가 지적했듯이 "대단히 완강하게 고집하는 그녀의 면모"[74]가 있었는데 "왕정의 신비와 위풍"을 지킨다는 전통이었다.

새 수상의 난처한 초기 결정 사항 가운데는 43년 된 요트 브리타니아호에 관한 것이 있었다. 3년 전 메이저 정부는 경비 절감 차원에서 이 왕실 요트의 운행을 1997년에 정지시키기로 결정했다. 보수당은 1,100만 파운드의 개량 비용과 치솟는 연간 운영비를 지원하는 데 주저했다. "많은 사람들은 브리타니아호의 유지를 원했다.[75] 거리의 수

많은 사람들은 이것이 왕정의 훌륭한 상징이라고 생각했다."고 전직 원로 궁정 관료는 말했다. 일부에서는 이 요트가 1991년부터 1995년 사이에 약 30억 파운드를 끌어들인 사업가들을 위한 "시 데이즈^Sea Days" 행사[76]로 전 세계에서 영국의 무역을 증진시켰다고 주장하기도 했다. 그러나 결국 브리타니아호는 공공 경비로 호화롭고 특권적인 지출을 하는 차별적 상징으로 여겨졌고 여왕은 정부에 이를 포기할 의사가 있음을 전달했다.

정치적 민감성에도 불구하고 메이저 정부는 운영비를 절감한 최첨단의 왕실 요트를 건조할 것을 고려했고 국방부는 약 8천만 파운드의 예산이 소요되는 계획을 수립했다. 블레어가 1997년 6월 30일에 홍콩의 자치권을 중화인민공화국에 이양하는 의식에 참석했을 때 그는 영국을 상징하는 부유물의 가치를 실감했다. 자정에 영국 국기가 하강하고 난 뒤에 블레어는 조명이 환하게 켜진 요트가 홍콩의 항구를 빠져나가는 광경을 목격했다. 그러나 그의 정부는 곧 브리타니아호의 후속작을 만들지 않기로 했는데 이는 실속 없이 큰 정부의 과다 지출을 상징하는 7억 5천만 파운드짜리 밀레니엄 돔 건립 계획이라는 블레어 자신의 잘못된 정책에 비하면 속 좁은 결정이었다.

그해 8월 왕실 가족은 브리타니아호를 타고 밸모럴로 가는 도중에 마지막으로 웨스턴아일스를 항해했는데 으레 그래왔듯이 메이 성을 들르는 감상적 여행이었다. "릴리벳"과 "필립"[77]은 모후의 방명록에 마지막 브리타니아의 날을 기념하여 서명했으며 이어서 나머지 가족들이 뒤를 따랐는데 앤드루와 그의 두 딸들, 앤과 그녀의 두 번째 남편 팀 로렌스와 그녀의 자녀들, 에드워드와 그의 여자 친구 소피 리스존스, 마거릿의 아들 데이비드 린리와 그의 아내 세레나 등이었다. 전통적인 오찬은 "어딘가 우울"[78]했지만 그들이 모두 일어나 관례적으로 시 구절을 주고받는 가운데 브리타니아는 구축함 두 척의 호위를 받으며 해안을 두 번 왕복하고[79] 지평선 너머로 사라졌다.

　모후의 운문은 그녀의 친구이자 영국의 계관 시인인 테드 휴스가 썼는데 아래는 그중 일부이다.

> 행복하고 사랑에 넘친 우리 모두의 기억과 함께[80]
> 그대의 선장이 어디로 그대들을 안내하든
> 그대들은 우리 모두의 마음속으로 항해하여,
> 여기 마침내 모두 영원히 정박할지어다.

　여왕이 모후에게 보낸 16행의 답시 〈성곽 모양의 거주지 castellated pad〉에서는 이렇게 경탄했다.

> 오, 이 천상의 날이여,[81] 시리도록 행복하고 즐거우니
> 육지에서 보내온 맛있는 음식들 하며
> 귀하신 손으로 손수 까주신 콩,
> 외국 땅에서 보내온 과일과 아이스크림은
> 인도에서 왔던가, 파키스탄이었던가?

여왕과 그녀의 가족들과 친구들이 밸모럴의 한가로운 생활에 젖어들 무렵 그들은 매일 아침 거실에서 다이애나의 일탈이 실린 신문들을 접해야 했다. 이혼 후 왕세자비는 세계를 향하여 용감한 모습을 드러냈는데 지뢰의 사용 금지 같은 새로운 운동을 제기하기도 했다. 그러나 그녀의 심리 상태는 어느 때보다도 더욱 격랑에 휩쓸려 점점 더 부적격한 남성들에게 집착했다. 그녀는 윌리엄과 해리에 대한 맹목적 사랑에 빠져 그들을 최대한 일상생활에 노출시켰다. 〈파노라마〉 인터뷰에 출연하여 그들에게 "사람들의 감정[82]과 불안과 걱정과 또 그들의 희망

과 꿈"을 보여주려고 했다. 그러나 그녀는 또한 아들들―특히 윌리엄―에게 그녀의 남자 친구들을 비롯한 자신의 문제에 관한 짐을 지우기 시작했다.[83]

7월에 그녀는 영국 정부로부터 연달아 영국 국적을 거부당했던 이집트의 거물 모하메드 알파예드의 아들 도디 알파예드와 사귀면서 한 단계 더 추락했다. 모하메드 알파예드는 다이애나의 몇몇 자선 사업에 후한 지원을 하면서 그녀와 친교를 맺었다. 한때 알파예드의 자문이었던 앤드루 닐에 의하면 그녀에게 "둘 다 아웃사이더이며 공동의 적들을 가지고 있다."는 생각을 주입하였다.[84]

다이애나는 아들들과 함께 생트로페의 10에이커에 달하는 영지에 머물면서 도디를 만났다. 42세의 도디는 발육 지체의 전형적인 스타일로 버릇없고, 잘못 교육받은 데다가, 무직에, 근본이 없고 무책임하며, 코카인과 스피드를 즐겼다. 그는 다이애나에게 11,000달러짜리 카르티에 팬더 시계를 선물하고 부친의 전용 비행기와 요트로 쾌락 여행을 제공하는 등 온갖 사치스러운 선물을 안겼다. 그들의 로맨스가 8월 7일 터져 나온 순간부터 대중지들은 암시적인 사진들, 선정적인 기사와 함께 두 사람의 일거수일투족을 다루었다. 윌리엄과 해리는 부친과 함께 밸모럴에 체류하고 있었는데 도디를 불신했으며 모친의 전시적인 행동을 창피하게 여겼다.[85]

8월 31일 일요일 새벽 1시에 파리의 영국 대사관으로부터 크레이고완 로지에 묵고 있는 로빈 잰브린에게 섬뜩한 전갈의 전화가 걸려왔다. 다이애나와 도디가 알마 광장 인근의 터널 안에서 끔찍한 차량 충돌 사고를 당했다는 것이었다. 잰브린은 서둘러서 밸모럴 성으로 달려가 여왕과 필립 그리고 찰스와 긴급 회합을 가졌다. 오후 4시 직후 그들은 다이애나가 36세의 나이로 그녀의 애인과 운전 기사와 함께 사망했다는 전언을 들었다.

그들은 윌리엄과 해리를 재우기로 했고 여왕은 모후에게 쪽지를 써서[86] 그녀가 잠에서 깨면 보여드리게 했다. 오전 7시 15분에 찰스는 당시 15세와 12세였던 아들들에게 이 비극에 관해 얘기했다. 그 순간부터 엘리자베스 2세는 한편으로는 두 손자들을 달래고 또 한편으로는 고위 보좌관들과 함께 그 아이들의 모친을 영예롭게 기리는 준비를 했다.

로빈 잰브린이 밸모럴에서 여왕과 함께 머물고 있는 동안에 다른 궁정인들은 빅토리아 기념탑이 내려다보이는 버킹엄 궁의 차이니스 다이닝 룸에 임시 본부를 차렸다. 데이비드 에얼리는 이탈리아 여행을 취소했고 시종장실의 감사부장 맬컴 로스 중령은 스코틀랜드에서 날아왔으며 로버트 펠로스는 노퍽에서 달려왔다. 동시에 토니 블레어와 고위 보좌관들은 "지상 최대의 사건"[87]이자 왕정에 대한 급박한 위기로 사태를 인식하고 수습에 들어갔다.

블레어가 아침에 엘리자베스 2세와 대화를 나누고 있을 무렵에 궁에서는 간결한 성명을 발표했다: "여왕과 웨일스 왕자는 이 끔찍한 소식을 접하고 충격과 실의에 빠져 있다."[88] 그녀는 수상에게 이 죽음에 대하여 더 이상 언급할 계획이 없다고 말했다. 블레어는 그녀가 "철학적이었으며 아이들 걱정을 했지만 또한 직업적이고 실제적이었다.[89] 그녀는 사건의 엄중함을 파악하고 있었으나 이 일로 인해 휘둘리는 일은 없을 것이라는 나름의 소신을 지녔다."고 보았다. 블레어가 교회 앞에서 코멘트를 할 것이라는 계획에 대하여 그녀는 이의가 없었다. 메모를 읽으며 그는 다이애나를 "국민의 왕세자비 people's princess"[90]라고 기억에 남을 호칭으로 불렀다. 그가 국민의 아픔을 얼마나 느끼고 있으며 "때때로 그녀가 얼마나 힘들었을지"[91]를 암시하였고 고인이 된 왕세자비와 "뜻을 함께하는" 사람들을 칭송했다.

그의 말은 위무의 뜻을 담았으며 애정과 상실의 설익은 감정을 구체화했다는 뜻에서 진심이었다. 그러나 왕실 가족들은 블레어가 "국민의 왕세자비"라는 호칭을 사용한 게 국민 감정을 잠재우기보다 동요시키는 데 일조를 했다고 생각했다.[92] 조지 캐리는 그 묘사가 "일부 사람들로 하여금 그녀를 왕실 가족에 대한 반감의 우상으로 만드는 유혹을 부채질할지 모른다고"[93] 우려했다. 그 우려는 그 주에 그대로 나타났다.

여왕과 그녀의 가족들은 일요일에 크라시 교회에서 열린 정례 예배에 참석했다. 기도 가운데 다이애나에 대한 언급은 없었는데 이는 스코틀랜드 교회의 관습이었다. 밸모럴에서 자주 설교를 해왔던 전 고위 교직자에 의하면 스코틀랜드 교회에서는 목사들이 고인을 위해서 기도를 드리지 않는데[94] 그 이유는 신이 그들을 이미 떠나보냈기 때문이라고 한다. 그러나 언론은 이러한 생략이 고인을 욕되게 한 것이라며 모친의 사망 후 불과 몇 시간도 지나지 않아 윌리엄과 해리를 데리고 교회에 간 여왕을 비난했다. "그들은 외면했다."[95]라고 BBC의 제니 본드는 말했다. 실상 어린 왕자들은 그 순간에 종교의 위안을 원했다.[96] 윌리엄은 "엄마에게 말하고 싶었다."[97]고 말했다고 한다. 아이들을 포함하여 모두는 왕실 가족들이 항상 해왔듯이 감정적 고통이 따를수록 엄격하게 인내하는 모습을 보인 것이었으나 겉보기에는 매정한 것으로 비쳐 더욱 비난을 샀다.

그때부터 가족들은 대중의 시야로부터 벗어났다. 여왕의 의도는 처음부터 순수했다. 그녀가 1979년 마운트배튼이 폭탄 테러로 사망한 뒤 티모시 내치불에게 보여주었던 "끊을 수 없는 모정" 같은 것이었다. 그녀는 윌리엄과 해리가 하일랜드에서 그들을 사랑하는 사람들에 둘러싸여 언제까지나 머물도록 해야 한다고 믿었다. 그들의 부친처럼 아이들은 전원의 즐거움에 물들어 있었다. 여왕은 왕자들이 그들의 사촌인 피터 필립스와 사냥도 하고, 낚시도 하고, 가족들과 모여 언덕에서 바비큐를 즐기도록 했다. "그 아이들을 버킹엄 궁으로 보내서 아무 하는 일도 없이 그대로 둔다는 건[98] 끔찍한 일이었다."라고 마거릿 로즈는 말했다.

여왕은 공군기를 조달하여 찰스 왕자로 하여금 다이애나의 자매들인 사라와 제인과 함께 파리로 가서 왕세자비의 시신을 운구하도록 했다. 엘리자베스 2세는 또한 블레어로 하여금 일요일 오후에 영국 공군 노솔트 공항에서 비행기를 마중하도록 요청했다. 고인이 된 왕세자비가 왕실 가족의 일원으로 대우받도록 한 여왕의 희망에 따라 다이애나의 관을 왕실 깃발로 감쌌다. 붉은색과 황금색과 푸른색으로 된 국왕의 의전 깃발을 응용한 것이었다.

엘리자베스 2세는 처음에는 스펜서 가문의 희망에 따라 다이애나의 장례를 사적으로 치르고자 했지만 보좌관들과의 협의 결과 비록 정식 국장은 아니더라도 왕실 장례 의식과 유사한 방식으로 치를 필요성을 인정했다. 그녀는 아내까지 데려온 로버트 펠로스와 스펜서 가족들의 도움을 받았다. 왕실 가족을 위한 장례 계획은 대단히 치밀하게 준비될 뿐 아니라 각각에 암호가 부여된다. 여왕에게는 런던 브리지, 모후에게는 테이 브리지, 필립 공에게는 포스 브리지 등이다. 그러나 다이애나에게는 그런 준비 절차가 없었다. 왜냐하면 그녀는 더 이상 실질적으로는 왕족의 신분이 아니기 때문이었다. "우리는 파일을 볼 수 없었다.[99] 우리는 완전히 새로 해야 했다."라고 데이비드 에얼리는 동료들에게 말했다.

일요일 낮과 밤에 걸쳐 버킹엄 궁의 궁정인들은 돌아오는 토요일의 장례를 준비했다. 전통적인 방식과 현대적인 방식을 결합한 형태였다. 다이애나의 관은 말이 끄는 대포 마차에 실었다.(영구차에 싣는 것보다 잘 보이기 때문이다.) 웰시 근위대에서 차출한 12명이 관을 이끌고 그녀가 싫어했을 틀에 박힌 군대 행렬 대신에 다이애나가 봉사했던 자선단체에서 나온 500명이 그 뒤를 따랐다. "우리는 관련 단체 이사장이 아니라 그녀의 자선 활동으로부터 수혜를 입은 사람들을 원했다.[100] 또한 보통 대성당에 초대되지 못하는 여러 계층의 대중으로, 다이애나가 평소 교류했던 사람들을 불러 모으는 것이 중요했다."고 데이비드 에얼리는 말했다. 또한 웨스트민스터 홀에 유해를 공개하는 대신에 다이애나의 시신이 장례식 전까지 채플 로열의 제단에 사적으로 안치될 켄싱턴 궁과 세인트제임스 궁에서 대중으로 하여금 조문 명부에 서명하도록 했다.

에얼리는 이 계획을 전달하기 위하여 월요일 아침에 밸모럴의 잰브린에게 전화했다. 오전 9시에 여왕은 승인했다. "그녀는 자선단체의 참여 내용을 듣고 매우 기뻐했다."[101]고 로스는 회고했다. 이는 "특별한 인물을 위한 특별한 장례식이 될 것"[102]이라고 궁은 발표했다.

시종장은 에얼리가 특별히 초대한 블레어의 핵심 정보 요원 몇몇을 포함하여 경찰과 군 등 모든 관련 당사자들과의 연속 협의를 주도했다. 그들은 언론이 일컫는 "국민장"[103]을 위한 세부적인 방안을 마련했는데, 트럼펫과 드럼 같은 전통적인 팡파르는 배제하고 그 대신에 엘튼 존의 독창과 수상의 추모사 같은 혁신적인 터치를 가미했다. 화요일 오후에 그들은 모든 내용을 문서로 작성하고 밸모럴로 보내서 여왕이 "전체를 볼 수 있도록" 했다. 그녀는 이번에도 그들의 제안을 별도 논의 없이 바로 승인했다. "그녀는 문서에 능하다.[104] 특히 길고 복잡한 것들을 잘 소화한다. 문서를 빨리 읽고 처리한다."라고 로스는 말했다.

궁정인들은 완고하다는 일반적인 인식과 달리 그 주일에 여왕의 사람들은 유연성과 독창성을 보였다. 에얼리는 10년 이상 버킹엄 궁을 현대화하는 일에 앞장섰다. 로버트 펠로스는 토니 블레어에 의하면 놀랄 만큼 "빈틈없고 요령 있는"[105] 인물이었다. "로빈 잰브린은 매사가 어디로 향하는지에 대해 완전히 정통했다."[106]고 블레어는 회고했다. 반왕정주의자인 수상의 대변인 알라스테어 캠벨마저도 궁정인들이 "창조적 사고를 장려했고[107] 심지어 모험도 불사했다."고 언급했을 정도였다. 여왕은 그들을 신뢰했고 그래서 보다 많은 군중이 볼 수 있도록 장례 행렬을 두 배로 늘리자는 제안과, 장례를 TV로 시청할 수 있는 대형 비디오 스크린을 하이드 파크에 설치하자는 제안도 서슴없이 수용했다.

그러나 그녀는 깊이 뿌리 내린 전통을 거역하는 언론과 대중의 부적절한 요구와 이 비극을 사적으로 치르고 싶은 가족들의 희망에 완강히 맞섰다. 화요일에 이르자 어느 추정치에 의하면 "시간당 6,000명"[108] 가까운 조문객들이 밀려들어 유례없는 대규모 장례식이 치러질 것임이 분명해졌다. 꽃다발,[109] 박제 동물, 서명, 풍선, 애도의 글 등 온갖 추도물이 버킹엄 궁과 켄싱턴 궁의 담장 아래 쌓였다. 마치 가까운 친지를 위해서 하듯 공원에 텐트를 치고 숙박하며 서로 끌어안고 울기까지 했다. 수요일 밤까지[110] 약 75만 명의 사람들이 열 시간 이상씩 줄을 서서 이미 이틀 동안에 네 권에서 서른네 권으로 불어난 조문록에 서명하기 위해 기다렸다. 이는 마치 다이애나의 원초적 감정―그녀가 〈파노라마〉 인터뷰에서 말한 "머리가 아니라 가슴"[111]에서 나오는―이 시민들로 하여금 그들이 조지 6세와 윈스턴 처칠의 사망 후 보여주었던 위엄 있는 절제를 포기하게 만든 것처럼 보였다.

군중은 처음에는 다이애나의 오빠 찰스가 누이의 사망 몇 시간 뒤에 "나는 언젠가는 언론이 결국 그녀를 죽일 줄 알았다."[112]라고 한 말에 분개하여 대중지들에게 반감을 표출했다. 일요일 켄싱턴 궁 밖에서 조문객들은 일단의 기자들을 향해서 "그래, 이제 흡족하냐?"[113]라고 외쳐댔다. 그러나 주중에 접어들자 분노는 하일랜드에 격리되어 런던의 국민들이 느끼는 고통을 함께하지 않는 여왕에게 향했다. 〈인디펜던트)는 "왕족들이 국민과 함께 울어줄 수도 있으련만"[114]이라는 비판적 사설을 게재했다. "언론은 자신들을 대신해서 비난받을 누군가를 찾아 배회하고 있었다."[115]라고 엘리자베스 2세의 고위 보좌관들 중 한 사람은 말했다. "그들은 표적을 다른 데로 돌릴 필요가 있었다.[116] 그리고 공정하게 말하자면 그들은 순수한 대중의 감정을 방출시켜주었다." 라고 블레어는 보았다. 여왕의 무관심을 나타내는 증거로 언론은 버킹엄 궁의 깃대가 비어 있다는 점에 초점을 맞추었고 다이애나를 위하여 조기를 게양할 것을 요구했다.

수 세기에 걸친 관습에 의하면 궁에 게양되는 깃발은 여왕의 깃발뿐이었으며 그녀가 궁 내에 체류할 때만 게양되었다. 그리고 그 깃발이 절대로 조기로 게양될 수 없었던 이유는 국왕이 서거하면 후계자가 왕정의 계승 과정에 따라 즉각 즉위하기 때문이다. 그러나 군중은 그러한 구분법을 아랑곳하지 않았고 그들의 정서는 폭동에 가까울 정도로 끓어올랐다. "내게 가장 인상 깊었던 것은[117] 침묵이었으며 나는 그 점이 우려되었다."라고 궁 밖을 몇 발짝 거닐었던 데이비드 에얼리는 말했다.

수요일에 여왕의 런던 보좌관들은 전통을 접어두고 영국 국기를 조기 게양하도록 제안했으나 그녀와 필립은 듣지 않았다. "로빈은 런던의 정서를 묘사해야 했다.[118] 이는 고문에 가까운 과정이었는데 왜냐하면 그녀의 감정은 강경했기 때문이었다. 로빈은 그녀가 그의 얼굴을 은유적으로 할퀴었기 때문에 그의 얼굴에는 은유적으로 피가 흘러내렸다고 말했다. 그는 그녀에게 여러 차례 드나들었다."라고 맬컴 로스는 말했다.

그날 뒤늦게 궁의 대변인은 "모든 왕실 가족들은[119] ……엄청난 상실과 슬픔의 감정을 나누는 대중의 압도적 지지로부터 힘을 받고 있다."라는 성명을 발표하여 점증하는 압박을 분산시키려 했다. 토니 블레어는 공개적으로 여왕을 두둔했으나 "내가 말한다는 사실은[120] 그녀는 침묵하고 있다는 것을" 오히려 강조할 뿐[121]임을 알고 있었다. 엘리자베스 2세를 상대해서 "매우 직접적인 간언[122]을 단호하게 해야 하는 부담을 덜기 위해서 그는 찰스를 만났고 찰스는 자기가 모친에게 말하겠다고 했다. 찰스는 블레어에게 여왕이 더 이상 "숨어서"[123] 있을 수는 없으며 "런던으로 와서 대중의 분출에 반응해야 한다고 동의했다."

밸모럴은 550마일이나 떨어진 곳의 감정적 온도를 체감하기에는 어려운 브리가둔^{Brigadoon, 100년에 한 번 나타나는 스코틀랜드의 신비의 도시. 1947년에 초연된 브로드웨이 뮤지컬의 제목이다.-옮긴이}적 요소가 있다. 그러나 과거에 여러 차례, 여왕은 의무가 따를 때에는 항공편으로 날아온 적이 있었다. 맥밀런이 입원했을 때 사표를 받기 위해서 왔고 체커스에서 리처드 닉슨과 오찬을 하기 위해서, 포클랜드 전투 후 포츠머스에서 아들 앤드루를 마중하기 위해서, 그리고 보보 맥도널드의 장례를 위해서도 왔다. 이번에 그녀가 오고 싶어 하지 않았던 까닭은 그녀의 손자들에게 더 이상의 걱정을 끼치지 않기 위해서였다. 여왕에게 있어서 이는 아이러니한 반전이었다. 그동안 가족보다 의무를 우선한다는 비판에 자주 시달려왔는데 이번에는 거꾸로 그 반대의 경우로 비난을 산 꼴이 되고 말았다. "만약에 그녀가 내려왔다면[124] 이 슬픔에 쌓인 시간에 손자들을 방치한 매정한 할머니라고 언론이 비판했을 것이다."라고 여왕의 전임 언론 대변인 디키 아르바이터는 말했다.

목요일 아침 대중지들은[125] 다음과 같은 굵은 제목들로 열기를 고조시켰다. 〈데일리 익스프레스〉의 "걱정한다는 것을 보여달라", 〈더 선〉의 "우리의 여왕은 어디 계신가? 그녀의 깃발은 어디에 있나?", 〈데일리 미러〉의 "국민이 고통받고 있어요. 우리에게 말해주세요, 폐하" 등이었다. MORI^{국제 시장 및 여론조사 기관-옮긴이}에 의하면[126] 대중의 25퍼센트는 왕정의 폐지를 찬성했는데 이는 1969년의 19퍼센트보다 의미 있는 상승이었다. 알라스테어 캠벨은 펠로스와 잰브린을 불러서 거리의 분위기가 "위험하고 불쾌하게"[127] 변해간다고 보고했다. "로빈 잰브린은 내게 여왕이 침착한 가운데 그녀가 국가에 대해 무관심하다는 여론에 대해 심란해하고 있다고 전했다."[128]고 조지 캐리는 말했다. 그날 아침 런던 팀과의 회의에서 여왕은 그녀의 부재가 왕정 자체를 위협할 뿐 아니라 위기 상황에서 국가의 지도자로서의 역할을 수행해야 한다는 뜻에서 상황의 심각성을 깨달았다.

언론의 질타가 여왕의 결정에 역할을 했으나 더 중요한 것은 보좌관들의 설득이었다.[129] 그녀와 가족들은 기차를 타고 일요일 오전 11시 장례식 직전에 도착하기로 한 본래의 계획을 바꾸어 금요일에 항공편으로 가기로 했다. 그날 저녁에 그녀는 TV 연설을 하기로 했고 채플 로열에 안치된 다이애나의 관에 경의를 표하기로 했다. 토요일에 장례를 위하여 버킹엄 궁을 떠나면 다이애나에 대한 추모의 뜻으로 사상 최초로 국기를 조기 게양하도록 했다.

여왕은 또한 앤드루와 에드워드로 하여금 목요일 오후에 다이애나의 관을 방문하고 버킹엄 궁으로 돌아올 때 몰 가를 군중과 함께 걷도록 하여 처음으로 왕실 가족이 대중의 심정에 공감한다는 것을 보이도록 했다. 왕자들은 그들을 반기는 추모객들과 함께 대화를 나눴다. "궁 바깥의 정서를 경험한 것은 대단한 일이었다.[130] 그것은 비현실적이었다. …… 완전히 비현실적이어서 어느 누구의 기대와 이해도 뛰어넘는 일이었다."라고 앤드루는 회고했다.

낮에 블레어는 여왕의 부름을 받고 가서 새로운 계획을 의논했다. "그가 여왕과 일대일로 대화하는 것을 처음 보았는데[131] 그는 폐하를 썩 잘 다루었다. 그는 그녀가 연약하다는 것을 보여주어야 하고 사람들이 그것을 느끼도록 해주어야 한다고 말했다. 그는 '저는 그렇게 느낍니다. 세상에 그렇게 느끼면서도 동기를 의심받는 것처럼 비참한 것은 없습니다.'라고 말했다."라고 두 사람의 대화를 들었던 알라스테어 캠벨은 전했다. 블레어는 여왕이 "비로소 사태를 파악하게 되었고[132] 전적으로 설득되었다. 쉬운 일은 아니었으나 확실하다."고 기억했다.

그날 오후에 궁의 언론 비서 제프리 크로포드는 세인트제임스 궁 앞에 서서 이례적인 성명을 발표했다. 이튿날 벌어질 일에 대한 설명뿐 아니라 여왕의 기분을 묘사하는 새로운 유화 조치를 보였다. "왕실 가족들은 그들이 국가의 슬픔에 대하여 무관심하다는 암시에 상처받았으며"[133] 다이애나의 아들들은 "모친을 몹시 그리워한다."고 덧붙였다. 크로포드는 이어 윌리엄과 해리는 밸모럴의 "조용한 안식처"에 있고 싶어 한다는 것과 "국민과 함께 모친을 애도하는 공적 시련"을 위하여 마음의 준비를 하는 그들이 "상실감을 극복하도록" 돕고자 하는 여왕의 노력을 되풀이해 알렸다.

여왕은 백성들을 위로하기 위하여 어느 정도 감정을 드러낼 용의가 있었으나 그 무엇보다도 그녀는 가족과 국가를 위해 강력한 지도자가 되어야 했다. 그녀의 동생 마거릿은 훗날 감사를 표했다. "사고가 있은 뒤에 그녀가 어떻게 모든 사람들의 생활을 친절하게 인도했으며[134] 불쌍한 두 아이들의 삶을 견디게 해주었는지 …… 거기에 항상 언니가 있어 모든 사람의 말에 귀 기울이고 모든 문제를 결정짓고 …… 나는 언니가 훌륭하다고 느꼈다."라고 말했다.

필립은 런던으로 돌아온 날 저녁에[135] 가족들이 크라시 교회의 예배에 참례하자고 제안했다. 지난 일요일과는 달리 밥 슬론 목사는 슬픔에 잠긴 왕실 가족들을 위로하기 위해 다이애나의 이름을 언급하며 기도했다. 뒤이어 그들은 밸모럴 문 앞에 모여든 사진기자들 앞에서 멈췄는데—소년들은 검은 정장을 입었고 남자들은 관례적으로 트위드 재킷과 스코틀랜드 치마를 걸침—조문객들이 놓고 간 꽃들을 둘러보기 위해서였다. 금요일 오후 2시 40분에—다이애나 사망 후 5일 째—엘리자베스 2세와 필립은 사전 공표 없이 같은 목적으로 버킹엄 궁 정문 앞에 도착했다.

롤스로이스에서 내렸을 때 국왕 부처는 빅토리아 탑으로 스무 줄이나 길게 늘어선 군중과 궁의 담장에 6피트 높이로 쌓인 수천 개의 꽃다발과 마주쳤다. "몰 가에 줄지어 선 군중 사이에는 험악한 분위기가 감지되었다."[136]라고 개인 비서보 메리 프랜시스는 말했다. 군중이 어떻게 반응할지 모르는 가운데 여왕은 염려스러운 표정을 지었다. 그녀와 필립이 꽃다발이 전시된 쪽으로 향하자 군중은 박수하기 시작했다.

"아직 완전히 끝나지는 않았으나[137] 분위기가 달라지고 있다는 것은 알 수 있었다."라고 프랜시스는 말했다. 한 어린 소녀가 꽃다발을 내밀었다. "네 대신에 내가 그것을 가져다 놓을까?"[138]라고 여왕이 물었다. "아녜요. 이건 폐하께 드리는 거예요."라고 소녀는 대답했다. 여왕은 조문 행렬에 선 몇몇 여인들에게 말을 걸어 질문("이 줄에 오래 서 있었나요?")을 하고 몸을 수그려 그들의 대답을 들었다. "나는 매우 안됐다고 말했어요.[139] 이제는 윌리엄과 해리를 가장 많이 걱정해야 한다고 말하고 그들을 잘 돌봐주십사 하고 말했고 그분은 그러겠다고 했어요. 그분은 아이들이 엄마를 너무나도 사랑했기 때문에 많이 힘들어한다고 했어요."라고 햄프셔의 학생인 로라 트리니는 말했다.

궁 안에서 여왕과 필립은 "분위기가 어땠는지 그리고 사람들이 어떤 생각을 하는지에 대해 오랜 얘기를 나누었고,[140] 이해하고 싶어 했지만 거리에 나가서 일반인들처럼 섞일 수는 없었다."라고 메리 프랜시스는 말했다.

엘리자베스 2세는 그녀의 재위 기간 중 딱 두 번째(첫 번째는 1991년 걸프전 전야에 있었음)가 되는 특별 TV 연설을 준비하고 있었다. 그녀의 연설은 늦은 오후에 녹화되어서 저녁 늦게 방영될 예정이었다.

"그녀는 이것을 반드시 해야 할 일로 알고 있었다.[141] 그녀는 그녀가 무엇을 말하고 싶은지에 대해서 명확히 알고 있었다."라고 한 원로 보좌관은 말했다.

로버트 펠로스가 데이비드 에얼리와 제프리 크로포드의 도움을 받아 초고를 작성했고 밸모럴에 있는 로빈 잰브런에게 보냈다. 크리스마스 방송 때와 같은 협력 속에서 여왕과 필립은 고위 스태프들과 의논하며 수정했다. 연례 방송처럼 그녀의 말은 정부가 아니라 자신의 견해를 반영할 것이었다.

크리스마스 메시지에서 그랬듯이 여왕은 연설문을 예의상 다우닝 가 10번지에 보냈다. 블레어와 캠벨이 읽고 나서 캠벨은 여왕에게 단지 여왕으로서가 아니라 "할머니로서"[142] 말하는 것처럼 하도록 제안했다. 이는 결과적으로 가장 효과적인 구절이 되었다. "그녀의 어휘 사용에 대하여 최종 논의가 있었지만[143] 언어와 어조로 보아 그녀가 하기로 결정한 일에 대해서는 상당한 재능을 발휘한다는 것이 분명했다."고 블레어는 회고했다.

금요일 오후 늦게 여왕의 보좌관들은 그녀가 생방송으로 연설하는 것이 더 효과적일 것이라고 결정했다. 그들은 또한 알라스테어 캠벨의 동조를 얻어 그녀의 자리를 궁 바깥의 군중이 배경으로 내다보이는 차이니스 다이닝 룸의 창문 앞으로 정했다. 기술 스태프가 추가로 마이크를 창 옆에 설치하여 군중의 웅성거리는 소음이 들리도록 했다.

여왕은 생방송을 좋아하지 않았으나―10년 전에 그녀는 크리스마스 메시지를 녹화 방송으로 바꿨다―필요하면 항상 주저하지 않았다. BBC의 웨슬리 커는 회선을 통해서 그녀가 자막기를 보고 연습하는 소리를 들었다. "끝까지 연습 한 번 해요."[144]라고 그녀는 말했다.

오후 6시에 그녀는 안경에 두건을 쓰고 검소한 검은 정장에 삼각 다이아몬드 브로치와 세 겹의 진주 목걸이에 진주 귀걸이를 하고 등장했다. 그녀는 3분 9초 동안 말했으며 그녀 등 뒤에서는 수천 명의 사람들이—걸어다니거나 빅토리아 탑에 앉은 채—극적이며 거의 으스스하기까지 한 분위기를 풍겼다.

그녀의 연설은 완벽했다. 표정은 침착했고 감정은 약간만 드러냈다. 그녀는 격하지 않고 솔직 담백하게 말했다. 그녀는 다이애나의 잘못을 누구보다 잘 알고 그녀가 장남에게 끼친 손상도 잘 안다. 그러나 그녀는 또한 골치 아픈 며느리가 대중의 심금을 울린 점도 인식했으며 그런 요소들—소박하고 정감 있는—이 좋은 면을 지녔음도 알았다.

다이애나의 죽음은 "엄청난 슬픔의 표현을[145] 불러 일으켰으며 우리 모두는 각자 다른 식으로 이에 대처해왔다."고 그녀는 말했다. 그녀는 고 왕세자비를 "예외적이고 재능이 탁월한 인간"이라고 "마음에서 우러나오는" 칭찬을 했다. 다이애나의 정서적 문제를 완곡하게 표현하여 "좋을 때나 나쁠 때나 그녀는 한 번도 웃음을 잃은 적이 없으며 타인에게 따스함과 친절을 베풀었다."고 말했다.

엘리자베스 2세는—더도 덜도 아닌 그녀가 느끼는 그대로—"나는 특히 타인에게 보여준 에너지와 참여의 정신 그리고 두 아들들에 대한 헌신에 있어서 그녀를 좋아했고 존중했다."고 말했다. 그녀는 "우리 모두 다함께 겪은 이 크나큰 상실을 이겨내기 위해 윌리엄과 해리를 도우려고 애써왔다는 점"을 강조했다. 변화하는 시대에 적응할 필요에 대한 이해를 알려주는 대목으로 그녀는 "나는 그녀의 삶으로부터 그리고 그녀의 죽음에 대한 감동적이고 엄청난 반향으로부터 교훈을 얻을 수 있다고 믿는다. 그녀를 추모하기 위한 여러분의 결의에 나도 동참한다."라고 말했다.

압도적 지지와 "친절한 행위"를 보여준 모두에게 감사한 뒤에 그녀는 시청자들에게 다이애나의 가족과 이 사고로 인해 사망한 다른 사람들의 가족을 기억해줄 것과 "슬픔과 존경" 속에 그녀의 장례식에서 단결할 것을 당부했다. 그녀는 예의 절제된 표현으로 "수많은 사람들을 행복하게 만들어준 어떤 사람"을 위하여 신께 감사하며 연설을 마쳤는데 이는 암묵적으로 어떤 사람들은 행복하지 못하다는 뜻을 담았다.

이 연설에 대한 반응은 압도적으로 긍정적이었다. 여왕의 오래전 적수였던 전 존 그리그는 "가장 뛰어난 연설 가운데 하나"[146]라고 평하면서 "그녀가 사태를 평정했다."고 말했다. 조지 캐리는 이 연설이 "그녀의 연민과 이해를 보여주었다.[147] 그녀의 비판자들을 잠재우고 쌓여왔던 오해를 벗겨내기까지 오랜 시간이 걸렸다."고 생각했다. 토니 블레어는 이 방송이 "거의 완벽했다.[148] 그녀는 단 한 번에 그녀가 여왕이자 할머니였음을 보여주었다."고 했다.

이를 깎아내리는 견해는 그의 희곡 〈권능의 문제 A Question of Attribution〉에서 여왕을 영리하게 그렸던 극작가이자 소설가인 앨런 베넷으로부터 나왔다. 베넷은 방송 연설이 "납득되지 않았다."[149]고 보았다. 왜냐하면 엘리자베스 2세는 "좋은 배우가 아니며 실상 배우도 아니었기" 때문이라고 했다. 그는 여왕이 "잠시 사이를 두고 다음 할 말을 찾는 것처럼 보이도록" 연출되었어야 했으며 "항상 그렇듯 막힘없이 술술 말하는 데 대하여" 실망감을 표현했다. "다이애나 왕세자비와 여왕의 차이는 한 사람은 연기를 할 줄 알고 또 한 사람은 연기를 못하는 데 있다."고 썼다.

그러나 여왕이 꾸미지도 못하고 얼버무리지도 못하는 면은 항상 그녀 최고의 자산이었다. 45년간 재위해온 그녀의 성격은 텔레비전 카메라 앞에서 분명했다. 복잡하지 않은 순수성은 그녀의 말을 훨씬 더 강력하게 만들었다. "인기를 끌기 위하여 허세를 부리지 않는다.[150] 왜냐하면 그런 것은 먹히지 않을 것이기 때문이다."라고 2000년부터 2002년까지 그녀의 소통 비서로 일했던 사이먼 워커는 말했다.

그날 밤 버킹엄 궁의 만찬에서 필립 공은 장례식과 관련해 남은 문제들 가운데 하나를 해결하는 데 일조했다. 윌리엄과 해리가 왕실 남자의 전통에 따라서 그들의 아버지와 외삼촌 찰스 스펜서와 함께 그들 어머니의 관 뒤를 따라 걸을 것인가? 두 아이들, 특히 윌리엄은 대중적인 일에 끼어드는 것을 일주일 내내 주저했다. 알라스테어 캠벨에 따르면 윌리엄은 어머니를 그토록 괴롭히던 "언론에 대한 증오에 휩싸여"[151] 있었기 때문에 반항했다. 궁정 관리들은 만약에 웨일스 왕자가 아들들 없이 혼자 걷는다면 "공개적으로 비난받을 염려가 있다."고 캠벨은 그의 일기에 썼다.

금요일 저녁에 필립은─76세의 전 시아버지로서 함께 걸을 생각은 없었다─윌리엄에게 "네가 걷지 않으면[152] 나중에 후회할 것이다. 나는 네가 걸어야 한다고 생각한다. 내가 걸으면 나와 함께 걷겠니?"라고 말했다. 윌리엄과 그의 동생은 주저 않고 동의했다. 그들은 관이 세인트제임스 궁을 지날 때 행렬에 가담하기로 했다. 네 명의 로열 프린스와 한 명의 백작이 다이애나의 관 뒤를 따르는 엄숙한 행렬이다.

1997년 9월 6일 토요일 화창한 아침의 분위기[153]는 신비할 정도로 차분했다. 런던 중심가는 경호 차량과 성당으로 조문객을 실어 나르는 차량들 외에는 모든 교통이 통제되었고 항공 노선은 방향을 바꾸었다. 100만 명이 넘는 사람들이 4마일에 걸친 장례 행렬을 따라 줄을 지었고 도시의 공원들은 인파로 메워졌다. 군중은 멈춰 서서 침묵을 지켰고 그로 인해 대포 마차를 끄는 말발굽 소리는 더욱 요란하게 들렸다.

장례 행렬은 콘스티튜셔널 힐을 따라서 켄싱턴 궁으로부터 버킹엄 궁으로 이어졌다. 더욱 놀라운 것은 여왕이 동생과 나머지 가족들을 데리고 궁문을 거쳐 군중 근처에 가서 선 것이다. 대포 마차가 지나자 엘리자베스 2세는 다이애나의 관을 향해 즉각적으로 고개를 숙였다. "이는 완전히 예상 밖이었다.[154] 이에 대해서는 사전에 아무런 논의가 없었으며 보좌관들과는 더구나 논의가 없었다. 그러나 그녀는 본능적으로 그렇게 했고 이는 잘한 행동이었다."라고 곁에 서 있던 메리 프랜시스는 말했다. 이는 또한 여왕이 "항상 유연하게 모든 것을 받아들일 준비가 되어 있다."[155]는 것을 생생하게 보여주었다고 여왕의 전임 언론 비서인 로널드 앨리슨은 말했다.

왕실 가족들은 성당 안에서 2,000명의 회중과 함께했다. 확성기를 통해 바깥에 있는 사람들은 행사의 모든 진행 과정을 들을 수 있고 대형 비디오 스크린으로 볼 수도 있었다. 영국 내의 TV 시청자는 약 3,100만 명으로 추산되었고 전 세계 약 25억 명이 시청했다. 웨스트민스터 주임 사제 웨슬리 카와 캔터베리 대주교 조지 캐리가 집전한 장례식은 "뻔뻔스러울 정도로 인기 영합적이었고 정제되지 않은 감정을 드러냈다."[156]고 캐리는 회고했다. 다이애나의 자매들은 시를 낭송했고 토니 블레어는 약간 과열된 어조로 고린도서를 낭독했다. 음악은 전통적인 찬송가와 베르디의 〈레퀴엠〉 발췌곡부터 엘튼 존이 〈바람 속의 촛불〉을 리메이크한 〈영국의 장미〉와 존 태브너의 잊히지 않는 선율의 현대적 작곡에 이르기까지 다양했다.

예상치 못했던 발화점은 웅변조의 감정에 복받친 찰스 스펜서의 조사 마지막 부분에서 터졌는데, 그는 윌리엄과 해리의 슬픔에 대해 언급하면서 "너희들의 혈족[157]인 스펜서 가문은 너희 모친이 베푼 독창적이고 사랑스러운 방식으로 우리가 할 수 있는 모든 것을 다할 것이다."라고 맹세했다. 스펜서 가문은 윈저 가문과 마찬가지로 더 이상 "혈족"이라고 주장할 근거가 없었다. 캐리가 뒤에 언급했듯이 이 "불필요한 말"[158]은 다이애나의 관 옆에 앉아 있던 여왕과 필립 공과 그들의 가족을 모욕한 것이었다. 더욱 심했던 것은 스펜서의 말이 성당 밖으로 퍼져나가자 군중이 박수하기 시작한 것이었다. "이는 마치 나뭇잎들이 바사삭거리는 것 같이 들렸다."[159]고 성당 안에 있던 〈데일리 텔레그래프〉의 편집자 찰스 무어는 회고했다. 성당 안에 있던 사람들도 덩달아 박수를 했고―이 자체가 영국 교회의 관습에 어긋난다―윌리엄과 해리까지도 따라했지만 여왕과 필립 공은 가담하지 않았다. "마치 셰익스피어 연극의 한 장면 같았다. 한 가족의 피가 다른 가족과 섞이는, 믿을 수 없으리만큼 강렬한 연설이었다."라고 무어는 말했다.

장례식 후에 왕실 가족들은 하일랜드로 돌아갔다. 토니와 체리 블레어가 이튿날 도착했다. 수상 부처가 주말에 밸모럴을 방문한 것은 처음이었는데 상황이 상황인 만큼 그들은 엘리자베스 2세와 그녀의 친구들 몇몇과 오찬을 나누기 위해서만 왔다. "여왕과 필립은 대단히 친절했다."[160]고 체리 블레어는 회고했는데, 다이애나와 관련해 지각을 뒤흔들었던 사건에 대해서는 일체 말이 없었다고 한다. 사슴 사냥과 농사와 낚시에 대한 대화에 귀를 기울였던 체리는 "이건 정말 기이하다.[161] 어제 11월 10일 장례식 후 오찬에서 나는 힐러리 클린턴과 요르단의 누어 왕비 옆에 앉아서 현 정세에 관한 얘기를 나누었는데, 오늘은 국가수반과 마주 앉아 양 한 마리의 값에 대해 얘기를 나누다니."라고 생각했다.

수상은 거실에서 여왕과 면담을 가졌다. 그가 빅토리아 여왕의 의자에 앉을 뻔한 초보적인 실수를 하자 갑자기 하인이 "돼지 먹 따는"[162] 비명을 질렀고 순간 "공포에 질려 치솟은 여왕의 눈썹"을 보았다. 블레어는 긴장할 수밖에 없었다. 훗날 그는 당시 자신이 주제넘고 무신경했다고 느꼈다. 이번 일에서 얻은 교훈에 대해서 말할 때 그는 그녀가 "다소 거만한 듯한[163] 태도를 보였다."고 생각했다. 그러나 그녀는 그가 말하고자 한 요지를 인식했으며 그는 "그녀의 예지가 작동하고 있으며 숙고하고 조정하고 있음을 알 수 있었다."

블레어는 그 단계에서는 여왕에 대해 거의 알지 못했다. 그래서 다이애나가 사망한 그 주일에는 일반인들이 생각하는 것보다는 직접적인 접촉이 매우 적었다. 블레어와 그의 보좌관들은 영화 〈더 퀸〉에서 묘사된 것처럼 엘리자베스 2세와 필립을 지나치게 배후에서 조종하지 않았다. 그러나 그들은 수용 태세가 잘 갖추어진 버킹엄 궁의 궁정인들과의 긴밀한 협조를 통해서 가족들의 생각을 유도하는 데 도움을 주었다.

한편 블레어는 다이애나와 개인적으로 가까웠기 때문에 그녀의 성격을 이해하고 있었고 여왕과 그녀의 보좌관들보다 더 빨리 그녀의 죽음이 가져다줄 영향을 파악했다. 슬픔이 과도하게 분출되면서 "변화를 향한 대규모 운동"[164]으로 변질될 것을 간파하고 자신의 임무는 "왕정을 보호하는 것"[165]이라고 결정했다. 그가 "국민의 왕세자비"라고 언명했을 때 그 위력을 측정할 길은 없으나 아무리 좋은 의도였다 해도 이것이 도화선 역할을 한 것은 틀림없다. 그러나 그가 냉담했다거나 부정적이었다면 왕정은 의심할 나위 없이 더 심한 손상을 입었을 것이다. 그 대신에 그는 대중의 분노를 일으켜 여왕의 이미지를 보다 더 긍정적인 방향으로 바꿔놓으려고 했다. 여왕의 궁정인들이 중심 역할을 수행했지만 여왕으로 하여금 그녀의 결기와 다른 방향으로 행동하도록 유도하기 위하여 찰스를 매개로 활용하는 등 장막 뒤에서 촉구한 블레어의 역할도 컸다. 생애 80년에 접어들며 엘리자베스 2세는 왕정을 강화하기 위하여 전통에 대한 고삐를 늦추어야 할 필요가 있음을 이해하게 되었다.

시간은 나를 지배하지 못한다.
내가 바로 시간의 지배자이다.
나는 백성들을 만나고 싶다.

18

*"Time is not my dictator," said the
Queen Mother. "I dictate to time.
I want to meet people."*

여왕이 동생인 마거릿과 함께 모후의 100세 생일 축하 행사를 위해 버킹엄 궁의 발코니에 섰다.

2000년 8월 ⓒ Press Association Images

CHAPTER 18

사랑과 슬픔

Love and Grief

여왕이 런던으로 돌아온 가을에 그녀는 모처럼 행복한 일을 축하하기 위해 기대에 들떴다. 엄청난 화재가 난 지 5년이 지난 1997년 11월 20일 그녀의 금혼식에 맞추어 윈저 성의 스테이트 룸들이 훌륭하게 복구되어 개관한 것이다. 이 복구 작업의 주동자는 예술과 건축과 디자인에 대한 공동의 관심을 반영하며 사업에 함께 참여한 필립과 찰스였다. 그들은 회화에 대한 열정을 공유했고 풍경화를 좋아했다. 찰스는 섬세한 붓놀림과 부드러운 색상의 수채화 작업을 주로 했지만 필립은 선명한 색상에 대담한 붓질과 오일로 보다 현대적인 느낌의 그림을 그렸다.

두 사람은 건축에 대한 일종의 전통적인 접근 방식과 윈저 성의 정교하게 장식된 방에 요구되는 정확한 기술을 원했다. 필립은 5개의 스테이트 룸들을 종전의 화려한 수준으로 복구하는 일을 포함한 대규모 계획을 위한 전반적 자문 회의를 주재했다.[1] 찰스는 파괴된 지역의 방들을 재현하는 디자인 부속 위원회의 책임을 맡았다. 여왕은 남편과 아들에게 자기 생각을 제안했으며 최종 결정을 내렸다.

　찰스는 처참하게 파괴된 채플을 대신하게 될[2], 신고딕 양식의 팔각형 랜턴 로비와 이웃하는 중세 양식의 새 채플에 대한 책임을 맡았다. 필립의 스케치는 이 채플의 새 스테인드글라스에 화재를 진압하는 구조원과 불길을 토하는 악룡을 찔러 죽이는 성 조지의 이미지를 새기는 데 도움을 주었다.[3] 필립이 너무 시끄럽고 미끄러울 것이라는 생각에서 랜턴 로비의 바닥 장식에 반대하자[4] 찰스는 타협안으로서 가터 문양이 새겨진 카펫을 깔자고 제안했다. 찰스는 또한 위엄 있는 세인트조지 홀 지붕의 해머빔 지붕^{천정의 목재가 노출된 지붕-옮긴이}을 "현대적으로 재해석"[5]하는 일도 감독했다.

　1998년 봄에 완성될 것으로 예상되었던 복구 공사는 6개월이나 앞당겨졌으며 초기 예산인 4천만 파운드보다 적은 3천만 파운드로 끝났다. 여왕은 11월 14일에 이 사업에 참여한 1,500명의 건설업자들을 초대하여 복구된 방들에서 파티를 베풀었다. 리셉션에서 한 파키스탄 목수는 그녀에게 다가가 말했다. "폐하, 폐하,[6] 잠깐 이리 오시죠. 제가 소개해드리고 싶은 사람이 있어서요." 그는 그녀를 자기 형제에게 데려가 소개했다. 그녀가 다른 사람과 환담을 하고 있을 때 그 목수가 또 다가와서 말했다. "폐하, 잠깐만 이리 오시죠." 그리고 그는 그녀를 성의 목공 일을 맡았던 그의 두 번째 형제에게 소개했다. 이러한 상황에 기분이 상하기는커녕 그녀는 그의 열정적인 배짱에 즐거워했다. 몇 년 뒤에 그녀는 인도의 외교관에게 그 얘기를 정확한 남아시아 악센트로 들려주고 웃으며 말했다. "나는 그 사람 형제가 열두 명쯤 되면 어쩌나 두려웠어요."

결혼 기념 축제는 전통에 대한 존중과 더불어 다이애나의 죽음 뒤 왕실 가족들에 의해 채택된 새로운 개방성을 반영했다. 11월 19일 수요일, 길드홀에서 런던 시장이 부처를 위하여 베푼 오찬에서 필립은 아내에게 헌사를 바쳤다. 여왕을 옆에 앉힌 필립은 "관용은 그 어떤 행복한 결혼에 있어서도 빠질 수 없는 필수적 요소이다.[7] …… 힘든 일이 생길 때는 더욱 그러하다."라고 하면서 아내는 "관용의 미덕을 풍부하게 지녔다."고 말했다. 또 최근 가족의 "시련"을 염두에 두고 그의 자녀들을 칭찬했는데 그들이 "매우 힘들고 어려운 상황 속에서 잘 견뎌냈다."고 말했다.

20일 엘리자베스 2세와 필립은 반세기 전에 중앙 복도를 함께 걸었던 웨스트민스터 성당에서 열린 추수감사절 예배에 참석했다. 그들의 네 자녀와 여섯 손주 외에도 이 왕실 부처는 7명의 왕과 10명의 왕비, 한 명의 대공과 26명의 왕자와 27명의 공주뿐 아니라 모두 1947년에 결혼한 평민 부부 50쌍으로부터 축복을 받았다. 11주 전 다이애나의 장례식 기억이 여전히 생생하므로 저류에는 엄숙함이 깔렸는데 특히 윌리엄과 해리가 부친과 함께 등장했을 때였다. "울컥하는 순간에"[8] 조지 캐리는 그의 앞에 무릎을 꿇은 여왕과 필립을 축성했다. "나는 이 나라가 이들의 헌신과 지칠 줄 모르는 의무감에 필적할 만한 가치가 있는지 의문에 싸인 나 자신을 발견했다."라고 대주교는 회고했다.

현대성에 대한 인정은 "국민의 연회people's banquet"[9] 뒤에 왔는데 토니 블레어가 새 노동당 스타일로 주최한 것이었다. 수상은 국왕 부처를 저명인사로 둘러싸인 헤드 테이블에 자리하게 하는 대신에, 모든 직종으로부터 350명을 초대하여 지위나 특권과 상관없이 모두를 원탁에 둘러앉혔다.

여왕과 함께 식사한[10] 사람들은 자동차 직공, 경찰관, 기수, 관리원 등이었으며 여왕은 24세의 걸 가이드 주장 옆에 앉혔다.

오찬 연설에서 블레어는 다이애나의 죽음으로 "마음 아픈 일들"이 생겼을 때의 "끔찍한 시련"[11] 기간 중 여왕의 행동에 대해 새삼 감사했다. 그는 "마땅히 그랬어야만 할 일이었고, 그렇게 하셨지만 손자들을 위하여 최선을 다하셨음을" 이해했다. 그는 "시대를 초월한 의무와 봉사의 가치"를 대변하는 여왕에 의해 주도되는 "강력하고 번창하는 왕정"을 지지한다는 것을 인정했다. 블레어가 엘리자베스 2세를 "아무것도 변치 않는 것이 없는 이 불안정한 세계에서 통합의 상징"으로서 길이 남을 칭송을 한 것은 이 행사 때였다. "당신은 우리의 여왕이십니다. 우리는 당신을 존경하고 받들어 모십니다. 당신은 한마디로 최고의 영국인이십니다."라고 칭송했다.

여왕은 연설에서[12] 그녀의 남편을 칭찬했을 뿐 아니라 다이애나에 대한 언급에서 처음 꺼낸 "교훈"의 개념을 확장했다. 과거 50년간의 결혼에 대해 돌아보면서 그녀는 TV와 휴대폰과 인터넷 같은 놀라운 혁신에 대해 언급하며 "솔직히 말해서" 그녀에게 그것들은 "다른 사람들이 인터넷 서핑에 관하여 말하는 것을 들었다."는 정도의 의미밖에 없었다고 했다.

그녀는 "세습 왕정과 선출된 정부 사이의 크나큰 헌정상의 차이"에 대해 생각을 밝히며 둘 다 국민의 동의에 기초한다고 보았다. "그 동의 또는 거부는 수상인 당신에게는 투표함을 통해서 표현된다. 이는 엄격하고, 심지어 잔인한 제도이지만 적어도 그 메시지는 누가 읽어도 분명한 것이다."라고 말했다.

왕실 가족들에게 있어서 "그 메시지는 자주 읽어내기 어렵고 예의나 수사 또는 상반되는 여론에 의해 모호해지기도 한다. 그러나 반드시 읽어야 한다." 그녀는 "이를 정확히 읽어내기 위하여 필립 공의 변함없는 사랑과 도움을 받아" 그녀는 최선을 다했으며 청중들에게

"미래에도 함께 최선을 다할 것"이라고 다짐했다. 그녀는 다이애나의 죽음 이후 그녀가 받았던 성원에 대한 감사를 표했다. "모든 것이 당신들 덕택입니다. 이제 여러분께 직접 말합니다. 지금까지 우리를 지켜보아주었고 우리의 의무를 즐겁게 수행하도록 도와준 여러분께 말입니다."라고 그녀는 말했다.

그녀는 "너무 자주…… 내 말에 귀 기울여준" 필립에게 솔직하고 다정한 존경의 표시로 연설을 맺었다. 그녀는 "솔직한 방법으로" 자기의 견해를 표명하며 그녀의 연설문을 다듬어주었음을 인정했다. 그가 "칭찬에 목말라하지 않는다는" 점을 지적하며 그는 "한마디로 나의 힘이 되어주었으며 나와 가족 모두 그리고 이 나라와 다른 많은 나라들도 그가 기대하는 것보다 혹은 우리가 알 수 있는 것보다 훨씬 더 그의 덕을 입었다."고 그녀는 말했다.

여왕의 긴 결혼 생활은 불가피하게 언론에서 그녀의 소문난 관용이 얼마나 많이 시험대에 올랐던가에 대한 추측을 촉발하게 했다. 수년간 필립이 한눈을 판다는 소문이 나돌았고 1996년에 작가 사라 브래드포드는 여왕에 대한 전기에서 "필립의 명백한 바람 피우기와 정사들"[13]은 "그들처럼 탄탄하고 다정한 결혼에 있어서도 다를 게 없었다."[14]고 단정지었다.

필립은 상류사회의 여성들과 주로 연결되었는데— 대체로 이들 부부와 가까운 친구 사이로서 미모가 출중한 웨스트모얼랜드 백작 부인인 제인, 마차 경주 대회에서 자주 필립과 함께 탔던 페니 롬지, 사촌인 알렉산드라 공주, 웨일스 왕자와 동년배인 5대 애버콘 공작의 아내 사차 애버콘 등이다. 이들 중 어느 누구와도 정사를 가졌다는 증거는 없다.

마틴 차터리스는 금혼식 전에 이 가십을 잠재우기 위하여 〈데일리 메일〉의 앤 드 쿠시와 인터뷰를 가졌다. "나는 그의 정부였다거나 각별히 긴밀한 관계를 가졌다고 주장하는 어느 누구도 알지 못한다. 만약에 누구라도 그런 관계를 가졌다면 우리가 그에 대해서 듣지 못했다고 단 1분이라도 생각할 수 있느냐? 그는 남자이고 예쁜 여자들을 좋아하며 놀기를 좋아한다. 그러나 나는 그가 결혼을 위태롭게 할 만한 어떤 일도 없었다는 것을 절대적으로 확신한다."라고 그는 1997년 11월 초에 말했다.

국왕 부처의 마운트배튼 사촌인 퍼트리샤 브라본도 이어서 자기의 며느리인 페니 롬지와 필립의 관계를 해명하기에 이르렀는데, 그녀는 "필립의 아주 친한 친구[15]이다. 그들의 우정은 주로 마차 경주 취미에 기초하고 있을 뿐이다. 그녀가 가면 어디에 있는지 다 안다."라고 말했다. 브라본 역시 그가 여왕에게 충실했다는 데 대하여 "절대적으로 확신"[16]했다. "그는 결코 나쁜 짓을 하지 않으려 했다.[17] 그는 항상 여왕을 사랑한다. …… 그녀에게 상처가 될 만한 행동은 하지 않으려 했을 것이다."라고 말했다.

사차 애버콘 또한 이런 소문들을 잠재우려는 같은 목적으로 말했다. 그녀는 작가인 가일스 브랜드리스에게 그녀와 필립이 1970년대에 친해졌는데 스위스의 정신분석학자 칼 융의 저서에 대한 공통의 관심을 통해 친구가 되어 "치열한 대화"[18]를 나눴다고 했다. 브랜드리스가 그녀에게 왜 엘레테우라 섬에서 필립과 손을 잡고 있었느냐고 묻자 그녀는 이렇게 설명했다. "다만 열정적 친구 사이일 뿐이다. 그러나 그 열정은 사상에 있었다. …… 나는 그와 관계를 가지지 않았다. 세상 사람들에겐 그렇게 보였을지 모르지만 …… 그러나 그런 일은 없었다. 그는 그런 사람이 아니다. …… 그는 놀아줄 친구가 필요했고 지적 추구에 동참할 누군가를 필요로 했다."

여왕의 사촌인 파멜라 힉스에 따르면 여왕은 "그가 시시덕거리는 것을 개의치 않는다.[19] 그는 모든 사람과 시시덕거린다. 그녀는 그런

것이 아무런 의미가 없다는 것을 안다." 그녀는 필립이 "내 동생에게
자기는 결혼한 후에 한 번도 바람을 피운 적이 없다고 단호하게 말했
을 때"를 회고했다. 그는 격렬하게 보태기를 "언론이 갖다 붙인 거라
고. 내가 이 여성들과 정사를 가졌고 그걸 즐겼다고 말이오." 전기 작
가 사라 브래드포드도 마침내 물러섰는데 〈더 타임스〉에 "솔직히 말해
서 정작 증거가 어디 있나요?[20] …… 여왕은 그를 대단히 신뢰해요. 이
모든 고난들을 겪으며 그들은 친해졌어요. 둘은 매우 친해요. 둘은 서
로를 이해해요."라고 말했다.

국왕 부처는 1997년 12월 11일 포츠머스항에서 브리타니아호가 운행
정지에 들어갔을 때 그들의 가장 눈에 띄는 동반자적 상징물 하나와
작별을 고해야 했다.(이 요트는 후에 에든버러의 박물관으로 변신했다.) 퇴
역식 전에 국왕 부처와 궁정인들은 마지막 오찬을 위해 배에 탑승하여
긴 마호가니 식탁과 헤플화이트 의자와 그 밖의 여행 기념품으로서
일각고래의 어금니, 수 족의 평화 파이프, 필립이 북극의 디셉션 섬에
서 건진 고래 뼈 등이 전시되어 있는 스테이트 다이닝 룸으로 갔다. 여
왕과 일행은 "바다 위의 별장"을 한 바퀴 돌며 이 배에게 작별을 고했
다. "너무나 가슴이 아팠고 그녀는 울었다."[21]고 그녀의 한 궁정인은 말
했다.

　해군 군목이 집전하고 2,200명의 전 브리타니아호 근무 장병들
이 참석한 가운데 열린 부둣가의 퇴역식은 수백만 명의 시청자들이 지
켜보는 가운데 생중계 되었다. 해병대 군악대의 행렬이 지나가며 〈올
드 랭 사인〉을 연주하자 그들은 요트를 향해 마지막 경례를 했다. 붉은
색 드레스를 입은 여왕은 검은 장갑을 낀 손을 들어 흐르는 눈물을 닦
았다. 언론의 일부 평자들은 그까짓 배 한 척에 대해 눈물을 보이는 그

녀를 비판했다. 그러나 여왕과 그녀 가족들에게 있어서 브리타니아호는 수십 년의 추억을 간직했다. "이 배는 단지 업무를 위한 것만이 아니라[22] 그들의 떠다니는 집이었다."라고 한 시녀는 말했다. 무엇보다도 왕실 요트는 "그녀에게 있어서 자유의 표상[23]"이었다고 여왕의 한 친척은 말했다.

1998년 초에 왕실 가문은 다이애나 시대로부터 얻은 "교훈"을 적용해 나가는 구체적 단계를 밟기 시작했다. 그녀의 사망 직후 공화국에 대한 지지가 정점을 찍었고[24] 여왕의 TV 연설 후에 12퍼센트로 떨어졌다가 다음 달에 다시 과거 30년 동안 불변했던 19퍼센트를 회복했다. 그러나 이 기간 동안 여론의 변덕 때문에 개인 비서보 로빈 잰브린은 MORI를 창설한 미국인 국외 거주 교수인 로버트 워세스터를 만나게 되었다.

　　마이클 시어가 1978년에 여왕의 언론 비서로 취임한 이래 그녀의 보좌관들은 주기적으로 런던에서 워세스터를 오찬에 초대하여 왕정에 대한 대중의 여론 추세에 관하여 자문을 들어왔다. 이제 잰브린은 워세스터에게 그가 사설 여론조사를 위한 예산을 마련했으며 MORI를 고용하고 싶다고 말했다.[25] 궁에서의 브리핑 자리에서 여론조사원들은 왕정에 대한 지지와 공화국에 대한 지지를 지역, 성, 연령, 계층과 기타 인구 통계학적 특성에 따라 평가했다. 그들은 또한 표적 집단을 통하여 10개의 속성 목록을 개발했고 대중과의 상대적 중요성을 평가했다.

　　처음부터 여왕의 원로 보좌관들이 가장 중요시했던 두 가지는 왕정이 젊은 세대로부터 지지를 잃어가고 있다는 것과 왕실 가족들이 "지나치게 근시안적이고 내부 지향적"[26]으로 비쳐진다는 점이었다. 일반적으로 전통적인 조사법[27]과 표적 집단을 포함한 연구는 영국민들의 왕정에 대한 지지를 보여주었고 당장의 언론 기사를 뛰어넘어 안정적이고 지속적 가치를 지닌다는 것도 확인했다. 이로써 궁은 보다 큰 신념을 가지고 장기적 관점에서 바라볼 수 있게 되었다.

첫 몇 년 동안에 걸친 사설 여론조사의 결과는 또한 20대의 사람들에게 있어서 공화국에 대한 지지는 28퍼센트에서 35퍼센트 사이를 오가지만 그들이 30대 중반에 이르면 그들은 19퍼센트의 "평균으로 회귀"한다. "사람들은 미래에 대해 생각하기 시작한다.[28] 아이들을 키우고 점잖은 나라에서 사는 문제에 대해서. 그래서 왕정은 그런 깊은 가치를 지니고 지속되는 것이다."라고 로버트 웨세스터는 말했다. 왕실 가족에 대한 가장 두드러진 약점은 그들이 현실과 단절되어 있다는 것인데 여론조사가 시작된 1990년대 후반 영국인의 3분의 1이 그렇게 생각했다.

궁정 관리들은 조사 결과의 많은 부분에서 안도했지만 대중의 여론에 대응하는 전략을 개발하고 왕실 가족이 "현실과 밀착"되어 있다는 것을 보여주기 시작했다. 조사 결과는 궁으로 하여금 여왕이 어디를 방문하는 것이 좋은지와 그녀가 후원하는 행사들의 주제를 선택하는 데에 도움을 주었다. 그들은 언론 비서의 임무를 "소통 비서communications secretary"로 격상시키고 영국 가스 회사의 39세 홍보 전문가 사이먼 루이스를 급여의 반은 자기 회사의 고용주로부터 받는 방식의 파견 근무제로 2년간 고용했다. 그는 1998년 5월 말 금요일 오후에 여왕과 필립을 처음 만났다.

"나는 그날 그들이 놀랄 만큼 개방적이었다는 것을 느꼈다.[29] 내가 무슨 일을 할 것이며 어떤 도전들이 놓여 있는가에 대해 논의했다. 내가 예상한 것보다 훨씬 더 진지하게 토론했다."라고 루이스는 회고했다. 루이스는 "두 사람의 상호 소통이 얼마나 안락하고 편안했으며 둘이 함께 이 역할에 대해 얼마나 생각해왔는가"에 대해 놀랐으며 "매우 균형 잡힌 토론이었다."고 말했다. 필립은 특히 "소통 분야에 대해 면밀하게 생각해왔다. 해결책을 모색하는 토론은 그가 주도했다. 그는 아직 초기의 웹사이트에 대해 매우 깊은 관심을 가졌으며 대중과의 직접적인 접촉을 주장했다. 그는 전통적인 매체로는 이길 수 없다고 보고 포기했다. 그의 견해에 따르면 유일한 길은 직접 소통이었다. 나는 그가 멀리 내다본다는 데 깊은 인상을 받았다."

왕실 가족들은 공적 임무들을 더욱 면밀하게 준비하기 시작했다. 1994년 말에 데이비드 에얼리는 1년에 두 번씩 그들의 계획들을 조정하기 위하여 여왕과 필립 공과 네 자녀들과 원로 보좌관들이 함께하는 웨이 어헤드 그룹Way Ahead Group을 출범시켰다. 이제 그들은 가족들의 활동에 다이애나가 했던 일들 가운데 가장 좋았던 것들을 일부 흡수하는 데 관심을 쏟았으며 그 일환으로 격식을 줄이고(왕실 가족들을 만나기 전에 사람들에게 허리 굽혀 절하고 무릎 인사를 하는 것은 선택적임을 알려주는 것) 대중 행사에서 보다 겸손함을 보여주기 위해 공공 주택 사업에 나가 앉아 차를 마시거나 문틈으로 들여다보는 대신에 교실 안을 걸어 다니는 것 등이었다. "이는 감정을 겉으로 드러내는 것도 아니고[30] 조작적인 것도 아니며 더 정감을 보이려는 것이다."라고 한 궁정인은 말했다.

거기에 붙은 표어가 "감지할 수 없는 진화imperceptible evolution"였는데 이는 로빈 잰브린이 "왕정의 마마이트Marmite 이론"이라고 이름 붙인 비유[31]에 기초한다. 지난 세기 영국 가정의 찬장에 놓여 있던 이 짭짤한 양념은 보기만 해도 금방 식별되도록 눈에 띄는 빨간색과 노란색과 초록색의 상표가 붙어 있었다. 이 상표는 50년 전의 마마이트와 요즘의 것을 함께 놓고 비교해야 간신히 그 차이를 알 수 있다. 이것을 담은 병 모양이 너무나 서서히 변해왔기 때문에 그 차이를 식별할 수 없었던 것이다. 잰브린의 이론에 의하면 왕정 또한 이런 식으로 변해야 하는데 오랜 시간을 두고 조금씩, 큰 발자국이 아니라 약간씩, 그래서 사람들은 제도가 달라졌음에도 불구하고 똑같다고 느끼도록 해야 한다는 것이다.

그러나 잰브린과 그의 동료들은 때때로 실수를 범하기도 했는데 그들이 여왕으로 하여금 대중의 인기를 끌기 위해서 맥도널드 매장 바깥에서 사람들과 인사를 나누도록 준비했다. 이 방문을 안 좋게 보이게 하려고 언론은 맥도널드 광고판 아래쪽에 그녀의 롤스로이스 승용차 사진을 실어 조작된 느낌을 주었다. 엘리자베스 2세는 뒤에 로빈 잰브린과 얘기를 나눴지만 그녀는 이 문제를 따지지 않았다. "그녀는 어떤 일이 어떻게 인식되는지에 대한 탁월한 본능을 지녔다.[32] 나는 그녀의 실용주의와 어떤 일이 잘 될 것인지에 대한 감각에 놀랐다. 그녀는 섬세하게 조율된 순간의 감각을 지녔다. 종종 어떤 아이디어가 제안될 때 그녀는 '이건 할 수 없어. 너무 거창해.'라고 말하곤 했다."고 사이먼 루이스는 말했다.

20세기의 마지막 몇 해 동안에 여왕에게는 새로운 걱정거리가 생겼는데 모친과 언니에 관한 것이었다. 모후는 100세 생일이 다가오면서 어쩔 수 없이 더욱 쇠약해졌으나 여전히 강인한 정신을 유지하고 있어서 휠체어를 타라는 제안을 거부했다. 심지어 지팡이마저도 사양할 정도였다. "시간은 나를 부리지 못해.[33] 내가 시간을 부리지. 난 국민들을 만나고 싶어."라고 모후는 말했다.

그녀는 1995년에 오른쪽 골반을 교체한 뒤에도 왕실 임무 수행을 계속했다. 1998년 1월에 샌드링엄의 마구간을 방문하는 동안에 그녀는 넘어져서 왼쪽 골반마저 부러져서 두 번째 수술을 받았다. 놀랍게도 97세의 나이에 그녀는 다시 회복하여[34] 3월 말에 의류 조합의 연례 모임을 위하여 세인트제임스 궁에 나타났다. 이는 그해에 예정된 46개 행사 중 첫 번째였다.

마거릿의 문제는 신체적일 뿐 아니라 동시에 심리적인 것이었다. 그녀는 수년에 걸쳐 숱한 질병들로 고생했는데[35]—편두통에 우울증, 기관지염, 위장염 그리고 알콜성 간염—주로 과음과 흡연으로 인해 발생한 것들이었다. 그녀는 1985년에 폐의 일부를 절제하는 수술을 받았다. 다행히 악성은 아니었다. 그러나 그녀는 금연을 시도했다가 실패했고 위스키를 다시 마시기 시작했다.

두 자매는 매일 전화 통화를 했고 해외여행 중일 때도 마찬가지였다. 밸모럴에서 마거릿은 "거의 천덕꾸러기 같았다.[36] 여왕은 그녀를 가여워했다."고 한 궁정인은 말했다. "때때로 마거릿은 매우 고독한 사람이었다."[37]고 그녀의 오랜 친구인 제인 레인은 말했다. "토니 그리고 로디와 헤어진 후 아무도[38] 그녀를 행복하게 만들어주지 못했다. 디너 파티에서 그녀는 나한테 집까지 데려다달라고 했다. 그리고 집 안에 데리고 들어가서 술을 권하며 자신의 개인적 문제에 대하여 말하곤 했다."고 그와 친했던 한 남자는 말했다.

1998년 2월에 67세의 마거릿은 가벼운 뇌졸중을 앓았다. 이후 잘 회복되었으나 피로와 기억상실의 증세를 보였다. 거의 1년 뒤에 그녀는 무스티크의 자기 집에서 목욕을 하다가 다리에 심한 화상을 입었다. 여왕은 콩코드 항공편으로 그녀를 영국으로 데려오도록 했고 킹 에드워드 7세 병원에서 치료를 받았다. 그 뒤로 그녀는 보행에 불편을 느껴 자주 휠체어에 의존했다. 그 밖에도 다른 쇠퇴의 증상이 있었다. 1980년대 초부터[39] 마거릿은 낸시 레이건과 꾸준하게 서신을 주고받았는데 1999년에는 시녀인 애너벨 화이트헤드가 그녀를 위해 대필을 해야만 했다.

1999년 5월 늦게[40] 여왕은 그녀의 병중인 동생이 다음 달에 있을 에드워드 왕자와 다이애나와 어딘가 닮은 중류 가정의 커리어 우먼인 34세의 소피 리스존스와의 결혼식에 참석할 수 있을지 확신이 없었다. 자동차 부품 세일즈맨과 주부 사이에서 태어난 딸로 소피는 켄티시 시골에서 자랐고 평판 좋은 여학교인 켄트 칼리지 펨버리를 다녔다. 다양한 홍보 직책을 얻어 일하다가 1996년에는 개인 회사를 차렸다. 그녀는 1993년에 자선 테니스 경기 홍보 활동 중에 에드워드를 만났고 5년간의 데이트 끝에 1999년 1월 약혼을 발표했다.

〈왕족이 죽여준다〉로 대실패를 겪은 뒤에 에드워드는 영화 제작자로 비교적 성공적인 커리어를 쌓았는데 웨일스의 유령이 나오는 성과 그의 백부인 윈저 공작과 윈저 성의 복구 등에 관한 기록 영화들을 제작했다. 그러나 여왕의 자녀로서 마지막으로 결혼하게 된 35세의 에드워드 또한 지속적으로 그의 성 정체성에 대한 소문에 시달린 나머지 소피가 나서서 공개적으로 동성애자가 아니라고 선언했다. "할 수만 있다면 지붕 꼭대기에 올라가서 큰 소리로 '그건 사실이 아니다!'라고 외치고 싶어요.[41] 난 이를 사람들에게 증명하고 싶어요. 그렇지만 그렇게 하는 것은 불가능하겠죠."라고 그녀는 말했다.

다른 왕족 형제들과는 달리 에드워드와 소피는 6월 19일에 윈저 성의 세인트조지 교회에서 가능한 한 그들 자신의 힘으로 조직하여[42] 상대적으로 절제된 결혼식을 치렀다. 여왕은 그들에게 웨섹스 백작과 백작 부인의 작위를 수여했고 백삿 파크라고 불리는 서리의 방 56개가 딸린 빅토리아 하우스에 안착시켰는데 그들의 왕실 가족의 지위로 보아 과도하다는 비판을 들었다. 그들은 둘 다 그들의 직업을 유지했고 직업적 이름인 에드워드와 소피 웨섹스로 알려졌으며 왕실 생활과 일상을 병행하기로 했다.

엘리자베스 2세는 그해 12월에 86세의 마틴 차터리스의 사망으로 충신 한 사람을 잃었다. 그는 그달 초에 간암 말기 진단을 받고 즉시 킹 에드워드 7세 병원에 입원했다. 그가 입원해 있을 때 여왕은 한 시간 동안 병문안을 했다. "그들은 만나자마자 최근의 화제에 대해 얘기를 시작했다.[43] 그들은 온갖 종류의 문제에 대해 대화했다. 나는 그들이 그런 식으로 대화를 주고받는 것을 처음 보았다."라고 게이 차터리스는 말했다. 여왕은 그의 오랜 신하의 절망적 상태에 대하여는 끝까지 위로의 말을 한마디도 언급하지 않았다. "그녀는 그런 얘기를 하는 것이 의미가 없다는 것을 알고 있었다. 그리고 마틴은 그가 그녀를 위해서 일했을 때 대화를 나누었던 일들에 대해 얘기하기를 원했다."라고 그의 미망인은 말했다.

그는 3주 뒤에 퇴원해서 12월 23일 글로스터셔의 자택에서 사망했다. 1년 뒤에 여왕은 차터리스 가족들을 윈저 성으로 초대하여 그가 생애의 마지막 해에 조각을 하고 있었던 주철로 만든 난로의 뒤판을 설치하는 것을 보여주었다. 그는 이 조각을 마치지 못하고 죽었고 그래서 이튼의 젊은 조각가로 하여금 마무리하게 했다. 거기에는 온갖 종류의 왕실 문양들이 담겨 있었으며 환상적인 터치로 세 마리의 코기견도 새겨져 있었다. "나는 알아요. 만약에 마틴이 살아 있었다면[44] 코기 견 중의 한 마리는 앞다리를 쳐들었을 거예요."라고 미망인은 말했다. 여왕은 이 난로 뒤판을 세인트조지 홀에 설치하여 신하이자 친구였던 고인을 기념했다.

1999년 12월 31일 새 천년 전야를 축하하기 위하여 블레어 부처는 여왕과 필립 공과 더불어 앤과 그녀의 남편을 그리니치의 거대한 밀레니엄 돔으로 초대했다. 원래 새로운 노동당의 "멋진 영국Cool Britannia, 1990년대 노동당의 낙관주의 표어-옮긴이"을 상징하는 전시 센터로 구상된 돔은 고비용과 부실한 설계로 비난의 대상이 되었다. 토니 블레어는 개관 전야의 화려한 공연이 "지상 최대의 쇼"[45]가 될 것임을 장담했다. 쇼는 구조물의 하부에서 곡예사들이 등장했고 콘서트가 열렸고 자정 직전에는 캔터베리 대주교의 기도문이 낭송되었다.

알라스테어 캠벨은 엘리자베스 2세가 "가까스로 기묘한 웃음을 지어 보였으며" 나머지 사람들은 "거기에 가 있다는 사실에 대해서 분개해했다."[46]고 보았다. 특히 앤은 "화강암 같았다." 그 이유 중의 하나는 온기가 없었다는 것이다. 그래서 여왕은 수천 명의 내빈들 가운데서 코트의 단추를 꼭 채웠다. "그들은 차라리 밸모럴에서 여행용 담요 밑에 앉아 있는 편이 더 좋았을 것이라고 생각하는 것이 틀림없었다."[47]라고 캠벨은 회고했다. 시계가 자정을 치면서 모든 사람들은 서로 팔을 끼고 〈올드 랭 사인〉을 부르기로 되어 있었다. 여왕은 다만 앞을 바라보며 가볍게 블레어와 필립의 손가락을 잡았는데 필립은 드물게 공개적으로 그녀의 뺨에 키스했다. 블레어조차 이 노골적인 감정 표현을 "섬뜩"[48]했다고 일컬었다.

새해 전야에 불편한 심기를 노골적으로 표출했음에도 불구하고 여왕은 블레어와 우호적인 관계를 맺었다. 그녀는 스코틀랜드 의회의 개원을 주재했고 웨일스 국민 의회의 설립을 목도했는데 이 두 가지는 수십 년에 걸친 민족주의자들의 압력에 못 이겨 웨스트민스터의 영국 의회로부터 입법권의 일부를 이양하기 위한 새 노동당 정책의 두 가지 핵심 사항이었다. "여왕은 이 권력 이양의 과정에서 핵심적 역할을 했다.[49] 그래서 그녀가 거기에 가서 모습을 보이는 것은 중요했다. 국가가 변화하고 있는데 그녀가 개입해 있다는 것을 보여줄 필요가 있었다."라고 사이먼 루이스는 말했다. 권력 이양을 받아들이면서 그녀는 정치가들은 "왕국이 통일 국가로 잔존함으로써 많은 이득을 누릴 수 있다.[50] …… 부분은 전체의 조각일 뿐이다." 그래서 통일을 유지함으로써 "우리는 조각들의 총합보다도 더 많아질 수 있다."라고 조심스럽게 지적했다.

초기의 블레어는 궁에서의 주례 면담에 그다지 성의를 표하지 않았으며 불경스럽게 여왕의 흉내를 내기도 했었다. "이봐, 블레어. 국민의 왕세자비 같은 말장난은 집어치우라고.[51] 난 국민의 여왕이라고." 시간이 가면서 그는 "그녀의 세상 물정을 파악하는 요령과 사람과 사태를 분석하는 능력에 높은 점수를 주었다."[52]고 블레어의 참모장인 조너선 파월은 말했다. 블레어는 그녀가 "어쩌면 사람들이 짐작하는 것보다 더 꾸준하게 국가의 맥박을 짚고 있음"[53]을 인정했다. "그녀의 특질은 벌어지고 있는 어떤 일들의 밑바닥을 파고드는 능력에 있다. 이런저런 일들에 관한 사실을 알고 있다는 정도의 문제가 아니다.[54] …… 이는 어떤 사안들의 작은 정치the small politics에 대한 감각을 지녔다는 것이다."라고 그는 말했다.

그의 전임자들과 같이 블레어 또한 여왕과의 면담 장소를 안식처로 여기게 되었다. "그는 항상 죽자사자 일한다.[55] 한 회의가 끝나면 바로 다음 회의를 하고. 그가 개인 비서와 함께 차에 오르면 비로소 긴장이 풀린다. 걸어 들어가서 앉은 뒤에 여왕이 논의하기를 원하는 것들에 대해 얘기를 나누는 시간은 그에게 안정의 시간이다."라고 또 다른 그의 보좌관은 말했다. 그는 그녀가 "요점만을 확실하게" 그것도 "직접적으로"[56] 말하는 것을 좋아했다. 그는 "여왕과 친근한 척해서는 안 된다. 때때로 그녀가 나에게 친근하게 굴 때가 있는데 내가 그걸 따라 했다가는 곧바로 매서운 눈초리와 마주치게 된다."는 것을 알게 되었다고 뒤에 썼다.

체리 블레어는 초기에 마거릿과 앤 공주들과 쌀쌀맞은 대화가 오고가며 분위기가 험악해졌던 일이 있었다. 앤 공주가 "나는 그런 식으로 자라지 않았다."며 그녀를 체리라고 부르기를 거부했다. 그러나 점차 왕실 가족들에 대한 태도를 누그러뜨렸다. "나는 필립 공에게는 약점이 있다. 그와 나는 인터넷에 대한 커다란 관심을 공유한다."라고 체리는 말했다. 수상의 아내는 밸모럴에서의 바비큐 파티를 즐겼으며 하일랜드를 방문했을 때 엘리자베스 2세가 블레어의 두 살배기 아들 레오와 놀아주면서 비스킷을 코기 견들에게 던져주는 법을 참을성 있게 가르쳐주었으며 그 애가 비스킷 한 묶음을 온 방 안에 내던졌을 때 상냥한 반응을 보이는 것을 보고 감명받았다.

엘리자베스 2세는 항상 그렇듯이 그녀의 열 번째 수상에 대한 견해를 밝히는 데 몹시 신중했으나 한번은 한 친구가 묻자 "내 생각에 그 사람은 당을 잘못 선택한 것 같다."[57]고 대답했다. "그것은 그냥 불쑥 내던진 말이며 그가 전통적인 노동당 인물과는 다르다는 일반의 인식을 반영한 것일 뿐이다."라고 그녀의 친구는 설명했다. 필립은 짐작대로 보다 솔직한데 한번은 가일스 브랜드리스에게 그는 현대화를 추구하지만 "블레어 식의, 어떤 무엇에 대해서 떠벌이기 위한 것"은 아니라고 했다.[58]

2000년 3월에 여왕은 영국과의 관계가 불투명했던 시절에 열세 번째로 호주를 방문했다. 지난해 11월에 왕정의 미래에 대한 획기적인 국민투표가 있었다. 54퍼센트 대 45퍼센트의 결과로 호주는 여왕을 국가 수장으로 유지하는 데 찬성했지만 여론조사에서는 강한 공화주의 성향을 보였다.

많은 관찰자들이 보기에 국민들이 공화주의의 제안을 거부한 것은 이 제안이 국가의 1,200만 투표권자의 직접 선거에 의하지 않고 상하 양원에 의해서 대통령을 선출하는 것을 지지했기 때문이다. 국왕을 옹호하기 위해서라기보다 정치인들에 대한 불신 때문이었다.

이 투표가 있기 전에 여왕이 입원 중인 마틴 차터리스를 병실로 방문해서 "제일 처음 대화를 나누었던 것[59] 역시 호주가 공화국이 될 것인가"였다고 게이 차터리스는 말했다. 엘리자베스 2세는 어느 날 영국의 국왕은 더 이상 호주의 국왕이 되지 않을 것이라는 철학적 견해를 지녔었다. 2000년 3월 20일 시드니 오페라하우스에서의 연설에서 그녀는 양쪽의 균형 감각을 보였는데 한편으로는 청중에게 그녀가 1954년 2월에 "처음으로 상륙한 이래 이 험악하지만 정직하고 창조적인 땅의 일부라고 느꼈다."[60]라고 상기시켰으며 또 한편으로는 "호주에서의 국왕제의 미래는 여러분 곧 호주인들의 문제로서 여러분이 직접 민주적이고 헌법적 수단을 통해 결정할 문제"라는 점을 인정했다. 그녀는 "미래가 어떻게 펼쳐지든지 간에" 그녀의 "존경과 깊은 애정"은 "영원히 변치 않을 것이다."라고 맹세했다.

그녀가 머나먼 호주 땅에 와 있는 이때에 특히 여왕의 중요한 관심사는 모친과 동생의 건강이었다. "여왕은 항상 모친이 괜찮을지 아니면 또 쓰러질지 그리고 가엾은 다리가 나을 수 있을지를 염려했다."[61]고 사촌인 파멜라 힉스는 말했다.

8월에 모후의 100세 생일이 가까워오면서 엘리자베스 2세는 일련의 잊지 못할 행사들을 준비했다. 첫째, 6월 21일 수요일 윈저 성의 홀에서 열린 대무도회는 또한 마거릿 공주의 70세 생일을 함께 축하했고 역시 앤 공주의 50세, 앤드루 왕자의 40세 생일을 또한 함께 축하했다. 800명이 넘는 초청자 명단[62]에는 유럽의 왕과 왕비, 왕자와 공주, 영국의 대표적 귀족들, 현란한 국제적 유명 인사와 왕실 영지의 관리인과 종마 조련사도 포함되었다. 오래 왕실 보모로 일했던 메이블 앤더슨도 왔고 로디 루엘린과 그의 아내, 마크 필립스 대위와 그의 아내 요크의 공작 부인 사라와 커밀라 파커 볼스와 그의 남편도 왔다. 각기 다른 네 방들에 바를 차렸고 세 개의 춤 반주 악단들이 워털루 챔버에서 교대로 연주했고 퀸스 프레센스 챔버에서는 디스코 음악이 울려 퍼졌다.

4년 전에 언론이 모후가 궁의 은행에서 400만 파운드를 초과 인출했다는 사실을 보도하자 항의가 일었다.[63] 비판자들은 여왕이 모친의 과소비와 연간 왕실 비용 643,000파운드의 지출을 용인했다고[64] 의심했다. 그러나 7월 19일 모후의 1세기를 기념하는 90분간의 기병대 행렬에 대해서 불평을 말하는 사람은 소수였다. 여기에는 수천 명[65]이 참여한 밝고 경쾌한 차림의 가장 행렬을 비롯해서 로열 필하모닉 오케스트라와 군인들, 합창대, 악대, 황소와 양, 닭과 말, 백 마리의 비둘기와 공군의 에어쇼까지 등장했다. 그리고 그 주일 초에는 세인트폴 성당에서 미사가 집전되었고 상하 양원으로부터의 축하 메시지도 이어졌다.

2주 뒤인 2000년 8월 4일에 1백 세를 맞이하여 모후는 웨일스 왕자와 더불어 꽃으로 장식한 마차를 타고 몰 가로부터 버킹엄 궁까지 행진했는데 4만 명의 군중이 모여서 그녀의 도착을 기다렸다. "이때는 웨일스 왕세자비의 사망 이후 3년이 지났는데[66] 나는 왕정이 얼마나 멀리 달려왔는지 감동받았다. 나는 버킹엄 궁의 앞마당에 서서 생각에 사로잡혔다. '왕정에 대해서 사람들이 어떻게 느끼는지에 대한 의문이 있다면 그날은 기쁨의 날이었다.' 왕정이 고된 시련기를 지나 이제 자리를 잡았다는 것을 상기시켜주는 작은 느낌이었다."라고 사이먼 루이스는 말했다.

2년 뒤 여왕 자신의 재위 50주년인 골든 주빌리Golden Jubilee를 기념하는 준비는 그해 여름에 시작되었다. 이 임무는 로빈 잰브런에게 떨어졌는데 그는 1999년에 로버트 펠로스가 은퇴한 뒤 개인 비서의 자리를 이어받았다. 부제독의 아들인 잰브린은 옥스포드를 우수한 성적으로 졸업하고 해군에서 장교로 복무했으며 1987년에 왕실에 들어오기 전까지 외교관으로 활동했다. 여왕의 통치 기간 중 최악의 시기를 목격한 그는 그녀의 고위 보좌관들 가운데 가장 주도적으로 현대화를 추진해 나갔다.

그가 처음 발굴한 인물은 궁에서 2년간 근무하다가 영국 가스 회사로 돌아간 사이먼 루이스를 대신하여 영국 항공의 커뮤니케이션 부장이었던 사이먼 워커였다. 남아프리카공화국 태생인 워커는 고전적인 궁정인 타입은 아니어서 노동당에서 일했을 뿐 아니라 지난 10년 간은 다우닝 가 10번지에서 존 메이저를 위해서 일했다. 여왕의 보좌관들은 외부적 시각을 지니고 언론 기사의 작성에 대한 현실적 아이디어를 가진 또 다른 언론 담당을 원했다. 왕실 내의 다양한 관리들과 여섯 차례의 회합을 가진 뒤에—주로 워커가 공화주의 사상을 지녔는지를 검증하기 위한—잰브린은 말했다. "당신이 이 일에 적합한지를 판단할 사람은 단 한 사람밖에 없는데[67] 그는 여왕이다."

엘리자베스 2세와 워커의 인터뷰는 2000년 7월의 수요일 오후 늦게 열렸다. 그녀는 초상화를 위해서 세 시간 동안 앉아 있었기 때문에 서서 얘기해도 좋냐고 물었다. 그들이 말하고 있을 때 여왕의 코기견 한 마리가[68] 계속해서 워커의 바짓가랑이를 물고 늘어져서 서 있기가 힘들어졌다. 여왕은 개를 말릴 생각을 하지 않았으며 그것 자체를 눈치채지 못한 것 같았다. 워커는 이런 방해를 견디는 능력과 그가 동요하는지 여부를 시험하는 것이라고 생각하기 시작했다.

그들의 대화는 상냥하고 격식에 얽매이지 않았으며 여왕은 흡족하게 브리핑을 받았다. 그녀의 목적은 민간 기업에서처럼 심문하는 방식이 아니라 워커가 얼마나 잘 적응해서 그녀와 함께 일할 수 있는지

감을 잡으려는 것이었다. "분명 거기에는 미묘한 점이 있다."[69]고 그는 회고했다.

워커는 골든 주빌리가 한창 준비 중이었던 9월에 왕실에 합류했다. 그와 그의 동료들은 돔에 대한 블레어의 과도한 접근 방식에 기인한 "밀레니엄 피로감"에 주목했다. "덜 약속하고 더 행하는 것[70]이야말로 이 기념행사의 언론에 대한 전망에 결정적이라고 보였다."고 워커는 회고했다. 축하 행사들은 25주년 기념행사와 다양한 거리 축제를 단지 베끼는 것은 피해야 하며 대신에 여왕의 재위 기간 동안에 일어난 다문화적 변화의 양상을 포함하는 것을 강조하기로 했다.[71] 초점은 왕정이라는 제도보다는 여왕 자신에게 맞출 것이며 런던에서의 공식 축하 행사들을 중심에 두되 다양한 공동체들이 각자 그들 방식대로 축제를 벌이도록 권장하기로 했다.

하나의 두드러진 궁의 현대적 분위기는 사이먼 워커가 여왕을 만났던 날에 진행되고 있던 초상화였다. 여왕의 재위 기간을 통틀어서 그려진 초상화들 가운데 이번 것이 가장 논란이 심했다. 화가는 영국 최고의 사실주의 화가로 널리 인정받고 있으며 심리학자 지그문트 프로이트의 손자인 루치안 프로이트였다. 이 초상화에 대한 아이디어는 로버트 펠로스한테서 나왔는데[72] 프로이트는 1999년에 그의 초상을 그렸다. 그에게 의뢰한 것은 위험을 감수한 것이었는데 프로이트의 초상화들(펠로스의 초상화를 포함하여)은 종종 야수적이고 심지어 기괴하기까지 했으며 굵은 붓질로 그려졌다. 프로이트의 목표는 "금방 알아볼 수 있는 얼굴 뒤에 가려진 내면의 삶 혹은 '내적 유사성'"[73]을 만드는 것이었다. 그런 이유로 해서 그는 자기의 작업이 "북극 탐험"[74]과 같이 도전적인 것이었다고 언명했다.

역대 화가들이 수십 년간 여왕을 그려왔던 몰 가가 내려다보이는 버킹엄 궁의 화려한 옐로 드로잉 룸에서 작업하는 대신에 프로이트는 회화 작품 복원을 위해 사용되어왔던 세인트제임스 궁의 프라이어리 코트 스튜디오를 고집했다. 그는 여왕을 삭막한 베이지색 벽 앞에 앉히고 우표와 지폐에 나오는 다이아몬드와 진주로 만든 왕관을 쓴 포즈를 취하게 했는데 그녀의 푸른색 맞춤 정장과 자주 착용하는 세 가닥의 진주 목걸이와 기묘한 병치를 나타냈다. 2000년 5월부터 2001년 12월까지 그는 15회에 걸쳐 그녀를 앉혔는데[75] 보통 이보다 훨씬 많은 시간을 써왔던 화가에게는 불만의 원인이 되었다.[76] 77세의 정력적인 화가는 그에 못지않게 정력적인 73세의 모델과 작업에 임했다.

　　왕관의 가치 때문에 경호원 몇 명이 스튜디오 안에서 보초를 섰으나 프로이트가 이들의 존재를 불편해하자 여왕은 그들에게 밖에 나가서 지키도록 했다. 그녀는 아까 그 경호원 중 한 명을 자기가 친구의 영지에서 사냥을 할 때 만났다고 화가에게 얘기했다. 그녀는 늘 하던 대로 주우러 가고 있었는데 부상당한 수꿩 한 마리가 울타리에서 튀어나와 펄떡거리며 발톱을 곧추세우고 그녀를 향해 달려들어 넘어뜨렸다. 새의 상처에서 흘러나온 피가 그녀의 옷에 묻었고 근처에 서 있던 수행원은 그녀가 총에 맞았을까 봐 걱정했다. 그는 즉각 그녀의 몸 위로 덮쳐 입에 인공호흡을 했다. "나는 우리가 서로를 잘 알게 되지 않았나 싶다."[77]고 그녀는 프로이트에게 말했다. 그 뒤에 그녀는 그 남자를 경호팀에 고용했다.

　　여왕은 프로이트의 악명 높은 꿰뚫어 보는 시선에 못지않음을 증명해보였을 뿐 아니라 화가 또한 말에 대한 열정에서 그의 모델에 결코 뒤지지 않았다. 그는 어린 시절부터 말 사랑에 푹 빠져서[78] 말 옆에 있으려고 마구간에서 잠을 자기도 했으며 시선을 끌어당기는 말 그림들도 여럿 그렸다. "루치안은 여왕과 수많은 시간을 함께 보냈으며[79] 경마와 말에 대해서 얘기를 나누었고 그때마다 여왕은 '우리 그만 얘기해요. 어서 그림 그려야죠.'라고 말하곤 했다."라고 그의 오랜 친구인 클러리사 이든은 말했다.

엘리자베스 2세의 자녀들이 벌였던 불행한 일탈의 기억이 에드워드 왕자의 아내 소피 웨섹스에 의해 재현되었다. 2001년 4월, 그녀는 〈뉴스 오브 더 월드〉의 기자 매저 마흐무드의 덫에 걸렸다. 그는 아랍의 왕자로 가장하고 그녀가 운영하는 홍보 회사의 고객으로 계약을 체결하기 원하는 것처럼 꾸몄다. 마흐무드는 몰래 그들의 대화를 녹음했으며 그의 신문은 이 녹취를 "세계적 특종"으로 보도했다. 다른 대중지들은 소피가 여왕을 "노친네 an old dear"로, 모후를 "노파 the old lady"로, 보수당 당수인 윌리엄 헤이그를 "불구자 deformed"로, 그리고 체리 블레어를 "골칫덩이 horrid"라고 불렀다고 잘못된 보도를 했다. 그녀는 이런 말들을 한 적이 없었다. 그러나 조심성 없이 가짜 아랍 왕자에게 왕실 가족들은 수상을 가리켜 "블레어 대통령이라고 부르는데 그는 자기가 그런 줄 알기 때문이며"[80] 헤이그는 "말하는 것이 바보 같아서 …… 안타깝게도 꼭두각시같이 보인다."고 했고 존 메이저는 "나무토막 같다."고 했다. 그녀는 노동당의 예산을 "쓰레기"라고 불렀고 "모든 사람들의 세금을 올리는 것은 겁날 정도"라고 말했다.

녹취록의 출간을 막기 위하여 소피는 버킹엄 궁의 언론 부서의 승인을 얻어 신문 인터뷰에 응했다. 그때가 바로 그녀가 에드워드는 동성애자가 아니라고 부인했을 때였고 그녀는 대체로 불리하긴 했지만 다이애나와의 비교에 따른 압박감에 대해서도 말했다. "난 눈물이 헤프다.[81] 난 우리가 닮았다는 것을 부인하지 않는다. 그리고 사람들이 그런 말을 해주는 것을 크나큰 칭찬으로 받아들인다. 그렇지만 나는 다이애나의 대중적 이미지와는 경쟁 상대도 되지 않는다. 나는 다이애나가 아니다."라고 그녀는 말했다.

이는 왕실 가족 초년병으로서는 견디기 힘든 경험이었으며 그녀는 자기가 모욕적인 발언을 한 모든 사람들에게 사과 편지를 보냈다. 그러나 그녀는 왕실의 총애를 받았을 뿐 아니라 그녀와 남편은 여왕과 더욱 가까워졌다. "소피는 무엇보다도 우선 그녀를 여왕으로서 존경하며[82] 그다음으로 시어머니로서 존경하지만 동시에 그녀가 한 인간이라는 점을 이해하며 그녀를 인간으로서 대한다."라고 여왕의 사촌인 엘리자베스 앤슨은 말했다.

몇 달 뒤인 7월 19일에 여왕은 최근에 선출된 조지 W. 부시가 그의 아내 로라와 함께 G-8 정상회담을 위해 제노바로 여행을 가기에 앞서 오찬을 위해 버킹엄 궁에 도착했을 때 그녀의 열 번째 미국 대통령을 접대했다. 그들의 일행으로 함께 온 사람은 여왕의 친한 친구이자 새로운 주영 미국 대사로 온 윌 패리시였다. 그들은 궁의 대문 주랑 밑에서 하차하여 차렷 자세로 육군 군악대가 능숙하게 연주하는 미국 국가를 들었다. 43대 대통령과 에든버러 공작[83]이 의장대를 사열하기 위하여 사각형의 안뜰로 들어서자 비가 퍼붓기 시작하여 부시의 바지와 구두를 적셨다. 필립은 이를 보고 한바탕 웃었지만 엘리자베스 2세는 일체 언급하지 않았다. 부친과 함께 10년 전에 만난 뒤인지라 부시는 편안하게 환영의 분위기를 조성한 여왕과 "자연스런 유대"[84]를 느꼈다.

영미의 유대는 그로부터 두 달도 못 되어 알 카에다 이슬람 테러리스트들이 9·11 공격을 감행했을 때 더욱 돈독해졌다. 여왕은 밸모럴에 있었는데 4년 전 다이애나의 사망에 대한 반응과는 달리 그녀의 반응은 확고하고 신속했다. 그녀는 애도의 성명을 발표하여 부시 대통령에게 그녀의 "점증하는 불신과 총체적 충격"[85]을 표했으며 67명의 영국 시민이 포함된 근 3,000명의 희생자들을 기리는 세인트폴 대성당에서의 특별 미사를 위해 런던으로 돌아올 준비를 했다.

맬컴 로스는 런던에서 밸모럴로 전화하여[86] 다이애나의 사망 이후 두 번째로 버킹엄 궁의 영국 국기를 조기 게양하도록 요청했다.(여왕은 지난 10월 최초의 스코틀랜드 출신 각료인 도널드 듀어의 사망 후에 똑같은 경의의 표시를 지시한 바 있었다.) 로스는 또한 다음 번 근위병 교대식에서 영국 국가와 더불어 2분간의 침묵을 사이에 두고 미국 국가도 연주하자는 새로운 제안도 했다.[87] 여왕은 두 가지 제안들을 즉각 수락했으며 로빈 젠브린은 미국 대사관도 여기에 동참해줄 것을 요청했다. 그 주 목요일 공격 이틀 후에 윌 패리시와 앤드루 왕자는 궁의 정원에서 육군 군악대가 미국 국가를 연주할 때 부동자세를 취했고 궁의 담장 밖에 있던 수많은 군중은 울음을 터뜨렸다.

여왕은 9월 11일에 또 다른 상실을 겪었는데 그녀의 오랜 친구인 헨리 카나번이 77세에 치명적인 심장마비를 일으켰다. 엘리자베스 2세와 전 세계 수백만 명의 사람들처럼 카나번과 그의 아내 진 역시 공포가 미국을 엄습하는 바로 그 순간에 TV를 시청하고 있었다. 두 번째 공중 납치된 비행기가 세계 무역 센터 건물에 충돌하는 순간에 그는 쓰러졌다. 병원으로 가는 앰뷸런스에서 그는 아내를 향하여 "여왕을 불러주겠소?"[88]라고 말했다. 그는 수술실에 도착하자마자 사망했고 그의 딸 캐롤린 워렌은 밸모럴에 전화해서 이 소식을 알렸다. "여왕은 망연자실했다.[89] 이는 너무나 뜻밖의 일이라 모두가 충격을 받았다."라고 진 카나번은 말했다.

9월 14일 금요일에 여왕은 9월 11일의 희생자들을 추모하는 세인트폴 대성당의 미사에 대부분 미국인들인 2,700명의 신도들과 함께 참례했다. 필립 공은 성경을 봉독했고 존 F. 케네디와 윈스턴 처칠을 위해서 연주했고 1960년대 이후 한 번도 연주된 적이 없었던 〈공화국 전송가The Battle Hymn of the Republic〉를 다 함께 노래했다. "미국 국가가 연주될 때[90] 나는 여왕이 가사를 모두 외워서 노래하는 것을 지켜봤다.

그러면서 나는 생각했다. '그녀가 할 수 있다면 나도 영국 국가의 가사를 외우겠다.'"고 미국 대사관 관리의 아내인 재키 데이비스는 회고했다.

9월 20일 토니와 체리 블레어는 5번가의 세인트 토머스 교회에서 희생자들을 위한 또 다른 추모제에 참석하기 위하여 뉴욕으로 여행을 갔다. 수상은 손튼 와일더의 〈산 루이스 레이의 다리 The Bridge at San Luis Rey〉의 한 대목을 낭송했지만 영국 대사 크리스토퍼 마이어 경이 대독한 여왕 폐하의 메시지는 그 순간의 격한 슬픔을 가장 웅변적으로 포착했다. 로빈 잰브린이 쓴 이 메시지는 빌 클린턴이 "탄복할 만한 문장"[91]이라고 일컬었던 "슬픔은 사랑에 대한 대가이다."[92]라는 말로 끝맺었다. 이 말들은 너무나 울림이 컸고 진실을 담은 것이어서 세인트토머스 성당의 돌에 새겨졌을 뿐 아니라[93] 런던의 미국 대사관 부근에 있는 그로스버너 광장의 추모비에도 새겨졌다.

토니 블레어는 다음 여러 주일에 걸쳐 미국, 영국 그리고 나토 군에 의한 10월의 아프가니스탄 침공의 전개에 대하여 여왕에게 보고했다. 그들의 임무는 무슬림 탈레반 근본주의자들을 축출하고 파괴적 공격을 위하여 그곳에서 훈련을 해온 알카에다를 근절하는 것이었다. 이는 테러에 대한 글로벌 전쟁의 첫 단계였으며 2년 뒤 이라크 침공으로 발전하여 미국과 동맹국들에 대항하기 위한 대량 살상 무기를 불법적으로 제조해온 것으로 의심을 산 독재자 사담 후세인의 축출로 이어졌다.

이 기간 중에 종종 블레어는 여왕의 자문에 의존했다. "명백히 아랍 세계에 관심이 집중되었다.[94] 그런데 그녀는 이에 대한 풍부한 경험을 지니고 있었다. 그녀는 아주 오랜 기간에 걸쳐 많은 왕족들 그리고 많은 지배 계층의 가족들과 상대해왔으므로 그들이 일하고 생각하는 방식 그리고 우리가 그들에게 다가가기 위한 최상의 방법에 대한 확실한 통찰력을 지녔다."라고 그는 회고했다.

12월 20일에 루치안 프로이트는 버킹엄 궁에서 초상화 〈여왕 폐하^{Her}

Majesty the Queen〉를 완성하여 골든 주빌리 기념으로 왕실 컬렉션^{Royal}

Collection에 기증했다. 많은 언론들의 반응은 부정적이었다. 〈데일리 텔레그래프〉는 "너무나 어울리지 않는다."고 말했고 〈더 선〉은 "졸렬한 모작"[95]이라고 선언했다.

이 그림은 여러 면에서 충격적이었는데 우선 크기부터 가로 9인치와 세로 6인치에 불과했다. 크기가 워낙 작기 때문에 그림은 기묘하게 압축되었는데 여왕의 머리와 양 어깨의 작은 부분만 그려졌다. 왕관이 없었다면 그녀의 얼굴은 거의 알아볼 수 없을 정도였다. "그림을 한 30초 바라보고 나면[96] 그제서야 여왕임을 알아볼 수 있다."라고 그녀 자신도 프로이트에게서 그림을 그렸던 클러리사 이든은 말했다. 그녀의 얼굴은 매섭고 표정은 찌푸려졌으며 눈은 반쯤 감겼고 피부는 흰색과 오렌지색을 거칠게 혼합했으며 무거운 턱은 거뭇거뭇 털이 나 있었다.

그러나 비록 프로이트가 그녀의 표현력이 풍부한 눈매와 광채를 발하는 피부 같은 속성들을 보여주지는 못했으나 그는 그녀의 힘과 금욕주의와 더불어 그녀의 의무에 충실하고 확고한 결의에 찬 본성을 포착하여 넋을 잃게 한다. "이는 경험의 회화이다."[97]라고 〈가디언〉의 미술 평론가 아드리언 설은 말했다. 그리고 이는 당대의 예술 작품이다. "이 그림은 10년 전이라면 그려질 수 없었다."[98]라고 2002년부터 국립 초상화 박물관의 관장을 맡아온 샌디 네언은 말했다.

프로이트는 여왕이 그녀의 얼굴이 그려지는 동안에 그림을 보았지만 그녀의 생각은 말하지 않았다고 한다.[99] 왕실 컬렉션 관장인 휴

로버츠 경은 이 초상화를 "탁월한 작품"[100]이라고 일컬으며 궁의 공식 견해를 반영했다. 이보다 더 시사적인 것은 이 왕실 컬렉션의 큐레이터인 제니퍼 스콧의 평인데 그녀는 이 그림이 "국왕의 자연스러운 몸가짐의 결을 헤치고 그 결 뒤에 숨겨진 인간을 그려낸 것처럼 진실되고 흙냄새가 난다."[101]고 말했다.

그해 샌드링엄에서의 크리스마스 휴가는 불안정했다. 이제 71세인 마거릿은 2001년 초에 두 번 더 뇌졸중으로 쓰러져 실명과 더불어 부분 마비가 되어 병상에 누웠다. 그녀가 12월 12일 켄싱턴 궁에서 고모인 글로스터 공작 미망인 앨리스 공주의 백 세 생일 파티에 잠시 모습을 비쳤을 때 마거릿은 선글라스를 끼고 얼굴은 스테로이드 처방으로 인해 부었다.

마거릿의 오랜 친구이자 노펄의 이웃인 앤 글렌코너는 샌드링엄으로 와서 공주의 방에 TV를 설치하고 전기 곤로를 가져와서 간호사가 달걀 스크램블을 만들 수 있게 해주었다. "그것 참 좋은 생각이에요."[102]라고 여왕은 말했다. 찰스 왕자는 특히 세심한 배려를 아끼지 않아 앤 글렌코너와 교대로 숙모에게 큰 소리로 책을 읽어 주었는데 숙모는 그 무렵에는 거의 말을 하지 못했다. "그녀의 삶의 질은 좋지 못했다."[103]라고 글렌코너는 말했다.

101세 생일을 넘기고 몇 달 후, 불굴의 모후도 시들어가고 있었다. 그녀는 호흡기 감염을 앓고 와서 주로 샌드링엄의 자기 방에 갇혀 지냈다. 2월 초에 마거릿은 켄싱턴 궁으로 차를 타고 돌아갔고 그녀의 모친은 회복을 위해 노펄에 머물렀다. 공주가 휠체어에 몸을 싣고 차를 타러 갈 때 모후는 "작별을 고하는 가족의 전통에 따라 흰 손수건을 흔들었다."[104]

여왕은 매년 2월 6일 즉위식 기념일이면 개인적으로 보내는 게 일반적이었다. 그러나 올해는 골든 주빌리를 기념하여[105] 공개 석상에 모습을 드러냈을 뿐 아니라 현대식으로 메시지까지 발표했는데 이를 그녀의 즉위 기념 웹사이트에 올렸다. 그날 여왕은 샌드링엄에서 이른 아침 승마로부터 시작했고 이어 차를 타고 인근의 킹스린으로 가서 퀸 엘리자베스 병원의 암 병동 개관식에 참석하면서 환자들과 얘기를 나누고 시설을 둘러보았다. 그녀의 방문은 부분적으로는 폐암으로 투병했던 부친을 기념하기 위한 것이었다.

이틀 뒤 마거릿은 또다시 쓰러졌다. 심장에 문제가 있는 것이 발견되자 늦은 밤에 킹 에드워드 7세 병원으로 급히 실려갔다. 그녀의 아들과 딸이 병상을 지키는 동안에 공주는 2월 9일 토요일 오전 6시 반에 숨을 거두었다. 여왕은 윈저 성에 있었으며 필립은 주말 사냥을 위해 샌드링엄에 있었다. 찰스는 급히 노퍽로 차를 타고 가서 그의 조모를 위로했다. 항상 굳건하게 긍정적인 그녀는 손자에게 딸의 죽음이 "어쩌면 자비로운 해방일지 모르겠다."[106]고 말했다.

마거릿의 장례는 2월 15일 토요일 오후 3시에 그녀의 부친인 조지 6세가 묻힌 지 50년 만에 세인트조지 교회에서 치러졌다. 그녀는 "왕실 장례 의식"을 치를 자격이 있었지만 "소란을 피우지 않고 떠나고 싶다."[107]는 그녀의 의사에 따라 "왕실 개인 장례"를 치르기로 해서 공개 의식을 생략했다. 또한 그녀는 왕실 가족으로서는 예외적으로 화장을 원해서 그녀의 재는 교회 납골당에 부친의 유골과 함께 안치되었다.

공주는 또 예배를 위한 음악을 스스로 선택했는데 이는 그녀의 친한 친구였던 조지 캐리가 일컬었듯 영국 교회에 "깊이 뿌리내린"[108] 전통에 입각했을 뿐 아니라 그녀의 발레에 대한 애정을 보여주었다. 450명의 조문객들이 교회에 들어서자 오르간 연주자는 차이코프스키의 〈백조의 호수〉를 연주했다. 이날의 예배에는 37명의 왕실 가족들과 주디 덴치, 필리시티 켄들 같은 배우를 포함한 연예계의 친구들도 참례했다. 로디 루엘린과 토니 스노던도 왔다.

모후는 샌드링엄에서 이틀 전에 낙상을 당해 팔을 다쳤다. 그러나 장례식 참례를 고집했고 전날에 헬리콥터로 윈저 성으로 날아왔다. 그녀는 여왕 뒤에 휠체어를 타고 교회에 도착했으며 마거릿 개인의 왕실 문장과 흰 장미와 분홍색 튤립으로 뒤덮인 딸의 관 옆에 앉았다.

예배가 끝나고 타탄 바지와 검은 재킷을 걸친 8명의 군인들은 트럼펫 주자들이 연주하는 가운데 관을 들고 나갔다. 모후는 마거릿의 관이 지나갈 때 잠시 일어섰으며 감정을 억눌렀지만 여왕이 교회 바깥에 서서 관이 영구차에 실리는 것을 바라보고 있을 때는 고개를 떨구고 눈물을 닦았다. "여왕이 그토록 슬퍼하는 것은 처음 보았다."[109]고 마거릿의 친한 친구인 레이날도 헤레라는 말했다.

가족들이 뒤에 성에서 차를 마시기 위해 엘리자베스 2세를 다시 만났을 때 그녀는 침착성을 회복했다.[110] 그녀는 이미 관심을 사흘 뒤에 자메이카로 떠나는 일로 돌렸는데 자메이카는 2주간의 뉴질랜드와 호주까지 포함된 골든 주빌리 기념 코먼웰스 순방의 첫 기착지였다.

"그녀는 예정대로 떠났다.[111] 전혀 예상 못한 일이었다. 그녀는 자기의 임무를 수행하면서 예전처럼 웃고 모든 일에 다 참여했다. 어쩌면 혼자서는 슬픔을 보였을지 모르지만 우리는 보지 못했다."라고 왕실 가족의 한 사람이 말했다. 자메이카 사람들은 지역 방언으로 "미세스 퀸"과 "퀸 레이디"[112]로 불리는 이 여인에게 깃발을 흔들며 따스한 환영을 보냈다.

뉴질랜드와 호주의 군중 또한 기대를 넘어섰다. 엘리자베스 2세의 대관식과 같은 날에 에베레스트 산을 정복한 에드먼드 힐러리는 오클랜드에서 여왕을 위한 가든파티에 참석해서 이렇게 말했다. "대다수 사람들은 고장난 늙은 수상보다는 여왕을 국가의 수반으로 받들고 싶어 한다."[113] 퀸즐랜드에서는 3만 명의 군중이 "국민의 날" 축제에서 그녀의 말을 듣기 위하여 비를 맞으며 서서 기다렸다. 퀸즐랜드 출신의 테드 스마웃이 그녀에게 자기가 올해 104세라고 하자 그녀는 "오, 우리 모친은 이제 겨우 101세랍니다."[114]라고 말했다. 사석에서 그녀는 "내내" 마거릿 얘기를 했고 그녀는 매일 전화로 모친의 안부를 물었다. 3월 3일 일요일에 런던으로 돌아온 그녀는 곧장 로열 로지를 찾았다.

근 한 달 뒤에 그녀는 부활절 주말을 위하여 윈저로 돌아왔다. 모후는 눈에 띄게 쇠약해졌지만 그녀는 지난주에 친구들과 친척들을 불러 모아 그녀의 마지막 소원을 뜻하는 다양한 주문을 할 만큼 총명했다.[115] 2002년 3월 아침[116] 부활절 일요일에 여왕은 습관적으로 승마를 하기 위해 외출한 사이에 모친을 돌보던 의사들로부터 임종이 가까웠다는 전갈을 받았다. 엘리자베스 2세가 승마복을 입은 채 도착하자 모후는 가운을 입고 난롯가의 의자에 앉아 있었다. 두 여인은 잠시 사적인 대화를 나눴는데[117] 모후는 다시는 입을 열지 않았다. 그 직후에 그녀는 두 눈을 감고 의식을 잃었으며 목사 존 오벤던이 그녀의 손을 잡고 기도했다.

엘리자베스 2세는 성으로 돌아가서 옷을 갈아입고 마거릿의 자녀들인 데이비드 린리와 사라 차토를 데리고 로열 로지로 돌아왔다. 모후의 조카이자 친한 친구인 마거릿 로즈도 와 있었다. 그녀는 인근 그레이트 파크에 살고 있었으며 성심으로 매일 찾아왔다.

오후 3시 15분,[118] 생존해 있는 딸과 두 손주와 조카 모두가 오열하는 가운데 모후는 101세를 일기로 평화롭게 영면했다. 토니 블레어는 그날 저녁 여왕에게 말하면서 그녀가 "매우 슬픔에 빠져 있으면서도 기품이 있었다."[119]고 말했다. 찰스 왕자는 아들들과 함께 스위스의 클로스터스에서 스키 휴가를 즐기다가 이튿날 윈저 성으로 달려와서 그가 "진정한 삶의 치료자^{original life enhancer}"[120]라고 부르던 할머니에게 경배를 올렸다.

모후의 장례식은 그녀가 세심하게 계획했던 대로 펼쳐졌다. 관습적으로 이는 국장으로 불리지는 않았지만—국장은 통치했던 국왕이나 아주 드물게 윈스턴 처칠 같은 경우에 해당함—겉보기에 왕실 의전 장례도 이와 다르지는 않았다. 여왕과 그녀의 보좌관들은 첫째 3일 동안의 시신 안치 기일을 포함하여 총 9일간의 공식 조문을 정당화할 만큼의 대중적 지지가 충분할 것인지에 대하여 염려했다.[121] 이에 대한 우려는 부분적으로는 버킹엄 궁 바깥에 모여든 어중간한 인파와 세인트제임스 궁에 마련된 조문록에 서명하기 위하여 늘어선 줄의 길이에서도 감지되었으며 모후 사망 다음날 친공화주의를 자처하는 신문인 〈가디언〉이 내보낸 머리기사의 제목 "불투명한 고별이 국론 분열을 드러내다"[122]에서도 드러났다.

4월 5일 금요일, 모후의 관이 대포 마차에 실려 시신 안치를 위하여 세인트제임스 궁으로부터 웨스트민스터 홀로 가는 장대한 행렬을 이루었을 때 약 25만 명의 사람들이 연도에서 어느 구역에서는 스무 겹이 넘을 정도로 몰려들었을 때 부정적인 견해를 가졌던 사람들의 예견이 틀렸다는 것이 증명되었다.

관은 친숙한 의전 도안이 담긴 그녀의 개인 문양과 더불어 가문 외투에서 따온 활과 성난 사자가 아로새겨졌다. 관 위에는 하얀 동백꽃 화환이 놓였는데 거기에 끼워진 카드에는 "사랑스런 추억을 담아—릴리벳으로부터"라고 씌어 있었다. 꽃 장식 앞에는 자줏빛 벨벳 쿠션이 놓여 있었고 그 위에는 전설적인 105캐럿짜리 다이아몬드가 박힌 모후의 번뜩이는 대관식 관을 놓았다.

국왕의 근위대의 말들이 대포 마차를 끌었는데 영국과 코먼웰스 국가들을 대표하는 1,600명의 군인들이 은은한 북소리와 장엄한 군악대의 연주에 맞추어 행진했다. 관의 바로 뒤에는 왕실 가족의 모든 남성들이 뒤를 따랐는데 여기에 최초로 앤 공주도 가세했다. 그녀의 형제인 찰스와 앤드루와 같이 그녀는 명예 해군 소장의 지위를 나타내는 바지에 해군 정장 차림을 했다.

그들은 웨스트민스터 홀의 입구에서 여왕과 마거릿의 딸 사라 차토를 만났고 운구자들이 관을 들어 반세기 전에 조지 6세가 놓였던 7피트 높이의 관대에 올려놓았다. 캔터베리 대주교가 가족들을 위하여 짤막한 기도를 드리고 난 뒤 여왕과 필립 공은 다시 버킹엄 궁으로 차를 돌렸다. 그녀가 군중에게 손을 흔들 때 엘리자베스 2세의 표정은 말할 수 없이 슬펐다. 그들의 차가 팔러먼트 광장을 떠나 화이트홀로 방향을 틀자 침묵하던 조문객들이 예상치 않게 박수를 했으며 이는 몰가까지 이어졌다. "이는 그녀를 매우 감정에 사로잡히게 했다. 그녀로 하여금 국민들이 진정 아꼈다는 것을 깨닫게 했다."라고 그녀의 친척한 사람이 말했다. 여왕은 그 순간이야말로 그녀에게 일어났던 일들 가운데 "가장 감동적인 일이었다."[123]고 말했다.

하늘로 치솟은 중세의 홀이 대중에게 개방되었을 때 사람들은 템스 강의 남안까지 길게 줄을 지었다. 사흘 뒤에 20만 명이 넘는 사람들이—예상보다 훨씬 더 많은—그들의 공경심을 표하기 위해 관대를 줄지어 지나갔다. 관리들은 가능한 많은 사람들을 수용하기 위하여 공개 시간을 연장해야 했다. 이는 또한 국왕에 대한 뿌리 깊은 인기를 극적으로 증명한 사건이었다.

장례식 전 월요일에 여왕은 TV로 윈저 성의 창문 앞에 앉아 "사랑하는 모친"[124]에 대한 헌사를 바쳤다. 그녀의 메시지는 꼭 2분 15초에 불과했지만 그녀의 음성은 그녀가 모친의 상실과 "그녀의 사망에 따른 무한한 동정"에 감사를 표할 때 감정이 복받쳤다. "헤아릴 수 없이 많은 분들"이 베풀어준 조의는 "압도적이었다." 그녀는 장례식에서 "슬픔이 그녀의 삶뿐 아니라 그녀가 살았던 시대와 더 넓은 감사의 뜻으로 융화하기 바랐다. 그리고 그녀는 "우리가 그녀의 죽음과 그녀가 남기고 간 공백을 감당하고 있을 때 여러분이 나와 우리 가족에게 보여준 성원에 대하여" 감사를 표했다. "또한 여러분이 그녀의 생전에 그녀에게 베푼 사랑과 이제 그녀의 죽음에 대하여 보내준 공경에 대하여 마음으로부터 감사를 드린다."고 맺었다.

여왕의 연설은 왕실 가족들이 그들의 감정을 다양한 방법으로 대중에게 전달한 일련의 시도들 가운데 절정을 이루었다. 지난주 월요일에 찰스 왕자도 그 자신의 짧은 헌사를 TV로 내보냈는데 하이그로브에서의 모후의 사진들을 배경으로 했다. 그는 모친보다도 더 친밀한 어조로 "이 세상에서 가장 마술적인 할머니"[125]를 보며 그가 흠모했던 특성들을 열거했다. 그는 "내 인생에서 막중하게 가치 있는 것을 그녀에게서 배웠다."고 말했으며 우리는 함께 "눈물이 날 때까지 웃었다. 그녀의 웃음소리가 그립고 풍부한 경험과 인생에 대한 타고난 감수성에서 우러나온 멋진 지혜가 그립다."고 말했다.

다른 왕실 가족들도 대중과 소통하려는 노력을 기울였다. 소피 웨섹스, 앤 공주, 그녀의 아들 피터 필립스와 남편 팀 로렌스 등은 모후의 관을 방문하기 위하여 줄지어 선 조문객들과 어울렸다. 여왕이 방송 연설 직전에[126] 찰스 왕자와 앤드루, 에드워드와 마거릿의 아들 데이비드 린리는 관대의 네 귀퉁이에서 20분간 보초를 서기도 했다.

가장 예기치 못했던 반응은 각기 19세와 17세인 윌리엄과 해리 왕자들에게서 나왔는데 그들은 인터뷰에서 모후의 엉뚱한 면모에 대해서 말했다. 그들은 TV에서 코미디언 사차 바론 코헨의 〈알리 지[Ali G]〉를 보고 난 뒤에 100세가 된 증조모에게 어떻게 그 코미디언의 흉내를 내는 것을 가르쳤는지 묘사했다.[127] 그해 가족들의 크리스마스 오찬이 끝났을 때 그녀가 벌떡 자리에서 일어나 "애야, 점심이 정말 근사하구나.[128] 리스펙 respec!" 하고는 알리 지처럼 손가락을 튕겼다.

4월 9일 화요일에 왕실 보석가 데이비드 토머스는 관 위에 놓인 왕관을 닦고 먼지를 털기 위하여 오전 6시에 일어났다.[129] 1백만 명이 장례 행렬에 모였고 1,100만 명이 TV로 지켜보았다. 웨스트민스터 성당에 회집한 고위 인사들 가운데는 유럽 왕실 가족들 25명과 블레어 부처, 대처 부처, 매이저 부처와 제임스 캘러헌, 영부인 로라 부시와 유엔 사무총장 코피 아난 등이 있었다. 여기에는 보통 사람들도 있었는데 그녀가 후원자나 회장으로 일했던 3백 개의 자선단체들을 통해서 모후와 알아왔던 사람들이었다. 여왕의 연설과 같은 기조 속에서 한낮의 장례 예배는 엄숙한 행사와 더불어 캔터베리 대주교 조지 캐리의 말대로 어떻게 모후가 "태양처럼[130] 우리를 따스하게 감싸주었던가"를 상기시켰다. 그녀는 "모든 역할과 관계 가운데서도 가장 근원적이며 소박한 모친, 엄마, "퀸 맘"임을 보여주었다."고 그는 말했다.

그 주일에 뜻깊은 변화가 일어났다. 50년간 엘리자베스 2세는 그녀의 모친을 존중해왔는데 이제 그 존중의 대상이 사라졌다. 여왕은 이제 자기 자신의 역할뿐 아니라 그녀의 모친의 역할까지 물려받았다. 그녀는 한 세대를 뛰어올라 국가의 할머니가 되었으며 마거릿 로즈의 말대로 "원로 왕실 부인"[131]이 되었다. 여왕이 모친을 사랑했듯이 그녀는 모후의 명랑하고 편안한 존재로 인해 사람들의 사랑을 받아왔으며 이에 여왕은 약간 가려졌다. 엘리자베스 2세는 항상 호감을 샀으나 이제 모후에 대한 애정의 깊이가 여왕에 대한 깊은 존경심과 일체가 되기 시작했다.

그러나 6주의 기간 동안에 일어난 동생과 모친의 사망은 75세의 엘리자베스 2세에게 있어서는 "끔찍한 슬픔"[132]이었다고 마거릿 로즈는 말했다. "그건 엄청난 일이었다. 그 두 사람은 그녀가 매일 전화로 대화를 나누었던 사람들이었다. 이제 그 두 사람이 모두 없다.”고 엘리자베스 앤슨도 말했다.

이 상실의 충격은—그리고 그녀의 변화된 대중과의 관계는—뒤에 가서 더 분명하게 드러날 것이었다. 그동안에 엘리자베스 2세는 그녀의 임무에서 위안을 찾았다.

갑자기 그들은
지난 50년 동안 맡은 바
임무를 수행해온 여왕의
존재를 알아차렸다.

"Suddenly they got the point of
the Queen, who had been doing
her job for fifty years."

19

엘리자베스 2세 여왕과 필립 공이 즉위 50주년 기념 감사 예배를 드리기 위해
마차를 타고 버킹엄 궁에서 세인트폴 대성당으로 가고 있다.
2002년 6월 ⓒ Rebecca Nadin/Press Association Images

CHAPTER 19

영화

Moving Pictures

2002년 1월 말, "영국은 제대로 된 파티의 습관을 잃었다."¹라고 역사가 데이비드 스타키는 영국 사회의 성격적 변화는 즉위 25주년의 축제 분위기가 그로부터 25년이 지난 뒤에는 결코 반복될 수 없을 것이라고 설명했다. 스타키는 즉위 50주년 기념은 실패작이 될 것이라고 예측하는 회의론자 무리들 가운데 한 사람이었다.

1977년에 그랬던 것처럼 〈가디언〉이 앞장섰고 〈인디펜던트〉가 가세했는데 이들은 모후의 사망에 대하여 미적지근한 반응을 예상했던 바로 그 신문들이었다.

모후의 장례식에 모인 군중이 보여준 왕정에 대한 열렬한 성원 이후에도 많은 언론들은 여전히 미심쩍어했다. 버킹엄 궁의 보좌관들은 기대를 억누르는 "조심조심softly, softly"의 전략²을 유지하면서도 그들의 야심찬 계획을 가다듬는 데 전력을 기울였다. 이 축제는 사비私費로 충당되었으며 준비 기간만 18개월이 소모되었다. 즉위 25주년 행사를 성공적으로 운영했던 해운계의 거물 제프리 스털링[3]이 50주년 기념 축제의 위원장으로 임명되었다. 불과 몇 달만에 그는 그들의 여왕을 경모하는 기업과 개인들로부터 근 6백만 파운드를 모금했다. 대단히 놀라운 실적이었다.

궁 전략의 핵심적 부분[4]은 2001년에 로빈 잰브린이 주도하여 차이니스 다이닝 룸에서 오찬을 곁들이며 15차례 회의를 가진 외부 자문 그룹이었다. 이 그룹의 회원들은 홍보, 방송, 신문, 잡지 등의 분야에서 원로들을 끌어모았는데 〈더 타임스〉의 기고가로 "중간 영국인middle Britain"의 견해를 피력해온 리비 퍼비스도 포함되었다. 보다 개방적인 접근 방법으로 잰브린과 사이먼 워커는 노동당 귀족이자 성공적인 TV 제작자이고 동성애 지지자이며 왕정에 대한 비판자인 와히드 알리도 초대했다. 위원회 위원들은 자신들의 제안도 내놓았고 궁의 관리들이 제출한 계획에 대하여도 논평을 했다. 위원회의 위원 명부나 그들의 토의 내용은 외부에 유출되지 않았다.

사설 여론조사와 표적 집단들[5]은 지역별로 여왕의 인기도를 측정했다. 이 조사는 여왕의 보좌관들로 하여금 5월 1일부터 시작되는 여왕의 영국 내 16개 지역을 3개월에 걸쳐 순회하는 계획을 수립하는 데 도움을 주었다. 궁은 의도적으로 왕정에 대한 지지도가 가장 높은 콘월과 데본 지역을 첫 순방지로 정했다.[6] 최대한의 보도를 이끌어내기 위하여 홍보실은 전국 매체와 지역 매체들을 위한 비보도 브리핑을 시작하기도 전에 먼저 3천 개의 지역 조직들에게 브리핑을 했으며 이어서 국제 언론들과의 회합도 가졌다.

2002년 4월 25일 여왕은 윈저 성에서 런던의 주요 일간지를 포함하여 지역의 소규모 신문들을 대표하는 750명의 언론인들을 위한 리셉션을 베풀었다. 알라스테어 캠벨은 "스스로 공화주의자라고 선언하면서 앞에서는 절하고 돌아서서 꼬집는 이들 소위 돌머리 글쟁이들은 정말 한심하다."[7]고 했다. 여왕은 "그들 사이를 스스럼없이 누비고 다녔고 떠들썩했다." 끝나고 난 뒤에 사이먼 워커가 여왕에게 이런 식의 파티를 5년 단위로 개최하면 어떠냐고 제안했다.[8] 그녀는 10년이 좋겠다고 답했다.

나흘 뒤에 토니와 체리 블레어는 다우닝 가 10번지에서 엘리자베스 2세와 그녀의 생존해 있는 전임 수상들—히스, 캘러헌, 대처, 메이저—과 가족들을 위해서 만찬을 베풀었다. "이렇게 편할 데가![9] 여기선 서로를 소개할 필요가 없으니까요."라고 여왕은 블레어 부처를 만나자 말했다. 캠벨은 여왕의 태도에서 윈저 성의 저녁 모임에서 "직업적인 부질없고 헛된 인사말을 해야 했던"[10] 때와 현저한 차이를 감지했으며 10번지에서는 "마음 편하게 즐거웠다."

이튿날 엘리자베스 2세는 고작 3주 전에 모친의 유해가 안치되었던 웨스트민스터 홀에서 상하 양원의 합동 회의에서 연설을 했다. 1977년 때와 같이 그녀의 말은 사적이었으며 즉위 50주년에 대한 기본적인 메시지를 전달했다. "변화는 이제 일상사가 되었습니다.[11] 변화를 관리하는 것이 새로운 규율이 되었습니다. 우리가 변화를 어떻게 받아들이느냐 하는 것이 우리의 미래를 좌우합니다."라고 그녀는 말했다. 그녀는 중용과 실용과 창의성과 공정함과 관용이야말로 봉사의 전통과 더불어 영국의 지속적인 가치라고 보고 이들의 중요성을 강조했다.

포괄주의 주제와 보조를 맞추어 그녀는 "우리의 풍부하게 다문화적이고 다신앙적인 사회 특성의 공고화"는 1952년 이래 "괄목하리만큼 평화롭게 그리고 선의를 바탕으로" 이룩되어왔다고 인용했다.(바로 며칠 전에 궁은 그녀가 올 여름의 여행 동안에 힌두 사원과 유대인 박물관, 인도의 시크 사원과 이슬람 센터—최초의 모스크 내부 방문—등을 방문할 것이라고 발표했다.) 76세의 나이에 그녀는 또다시 "나의 가족들의 성원에 힘입어 우리의 위대한 나라의 국민들에게 다가올 변화의 시대에 나의 능력을 다하여 멈추지 않고 봉사할 결의"를 굳건히 했다. 1,000명의 귀족들과 의원들은 일제히 기립하여 우렁찬 박수를 길게 보냈다. 그 요란함에 그녀는 감동하는 동시에 당황해했다.

영국 내 세 군데 지역을 돌고 난 뒤에 그녀는 5월 13일부터 사흘간 북아일랜드를 여행했는데 25주년 기념 순방 때의 긴장된 분위기와는 현저히 달랐다. 1998년 4월 10일 성 금요일 협약Good Friday Agreement은 얼스터에 평화를 가져다주었는데 다수 신교도와 소수 가톨릭 사이에 새로 설립된 입법 의회를 통하여 권력을 공유하는 타협안을 도출했었다.(이로써 런던의 직접 통치는 종식되었다.) 또한 얼스터와 아일랜드 공화국의 유권자들이 동의하지 않는 한 아일랜드의 통일은 유보되었다.

그로부터 4년 뒤 엘리자베스 2세는 스토몬트에서 열린 리셉션에서 그들의 여왕으로서는 처음으로 새 북아일랜드 의회의 의원들에게 연설했다. 그녀는 그들이 "북아일랜드 행정부로서 국민들에게 더 가까이 다가가며" 또한 "영국민이 됨을 자랑스럽게 여기는 사람과 아일랜드인의 정체성을 강하게 느끼는 사람들 모두의 열망에 부응할 수 있는 역사적 기회"[12]를 가졌다고 말했다.

골든 주빌리 축제의 중심은 6월 초 나흘간 버킹엄 궁의 정원을 무대로 두 번의 전례 없는 콘서트와 함께 열리는 "국민의 파티people's party"였다. 매 콘서트는 근 2백만 명의 신청자들 가운데 무작위로 뽑힌 12,000명의 청중을 상대로 열리며 BBC에 의해 TV로 중계되었다. 1일 토요일에는 클래식이었고 3일 월요일에는 팝이었다.

팝 콘서트를 시도하는 데는 약간의 섬세한 조정이 필요했다. "기념 축제에 젊은이들의 성원을 끌어내는 것은 중요했다."[13]라고 사이먼 워커는 말했다. 로빈 잰브린은 기어코 여왕의 승인을 얻어냈는데 그녀는 팝 가수들의 노래를 듣기 위하여 무려 세 시간을 소비할 생각은 전혀 없었다. 그래서 절충안으로 궁정인들은 여왕으로 하여금 끝나기 30분 전에 입장하도록 했다.

콘서트는 퀸의 기타리스트인 브라이언 메이가 버킹엄 궁의 지붕 위에 서서 독특한 방식으로 국가를 연주하며 극적으로 시작되었다. 엘리자베스 2세가 입장하자[14] 에릭 클랩턴은 〈라일라Layla〉를 부르고 있었고 코미디언 에드나 에버리지는 여왕을 "골든 주빌리 걸Golden Jubilee girl"이라고 소개했다. 노란색 귀마개를 한 여왕은[15] VIP석에 필립과 블레어 부처 그리고 24명의 왕실 가족들과 함께 앉아서 나머지 공연을 즐겼는데 폴 매카트니가 〈헤이 주드Hey Jude〉를 부르는 것으로 끝났다. 남편과 찰스와 윌리엄과 해리를 동반한 그녀는 무대에 올라 출연자들과 합세했는데 찰스는 "엄마"라고 그녀에게 인사하고 그녀의 50주년[16]을 축하하며 덧붙여 "당신은 연속성이라는 우리들 삶의 결정적인 그 무엇을 구현하셨다. 당신은 이 심오하고 때로는 위태로운 변화의 와중에서 전통과 안정의 횃불이 되어주셨다."라고 했다. 청중은 박수로 화답했고 왕위 계승자는 어머니에게 키스했다.

다 끝나고 나서 엘리자베스 2세는 빅토리아 기념탑 앞의 횃불에 점화했는데 이는 영국과 그 밖의 코먼웰스 국가에 점화된 2천 개의 횃불 중 하나였다. 케나에서는 그녀가 여왕이 되었던 트리탑 근처에서 불을 붙였다. 그날 저녁은 화려한 불꽃놀이와 궁 앞면을 장식한 조명 쇼로 끝났는데 몰 가와 인근 공원에 몰려든 1백만 명의 사람들 앞에서 펼쳐졌다. 여왕과 필립은 관람대에서 영국 국기가 궁의 앞면에 파도치

듯이 비추어지는 장면을 보고 즐거워했다.

4일 목요일 축제의 마지막 날에는 황금색 마차를 타고 궁에서 기념 예배가 열리는 세인트폴 성당까지 축하 행렬이 이어졌으며 길드홀에서 오찬이 베풀어졌다. 이 자리에서 토니 블레어는 여왕에게 "존경은 물려받을 수 있지만 사랑은 얻어내는 것입니다.[17] 이 나라가 폐하를 사랑하는 것은 진심입니다."라고 말했다.

오후에 여왕과 필립은 몰 가를 따라서 열린 축제에 2만 명의 참가자들과 함께했는데 여기에는 5,000명의 복음 합창대와 54개 코먼웰스 국가 대표들이 민속 의상을 입고 참여했다. 티타임 무렵에 엄청난 군중이 몰 가를 가득 메우고 깃발을 나부끼며 환호하고 꼭 25년 전과 다름없이 〈희망과 영광의 나라Land of Hope and Glory〉와 국가 〈신이여 여왕을 보호하소서God Save the Queen〉를 불렀으며 엘리자베스 2세와 그녀의 가족들은 버킹엄 궁의 발코니에서 군중을 향해 손을 흔들었다. 그들 머리 위로는 1,500피트의 높이로 콩코드 비행기와 영국 공군의 레드 애로 편대가 대형을 이루어 비행했다.

축제들은 여름 내내 여왕이 왕실 열차를 타고 3,500마일을 여행하며 70개의 도시와 마을을 방문하며 이어졌다. 그녀는 버킹엄 궁과 홀리루드 하우스뿐 아니라 샌드링엄과 밸모럴에서도 가든파티를 베풀었다. 그녀는 몇 번의 개인적 축하 행사들도 가졌다. 소년 시절에 왕실 행사에서 사동들로 일했던 50명의 남자들이 그녀에게 클럽 화이츠에서 블랙 타이 만찬을 대접했는데[18] 이곳은 특별한 경우 외에는 여성들이 출입할 수 없는 곳이었다. 이후 여기 참여했던 사람들의 얘기에 의하면 한 녀석이 여왕이 도착하는 것을 보고 투덜댔다. "여왕이 여기 화이츠에 오다니[19] 이런 낭패가 있나!" (그날 밤 여왕과 그녀의 옛 사동들이 함께 찍은 사진은 이 클럽 화장실에 자랑스럽게 걸려 있다.)

골든 주빌리 즉위 50주년 기념 축제는 대성공이었다. "사람들에게 여왕은 안정과 평온과 연속이고 역경 속의 침착함이었으며 일이 잘 못 풀릴 때에는 유머였다. 새삼 갑작스럽게 그들은 여왕의 존재를 알 아차렸다.[20] 지난 50년 동안 맡은 바 임무를 수행해온 그녀를."이라고 그녀의 전 언론 비서 찰스 앤슨은 말했다. 언론 보도 또한 호들갑을 떨 며 대중의 인기에 편승했다. 즉위 기념 행사들은 "여왕과 왕정이 수백 만 명의 영국인들로부터 여전히 높은 존경을 받고 있다는 것을 최종적 으로 입증해주었다."[21]라고 BBC는 보도했다. 사설 여론조사 결과도 상 향 조짐을 보였다. "군중은 여왕이 그들에게 관심을 기울이고 있으며 즐겁게 지내고 있다."[22]라고 MORI의 로버트 웨세스터는 말했다. 궁에 대한 여론조사가 시작되었을 때는 왕정이 시대에 뒤떨어졌다고 느꼈 던 사람들이 거의 40퍼센트에 달했으나 이 수치는 즉위 기념 행사가 열린 후 수년 동안 20퍼센트대 중반으로 떨어졌다.

2002년 가을에 여왕은 5년 전 고 웨일스 왕세자비의 하인 폴 버렐과 의 만남과 관련한 논란에 휩쓸렸다. 그는 깊은 충성심을 지닌 신하이 거나 뒤에 밝혀졌듯이 필요에 의해서거나 다이애나의 "반석"[23]으로 알 려졌다. 다이애나를 위해 일하기 전에 그는 버킹엄 궁의 하인이었고 여왕은 그의 봉사에 대해 그녀의 개인적 표창 가운데 하나인 로열 빅 토리아 훈장으로 보답했다. 그녀는 그가 다이애나의 죽음에 견딜 수 없는 슬픔에 빠졌다는 얘기를 듣고 그가 궁에서의 면담을 요청했을 때 흔쾌히 허락했다.

　1997년 12월 18일 목요일 오후에 버렐은 정원이 내려다보이는 1층 그녀의 개인 거실에 도착했을 때 심경이 착잡했다. 둘이 90분 동안 함께 있으면서 그는 "장황하게" 다이애나의 고뇌와 찰스에 대한 그녀의 감정에 관해 얘기했다. 그는 다이애나의 모친인[24] 프랜시스 샌드 키드가 켄싱턴 궁을 방문하여 그녀의 편지와 메모를 갈가리 찢고 있었다고 하며 여왕에게 자신이 "왕세자비의 문서들 중 몇 가지를 보관하기 위해 가져갔다."[25]고 말했다. 이는 그가 여왕과 나눈 많은 얘기들 중 하나였다.[26]

3년 후인[27] 2001년 1월에 또 다른 전직 왕실 직원의 제보에 따라 경찰은 버렐의 가택을 수색했다. 그들은 다이애나의 재산 가운데 3백 개가 넘는 품목을 찾아냈는데 그 안에는 맞춤 의상, 보석, 핸드백, 가구 등과 찰스와 윌리엄에게서 훔쳐온 것으로 추정되는 그보다 적은 수의 소유물들도 포함되었다. 이 전직 하인은 절도범으로 기소되었다.

조사가 시작되면서 여왕은 로빈 잰브린으로부터 몇 차례 브리핑을 받았지만[28] 그녀는 버렐과 얘기를 나누었다는 말은 하지 않았다. 후일에 말했듯이 그녀는 다이애나의 문서들을 보관하고 있다는 그의 지나가는 언급이 버렐의 혐의와 별 상관이 없다고 생각했기 때문이었다.[29] 버렐 또한 그들의 만남을 그의 변호사에게 밝히지 않았는데 그것은 "사적"[30]인 것이기 때문이었다고 말했다.

버렐의 재판은 2002년 10월 14일에 시작되었는데 여왕은 그 전날에 10일간의 골든 주빌리 기념 캐나다 방문을 마치고 영국으로 귀국했다. 25일 금요일 추모 예배에 가는 길에 필립과 찰스는 요란하게 보도된[31] 이 사건에 관해 얘기를 나눴다. 필립은 찰스에게 여왕이 다이애나 사후에 버렐을 만났으며 그 하인은 몇 가지 문서들을 보관하고 있었다는 것을 언급했다. 찰스가 이 만남에 대하여 얘기를 들은 것은 분명 처음이었다. 그는 즉각 이 정보를 그의 개인 비서에게 전했고 그는 당국에 알렸다. 11월 1일 검찰은 고소를 취하했는데 왜냐하면 이 고소는 "버렐이 그가 어떤 것도 안전하게 보관하고 있었다는 얘기를 아무한테도 말한 적이 없었다는 틀린 전제하에"[32] 이루어졌기 때문이었다. 비록 버렐이 여왕에게 말한 것이 상당량의 귀중품들 가운데서 고작 수량 미상의 문서에 불과했지만 재판을 중지하기에는 충분한 증거가 되었다.

언론은 이 사건의 극적인 반전을 질타했으며 여왕과 그녀의 아들이 고 왕세자비와 왕실 가족들에 관한 민망한 공개 증언을 예방하기 위하여 어떻게 해서든 재판을 중단시키려고 애썼다는 암시를 던졌다. 이에 못지않게 타격을 준 것은 이에 대한 또 다른 설명으로 그녀는 "기억력이 감퇴한 늙은 여인"[33]이란 것이었다.

실상 여왕은 이 사건을 결코 잊은 바 없었다. 초가을 밸모럴에서 다가오는 재판이 기사화되었을 무렵에 엘리자베스 2세는 바비큐를 하기 전에 잔을 권하며 손님들을 대접하고 있었다. "그녀는 매우 만족스럽고[34] 여유 있게 혼자서 카드놀이를 하고 있었다. 그러다가 지나가는 말투로 그녀는 버렐과 대화를 나누었던 얘기를 꺼냈다. 그녀의 기억은 매우 명료했는데 버렐이 그녀에게 그가 몇 백 개의 물건들이 아니라 몇 가지 문서들만 가져갔다고 말했다고 했다."고 그날 그녀와 함께 있었던 한 친구가 말했다. 그녀가 준 인상은 버렐의 자백은 별것 아니라는 듯했다. "그녀는 내게 자기는 그 일에 대해 더 생각하지 않았다고 말했다. 현재 재판이 진행 중이고 사람들이 관심을 가지기 때문에 화제가 되었을 뿐이다. 그녀가 말한 것은 단지 사실에 관한 것이었기 때문에 그녀는 다른 자리에서도 틀림없이 이를 논의했을 것이다."라고 그 친구는 말했다.

그 무렵 버킹엄 궁에서 자리를 옮겨 찰스의 개인 비서가 된 마이클 피트는 버렐 재판의 종식에 있어서 "부적절하거나 태만함"[35]이 있었는지에 대해 철저한 조사를 했다. 피트는 여왕이 버렐을 만났다는 그 폭로가 재판에 차질을 주기 위한 것이었다는 "아무런 증거"도 찾지 못했다. 그는 만약에 궁이 그러한 결론을 원했더라면 "그 이전에 검찰을 막거나 옥죄기 위하여 개입할 수 있었던 기회는 얼마든지 있었다."

고 지적했다. 버렐이 아무한테도 말하지 않고 수백 점의 물건을 빼돌리려 했다는 것을 입증하기 위한 검찰 기소의 핵심을 언론이 보도한 것은 재판이 이미 진행되고 있고 난 뒤였다.

재판이 무산되고 난 일주일 뒤에 여왕은 모친이 매년 성심껏 수행해온 임무로서 웨스트민스터 대성당 바깥의 추모의 뜰을 방문했다. 그곳에는 제1차 세계대전에서 사망한 영령들을 기리기 위하여 1928년에 시작된 전통으로서 전사한 영국 장병들에 대한 추모의 뜻으로 19,000개의 작은 십자가들이 심어져 있었다. 모후는 항상 예상보다 더 긴 시간을 머물며 가능한 한 많은 예비역 군인들과 유가족들과 얘기를 나눴었다. 지난해 11월에³⁶ 그녀는 살을 에는 추위를 무릅쓰고 십자가를 심었고 이제 여왕 자신도 수천 명의 사람들이 모인 짧은 기도회 동안에 십자가를 심었다. 예배가 끝나고 1분간의 묵념이 있은 뒤에 엘리자베스 2세의 두 뺨에는 눈물이 흘러내렸다.

2002년 동안 여왕은 비록 여러 기복을 겪으면서 정서적 연약함을 보여주었을지 모르나 육체적 건강은 어느 때보다 튼튼했다. 지난 5월의 윈저 호스 쇼에서 관중은 윈저그레이트 파크에서 경주 마차 달리기 마라톤에 참가한 필립의 뒤를 쫓는 그녀의 생기발랄한 모습에 경탄했다. "그녀는 자신의 레인지로버를 몰고³⁷ 반 마일마다 설치된 장애물을 지나갔다. 필립은 네 마리의 말을 몰았다. 그녀는 그가 장애물을 넘는 것을 보고 달려가서 자기 차에 뛰어 올라탔다. 그녀는 장화를 신고 스카프를 휘날리며 코기 견 너댓 마리가 뒤를 따랐다. 그녀는 담대하고 정력적이었으며 그렇게 젊어 보일 수 없었다."라고 경쟁자 중 한 사람이었던 니니 퍼거슨이 말했다.

2003년 1월 초에 엘리자베스 2세는 그녀의 가장 유망한 수망아

지인 데저트스타를 보러 갔다가 오는 길에 샌드링엄의 울퉁불퉁한 땅
바닥을 걷다가 미끄러져 넘어졌다. 그녀는 오른쪽 무릎의 연골이 찢어
져서 관절 수술을 받아야 했다.[38] 몬티 로버츠에게 보낸 편지에서 그녀
는 말도 타지 못하고 개 산책도 못 시키고 "실내에서 빈둥대며"[39] 보낼
수밖에 없는 처지를 한탄했다. 그녀는 잘 회복되었고 1년도 못 되어
의사가 발견한 왼쪽 무릎의 가벼운 연골 손상을 치료하기 위하여 또다
시 비슷한 수술을 받았다.[40] 그녀는 몇 주 동안 지팡이를 짚고 걸었지
만 머잖아 다시 주례 승마를 시작했다. 그녀가 나이를 고려해서 한 가
지 양보한 것은 수십 년간 탔던 큰 말 대신에 조랑말로 바꿔 탄 것이었
다. "조랑말은 열네 뼘의 키에[41] 탄탄하고 땅딸막하다. 그녀 나이에 말
을 타는 사람은 거의 없다. 따라서 조랑말은 안전한 운송 수단이다."라
고 마이클 오즈월드는 말했다.

　　모친과 동생을 떠나보낸 뒤에 엘리자베스 2세는 우애를 다지기
위해서 더욱더 대가족에 의존했다. 윈저에서의 일요일 그녀의 오랜 관
습은 로열 채플 오브 올 세인츠에서 예배를 본 뒤에 로열 로지에 들러
모친과 한낮에 차를 마시는 것이었다. 이제 그녀는 대신에[42] 자그마하
고 활달한 시골 여인이자 사촌인 마거릿 로즈를 방문하게 되었다. 윈
저그레이트 파크에 있는 그녀의 오두막[43]은 소박하고 아늑했으며 검
소한 가구들과 마룻바닥에 웅크린 그녀의 웨스트하일랜드테리어 견
인 질다를 위한 고무 장난감들이 놓여 있었다. 그녀의 거실에 놓인 책
상 위에는 모후와 조지 6세와 밸모럴에서의 의상을 걸친 엘리자베스
2세 등의 사진들로 가득 채워져 있었다.

　　1981년에 마거릿의 남편이 불치의 암에 걸렸을 때 여왕은 그들
에게 디본의 그들 농장보다 런던의 병원에 가까운 집을 주었다. "교외
에서 살면 어떻겠니?"[44]라고 여왕은 물었다. "그것은 기도에 대한 대답
이었다."라고 마거릿 로즈는 회고했다.

매주 일요일 여왕은 교회에서 가까운 그곳까지 재규어를 몰고 간다.[45] 그녀의 사촌은 무릎 인사로 그녀를 맞이하고 여왕은 거실 소파에 걸터앉고 모자는 제자리에 두어 아무 때나 성으로 돌아갈 채비를 해놓는다. 엘리자베스 2세가 진과 듀보네를 마시며 두 여인은 지난주에 있었던 얘기를 나누고 가족들과 그들이 아는 다양한 사람들, 가령 밸모럴의 늙은 사냥꾼의 건강 등에 대한 소식을 나눈다.

2002년의 사건들—개인적 상실들과 그녀의 축복받은 즉위 기념 행사 등—은 이제 지나갔고 1990년대의 어려움들은 역사의 장으로 넘어갔다. 여왕은 공개 석상에서 더 많이 웃었다. 그녀는 어떤 면에서 모친을 닮아 더 따뜻해지고 더 가까워졌고 더 편안해졌다. "이 말이 부적절하게 들리겠지만[46] 내가 보기에 여왕은 모친의 사망 이후 더 화사하게 피어났다."라고 로버트 솔즈베리는 말했다. 몬티 로버츠는 그녀가 "전보다 더 삶의 경이에 대한 이해"[47]를 보여주고 있다고 느꼈다.

2003년 세인트제임스 궁의 장교 회관에서 열린 근위 보병대와의 소박한 만찬에서 웃고 떠드는 소리가 열린 창문을 통해 들렸다. 궁내의 아파트에서 살던 여왕의 감사관인 맬컴 로스로부터 전화가 걸려 왔다. 그는 그날 저녁의 손님이 누구인지도 모르고 소음에 대해 불평을 늘어놓았다. 보병대의 장교가 이 메시지를 여왕에게 전하자 그녀는 "오, 맬컴한테 바보같이 굴지 말라고 해요."[48]라고 대답했다.

로버트 솔즈베리는 2003년 2월에 애너벨에서 지니 에얼리를 위한 70회 생일 잔치에서 여왕의 옆자리에 앉았다가 그녀의 태도에서 달라진 점을 발견했다. 여왕은 친구들에게 자기는 이 파티를 너무나 기다려왔다고 말했는데 왜냐하면 결혼 초 이래로 나이트클럽에 온 것은 처음이기 때문이라고 했다. "이렇게 즐거운 시간을 보내는 사람은 본 적이 없다.[49] 이렇게 근엄한 여인이 웃고 농담을 하고 있다. 그녀는 전 좌석을 재미있게 해주고 있었다."라고 여왕과 함께 자리했던 애너벨 골드스미스(클럽의 이름을 여기서 따왔다.)는 말했다.

이튿날 엘리자베스 2세는 런던 북부의 세인트앨번 수도원에서 약속이 있었다. 그녀가 고위 인사들에게 소개될 때 수도원장이 로버트 솔즈베리를 발견하고 여왕에게 전에 그를 만난 적이 있느냐고 물었다. "그럼요. 로버트와 나는 어젯밤 새벽 1시 반까지 나이트클럽에 있었는 걸요."[50]라고 명랑한 음성으로 대답했다.

그녀는 또한 앤절라 켈리라는 새로운 심복을 얻었는데 그녀는 보보의 자리를 맡았다. 여왕보다 25세 연하[51]인 켈리는 왕실 가사국에 하녀로 들어온 군인이었고 지위가 높아져서 켈리 자신이 "개인 조수"로 승격시킨 드레서의 지위에 올랐다. 철도원의 딸이었던 보보처럼 켈리는 리버풀의 평범한 가정 출신이었는데 그녀의 부친은 부둣가에서 일했다. 그러나 자세를 낮추었던 보보와는 달리 활기찬 성격에 오동통한 금발의 켈리는 여왕의 수행원들 가운데서도 두드러졌다.

켈리가 여왕과 함께 있을 때는 "왁자지껄한 웃음소리가 들리곤 했다."[52]고 앤 글렌코너는 말했다. 여왕의 친척 중의 한 사람에 의하면 "그녀는 여왕의 동생과 모친이 사망한 뒤의 진공 속으로 들어갔다."[53]

켈리는 왕실 의상을 엄격하게 전문적인 방식으로 보살폈는데 여왕의 공식 출현의 극적인 요구를 염두에 두고 하트넬과 에이미스의 전통을 따랐다. 켈리는 자주 가사국 관리들과 동행하여 외국 순방을 위한 정탐 여행을 다니면서 여왕이 등장할 장소의 배경을 확인하고 그 나라의 색상과 또 긍정적 혹은 부정적 색조에 대해 조사했다. "켈리는 여왕이 군중과 멀리 떨어져 있을 때 그들과 구별되는 의상을 걸쳐야 하며 실내에서는 베이지색이나 회색 같은 중립적 색상의 의상을 입어야 한다는 것을 이해한다."[54]고 원로 왕실 보좌관은 말했다. 켈리는 스튜어트 파빈 같은 신예 디자이너를 고용하기도 하지만 여왕의 드레스, 코트와 모자 등은 자신이 손수 디자인하기도 하며 그것들을 보다 저렴

한 비용으로 자체 제작하기도 한다.

여왕은 오랫동안 그녀의 보석에 대하여 민감한 관심을 가져왔으며 그녀의 풍부한 컬렉션의 역사를 안다. 그녀는 공식 행사이거나 사석이거나 자신의 아름다운 보석들을 보여주기 좋아하며 때로는 디너파티에 여러 개의 반지를 착용하는데 검지 손가락까지 낄 때도 있다. 한번은 그녀가 윈필드 하우스 만찬에서 미국의 JAR 보석상 창업자인 조엘 아서 로젠탈을 만났을 때 "나는 데미언 허스트가 보석 박힌 두개골을 만드는 데 다이아몬드를 사용해왔다고 들었는데[55] 나는 그보다는 내 목에 다이아몬드를 하고 싶답니다."라고 말했다.

켈리는 여왕이 손가락 끝으로 간단히 최신 현황을 알 수 있도록 목록을 컴퓨터에 저장하여 그녀가 선택한 옷가지들을 수레에 싣고 나오도록 해 주인의 전문성을 높여주었다. "켈리는 어디서 나왔는지는 알 수 없으나 무언가를 들고 나온다.[56] 브로치가 멕시코에서 왔다면 그녀는 거기에 박힌 보석이 어디서 온 것인지 알려줄 것이다. 그녀는 그런 데서 흥미를 느끼고 그걸 재미있게 만든다."라고 한 시녀가 말했다.

2003년 11월 19일 수요일에 여왕과 궁정인들은 아침에 눈뜨자마자 〈데일리 미러〉의 "세계 특종" 기사를 접했는데 한 하인이 유명한 버킹엄 궁의 발코니에 서 있고 머리 위에 '침입자'라는 글씨가 새겨진 사진이 1면에 실렸다. 또 다른 제목에는 이런 설명이 붙었다. "부시가 도착하면서 우리는 〈데일리 미러〉의 기자가 두 달간 궁정의 하인으로 일했다는 왕실 보안 사상 최대의 사건을 폭로한다."[57] 신문에는 몰래 찍은 14장의 사진[58]과 왕실 가족들의 일상사와 내실 등에 관한 묘사가 실렸으며 중간중간에는 선정적인 제목들이 달렸다.("나는 여왕을 독살할 수 있었다.") 이 모든 것은 26세의 〈데일리 미러〉의 기자 라이언 패리의 소행으로 그는 하인으로 위장 취업해서 이 기사를 터뜨렸는데 이는 그가 고용되었을 때 체결한 비밀 준수 협약을 위반한 것이었다.

신문은 이 위험한 장난을 공익을 위한 봉사라고 포장하려고 했지만 이는 주로 여왕과 그녀의 가족들 사생활을 염탐하려는 것이었다. 가장 화제가 되었던 사진은 여왕과 필립을 위하여 차려진 아침 식탁이었는데 하얀 리넨 상보 가운데 놓인 꽃병과 은제 식기통과 도자기에 싸구려 트랜지스터라디오와 콘플레이크와 오트밀이 담긴 세 개의 나란히 배치된 터퍼웨어 상자들이었다. 패리는 여왕이 "마멀레이드를 살짝 바른" 토스트를 좋아했지만 실상 대부분을 식탁 밑의 코기 견들에게 주었다고 썼다.

그는 각각의 왕실 차 쟁반은 나름의 지도가 있는데 앤드루 왕자는 일체 술을 입에 대지 않으며 가끔 하인들에게 욕을 하기도 하고 앤 공주는 아침 식기에 "아주 까만 바나나와 잘 익은 키위"를 넣어달라고 했으며 별로 "수선 떨지 않고" 자기 일을 했다고 보도했다. 패리는 소피 웨섹스를 "친절하고 고맙게 생각한다."고 했으며 여왕은 수다스럽고 상냥하게 비쳐졌는데 "자기 일을 하는 데 있어서 거만하지 않다."[59]고 〈선데이 타임스〉는 썼다.

개인 아파트들의 사진과 그에 대한 묘사들은 "먹고 자고 다시 결혼하라" 같은 메시지들이 수놓인 봉제 완구와 베개에 대한 앤드루의 취미와 "모든 표면이 책과 장식물과 종이와 잡지로 도배된" 앤의 거실과 에드워드와 소피 웨섹스의 현대식 장식과 말끔한 집안 정돈 등을 들추어냈다. 패리는 심지어 카펫이 깔린 웨섹스의 욕실에 "왕실 의상"을 걸친 펭귄들과 대화하는 여왕의 모습을 그린 만화까지 사진으로 찍었다.

이튿날 〈데일리 미러〉는 또다시 "우리 기자의 윈저 내부 폭로"[60]라는 기사를 치고 나왔는데 패리가 성 앞에서 여왕의 코기 견 두 마리를 쓰다듬고 있는 사진과 더불어 여왕을 위해 일한 주말의 11페이지에 달하는 사진과 기사를 내보냈다. 그녀의 아침 식탁에서 그녀 앞에 펼쳐진 신문들의 사진도 실렸는데 늘상 그렇듯이 〈더 레이싱 포스트〉가 맨 위에 놓여 있었고 이어서 〈데일리 메일〉, 〈데일리 익스프레스〉, 〈데일리 미러〉, 그리고 〈데일리 텔레그래프〉와 〈더 타임스〉가 놓여 있었다.

패리는 여왕이 혼자서 식사할 때 보는 TV 프로그램들이 놀랄 정도로 수준 이하라고 하며 그 예를 들었는데 인기 있는 경찰 드라마 〈더 빌^{The Bill}〉("난 이 프로가 싫어. 그런데 보게 돼."라고 패리에게 말하며 커피를 따랐다.), 장기 방영작인 신파극 〈이스트엔더스^{EastEnders}〉와 또 말도 안 되게 〈커스티스 홈 비디오^{Kirsty's Home Videos}〉도 보았는데 이 코미디 쇼는 "홀딱 벗은 엉덩이까지 보여주는" 보통 사람들의 이야기였다. 이 기사에는 또 성 안의 호화로운 빅토리아 양식의 여름 주택 사진들도 실렸는데 화분과 조각, 수영장, 실내 배드민턴 장, 탁구장과 망을 씌운 필립의 목제로 된 폴로 연습용 말 등이었다.

여왕은 격분했고 그녀의 변호사들은 해당 신문에 대해 "합법적 이해를 결여한 고도의 부당한 사생활 침해"[61]로 즉각적인 법적 조치를 취했다. 그녀는 〈데일리 미러〉가 더 이상의 보도를 하지 못하고 많은 사진들의 복제를 금하는 영구적 처분을 받아냈다. 신문은 여왕의 법적 경비로 25,000파운드를 지불했으며 미사용 사진들을 궁에 반납했고 미출판 기사들을 파기했다.

그러나 〈데일리 미러〉의 편집자인 피어스 모건은 미국에서 TV의 유명 인사가 되어 그의 목적을 달성했다. 그는 왕실에 망신을 주었을 뿐 아니라 이 기사의 보도가—예상대로 여타 신문들도 다투어 이를 기사화했다[62]—미국 대통령으로서는 두 번째 국빈 방문인 조지와 로라 부시의 도착과 때맞추어졌다. 이와 똑같은 규모로 버킹엄 궁에서 여러 날에 걸쳐 대접받은 미국의 지도자는 1918년의 우드로 윌슨뿐이었다.

부시 부처의 역사적 방문은 이미 보안과 경호 문제와 이라크 전에 반대하는 수천 명의 예상 시위자들로 인해 먹구름이 드리워졌다. 결과적으로 여왕은 왕실 기병대의 환영 행진에 뒤이어 몰 가로부터 버킹엄 궁까지 마차 행렬을 펼치는 전통을 생략하기로 했다. 그 대신에 근위병 교대식이 열리던 담장 안쪽의 앞마당에서 약식 행사가 열렸다. 부시 부처는 궁의 뒤편(그들이 숙박했던 곳)에서 차편으로 앞마당으로 나왔다. 그들은 붉은 카펫이 깔린 계단을 통해 특설 정자로 올라가서 여왕을 비롯한 고위 인사들과 인사를 나누었다. 왕실 기병대의 행진이 지나가고 대통령과 에든버러 공작은 의장대를 사열하고 나서 모두 오찬장으로 들어갔는데 이 모두가 급조된 느낌을 주었다고[63] 언론은 일제히 조롱했다.

그러나 부시 부처는 즐거워했고 이들 부처와 이미 편안한 관계를 맺어왔던 여왕은 그들에게 환영받는다는 느낌을 주었다. "그녀는 항의 시위에 대해 침착했다.[64] 생애를 통해 그와 같은 일들을 많이 겪었고 그래서 그런 일에 당황해하지 않았으며 나도 마찬가지였다."고 조지 부시는 회고했다.

그날 저녁에 여왕은 160명을 초대한 화이트 타이 만찬을 베풀었다. 이튿날 밤에는 조지와 로라 부시가 이에 대한 보답으로 와인필드 하우스에서 윌과 사라 패리시가 주최한 소박하고 덜 격식에 얽매인 만찬을 대접했다. 60명의 내빈들 가운데는 미국 상원의원인 조지 미첼과 버버리의 CEO인 로즈 메리 브라보와 같이 저명한 미국인들도 포함되었다. "그건 마치 옛 친구들의 주간 같았다.[65] 여왕과 에든버러 공작은 패리시 부부를 다정하게 맞았으며 많이들 웃었다."고 백악관의 사회 비서인 캐서린 펜턴은 말했다.

그 주일 거리의 항의자들은 블레어와 부시에게 야유를 보냈지만 수상의 경우에 대해서는 노동당에 의한 여우 사냥 금지 운동의 지연에 반대했다. 블레어가 이 문제를 부시에게 설명하려고 하자 부시는 "아니, 왜 그런 짓을 한 거요?"[66]라고 말했다. 대통령은 "으레 그렇듯이 정곡을 찔렀다."고 블레어는 말했다.

금지 제안은 여우의 복지(매 사냥이 끝나면 대개 사냥개들이 물어 죽인다.)에 관심 있는 동물 권리 운동가들을 단결시켜 귀족주의에 대한 대중 인기주의적 공격을 가했다. 블레어는 자기 당의 좌파들을 달래기 위한 순전히 정치적 공작으로 이 조치를 받아들였었다. 금지에 대한 토론은 의회에서 무려 700시간 이상을 소모시켰는데[67] 이는 블레어 집권 기간 중 어느 입법안보다도 더 많은 시간을 소모했다. 이는 또한 런던의 "지방 연합"에 의한 일련의 항의들을 촉발시켰는데 토지 소유 귀족과 생계를 이 스포츠에 의존하는 소박한 지방민에 이르기까지 광범위한 평화적 시위꾼들이 몰려들었다. 웨일스 왕자는 항의 시위에는 참가하지 않았지만 그와 그의 아들들은 열렬한 사냥꾼들이었고 그는 공개적으로 이 스포츠를 옹호했는데 토니 블레어에게 금지법은 "불합리"[68]하다고 말했다. 블레어는 이를 맞받아서 "자기와 정치 놀이"[69]를 하려는 것에 대하여 경고했다. 소피 웨섹스가 "여우 사냥은 유해 동물을 조절하는 것일 뿐"[70]인데 사람들은 귀족들이 저희가 하고 싶은 짓을 하려고 돌아다니는 것이라고 생각한다."라고 말했을 때 이는 왕실 가족들의 전반적인 견해를 반영한 것이었다. 그녀는 덧붙여 블레어는 "지방 사정에 무지하다."고 했는데 그는 뒤에 이 말을 시인했다.[71]

엘리자베스 2세는 불가피하게 중립을 지킬 수밖에 없었다. 그러나 그녀의 사촌 마거릿 로즈는 "그녀는 가슴 밑바닥에서부터 시골 사람이다.[72] 그녀는 사냥이란 각 지방들을 서로 묶어주는 풀 같은 것 중의 하나라고 옹호했을 것이다."라고 보았다. 그녀 나름의 조용한 방식으로 여왕은 금지법의 투표가 다가오기 몇 년 전에 밸모럴에서 주말을 함께 보내며 블레어에게 로비를 했다.[73] 그녀는 사냥은 상류층 인사뿐 아니라 보통 사람들을 위한 것이기도 하다는 점을 침착하게 설명했다. 일부 사냥꾼들은 전혀 부유층이 아니어서 말 대여소에서 말들을 빌린다. 그녀는 블레어가 당연히 농촌 지역의 주요 업종인 이들 시설들에 대해서 알고 있었다고 전제했었는데 그는 이런 것들을 전혀 들어본 적이 없었다.

그녀의 브리핑은 그로 하여금 지방 공동체에서 사냥의 경제적인 문제와 더불어 사회적 의의에 대해서도 이해를 가지는 데 도움을 주었으며 그는 뒤에 사냥 금지법은 "내가 가장 후회하는 국내 입법 조치였다."[74]고 시인했다. 그는 마침내 2004년의 사냥법 통과를 향한 가속도를 막기 위하여 할 수 있는 일이 아무것도 없었다고 주장했다. 실상 그는 "타협안이 그의 당에 의해서 기각되는 것을 허용했고[75] 전면 금지로 낙착되었다."고 〈스펙테이터〉에 찰스 무어는 썼다. 실제적 문제로 사냥개를 동반한 여우 사냥은 영리한 사냥꾼들이 허점을 이용하여 계속되었으며 예상되었던 광범위한 체포는 이루어지지 않았다. 그러나 왕실 가족의 구성원들은 이것이 기술적으로 불법이므로 여우 사냥을 중단할 수밖에 없었다.

2005년 4월 9일 토요일, 웨일스 왕자는 마침내 그들이 처음 만난 이후 34년 만에 그리고 그들이 1980년대 중반에 그들의 로맨스를 다시 시작한 지 20년 만에 그의 평생의 애인인 커밀라 파커 볼스와 결혼했다.

커밀라와 그녀의 남편은 1995년에 이혼했고 그녀는 다이애나의 사망 이후 서서히 왕실의 일원으로 들어왔다. 버킹엄 궁 정원에서의 두 번의 골든 주빌리 기념 콘서트에 등장한[76] 그녀의 모습은 처음으로 그녀가 여왕과 나머지 가족들과 함께 공개적으로 보인 것이었다. 비록 커밀라와 찰스의 연애는 그의 다이애나와의 문제를 악화시켰지만 여왕은 그녀의 좋은 점들—인간적인 유머, 융통성, 따스함, 상식적인 면과 무엇보다도 찰스에 대한 헌신—을 인정했다. 커밀라는 야외 스포츠를 좋아했는데 이는 왕실 가족들에게는 매우 중요했으며 또한 그녀는 모든 왕실의 전통을 포용했다. 수년간에 걸친 비방을 들으면서도 그녀는 분별 있는 침묵을 유지했고 여왕은 이런 점에 좋은 인상을 받았다. "커밀라는 한 번도 칭얼댄 적이 없다.[77] 그녀는 사물을 있는 그대로 받아들이며 그것들을 재미있는 것들로 바꾸려고 애쓴다."라고 그녀의 한 오랜 친구는 말했다. 대중지들이 결혼식이 있기 몇 주 전부터 문제를 일으키려고 하자 커밀라는 이렇게 농담했다. "그냥 두 나이 먹은 사람들[78]이 결혼하겠다는데 뭘."

개혁된 영국 교회의 지침에 따르면 이혼한 두 사람은 종교 의식에 따른 결혼을 할 수 있었지만 교회 지도자들은 이 커플의 잘 알려진 간통 행위에 비추어보았을 때 그런 의식은 수많은 목사들과 교구민들에게 거부감을 줄 것이라는데 동의했다. 그 대신에 그들은 윈저 길드홀에서 결혼 서약을 교환했다.

영국 교회의 수장으로서 여왕은 길드홀에서 28명의 왕실 가족들이 증인으로 참여하여 열리는 민간 의식에 참여하는 것은 부적절하다고 결론지었다. "그녀의 결정은 명백히 사적인 감정과는 하등 상관이 없으며[79] 모든 것은 그녀의 공적 역할에 따른 것이다. 그녀의 보좌관들은 다른 방식을 원했을지 몰라도, 아무리 그녀가 비정하게 보이고 시대에 뒤진 것처럼 보일지라도 그들은 그녀를 달리 설득할 도리가 없었다."라고 당시에 조너선 딤블비는 썼다. 여왕과 필립은 식이 끝난 뒤에 세인트조지 교회에서의 "기도와 봉헌의 예배"에는 참석했다.

세인트조지 교회를 메운 720명의 회중 가운데는 블레어 부처와 여타의 정치 지도자들과 유럽과 중동의 왕실 대표, 각양각색의 작위를 지닌 귀족, 케네스 브레너와 프루넬라 스케일스 같은 TV와 영화계 스타들도 있었다. 104대 캔터베리 대주교인 로완 윌리엄스가 집전한 전통 예배는 1662년판 영국 교회의 기도서를 사용했는데 찰스는 현대적 판본보다 이를 선호했다. 사반세기 전 웨스트민스터 대성당에서 입었던 정교한 해군 사령관의 정장과는 대조적으로 모닝 수트를 착용했고 커밀라는 금색 자수로 수놓은 바닥에 끌리는 연푸른 드레스를 입었다. 교회의 웨스트 도어로부터 입장한 찰스와 이제는 콘월의 공작 부인으로 불리는 커밀라는 성의 구내에 티켓을 보이고 입장한 2,000명의 하객들 앞에서 키스하는 것은 사양했지만 5분가량 돌아다니면서 악수를 나누고 축하를 받았다.

성에서 왕자의 모친이 베푼 리셉션에서 모든 사람들은 기분이 들떠 있었다. "나는 두 가지 중대 발표를 하겠습니다.[80] 여러분은 이번 그랜드 내셔널^{연례 장애물 경마 대회-옮긴이}에서 승자가 누구인지 궁금하실 테죠? 승자는 헤지헌터였답니다."라고 여왕이 말하자 사람들이 박수를 했으며 박수가 가라앉자 이번에는 찰스와 커밀라 쪽을 향하며 "비처스 브룩과 체어(장애물 코스 중에서 가장 높고 험난함)를 통과했으니 이제 이 행복한 신혼부부는 승자 구역에 들게 되었답니다."라고 말하자 "우렁찬 환호성이 터졌는데 전혀 왕실답지 않았다."고 이 결혼 축하식에 모인 "영국의 거물들"[81] 사이에 끼여 흥분한 노련한 방송인 멜빈 브래그는 썼다. 찰스는 "나의 사랑하는 커밀라"[82]에게 경애를 표하며 "나와 결혼해준 데 대하여" 감사의 뜻을 전했다. 이 부부의 친구이며 코미디언인 조안 리버스는 여왕에게 소개되자 "제가 오늘 래리 킹 쇼에 출연하는데[83] 그 친구에게 폐하의 옷핀이 너무나 예쁘다고 말하겠습니다."라고 하자 약간 어리둥절한 여왕은 "고마워요."라고 대답했다.

신혼부부는 버크홀로 신혼여행을 떠나기 위해 성을 나서다가 커밀라가 출입구에 멈춰서서 여왕에게 작별의 키스를 했는데[84] 이는 공개적으로는 처음 있는 일이었다. 윌리엄과 해리 왕자도 그녀가 차창에 "왕자"와 "공작 부인"이라고 쓰인 대기 차량에 올라타기 전에 그들의 새어머니에게 키스했다.

이듬해 6월에 윌리엄은 스코틀랜드의 세인트앤드루스 대학교를 졸업했다. 그의 동생인 해리는 이미 군 경력을 시작했고 윌리엄도 그 뒤를 따르고 싶어 했다. 그러나 그는 먼저 영지의 관리 경험을 쌓기 위하여 데본셔 공작과 공작부인의 고향인 글로스터셔와 채즈워스의 부친 농장에서 일했다. 그는 영국 은행과 런던 주식 시장과 런던의 로이즈를 방문하여 3주간을 보냈는데 여기서 그는 "이렇게 각기 다른 금융기관들이 어떻게 일하며 서로 협력하는지에 대한 이해를 쌓았다."[85] 2006년 1월에 그는 해리가 막 훈련을 마쳐가고 있던 샌더스트의 영국 육군 사관학교에 입학했다.

22세의 윌리엄은 이미 모친과 다르지 않게 스스로의 일을 개척하겠다는 결의를 지니고 왕실의 기대에 부응해야 함을 알고 있다는 것을 보여주고 있었다.[86] 그는 자기가 "압력을 받는 것"으로 느껴지면 "완강" 해질 수 있으나 그럼에도 그는 "사람들이 내가 틀렸다고 말하면 사실 대체로 내가 잘못했기 때문에 그러한 비판을 수용한다."고 말했다. 그는 대중의 시선에 노출된 생활을 하는 법을 배웠지만 남들의 주목을 받는 것은 "좀 어색하다."고 느꼈다. 동시에 그는 "정상적인 것을 존중하며 무엇보다 단순한 일을 하고 정상적인 일을 하는 것을 강조하며 누가 대신해주는 것을 싫어한다." 그는 쇼핑도 혼자 하기를 좋아하는데 "나는 현금을 사용하는 데 익숙하지 않아서" 신용카드를 사용한다.

여왕과 필립은 2003년에 에드워드와 소피 사이에서 첫아이 루이스가 태어나면서 7명으로 늘어난 손주들의 생활에 있어서 눈에 보이는 중요한 힘이 돼주었다. 특히 왕위 계승 서열 두 번째인 윌리엄에 대해 각별한 관심을 기울였다. 이튼에 재학 중이었을 때 그는 자주 윈저 성의 할머니와 차를 마시러 왔고 어렸을 적부터 그녀를 관찰해왔다.

2004년 11월의 인터뷰에서 그는 조부모들과 "매우 가깝다."고 말했다. 여왕은 "탁월하시다. 그녀는 나의 역할 모델이다. 내게 닥치는 어떤 어려움이나 문제들에 대하여 매우 도움이 되어주신다. 그렇지만 나역시 독립된 개인이기 때문에 나는 실상 내가 어떻게 느끼는지 무슨 생각을 하는지에 대해서 시시콜콜하게 말하지 않는다."라고 그는 말했다. 그의 할아버지는 "나를 웃긴다. 그분은 매우 재미있으시다. 그분은 또한 내가 듣고 싶지 않은 얘기들을 해주시기도 하는데 그럼에도 얘기를 하시며 내가 짜증을 내도 개의치 않으신다. 그분은 그게 해야 할 말이기 때문에 하시는 것이며 사람들은 내가 듣고 싶은 얘기들만 해주기 때문에 그분이 얘기해주시는 게 좋다." 윌리엄은 혹시 가발 같은 것을 착용해본 적이 있느냐는 질문에 자기 비하적인 재치를 내보였는데 "그건 다른 주제로군요. 아뇨, 그런 적 없습니다."라고 이 조기 탈모증이 있는 왕자는 대답했다.

2005년 7월 7일 목요일에 이슬람 테러리스트가 런던의 지하철과 버스들에서 폭탄을 터뜨려서 52명이 사망하고 700명이 부상했다. 그날 여왕은 버킹엄 궁의 국기를 조기 게양하도록 명령을 하달했다. 다음날 그녀는 병원들을 순회하며 부상자들을 위로했고 폭탄 테러의 현장을 방문했다. 나치의 공습과 IRA의 수년간에 걸친 테러 기간 중에 런던 시민들이 취해야 할 태도를 요약한 "침착을 유지하고 일상을 계속하라."의 정신에 입각하여 그녀는 "나는 어제의 폭탄 테러의 여파 속에서도 침착하게 정상적 생활을 계속하기로 작정한 우리나라 수도의 시민들에게 존경을 표한다."[87]고 말했다. 그녀는 쇳소리가 섞인 음성으로 힘주어 "이것이 바로 이 극악한 만행에 대한 대답이다."라고 말했다.

폭탄 테러 일주일 뒤에 전 유럽에서는 망자들을 추모하기 위하여 침묵의 시간을 가졌다. 여왕은 왕실 가족들을 궁의 앞마당에 모았고 빅벤이 12시를 가리키자 모든 것이 정지되었다. "한 아치 아래에[88] 여왕은 핸드백을 들고 2분간 홀로 서서 통합과 안정을 상징했다."고 한 궁정인은 말했다.

그해 10월에 마거릿 대처가 자신의 80세 생일을 기념하는 리셉션을 하이드 파크의 맨더린 오리엔탈 호텔에서 가졌다. 그녀의 동세대 왕족들과는 달리 종전의 철의 여인은 매우 둔화되었고 여러 차례의 뇌졸중으로 말미암아 정신도 손상을 받았다. 그러나 그녀는 여왕이 파티에 온다는 소식을 듣고 눈에 띄게 활력을 되찾았다. 대처는 엘리자베스 2세가 다가오자 "내가 그분을 만져도 괜찮을까?"[89]라고 물었다. 그녀는 손을 내밀었고 여왕은 그녀가 예전처럼 낮게는 아니었지만 무릎 인사를 하자 그녀를 옛 수상으로서 반갑게 그녀의 손을 꼭 붙잡았다. 그리고 나서 여왕은 다정하게 대처를 데리고 650명의 군중 사이를 안내했다. "여왕을 만져서는 안 된다는 것을 잘 아는 영국인들로서는 의외였다.[90] 그러나 그들은 손을 마주 잡았고 여왕은 그녀를 데리고 방안을 누볐다."라고 찰스 파월은 말했다.

6개월 뒤에 엘리자베스 2세 자신이 80세 생일을 맞았을 때 그녀와 그녀의 자녀들은 이미 대등한 반열에 올라섰다. 찰스는 TV를 통해 "사랑하는 마마"[91]에게 헌사를 바쳤고 큐 궁에서 여왕을 자신과 윌리엄 사이에 앉힌 가운데 25명의 가족들을 불러 모아 공식 만찬을 베풀었다. 이 왕위 계승자는 커밀라와 행복한 보금자리를 꾸몄고 수백 가지가 넘는 자선단체와 공익단체를 위하여 헌신하고 있으며 앤드루는 국제 무역과 투자에 있어서 영국의 특별 대표로서 5년간 일해왔고 앤과 그녀의 남편은 성실하게 그들의 임무를 수행해왔으며 에드워드와 소피는 개인 사업을 접고 "왕실 회사Firm"에서 풀타임으로 근무하고 있다. 1999년 에드워드의 결혼식에서 여왕은 그가 부친 사후에 에든버러 공작이 될 것이라고 발표했다. 비록 85세의 필립은 여전히 왕성하게 활동 중이었으나 이제 그의 막내아들이 신체적 활력과 지역 봉사 등에 있어서 높은 수준에 도달한 젊은이들에게 수여하는 에든버러 공작 상을 포함한 여러 사업들을 나눠서 맡아오고 있다.

엘리자베스 2세는 여전히 중대한 사안들에 대하여는 정부 관료들의 자문이 없는 한 공적 발언을 극히 삼가왔으며 그녀의 보좌관들은 그녀의 정치적 견해를 차단하기 위하여 지속적으로 경계해왔다. 그의 친구인 윌 패리시가 주영 미국 대사로서 불만을 품고 2004년 여름에 사임했다. 그의 후임인 로버트 H. 터틀이 이듬해 그의 신임장을 여왕에게 제출하려 했을 때 미국 대사관은 런던의 좌파 시장인 켄 리빙스턴과 논란에 휩싸였는데 그는 통행을 줄이기 위하여 시내로 진입하는 차량들에게 혼잡 부담금을 부여했다. 대사관 직원들은 미국인들에게는 면세 혜택이 주어진다는 이유를 들어 이 부담금을 납부하지 않기로 결정했다.

버킹엄 궁에서 신임장 제청 기념 축하식에서 여왕은 터틀에게 "내가 알기에 당신은 혼잡 부담금이 세금이라고 생각한다죠?"라고 말하자 터틀은 "네, 폐하."라고 대답했다. "맞아요, 그건 세금이라고요."[92] 라고 그녀는 말했다. "나는 당시 외교단장이었던 마이클 제이를 쳐다보았더니 그는 적당히 얼버무렸다."라고 터틀은 회고했다.

여왕은 격식에 얽매이지 않는 것을 즐기는 것처럼 보였다. 2006년에 열다섯 번째로 호주를 방문하여 그녀가 "우정의 경기"라고 부르기를 더 좋아하는 코먼웰스 경기를 참관했다. 그리고 나서 오찬을 들기 위하여 선수들과 함께 구내식당에 가서 한 여성 육상선수와 행복한 포즈를 취했는데 그녀가 여왕의 등을 끌어안았다. 그리고 쿡아일랜드의 권투 선수인 에디 다니엘이 그녀 옆자리로 끼어들어 뺨에 열렬히 키스했을 때도 여왕은 그를 뿌리치지 않았다. 그녀는 "단지 웃어 보였는데"[93] 이를 그 존경의 표시라고 했으며 "그분은 너무 멋있다."라고 덧붙였다.

그해 6월 로열 애스콧의 첫날에 여왕은 완전히 새로 지은 경주마 코스와 특별 관람석을 개장했다. 이 복합건물은 2년 전에 철거되었는데(로열 애스콧이 열리는 해에는 요크 레이스코스에서 열림) 엘리자베스 2세와 필립은 왕실 영지로부터 임대받은 이 부지에 2억 파운드의 재개발 계획에 전력을 기울였다. 여왕이 애스콧의 대리인으로 위촉한 12대 데본셔 공작(그의 친구들에게는 스토커로 불림) 페레그린 케이븐디시는 이 사업 전반을 관장했으며 1996년 이 계획이 입안되었을 때부터 국왕 부처와 협의해왔다. "필립 공은 온갖 종류의 건설 사업에 대한 경험이 풍부해서[94] 실용적인 관점에서 바라보았고 반면에 그녀는 경마의 각도에서 바라보았다."라고 데본셔는 설명했다.

여왕의 관심은 장기적 안목이었고 때로는 놀랄 만큼 세부적이었는데 잔디의 종류에서부터 작지만 설비가 잘 갖추어진 귀빈석의 건설에 이르기까지 관심을 기울였다. 네 개의 안락의자를 곡선의 두 줄로 배치했고 아래에 설치된 TV 수상기들은 네 방면의 경주로를 비추도록 했고 좌석 뒤편의 공간은 다른 고객들이 서서 경마를 관람하도록 했으며 뒤편에는 차를 마실 수 있는 원탁을 설치했다. "그녀는 경주로의 표면에 가장 관심이 많았으며[95] 이것이 경주마에 어떤 영향을 미치는가에 대해 관심을 기울였다."고 스토커 데본셔는 말했다. 그들은 링컨셔의 70에이커 땅에 특수 잔디를 재배했으며 제때에 수확해서 트랙에 깔았다.

새 관람석은 치솟는 구조인데 귀빈석과 일반 관람석 뒤편으로 조명을 환하게 비춘 갤러리아가 설치되어 있다. 많은 구세대 사람들은 날씬한 현대적 분위기에 대해 불평을 토로했고 에스컬레이터가 공항 터미널을 연상케 한다고 말했다. 그들은 또한 일부 관람객들에게 시야가 안 좋다는 것과 말 대기 울타리가 덜 화려하다는 것과 음식의 질 그리고 돌아다니기 불편하다는 점 등에 대한 불만을 토로했다.

애스콧 운영진은 추가로 1천만 파운드를 들여서 아래쪽 관람석의 시야를 향상시켰고 여왕은 노련한 파티 설계자인 사촌 엘리자베스 앤슨 부인을 데려다가 왕실 구역에 설치된 편의 시설의 외양과 분위기를 향상시켰고 메뉴도 개선했다.

그녀의 80세를 기념하기 위하여 여왕은 자신의 삶과 일에 대한 두 편의 온건한 기록 영상물의 제작을 허용했는데 40여 년 전의 〈왕실 가족〉에서 보였던 사적인 모습은 전혀 보이지 않았다. 그녀는 또한 호주 태생의 TV 방송인이자 화가인 75세의 롤프 해리스가 그리는 새 초상화에 관한 영화에도 참여했다. BBC가 이 기획안을 제안했을 때[96] 궁은 단 이틀 만에 좋다는 대답을 했는데 이는 다소 전통적인 방법에서 벗어난 것으로 군중에게 보이고자 하는 여왕의 의사를 더욱 드러내는 증거이기도 했다.

여왕의 이미지를 만들려고 했던 그녀 보좌관들의 모든 노력은 2006년 가을에 영화 〈더 퀸〉이 극장 개봉을 하여 비평가뿐 아니라 일반의 호평을 받았을 때 무색해지고 말았다. 연출가 스티븐 프리어즈는 "그녀의 입맛에는 안 맞겠지만 우리는 여왕을 할리우드 스타로 만들었다."[97]라고 말했다. 그러나 영화는 그녀를 새롭게 조명했으며 좀 이상

하긴 하지만 대중의 상상력 속에서는 진짜 여왕을 헬렌 미렌과 합치시켰다. 미렌은 실상 평생 공화주의의 신봉자였으나 이제 엘리자베스 2세를 새로 발견하여[98] "여왕의 광팬Queenist"이 되었다.

비록 상당 부분의 대사와 장면은 순전히 각본가인 피터 모건의 창작(필립 공은 그의 아내를 "소시지"라고 부르기는 했으나 결코 "양배추"라고 부른 적은 없었다.)이었지만 이 영화는 철저한 조사와 사실에 바탕을 두었다.

이 영화의 호소력은 여왕의 높은 지위와는 대조적으로 다이애나 사후에 그녀의 끔찍했던 악몽으로서 머리에 클립을 하고 등장한 모습을 상상하는 순간에 있었고 또 그녀의 약점들과 본질적인 선함의 균형을 맞춘 데에 있었으며 그리고 그녀로 하여금 그들 자신의 불안과 의혹과 슬픔을 대신 겪게 하고 싶은 대중의 욕구를 만족시킨 데서 찾을 수 있다. "이 영화의 탁월한 점은[99] 이 영화가 신화적 요소를 가지고 있다는 것이다."라고 37년간 모후의 시녀로 일했던 프랜시스 캠벨프레스턴은 말했다. 비록 대사들은 "반드시 여왕이 실제로 한 말은 아니었지만" 그런대로 "진실성이 있다"고 그녀는 말했다.

"영화가 한 편 나왔다고들 하던데[100] 난 그 영화를 볼 생각이 없다는 것을 미리 얘기해둡니다. 당신은 그 영화를 볼 생각인가요?"라고 엘리자베스 2세는 영화가 개봉한 직후 주례 면담에서 토니 블레어에게 말했다. "아뇨, 안 볼 겁니다."라고 블레어는 대답했다. 그녀의 친척 가운데 한 사람이 전화로 영화의 내용을 상세히 얘기해주었으며 여왕은 조용히 듣기만 했다. 그리고 이 영화가 왕정을 위해서 도움이 된다는 얘기를 하자 그녀는 어째서 그러냐고 물었다. "왜냐하면 이 영화는 왜 폐하께서 런던에 오지 않았는지를 보여주기 때문이며[101] 폐하께서 잠시 동안 여왕이기를 접어두고라도 할머니임을 보여주어야 했기 때문이다."라고 그 친척은 말하면서 그러나 이 영화를 보지 않는 것이 좋겠다고 덧붙였다. 그 이유는 "끔찍했던 한 주일을 떠올릴 것"이며 "누군가가 자기 역할을 하는 것을 본다는 건 신경 쓰이는 일이기 때문"이라고 했다.

엘리자베스 2세의 친구들 중 한 명이 〈스펙테이터〉에 실린 만화를 보내서 여왕을 살짝 놀라게 했다.[102] 이 만화에는 영화관의 관람석이 그려져 있었는데 한 관객이 왕관을 쓴 어떤 사람에 가려져서 스크린을 잘 볼 수 없어 애타는 장면이 그려져 있었다. 여왕은 만화를 보고 킬킬 웃었지만 그녀는 친구에게 자기는 블레어에게 한 다짐을 어기지 않겠다고 말했다. 이는 어쩌면 고집으로 여겨질지 모르지만 또한 그녀가 남들이 자기를 어떻게 볼까 하는데 몰두하지 않는다는 의미이기도 하다.

몬티 로버츠와의 대화에서 이 영화 얘기가 나오자 그녀는 그가 이 영화가 우호적이었다고 들었노라고 했음에도 불구하고 영화를 보지 말라고 요구했다. "그건 당신의 관점에 따라서 달라질 수 있는 거예요."[103]라고 여왕은 말했다. "내 생각에 그녀는 내가 알던 그대로 그녀를 알아주기를 원했던 것 같다."라고 그는 회고했다.

여왕을 알았던 사람들은 거의 다 이 영화를 보았고 그들은 한결같이 여왕의 묘사에 "진실성이 담겼다."[104]고 느꼈는데 낸시 레이건 역시—여왕의 성격을 포착한 측면과 굳건한 걸음걸이와 안경을 쓰는 모습까지—닮았다고 했다. 그러나 그들은 또한 이 영화의 비극적 상황 때문에 미렌의 엘리자베스 2세는 그녀의 절제된 공적인 모습만 부각되었고 그녀의 편안하고 명랑한 사생활은 보이지 않았다고 보았다. 대부분은 필립에 대한 묘사는 부당하게 딱딱했고 모후와 로빈 잰브린은 잘못 그려졌다는 데 동의했다. 그러나 엘리자베스 2세마저도 그녀의 친구들에 의하면 이 영화에 의해 만들어진 현상은 이해했다. 궁정 관리들은 바버Barbour 방수 재킷이 불티나게 팔리면서 유명 패션 잡지에

"밸모럴의 멋쟁이(여왕의 밸모럴에서의 옷차림을 따라한)"에 관한 기사들이 봇물 터지듯이 쏟아지자 몹시 즐거워했다.[105]

"아시다시피 50년이 넘도록[106] 엘리자베스 윈저는 그녀의 기품과 의무감과 머리 모양을 굳세게 고집해왔습니다."라고 2007년 2월에 헬렌 미렌은 오스카 상에서 최우수 여배우상을 받으며 환호하는 관중들에게 말했다. "그녀는 두 발로 굳게 땅을 디디고, 모자는 머리 위에, 핸드백은 팔에 걸치고 헤아릴 수 없이 많은 폭풍우를 견뎌왔습니다. 나는 그녀의 용기와 일관됨에 경의를 보냅니다." 오스카 상패를 높이 쳐들고 그녀는 결론을 지었다. "신사 숙녀 여러분, 여러분께 영화 〈더 퀸〉을 바칩니다!"

그녀는 진정한
나의 역할 모델이었다.
나한테 닥칠지 모르는
어려움들이나 문제들에 대하여
너무나 많은 도움을 주신다.

"She's a real role model. She's just
very helpful on any sort of difficulties
or problems I might be having."

수색 구조 헬리콥터 조종사로 일했던 웨일스의 기지를 방문한
할머니를 에스코트하는 윌리엄 왕자.
2011년 4월 ⓒ Ian Jones Photography

CHAPTER 20

타고난 군인

A Soldier at Heart

2007년 4월, 여왕은 처음으로 저명한 사진 작가인 애니 레보비츠라는 미국인 여성의 초상화 사진 모델이 되었다. 스케줄 때문에 촬영 시간은 단 25분으로 제한되었을 뿐 아니라 동시에 여왕의 임무 수행에 관한 TV 기록물도 함께 촬영될 예정이었다. 그녀는 휘황한 퀸 메리 왕관과 다이아몬드 목걸이에 금으로 장식한 흰색 공단 드레스를 걸치고 흘러내리는 검푸른 대례복을 입는 데 동의했다. 레보비츠는 엘리자베스 2세가 혼자서 화장을 하고 머리도 일주일에 한 번만 한다는 데 놀라움을 금치 못했다.[1]

사진 촬영 전 저녁에 짧은 대화에서 여왕은 레보비츠에게 지난해에 그녀의 사진을 찍어주었던 80대의 영국 사진작가 제인 바운에 대해 친근하게 얘기했다. "그녀는 그 먼 길을 혼자서 왔어요!"[2] 가구 옮기는 것도 도와드렸죠."라고 여왕은 말했다. 레보비츠는 "내일엔 그 반대가 될 것입니다."라고 대답했다.

시간을 정확히 지키는 것을 자랑으로 여기는 여인으로서는 이례적으로 여왕은 촬영장에 20분이나 늦게 도착했다. "난 시간이 별로 없어요."[3]라고 여왕은 사진작가에게 말했는데 그녀가 보니까 의상 담당자들이 "20피트 정도 떨어져서 대기하고 있었다."

엘리자베스 2세는 사진작가가 데려온 수많은 조수들에게 둘러싸여 신경이 날카로워졌다. 레보비츠가 너무 요란하게 차려입은 것 같다며 "왕관"을 벗어달라고 부탁하자 여왕은 "차려입다니![4] 이게 뭔지나 알아요?"라고 말했다. 그러나 그녀는 침착해져서 사진작가의 요구에 따라 의상과 자세를 고쳤다. 후일 레보비츠는 자기는 여왕의 "활달한"[5] 성품을 좋아하게 되었고 아무리 피곤하고 짜증이 나더라도 약속을 이행하려는 자세를 존경하게 되었다고 말했다.

최종적으로 만들어진 이미지는 놀라웠다. 가장 놀라운 장면은 여왕이 왕관을 쓰지 않고 번뜩이는 놋쇠 단추들이 달린 단순한 해군 함정 망토를 입고 그녀의 두 팔과 손은 보이지 않는 가운데 디지털로 처리한 겨울 하늘과 궁정 정원의 앙상한 나무들을 배경으로 덧씌운 그 앞에 서 있는 모습이었다. 이는 레보비츠가 "여왕의 삶에 있어서 이 순간에 알맞은 심정"[6]과 더불어 여왕의 고독을 상징한 비튼과 안니고니의 초기 상징적 이미지를 환기시키기 위한 솔직한 시도였다.

이 사진들은 여왕이 조지 부시와 로라 부시의 초대를 받아 그녀의 세 번째 국빈 방문이자 열 번째 미국 여행을 떠나는 저녁에 공개되었다. 떠나기 전에 그녀는 런던에 거주하는 350명의 명망 있는 미국인들을 버킹엄 궁으로 초대하여 리셉션을 베풀었다. 〈워싱턴 포스트〉의 특파원 케빈 설리번은 여왕에게 소개될 사람들이 작은 반원을 그리고 모인 곳으로 끼어들었는데 거기에는 웨스트엔드에서 상연 중인 〈아가씨와 건달들〉에 출연하는 돈 존슨과 옥스포드의 조정 선수인 테렌스 쿠이커와 앤드루 라이트, 풀럼의 대표 축구 선수 중의 하나인 브라이언 맥브라이드도 있었다.

여왕은 존슨이 인기 TV 연속극인 〈마이애미 바이스Miami Vice〉에도 출연했었다는 사실은 모르는 것 같았으나 그녀가 조정 선수들에게 소개되자 굳은살과 물집투성이인 그들의 큰 손들을 보여달라고 했다. "여왕은 그 손들을 자세히 들여다보고[7] 그들이 마치 자기 손주들이기라도 한 양 안타까워 했다."고 설리번은 회고했는데 그 또한 그녀가 "재미있는 것을 발견하면 소탈하게 웃는 습관을 지녔으며 정치적인 굳은 웃음은 없었다."고 보았다. 그녀가 맥브라이드와 얘기를 나누고 있을 때 또 다른 남자가 의전 규칙을 무시하고 끼어들었다. "당신도 축구를 하나요?"[8]라고 여왕이 묻자 그는 "아뇨. 전 팬케이크와 와플을 파는데 주로 중동에서 팝니다."라고 대답했다. "사람들이 뭘 먹는지 보면 재미있어요."라고 말하고 여왕은 또 다른 그룹으로 옮겨 갔다.

엘리자베스 2세와 필립은 5월 3일 목요일에 버지니아 주 리치먼드에 도착했다. 버지니아 의회에서의 연설에서 그녀는 지난주 한 총잡이가 30명의 학생과 교사들을 살해하고 자살한 사건에 대하여 애도를 표했다. 이어 그녀는 아이젠하워 대통령 재임 시에 처음 방문한 이래 50년 만에 제임스타운을 방문하여 최초의 영국인 정착 400주년 기념식에 참석했다. 인류학적 유물들을 둘러보다가 그녀는 "심한 변비를 위하여"라는 표지가 붙은 쇠 주걱 전시물을 발견했다. 그녀는 필수 약품들과 혈장이 든 커다란 검정 가방을 들고 몇 발짝 떨어져서 항상 수행하는 의사 데이비드 스웨인 사령관을 불렀다. 그 조악한 도구를 가리키며 그녀는 "당신도 저런 것을 가지고 다녀야 하는데."[9]라고 탄성을 발했다.

주말에 그녀는 켄터키 더비에 참석하는 평생의 꿈을 실현했고 다섯 번째로 패리시의 빈객이 되었다. 전 대사와 그의 아내는 여왕의 지근거리에 머물렀으며 또 다시 사라 패리시는 그녀의 양 볼에 공개적으로 키스를 했다.

엘리자베스 2세는 더 이상 켄터키에 많은 암말들을 보내지 않고 있었다. 사육사들 가운데서 무게 중심은 그녀의 암말들을 대서양 건너편까지 보내지 않고서도 우수한 품질의 종마들을 제공받을 수 있는 아일랜드의 유력한 종마 농장으로 옮겨 갔다. 1998년 북아일랜드 평화 협정이 발효되기 전까지는 그녀가 암말들을 아이리시 해를 건너보내는 것이 정치적으로 불가능했었다. 이제 그녀의 새 혈종마 보좌관인[10] 헨리 카나번의 양아들인 존 워렌이 왕실 종마 혈통을 활성화해서 경쟁력을 높이려고 애쓰고 있었으며 여왕으로 하여금 까다로운 엡섬의 더비에서도 마침내 우승마를 배출할 희망을 가지게 되었다.

그러나 여왕은 여전히 수십 년간 마음에 드는 친구들과 켄터키에서 휴식을 즐겼으며 처음으로 이번에는 필립도 함께 데려가서 그 경험을 나누었다. 래인스엔드 농장의 정원에서 그녀는 늦은 오후에 마티니를 마시고 앤 공주의 딸 자라 필립스가 배드민턴 호스 경기에서 보여준 실력에 대해 노파심을 보이며 "아무도 할머니의 생각에는 관심이 없다고요."[11]라고 말했다.

토요일 켄터키 더비에서 여왕은 우승한 기수 캘빈 보렐에게 매료되었는데 그는 글을 읽지도 쓰지도 못하는 케이준^{Cajun, 프랑스계 소수 인종으로 미국 루이지애나에 주로 거주한다.-옮긴이}이지만 말에 대하여는 초자연적 교감을 지닌 것으로 알려졌다. 로라 부시는 여왕의 관심을 예견하고[12] 이틀 후 국빈 만찬에서 두 좌석을 확보하여 보렐을 초대했다. 그녀의 비서 에이미 잰칭거는 그에게 화이트 타이 차림을 마련해주었고 그녀의 약혼녀가 옷을 살 수 있도록 일요일임에도 루이빌의 의상 가게의 문을 열도록 했다.

조지 부시는 7일 월요일 백악관의 사우스론에 모인 7,000명의 내빈들 앞에서 행한 인사말에서 의도하지 않았던 말실수를 했는데 "여러분이 이 나라의 독립 200주년을 177, 아니, 1976년에"라고 했다. 곧이어 그는 여왕에게 윙크를 보내고 "이분은 어머니가 자식에게만 보내는 눈길을 보내셨다."[13]고 말했다. 엘리자베스 2세와 필립은 2층의 노란색 오벌 룸에서 부시 가족과 조용한 오찬을 가졌는데 이 자리에는 41대 대통령과 바버라 부시도 함께했으며 전 영부인은 2일간의 짧은 일정 중 마지막 코스로 국왕 부처와 동행하여 제2차 세계대전 기념탑과 나사[NASA]와 국립 어린이 의료원 등을 방문했다.

첫날 백악관에서 블레어 하우스까지 대통령과 영부인과 함께 잠깐 걸었을 때 외에는 여왕은 거의 대중 앞에 모습을 보이지 않았다. 1,000명의 군중이 경계선 안에 서 있었는데 그중에는 수많은 어린이들도 있었고 여왕은 가는 길에 걸음을 멈춰서 그들과 얘기를 나누었다. 수행원 중 한 사람은 "경비가 너무 삼엄해서 안타깝다.[14] 걷는 것조차 사전에 계획되었다."고 평했다.

그날 오후에 영국 대사관의 가든파티에서 그녀는 친구인 프롤릭 웨이머스를 발견하고 곧장 그에게로 갔다. "너무 반가워요.[15] 어떻게 지내요? 아프다고 들었는데."라고 그녀는 말했다. 이 화가는 그녀가 후추 갈이를 모은다는 것을 알고 연초에 그가 이탈리아 식당에서 발견한 플라스틱제 하나를 그녀에게 보냈었다. 그것은 웨이터 모양으로 만든 것인데 머리를 비틀면 이탈리아 억양으로 녹음된 음성이 나오는데 "네가 내 모가지를 비틀잖아!"라고 소리친다. 웨이머스는 여왕으로부터 신속한 감사 회답을 받았는데 얼마나 웃었는지 모른다고 썼었다. 가든파티에서 그들이 대화를 마치면서 그가 "후추 갈이 하나 더 필요하십니까?"라고 말하자 여왕은 "웃음을 터뜨리며 들고 있던 지갑까지 두드렸는데 금방 위엄을 차려서 자리를 떴다."고 그는 회고했다.

그날 밤 캘빈 보렐은 국빈 만찬의 접견 줄에 서서 엘리자베스 2세를 만났다. 국왕과 영부인 사이에 서서 공식 사진 촬영을 하며 보렐은 두 여인을 두 팔로 감싸 안았는데 로라 부시는 이를 "멋진 행동"[16]이었다고 했다. 최근에는 의전 규칙이 느슨해져서 여왕을 만지는 일이 일상화되었다. 건배를 하며 여왕은 윈스턴 처칠 이래 수십 년간 지켜져온 "결정적 전시 동맹"[17]을 "기억해야 할 동반자 관계"라고 말했다.

이튿날 밤 그녀는 영국 대사관에서 부시 부처를 위하여 만찬을 베풀었다. 그녀의 모든 보좌관들은 하루 종일 그녀에게 전날 대통령의 말실수에 대해 건배사에서 가볍게 언급해달라고 졸랐고 그녀는 마침내 수락했다. "오늘 나의 건배사를 '내가 1776년에 이곳에 왔을 때'라고 시작할까 생각했는데 그렇게 하지 않기로 했습니다."라고 그녀가 말하자 내빈들은 알아차리고 웃음을 터뜨렸다. "제대로 한 방 맞았다."[18]라고 부시는 회고했다. 그날 저녁 행사가 끝나자 대사관 깃대에서 국왕의 깃발이 내려지고 여왕과 필립은 귀국행 비행기를 타기 위해 앤드루스 공군 기지로 향했는데 그는 검은 타이를 맸고 그녀는 드레스를 입고 보관을 썼다.

2007년 6월 27일 토니 블레어는 56세의 재무장관 고든 브라운의 압력을 받아 수상직을 사임했다. 이는 카리스마에 넘친 수상의 2인자 역할을 10년이나 해오던 스코틀랜드인에 의한 조용한 쿠데타였다. 주로 광범위한 반이라크전 여론 때문에 블레어의 인기는 크게 추락했고 브라운이 이끄는 노동당 세력이 강화되었다. 블레어는 노동당 집권 10년의 기록을 세운 지 두 달 만에 마침내 굴복했다.

스코틀랜드 교회 목사의 아들인 브라운은 16세에 에든버러 대학교에 입학한 영재로서 박사 학위마저 취득했다. 그는 건장하고 때로는 헝클어진 외모를 보이지만 심사숙고하는 태도를 지녔으며 정계 진출에 성공했지만 블레어는 그를 가리켜 "헛점투성이[19]로 틀린 직감은 아니지만 인간적이고 본능적이지는 못하고 정치적 계산은 밝아도 감각은 형편없다. 분석적 지성은 확실하나 정서적 지성은 꽝이다."라고 평했었다. 브라운의 성공은 그의 넘치는 에너지와 대단한 지성과 놀라운 집중력에 의해 이룩되었다. 그러나 그는 괴짜였다. 머리 회전은 빠르나 자주 사교적으로 무능하며 우연한 사회적 관계에 말려든다.

브라운은 또한 비극을 겪었다. 10대 시절에 럭비를 하다가 사고를 당하여 한쪽 눈을 실명했는데 나머지 눈의 시력도 장애를 입었다. 그는 49세까지 결혼을 하지 않았는데 그와 그의 아내 사라는 2002년에 낳은 첫아이를 잃었다. 그들은 뒤에 두 아들을 두었는데 그중 한 아이가 낭포성 섬유증에 걸렸다.

엘리자베스 2세는 브라운이 연간 예산을 제출하기 전 10년간 그의 브리핑을 들어서 알고 있었다. 지난해 면담에서 그는 그녀에게 그가 "우리가 어떻게 군대를 지원할 것인지에 대한 몇 가지 좋은 정보"[20]를 가지고 있다고 안심시켰다. "우리 군대는 여러 곳에서 밀리고 있어요."라고 여왕은 언급했다. 그녀가 앤드루 왕자가 최근에 이라크를 방문한 얘기를 하자 브라운은 정부가 "헬리콥터에 대한 일부 투자를 하고 있다."고 역시 안심을 시켰다. "우리가 산 헬리콥터들이 실제로 잘 작동한다면 좋겠네요."라고 그녀는 아픈 데를 찔러 대답했다.

여왕은 브라운을 올바르게 대접했으며 수상은 왕실에 대한 극진한 존경심을 가졌다.[21] 궁에 관련된 문제가 생기면 그는 "'사이먼, 최우선으로 다루게.'라고 그는 말하곤 했다. 그는 원만한 관계의 유지에 민감했다."라고 브라운의 마지막 해에 언론 비서를 했던 사이먼 루이스는 말했다. 그는 철저하게 도시적인 토니 블레어와는 달리 브라운이 스코틀랜드의 포스 강 하구에 집이 있는 시골 출신이라는 것이 도움이 되었다.

　브라운은 그가 여왕이 "무엇이 되고 무엇이 안 되는지를[22] 알고 있다는 데" 의존한다고 말하며 때로 돌아가서 연설 원고를 수정하기도 한다고 말했다. 그러나 그는 특히 그녀의 유머 센스를 높이 평가하며 "그녀가 우리 두 사람을 웃기는 일에 관해서 말하는 것을[23] 중히 여긴다."고 했다. 여왕이 친구들과 있을 때[24] 그는 때때로 유머의 대상이 되기도 한다. 오랜 세월 동안에 스코틀랜드 방언을 들어왔기 때문에 그녀의 흉내 내는 재간이 즉석에서 새 수상의 흉내를 낼 수 있게 했다.

엘리자베스와 필립은 2007년 11월 20일 결혼 60주년을 맞이한 최초의 국왕 부처가 되면서 또 다른 획을 그었다. "그녀의 모친과 동생이 없는 가운데[25] 에든버러 공작은 그녀의 정서적 시금석이 되었다."고 여왕의 한 보좌관은 말했다. 그가 떠나 있을 때,[26] 가령 주말에 샌드링엄의 우드 팜에 머물 때면 그는 매일 그녀에게 전화를 건다. "그들은 육체적으로는 드러나지 않지만[27] 강한 연대를 가진다. 그녀는 그가 방 안으로 걸어 들어오면 아직도 밝아진다. 그녀는 더 부드럽고 더 경쾌해지고 더 행복해진다."라고 또 다른 궁정인은 말했다.

　그들의 종교적 연대도 더 깊어졌다. 그녀의 흔들림 없는 신앙은 어린 시절부터 몸에 배었으나 필립의 신앙은 부모의 그리스 정교로부터 벗어나 영국 성공회의 견진 성사까지 받았고 이어 신학적 초종파적 탐구에 이르기까지 갈팡질팡했다. "그의 접근 방식은 여왕보다 훨씬 더 불안정했으며[28] 보다 지적인 면에 관심을 기울였다. 그는 탐구를 지속하며 일종의 교량 건설자로서 신앙의 통합을 지향한다. 그는 이를 앞으로도 더 지속할 것이며 여왕이 그를 뒷받침해주고 있다."라고 조지 캐리는 말했다.

그러나 엘리자베스 2세와 필립은 사촌인 파멜라 힉스에 의하면 "어느 면으로 보나 금실 좋은 평범한 부부는 아니다.[29] 그들은 매우 강한 성격의 소유자들이다." 한 가지 그들이 의견의 불일치를 보는 면은 언론에 관해서이다. "나는 대중지들을 읽지 않는다.[30] 나는 한 가지(그것도 정론지)를 읽는다. 그거면 충분하다고 생각한다. 그걸 어찌 다 읽나. 그러나 여왕은 신문이란 신문은 손에 닥치는 대로 다 읽는다!"라고 필립은 BBC의 인터뷰어로 명성을 날린 제러미 팩스맨에게 투덜댔었다.

필립이 마차 경주에서 너무 많이 낙마하자[31] 엘리자베스 2세는 제발 그만두라고 고집했지만 그는 재미 삼아 계속했다. 그 밖의 다른 일들에서 그녀는 부딪치는 것을 회피했다. 샌드링엄에 있는 남편의 의상실을 새로 페인트칠을 해야 했는데 "여왕의 지시에 따라[32] 그가 알아채지 못하도록 더럽혀진 칠 위에 표시 안 나게 덧칠을 했는데 그는 끝내 눈치채지 못했다."라고 그 집을 30년 이상 돌보아온 하인인 토니 파넬은 말했다.

엘리자베스 2세는 필립에게 그녀의 영지를 관리하는 데 있어서 실험할 자유를 주었다. 샌드링엄에서 그는 메추라기("끔찍하게 멍청한 새"라고 그는 말했다.)를 키우고 사과 주스와 블랙 커런트 코디알을 생산하기 위하여 과수를 재배하는 데 더하여 유기농 송로를 생산하기 위한 과수원을 일구었다. 그는 그들의 개인적 미술품 수집 책임을 지고 전도유망한 미술가들을 점찍어두었다가 에든버러의 전시회에서 구매하고 그들의 개인 아파트에 직접 미술품을 거는 일도 맡았다. 그러나 여왕은 계속 집안 장식을 관장했다. "그녀의 취향은 장식과 섬유 등에 있어서 매우 수수한 편이어서[33] 바꿔봤자 그게 그거였다."라고 토니 패럴은 회고했다.

필립은 자주 남모르게 자신의 메트로캡 택시를 타고 어떨 때는 직접 운전까지 하며 런던 시내를 누비고 다녔다. 한번은 그가 그의 택시를 몰고 15대 백작의 미망인인 제인 웨스트모얼랜드 소유의 벨그라비아 끝에 있는 소박한 집에서 친구들과 저녁을 먹으러 갔다. "그는 택시 기사 같은 모자를 쓰고[34] 뒷좌석에 수행원을 태웠다. 그는 택시가 얼마나 쉽게 회전할 수 있는지를 보여주기 위하여 제자리에서 뱅글뱅글 돌았다."라고 프롤릭 웨이머스는 회고했다.

그들이 공개 석상에서 함께 있을 때에도 필립은 신문기자들이 들을 수 있는 거리에서 예기치 못한 발언을 해서 그의 아내를 걱정하게 만들기도 한다. 노동당 의원인 크리스 멀린은 2003년에 여왕이 나이지리아에서의 코먼웰스 회의에 참석했을 때를 회고했다. 한 관리가 아부자의 새 영국 문화원 개원식에서 성명을 낭독한 뒤에 필립은 씩씩거리며 "저 연설에는 내가 오랜 세월 동안 들어왔던 것보다 더 많은 전문 술어가 들어 있다."[35]고 말한 뒤에 주위의 여성들을 향해서 그들이 교사인지를 물었다. 그들이 자신들의 직업은 국민에게 "권능을 부여하는empower" 일이라고 하자 그는 "대뜸 권능을 부여한다고요?" 하고 "그 말은 내겐 영어로 들리지 않는데!"라고 응수했다. "그러자 여왕은 문제가 생길 것 같음을 눈치채고 얼른 고개를 돌리며 발코니 위쪽을 애매하게 가리키며 '저길 봐요.'라고 하자 공작은 말을 하다가 말고 그녀를 향해 고개를 돌리고 어리둥절하자 '저 도자기 좀 봐요.'라고 했다. 그들이 떠난 뒤에 내가 가서 올려다보았으나 도자기는 없었다."라고 멀린은 일기에 썼다.

여왕의 요구에 따라 그들의 다이아몬드 결혼 기념 축하 행사는 조용히 가족끼리 치렀다. 부부는 일요일에 브로들랜드를 방문하여 그들이 신혼여행 때 사진을 찍었던 나무를 찾으며 시간을 보냈다. 여왕은 60년 전과 똑같은, 다이아몬드와 진주와 사파이어로 장식된 브로치를[36] 착용했다. 마운트배튼 영지에서 찍은 기념사진을 위해 엘리자베스 2세와 필립은 그녀가 오른팔로 그의 왼팔을 낀 채 서로 마주 보고 웃음 짓는, 신혼 때와 거의 같은 포즈를 취했다. 그는 덜 쾌활해 보이기는 했지만 시선의 따스함은 아주 흡사했다. 그날 저녁에 찰스와 커밀라는 클라렌스 하우스에서 블랙 타이 가족 만찬을 베풀었다.

이튿날 여왕과 필립은 웨스트민스터 대성당에서의 기념 예배에 참석했는데 여기서 윌리엄 왕자는 "사랑은 주님께서 주신 것이니 우리 모두 서로 사랑하자."[37]라는 구절이 담긴 요한복음을 낭송했다. 주디 덴치는 계관 시인 앤드루 모션이 쓴 시를 읊었는데 그는 이 시에서 "의무가 부드러움을 나눌 수 있는 언어로 말하는[38] 삶과 행동이 눈에 보이기를 요구하기 때문에 우리로부터 멀어진 삶"을 칭송했다.

국왕 부처는 20일 그들이 젊은 신혼부부로서 방해받지 않은 행복과 짧으나마 정상적인 생활을 즐겼던 섬인 몰타를 향해 감상적인 여행을 떠났다. 한 달 뒤에 그들은 뒤늦은 기념일 선물을 받았는데 그들의 여덟 번째 손주인 제임스 알렉산더 필립 테오 웨섹스가 태어났다. 앞서 태어난 누나와 같이[39] 에드워드와 소피는 그들의 아들이 왕족으로 알려지는 것을 원치 않아서 두 자녀 모두 왕실 바깥의 삶을 추구하도록 했다.

결혼 기념 행사 기간 동안에 엘리자베스 2세와 필립은 비밀을 하나 지키고 있었다. 그들의 23세 손자이며 육군 소속 왕실 기병대 소위 해리 왕자가 7개월간 아프카니스탄의 헬만드 지역 복무를 위해 차출될 예정이었다. 2001년 아프가니스탄과 2003년 이라크 침공 이래[40] 엘리자베스 2세는 군부와 외무부의 고위 관리로부터 최신 정보를 보고받아서 그녀는 이 두 지역에서 영국 군대가 겪고 있는 위태로운 전투 상황을 잘 알고 있었다.

군대의 수장으로서의 역할은 그녀의 가장 신성한 의무 중의 하나이다. 계층, 의식, 전통들 그리고 군대식 행동 감각으로 만들어진 의상 등에 있어서 그녀는 타고난 군인이다. 군부의 사람들은 그들이 여왕과 조국을 위하여 싸운다는 것을 명민하게 의식하고 있다. "왕실 가족은 군대에 대하여 긍지와 기쁨을 가진다.[41] 지옥이 오고 높은 파도가 쳐도 군대는 그들의 사령관이 여왕에게 충성한다."라고 1997년부터 2001년까지 국방 참모부장이었던 크레이기뱅크의 거스리 남작은 말했다.

제2차 세계대전 중 윈저 성의 수비대 그리고 여성 예비군에서 제복을 입고 짧게 근무했던 시절부터 그녀는 군대 문제에 대하여 개인적 관심을 가져서 군 고위 장교들과 면담뿐 아니라 사석에서 점심과 저녁을 들며 어울리곤 했다. 그녀는 군대와 함께 있을 때 편안해 보이고 수천 명이 집결한 대대 속으로 걸어 들어가는 것도 전혀 꺼리지 않는다. 한번은 그녀가 왕실 기병대의 북 치는 말^{drum horse}로 적합해 보이는 종마[42]의 사진을 사령관에게 참고하라며 보낸 적도 있었다.

군대의 전통과 관습에 대한 그녀의 지식은 백과사전적임을 그녀를 위해 일하는 장교들은 금방 알아챈다. 윈저 성의 수비대 소위였던 조니 마틴스미스가 저녁 초대를 받아 갔을 때 여왕이 그에게 고개를 돌리며 물었다. "근위 보병대 제복이 바뀌었나요?[43] 빨간 양말을 신어도 되나요?" 그녀는 규정에 따른 초록색이 아니라 빨간색 양말을 신은 근위 보병대원들이 연주대를 설치하고 있는 장면을 창밖으로 내다보고 있었다.

"여왕은 독수리의 눈을 가졌다.[44] 아마 15마리보다 더 잘 볼 것이다."라고 한 궁정인은 말했다. 연례 생일 축하 행렬이 있은 뒤에 그녀는 고위 장교들에게 평을 하는데 때로는 왜 한 병사가 정위치에서 몇 피트 떨어져 서 있는가 혹은 어느 병사가 소총을 잡은 손가락을 움직이는가 하고 묻기도 한다. "어느 해에는 저기 손을 다친 병사가 괜찮을지 걱정이네요."라고 책임 장교에게 물었다. 앞줄에 서 있던 병사가 총검에 손을 다쳤는데 약간 떨어진 곳에 서 있었던 여왕만이 이를 눈치챘던 것이다. "손을 다쳤다고요, 폐하?"라고 장교가 말했다. "그래요, 앞줄 세 번째 아니면 네 번째 병사 말이에요."라고 여왕은 말했다.

여왕은 "아프가니스탄 역사에 관한 세 권짜리 책을 읽지는 않는다."[45]라고 그녀를 자주 만났던 찰스 거스리는 말했다. 그러나 그녀의 상자와 신문 기사 그리고 TV 보도 등과 더불어 전선에서 복귀한 장교의 브리핑과 병사와의 만남을 통해서 그녀의 지식은 놀랄 만큼 최신 정보에 근접했다. "내 생각을 그녀에게 말할 수 있다.[46] 정부를 비판할 수도 있다. 그러면 그녀는 귀 기울인다. 그러나 일체 코멘트하지 않는다. 그녀는 가십에 말려들지 않는다. 그녀는 시사적인 어떤 문제들에 대하여 질문을 던지지만 그것은 심문이 아니다. 그것은 대화일 뿐이다. 그녀는 자신의 헌법적 특권을 분명히 인식하고 있으며 반헌법적일 수 있는 영역으로까지 들어가지 않는다. 그녀는 군대를 통솔하려고 하지 않는다."라고 거스리는 말했다.

노동당 정부가 2006년에 경비를 절감하기 위하여 육군의 많은 역사적 연대들을 통합했을 때 그녀는 질의를 하기는 했지만 논쟁에는 끼지 않았다. "그녀는 우리에게 연대 수가 너무 많다는 것을 알고 있다.[47] 그녀는 관심이 있지만 어떤 의제를 미는 로비스트는 아니었다."라고 블레어의 보좌관 조너선 파월은 말했다.[48] 그러나 육군 지휘부의 한 사람과 대화하면서 그녀는 명망 높은 블랙워치 연대가 새로 편성된 로열레지멘트오브스코틀랜드 안의 다른 5개 연대와 함께 대대로 병합된 데 대한 안타까움을 떨칠 수 없었다. 모후는 65년간 이 블랙워치 연대의 명예 연대장이었으며 그녀의 남자 형제 세 명 모두 이 연대에서 복무했고 그중 한 명은 제1차 세계대전에서 전사했다.

여왕은 윌리엄과 해리의 입대 결정을 전폭적으로 지지했다. "이는 전통이며 또 해서 좋은 일이다. 이는 리더십에 대해 많은 것을 가르쳐줄 것이다. 왕족뿐만 아니라 사회의 다른 구성원, 빈곤층의 사람들과 어울리게 할 것이며 이는 도움이 될뿐더러 매우 좋은 일이다."라고 이 문제를 여왕과 의논했던 찰스 거스리는 설명했다. 왕자들의 부친과 사촌과 조부까지 복무했던 해군이 아니라 육군을 선택한 것은 현대 전쟁의 실제적 현실뿐 아니라 또한 해군 강국으로서 영국의 쇠퇴를 반영한 것이기도 하다. 군부는 윌리엄과 해리에게 사람들, 특히 언론의 눈에 안 띄는 업무를 맡겼다.

전우애 속에서 훈련을 쌓는 것은 특히 해리에게 도움이 되었는데 평소 활달한 그는 망나니 소질이 있었다. 그는 17세 때에 마리화나를 피우다가 붙잡혀서 부친한테 이끌려 마약 재활 센터에 가서 회복 중인 중독자들의 얘기를 들어야 했다. 그 밖에도 이 왕위 계승 서열 3위가 불행한 사건에 연루된 적은 몇 차례 있었는데 런던의 클럽에서 만취된 모습이 포착되기도 했고 가장무도회에서 나치 완장을 찬 모습을 들킨 적도 있었다. 빨간 머리와 주근깨 때문에 오랫 동안 그의 생부는 제임스 휴잇이었다는 소문이 나돌기도 했는데 실상 다이애나는 해리가 태어난 이후에야 이 기병대 장교를 만났다는 사실은 이미 잘 알려져 있었다. 다이애나는 외조모인 루스 퍼모이를 많이 닮았지만 부친 쪽의 가족은 거의 닮지 않았다. 그러나 해리는 스펜서 가문의 적갈색 머리를 물려받았다.

해리를 이라크로 배치하자는 안이 처음 제기된 것은 2007년 초였다. 그는 자기 연대에서 복무할 결심이었으나[50] 그럴 것이라는 보도가 나오자 그에 대한 테러 위험이 예상되어 육군 참모총장 리처드 다낫 경은 그의 참전에 반대했다.[51] 여왕은 그의 배치에 찬성했고 해리의 좌절감을 달랬다. 그녀는 "옳다고 믿는 쪽으로 나아가라."[52]는 그의 결심을 지지해주었다고 해리는 회고했다.

그해 말에 블루스 앤 로열스 연대가 아프가니스탄에 파견될 때 다낫은 고든 브라운과 웨일스 왕자 그리고 여왕과 협의했다. 그들은 선별적 언론 기관들과 그가 무사히 임무를 마치고 영국으로 귀환한 뒤에 그의 경험을 상세히 보도한다는 엠바고 협약 아래 해리를 파견하기로 결정했다.[53] 25년 전에 앤드루를 지원했던 결정과 마찬가지로 여왕은 망설임이 없었다. 그녀는 이 소식을 12월에 윈저 성에서의 주말에 그녀의 손자에게 알렸다. "나는 그녀가 내가 원하는 것을 할 기회를 가지게 된 것에 대해 안도하는 것 같았다.[54] 그에 관한 얘기를 해준 그녀는 매우 좋은 분이다."라고 당시에 그는 말했다.

크리스마스 며칠 전에 도착한 그는 전선의 전초 기지에서 근무했는데 규칙적으로 기관총 사격과 저격수와 로켓과 박격포 공격이 이어지는 곳이었다. 그는 공중 폭격을 지시하고 위험한 탈레반 출몰 지역을 정기적으로 도보 순찰하는 임무를 수행했다. 11명으로 구성된 정찰 임무 수행 소대장으로 그는 명백히 위험에 노출되어 있었다. 동시에 "그는 모든 다른 전우들과 함께[55] 배식을 조리하고 전우들을 위해 차를 끓이고 자신의 소총과 장비를 손질하는 등 고락을 함께했다."고 아프가니스탄의 전임 영국군 사령관 리처드 켐프 대령은 썼다.

그의 파병에 관한 비밀은 10주간 유지되었는데 마침내 호주의 잡지와 독일 신문이 엠바고를 깨트렸고 미국의 웹사이트 '드러지 리포트'가 이 뉴스를 이어받았다. 국방부는 해리가 속한 전투 부대의 안전을 담보하기 위해 그를 헬만드에서 퇴각시켰다. 떠나기에 앞서 왕자는 "나의 모든 소망은 달성되었다.[56] 나는 드디어 내 임무를 수행했다."고 말했다. 그는 또한 "한 번만이라도 보통 사람이 되어보았다는 것은 매우 근사한 일이다."[57]라며 감사해했다.

2007년의 마지막 달은 여왕에 관한 또 다른 창작 작품의 출현으로 대중의 관심을 모았다. 〈일반적이지 않은 독자The Uncommon Reader〉에서 극작가 앨런 베넷이 꾸며낸 엘리자베스 2세는 독서의 열정을 불사르는데 자칭 만학도인 그녀는 만학도를 묘사하는 어휘를 발견하는 기쁨에 젖는다. 그녀는[58] 공무를 소홀히 하면서 미트퍼드, 오스틴, 발작, 페피스, 맥이완, 로스 등과 심지어 "당근을 훨씬 더 잘 먹어서"[59] 부러움을 느꼈던 로렌 바콜의 회고록까지 다방면으로 독서를 즐겼다. 여왕은 만나는 사람마다 그들의 독서 습관을 물어대서 당황시켰고 궁정인들과 가족들마저 바짝 긴장하게 만들었으며 마침내 스스로 저술을 결심하고 "분석과 반성"[60]을 통해 그녀의 삶을 반추한다.

여왕의 뿌리 깊은 의무감과 실제적인 사고방식을 감안하면 이는 완전히 가상적 이야기이다. 그러나 20년 전의 〈권능의 문제〉에서 베넷이 여왕의 과소평가받았던 요소들을 겨냥하며 빈틈없고 관찰력이 풍부하고 호기심에 가득찬 성격으로 묘사한다. 그녀의 익살스러운 기지(그녀는 티타임에 헨리 제임스를 읽다가 "오, 지겨워!라고 투덜댄다.)는 엘리자베스 2세의 신랄한 방백을 빼닮았다.

이 책은 입소문과 호평에 힘입어 영국과 미국에서 폭발적 베스트셀러가 되었다. 〈더 퀸〉 이후 이 책은 "여왕 폐하에 대하여 따스하게 생각해볼 또 다른 이유[61], 곧 대리석에 결이 있다는 것을 상기시킨다."고 〈뉴욕 타임스〉의 서평란에서 제러미 맥카터는 썼다. 영화처럼 베넷의 책은 엘리자베스 2세가 왕실의 고치 속에서 깨어나려는 갈망을 건드렸고 그녀의 억압된 장난기를 보여주려고 했다. 베넷의 묘사 가운데 가장 감동적인 것은 그가 만든 인물이 책 속에 몰입되었을 때 평등주의적 익명성을 발견하는 것이었다. "공감과 공통[62], 이 가림막 뒤에서 그녀는 숨을 수 있었다."

실제의 여왕은 문학에 대한 견해를 드러내지 않지만 전 세계의 작가들이 경쟁하는 연례 코먼웰스 작가 상에 대하여는 각별한 관심을 쏟는다. 그녀는 책무감과 더불어 재미로 수상작을 읽는다. 그 대부분은 역사 소설인데 최근에 그녀는 호주의 초기 식민 과정을 그린 케이트 그렌빌의 〈비밀의 강The Secret River〉과 파푸아뉴기니에 관한 로이드 존스의 〈미스터 핍Mister Pip〉, 캐나다와의 노예 무역을 그린 로렌스 힐의 〈니그로의 책The Book of Negroes〉을 즐겁게 읽었다. 매년 여름에 그녀는 수상자를 버킹엄 궁에 초대하여 면담을 가진다. "이는 허물없는 자리다.[63] 면담은 2층의 그녀 개인 아파트에서 코기 견들이 돌아다니는 가운데 이루어진다."라고 작가들을 동반하는 코먼웰스 재단의 대표 마크 콜린스는 말했다. 20분간 그녀는 작가의 배경과 영감의 원천과 어떻게 책이 쓰여지게 되었는지에 대해 진지한 논의를 주재한다. "그녀는 장소와 인물을 어떻게 선택하게 되었는지 그리고 자기 나라에 대한 작가의 생각은 무엇인지 등을 묻는다. 논의는 깔끔하게 진행된다."라고 콜린스는 회고했다.

엘리자베스 2세는 죽음에 대하여 숙고하는 타입의 사람이 아니지만 90세를 갓 넘겼을 무렵에 여태껏 해보지 않은 일들과 가보지 않은 장소들을 따져보는, 말하자면 죽기 전에 꼭 해야 할 일들의 목록을 작성하는 것처럼 보인 적이 있었다. 2008년 6월에 그녀는 데본셔 공작이 소유하는 세인트제임스 가의 남성 전용 클럽인 프래츠에서 처음으로 오찬에 참석했다. 시카 클럽이라는 환경 단체의 초대를 받아[64] 그녀는 남편과 10명의 다른 일행과 더불어 커다란 벽난로 앞에서 술을 마셨고 훈제 연어와 양고기 커틀릿과 트리아클 타르트로 든든한 식사를 했다. 다음 7월에는 템스 강 위를 노니는 백조들(국왕의 소유)의 숫자를 공식적으로 헤아리는 12세기부터 내려오는 의식인 스완 어핑Swan

Upping을 참관했다.[65] 그녀는 심지어 샌드링엄에서의 연례 겨울 휴가를 위해서 노퍽의 킹스린까지 오가는 정기 열차를 타기 시작했다. 그러나 보안상의 이유로 일반 승객들과 함께 앉지 않고 소규모 일행과 함께 1 등칸을 이용했다.

샌드링엄과 밸모럴에서의 주말 사냥과 낚시를 위해서 그녀는 보다 젊은 세대의 내빈들을 포함시키기 시작했다.[66] "우리는 그 아이들을 덜 보게 되었어요. 아이들은 늙다리들을 보려고 하지 않잖아요."[67]라고 1950년대부터 엘리자베스 2세와 필립의 정기적인 내빈이었던 한 여인이 말했다.

그녀의 오랜 친구들의 자녀들이[68] 그녀를 격식 없는 만찬에 초대하면 선선히 응락했고 그들의 10대 자녀들과 한담을 나누며 질문도 하고 대답하면 귀 기울여 들었다. 그녀의 신부 들러리 중의 한 명인 엘리자베스 롱맨 부인(친구들 사이에서는 "스미스"라고 불림)이 80세를 맞이했을 때[69] 엘리자베스 2세는 작은 집에서 그녀를 위해 열린 칵테일 파티에 참석했다. 여성 경호원이 차 안에서 기다리는 동안에 한 내빈이 여왕을 곧 부서질 것 같은 엘리베이터로 안내했다. 그녀는 한 시간 이상을 머물고 15분간을 꼬박 스미스의 손자인 프레디 반 제벤버겐과 대화했는데 그는 대저택의 축소 모델을 만드는 디자이너였다.

2008년 6월, 9년 만에 처음으로 여왕은 로열 애스콧의 마지막 날 우승마를 차지했다. 체셤 스테이크 경마에서 그녀의 두 살배기 수말 프리에이젠트는 존 워런의 말을 빌리면 겨우 200여 미터 남겨놓고 앞선 열 마리의 "벽"[70] 뒤를 쫓고 있었다. 그러나 리처드 휴스가 탄 프리에이젠트는 이 벽을 뚫고 2와 4분의 1마신의 차이로 승리했다. "내가 해냈다!"[71]라고 여왕은 외쳤다. 워런과 남편 사이에 앉은 그녀는 뛰어 일어나 허공을 향하여 주먹질을 했는데 이 이례적인 공개 석상에서의 행동은 그대로 BBC 카메라에 잡혀 저녁 뉴스에 나갔다. "그것은 진정한 기쁨의 순간이었다."고 워렌은 말했다. 끝나고 난 뒤에 "그녀는 마치 스무 살인 양 마구간을 향하여 뛰어갔다. 우리는 그녀를 따라가느라 애를 먹었다. 기수는 어떻게 해서 승리했는지를 설명하려고 했으나 그녀가 원했던 것은 단지 그녀의 말을 쓰다듬는 것 뿐이었다."라고 그녀의 52세 된 혈통 관리 고문은 말했다.

애스콧에서의 그 주 초에 헬렌 미렌이 트로피를 시상하기 위하여 참석했는데 여왕은 영화 속의 자기 자신이었던 그녀를 귀빈석으로 불러 차를 대접했다. "만약에 그녀가 영화를 싫어했다면 나를 초대하지 않았을 것이다.[72] 나는 초대해주어서 감동받았다."라고 미렌은 말했다. "헬로, 만나서 반가워요."라고 여왕은 말했고 둘은 이어 "말 얘기"를 나눴다. 엘리자베스 2세가 자기 역할을 연기한 배우를 만난 것은 이번이 두 번째였다. 몇 년 전에 그녀는 〈권능의 문제〉에서 여왕 역을 했던 프루넬라 스케일스를 만난 적이 있었다. 접견 대기 줄에서 스케일스가 여왕에게 절을 하자 여왕은 말했다. "당신은 내가 당신한테 그렇게 했어야 한다고 생각하죠?"[73]

엘리자베스 2세의 장남은 2008년 11월에 60세 생신을 맞이했는데 그는 1901년에 빅토리아 여왕이 사망하자 59세에 왕위에 오른 에드워드 7세를 넘어서 역사상 가장 나이 많은 웨일스 왕자가 되었다. 엘리자베스 2세는 생일 전야인 14일에 그를 위해 버킹엄 궁에서 블랙 타이 리셉션과 오케스트라 연주회와 만찬을 베풀었다. 보다 주목할 만한 것은 그녀와 필립이 하루 전날에 프린스 트러스트의 본부를 방문했는데 이 재단은 1976년 창설 이래 50만 명이 넘는 불우 청소년들에게 기술을 습득하게 하고 취업을 도왔다.

평생을 통하여 찰스는 부모의 인정을 갈망해왔는데, 그날 여왕의

말은 그가 맡은 20개의 자선단체들과 그가 후원자나 회장을 맡고 있
는 350개 단체에 대한 박애주의적 활동을 지지하는, 드물게 공개적인
표현이었다. "필립 공과 나에게 있어서[74] 공공 봉사의 원칙과 타인을
위한 의무가 그의 손길 속에 온전히 맡겨져 있다는 것을 알게 되는 것
이상으로 기쁨과 안도를 주는 것은 없습니다."라고 여왕은 말했다.

찰스는 2008년에 560개의 공식 사업들을 맡아서 "가장 열심히 일
하는 왕족"이란 기록을 세워 여동생 앤의 기록을 앞섰다.(그녀는 534개
로 거의 맞먹었다.) 그의 모친은 그해에 영국 전역과 해외를 모두 417회
방문했는데 2007년의 440회보다는 약간 뒤졌다. 82세의 나이―당시
영국의 법정 정년을 17년 넘겼다―에도 그녀는 이를 줄일 생각이 없
었다. 전년도 12월에 그녀는 81년 243일을 생존한 빅토리아 여왕을
제치고 역사상 최장수 국왕이 되었다.

그녀는 즉위 이래 그녀의 임무들을 계속 수행해왔는데, 국가의
수반으로서 국내외에서 공식적으로 정부를 대표했으며 국민들의 업
적을 보상하고 그들과 지속적으로 관계를 맺어왔다. 즉위 초는 26개
가 넘는 작위를 수여해왔으나 그 수효는 서서히 줄어서 15개로 축소
되었으며 찰스 왕자와 앤 공주에게 나머지를 나눠 맡겼다.

"그녀의 모든 계획들은 대단히 영리하게 세워진다.[75] 겉으로 드러
나지 않게 그녀를 위해 속도를 줄였다."라고 전임 감사원장인 맬컴 로
스는 말했다. 그러나 보좌관들이 몰래 그녀를 쉬게 할 생각으로 그녀
의 일정에 뻔한 것을 집어넣을 때마다 "그녀는 곧 알아채고[76] 왜 더 많
은 일을 하지 않느냐고[77] 묻는다. 결코 놓치는 게 없다."라고 왕실에 정
통한 소식통은 말했다.

여왕의 개인 비서이며 현대화 추진에 앞장섰던 로빈 잰브린은
2007년에 은퇴했다. 잰브린은 46세의 크리스토퍼 게이트로 교체되었
는데 그는 런던의 킹스 칼리지와 케임브리지 대학교에서 학위들을 딴

외무부 출신의 노련한 관리였다. 잰브린과 비슷한 성향의 그는 활달한 효율성과 편안한 유머로 무난하게 업무를 이어받았다.

무엇보다 중요한 궁의 소통 장치는 이제 둘 다 어린 자녀들을 둔 30대 후반의 두 여성들에게 맡겨졌다. 소통과 언론 비서인 사만다 코헨은 그녀의 고향인 호주에서 지역 신문들에 기고를 해왔고 왕실에 들어오기 전에는 국제 전기 및 가스 회사인 내셔널 그리드에서 소통 부장을 지냈다. 언론 비서보인 에일사 앤더슨은 에섹스의 지역 신문들에서 일하다가 공직에 진출했었다. 그녀는 국방부에서 보수당의 니컬러스 솜스의 언론 부서에서 일했고 토니 블레어의 내각에서 일했을 때는 노동당 정치가인 마거릿 베켓을 위해서 일했었다. 영리하고 능숙하며 직선적이고 강인한 코헨과 앤더슨은 여왕의 사생활을 보호하는 임무를 맡았으며 동시에 과감하게 그녀의 이미지를 현대적으로 드러냈다.

엘리자베스 2세는 보다 신속하게 위기에 대응하기 시작했으며 공중 앞에서 더 많이 감정을 드러냈다. 그녀는 자신의 초상을 홀로그램으로도 만들었다. 그녀는 반짝이는 빨간 라텍스 의상을 걸친 레이디 가가와 스스럼없이 만나서 편하게 대화를 나눴고 분홍색 가발을 쓴 패션 디자이너 잔드라 로즈를 기꺼이 버킹엄 궁으로 초대했으며 지저분한 청바지를 걸친 사진작가 데이비드 베일리도 만났다. 2008년에 세계 금융 위기가 불어닥쳤을 때 여왕은 런던 경제 학교를 방문했다. 신용 위기의 원천에 대한 주제 발표를 듣고 나서 그녀는 한 가지 본질적인 질문을 던졌다. "왜 아무도 이 위기가 닥칠 것인지를 몰랐나?" "일반적인 느낌은 그녀가 보다 더 접근 가능하고[78] 인간적이며 정감 있고 유대감이 있다는 것이었다."라고 한 궁정 관리는 말했다.

비록 여왕은 25년 전에 로널드 레이건으로부터 처음으로 컴퓨터를 받았지만 그녀는 기술에 적응하는 데는 그녀의 남편보다 뒤처졌다. 필립은 1980년대부터 컴퓨터로 편지를 쓰기 시작했고[79] 그의 연설 원고를 작성할 때에는 특히 이메일과 인터넷을 열심히 사용했다. 엘리자베스 2세는 마침내 손주들과 문자를 주고받기 위하여 휴대폰을 장만했고[80] 말의 이력을 추적하기 위하여 컴퓨터를 사용했다. 2005년에는 앤드루 왕자의 제안을 받고[81] 아이팟iPod을 구입했다. 여전히 종이와 펜을 고집하면서도 가족들과 이메일을 주고받기 시작했다. 1997년에 왕실 웹사이트를 구축한 지 10년 만인 2007년 12월에는 유튜브에 자신의 채널을 개설했는데 그 첫 주에 100만 회가 접속되었다.

2008년 가을 그녀가 구글의 런던 본부를 찾아간 것보다 그녀가 새로운 것을 포용하고 있다는 더 큰 증거는 없다. 역동적인 이 신생 회사는 그녀가 방문한 날 영국의 홈페이지에 그녀의 이미지와 왕관을 "구글 두들Google doodle"의 로고에 삽입함으로써 엘리자베스 2세를 예찬했다. 여왕과 필립("구글 광팬"[82]이라고 여왕의 고위 보좌관 중 한 사람은 말했다. "그는 종일 구글을 하며 이를 여왕에게 얘기한다.")은 이 회사 사무실들을 돌며 한 시간 이상을 보냈으며 대부분 젊고 간편한 복장을 한 직원들을 만났다. "조깅을 하다가 온 모양이죠?"[83]라고 필립은 면바지에 두건을 쓰고 운동화를 신은 마케팅 부장 매튜 트레웰라에게 질문을 던졌다.

방문 도중에 엘리자베스 2세는 검은 장갑을 낀 오른손으로 마우스를 세심히 조작하며 그녀의 왕실 채널에 1968년 올림픽 선수들을 위하여 버킹엄 궁에서 베푼 리셉션의 비디오를 올렸다. 그녀와 필립은 유튜브에서 유명한 "웃는 아기" 영상을 보고 킬킬거렸다. "정말 귀여운 아기네요.[84] 갓난애가 저렇게 웃다니 믿어지지 않아요."라고 그녀는 남편에게 말했다.

그녀는 이런저런 다채로운 일들에 공적으로 때로는 사적으로 쫓기면서도 여왕은 항상 기억 속에 담아두고 있던 모친을 추모했다. 2009년 1월에 샌드링엄에서의 주말 사냥 기간에[85] 그녀는 모후의 코기 견 가운데 마지막 남은 한 마리 에마가 죽음으로써 중요한 연결 고리를 잃었다. 눈에 띄게 슬픔에 잠긴 여왕은 저녁 전에 방 안을 돌아다니며 손님들 한 사람 한 사람에게 이 소식을 전했고 필립은 그녀를 위로하기 바빴다.

다음 달, 가족들과 친구들이 칼턴 하우스 아래 발코니에 대거 몰려나와서 가터 예복 차림을 하고 희미하게 미소 짓는 모후의 9피트 크기의 동상 제막식에 참석했다. 그녀는 51세의 모습으로 조각되었는데 왜냐하면 이 기념상은 똑같이 가터 예복 차림으로 사망 연도인 56세의 모습으로 조각된 조지 6세의 청동상 바로 아래에 놓이기 때문이었다. "드디어 내 조부모들께서 결합하셨다."[86]라고 찰스 왕자는 그의 모친이 파란색 사텐 천 가리개를 벗기기 위하여 줄을 잡아당기자 말했다. 엘리자베스 2세의 80세 생일 기념 주화의 판매 수익으로 2백만 파운드를 조달하여 만든 이 기념상에는 또한 11피트 길이의 청동 부조 두 개가 새겨졌다. 제2차 세계대전 중에 런던 이스트엔드의 집 잃은 가족들을 위로하는 모습과 그녀의 우승마들 가운데 한 마리가 박수 갈채를 받는 장면과 메이 성의 정원에서 코기 견 두 마리와 함께 앉아 있는 모습 등이 담겼다.

몇 달 뒤에 여왕은 메이 성 재단을 위한 기금 모금 리셉션에 깜짝 손님으로 등장했다. 모후가 아끼던 저택은 2002년 8월에 대중에게 공개되었고 개인 기금이 성과 정원을 유지하는 데 도움을 주었다. 엘리자베스 2세는 버킹엄 궁 인근의 고링 호텔에 잠깐 모습을 비치기로 예정되었었다.[87] 대신 그녀는 90분간 방 안을 돌아다니며 후원자들 그리고 잠재 기부자들과 대화를 나눴다. 한 영국 기업인은 그녀의 등장에 감명받아서 뒤에 2만 파운드의 수표를 재단에 써주었다.

엘리자베스 2세가 그녀의 모든 수상들보다 나은 점은 그녀가 "소일 삼아" 도시들과 촌락들까지 다니면서 수집한 영국에 관한 광대한 지식이다. "그녀는 그 누구도 따를 수 없을 만큼 이 나라의 구석구석까지 다 안다.[88] 그녀는 아주 많은 시간을 사람들을 만나는 데 보내기 때문에 영국에서 다른 사람들의 생활이 어떤지에 대해 잘 이해하고 있다. 나는 그녀가 정상적인 인간의 조건에 대한 이해를 지녔다고 생각한다." 라고 마거릿 대처와 존 메이저의 개인 비서로 일했을 때 여왕의 전문 지식에 감탄해왔던 찰스 파월은 말했다.

2009년 3월 여왕은 10여 년 만에 이스트요크셔의 킹스턴어폰헐을 방문했는데 이곳은 〈더 타임스〉가 "극소수 공화주의의 온상"[89]이라고 일컬은 지역이었다. 1957년에 그녀가 최초로 방문하기 전에 그녀의 보좌관 한 명이 "나는 오늘 이곳을 방문하게 되어서 대단히 기쁩니다."[90]로 시작하는 연설문을 썼다. 여왕은 결정적으로 "대단히"란 단어를 지우고 "나는 헐에 오게 되어서 기쁘지만 '대단히' 기쁘지는 않습니다."라고 말했다. 이 부사가 52년이 지나서는 적용될 수 있는지 그녀는 말하지 않았다. 그러나 한때 번창했던 조선 기지가 2년 전 폭우로 막심한 피해를 입었으며 최근에 경제적으로 몰락한 영향을 열심히 평가했다.

궁정 보좌관들은 이스트요크셔의 주지사 수잔 컨리프리스터와 그 밖의 지역 관리들과 네 시간의 일정에 관해 작업을 했다. 여왕이 지금보다 젊었을 때에는[91] 여덟 군데를 돌아볼 수 있었으나 이제는 최대 네 곳을 돌고 점심으로 일정을 마쳐야 했다. 여왕의 준비를 돕기 위하여[92] 컨리프리스터는 70페이지에 달하는 브리핑 자료를 보냈다. 그녀가 만날 사람들에 대한 개요, 그녀가 돌아보게 될 장소들에 대한 설명 그리고 길드홀에서의 오찬 메뉴와 좌석 배치도 등이었다. 궁정 관리들은 여왕의 행보를 일일이 기록한 17페이지짜리 일정표를 만들었다.

철도 체계의 두절 가능성을 최소화하고 정시 도착을 담보하기 위하여 엘리자베스 2세와 필립은 방문 전날에 헐 인근의 왕실 열차에서 밤을 보냈다. 1842년에 빅토리아 여왕의 명령으로 첫 번째 버전이 선을 보였고 이후 왕실 여행의 주된 수단이었던 이 빛나는 고동색 열차는 그 기능적 장식의 역사가 1970년대로 거슬러 올라간다. 여왕과 필립은 각자 독립된 객차를 소유했는데 ─ 왕실 어법으로는 "살룬saloon"─그 안에는 침실과 욕실 그리고 책상과 작은 식탁이 딸린 거실로 나뉘어 있었다. 가구는 금색 목재에다가 마루는 평범한 카펫을 벽에서 벽까지 깔았으며 플라스틱 벽은 스코틀랜드의 풍경화들과 빅토리아 양식의 열차 여행 복제화들로 장식되었다.

3월 3일 오전 10시 20분에 열차가 헐 역에 정차하자[93] 여왕과 필립은 플랫폼에서 예상대로 줄지어 늘어선 고위 인사들의 영접을 받았다. 예복과 무릎 바지, 단추 달린 구두와 깃털 모자를 쓴 시장과 고위 주 장관과 교구 관리들이 의식용 목걸이에 휘장을 두르고 나타나서 이들을 "목걸이 부대chain gang"라고 불렀다. 왕실 수행원들은 시녀와 개인 비서보, 시종무관과 몇 명의 신변 보호 직원들로 소규모였지만 많은 지역 경호원들이 포진했다.

여왕의 요청으로 그녀는 저명인사들보다는 보통 사람들을 주로 만났다. 부근에는 보닛에 성 조지가 용을 찔러 죽이는 그림 장식이 되어 있고 천정에는 여왕의 문장이 새겨진 고유의 방패가 부착된 왕실 전용 벤틀리 승용차가 대기하고 있었다. 역 바깥의 장벽들을 따라서 5분간 20여 곳을 걸어서 둘러본 뒤에 엘리자베스 2세는 차를 타고 혈액 종양 센터로 가서 환자와 의사, 간호사와 얘기를 나누며 거의 한 시간을 머물렀다.

헐 시의 축구팀 매니저인 49세의 필 브라운은 길드홀에서의 오찬에서 여왕 옆자리에 앉았다. "그녀는 계층을 넘나드는 놀라운 능력을 지녔는데[94] 내 수준에 맞추어주다가 이내 왕족으로 돌아간다."라고 말했다. 그녀는 식탁 건너편의 "등하교 안내 여인lollipop lady"과 응급차 운전사 및 "환경 지킴이 자원봉사자"와 대화를 나눴다.[95] 건널목 안내인 마리아 레이퍼는 여왕이 초콜릿 무스 케익을 닦아낸 뒤에 립스틱을 바르는 것을 보고 놀랐으며 또 그녀가 "계속 빵을 쪼개서 조금씩 집어들고[96] 식사가 끝날 무렵에는 빵 접시에 작은 빵 조각들이 널려 있는 것"을 보고는 입을 다물지 못했다. 그날 여왕은 "행복의 카펫을 펼쳐라."는 마틴 차터리스의 언명을 유념하고 자주 웃었으며 서둘지 않고 천천히 움직였다. 이튿날 아침 〈헐 데일리 메일〉은 그녀의 노력에 대한 보답으로 "그녀는 왕실 활력소였다"[97]라는 제목의 기사를 실었다.

몇 주가 지난 뒤에 그녀는 멕시코의 대통령 펠리페 칼데론의 국빈 방문을 맞이하여 국제적 영역으로 관심을 돌렸다. 96회의 국빈 방문을 주최해본 뒤라 여왕은 의식과 의전의 세부 사항을 철저히 대비했다. 무도회장에서의 국빈 연회를 위한 장소 준비는 꼼꼼하게 진행되었고 식탁에 오르는 과일들은 광택이 나도록 닦였다.

멕시코 대통령의 방문 도중에 여왕과 필립 공은 버킹엄 궁에서 G-20 정상회담에 참가하는 20개국 지도자들을 위한 리셉션을 베풀었다. 이 리셉션이 시작되기 전에 그들은 47세의 새 미국 대통령 버락 오바마와 45세의 부인 미셸을 처음으로 만났다.

비록 고든 브라운은 케이프카드의 프로빈스타운에서 많이 여름 휴가를 보냈었지만 그의 미국과의 관계는 빌 클린턴과 조지 W. 부시와 개인적 유대를 맺었던 블레어에 비하면 그리 가깝지 않았다. 오바마 또한 "특수 관계"에 대하여는 냉정한 태도를 보였다. 취임 직후에 그는 조지 W. 부시가 7년 동안 자랑스럽게 진열했던 윈스턴 처칠의 청동 흉상을 반환했다. 영국 정부는 9·11 직후에 "강한 대서양 연안 관계의 상징"[98]으로 이 흉상을 대여했었는데 오바마는 이를 중지하기로 결정했다.

그러나 44대 미국 대통령과 그의 아내는 궁의 사적인 공간인 가든 엔트랜스에 도착했을 때 기대감을 보였다. 영부인은 심지어[99] 궁정인에게 국왕을 만나게 되어서 긴장된다고까지 말했다. 여왕은 그녀의 미국인 시녀 지니 에얼리로 하여금 부부를 맞이하게 했고 왕실 가사국장 데이비드 워커가 그들을 2층의 개인 아파트로 안내했다. 거기서 그들은 엘리자베스 2세 및 필립과 정담을 나누었다. 국왕 부처는 표준적인 선물로 서명이 담긴 사진을 주었고 오바마 부처는 여왕에게 40개의 고전 연주곡과 사진들 그리고 2007년과 1957년에 그녀가 미국을 방문했을 때의 영상과 더불어 2004년 민주당 전당대회에서의 대통령 연설과 그의 취임 연설 및 취임 장면 사진들이 수록된 비디오를 선물했다.

엘리자베스 2세와 필립 공은 카날레토, 루벤스, 렘브란트, 베르메르와 홀바인 등의 작품이 포함된 걸출한 회화 작품들이 전시된 픽처 갤러리로 안내하기에 앞서 G-20에 정상회담에 참석한 국가수반들을 맞이했다. "여왕이 방 안에 들어서면 자기가 그곳에서 가장 돋보이는 국가수반임을 안다.[100] 그녀의 국가는 비록 넘버원이 아닐망정 그녀는 넘버원이다."라고 전 캐나다 수상 브라이언 멀로니는 말했다.

여왕이 스스럼없이 세계의 지도자들 사이를 돌아다니며 관심을 모으면서 분위기는 달아올랐고 시종무관들이나 시녀들은 굳이 소개하는 임무를 수행할 일도 없어 그녀와 말할 기회를 기다리는 손님들 주변을 맴돌기만 했다. 국무장관인 힐러리 클린턴은 마치 선거에 나선 후보라도 되는 양 방 안을 누비고 다니다가 어느 순간에 여왕을 건너뛰고 프랑스 대통령 니콜라 사르코지에게 말을 걸었는데 이를 본 엘리자베스 2세는 이런 행동이 너무나 우습다고 생각했을 것이라고 한 시녀는 말했다.

미국 대통령은 6피트 1인치이고 그의 아내도 비슷해서 오바마 부처는 거의 모든 사람들을 압도했다. 미셸 오바마와 여왕은 대화를 하다가 시녀인 수잔 허시에게 고개를 돌리며 그들의 키 차이에 대해 언급했다. 영부인은 여왕의 등에 팔을 둘렀고 엘리자베스 2세는 가볍게 그녀의 허리를 감았다. 10초 뒤에 여왕은 팔을 내렸지만[102] 영부인은 팔을 그대로 둔 채 있다가 심지어 국왕의 어깨를 다정하게 문질렀다.

"이는 우발적이었다.[103] 여왕과 미셸은 크기를 비교하기 위해 발뒤꿈치를 들었다. 여왕은 미셸의 어깨에 닿았고 그들이 서로를 팔로 안았다. 여왕은 장난스럽게 고개를 하늘로 쳐들었다. 수잔 허시는 웃고 있었다. 그들은 서로 키를 비교하면서 함께 웃었다."라고 이 순간을 찍었던 여왕의 비디오 촬영기사 피터 윌킨슨은 말했다.

신문들은 TV 스크린에서 윌킨슨의 영상을 따다가 이를 영부인의 "생각할 수 없는"[104] 의전 규칙 위반이라고 수선을 떨었다. 그러나 가까운 친구들과의 포옹이나 키스는 차치하고라도 근년에 미국과 호주에서의 대인 접촉이 있은 후에 그녀는 격식에 있어서 보다 관대해졌다. 궁정 관리들은 거기에는 전혀 실수나 결례는 없었다고 서둘러 해명했고 대변인은 이를 "상호 우발적인 친밀감과 호의의 표시"[105]였을 뿐이라고 말했다. "이는 따질 일이 아니다. 저절로 일어난 일일 뿐이다. 우리는 이런 광경을 전에는 본 적이 없으나 여왕은 즐거웠고 행사는 잘 진행되었다. 그래서 이를 즉흥적인 기쁨의 표현이라고 하는 것이다."라고 한 궁정인은 말했다.

그다음 11월에 엘리자베스 2세는 그해의 가장 거창한 외국 여행을 떠

났는데 버뮤다에서 이틀을 묵고 트리니다드 토바고에서 3일간 국빈
방문을 했으며 이어서 격년 코먼웰스 지도자 회의를 가졌다. 그들은
관습에 따라 히드로 공항에서 시종장 3대 백작 윌리엄 필의 전송을 받
았는데 필립은 어김없이 "집 잘 봐요!"라는 한마디를 던졌다.[106]

83세의 나이에도 여왕은 늘상 하듯이 브리핑 자료를 꼼꼼히 살폈
는데 여기에는 그녀가 만나게 될 사람들(발음하기 어려운 이름에는 발음
기호를 붙여서)에 관한 신상 요약문과 함께 외국의 지도자들이 던질 만
한 질문에 관한 외무부의 지침이 담겨 있다. 초청 국가들과 궁정 관리
들이 작성한 일정표는 여왕에게 세부 사항까지 승인받아야 하며 시간
은 30분 단위로 쪼개져 있다. 모든 정보들은 "미니 Mini"라고 불리는 4
×6인치의 용수철 제본으로 된 파란 책에 다 들어 있는데 여기에는 이
름, 수송, 보안 사항, 필요 의상과 한 지점에서 다른 지점까지의 발걸음
수(13+7은 열세 걸음, 쉬고, 일곱 걸음)까지 기록되어 있는데 미리 정찰
여행에서 스태프들이 반복 연습해서 작성된다.

버뮤다 방문은 난파해서 고립된 영국의 항해자들이 이 섬에 정착
한 지 4백 년이 되는 기념일과 겹쳤다. 그녀가 대관식 기념 여행으로
대서양의 이 머나먼 섬에 처음 발을 들여놓은 지 53년째 되는 날이기
도 했다.

한숨 잘 시간도 없이 여덟 시간을 날아온 그녀는 오후에 도착하
여 버뮤다 주지사 리처드 고즈니와 이와트 브라운 수상이 이끄는 환영
식을 마치고 도보 시찰에 이어 150명의 유명 버뮤다 인사들과 더불어
섬의 북부 해안에 위치한 주지사의 이탈리아식 저택에서 열린 칵테일
파티에 참석했다.

여왕은 리셉션에서 시종 웃음을 띠고[107] 군중 사이를 누비고 다녔
지만 지나친 접촉은 삼갔다. 사적으로는 그렇게 폭을 넓혀나갔으면서
도 이런 장소들에서 그녀의 담화들은 수증기처럼 사라지는 듯했다. 대

중의 시야에 수십 년간 노출된 뒤에 그녀는 로르샤흐 테스트^{Rorschach}
test, 성격 진단 검사법-옮긴이처럼 되어 말수는 줄이고 타인들로 하여금 그들의
인상을 투영하도록 했다. 뒤이은 간소한 만찬에서 리처드 그로즈니는
그녀에게서 "전혀 피로의 기색을 눈치채지 못했다.[108] 그녀는 분명 자
기 조절의 대가이다. 보이지는 않지만 그녀는 자신의 에너지를 조절하
여 알맞게 배출한다."고 말했다. 그녀는 이튿날의 12시간의 일정 가운
데 네 시간을 빼내어[109] 그녀의 방 세 칸짜리 스위트에서 그녀의 상자
들과 업무를 보았다.

　　그녀가 섬을 종횡으로 통과할 때는 가능하면 걸었고 해밀턴 거리
를 지날 때는 마차를 이용했으며 가능한 곳에서는 차량 행렬을 보여주
었는데 수십 년 전에 그녀가 말했듯이 "나는 믿어지기 위해서 보여야
한다."[110] 약 2만 명의 사람들이 도로변을 메웠는데 어떤 곳에서는 네
겹으로 둘러섰고 이는 1994년에 방문했을 때보다 훨씬 더 많았다. 국
왕에 대한 열렬한 지지는 대중 여론조사에서 번번이 거부당했던, 이와
트 브라운이 이 섬의 독립을 옹호했던 것에 대한 반발로 보여졌다.

　　이튿날 네 시간의 트리니다드로의 비행을 위해[111] 60명이 넘는 사
람들이 영국 항공 777기에 탑승했는데 두 명의 개인 비서와 시종무관,
두 명의 시녀와 의사, 개인 조수, 미용사, 하인과 하녀, 행정 보조 요원,
보안 요원 그리고 15명의 방송과 신문 잡지사 사람들 등 모두가 보통
230명이 타는 비행기에 편히 누워서 갔다.

　　국왕 부처는 1등실에 탔고 왕실 요원들은 비즈니스석 그리고 언
론과 보안 요원들은 이코노미석에 앉았다. 프리미엄 이코노미석은 모
든 중앙의 좌석들을 제거하고 이동 근위병 매튜 킹의 감수를 받아 단
단히 꾸려진 왕실 수하물을 적재했다. 여왕은 4벌의 여분 의상을 포함
하여 13벌의 의상과 2개의 다이아몬드 보관과 브로치, 목걸이, 귀걸
이, 팔찌 등을 지참했다. 과거에[112] 왕실 일행이 브리타니아호로 여행

을 했을 때에는 수행단의 규모는 훨씬 커서 여러 명의 요리사들과 대규모 군사 요원들을 대동했으며 풍부한 음식과 포도주, 증류주와 리넨, 도자기, 식기류와 여왕의 이니셜이 새겨진 찻주전자 등을 싣고 다녔었다. 왕실 요트를 퇴역시킨 후에 여왕은 이런 소요 물품의 대부분을 초청 국가에 의존했다. 트리니다드의 스페인항에서 여왕과 왕실은 12층짜리 칼턴사바나 호텔 전부를 빌렸다.

엘리자베스 2세는 카리브 해의 비바람 속으로 돌아왔다. 트리니다드 토바고는 1962년에 독립을 달성했으며 1976년에 투표를 통해서 공화국이 되었지만 코먼웰스에 잔류했고 영국과 강한 재정적·문화적 연대를 유지했으며 여왕에 대한 지속적인 애정을 보여왔다. 그녀는 첫날 국빈 만찬에서 앤절라 켈리가 디자인한 "상징 드레스"를 걸쳤는데 여기에는 이 나라의 국조인 따오기와 코크리코 그리고 국화인 야생 포인세티아가 아로새겨졌다.

그녀는 이튿날 이 나라의 공연 예술 센터에서 펼쳐진 화려한 축하 행사에 참석함으로서 코먼웰스 회의를 개막했는데 여기서 그녀는 특히 작고 취약한 국가들을 도움으로써 모두가 환경 문제에 대하여 함께 애써야 한다는 취지의 5분 연설을 했다. "그녀가 하는 말에[113] 모두 귀를 기울였다."라고 코먼웰스의 사무총장으로 일해온 인도의 외교관 카말레시 샤르마는 말했다.

"코먼웰스야말로 그녀의 유산이다.[114] 그녀에게 있어서 이는 주요 업적이며 공약이다."라고 브라이언 멀로니는 말했다. 여왕의 지도력과 모범이 없었다면 "우리들 중에서 많은 나라들이 떠났을 것이다."[115]라고 잠비아의 전임 대통령 케네스 카운다는 말했다. 행정적 권한은 없으면서도 그녀는 그녀의 역할을 활용하여 영향력을 행사하고 갈등을 진정시키기 위하여 장막 뒤에서 조용히 작용하는 것을 익혔다. 정보원들을 통하여 그녀는 코먼웰스 국가들, 특히 아프리카의 문제와 관심사에 대하여 정부 고위 관료들보다도 더 많이 알게 되었다. 코먼웰스 국가 지도자들, 심지어 마르크스주의자들에 대하여도 수상들보다도 더 좋은 관계를 발전시켜왔다. 소말리아에서의 방목 권리에 대한 토론도 할 수 있었고[116] 특정 지도자의 낚시 습관[117]과 좋아하는 찬송가[118]에 대해서도 얘기할 수 있었다. 필립 공은 그녀가 "코먼웰스 심리 치료사"[119]가 되었다고 말했다.

　　과거에는 모든 정부 지도자들과 20분간의 면담을 가져왔으나 트리니다드에서는 지난 코먼웰스 회의 이후에 취임한 15개국 지도자들과만 개인적인 리셉션을 가지는 것으로 제한했다. 그날 저녁 하이엇 호텔에서 모든 지도자들과의 만찬—각 좌석에는 지난주 런던에서 공수해다가 스페인 항의 중앙은행 지하 금고에 보관되었던 은 도금 코먼웰스 포도주 잔들이 놓였다—에서 고든 브라운은 영접 대기 줄의 맨 끝에 선 희미한 존재로 수많은 인사들 중 한 명에 지나지 않았다.

　　여왕의 여행 중 벌어지는 모든 행사들은 언론 비서 사만다 코헨에 의해서 연출되었다. 그녀는 사진사들의 촬영을 도와 좋은 각도와 배경색 등을 조언해 인간적 매력을 부각시킴으로써 편집자들이 좋아할 만한 장면을 연출하고자 기자들과 협의한다. 모후와는 달리 엘리자베스 2세는 "사진사들을 바라보지 않는다.[120] 얼마간 시간이 지나면 그녀가 일정한 방향을 바라본다는 것을 알게 되며 그러면 그녀를 포착할 수 있다."라고 왕실 가족들의 오랜 사진사였던 로버트 넌은 말했다.

　　엘리자베스 2세는 가능한 한 많은 카리브 해의 문화를 보고 싶어한다.[121] 그래서 스페인항에서 영국의 고위 커미셔너로 일해온 에릭 젠킨슨은 일련의 음악 공연들을 준비했고 이어 카니발 의상들을 걸친 어린이 군중 사이를 도보로 지나게 했다. 여왕은 사진사와 비디오 촬영 기사들이 가까이 몰려들고 나비와 벌새 차림의 소녀들이 북과 양철 냄비를 두드리며 리듬에 맞추어 흔들어대고 어른들은 카메라 폰으로 사진을 찍으려고 덤벼드는 가운데 광적인 소음과 열기가 달아오르는데도 아랑곳하지 않는 듯했다.[122] 거의 10여 명의 경호원들이 에워싸고 저지선을 만들었으며 사만다 코헨은 팀 루크의 허리를 팔로 감싸서 안내했다. 비디오 촬영기사 피터 윌킨슨은 작업에 열중하면서도 5피트 이내에 접근하지 않으면서 동영상을 찍어서 국왕의 웹사이트에[123] 올리는 것은 물론이고 개인용 DVD를 만들어 여왕이 나중에 다시 감상할 수 있게 했다.

그녀의 닷새째 외출이자 마지막 일정은 스페인항이 내려다보이는 영국의 고위 커미셔너의 살굿빛 회벽으로 지어진 저택에서 65명의 명사들을 초대하여 열린 가든파티였다. 그녀는 아침부터 거의 한 번도 쉬지 않았는데도 놀랄 만큼 생기에 넘쳤으며 체육, 환경 그리고 문화 등에 관한 주제별로 7개 그룹들과 차례로 대화를 나누면서 절제를 잃지 않았다. 그룹당 4.5분씩 할당되었지만[124] 엘리자베스 2세와 필립은 배정된 시간을 넘기기도 했고 정확히 테라스 한가운데로 돌아왔다.

매번 사람들을 대할 때마다 여왕은 몸을 앞으로 숙이고 미소를 지으며 적절한 코멘트를 던졌다. 한 케냐에서 온 젊은이가 불손하게 지난 3월에 버락 오바마로부터 선물받은 아이팟에 저장한 노래 가운데 즐겨 듣는 게 무엇이냐고 물었다. "그걸 사용할 시간이 별로 없어서요."[125]라고 그녀는 상대의 기분을 상하게 하지 않으며 질문을 피해갔다. 그날은 몹시 더웠고 몇몇 궁정 관리들의 얼굴에서는 땀방울이 줄줄 흘러내렸지만 항상 그렇듯이 여왕의 화장에는 전혀 습기가 없었다.

여왕은 잠시[126] 젠킨슨과 그의 아내 메르와 함께 안에서 쉬며 긴 귀국행을 준비했다. 국왕 부처는 한밤에 걸어 나와 대기 중인 차에 몸을 싣고 차도에 늘어선 내빈들에게 손을 흔들며 환하게 조명을 밝힌 채 빠져나갔다. "빈틈없이 아름다운 순간이었다."[126]라고 한 경호원이 말했다.

엘리자베스 2세와 그녀의 수행단은 일요일 아침에 히드로 공항에 착륙했으며 시종장 윌리 필이 마중을 나왔다. 이틀을 쉬고 난 뒤에 그녀는 다시 정상 일정으로 돌아갔는데 작위 수여식에 이어 웰링턴 칼리지와 애시몰린 박물관을 방문하고 25명을 초대하여 윈저 성에서 디너파티를 베풀었다. "나는 때로 그녀의 보좌관들이 그녀가 83세라는 것을 깨닫지 못하는 것 같다고 생각한다.[128] 그러나 그녀는 그들이 일을 줄이기를 원치 않는지도 모른다."라고 마거릿 로즈는 말했다.

햇빛이 비추고
웃음과 행복이 넘쳤으며
모두가 함께 어울릴 수 있었다.

21

*"There was sunshine and
laughter and happiness that
everyone could join in."*

엘리자베스 2세와 63년을 함께한 남편 필립 공이 웨스트민스터 대성당에서 열리는
손자 윌리엄 왕자와 캐서린 미들턴의 결혼식에 참석하고 있다.
2011년 4월 ⓒ Ian Jones Photography

CHAPTER 21

여왕 폐하 만세

Long Live the Queen

영국 왕정의 역사에서 유일하게 재위 60년을 넘긴 또 다른 국왕은 빅토리아 여왕밖에 없었다. 1897년에 그녀의 재위 60주년 축하 행사의 절정을 이루었던 6마일의 마차 행렬 도중에 78세의 빅토리아 여왕은 폭발적인 환영 물결에 감동해 공개적으로 눈물을 쏟았다. "저들이 내게 너무나 친절하구나!"[1]라고 그녀는 되풀이해 말했다. 세인트폴 대성당에 걸어 들어가기 힘들 정도로 쇠약하여 짧은 감사의 예배를 마차 안에 앉은 채로 드렸는데 성직자들과 저명인사들이 에워싼 가운데 합창단이 테 데움Te Deum, 감사의 찬가—옮긴이을 부르고 이어서 캔터베리 대주교가 이례적으로 "여왕 폐하 만세!"[2]를 불렀다. 빅토리아는 재위 63년 그리고 216일 만인—엘리자베스 2세가 2015년 9월에 깨트릴 수 있는 기록—1901년 1월 22일에 81세를 일기로 사망했다.

엘리자베스 2세의 재위 60주년 행사는 그녀의 나이 86세를 감안하여 준비되었다. 그녀는 재위 50주년 축하 기간에 기록했던 해외여행 4만 마일을 채우지는 못할 것이나 잉글랜드, 스코틀랜드, 웨일스와 북아일랜드를 거치며 10개 지역을 다닐 것이다. 왕실 가족의 구성원들은 그녀를 대표해서 여왕의 여타 15개 국가들을 방문할 것이다. 행렬과 콘서트, 오찬, 만찬, 가든파티, 종교 행사, 주제 행사 그리고 불꽃놀이 등 전에 못지않은 다양한 행사가 지난 재위 축하 행사 이후 더욱 두터워진 애정과 호감을 이끌어내기 위하여 계획될 것이다. "이제 모든 사람들이 새 여왕에 대하여 열렬하게 충성했으며 처칠이 완전히 그녀에게 감복했었던 초기의 황금기 이래 어느 때보다도 높아졌다."[3]고 마거릿 대처의 고위 보좌관 찰스 파월은 말했다.

그녀의 지방 여행은 항상 조용하게 기념했던 2월 6일의 즉위일이 지나고 난 다음인 2012년 5월에 시작되었다. 공개 축하 행사의 절정은 월요일과 화요일의 국가 공휴일이 낀 6월 첫 주말 나흘간에 걸쳐 열린다. 6주 뒤에 예정된 하계 올림픽은 축제 분위기를 연장시키며 영국의 체육인들로 하여금 조국뿐 아니라 여왕을 위해서도 승리를 쟁취해야 한다는 추가적 자극제가 되었다.

재무부의 보안 및 1백만 파운드의 특별 지원 외에 축하 행사를 위해 필요한 추가 인력과 경비 조달은 방송사와 사설 단체 같은 비정부 기관들로부터 받았다. 템스 다이아몬드 주빌리 파운데이션The Thames Diamond Jubilee Foundation, 재위 60주년 기념 사업회-옮긴이은 6월 3일 일요일에 "강 위에 집결한 최대 규모의 선단船團"[4]을 조직하고 그 경비를 댔다. 적어도 천 척의 배들이 뜨고 길이도 7.5마일에 달하는 이 행렬은 겨우 140척의 배를 띄웠던 25주년의 바지선 행렬을 압도하도록 설계되었다. 이 수상 행렬의 선두에는 여왕과 필립 공을 위한 특수 바지선이 배치될 것인데 18세기 왕실 갤리선을 본뜬 것으로 런던 시장 보리스 존슨이 농담 삼아 말한 "기름칠하고 수갑을 채운 국회의원들"[5]이 노를 저어 운행될지도 모른다.

토요일에 그녀는 엡섬 더비에서 경마 관람을 하며 축하를 받을 것이며 월요일에는 10년 전에 했던 대로 추첨으로 뽑힌 12,000명의 관중과 더불어 BBC가 돈을 대고 제작을 맡은 콘서트를 열 것이다. 그들은 버킹엄 궁에서의 가든파티에 참석할 것이고 이어서 고전과 팝이 뒤섞인 음악 공연이 있을 것이다. 여왕은 또다시 국가 횃불에 불을 붙일 것이며 영국 전역과 코먼웰스 국가들 모두에서도 횃불을 밝힐 것이다. 무대는 궁 전체를 연극적 배경으로 해서 세워질 것이며 관중석은 빅토리아 기념탑 둘레에 지어지고 대형 비디오 스크린들은 몰 가에 설치된다.

화요일에 여왕은 세인트폴 대성당에서의 감사 예배에서 칭송될 것이며 그녀의 마차 행렬은 빅토리아 여왕의 행로를 따라서 이동할 것이다. 이 축하 행사들은 공공 자금의 소비를 최소화해야 한다는 여왕의 소망에 따라 어느 것도 소박하지 않지만 또한 화려하지도 않을 것이다.

축하 행사 준비는 궁이 "구상"의 해[6]라고 이름 지은 2009년에 시작되었다. 축하 행사의 내용은 2002년 축제 때와 같이 기대를 누그러뜨리기 위하여 차분한 방식으로 펼쳐졌다. 여왕의 보좌관들은 왕정에 대한 반대 여론이 상당히 수그러들었음에 유의하여 이 기조를 유지하기로 했다. "요즘 영국에서 공화주의는 예외적 정치 노선일 뿐 아니라 그것은 더 이상 정치적 신조도 되지 않는다."[7]라고 〈더 타임스〉의 기고가 휴고 리프킨드는 2009년에 썼다. 1969년에 국왕의 인기에 대한 여론조사가 실시된 지 40년이 지나서 여왕은 여전히 80퍼센트 내외의 지지도를 보여주고 있다.

왕정의 강한 감정적 흡입력에 대한 증거는 오스카 상을 수상한 영화 〈킹스 스피치 The King's Speech〉의 인기를 통해 비단 영국 국민뿐 아니라 전 세계적으로도 입증되었는데 이 영화는 엘리자베스 2세의 부친인 조지 6세가 인내와 훈련을 통해 그의 말더듬이 버릇을 고치는 과정을 보여주었다. 이 영화는 사람들의 심금을 울렸을 뿐 아니라[8] 의무와 정체성과 용기라는 가치들을 추구하는 왕정에 대한 동경을 건드렸다.

이 영화에 대한 반응에 이끌려 여왕은 이를 개인적으로 관람했다. "전체적으로 그녀는 그 영화를 아주 좋아했다.[9] 나는 그녀가 영화를 보아서 다행이라고 생각한다. 자기 부모가 그려진 것을 보는 것은 항상 어렵지만 그녀는 이에 대해 뚜렷하게 찬반의 의견을 가지지 않았다. 이 영화에는 성격 묘사에 있어서 몇 군데 맞지 않는 부분들이 있었지만 그녀는 그 정도는 괜찮다고 했다."라고 마거릿 로즈는 말했다.

여왕이 국왕으로서 성공을 거둔 강한 원천은 그녀의 불가해함과 논란의 회피에 있었다. 지난 과거에 몇 번에 걸친 그다지 중요하지 않은 발언들을 제외하면 그녀의 정치적 견해는 〈선데이 타임스〉가 그녀를 마거릿 대처의 강경 노선과 대비하여 온건 보수로 묘사하려고 애썼던 이후 오랫동안에 걸쳐 단지 추측으로만 남았다. 때때로 그녀는 진보적 사고를 내비치기도 하는데 코먼웰스의 다국가주의와 기후 변화에 대해 앞장설 것을 주장하기도 했고 1983년 크리스마스 연설에서 부유한 국가들이 빈곤 국가들에게 현대적 기술을 나눠줄 것을 촉구함으로써 "국가들 간의 경제적 격차를 시정할 것"[10]에 대해 말한 점 등에서 엿볼 수 있었다. 그러나 그런 경우들에 있어서도 공개적 입장 표명은 헌법적 테두리 내에 있었으며 정부 정책과 보조를 맞추었다. 무엇보다도 왕정을 반민주적이고 후진적으로 보는 논란들은 여왕의 듬직하고 일관된 존재—전임 시종장이었던 데이비드 에얼리의 표현을 따

르면 "격동의 시기에 사람들이 믿고 의지할 수 있는 닻"[11]—라는 사실
에 압도되었다.

2010년 5월 11일 화요일에 엘리자베스 2세는 그녀의 열두 번째 수상
으로 보수당의 지도자 데이비드 캐머런을 맞았다. 43세인 그는 1812
년에 리버풀 경이 지명되었던 이후 집권한 최연소 정치인이었다. 그녀
의 재위 15년차에 태어난 캐머런은 여왕의 막내아들인 에드워드 왕자
보다도 세 살이나 어리다. 그녀는 과거에 수상이 여덟 살 때 학교 연극
〈토드 오브 토드 홀Toad of Toad Hall〉에서 에드워드와 함께 출연했던 것
을 잠깐 본 적이 있었다.[12] 19세기에 태어났고 그녀의 고조모의 군대
에서 복무했던 첫 번째 수상으로부터 따져볼 때 이는 실로 대단한 궤
적이 아닐 수 없다.

　　캐머런은 5월 6일 다수당이 없는 의회를 낳은 총선 닷새 후에 관
례에 따라 궁을 방문했다. 보수당은 306석을 차지했으나 집권을 위한
20석이 부족했다. 노동당은 258석을 기록했고 소수당인 자유민주당
(자유당이 1988년에 사회민주당과 합당했다.)은 57석을 건져 43세의 당
수 닉 클레그가 나머지 2개 정당들로부터 구애를 받으면서 정계의 실
세로 떠올랐다. 자유민주당은 많은 점들에서 노동당과 노선을 같이 했
으나 캐머런이 노동당보다 더 유리한 조건을 제시함으로써 고든 브라
운을 제쳤다.

　　한번은 브라운의 협상 대표인 피터 맨덜슨이 궁의 개인 비서인
크리스토퍼 가이트를 만나 자문을 구했는데 그는 새 정부가 구성될 때
까지는 브라운이 "현직에 남아 있어야 할 헌법적 책임과 의무가 있다."[13]
고 말했다. 주말 동안에 진공 상태가 계속되면서 가이트는 브리핑을
받기 위하여 정례적으로 다우닝 가 10번지를 드나들었다. "가이트에

게는 자신의 존재를 드러내고 여왕을 위하여 그 자리에 있다는 것을 보여주는 점이 중요했다."[14]라고 브라운의 언론 대변인이자 노련한 궁정인 사이먼 루이스는 회고했다.

화요일 클레그와의 마지막 접촉에서 브라운은 "나는 더 이상 여왕을 기다리게 할 수 없다네.[15] 이제 결정을 내리게나, 닉."이라고 말했다. 결국 클레그는 캐머런이 묘사한 "연립 정부를 수립하기 위한 호탕한 제안"[16]을 받아들였는데 거기에는 자유민주당의 당수를 부수상으로 만드는 것도 포함되었다. 그러나 제2차 세계대전 이래 최초인 2개 정당의 연립 정부는 클레그의 정당으로부터 추인을 받아야 했다. 브라운이 사임한 뒤에 캐머런이 여왕을 만났을 때 "나는 내가 어떤 형태의 정부를 구성하게 될 것인지에 대한 확신이 없었다.[17] 연립 정부를 구성하기를 희망한다고 말했지만 아침에 돌아와서 어딘가 좀 달라진 것 같다고 그녀에게 말해야 할지도 몰랐다."라고 그는 회고했다.

캐머런은 1964년에 알렉 더글러스홈이 퇴임한 이래 최초의 이튼 졸업생이었다. 새 수상은 부유한 은행가 집안 출신이자 7대 덴바이 백작을 포함한 귀족의 혈통을 이어받았다. 증권 거래인인 그의 부친 이언은 아들에게 역경을 견디도록 가르쳤다. 다리가 심하게 기형으로 태어난 그는 테니스와 크리켓을 힘들여 배웠으며 여러 차례의 수술도 이겨냈고 마침내 다리를 절단했으면서도 자기 연민에 빠지지 않고 굳건함을 유지했다. 에드워드 왕자와 함께 히더다운 초등학교를 다닌 뒤에 캐머런은 이튼에 입학했고 이어서 옥스포드를 우등으로 졸업했다. 그는 초기에 보수당에서 막후 전략가로 활동하면서 영국의 대표적인 미디어 회사인 칼턴 커뮤니케이션스에서 홍보 담당 간부로 7년을 보내면서 그 능력을 발휘하게 되었다.

2001년에 의회에 입성하고 나자 캐머런은 개인의 창의성을 바탕으로 정부의 과도한 행태와 싸우면서 사회 정의를 강조하여 보수당을 현대화시킴으로써 단 4년 만에 정상의 지위에 올랐다. 미남에다가 편안한 성격에 발 빠른 그는 토니 블레어가 노동당에서 했던 것처럼 그 시대에 딱 부합하는 노선을 취했다. 그의 아내 사만다는 준남작의 딸로서 멋진 몸매를 지녔고 어린 세 자녀를 두었다. 장남인 이반은 태어날 때부터 뇌성마비에 간질을 앓아서 스스로 먹지도 못했고 말하지도 걷지도 못했다. 비록 그는 24시간 돌봄을 받아야 했지만(하루에 26회의 투약도 해야 했다.) 캐머런 부처는 가능한 한 많이 가족 행사에 그를 참여시켰고 바깥세상에 노출시켰다.

이반은 결국 2009년 여섯 살의 나이에 병의 증세가 악화되어 사망했다. 자식을 잃는 고통과 더불어 중증 고질병 환자를 보살피는 고충을 알았던 고든 브라운은 하원의 회의석상에서 경쟁자의 비극에 대하여 예사롭지 않은 감정을 토로했다. 남편이 수상이 되고 나서 석 달 뒤에 사만다는 셋째 딸을 낳았는데 그들의 행복은 2주 뒤에 프랑스로 휴가를 갔던 이언 캐머런이 77세의 나이에 심장마비로 사망하면서 빛이 가려졌다.

데이비드 캐머런의 강인함과 그의 고초에 대한 순수한 솔직함은 여왕의 극기주의와 현대적 삶의 일부로서 그녀가 받아들이게 된 다이애나 이후의 감정적 친근성과 같은 선상에서 교직되었다. 캐머런이 윈저 성의 그늘에서 보낸 학창 시절을 제외하면 그와 84세의 여왕은 또 다른 공통점을 지녔다. 그는 버크셔의 작은 시골에서 자랐으며 사냥과 엽총을 즐겼다. 그의 부친은 경마에 관심을 가져 몇 마리의 종마 사육에 대한 지분도 소유했다. 여왕처럼 수상은 실용적인 사고를 지녔고 정치가로서는 드물게 솔직 담백하게 말했다. 단적으로 버킹엄 궁에서의 주례 면담에는 풍부한 여유 공간이 주어진 셈인데 캐머런은 거침없이 자기 비하적인 유머와 동지적인 성품을 드러냈다.

캐머런이 이끄는 연립 정부는 출범과 더불어 1997년 국내 총생

산의 40퍼센트에서 2010년 거의 절반으로 지출이 늘어난 노동당 정부의 유산에 의해 악화된 혹독한 경기 침체에 직면했다. 새 정부는 부풀어진 재정 적자를 만회하기 위하여 전반적으로 거의 20퍼센트를 삭감했고 세금을 올렸으며 대학의 등록금을 인상했다. 학생들은 거리로 쏟아져 나와 항의를 했다. 그러지 않았다면 영국 국민들은 그리스와 아일랜드, 포르투갈 등의 경제가 감당할 길 없는 복지 혜택의 중압으로 거의 도산에 이른 것을 지켜본 뒤에 쓴 약을 먹어야 했을 것이다.

왕실 예산 또한 2010년에 10년간의 왕실 경비 지원의 기간이 소멸하자 감사나 법적 조치로부터 면제되지 않았다. 마거릿 대처가 여왕의 국가 수장으로서의 임무 수행을 충당하기 위하여 연간 790만 파운드의 급여를 책정한 뒤 20년간 증액은 없었다. 원래의 계획은 궁에서 예산을 세웠던 것보다 높이 책정되었는데 이는 당시에 인플레이션이 9퍼센트를 상회하고 있었기 때문이었다. 1990년대에 인플레이션이 연 평균 3퍼센트대에 안주하자 여왕의 재무 담당은 잉여 현금을 불황을 대비하여 비축했고[18] 10년이 경과할 무렵 3,560만 파운드로 불어났다.

2000년에 대처와의 협약이 만료되었을 때 토니 블레어는 향후 10년간 왕실 비용을 동결시켰는데 여유 자금이 왕실 운영을 위한 비용 증가분을 상쇄할 것으로 가정했기 때문이었다. 2009년에 연간 왕실 비용의 지출은[19] 1,400만 파운드로 상승했는데 이는 주로 인플레이션 탓이었으며 따라서 여왕이 연간 650만 파운드의 부족분을 충당해야 했다.

재무부 장관 조지 오스본이 2010년 6월에 왕실 재정에 대한 보고를 했을 때 그는 지난 10년간 왕실의 "가계 지출"[20]을 칭찬하며 왕실 비용에 대한 동결을 2년간 더 연장할 필요가 있다고 말했는데 이는 여왕의 여유 자금 1,520만 파운드가 고갈될 것임을 뜻했다. 게다가 엘리자베스 2세는 그녀의 랭커스터 영지의 자산으로부터 얻은 1,300만 파운드가 넘는 개인 수입에서 근 130만 파운드를 네 자녀 중 세 명과 "왕실 회사"를 위해 일하는 다른 왕실 친척들의 공식 경비 지원을 위해서 지출할 계획이었다.[21] (찰스는 2009년에 그의 콘월 영지로부터의 수입 1,710만 파운드 중에서 그의 공식 임무와 자선단체 활동을 위해 9백만 파운드를 지출했다.)[22] 전체 왕실 가족들과 궁의 보안을 위하여 경찰과 군대가 지출하는 경비는 극비에 붙여져 있으나 대략 연간 5천만 파운드로 추정된다.

2010년 10월에 재무부 장관은 여왕의 가구가 정부의 긴축 예산에 발맞추어 2012년의 지출을 14퍼센트 추가 절감하는 데 동의했다고 발표했다. 동시에 오스본은 궁정 관리들과 협의하여 고안해낸 국왕의 공식 활동을 지원하는 방식에 있어서 역사적인 전환을 발표했다. 2013년부터 시작하여 왕실 비용과 다양한 정부 지원은 폐지될 것이다. 새로운 방식은 왕실 가계에 대하여 단일한 국왕 지원 기금을 제공할 것인데 이는 11세기부터 국왕에게 속해 있었던 광대한 왕실 영지의 토지와 투자 자산으로부터 발생한 순이익금의 15퍼센트에 기초한다. 여왕의 수입은 지난 2년간의 수익으로 고정될 것이다.

오스본의 해결책은 그 단순함에서 우아하며 그 결과에 있어서 실제적이다. 이는 조지 3세가 왕실 비용 지원과 맞교환하여 1760년에 포기했던 왕실 영지의 수입의 일부를 국왕에게 되돌려주는 것이다. 또한 주기적으로 의회와 지불 계획에 대한 협상을 할 필요가 없어져 "나의 후임자들은 이 문제와 관련하여 자주 부딪칠 일이 없을 것이다."[23]라고 오스본은 말했다. 자본 가치가 73억 파운드에 달하는 왕실 영지의 2011-2012년도 예상 순수입 2억3천만 파운드는 2013년에 여왕의 공식 업무 수행을 위해 3,400만 파운드를 출연할 수 있을 것으로 예상되며 정부 재정에는 1억9,600만 파운드를 기여할 것으로 보인다.

이 새로운 방식은 인플레이션과 연동될 것이며 경기 하강 시에는 안전 장치를 부착하고 상승기에는 상한선을 설정하여 수입이 "역으로 높게"[24] 책정되지 않도록 했다. 비판자들은 국왕이 이제 더 이상 의회에 대하여 책임을 지지 않을 것이라고 했지만 실상 궁은 최초로 국가 감사원의 연례 감사에 동의했으며 그 결과를 의회에 보고하기로 했다. 새로운 방식은 또한 왕실 가계로 하여금 관리와 여행을 위하여 헌납된 개별 기금에 의존하는 대신에 자원을 어떻게 할당하느냐를 결정할 수 있도록 할 것이다. 낡아가는 기반 시설을 강화시키는 것 또한 다급한 과제가 될 것이다. 버킹엄 궁은 전면의 석조 부분이 떨어져 나가고 있었고[25] 무도회장의 천장에는 구멍이 생겼다.

기념비적 행사와 연례 가든파티, 외교적 리셉션, 국빈 만찬 같은 정규적 여흥들을 제외하고도 여왕은 이미 다양한 방법으로 경비를 삭감하기 시작했다. 친구들과 가족들을 위한 주기적인 대형 무도회들을 베풀던 시대는 오래전에 지나갔다. 각기 50년간을 봉사해온 그녀의 시녀들, 수잔 허시와 메리 모리슨의 공적을 기리기 위한[26] 차분한 사적인 리셉션이 2010년 6월에 버킹엄 궁에서 "한 세기의 뒷바라지 A Century of Waiting"라는 이름으로 열렸다. 그녀는 자신의 의상들을 정기적으로 재사용했으며 2008년 10월의 슬로베니아 국빈 방문 때에 그녀는 앤절라 켈리로 하여금 20년 전에 중동을 방문했을 때 선물로 받은 은색과 황금색 양단 천으로 가운을 만들게 했는데 이를 궁에서는 "신용 추락 명품 credit crunch couture"[27]이라고 불렀다. 2010년 가을에 엘리자베스 2세는 버킹엄 궁에서의 크리스마스 파티를 취소해서 그녀의 130만 파운드의 요리[28]와 접대비 예산에서 5만 파운드를 삭감한다고 발표했다. 〈이브닝 스탠더드〉는 머리기사 제목에서 이런 분위기를 이렇게 포착했다. "모두가 지다…… 여왕까지도."

왕실 가족들의 언론과의 관계는 21세기의 첫 10년 동안에는 문제를 덜 야기시켰다. 주된 이유는 애호하는 대중지들에게 정보를 물어다주는 다이애나에 의해 주재되던 이중의 법정이 사라진 탓이었다. 동시에 궁에서도 언론을 바라보는 보다 세련된 관점을 개발했다. "우리에게는 왕실 역사에 대한 전문가는 없었지만[29] 우리는 미디어가 작동하는 방식을 이해한다."라고 한 고위 관리는 말했다.

비록 필립은 여왕이 너무나 많은 "빌어먹을" 신문들을 읽는다고 불평했지만 그녀의 일상적 습관은 그녀에게 언론에 대한 감각을 키웠다. 그녀는 오래전부터 무엇이 중요하고 무엇이 부적합한지를 가려내는 것을 배웠으며 언론의 견해와 대중의 견해를 구별할 줄 알게 되었다. 궁의 언론 부서는 지역 신문들과 더불어 보다 광범위한 "여론 형성자"들에게 다가가서 보다 자주 배경 설명을 제공했다. "우리는 왕실 가족들의 신비를 벗기려는 것이 아니라[30] 사람들에게 그들이 무슨 일을 하는지를 말해주려는 것이었다."라고 한 관리는 말했다.

인터넷의 보급과 더불어 신문 발행이 저조해지면서 여왕의 보좌관들은 메시지를 직접적으로 대중에게—특히 궁의 관리들이 "젊음의 공간"[31]이라고 칭한—국왕의 웹사이트와 유튜브 채널을 통해서 전달할 수 있음을 깨달았다. 신생 기술에 발맞추어 궁은 2009년에 영국 국왕 트위터를 개설했는데 그 용도는 왕실 가족들의 동정을 알리는 데 국한되었다. 2011년 초에 왕실 가족들의 트위터 팔로워는 10만 명을 넘어섰다. 2010년 11월 7일 여왕의 페이스북 개설 이후 넉 달만에 30만 명이 넘는 "좋아요."를 기록했다.

그러나 소셜 미디어는 미국에서보다 여전히 더 영향력을 행사하는 영국의 전국지들의 채찍을 단지 부드럽게 했을 뿐이다. 2010년과 2011년에 그들의 주된 표적은 2001년부터 무역과 투자 부문에서 영국의 특별 대표인 앤드루 왕자였다. 그의 지구를 누비고 다니는 장거

리 여행은 그에게 "에어 마일스 앤디^{Air Miles Andy}"라는 별명을 가지게 했

는데 그는 소아 성애로 감옥 생활까지 한 미국의 억만장자 제프리 엡

스타인은 말할 것도 없고 카자흐스탄과 아제르바이잔의 달갑지 않은

독재자들과도 계약을 체결하면서 격렬한 비난의 대상이 되었다. 기자

들은 주기적으로 앤드루의 역할에 대해 의문을 제기해왔는데 무급이

지만 영국 정부는 그에게 매년 해외여행과 호텔, 여흥 경비로 근 60만

파운드를 지출했으며[32] 이와는 별도로 여왕은 그의 개인 사무실 운영

비로 매년 249,000파운드를 지급했다.[33]

정부 관리들은 앤드루가 영국 기업들을 도와서 두바이 지하철과

에어 아시아에 제트 엔진을 납품하는 등의 수억 파운드짜리 계약을 성

사시킨 공로를 인정했다.[34] 영국의 산업을 위한 그의 로비 활동[35]은 아

시아와 중동에서 가장 효과적인데 그는 요르단의 왕 압둘 2세와 친교

를 맺어 모로코와 탄자니아에서 함께 사냥을 하기도 했다. "왕족의 힘

이 아니라[36] 개인적 친분 관계였다. 제대로 된 사람을 만나면 긍정적인

결과를 얻는다. …… 만약에 다른 나라들과 경쟁을 해야 한다면 가능

한 많은 자산을 투여해야 한다. 나는 그 자산들 중 하나이다."라고 앤

드루는 말했다. 그럼에도 앤드루의 수상쩍은 교우 관계[37]와 미숙한 판

단은 여왕과 보좌관들을 난처하게 만들었고 2011년 7월에 그는 10년

만에 그 일을 접었다. 그는 여전히 영국의 기업을 돕고자 하지만 그것

도 비공식적인 위치에서 할 뿐이고 젊은이들을 위한 견습 경험을 돕는

일에 몰두하고 있다.

앤드루의 이미지는 또 한 번 크게 훼손되었는데 그의 전 부인이

1년 전에 한 치욕적인 사건에서 남편의 지위를 악용하다가 들통이 나

서 20세기 후반의 왕실 가족들의 비행들을 상기시켰다. 1996년에 이

혼한 후에 퍼기는 3백만 파운드가 넘는 빚을 졌으나 수익성이 좋은 일

련의 사업을 벌여서 상환 능력을 갖추었다. 그녀는 심지어 전 시어머

니의 승인을 받아[38] 2008년 여름에 앤드루와 그들의 딸들인 베아트리스와 유제니까지 밸모럴의 주말을 함께 보냈는데 이 쫓겨난 공작 부인이 1992년 서둘러 퇴장한 이후 처음으로 왕실의 하일랜드 휴가지로 돌아온 것이었다.

퍼기는 그러나 계속 방탕한 생활을 영위해서 앤드루의 5명과 비교하여 훨씬 많은 11명의 정규 및 비정규 직원들[39]을 거느렸다. 그녀의 재정은 수입이 줄어들고 부채가 2백만 파운드를 넘기며 2009년에 다시 파탄나기 시작하였다. 2010년 봄, 이 50세의 공작 부인이 절망적인 기분에 사로잡혀 있을 때 〈뉴스 오브 더 월드〉의 기자 매저 마흐무드를 만났는데 9년 전에 웨섹스의 소피를 함정에 빠트렸던 그는 인도의 사업가로 가장하여 사라를 속임수로 꼬여냈다. 메이페어 아파트에 카메라를 숨겨놓고 만났을 때 퍼기는 전 남편에 대한 접근권을 50만 파운드에 팔아넘겼으며 그중 4만 파운드는 현찰로 가방에 넣어 가지고 나갔다. 그녀는 반복해서 강조하기를 앤드루는 "결단코 어떤 일에 대해서도 단 한 푼도 받지 않는다."며 자기는 다만 "숟가락을 빨 뿐"이라고 말했다.[40]

유튜브에서 즉각 센세이션을 일으킨 이 영상이 자칫 범죄 혐의가 되어 타격을 입을까 봐 이를 흐리게 하기 위하여 퍼기는 재빨리 "진심으로 죄송"[41]하다는 성명을 발표했다. 그녀는 자기의 재정 상태가 "취약"하다고 설명했지만 이것이 "심각한 판단의 실수에 대한 변명은 아니다."라고 말했다. 앤드루는 사기꾼 사업가와 그녀가 접촉한 사실을 몰랐다고 말했다. 여왕과 상의를 마친 앤드루는 전 부인의 부채 일부를 대신 갚아주었으며 그녀가 나머지를 해결하도록 도왔다. 그해 7월에 퍼기는 자기의 모든 고용원들을 해고했으며 앤드루 사무실의 관리를 받아 활동하는 데 동의했다.

다음 달 여왕과 필립은 그들의 자녀들과 대다수 손주들(윌리엄과 해리는 군 복무 중)을 앤의 60세 생일과 앤드루의 50세 생일을 축하하기 위하여 헤브리디안 프린세스호를 타고 향수에 젖은 10일간의 웨스턴 아일스 항해를 떠났다. 초대 손님으로는[42] 83세의 은퇴한 보모 메이블 앤더슨이 함께했는데 그녀는 윈저그레이트 파크의 왕실 하사 저택에서 무료로 거주하고 있으며 그녀가 예전에 모셨던 왕족들 특히 찰스와 계속 가까이 지내왔다.

1997년에 왕실 요트가 퇴역한 후 처음으로 왕실 가족들은 메이성에 정박하여 브리타니아의 날을 되살려 찰스는 습관대로 8월 초에 일주일간 그의 할머니의 고스란히 보존된 연푸른색 침실에서 묵었다. 2010년 8월 2일에 찰스는 돌아가신 할머니의 역할을 맡아[43] 가족들에게 성을 안내하며 담장을 두른 동남쪽 모퉁이에 새로 지은 탑과 새 방문자 센터 등 그의 감독하에 개축한 시설들을 자랑스럽게 선보였다. 여왕은 직원들에게 방문객 수효를 물어보기도 하고 성의 지상층 바닥에 설치한 새 복사열 난방에 관해서도 물어보았으며 탑 위에 올라가 외눈 망원경으로 오크니 섬을 바라보기도 했다. 모두 둘러본 뒤에 왕실 일행은 전통적인 오찬을 들었는데 모후가 그들을 대접했던 달걀 요리도 포함되었다.

60대에 접어들면서 찰스 왕자는 커밀라와의 새로운 삶에 만족을 느꼈을 뿐 아니라 왕위 계승자로서의 역할에 의미를 더하기 위하여 그가 고안해낸 일들에 대한 충족감을 느꼈다. 웨일스 왕자는 광범위한 의제들을 촉진했는데 건축, 역사 보존, 환경, 지속가능한 농업, 열대우림 지역 보존, 건강, 교육, 직업 훈련 등이 포함되었다. 유기 농산물의 가치와 새로운 공동체를 건설하기 위한 인간 중심의 건축 등은 초기에는 조롱의 대상이 되기도 했으나 후일에는 주류로 발전했다. 그는 그의 개인적 자선 활동을 위하여 매년 1,000만 파운드 이상의 기금을 모았고[44] 이는 중국, 아프가니스탄, 기아나와 자메이카 등에서의 사업으로 확대되었다.

그는 스스로 알아서 하는 데 익숙해졌고 그가 자주 되뇌어온 "나는 내 식대로 해왔다."라는 말처럼 일을 통해서 자기의 유산을 확립하는 데 힘썼다. "그는 자신을 위한 온전한 삶을 꾸려왔다.[45] 그는 어떤 예전의 웨일스 왕자들보다도 더 많은 일을 한다."라고 낸시 레이건은 말했다. 그러나 그의 방식은 버킹엄 궁에서 보다 사려 깊은 활동을 해온 그의 모친과는 정반대였다. 여왕이 하는 일들의 많은 부분은 자문에 따른 것이지만 그녀의 장남은 그가 원하는 일들을 주로 하는 경향이 있다. 찰스는 "그렇게 단련되어왔기 때문에 활력에 넘친다.[46] 그는 항상 전력 질주한다."라고 그의 보좌관 중의 한 명이 말했다.

모친과 아들의 기질상의 차이는 매우 놀랍다. "그는 아마도 본능적으로[47] 물 잔의 절반이 빈 사람이라면 그녀의 경우는 절반이 찬 사람이다."라고 그녀의 사촌 마거릿 로즈는 말했다. 여왕은 "무엇이 변할 수 있고 또 변할 수 없다는 데 대한 환상이 없다.[48] 그녀는 인생이 카드의 패를 돌리는 방식을 받아들이는데 이는 서양 세계에서는 드문 태도이며 부분적으로는 그녀의 종교적 신념에서 오기도 하고 부분적으로는 그녀의 인생 체험에서 오는 것이기도 하다."라고 그녀의 전임 언론 비서 찰스 앤슨은 말했다. 찰스 왕자는 여왕보다는 더 감정적이어서 쉽게 상처를 받기도 하고 화를 내기도 하고 생각에 잠기고 위안을 받아야 하는 경향이 있다. "커밀라는 달래기도 하고[49] 일이 잘못 틀어질 것을 예측하기도 한다."라고 앤 글렌코너는 말했다.

그는 모친에 비해서 더 감수성이 예민해서 수년간 로렌스 반 데어 포스트와 신비주의 시인 캐슬린 레인 같은 전문가들의 영향을 받아왔다. 그러나 여왕은 잘 다듬어진 제안들을 용납하지만 찰스는 그의 신념에 위배되는 충고를 싫어한다. 그래서 친한 친구들 사이에도 둔감하다거나 불충하다는 비판을 들을까 봐 감히 그에게 반박하려 드는 사람들은 드물다. 그의 부친은 반대로 활발한 토론을 환영한다. 필립은 때로 상대방에게 면박을 주기도 하지만 그의 업무를 통달하고 있다고 느끼는 사람들의 견해는 수용할 태세를 갖추었다.

　찰스는 또한 직선적인 대답을 해주는 부모보다는 덜 직접적이다. "그가 책략을 쓰는 것을 느낄 수 있다.[50] 사람들은 그와 상대할 때 책략을 써야 한다."라고 커밀라의 오랜 친구는 말했다. 찰스는 여왕보다 더 가섭을 즐기는데(여왕은 다만 정치적 간섭을 즐긴다.) 또 "그 사람이 내 편인지 아닌지,[51] 이쪽 편인지 저쪽 편인지"를 궁금해한다. "여왕은 그런 식으로 생각하지 않는다. 그 이상이다. '뭐가 문제지? 어떻게 하면 돼?' 이렇게 그녀는 취해야 할 결정에 방해가 될 경우에만 그가 어느 편인지 알고 싶어할 뿐이다."라고 엘리자베스 2세의 전임 보좌관은 말했다.

　여왕이 그녀의 가족들에게 높은 기준을 세워 보인다는 것을 부인할 사람은 없을 것이지만 실상 찰스는 낭비벽이 있는 편이다. 엘리자베스 2세는 모든 것의 가격이 얼마인지 알며 필요하면 줄인다. 일상적인 버킹엄 궁에서의 리셉션에서는 포도주와 감자 칩, 견과류 등이 나오지만 클라렌스 하우스에서는 미식가를 위한 오르되브르가 나오며 디너파티에는 화려한 꽃 장식과 연극적 조명을 사용한다. "그는 어떤 일이 잘 되어야 한다고 느끼면 아끼지 않는다."[52]라고 퍼트리샤 브라본은 말했다. 그가 혼자서 샌드링엄에 가서 한 주일을 머물 때면[53] 인근의 노퍽 영지에도 농장이 있는데도 하이그로브에서 구입한 야채와 고기들을 밴에 싣고 간다. 디너파티에서 그는 손님들과는 다른 음식을 들며[54] 때로는 그의 개인용 식기를 사용하기도 한다.

　이런 행동이 속물적이고 버릇없게 보일지 모르지만 찰스는 다이애나 시절에는 과소평가되었던 공감의 능력을 지녔다. 그가 사람들과 사귀는 능력은 "여왕보다 낫지 않을지는 몰라도 결코 못하지 않다.[55] 그는 여왕의 의무감과 필립의 사람을 웃기는 능력과 더불어 타고난 따스함을 지녔다."라고 전 궁정인은 말했다. 그는 보다 상상력이 풍부하고 또 직관력을 지녔으며 그의 배려심은 가히 전설적이다. 앤 글렌코너의 동생이 암에 걸렸을 때[56] 찰스는 대체 요법에 관해서 17페이지에 달하는 편지를 썼다.

여왕에게는 네 명의 개인 비서들이 있지만 찰스는 11명[57] — 그중 2명만 파트타임 — 에다가 그가 창설한 20개의 자선단체마다 독립적인 담당 국장들이 있으며 또한 만다린 제스트와 로즈 제라늄 샴푸까지 다양한 유기농 제품을 생산하는 그의 더치 오리지널^{Duchy Originals} 계열사들을 거느리고 있다. 20년간에 걸쳐 600만 파운드가 넘는 모든 수익금은 자선 목적을 위해 기부되었다.

이러한 독립성과 더불어 그는 연설과 출판물, 정부 장관들에게 특유의 휘갈기는 필체로 써 보내는 정규 서신 등에서 그가 추구하는 이상을 설득시키려는 과감함도 돋보였다. "에너지와 포부와 열정에 있어서 나는 그보다 더 존중하는 사람은 없다.[58] 그는 세상을 구원하고자 한다. 문제는 그가 세상을 바로 오늘 오후 그리고 매일 구원하기를 원한다는 것이다."라고 버킹엄 궁에서 18년간 고위직에 있다가 찰스의 집사장으로서 2년간 일했던 맬컴 로스 경은 말했다. 근년에 들어서 찰스는 세계의 경제 체제가 바뀌어야 한다고 촉구해왔으며 물질주의적 소비 사회의 가치에 대해 의문을 제기했고 기후 변화 회의론자들을 비난했으며 서양 세계의 "과학에 대한 기계적 접근"에 있어서의 "혁명"[59]을 주창했으며 "인간과 자연 사이에는 구별이 없다."[60]는 이슬람의 신앙을 예찬했다. 그는 두 번이나 영국의 가장 뛰어난 건축가인 리처드 로저스 경에게 대들어 그의 수백만 불짜리 사업들을 이웃과 양립할 수 없다는 이유로 지연시켜 인근 주민들의 환심을 샀다.

그의 솔직한 태도는 주기적으로 가족들, 특히 부친과 마찰을 불러일으켰다. 1998년 처음으로 찰스가 미묘한 자연의 균형을 방해한다는 이유로 유전자 변형 곡식을 비난하자 필립은 이 같은 곡식은 세계를 먹여 살리기 위해서 필요하다는 이유로 격렬히 맞섰다. 2000년에 찰스가 생명공학적 농업에 대한 공격을 강화했을 때 부친과 앤 공주는 모두 그의 입장에 대해 공식적으로 문제를 제기했다. 여동생은 이를 "엄청난 단순화"[61]라고 비하했다. 필립은 〈더 타임스〉와의 인터뷰에서 "사람들이 선택적 번식을 시작한 이래 우리는 유전적으로 동식물들을 변형시켜왔다."[62]고 지적했다.

유전자 변형 농업을 지지해왔던 토니 블레어는 이미 1년 전에 여왕에게 찰스의 공개 선언에 관하여 불평을 토로한 바 있으며 알라스테어 캠벨에게 왕자가 "만약에 신이 우리로 하여금 날게 하고 싶었다면 우리에게 날개를 주셨을 것이라는 똑같은 논법"[63]을 사용하고 있다고 분개해했다. 수상은 그의 주장이 "도움이 되지 않는다."[64]며 그런 주장은 "비과학적일뿐더러 발전하는 세계의 식량 부족이라는 관점에서 무책임하기" 때문에 이 같은 우려를 각료인 피터 맨덜슨을 통해서 찰스에게 표시했다.

여왕은 늘 그래왔듯이 이 같은 소동에 대하여 초연했으며 왕위 계승자와의 충돌을 피했다. "그녀는 찰스 왕자가 그의 관심사와 목표와 포부를 위해 일하도록 허용했다."[65]고 맬컴 로스는 말했다. 그와 동시에 그녀는 그의 많은 견해에 대해서 혼란을 느꼈으며 그가 공개적 논쟁에 휩쓸려 들어가는 것에 대해서 보좌관들에게 우려를 표명했다. "둘의 관계는 살갑지만은 않으며[66] 한 번도 그랬던 적이 없었다. 그들은 서로를 사랑하지만 가족이라는 관계가 살갑도록 만들어주지도 않았다."라고 마거릿 로즈는 말했다. 근년에 들어와서 여왕과 후계자의 긴장은 누그러졌으며 그들은 정기적으로 만나서 오붓하게 만찬을 즐긴다.

그녀는 점차 더 찰스에게 그녀의 임무들을 떠맡기기 시작했다. 작위를 하사하고 고위 인사들을 접견하고 그 자신의 짙은 초록색 상자들에 담긴 민감한 서류들을 읽게 한다. 궁정인들은 만약에 필립이 여왕보다 먼저 사망하면 추가적인 책무들이 찰스에게 주어질 것이며 그는 모친의 이사장 직위에 대하여 최고 행정 책임자의 역할을 하게 될 것으로 예상한다. "그것은 결정적인 순간이 될 것이다.[67] 필립 공은 그녀의 삶과 역할의 한 부분이다."라고 전임 보좌관 중의 한 명은 말했다.

모친과 아들과 함께 일하는 보좌관들은 국왕이 수행해야 할 임무들에 대한 두 사람의 접근 방식에 있어서 대조적인 면모를 발견한다. 여왕은 작위 수여식을 과학적으로 접근한다. 버킹엄 궁의 무도회장에서 펼쳐지는 한 시간가량의 의식 도중에 접하는 근 1백 명의 인사들에게 각기 40초씩을 할당한다.[68] 시종무관이 빠르게 알려주면 그녀는 몸을 앞으로 숙이며 작위를 수여하고 어깨띠나 리본을 세실 비튼의 말대로 마치 "병원의 간호사"[69]처럼 슬쩍 쓰다듬는다. 시선을 맞추며[70] 그녀는 환하게 미소를 짓고 한 발 물러서서 질문을 던지고 경청하며 마음속의 경종이 울리면 손을 내밀어 작별한다. 찰스가 이 의식을 거행할 때에는 머뭇거리기도 하고 잡담하느라 시간을 끌어 진행 속도가 15분 정도 늦춰진다.

엘리자베스 2세는 다른 면에서도 아들보다 효율적이고 체계적이며 규율에 따른다. 그녀는 한 번도 그녀의 공무인 상자들을 확인하는데 뒤늦은 적이 없었지만 그는 자주 뒤처진다. 주로 그의 보좌관들이 묘사하듯이 "미친듯이 편지들을 써대고[71] 연설문들을 고치고 문서들을 읽는 데" 푹 빠져서 그러한데 여왕은 이런 행동을 방종이라고 여긴다.(2009-2010년 사이에 그는 개인적으로 1,869통의 편지를 썼다.)[72] 그는 신문을 읽지 않는데 이는 다이애나 시절부터 뇌리에 박힌 것이며 그

대신에 그의 보좌관들로부터 일일 보고를 받고 〈더 위크〉 잡지에 실린 최근 사건들에 대한 요약문을 읽는다. 여왕은 이것이 그의 지식뿐 아니라 그녀가 오랜 경험을 통해 개발해왔던 언론에 대한 전망에 대해서도 제약을 가져다주지 않을까 염려한다.

여러 차례에 걸쳐 찰스는 친구들과 동료들에게 모친의 퇴위에 대하여 심사숙고해왔는데 한번은 1998년 11월에 그의 언론 비서 마크 볼런드가 언론에 웨일스 왕자는 만약에 모친이 왕위에서 물러난다면 "개인적으로 기뻐할 것이다."[73]라는 내용을 흘려서 그녀로부터 날카로운 반박을 받은 적도 있었다. 여왕과 대면했을 때 찰스는 사과를 했으며 그 이야기는 사실이 아니라고 했다. 퇴위를 한다는 것은 대관식에서 선서를 하고 성유로 축성을 받았던 엘리자베스 2세에게는 절대로 생각할 수 없는 일이다. 2003년에 조지 캐리가 그녀에게 가서 캔터베리 대주교직에서 은퇴할 준비가 되어 있다고 했을 때 그녀는 한숨을 내쉬며 "오, 나는 그런 일은 생각조차 할 수 없어요.[74] 나는 끝까지 갈 것입니다."라고 말했다.

여왕은 사촌인 마거릿 로즈에게 자기는 "알츠하이머 병에 걸리거나 뇌졸중으로 쓰러지지 않는 한"[75] 물러나지 않겠다고 말했다. "그러나 심지어 그런 경우에도 그녀는 퇴위하지 않을 것이다."[76]라고 로즈는 덧붙였다. 만약에 여왕이 정상적 활동을 못하게 될지라도 찰스가 1937년의 왕위 계승법에 의해 그녀를 대신해서 섭정을 맡게 될 것이다.

왕실의 전통에 따르면 여왕과 그녀의 남편과 그녀의 장남은 그들이 승인한 각본에 따른 국장 계획들이 있다. 필립의 "포스 브리지" 계획은 스코틀랜드의 포스 강 위의 다리에서 유래했고 찰스의 "미네이 브리지"는 웨일스 본토와 앵글시 섬 사이를 잇는 다리에서 유래했으며 여왕의 "런던 브리지"는 이름 그대로다. 이 세 개의 계획들은 모두 시종장의 사무실에서 관장하며 유사한 절차를 따르는데 9일장을 치르며 행렬과 안치와 장례식 등으로 이어진다. "당사자들은 이 계획들을 수정하지 않는다.[77] 우리는 재확인을 위한 보고를 한다. 그들은 자신들의 장례식에 대해 따져보는 것을 가장 싫어한다. 그들은 다만 기본적인 것들에만 관여한다."라고 준비 절차에 관여한 맬컴 로스는 말했다. 적어도 1년에 한 번씩 궁정 보좌관들은 이 절차에 대해 논의하고 탁상연습을 한다.

비록 에드워드 7세와 조지 5세, 조지 6세는 웨스트민스터 홀의 안치를 거쳐 윈저 성의 세인트조지 교회에서 장례식을 거행했지만 여왕은 1760년에 조지 2세가 국왕으로서 마지막 장례식을 거행했던 웨스트민스터 대성당에서의 장례식을 계획해왔다. 세인트조지 교회와 대성당은 모두 "로열 피큘리어 Royal Peculiar"에 속하는데 이는 이 장소들이 교구가 아니라 국왕에게 속한다는 뜻이다. 그러나 전임 고위 궁정 관리에 의하면 여왕은 대성당을 "그녀와 영국 교회의 중심적 교회로 여긴다."[78] 매장은 그녀의 부모들과 언니가 세인트조지 교회에 묻혀 있는 윈저 성에서 이루어질 것이다.

2010년 11월, NBC의 브라이언 윌리엄스가 그의 모친이 사망하면 어떤 일이 벌어질 것인지 물었을 때 찰스는 고뇌에 찬 대답을 했다. "그 일에 대해서는 너무 많이 생각하지 않는 것이 좋을 것이다.[79] 물론 그런 일이 생긴다면 어떻게든 하긴 해야겠다고 생각하지만 그러지 않는 것이 좋겠다. 만약에 유감스럽게도 부모님이 돌아가심으로써 그런 일이 생긴다면 최소한 그건 좋은 일이 아니지 않은가."라고 말했다.

같은 대화에서 웨일스 왕자는 최초로 그가 즉위했을 때 자기 아내의 미묘한 지위에 대하여 의사를 밝혔다. 그가 2005년에 커밀라 파커 볼스와 결혼했을 때 궁의 보좌관들은 그녀를 "커밀라 왕비 Queen Camilla"가 아니라 다만 "왕자 배우자 Princess Camilla"로 부르기를 희망한다는 말로 그녀가 사실상 왕비가 되는 문제를 교묘하게 처리했다. 이는 여전히 다이애나에 동정적인 사람들을 달래기 위해서 고안된, 실제로는 있지도 않은 지위였다. 커밀라가 그의 곁에서 성심성의껏 임무를 수행해오자 찰스의 정부 시절의 그녀에 대한 적대적인 대중의 정서는 누그러졌다. 개인적으로 그는 그의 조모가 그러했듯 그녀가 그의 왕비가 되어주기를 바란다고 했다. 그렇지 못하면 불평등한 배우자 간의 받아들일 수 없는 "귀천 결혼貴賤結婚, morganatic"이 될 것이었다. "기존 규칙과 강한 관습[80]에 의하면 아내는 남편의 칭호와 지위를 공유한다. 기존 법에 의하면 커밀라 왕비라고 못할 이유가 없다."라고 역사가 케네스 로즈는 말했다. NBC의 윌리엄스가 커밀라는 왕비가 될 수 있는가 하고 직접 대놓고 물었을 때 그는 "두고 봐야지요.[81] 그럴 수도 있겠죠."라고 찰스는 대답했다.

그가 모친보다 먼저 사망하지 않는 한 찰스는 차기 국가 수장이 될 것이다. 찰스 3세 국왕(아니면 더 행복한 연상을 일으키는 다른 이름을 선택한다면 조지 7세 국왕)의 탄생 전망은 공화주의 개혁자들의 입김이 작용할 수 있는 몇 가지 문제를 야기한다. 21세기 초에 노동당과 보수당은 모두 왕권 상속의 지주가 되어온 장자 상속법과 더불어 1701년의 왕위 계승법의 개정 가능성을 제기해왔다.

18세기의 법률은 로마 가톨릭의 혈통을 이어받았거나 로마 가톨릭과 결혼한 사람의 혈통을 이어받은 사람을 배제함으로써 기독교 국왕을 보장하기 위하여 수정되었다. 법 개정을 옹호하는 사람들은 이 법이 왕위 계승에 있어서 유대교나 힌두교나 이슬람교의 사람을 배제할 이유가 없으므로 차별적이라고 반박한다. 실제적 문제에 있어서 이 법은 수 세기 동안 문제 없이 유지되어왔으며 가톨릭 신자들이 왕족과 결혼하지 못하도록 하지는 않았다. 최근에는 여왕의 사촌인 켄트의 마이클 왕자는 가톨릭 신자와 결혼하기 위하여 왕위 계승의 서열에서 스스로 빠졌으며 피터 필립스의 아내는 영국 성공회로 개종하여 그의 서열 11위를 유지할 수 있었다.

왕위 계승법의 전면 개정은 여왕과 왕위 계승권이 법에 의해 마련된 하노버 가문의 모든 다른 후예들의 정통성을 위협할 수 있었다.(몇 명의 스튜어트 가문의 후예들이 독일에 살고 있으며 왕위 계승권을 주장할 수 있었다.) 가톨릭 신자를 배제하는 조항을 수정하는 것도 가톨릭의 중심적 신조가 자녀를 반드시 로마 가톨릭으로 키워야 한다는 것이기 때문에 국왕은 영국 성공회 신도이어야 한다는 요건이 문제가 될 소지가 있었다. 더 복잡한 문제는 1931년의 웨스트민스터 헌장의 전제 조건에서 보면 이 법령의 개정도 영국 의회뿐 아니라 여왕이 국가 수반으로 있는 여타 15개 영국 코먼웰스 국가들의 동의를 얻어야만 하도록 되어 있었다.

중세로까지 거슬러 올라가는 관습법에 기초한 장자 상속법은 장남이 가족의 세습적 지위와 영토를 상속하도록 규정하고 있다. 왕정에 있어서 이는 출생 순서와 무관하게 남아가 여아보다 우선권을 가진다는 것을 뜻한다. 여왕의 자녀들 가운데 찰스가 왕위 계승자가 되며 앤드루와 에드워드가 뒤를 잇고 두 번째 태어난 앤이 네 번째 서열을 가진다. 이 세 자녀들은 모두 다 찰스의 두 아들들에게 서열이 밀린다.

윌리엄 왕자의 결혼은 남자든 여자든 왕위를 국왕의 첫째 자녀에게 물려주어야 한다는 제안에 새로운 자극을 주었다. 왕정의 법률 중한 가닥을 빼내는 것이 추가적인 헌정상의 문제를 촉발할 수 있다는 염려에도 불구하고 2011년 10월 호주의 퍼스에서 열린 코먼웰스 지도자 회의에서 데이비드 캐머런은 장자 상속법을 수정하여 "양성 평등" 법으로 개정하는 데 있어서 여왕의 15개 다른 국가들로 하여금 영국에 동참하도록 하는 데 동의를 이끌어냈다. 캐머런은 또한 왕위 계승법을 개정하여 왕족이 로마 가톨릭 신자와 결혼하는 것을 허용할 것을 제안했다.

　　여왕은 코먼웰스 정상 회의의 개막 연설에서 54개 국가들이 "여성들에게 그들의 역할을 다하도록 최대한 허용하는 길을 찾아야" 한다고 촉구하며[82] 미묘하게 승인의 신호를 보냈다. 그러나 그녀는 법 개정에 대하여 어떤 공식적인 입장도 취하지 않았는데 주로 장벽이 너무 높고 헌정상의 문제가 복잡했기 때문이었다. "이것은 정부의 문제이다.[83] 왕정은 위대하고 탄탄하고 오랜 세월을 지탱한 제도이다. 이 제도는 여러 세기 동안 유지되었다. 이는 그녀의 개인적인 문제가 아니다. 아이러니하게도 그녀는 다른 위대한 국왕들이 그래왔듯이 여성 국왕이다."라고 한 원로 궁정 관리는 말했다.

　　찰스는 21세기 국왕 제도의 비전에 대하여 거의 공개적으로 말하지 않으나 몇 가지 감질나는 암시를 던졌다. 1994년에 그는 "성공회의 수호자Defender of the Faith, 1554년 영국 의회가 헨리 48세를 영국 국교 곧 성공회의 수호자로서의 지위를 부여한 칭호-옮긴이"[84]가 되기보다는 차라리 "신앙의 수호자defender of faith"가 되겠다고 선언했는데 이는 영국 국교회를 법적으로 확립된 종교로 받들도록 서약한 국왕으로서는 곤란한 관념이다. 16년 뒤에 그는 더 나아가서 그는 "자연의 수호자가 되기로 확실하게 다짐했으며[85] …… 이는 내 필생의 관심사가 될 것이다."라고 말했다.

　　그는 국왕의 옷차림들을 바꾸기 위하여 어떻게 할 것인지에 대하여는 논의하기를 피했지만 일하는 왕실 가족들의 수효가 줄어들기를 바란다고 했다. 그는 클라렌스 하우스를 주거용으로 유지하고 버킹엄 궁은 사무실로 쓰면서 규모를 줄일 것이라는 제안을 하기도 했다. 궁정인들은 그가 대관식의 역사적 종교적 요소들은 유지하되 의식의 일부를 줄일 것이라고 했으며 어쩌면 다른 문화나 신앙을 포용하기 위하여 두 번째 의식을 거행할지도 모른다고 했다. 그가 보살펴온 자선활동에 대하여는 "일부라도 내 아들들이 이어받아준다면 아주 좋은 일일 것이다.[86] 그러나 모르겠다. 그들의 관심사에 달린 일이니까."라고 2008

년에 말했다.

찰스가 2008년에 60세를 넘겼을 때 그의 전기 작가 조녀선 딤블비는 그가 "당시로서는 생각할 수 없는 방식으로 국내외적으로 중요한 문제들에 대하여 발언할" 준비가 되어 있는 "적극적" 왕[87]이 되고 싶어 했다고 썼다. 만약에 "연례 크리스마스 메시지나 수상과의 주례 면담에만 갇혀 있어야 한다면 그것은 그의 경험과 축적된 지혜의 낭비"에 지나지 않을 것이라고 딤블비는 덧붙였다. 언론의 논평자들이 경종을 울리자 클라렌스 하우스의 관리들은 서둘러 찰스는 "왕으로서 그의 마음에 닿은 문제들을 논의하기 위한 그의 권한은 엄격히 제한될 것임을 온전히 받아들인다."[88]고 말했다.

그러나 찰스는 일을 해나가는 데 있어서 "상황이 바뀌었으므로 …… 나의 전임자들과는 다른 방법으로"[89] 하겠다고 암시했다. 그는 대형 이슈들을 의논하고 문제를 해결하는 데 동원하기 위하여 중요 인물들을 불러모으기 위하여 왕실의 초대라는 유혹, 곧 "소집력"을 활용하겠다고 말했다. 2010년 가을 〈베니티 페어〉의 밥 콜라셸로와의 인터뷰에서 그는 고든스타운과 케임브리지에서의 교육을 인용하면서 "물론 그분들은 나를 솔선수범하는 것을 교훈으로 삼는 학교로 보내서는 안 되었다.[90] 대학에서도 많은 문제들을 들여다보지 않을 수가 없었다. 그게 그분들의 불운일지 몰라도 나는 계속 그런 식으로 살아갈 작정이다."라고 말했다.

찰스는 정치적으로는 분류하기 힘들다. 토니 블레어는 그를 "전통적인 것과 급진적인 것의 흥미로운 결합[91](한쪽으로 그는 완전히 신노동당파인가 하면 다른 쪽으로는 전혀 아니다.)이며 귀족적인 면과 불안정한 면이 뒤섞여 있다."고 여겼다고 썼다. 그는 분명 구식 의상과 매너에 있어서 그리고 예술과 인문학에 대한 전통적 교육, 그의 고전적 건축과 17세기 영국 국교의 기도서에 대한 존중 등에서는 보수적이다.

그러나 신비주의에 빠져들거나 과학의 진보와 산업의 발달과 글로벌화에 대하여 한탄하는 태도는 그의 기이한 면모를 보여준다.

"왕정의 주된 목적 가운데 하나[92]는 국가를 통합하는 것이지 분열시키는 것이 아니다."라고 케네스 로즈는 말했다. 여왕이 24세에 즉위했을 때 그녀는 빈 칠판 같았고 이는 그녀로 하여금 통합을 유지하기 위한 중립을 지키는 데 큰 이점이 되었었다. 당시는 원만한 시절이었다. 그래서 그녀는 자기의 지도력을 조용히 개발할 수 있었다. 그러나 이는 또한 그녀로 하여금 그 많은 세월 동안 자신의 견해를 혼자만 간직하기 위하여 경각심과 절제를 가지도록 요구했다.

그간 찰스는 논란을 일으키는 견해들을 공개적으로 밝혀온 전력으로 불리한 입장에 처하곤 했으며 정보 공개법 예외 조항의 보호를 받는 정부 각료들과의 사적인 통신들이 흘러나와 곤욕을 치르기도 했다. 1997년에 홍콩을 방문한 뒤에 친구들에게 쓴 편지가 외부로 유출되었는데 여기에는 그 나라의 지도자들이 "한심한 늙은 밀랍 인형들"[93]이라고 묘사되어 있었다.

만약에 그가 국왕으로서 이전보단 덜 자극적인 방식으로 자신의 견해들을 펴나간다고 하더라도 그는 국민의 일부를 소외시킬 위험을 안게 된다. 만약에 그 수효가 절반이나 혹은 그 이상에 도달하면 그는 왕정 존속에 필요한 동의의 상당 부분을 깎아먹을 수 있다. 또한 정부 정책과 갈등을 일으켜서 그의 입장을 정치 쟁점화하고 헌정의 위기를 초래할 수 있다.

그의 많은 지지자들은 그가 즉위할 무렵—60대 후반 아니면 70대일 것인데 1830년에 형인 조지 4세의 뒤를 이어 64세에 왕위에 오른 윌리엄 4세를 제치고 가장 나이 많은 새 국왕이 될 것이다—에는 논란을 거칠 만큼 충분히 거쳤고 그의 주장도 할 만큼 했으므로 헌정상의 책무를 포용할 태세가 갖추어질 것이라고 희망한다. "약간의 운이 따른다면 그는 덜 현명한 길에 빠지지 않을 만큼 늙게 될 것이다."[94]라고 로버트 솔즈베리는 말했다.

원로 궁정인들은 왕이 된다는 행위 자체가 찰스에게 변혁의 계기가 되어서 그는 더 이상 한 개인이 아니라 국가를 대표하는 한 기관이라는 엄중한 인식이 자리 잡을 것이라고 기대한다. "왕위를 물려받는 순간 인생은 하룻밤 사이에 바뀐다."[95]라고 데이비드 에얼리는 말했다. 찰스와 정부 연설에 대하여 함께 일했던 한 외교관은 그가 공식적인 자문을 받을 때는 "버릇없고 고집스럽지 않았다."[96]고 보았다. "그에게 어떤 일들은 해서는 안 된다고 말하면 그는 마뜩지 않아 하면서도 귀를 기울였다. 이런 말은 해서는 안 된다고 하면서 그 부분을 잘라내고 이는 정부 정책이 아니라고 하면 화를 내면서도 따랐다."고 그 외교관은 말했다. 웨일스 왕자로서 그는 1999년 10월에 장쩌민 주석이 국빈 방문 기간에 여왕을 위해서 연회를 베풀었을 때 참석을 거부했던 것처럼, 인권 수준이 낮다는 이유로 중국의 지도자와 악수하는 것을 사양하는 사치를 누릴 수 있었다. 그러나 왕으로서 "그는 영국의 국가 이익에 부합한다면 살인마 지도자들의 더러운 손을 잡고 악수를 해야만 할 것이다."[97]라고 역사가 앤드루 로버츠는 말했다.

이 과제는 일부 코먼웰스 정부의 수반들을 포함할 것이다. 찰스는 여왕이 사망하면 자동적으로 코먼웰스의 수장의 지위를 물려받지 않는다. 그는 54개 회원국의 찬성을 얻어야 하는데 이는 전혀 확실하지 않다. 2010년 3월에 로열 코먼웰스 소사이어티에 의한 조사에 의하면 조사 대상의 20퍼센트 미만이 찰스가 차기 수장이 되어야 한다고 생각했으며 다수는 회원국이 돌아가며 이 지위를 맡는 것을 선호했다. "절대 다수[98]의 사람들이 엘리자베스 2세 여왕이 코먼웰스를 통합하고 지도해온 역할에는 크게 환영했지만 이 역할이 때가 이르렀을 때 차기 영국의 국왕에게 넘겨져야 한다는데 대하여는 심각한 논의가 있다. 많은 사람들은 여기에 대해 격렬히 반대한다."라고 이 조사에 임한 저자들은 썼다.

찰스는 코먼웰스를 이끄는 일이 국왕의 중요 임무라고 여기고 그는 웨일스 왕자가 된 이래로 33개 회원 국가들을 방문하며 그들과의 관계를 다져왔다. 그러나 그는 격년제 정부 수반 회의에는 딱 두 번만 참석했고 가장 최근에는 2007년 우간다에서 열린 개막식에 그의 모친과 함께 참석했다. 코먼웰스의 정치 문제 국장 아미타브 바네르지는 2010년 11월에 유출된 메모에서 찰스는 그의 모친만큼 "존경을 받지는 못하지만"[99] 이 조직은 "그를 더 개입시키기 위하여 조용히 노력해왔다."라고 지적했다.

코먼웰스의 3개 강국들은 왕위가 바뀔 때마다 영국의 국왕을 그들 자신들의 국가수반으로 바꿀 수 있다. 오랫동안에 걸친 여론조사 결과 상당수가 공화국을 선호해온 호주가 가장 먼저 나설 것이고 아마도 그다음에는 뉴질랜드가 뒤따를 것이다. 역사적 전통이 영국과는 판이한 이 두 나라들과는 달리 캐나다는 왕정에 대한 자연스러운 친화력을 가지는데 이는 남쪽에 있는 강력한 이웃과 차별되는 정체성을 수립하는 데 도움이 될 것이다. 그러나 캐나다에도 강력한 공화주의 성향은 존재한다. 여왕은 현실주의자이고 각 나라들은 스스로의 운명을 결정해야 한다고 말해왔다. 그녀의 주된 관심사는 그들이 공화국이 되더라도 코먼웰스에 잔류해야 한다는 것이다.

왕으로서의 찰스에 대한 추론에 앞서서 그는 그보다 더 인기 있는 아들 윌리엄 왕자가 왕위를 계승하기 전에 다만 짧은 재위 기간만을 거쳐가는 전환기적 인물이 될 운명에 처해 있다. 강한 국왕은 젊고 아름답거나 늙고 덕망이 있어야 한다는 말이 있다. 여왕은 그녀의 기나긴 재위 기간을 통해서 두 가지를 다 달성했다. 만약에 찰스에게 덕망이 갖추어져 있다면 그는 성공적으로 판단될 것이다. 그러나 왕정주의자들은 새 천년의 시기에 왕조를 강력하게 이끌기 위해서는 윌리엄에게 더 기대를 건다. 궁은 왕정의 미래가 젊은 사람들에게 다가가는 것만이 아니라 그 자신의 다음 세대를 강조하는 데 달려 있다는 점을 온전히 인식하고 있다.

근년의 여론조사들은 다수가 찰스보다는 윌리엄을 차기 국왕으로서 보고 싶어 한다는 것을 보여주고 있다. 2010년 말 영국에서의 ICM 조사[100]는 64퍼센트가 윌리엄에 찬성했고 19퍼센트만이 찰스를 지지했다. 2010년 1월에 윌리엄이 최초의 공식적 해외 순방으로 호주와 뉴질랜드를 방문했을 때 예상보다 훨씬 많은 군중이 몰려들었고 왕정의 인기를 한껏 끌어올렸다. 그는 목이 파인 셔츠에 운동화를 신었고 어린이 병원에서 무릎을 꿇고 아가들과 다정하게 어울렸다. 그의 방문 전에 호주에서의 여론조사는 60퍼센트가 공화주의에 찬성했으나 다녀간 뒤에는 그 숫자가 44퍼센트로 떨어졌다.[101]

꼭 1년 만에 윌리엄이 다시 호주와 뉴질랜드를 찾았는데 이번에는 두 나라의 자연 재해를 당한 희생자들을 위로하기 위해서였다. 그의 정감 어린 순수한 태도는 감동을 선사했다. "내 할머니는 언젠가 슬픔은 사랑에 대한 대가를 치르는 것"이라고 한 말[102]을 참혹한 지진에 살아남은 뉴질랜드의 크라이트처치 주민들에게 들려주었다. "그대는 모든 국민들의 영감이다.", "그는 왔다, 보았다, 그리고 불쌍한 동포들을 위로했다."[103]라고 호주 퀸즐랜드의 〈헤럴드 선〉은 썼다.

그러나 차기 왕위의 계승은 예정되어 있으며 세대를 건너뛰는 조항은 없다. 만약에 찰스가 즉위하고 나서 윌리엄 5세를 위하여 즉각 퇴위하더라도 거기에는 여러 가지 복잡한 문제들이 따른다. 우선 영국 의회에서 법이 통과되어야 하며 여타 15개 코먼웰스 국가들의 의회가 동의해야 한다. 여기서 파생되는 토론은 일부 국가들을 공화국으로 기울게 하는 의도치 않았던 결과를 가져올 수 있으며 영국 내에서도 왕정을 바꾸어 대통령제로 추진하고자 하는 공화주의 세력들을 자극할 수도 있다. 만약에 윌리엄이 부친의 생존 중에 왕이 되면 찰스는 국왕의 장남에게 주어지는 웨일스 왕자와 콘월 공작의 지위로 되돌아갈 수 없게 된다. 그러면 그는 콘월의 영지로부터의 자산을 잃게 될 가능성이 높은데[104] 이 자산은 윌리엄의 장자가 18세가 될 때까지는 국왕에게 귀속되기 때문이다. 직전의 왕에 대한 칭호를 결정하는 것 또한 똑같이 문제가 될 수 있다.

"윌리엄 왕자의 마음속에는 웨일스 왕자가 차기 국왕이 될 것이라는 데 대하여 전혀 의문이 없다.[105] 그는 자기의 때가 오기 전에 왕의 사다리에 오를 야망은 가지지 않고 있다."라고 한 원로 왕실 보좌관은 말했다. 그는 덧붙여 말하기를 윌리엄은 "그의 부친과 매우 가깝고 놀랄 만큼 웨일스의 왕자로서의 그의 일을 지지한다. 두 사람은 자연이 알아서 하도록 내버려둘 것이다."라고 했다.

그러나 늙어가는 왕위 계승자와 혈기왕성한 젊은 후계자가 나란히 존재하는 것은 아무리 의도가 없다 하더라도 불가피하게 견제의 가능성을 만들어준다. 단지 그 자신으로서 존재하는 것만으로도 윌리엄은 "국민의 왕자"가 되었고 홍보의 자석磁石이 되었다. 그의 매력의 한 중요한 부분은 그가 절반은 스펜서 가문의 혈통을 이어받았다는 것인데 이는 순수한 영국 혈통이다. 그는 준수한 용모와 비극이 강렬하게 결합된 존재이지만 자기 연민의 흔적마저 지울 수는 없었다.

미남인 데다가 그의 모친처럼 키가 크고(6피트 3인치로 나머지 윈저의 자손들을 압도한다.) 격식에 구애받지 않으며 친근한 성품과 유머감각, 활짝 웃는 미소 등은 모친을 빼쐈다. 그의 부친처럼 그는 사람을 만날 때 지긋이 바라보며 침착하게 신념을 가지고 예민하게 말한다.

그는 다이애나처럼 가득한 불안감과 관심을 갈구하는 충동이 없으며 찰스와 같은 구식의 격식과 어색한 매너리즘이 없다. 그는 모친의 넋을 잃게 하는 눈매를 지녔고 부친의 가는 머리털을 가졌다. 그는 오만하지 않으면서도 자신감을 드러내지만 양쪽 부모를 닮아 반항적 기질도 없지 않다. "미래는 더 이상 낙관적일 수 없다.[106] 윌리엄은 탁월하고 매우 지각 있으며 놀랄 만큼 예의 바르고 사람들과 참 잘 지낸다."라고 맬컴 로스는 말했다.

모친의 사망 이후 두 아들들은 살갑고 다정한 부모 노릇을 해온 "아빠"와 더 가깝게 지냈다. "우리는 잘 지낸다.[107] 해리와 나와 내 부친 모두. 우리는 아주 가까운 가족이다. 모든 가족들이 그렇듯이 우리들도 견해의 차이가 있으며 그럴 때에는 아주 큰 차이가 있다. 그러나 행복할 때에는 우리는 아주 잘 지낸다."라고 윌리엄은 22세 때에 말했다.

윌리엄은 그가 왕위 계승자로서 이해해야 할 필요가 있는 영국의 교육기관들에서 학교를 다녔다. 엘리자베스 2세와 찰스의 경우와 마찬가지로 윌리엄의 왕실 교육의 많은 부분은 국왕으로서 적합한 행동이 무엇인가에 대한 본능적인 감각을 관찰하고 개발하는 데서 온다. "그는 삼투압을 통해 많은 것들을 배운다.[108] 세 세대가 함께하는 것은 이례적 상황이다. 그들 사이에는 불가불의 긴장이 흐르지만 그들은 아주 가깝다. 이들의 사무실 간의 소통은 예전에 비해 훨씬 더 원활해졌다."[109]라고 그의 부친의 원로 보좌관 중의 한 명은 말했다.

윌리엄은 2008년 말에 왕실 기병대를 떠나 "왕실 회사"에 전념할 준비가 되어 있는 것처럼 보였다. 그러나 부친의 동의 아래 그는 예상치 않게 영국 공군에 5년간 복무 신청을 하고 수색 구조 헬리콥터 조종사 훈련을 받기로 결정했다. 아파치 헬기 조종사 자격을 획득하여 커다란 자신감을 얻은 윌리엄과 해리는 그들의 직업적 능력에 대해 자부심을 가진다. "그들은 잡지 〈헬로〉에나 등장하는 왕자가 되고 싶어

하지 않는다."[109]라고 한 고위 궁의 보좌관은 말했다.

　　북서부 웨일스의 궁벽한 앵글시 섬에서의 일은 윌리엄에게 그의 부친은 누려보지 못했던 정상적인 삶과 비슷한 삶을 가능한 오래도록 누릴 수 있는 추가적인 이득을 제공했다. 찰스가 열 살 때 웨일스 왕자라는 이름을 얻은 뒤에 그는 왕실 의무들을 수행하도록 내몰리면서 아직 어린 10대인데도 작은 어른 노릇을 해야 했다. 심지어 케임브리지에 다닐 때 그는 "각하[Sir]"라고 불렸다. "윌리엄과 해리에 대해서 우리는 편하게 대한다.[110] 이제 그들에게는 윌리엄 왕자와 해리 왕자라고 부르지 아직은 '각하'라거나 '전하'라고 부르지 않는다. 그들도 그래주기를 원치 않는다. 그들이 군대를 제대하고 나면 그래야 할지 모르지만 그때까지는 아니다."라고 클라렌스 하우스의 보좌관은 2010년에 말했다.

　　비록 그들이 군대에 있기 때문에 그들은 왕실 의무에 전념할 수 없기는 하지만 왕자들은 대중의 관심을 모았다. 2009년에 그들은 사망한 모친으로부터 여섯 자리의 유산을 물려받아 자신들의 자선 재단에 기부했다. 그들 할머니가 신임해온 전 궁정인 로빈 잰브린이 재단 이사장으로 임명되었다. 각기 27세와 25세인 윌리엄과 해리의 협동은 친밀감을 불러일으켰을 뿐 아니라 공공 봉사를 위한 장기적 헌신의 신호가 되었다. 그들은 세인트제임스 궁 내에 그들의 사무실을 마련하고 개인 비서와 홍보 비서를 두었다.

　　더욱 의미심장한 것은 여왕이 왕자들 특히 윌리엄의 멘토로서 단련된 외교관 데이비드 매닝을 개인적으로 선임하는 데 직접 나선 것이었다.[111] 예리한 지성과 믿음직한 판단력으로 정평이 나 있고 또 미국과 이스라엘 주재 영국 대사로서의 경험을 갖춘 매닝은 "믿을 만한 사람"으로 널리 알려졌다. "그는 현명할 뿐 아니라[112] 자기 이익을 위해서 행동하지 않으며 이는 왕실에서 대단히 중요한 자질이다."라고 찰스 앤슨은 말했다. 윌리엄이 2010년과 2011년에 호주와 뉴질랜드를 방문했을 때 매닝이 동행했으며 그의 지도가 젊은 왕자의 성공에 기여했다.

2009년 크리스마스 며칠 전에 윌리엄은 런던의 블랙프라이어 다리 근처의 골목에서 집 없는 10대들과 떨면서 "밤을 지샜다."[113] 이 밤샘은 그가 후원자가 되기 위하여 모친의 발자취를 뒤따랐던 센터포인트 자선 기관에 의해 마련된 것이었다. 윌리엄은 신분을 감추고 모자 달린 스웨터에 털모자를 쓰고 가서 자기보다 훨씬 불운한 또래들과 쉽게 친밀해졌다. 그의 목적은 빈곤과 약물 중독과 정신적 질병이 노숙자 문제에 얼마나 영향을 미치는지 보여주기 위한 것이었다고 말했다. "이런 일들이 양복을 잘 차려입는 것보다 내게는 더 큰 충족감을 준다."[114]고 그는 말했다.

윌리엄에게 주어진 도전은 그의 조부모들이 일찌감치 획득한 균형 감각을 찾는 일이 될 것이다. 유명 인사의 매력에 빠짐이 없이 신선함과 귀티를 보이는 것 말이다. 그는 사람들에게 영감을 불러일으키는 데서 만족감을 경험하고 좋은 일들을 하며 세상을 탐구하면서도 진지하고 때로 지루한 일상을 견뎌낼 필요가 있다. 자신이 다른 모든 사람들과 다르다고 믿는 대신에 그의 또래들과 잘 융화되면서 자란 왕위 계승 서열 1인자로서 왕족의 기품을 유지하면서 동시에 "보통 사람" 같아 보이는 법을 배워야 할 것이다. 처음 호주를 방문했을 때 그는 우연히 점잖지 못한 보통 사람들의 영역에 발을 들여놓았는데 랩 뮤지션들과 어울리다가 "난 내 음악 취향 때문에 쪽팔린 적이 있었다."[115]라는 말을 불쑥 내뱉은 적이 있었다.

윌리엄에 대한 동경은 캐서린 미들턴이 추가되면서 한층 고조되었는데 그녀의 자연스러운 아름다움과 섬세한 스타일은 다이애나를 떠올리면서도 보다 더 기품 있는 태도는 재클린 케네디를 연상케 했다. 그들의 로맨스는 그들이 스코틀랜드의 세인트앤드루스 대학의 학부생이었을 때 시작되었다. 파파라치들의 눈을 피해서 그들은 사랑에 빠졌고 동거 생활을 했는데 슈퍼마켓에서 장을 보고 설거지를 하는 등 일상적인 궂은 일들을 함께했다. 그녀의 장점들은 소박했지만 중요했다. 명문 말보로 칼리지의 기숙학교에서 좋은 교육을 받았고 단란한 가정환경 속에서 자랐다. 마이클과 캐롤 미들턴은 비행기 운행 관리원과 승무원의 직업을 그만두고 바쁜 엄마들을 위한 파티 용품을 만들어 우편 배달하는 수익성 좋은 사업을 일구어 중산층의 꿈을 실현했다. 윌리엄은 "사랑과 보살핌으로 넘치는"[116] 캐서린의 부모들과도 가까워졌다.

　　무려 8년간이나 대중지들의 온갖 추측이 난무하던 끝에 2010년 11월 16일, 그들의 약혼이 발표되었는데 이는 트위터에 이어서 여왕의 페이스북에 올려졌다. 28세의 두 남녀가 세인트제임스 궁의 앙트레 룸에 화려한 모습을 드러냈을 때 그들은 근 30년 전에 찰스와 다이애나가 불편한 모습으로 등장했을 때와는 사뭇 대조적으로 따스하고 현란했다.

　　엘리자베스 2세와 필립은 "윌리엄의 선택에 전적으로 기뻐했다."[117] 여왕은 그들의 결합을 멀찍이서 승인했지만 실상 캐서린과 거의 함께하지는 못했다. 그들은 여러 차례 만나기는 했지만 항상 그룹으로 만났다. 처음 만난 것은 앤 공주의 아들 피터 필립스가 2008년 5월에 윈저 성의 세인트조지 교회에서 결혼했을 때인데 여왕이 다가가서 "잠시 얘기를 나눴다."[118] 찰스 왕자는 약혼 소식을 듣고 "흥분했으며" 이렇게 농담을 던졌다. "그 애들은 충분히 연습을 했으니까!"[119] 데이비드 캐머런은 각료 회의에서 소식을 듣고 방 안에 있던 모든 사람들이 "크게 환호했으며" 그리고 이어서 일제히 "책상을 두드렸다."[120]고 발표했다.

　　왕실 가족들 안팎에서의 공감대는 잘 훈련된 중산층의 영국 처녀에다가 최초로 대학을 졸업한 미래의 왕비는 윈저 가문에 좋은 소식이라는 것이었다. 1980년대와 1990년대에 자녀 문제들로 여왕이 온갖 가슴앓이를 한 뒤에 그녀는 이제 왕실 가족들의 규칙처럼 되어버린 중산층 평민과의 결혼을 포함하여 다음 세대에 의해 선택된 덜 관례적인 선택을 평온한 마음으로 받아들였다.

앤 공주의 딸 자라 필립스는 고든스타운의 학생이었을 때인 열일곱 살의 나이에 혀에 피어싱을 한 요크셔 태생의 마이크 틴달과 사랑에 빠졌는데 그는 "맥주를 좋아하는 덩치 큰 얼간이"[121]로 불리는 프로 럭비 선수로 그의 기형적인 코는 여덟 번이나 부러졌었다. 여왕은 이 커플이 약혼을 발표하기 전까지 5년간을 동거했을 때 미심쩍게 보지 않았으며 자라의 남동생 피터가 미래의 아내인 오텀 켈리와 결혼 전에 2년간 동거했을 때에도 반대하지 않았다. 켈리는 맥길 대학에서 중국어와 일본 역사를 공부한 캐나다의 경영 고문이었으며[122] 등록금을 마련하기 위해서 바의 웨이트리스로 일했었다. 필립스의 딸 서배너가 2010년 12월에 태어났을 때 캐나다 사람들은 여왕의 증손녀를 두고 그들의 아이라고 환호했다. 왕실 가족들이 캐서린 미들턴을 열렬히 환영한 것은 더욱 중요한데 그녀가 왕이 될 남자와 결혼하기 때문이었다. 여왕이 "평민" 출신의 젊은 여자를 포용한 것은 왕정이 완고하고 국민으로부터 멀어져 있다는 공화주의자들의 핵심적인 주장을 약화시킨다. 심지어 캐롤 미들턴이 더햄의 석탄 광산의 노동 계층에 뿌리를 두었다는 것 또한 왕정의 포용 정신을 보여주는 본보기였다. "광산에서 궁정까지[123] 3대에 걸쳐!"라고 오랜 궁정인 맬컴 로스는 말했다.

그들의 첫 TV 인터뷰에서 윌리엄과 그의 미래의 왕비는 침착하고 만족해하며 사랑에 흠뻑 빠진 왕정의 미래를 엿보게 하기에 알맞은 이미지를 보였다. 윌리엄처럼 캐서린은 지성적이고 사색적으로 보였다. "우리는 둘 다 현실적이며[124] 서로를 자주 놀려 먹는다."라고 그는

말했다. 캐서린은 다이애나에게 경의를 표하며 그녀를 "올려다보아야
할 영감을 주는 여성"이라고 했다. 그러나 고인이 된 왕비와는 달리 그
녀는 본능적으로 자신이 남편을 항상 앞세우도록 요구받는다는 점을
이해하는 것처럼 보였다. 그녀는 "지난 세월 동안에 윌리엄은 정말 나
를 잘 보살펴주었다."면서 그를 "아주 사랑스러운 남자 친구"[125]라고 불
렀다. 윌리엄은 약혼녀의 손등을 다독거리며 그녀가 모친의 자리를 대
신 채워주어야 한다는 "압력 따위는 없다."면서 캐서린은 그녀 "자신의
미래와…… 운명"을 만들어나갈 것이라고 말했다.

　윌리엄과 캐서린은 봄과 여름에 가득 찬 여왕의 일정과 충돌을 피
해서 그들의 결혼식 날을 잡았다. 2011년 4월 29일은 두 개의 걱정스
러운 사건들인 7월 1일의 다이애나의 50세 생일과 7월 29일의 30번
째 찰스와 다이애나의 결혼기념일과 안전하게 멀찍이 거리를 두었다.

　그들의 친구들 20명의 결혼식을 다녀본 뒤에 윌리엄과 캐서린은
그들의 결혼식이 어때야 하는지에 대한 굳은 생각들을 지니게 되었다.
여왕도 준비 과정에 깊숙이 개입했다.[126] 그녀는 리셉션의 음식 맛을
일일이 보았고 꽃 장식과 더불어 메뉴까지 확인했다. 결혼식은 구식과
신식을 혼합하여 찰스와 다이애나가 했던 세인트폴 대성당 대신에 엘
리자베스 2세와 필립 공이 결혼했던 웨스트민스터 대성당에서 시작하
기로 했다. 1,900명에게 보내는 대성당으로의 초청장은 찰스가 아니
라 여왕의 이름으로 했으며 전통적인 왕실의 어법을 사용했지만 관습
에 따라 윌리엄이 "캐서린에게[to]"가 아니라 "캐서린과 함께[with]" 결혼한
다고 명시했다. 엘리자베스 2세는 또한 버킹엄 궁에서의 한낮의 리셉
션에도 650명의 내빈들을 초대했다. 관습에 따라 식탁에 앉아서 식사
하는 "웨딩 조찬" 대신에 내빈들은 22명의 궁정 요리사들이 준비하는
최고급 폴 로저 샴페인과 뜨겁고 찬 카나페를 대접받는다. 과거의 예
들과는 또 다르게 윌리엄과 캐서린은 선물을 받는 대신에 26개 자선

단체를 지명했다.

이 젊은 커플은 초대객 명단을 통제했는데 그들의 동료와 윌리엄의 자선단체 대표들 위주로 짰다. 두 사람의 뜻에 부응하여 각국의 대사들도 초대되었지만 그들의 배우자는 제외되었다. 심지어 여왕과 필립 공에게 할당된[127] 좌석들도 단지 40석뿐이었는데 조부모들의 식솔들은 거의 보이지 않는 대다수 20대들의 결혼식과 별반 다름이 없었다. 엘리자베스 2세는 마거릿 로즈 같은 대가족의 일원들을 초대할 수 있었는데 마거릿은 궁 내의 앤절라 켈리가 거느리는 재봉사들을 동원하여[128] 그녀의 사촌에게 연푸른 드레스와 코트와 모자를 만들어 주었다.

결혼식 한 달 전에 여왕은 사촌인 엘리자베스 앤슨 부인이 그녀의 파티 준비 사업 창설 50주년을 기념하기 위해서 세인트제임스 궁에서 베푼 사적인 파티에 참석했다. 엘리자베스 2세는 귀족들뿐 아니라 음식 공급자 및 꽃 장식가들을 포함한 600명의 손님들과 90분 이상 어울렸다.[129] "대체로 왕족의 사람들이[130] 방 안에 들어서면 그 주위에는 진공이 생기는데 오늘 밤에는 모든 사람들이 그녀를 에워쌌다."라고 한 파티 참석자는 말했다. 여왕은 즐거운 기분이었으며 옛 친구들과 낯선 사람들을 가리지 않고 모두와 웃으며 환담을 나누었으며 궁정 직원들이 길을 터주기 위해서 보좌할 필요도 없었다. "자, 거기 두 사람,[131] 같이 서봐요!"라고 그녀는 힘주어 제스처를 하며 즉석에서 소개를 시키기도 했다. 뒤에 그녀는 그렇게 다양한 사람들과 시간을 함께 보내서 얼마나 즐거웠는지 몰랐다고 말했다. "게다가 모두가 내게 친절했다고요!"[132]라고 탄성을 발했다.

손자의 대사를 여드레 앞두고 그녀는 85세 생일을 맞이했는데 이는 마침 10년 만에 처음 웨스트민스터 대성당에서 거행되는 연례 세족식 날과 겹쳤다. 그녀는 근 30분간[133] 빈민 구제금이 든 붉은색과 흰색의 지갑들을 85명의 남자들과 85명의 여자들에게 나눠주면서 몇 달 동안 쑤셨던 한쪽 무릎이 아프다는 티를 내지 않고 씩씩하게 걸었다.(그녀는 심지어 한동안 승마도 접었지만 4월 한 달 연례 체류를 위해 윈저성으로 옮기면서 매일 승마를 재개했다.)[134] 정장을 말쑥하게 차려입은 필립은 그녀가 숭고한 겸양의 행위를 진행하는 것을 유심히 지켜보았는데 나이 든 수령자들은 절과 무릎 인사로 그녀를 맞이했다. 이 의식의 도중에 그는 제단으로 걸어가서 청아하고 우렁찬 음성으로 마태복음을 낭송했다. 끝에 가서 2천여 명의 신도들은 군악대와 오르간의 볼륨을 최대로 높여 〈신이여, 여왕을 보호하소서〉를 목청껏 큰 소리로 불렀다.

다음 주 금요일에 대성당은 잎이 무성한 나무 그늘로 바뀌었는데 중앙의 신도석을 따라서 20피트 높이의 단풍나무와 자작나무들이 백합으로 무성한 커다란 화분과 전략적으로 배열되어 있었다. 웅장한 고딕 양식의 아치 아래에 캐서린은 그녀의 부친과 함께 붉은 카펫을 밟고 입장할 때 시골 풍경을 연상케 하고 싶었다. 이는 대담하고 성공적이었는데 그녀와 윌리엄이 뚜렷하게 현대적인 성향을 드러낸 수많은 본보기들 중 하나였다. 식순을 적은 카드에는 마리오 테스티노가 찍은 커플의 놀라운 사진과 함께 대중에게 그들이 보내준 "친절"과 "믿을 수 없을 만큼의 사랑"이 "우리를 깊이 감동시켰다"는 격식을 넘어선 메시지도 담겼다.

그날 아침에 여왕은 그들에게 케임브리지 공작과 공작 부인의 작위를 하사했다. 그러나 더욱 의미심장하게도 그들은 의전 규칙을 파괴하고 그들 본래의 이름들로도 불릴 수 있다고 발표했다. "대중이 그들을 윌리엄 왕자와 캐서린 공주로 부르고 싶은 것은 너무나 자연스러운 것이다.[135] 여기에 대해서는 아무도 논란을 제기하지 못할 것이다."라고 찰스 왕자의 언론 비서 패디 하버슨은 말했다.(실질적으로는 "공주"라는 말은 공주로 태어난 사람에게만 사용된다.)

이 결혼식의 한가운데에는 서로를 사랑하고 이해하는 한 젊은 남자와 여자의 상통하는 기쁨이 있었다. 그들은 왕정 천년의 전통에 대한 절제와 존경심을 보여주었으며 캔터베리 대주교 로완 윌리엄스가 일컬은 "전혀 가식 없는"[136] 스타일도 함께했다. 그가 속한 연대의 명예 대령으로서 용맹한 자줏빛과 금실로 장식한 근위대 정장을 하고 제단 옆에 선 윌리엄은 캐서린이 옆으로 다가오자 그녀를 향했다. "당신 참 아름다워."[137]라고 말하며 소박하지만 수제 레이스로 상의와 소매를 만든 소박하고도 섬세한 드레스에 고운 베일과 여왕으로부터 빌린 할로 다이아몬드 보관을 쓴 그녀를 맞아들였다. 그들이 1902년식 국빈 마차를 타고 대성당을 떠날 때 캐서린은 "행복해요?"[138]라고 물었고 윌리엄은 "그럼, 아주 훌륭했어요.[139] 나는 당신이 내 아내인 것이 자랑스러워요."라고 대답했다.

여왕도 이 결혼식이 "훌륭했다."고 말했다. 샛노란색 코트와 그에 어울리는 모자를 쓴 활달한 모습의 그녀는 필립 공과 함께 높은 제단 아래 맨 앞줄의 금색 도금한 나무 의자에 진홍색 비단 쿠션을 깔고 앉아서 감정을 자제하되 받아들이는 마음으로 지켜보았다. 신랑과 신부는 기력과 안정감을 발산하며 그들의 모든 표정과 말 한 마디도 놓치지 않고 전 세계 180개 국가들의 약 20~30억 명의 시청자들에게 전송하는 40개의 TV 카메라들의 집중적인 조명을 받았다. 그들은 또한 인터넷을 통해서 4억 명[140]과 초당 237건의 트위터 팔로워들[141]의 주목을 끌었다.

결혼식은 노골적으로 영국식과 성공회식을 따랐으며 왕실 가족들의 역할을 의도적인 애국적 자긍심의 전시장으로서 극적으로 드러냄으로써 "분파적 의견의 불일치나 정치적 불협화가 없는 단결된 국가"를 보여주기 위한 기회로 삼았다고 〈더 타임스〉는 썼다. 경제적 불안과 사기가 저하된 시기에 "햇빛이 비추고 웃음과 행복이 넘쳤으며 모두가 함께 어울릴 수 있었다."

2002년이 여왕 본인에게 의미 있는 전환점이었다면 2011년은 왕정 전체에게 의미 있는 전환점이었다. 데이비드 캐머런에 의하면 이는 "국가를 하나로 묶는 데 기여하고[142] 놀라운 사람들을 만들어낸" 이 조직을 위한 "미래의 팀"[143]의 도래였다. 아무도 다이애나에 대한 직접적인 언급은 하지 않았으나 같은 장소에서의 장례식 때의 찬송가뿐 아니라 그날 윌리엄의 금욕적 슬픔의 기억을 통해서 상기되는 그녀의 존재는 피할 수 없었다. 14년 뒤에 그는 행복과 더불어 속죄를 발견했으며 이로써 고통스러웠던 과거의 책장은 덮었다.

여왕은 신혼부부가 빅토리아 탑 주위에 몰려든 기쁨에 들뜬 인파를 위해서 한 번도 아니고 두 번씩이나 키스를 하자 버킹엄 궁의 발코니에 모습을 드러낸 채 시종 웃음을 보였다. 엘리자베스 2세는 겸손하게 한쪽으로 비켜섰지만 자리를 뜰 때가 되자 나서서 윈저 가문과 미들턴 가문의 사람들을 다시 안으로 데리고 들어갔다. 대성당에서와 같이 분위기는 광대한 스테이트 룸에서도 놀랄 만큼 친밀했으며 스코틀랜드에서 온 카우파슬리와 들국화를 포함한 봄꽃들로 장식되어 있었다.[144] "장소는 대궐 같았지만[145] 분위기는 아늑했고 격식이 없었으며 전통적인 영국 가정의 결혼식처럼 활기에 넘쳤다"고 작가인 사이먼 시백 몬티피오리는 말했다.

여왕이 주초에 시달렸던 감기에서 회복되었다는 것을 눈치챈 사람들은 별로 없었다. 이를 알았던 한 사람은 뉴질랜드의 수상 존 키였다. 이틀 전 윈저 성으로 그녀를 방문했을 때[146] 그는 그녀에게 감염 예방 효과가 있는 것으로 알려진 자기 나라의 마누카꿀 한 병을 선물했는데 이 사려 깊은 선물에 대하여 그녀는 리셉션에서 여러 내빈에게 언급했었다.[147] 뉴질랜드에서 윌리엄과 캐서린의 인기는 왕정에 대한 눈에 띌 정도의 지지 상승을 불러왔다. 이 나라의 성인 인구 중 절반이[148] 왕실 결혼식 방송을 시청했고 왕정 탈퇴에 대한 새로운 여론조사는 2005년의 58퍼센트이던 것이 33퍼센트로 떨어졌다.

여왕은 리셉션에서 아무 공식 언급도 하지 않았으나 두 명의 미래 국왕들은 픽처 갤러리의 단상에 올라서 연설을 했다. 찰스는 자기 아들의 "영혼의 짝"인 "딸을 얻게 되어서 기쁘다."[149]고 말하며 신랑의 유전적 탈모증을 놀리기도 했고 자기가 더 늙으면 윌리엄이 돌봐주기를 바라지만 장남이 "자기가 탄 휠체어를 벼랑으로 밀어 떨어트리지 않을까 걱정된다."[150]고도 말했다. 윌리엄은 "웨일스 부인"을 자기가 "사랑에 빠졌던 훌륭한 아가씨"라면서 소개했다. 그는 조부모에게 감사를 표하며 "우리가 당신 집 안에 쳐들어간 것을 허락해"[151]주었을 뿐 아니라 특히 여왕에 대하여 결혼 전에 "자주 전화를 걸어서[152] 바보 같은 질문들"로 괴롭혀드렸는데도 잘 참아주셔서 감사했다고 했다.

정확히 오후 3시 30분에 모든 내빈이 정원에 모인 가운데 여전히 신부 가운을 걸친 캐서린과 짙푸른 근위대 프록코트를 입은 윌리엄이 반짝이는 풍선과 리본과 "방금 결혼했어요"라고 쓰인 번호판이 달린 찰스의 1970년대 애스턴마틴 오픈카에 올라탔다. 그들은 차를 몰고 궁의 정문을 통과하여 몰 가를 지나 가까운 클라렌스 하우스로 달렸으며 머리 위에는 윌리엄의 시킹 헬리콥터들이 영국 국기를 매달고 날았다. 군중은 그들이 통과할 때 열렬히 환호했다. "윌리엄과 캐서린은 이제 지상으로 내려왔다.[153] 그들은 오픈카를 타고 달리는 보통 사람들과 같았다."라고 마거릿 로즈는 말했다.

모든 면에서 이 결혼식은 21세기 최대의 미디어 열풍을 일으켜서 공인받은 기자들만 6,000명에 비공인 기자들 4,000명이 쉬지 않고 보도 기사를 쏟아냈는데 이 숫자에 대해 궁정 관리들과 여왕 자신도 놀라움을 금치 못했다.[154] 백만 명의 관중들이 런던 거리에서 왕실 커플을 환영했고 2,400만 명의 영국인들이 TV로 시청했으며 이는 6,200만명의 인구 가운데 근 40퍼센트에 달한다. 〈선데이 타임스〉가 의뢰한 유거브YouGov의 여론조사[155]에 의하면 응답자의 73퍼센트가 캐서린이 왕실 가족들에게 생기를 불어넣어줄 것이라고 대답했다.

세이셸 군도에서 열흘간의 신혼여행을 마친 뒤에 캐서린은 자선단체 후원과 공식 활동을 포함한 왕실 의무에 서서히 돌입할 준비를 갖추었다. 부부는 최초의 해외 순방을 2011년 7월 중 9일 동안 여왕의 최대 국토인 캐나다에서 가지기로 동의했다. 이어서 미국에서 사흘을 머물기로 했는데 워싱턴 D.C.나 뉴욕 대신에 캘리포니아를 선택해서 그들의 신선한 접근 방식을 다시금 드러냈다. 윌리엄과 캐서린은 왕실의 방식으로 살면서 동시에 그들만의 방식으로 살아갈 것을 분명히 했는데 그의 공군 기지 인근의 웨일스 농가에서 하인과 하녀 같은 가사 직원들을 두지 않고 살면서 공식 무대에는 주기적으로 등장하기로 했다. 그들은 의도적으로 정상적인 리듬의 결혼 생활을 꾸려가면서 왕정의 이미지를 위해 필요한 신비감을 유지하는 길을 선택했다.

결혼식 2주일 후에 여왕은 아일랜드 공화국에 역사적인 방문을 했는데 이는 그녀의 조부인 조지 5세가 아직 이 나라가 영국의 일부였을 때 더블린을 둘러본 이래 최초였다. 성 금요일 협약이 체결된 이후 13년 만의 아일랜드 체류는 상징성이 가득했다. 가장 큰 울림을 남긴 그녀의 행위는 더블린의 추모의 정원에서 아일랜드의 독립을 위하여 영국과 싸웠던 사람들을 기리는 뜻에서 조화를 바치면서 묵묵히 고개를 숙인 것이었다. 그녀는 또한 제1차 세계대전에서 영국의 전우들과 함께 참전하였다가 전사한 근 5만 명의 아일랜드인들과 제2차 세계대전에서 아일랜드가 공식적으로 중립을 표방했음에도 불구하고 자원하여 참전했던 7만 명의 아일랜드인들에게 경의를 표했다.

엘리자베스 2세는 신중하게 선택된 한 지역에서 타 지역으로 1만 명의 경찰과 군인에 의한 삼엄한 경비 속에서 조용히 기품 있게 움직였다. 그녀는 굴하지 않고 조국의 피로 얼룩진 과거와도 맞섰는데 IRA 암살단이 영국의 비밀 공작원 14명을 살해한 데 대한 보복으로 1920년 영국의 군대가 축구 경기장의 관람객 14명에게 총격을 가한 크로크 파크를 방문했다. 그녀는 그 밖에 역사 유적과 산업체, 교육 연구 기관과 카운티킬데어의 전설적인 세 곳의 종마 사육장도 둘러보았다. 여왕은 짙은 에메랄드색으로 차려입었고 영국의 국기가 휘날렸으며 아일랜드 악단은 영국과 아일랜드의 연대 강화와 화합의 가치를 강조하는 의미로 두 나라의 지도자로서는 처음으로 〈신이여, 여왕을 보호하소서〉를 연주했다.

수 세기 동안 영국 식민 지배의 온상이었던 더블린 성에서의 국빈 만찬 석상에서 여왕은 한때 영국 정부에 의해 사용이 금지되었던 완벽한 게일어로 원고 없는 즉석 연설을 했다. 아일랜드의 수상 메리 매컬리스는 "와우, 와우."[156]라고 감탄사를 연발했으며 회집한 유명 인사들은 박수 갈채를 보냈다. 두 이웃 나라 간의 관계는 "항상 좋지만은 않았으며 수 세기 동안 전적으로 온화하지도 못했다"[157]고 여왕은 말하며 "관용과 화해의 중요성"을 강조했으며 그녀의 도착 후 첫 행위를 연상시키며 "과거에 대해 고개를 숙이되 과거에 얽매여서도 안 된다."고 했다.

그녀는 직접적으로 "가슴 아픈 격동과 상실"의 "고통스러웠던 유산"에 대해서 언급했는데 여기에는 "우리들 많은 사람들에게 개인적으로도" 아픔을 주기도 했다면서 사촌인 마운트배튼의 암살 사건을 간접적으로 떠올리게 했다. "우리들 고난의 과거 때문에 고통 받았던 모든 사람들에게 나의 심심한 숙려와 깊은 동정을 보낸다. 역사적 과거사를 되돌아볼 수 있는 유리한 위치에 서 있는 우리들은 지난 일들이 다르게 전개되었거나 아예 일어나지 않게 할 수 있었다는 것을 꿰뚫어 보게 될 것이다."라고 그녀는 말했다.

그녀의 절제되고 미묘한 언어는 소구력에 넘쳤으며 태도는 가슴에 와 닿았다. 그러나 주된 효과는 오랜 재위 기간 동안 축적되어온 여왕의 도덕적 권위에서 왔다. 그녀는 굳이 비굴한 사과를 할 필요까지도 없었다. 말과 행동으로 아일랜드인들에게―그리고 영국인들에게도―카타르시스를 제공했다. 그녀는 "과거의 고통에 대한 슬픔으로부터[158] …… 해방시켰으며 그 과거는 지나갔다는 안도감과 함께 온당한 미래에 대한 희망을 안겨주었다."라고 〈아이리시 타임스〉는 썼다. IRA의 정치적 무기인 신페인당^{북아일랜드와 아일랜드공화국의 통합을 원하는 좌파 정당-옮긴이}의 당수인 게리 애덤슨도 여왕의 "진지한 동정의 표현"[159]을 칭찬해 마지않았다.

그녀의 아일랜드 방문은 재위 기간 중 가장 의미 있는 일 중의 하나로 찬양받았다. "나는 어느 누구도 그녀가 이루어온 것을 해낼 수 있으리라고 생각하지 않는다.[160] 이는 보다 개인적이고 현실적인 것으로 보였다."라고 더블린의 트리니티 대학에서 정치학을 강의하는 엘레인 번은 말했다. 아일랜드 국민들은 그녀를 따스하고 열렬하게 감쌌으며 80대―오랜 시간 꿋꿋이 서 있고 먼 거리를 걸으며 놀랄 만큼 힘차게 계단을 오르는 모습들―라고는 도저히 믿어지지 않는 그녀의 스태미나에 감탄했으며 그녀가 즐겁게 시간을 보내는 모습을 보고 기꺼워했다. 그녀를 위해 베풀어진 콘서트에서 그녀가 무대에 올라 반갑게 미소 짓는 모습을 보며 청중들은 5분 동안 기립 박수를 보냈다. 역사적으로 공화주의자들의 반란의 거점으로 알려진 코크 시를 마지막 코스로 둘러보는 동안에 그녀는 예정에 없이 걸어다니며 환호하는 군중에 게 인사를 했는데 개중에는 영국 국기를 흔드는 사람들도 있었다. 번 은 여왕의 방문이 "오랜만에 우리로 하여금 최초로 우리들 스스로가 조금은 괜찮아졌다는 느낌을 갖게 했다."[161]고 말했다.

거의 숨 돌릴 사이도 없이 엘리자베스 2세는 다음 주에 그녀의 재위 기간 중 101번째 국빈 방문으로 버킹엄 궁에서 버락과 미셸 오 바마를 영접했다. 오바마는 데이비드 캐머런과 그의 전임자보다는 더 따스한 관계를 구축했는데 영국 수상은 두 지도자들이 "특수" 관계를 뛰어넘어서 "본질적"[162] 관계라고 서로를 일컫는 사이가 되었음을 알 리기 위한 징조로 미국 대통령을 성심껏 맞이했다. 이는 오바마 자신 도 인정했듯이 "영국 군대의 요리사로 일했던 한 케냐인의 손자에게 는"[163] 잊지 못할 순간이었다.

보안상의 문제로 여왕은 왕실 기병대를 동원한 공식적인 공개 도 착 환영 행사 대신에 버킹엄 궁 정원에서 사적인 행사로 대체했다. 국 기와 국가 휘장으로 장식된 흰색 정자도 세우지 않았고 의례 예복을 갖춘 고위 명사들이 도열하던 의식도 없었다. 오직 여왕과 필립 공과 찰스와 커밀라만이 잔디밭이 내려다보이는 웨스트 테라스에서 오바 마 부처와 함께 섰을 뿐이었다. 의장대의 악단이 미국 국가를 연주하 는 동안 인근의 그린 파크에서는 41발의 예포가 울려퍼졌고 대통령은 필립 공과 함께 의장대를 사열했다.

다른 모든 면에서 오바마 부처는—국왕 부처의 환대 속에—전 통적인 국빈 방문에 따른 온갖 융숭한 접대를 받았다. 왕실 가족들과 의 오찬, 픽처 갤러리에서의 역사적 기록물 전시, 선물 교환, 무도회장 에서의 국빈 연회, 카날레토와 게인스보로의 회화 작품이 걸린 벨지안 스위트에서의 2박(여왕은 그들에게 그들의 숙소를 직접 안내했다.)[164] 등이 이루어졌다. 환영 행사 전에 한 번의 이례적인 일이 있었는데 오바마 부처가 1844 드로잉 룸으로 안내되어 20분간 윌리엄과 캐서린을 만났으며[165] 이는 결혼식 후 그들의 첫 번째 공식 등장이었다. 이 만남은 신문들의 1면을 장식했으며 이 신혼부부의 특별한 지위를 강화시켰다. 다만 그들은 오찬이나 연회에 참석하지 않았는데 그들의 존재가 손님들의 빛을 가리지 않기 위함이었다.

6월에 필립 공은 90세 생일을 맞이했다. 그는 여전히 언론에서 신랄한 유머와 솔직한 면모로 포장되었지만 그의 넓은 관심의 영역과 영국 내의 기관뿐 아니라 전 세계에 걸쳐 공익에 기여해온 공로들로 인하여 점차 더 많은 호감을 받아왔다. 윌리엄과 캐서린은 윈저 성에서 여왕이 남편을 위하여 베푼 사적인 파티에 다시 등장했다. 그들은 또 군기 행렬식에서 중앙 무대를 차지했으며 여기서 윌리엄은 처음으로 말을 타고 축하 행렬에도 참가했다.

즉위 60주년 축하 행사가 또 다른 해를 위해 아직 정해지지 않은 가운데 2011년의 왕실 결혼식은 알맞은 예고편이 되었다. 이 결혼식은 열 살 난 어린 공주에게 운명의 손길이 닿아 그 가녀린 어깨에 지도자의 무게가 얹힌 후 70년이 지난 오늘날 윈저 가문의 앞날을 밝게 했다. 엘리자베스 2세는 단단한 결의와 목적의 명료함으로 의무를 완수했으며 권력에 대한 집착 없이 영향력을 발휘해왔고 공적인 명성에도 불구하고 개인적 겸양을 유지해왔으며 무엇보다도 좋을 때나 나쁠 때나 변함없이 행복의 카펫을 펼쳐왔다.

활짝 웃는 군중의 얼굴과
끊이지 않는 환호성

2012년 2월 6일, 엘리자베스 2세 여왕은 60년 전 세상을 떠난 사랑하는 "어버지"를 마음속에 새기며 차분히 노퍽을 방문하여 다이아몬드 주빌리^{Diamond Jubilee, 즉위 60주년 기념제-옮긴이}를 시작했다. 눈발이 날리는 추운 날씨 속에서 사전 환영 행사는 생략되었고 킹스린 시청에서 그녀의 "헌신적이고 모범적인[1] 봉사"를 기리는 시장의 "충성스러운 환영사"를 받았다. 이후 여왕은 샌드링엄 영지 근처에 있는 더싱엄의 유아 보육원을 방문해 요란한 만세 소리로 환영하는 어린이들을 만나고 공연을 관람했다.

이날 필립 공은 심각한 건강상의 문제로 여왕과 함께하지 못했다. 90대의 나이에도 담대한 필립은 스스로 줄이겠다고 선언한 뒤에도 계속 무리한 일정을 지속해왔다. 지난 10월에 왕실 부처는 11일간의 성공적인 호주 방문을 마쳤다. 열여섯 번째 방문한 호주에서 그들은 캔버라, 브리즈번, 멜버른, 퍼스 등지를 다니며 영국 국왕을 국가수반으로 유지하자는 지지의 열기 속에서 몰려나온 수만 명의 환영 인파에 둘러싸였다. 10월 중순에 이르러 연례 겨울 휴가를 위해 샌드링엄으로 떠날 무렵까지 여왕과 필립은 각자 그해에 놀랄 만큼 수많은 행사를 치렀다. 여왕은 370회, 필립은 330회[2]에 달했고 둘이 합해서 92회의 해외 행사들도 치렀다.

크리스마스 이틀 전에 필립은 갑작스러운 가슴 통증으로 헬리콥터를 이용해 케임브리지의 팹워스 병원으로 후송되었고 의사들은 그의 관상동맥에 스텐트를 심었다. 마거릿 로즈의 표현에 의하면 여왕에게는 "끔찍이 걱정되는"[3] 순간이었으나 공작은 다행히도 영국 최고의 흉부 심장외과 센터 부근에 있었다. 나흘 동안 입원해 있었기 때문에 성탄 축하 행사들은 놓쳤지만 여왕과 자녀들과 손주들이 연달아 병문안을 하면서 위로해주었다. 남편의 응급 상황 이전에 녹음된 크리스마스 메시지에서 엘리자베스 2세는 용기와 희망을 주제로 연설했다. "어려움에 처했을 때 우리는 가족들로부터 힘을 얻는다."[4]

퇴원한 필립은 여전히 기력이 왕성했다. 그는 "나는 요란을 떨고 싶지 않다.[5] 그냥 집에 가고 싶다!"라고 말했다. 샌드링엄에 도착해서는[6] 곧장 우드 팜에서 열린 사냥파티 오찬에 참석했지만 회복 기간 중이어서 엽총을 손에 잡지는 못했다.

즉위 기념일 아침에 여왕은 변함없이 간명한 성명을 발표했다. 여왕과 필립은 "다이아몬드 주빌리에 관련한 수많은 친절한 메시지들"을 받아 "깊이 감동했다."[7]고 말했다. 여왕은 지난 21세 생일날의 서약을 연상시키는 대목으로서 "이 특별한 해에 나는 나 자신을 새롭게 국민들을 위해 바칠 것을 맹세하며 우리 모두가 우리의 단합된 힘을 일깨우기를" 바란다고 말했고, 우리 앞에 놓인 세월은 "함께 축하하며 차가운 머리와 따뜻한 가슴으로 미래를 향하여 나아가는 날들이 될 것"이라고 덧붙였다.

런던으로 돌아온 그녀는 캔터베리 대주교의 거처인 램베스 궁에서 주빌리의 해를 맞아 영국의 대표적인 아홉 개 종교 지도자들을 모아놓고 그녀의 첫 번째 주요 대중 연설을 했다. 오랫동안 초종파주의자를 자처해온 필립은 이번에도 아내 옆에 자리를 함께했다. 크리스마스 방송 연설처럼 그녀의 메시지는 사적이었으며 자기 신앙을 명시적으로 드러냈다. "주빌리의 관념조차도[8] 성서에 그 근원이 있다." 가장 뜻깊었던 것은 다인종, 다종교 사회로 이행하는 영국 사회 내에서 타종교들이 서로 협력할 수 있도록 영국 국교회가 맡아야 할 역할을 강조한 부분이었다. "모든 신앙의 자유로운 활동을 보호할 의무"를 다하고 "우리 자신을 뛰어넘어 우리가 지녀야 할 책무"를 보여주는 관용의 모범이 되어야 한다고 말했다.

주빌리는 3월부터 본격적으로 시작되었다. 이에 함축된 주제는 앞으로 여왕의 임무를 나누어 맡게 될 왕실 가족들 가운데 젊은 구성원들의 역할을 증대시키는 것이었다. 그녀의 자녀들과 손주들을 주빌리 대표자로서 전 세계에 파견하고, 근 5개월에 걸쳐 영국 내 10개 지역을 방문할 때 일부 지역에서 그들과 동반하기로 했다.

그 시작은 피커딜리의 유명한 포트넘 앤드 메이슨 백화점이었는데 커밀라와 캐서린이 동행하여 백화점 내 식당에서 함께 차를 마셨다. 이는 가벼운 외출로 계획되었는데 "세 여인이 길을 가다가 쇼핑도 하고 즐기기도 하는 것"[9]이었다고 한 고위 보좌관은 말했다. 그러나 이는 또한 케임브리지 공작 부인(캐서린)에게 현재의 여왕과 미래의 왕비가 그녀의 든든한 지원자로서 총연습을 시켜준 것이기도 하다.

일주일 뒤에 캐서린은 엘리자베스 2세의 첫 순방지인 레스터에서 시조부모와 함께 무대 중앙에 섰다. 이 30세의 공작 부인은 여왕과 따뜻한 관계를 구축했는데, 여왕은 윌리엄 왕자가 6주간 포클랜드에서 군 복무하는 동안에 바삐 지내고 싶다는 캐서린의 말을 들으며 반가워했다. 그러나 캐서린이 대중의 이목이 집중되는 행사에 부담을 느끼자 여왕은 직접 주목을 끄는 일뿐만 아니라 문서 브리핑까지도 준비가 잘 되어 있다며 안심시켰다. 두 여인은 세인트판크라스에서 미들랜즈로 가는 10시 15분 기차 1등칸에 함께 타고 2시간씩이나 얘기를 나누었다. 그날의 행사들을 치르면서 "여왕과 필립 공은 사람들이 눈치채지 못했을 미묘한 방식으로[10] 그녀를 돌보아주었다."고 한 고위 보좌관은 말했다. "그들은 그녀가 꼭 끼도록 했고 뒤처지지 않도록 했다. 에든버러 공작은 그녀를 편안하게 해주려고 일부러 농담도 했다." 캐서린과 여왕이 함께 패션쇼를 보며 잡담하고 웃어대는 모습에서는 서로를 향한 애정이 분명히 드러났다.

두 원로 왕족들은 그녀가 자신의 전문성과 더불어 신문들이 "케이트 효과"[11]라고 부르기 시작한 스타 파워를 얼마나 잘 활용하는지 알게 되었다. 그 예로 그녀의 철저한 준비, 자연스러운 매너(윌리엄에 대한 질문을 받고 공작 부인은 "잘 있어요. 그런데 너무도 보고 싶어요."[12]라고 대답했다), 그리고 예리한 본능을 들 수 있다. 그녀는 동네 걸 스카우트 단원 몇 명을 발견하고는 바로 그들과 대화를 나누며 그들의 제복에 대해서 묻기도 하고 앵글시에서 걸 스카우트로 자원봉사를 했던 자기 경험도 얘기했다. 게다가 5,000명이 넘는 군중들이 "케이트"라고 함성을 질러대도 일체 동요하지 않았는데 이는 단련된 프로의 솜씨로서 그동안 군중의 환호에 어떻게 대응하는지를 지켜봐온 탓만은 아니었다.

레스터 투어는 궁정 기획자들의 자신감을 보여주는 선택이었다. 꼭 10년 전인 골든 주빌리 당시만 해도 남부에 비해 왕정에 대한 지지도가 낮은 북부 지방은 빼놓았던 그들이었지만 이번에는 달랐다. 최근의 여론조사를 보면 여왕은 북부조차도 역대 최고의 지지율을 기록했다. 레스터는 영국에서 가장 다문화적인 도시로서 여왕 재위 60년 기간에 일어난 인구통계학적 변화의 시금석이었다. 볼리우드 무용수들, 시크교의 고수들, 짐바브웨의 합창대, 중국의 우산춤 무희들, "다종교적 요소들"[13]을 배합한 14세기 성당에서의 성공회 예배까지 다양한 프로그램이 망라되었다. 여왕을 초대한 사람들 중에 이 도시의 드 몽포트 대학교의 총장인 와히드 알리 경이 포함되었다는 것 자체가 시사적이었다. 회교도 동성애 운동가이자 노동당 귀족인 그는 골든 주빌리 전략을 입안할 당시 궁의 비밀 고문 중 한 명이었다. 이제 그는 전면에 나섰고 중앙에 섰다.

3월 20일, 여왕은 9백 년이 된 높다란 목재 천장에 광활한 석조 실내 구조를 가진 웨스트민스터 홀에서 재위 기간 중 여섯 번째로 상하 양원 합동 회의석상에서 연설했다. 그녀는 이번에도 사적인 입장에서 6분간 연설했다. "우리는 여기서 우리의 역사와 이를 창조한 유연성과 독창성과 관용이 이루어낸 연속성을 상기합니다."[14]라고 말했다. 그녀는 반대자들과 협상해야 하는 주례 면담들을 "열두 명의 수상들을 상대해야 했던 기꺼운 임무"였다고 살짝 고답하게 묘사함으로써 웃음과 함께 박수갈채를 이끌어냈으며 두 달 만에 두 번째로 "우리의 위대한 나라를 위하여 다시금 나 자신을 바치겠다."고 서약했다. 그리고 자기 옆의 금색 옥좌에 앉은 필립에게 "변함없는 힘과 지도력"으로 자기를 도와준 데에 감사를 표했다. 또한 그녀를 위하여 해외 순방에 나선 가족들에 대하여도 "코먼웰스와의 긴밀한 연대"를 상기시켜주는 일임을 힘주어 말했다. 연설이 끝나자[15] 기립 박수가 1분 30초 동안 이어졌다.

해리 왕자는 최근에 벨리즈, 바하마, 자메이카, 브라질까지 돌아본 10일간의 여행을 마쳤는데 이는 여왕이 손자의 비공식 외교의 이점을 노려 치밀하게 계획한 것이었다. 그는 카리브 해 제도에 대해 관심을 표했으나[16] 여왕이 직접 방문 국가들을 선정했다. 출발에 앞서 이 27세의 왕자는 버킹엄 궁에서 그의 할머니와 30분간 대화를 나눴다. "할머니는 제게 행운을 빈다고 했으며[17] '가서 즐겨라. 그리고 나를 자랑스럽게 해다오.'라고 말했다."고 회고했다.

그의 여행은 할머니가 선택한 보좌관 데이비드 매닝 경이 지휘를 맡았으며 해리의 진척 상황에 대한 외교 보고를 정기적으로 받았다. 해리는 또한 윌리엄과 휴대폰 대화와 문자 메시지를 통해 "여왕을 대표한다는 위엄과 더불어 어떻게 소탈한 모습을 보여줄 수 있는지"[18]에 대한 요령을 전달받았다고 왕자와 가까운 한 사람은 말했다.

해리의 첫 번째 여행은 모든 면에서 성공적이었는데 최근에 선출된 66세의 자메이카 수상인 포샤 심슨 밀러와의 까다로운 외교적 상황을 무난히 요리해냄으로서 더욱 빛을 발했다. 그녀는 여왕 대신에 선출된 대통령을 국가수반으로 교체하겠다고 했을 뿐 아니라 노예제의 악행에 대하여 영국의 사과를 요구하기까지 했다. 그러나 해리가 도착했을 때 그녀는 그의 혈기왕성한 매력에 반하여 그와 팔짱을 끼며 "우리는 이 사람과 사랑에 빠졌다.[19] 이렇게 잘생기다니!"라며 탄성을 질렀다. 그는 그녀의 양 볼에 키스했고 그날 저녁 연회에서 함께 사진을 찍으며 우호적인 관계를 과시했다. "오늘 밤 내 데이트 상대예요."[20]라고 해리는 농담했다.

자동차 경주에서 형인 윌리엄의 종이 가면을 쓰거나 영국의 무역을 촉진하기 위하여 지역 기업 지도자들을 만나거나 연설에서 할머니의 업적을 칭찬하는 등 해리는 그의 임무 수행에 생동감을 불어넣었다. "그는 어떤 상황에서도 들어맞는 대단한 능력을 지닌 카리스마에 넘치는 사나이다."[21]라고 그의 한 보좌관은 말했다. 영국의 문화, 올림픽, 언론과 스포츠 담당 비서관인 제러미 헌트는 해리가 "전율할 만한 효과"와 "1,000명의 정치가와 맞먹는"[22] 역량을 지녔다고 말했다.

여왕 자신도 몇 주간에 걸쳐 쏟아지는 비를 뚫고 수많은 주빌리 행사에 모습을 드러내고 드높은 기상을 과시했다. 그녀는 86세 생일을 축하하며 자신이 가장 좋아하는 일들을 했다. 우선 뉴베리의 봄 경마 시연에서 그녀의 종마들 두 마리가 달리는 것을 보았고 앤드루 로이드 웨버^{〈오페라의유령〉으로유명한뮤지컬작곡가-옮긴이}의 영지에서 열린 드링크 파티에 즉흥적으로 초대되어[23] 작곡가와 가수 개리 발로가 함께 노래한 "생일 축하" 이중창을 들었다. 그녀는 머시 강에서 용감하게 바닥이 평평한 배^{duck boat}를 탔고 월섬 숲에서의 오찬에서 나오는 디저트가 슬로진^{sloe gin}으로 만든다는 얘기를 듣고 "이거 마시면 취하는 거 아니죠?"[24]라고 물었다. 그녀는 찰스 왕자와 함께 랭커셔의 번리를 둘러보고 그의 자선단체들이 예전에는 형편없던 마을을 되살려낸 데 대하여 자랑스럽게 웃음을 지었다. 그리고 필립 공과 함께 맨체스터를 돌아보다가 프랜시스와 존 캐닝의 결혼식에 들렀는데, 그들은 여왕이 근처에 와 있다는 것은 알았으나 설마 실제로 나타날 줄은 꿈에도 몰랐다. 국왕 부처는 신혼부부의 이름을 부르며 인사를 나누었을 뿐만 아니라[25] 필립은 그들이 어디로 신혼여행을 떠나는지도 물었다. 이 "불청객들"과 찍은 가슴 훈훈한 사진은 금방 퍼져나가 인기를 모았으며 궁정 기획자들을 기쁘게 했다.

심지어 숙연한 순간들도 예상과는 달리 가벼운 분위기를 조성했다. 3월 말에 엘리자베스 2세는 고인이 된 모친과 동생의 10주기를 추모하기 위하여 윈저의 세인트조지 교회에 친구들과 가족들을 초대하여 추도식을 가졌다. 공작과 공작 부인, 미용사, 매니큐어리스트, 하녀, 말 조련사 등과 자리를 함께했다.[26] 추도식은 애통한 분위기가 아니라 윈저 주임 사제 데이비드 코너의 표현대로 "다시 한 번 애정과 존경심이 가득한 감정을 되새기는 추억"[27]으로 가득한 추도식이 되었다. 추도식 후 성에서 열린 리셉션에서 "나는 여왕이 사람들에 둘러싸여 그렇게 기분이 좋아했던 것을 거의 본 적이 없었다."[28]라고 왕실 가족들의 한 오랜 친구가 말했다. 누군가 스위스에서 스키를 즐기고 있었던 윌리엄과 캐서린의 부재에 대해 언급하자 여왕은 포클랜드에서 갓 돌아온 손자에게 "너희들은 여기보다 더 중요한 일이 있다."[29]고 말했다고 했다.

5월에 여왕은 빅토리아 여왕의 다이아몬드 주빌리를 기념하여 온라인으로 그녀의 증조모의 서간, 소장품, 사진 등을 올리면서 어린 시절부터 사망 직전까지 빅토리아 여왕의 일기 4만 페이지를 담은 웹사이트를 구축했다. 1897년 6월 22일의 축제 후에 빅토리아는 "온 거리와 모든 집들의 창문과[30] 지붕 위에는 활짝 웃는 군중의 얼굴과 끊이지 않는 환호성으로 가득 찼다."라고 썼다. 버킹엄 궁에서 그녀 자신의 일기장 출간 행사에 대한 질문을 받고 여왕은 "내 일기는 출판되지 않을 것이다!"[31]라고 대답했다.

6월 초에 나흘간 이어질 축하 주간을 앞두고, 여왕은 몇 주간 윈저에서 열린 몇몇 예비 행사에 모습을 드러냈다. 연례적인 로열 윈저 호스 쇼에서는 3일간 축하 행진이 펼쳐졌다. 1,000명이 넘는 무용수, 가수를 비롯한 기타 출연자들이 참가했고 5백여 마리의 말들까지 등장한 피날레로 절정을 이루었다. 여왕의 말들을 탄 사람들 가운데는 몬티 로버츠와 여왕의 "광팬"에서 열렬한 왕정주의자로 돌변한 헬렌 미렌도[32] 포함되었으며 헬렌은 해설자의 역할도 맡았다. 행사의 주안점은 60년에 걸쳐 무려 250회의 해외 순방을 감행했던 엘리자베스 2세의 글로벌한 영향력이었다. 이는 멕시코의 가수와 무용수, 러시아의 기수, 이탈리아의 경찰관, 마사이 전사, 캐나다의 기마 경찰대 등 여러 코먼웰스 국가 대표들이 펼친 공연에서 유감없이 드러났다. 이 행렬 참가자들을 환영하기 위하여 여왕은 성에서 차를 대접했는데 그녀의 주빌리 기간 중 가장 부드러운 이미지를 연출했다. 우간다의 와토토 어린이 합창단의 열 살배기 리디아 아미토가 여왕을 뜨겁게 포옹한 뒤에 그녀의 어깨에 자기의 머리를 얹었다.

엘리자베스 2세는 윈저 성에서 대관식 이후 최대 규모의 왕실 정상들을 위한 오찬을 주재했다. 이 자리에는 황제와 황후 1쌍, 국왕과 왕비 24명, 대공과 술탄과 에미르 각 1명, 공주 8명이 한데 모였다. 이 오찬은 인권 운동가와 반왕정주의자 집단의 반발을 불러왔는데, 특히 지난해에 민주주의를 부르짖은 시위자들을 무자비하게 탄압한 바레인의 왕을 비롯해 논란의 대상이 되어온 몇몇 외국 지도자들을 포함시킨 데 대하여 비난이 일었다. 〈데일리 메일〉은 "여왕이 주빌리 오찬에 독재자를 초대했다."[33]라고 1면 머리기사로 질타했으며 비판자들은 "치명적인 판단 착오"라고 비난을 퍼부었다.

그럼에도 여왕은 논란의 표적이 되었던 바레인 지도자와 악수하며 함께 웃었다. 덴마크의 마르그레테 여왕, 노르웨이의 하랄 왕, 스웨덴의 칼 구스타프 왕 등 몇몇 유럽 국왕들은 모두 빅토리아 여왕의 후손들로 엘리자베스 2세와 필립 공과 인척간이었다. 그들은 워털루 챔버에서 만나 키스하고 한담을 나누었으며 머나먼 친척 간의 소식들을 주고받았다.

이튿날 이들 현 국왕들은 2,500명의 군인들로 이루어진 영국 군대가 펼치는 퍼레이드를 참관했다. 이는 115년 전 윈저에서 빅토리아 여왕의 주빌리를 위하여 행했던 군대 분열식의 전통에 대한 헌정의 의미를 지녔다. 육해공군의 남녀 군인들은 성의 사각형 뜰을 돌며 여왕의 앞을 지나 1마일의 대열을 이루어 영국 국기를 흔들어대는 수천 국민들의 환호를 받으며 시가지를 행진했다. 군대는 윈저그레이트 파크의 원형 운동장에 집결하여 점호를 취했다.

여왕은 가족 및 수많은 외국 국왕들과 함께 관람석에 앉았고 근접 사열이 실시되었다. "이 아이디어는 젊은 남녀들로 하여금 여왕의 눈을 똑바로 쳐다볼 수 있는 기회를 제공함과 더불어 여왕으로 하여금 그들의 눈을 들여다볼 수 있게 하자는 생각에서 나왔다.[34] 이는 친밀한 행사가 되어야 하고 여왕과 군대의 관계가 밀접함을 상징하는 것이다."라고 이 행사를 주관한 데이비드 머리 공군 부원수는 말했다. 행사 후에는 군대를 위한 드링크 리셉션이 열렸으며 여왕은 그들 중 1백 명과 오찬을 함께하면서 기뻐했다.

6월의 주말 저녁(4년 만에 선보인 여왕의 두 번째 "구글 두들" 기념과 더불어), 찰스 왕자는 놀랄 만큼 사적인 1시간짜리 기록물을 보여주었다. 그의 추억을 통해 걸러졌으며 왕실 홈 무비와 앨범 속의 사진에서 충동을 받아 만들어진, 모친의 재위 기간을 되돌아보게 한 이 프로그램에는 찰스와 그의 여동생이 낄낄거리며 노퍽의 해변을 뛰어다니는 장면, 아버지와 자전거를 타는 장면, 여왕의 코기 견들을 옆에 둔 채 머리만 내놓고 모래 속에 파묻혔던 장면 등이 담겨 있었다. 밸모럴의 서재에서 털털거리는 영사기로 영상을 보면서 찰스는 킬킬대다가 껄껄 웃기도 하고 울먹이기도 했다. 그의 "마마"가 "우리들이 목욕할 때"[35] 제국 왕관을 쓰는 연습을 하던 시절을 회상하며 다정한 추억에 잠기기도 했다. 그는 여왕이 재위 초기부터 "타고난 덕망"과 "놀라운 침착성"을 지녔다고 회고했다.

20년 전에 조너선 딤블비의 책에서 그의 부모를 비난한 이래, 찰스 왕자는 이 기록물을 통해서 자신의 생각을 수정하고 모친은 물론 자신에 대하여도 인간적 이해에 도달했다. 이런 완화된 모습들은 그의 자녀들과 사촌들이 잘 연출된 일련의 TV 인터뷰에서 한 말들에서 한층 심화되었다. "닫힌 문 안쪽에서 그녀는 우리들의 할머니였다.[36] 두 말할 나위도 없다."고 해리는 말했는가 하면 앤드루의 딸 유제니는 "할머니"와 함께 산딸기를 따서 나중에 그것들로 잼을 만들던 다정했던 추억을 떠올렸다. 또한 "그녀는 우리들이 주위에 있는 것을 너무나 좋아하셨고[37] 그때가 가장 행복해 보였다."고 말했다.

왕위 계승 서열 두 번째인 윌리엄은 할머니의 "지극한 보살핌"의 면모를 가장 유난스럽게 말했다. "우리는 예전보다도 훨씬 더 가까워졌다.[38] 나는 이제 어른이 되었고 …… 그녀의 역할과 나 자신의 역할에 대해서 조금이라도 더 이해하려고 애썼다. …… 그녀는 너무나 뛰어난 역할 모델이다. 나는 그녀의 모든 경험과 그녀의 모든 지식을 작은 상자에 담아서 항상 간직하고 들여다볼 수 있었으면 한다."라고 말했다.

메이페어의 뉴본드스트리트 같은 대로에서부터 자그마한 시골 마을에 이르기까지 영국 전역은 축제를 위해 빨갛고 하얗고 파랗게 장식되었다. 슈퍼마켓은 총 2천 마일의 깃발 천과 280만 개의 깃발과 9만 3천 개의 종이 왕관을 팔았다. 가장 공화주의적 신문인 〈가디언〉을 포함하여 모든 주요 신문들은 다이아몬드 주빌리 특집 기사를 실었다. 2011년의 왕실 결혼식 때보다 두 배가 많은 1만 회의 거리 파티가 계획되었다. "바로 이것이야말로 대단한 일이다."[39]라고 〈더 선데이 타임스〉의 브라이언 애플야드는 썼다. 그러나 이 생동감 넘치는 순간에도 한편으로는 가슴 저미는 감정이 한데 뒤섞여 있었다. 이것이 여왕의 재위 기간 중의 마지막이 될 가능성이 높기 때문이었다.

토요일, 엡섬 다운스 경마장의 1만 5,000명의 관중은 엘리자베스 2세와 필립이 연례 더비 축제를 위해 갈색 벤틀리 승용차를 타고 도착하자 목청이 터져라 환영의 함성을 질렀다. 화환으로 장식된 귀빈석에 앉은 여왕은 경주마를 내보내지는 않았지만 그녀가 애호하는, 이름도 알맞게 지어진 카멜롯이 트로피를 받자 환한 웃음을 지어 보였다.

템스 강 축제 위원장인 로버트 솔즈베리가 여왕에게 브리타니아 호의 41피트 로열 바지선을 타고 템스 강을 따라서 반 마일가량 이어지는 수상 행렬을 할 의향이 있는지 물었을 때, 궁정 보좌관들은 이것이 그녀에게 "대단한 즐거움"[40]을 줄 것이라고 대답했다. 오후 2시, 여왕과 필립은 바람이 세차게 부는 강상에 우뚝 섰으며 주홍색 튜닉에 금색 장식을 단 왕실 수상 요원 두 사람이 좌우에서 호위했고 찰스와 커밀라는 얌전히 선실 안에 머물렀다.

이 원로 왕실 부처는 왕실 요트 브리타니아호가 15년 전에 퇴역한 이후 새롭게 페인트칠을 한 모터보트를 보지 못했었다. "그녀는 이 배를 타고 수많은 여행을 했다.[41] 그녀에게는 매우 감상적인 경험이었다."라고 그녀의 오랜 미국인 시녀인 버지니아 에얼리는 말했다. 함빡 웃으며 배터시 다리 밑으로부터 올라온 여왕과 필립이 강둑에 겹겹이 둘러선 군중을 향해 손을 흔들자 아파트의 발코니에 서 있던 사람들은 일제히 "여왕 폐하 만세!"를 외쳤다.

두 쌍의 부부들은 카도간 부두의 하류에서 그날을 위하여 마련된 210피트의 호화 선박으로 개조한 스피릿 오브 차트웰에 올랐다. 갑판은 붉은 카펫과 꽃 장식과 올드 파더 템스 Old Father Thames, 템스강을 의인화한 조각—옮긴이의 금박 조각상 및 가장자리를 도금한 유리 천막 아래의 편안한 옥좌들로 호화롭게 장식되었다. 이는 모두 17, 18세기의 호화로운 왕실 바지선을 연상케 하도록 꾸며졌다. 여기서 그들은 윌리엄과 캐서린, 해리와 더불어 다양한 비왕족의 내빈들과 함께했다.

폭우가 쏟아질 것이라는 예보에도 불구하고 120만 명의 사람들이 강둑을 메웠으며 수만 명의 사람들은 발코니와 창문과 다리 위에서 지켜보았다. 그들은 카날레토의 18세기 회화 〈시장의 날의 템스 The Thames on Lord Mayor's Day〉를 연상시키는, 1천 척의 배들이 연출한 다채롭고 요란한 장관으로 보상을 받았다.

이 21세기판 장관은 여덟 개의 특수 주조한 종들을 매단 종탑 바지선이 앞장서고 여왕에게 바치는 선물로 여러 후원자들에 의해 1백만 파운드를 들여서 건조한 92피트 길이의 조정漕艇인 글로리아나^{Gloriana}가 뒤를 따랐다. 약 260척의 노를 젓는 배들은 베니스의 곤돌라와 마오리족의 전투 카누, 스컬과 카약까지 다양했다. 모든 코먼웰스 국가들이 참가했고 음악을 선사하는 10척의 배들은 군중에게 여흥을 제공했는데 백파이프로 〈성자의 행진^{When the Saints Go Marching In}〉을 연주하는 다소 어울리지 않는 풍경도 연출되었다. 제2차 세계대전 초에 됭케르크 철수 작전을 도왔던 "작은 선박들^{42 Little Ships, 1940년 5월 프랑스 됭케르크 해안에 묶였던 영불의 30만 병사들을 구출한 700척의 소형 민간인 선박들-옮긴이}"⁴³에 참가한 사람들 중에는 이 구출 작전의 마지막 생존자인 95세의 빅 바이너도 있었다.

여왕은 흰색 부클레 드레스와 코트를 입고 그에 어울리는 위로 치켜진 모자를 썼다. 이 모두는 금과 은의 점들과 스와로브스키 크리스털로 장식되어 1592년경에 "되돌려줌으로서 그녀는 커진다."는 글귀가 새겨진 엘리자베스 1세 여왕의 유명한 디츨리 초상화에서 느껴지는 순수성을 일깨워준다. 이 의상은 탁월한 선택으로서 왕실 바지선의 붉은색과 금색과 푸른색의 배합과 빛나는 대조를 이루었다. 필립 공은 제독의 검푸른 정장을 걸쳤는데 수많은 훈장들로 장식되었다.

근 네 시간 동안 국왕 부처는—마지막 90분 동안에는 폭우가 쏟아지는 가운데서도—손가락으로 가리키고 손을 흔들고 웃으면서 함대가 통과하는 모습을 지켜보았다. 그들은 마침내 환상적인 옥좌에 앉아서 이를 바람막이로 이용했다. 여왕은 때때로 근처의 벤치에 앉아 쉬기도 했고⁴⁴ 10분간은 갑판 아래로 내려가서 차를 마시기도 했으나 필립은 계속 서 있었다. 사우스뱅크의 국립극장 지붕에서 히트한 연극인 〈전마^{War Horse}〉에 등장하는 말 인형 조이가 앞발을 들고 벌떡 일어서자 "정말 멋있다.⁴⁵"라고 그녀는 남편에게 탄성을 발했다. 축제가 끝나갈 무렵 그들은 런던 필하모닉이 춤곡인 〈선원의 피리^{Sailor's Hornpipe}〉를 연주하자 약간의 춤 동작을 보이기도 했다. 이어서 그날의 가장 감동적인 공연을 목격했는데, 왕립음악대학 실내 합창단 여성 12명이

〈희망과 영광의 나라〉와 〈브리타니아여, 통치하라〉에 이어 〈신이여, 여왕을 보호하소서〉를 그들의 머리와 얼굴에 온통 비를 맞으면서 불렀을 때였다.

만장일치로 "의심의 여지가 없는 대성공"[46]이라고 〈가디언〉은 썼다. 다만 가장 완고한 공화주의자들만이 무기력한 항의 시위를 했는데 공화주의자에서 왕정주의자로 변신한 제러미 팩스맨에 의하면 "몇몇 철부지 아이들이[47] 발을 구르며 네 생일에 비나 오라고 투정하는 것"으로밖에 안 보였다. 날씨는 어김없는 영국 날씨여서 이는 "86세의 국왕으로 하여금[48] 그녀를 국민들이 그토록 사랑하게 만든 인내의 저장고 속에 더욱 깊이 빠지게 했다."고 〈더 타임스〉는 사설에 썼다.

국왕 부처는 매 순간을 즐겼으며 험난한 스코틀랜드의 기후 속에서 수년간의 휴가를 보내왔기 때문에 거센 바람 속에서도 당황하는 기색이 없었다. 여왕과 필립은 모두 "사람들이 무척 애썼다는 것을 진하게 느꼈으며 그래서 더욱 그들과 함께 있기를 원했다.[49] 사람들이 함께해준 데 대하여 감사했으며 똑같은 심정으로 그들에게 보답하고 싶어 했다."고 한 고위 보좌관은 말했다.

그러나 그들이 비바람을 맞은 것은 예측하지 못했던 대가를 치렀다. 이튿날 윈저 성에 있던 필립은 방광염—분명 물약을 걸렀거나 화장실 출입을 소홀히 해서 악화되었을 것이다—에 걸려 앰뷸런스를 타고 런던의 킹 에드워드 7세 병원으로 실려 갔다. 이 갑작스러운 발병은 모두를 놀라게 했다. 그는 전날까지만 해도 기분이 좋았을 뿐 아니라 3월 초부터는 윈저에선 규칙적으로 마차를 몰기도 했었다. 배에서도 "그는 아무 때나 내릴 기회가 있었지만[50] 하나도 놓치고 싶지 않아 했다."고 여왕의 한 보좌관이 말했다.

6월 4일 월요일에 열린 3시간의 주빌리 콘서트는 버킹엄 궁을 조명을 환하게 비춘 무대 배경으로 이용했다. 빅토리아 기념탑을 둘러싸고 플렉시 유리로 만든 덮개 지붕을 씌웠으며 반원형의 계단식 관람석을 마주하게 설치했는데 1만 8,000명의 관객들이 빼곡히 들어찼다. 출연자들의 구성도 수십 년을 넘나들었으며 최초로 의미 있는 미국인들의 등장을 불러왔다. 이 중에는 그레이스 존스와 윌아이엠(궁정 관리들에게는 미스터 엠으로 알려짐)[51], 스티비 원더 등이 포함되었다. 여왕은 팝 음악 중에서도 "더 시끄러운 쪽"[52]을 대표하는 것들은 혼자 아파트에서 저녁을 들면서[53] TV로 보기로 했다. 이에 앞서 매사에 실제적으로 사고하는 이 국왕은 콘서트의 조직자 개리 발에게 "이 모든 장비들을[54] 모두 철거하는 데 얼마나 시간이 걸리느냐?"고 물었다. 그녀는 소음이 궁의 앞쪽에 있는 방에서 자는 사람들에게 방해가 되지는 않을까 염려한 것이다.

그녀는 장남의 에스코트를 받아 콘서트가 한창 진행 중인 오후 9시에 관중석에 도착했는데 지난 골든 주빌리 때의 팝 콘서트와 같이 귀마개를 준비해두었다. 여왕이 좋아하는 밀리터리 와이브스 콰이어Military Wives Choir, 영국군인아내들이나여자친구들로구성된합창단—옮긴이와 아프리카 어린이 합창단이 발로와 앤드루 로이드 웨버가 작곡한 훈훈한 주빌리 노래들을 불렀다. 그러나 가장 극적인 부분은 매드니스Madness, 1976년에창단한 7인조자 메이카밴드—옮긴이가 궁의 지붕 위에 올라가서 〈우리 집Our House〉를 불렀을 때였다. 궁의 전면 벽에 투사된 조명 쇼가 나지막한 집들의 애니메이션 영상을 비춰주는데 이 집들에서 문이 열리면 춤추는 가족들의 모습이 보여지는 것으로 희극적이면서도 민주적인 메시지를 전달했다.

폴 매카트니가 피날레를 마친 뒤에 엘리자베스 2세가 찰스와 커밀라를 대동하고 무대에 올랐다. "폐하…… 엄마."라고 찰스가 수줍은 듯 미소 짓는 모친에게 말하자 군중들은 우레 같은 박수갈채와 환호성을 보냈다. 찰스는 콘서트 도중에 빨간 펠트촉 펜의 굵은 글씨로 작성한, 여왕에게 바치는 5분간의 연설을 통해[55] 청중과 TV 시청자들의 생각을 표현했을 때 다시 한 번 남을 배려하는 면모를 보였다. "오늘 저녁 매우 슬픈 일은 내 아버님께서 이 자리에 함께하실 수 없었다는 것입니다. 불행히도 몸이 편찮아 누워 계십니다. 신사 숙녀 여러분, 우리 모두 함께 함성을 지르면 병상에서 우리의 목소리를 들으실 수 있을 것입니다."라고 그는 말했다. 몰 가의 애드미럴티 아치로부터 무대에 이르기까지 50만여 명의 귀를 찢는 함성이 울려퍼졌고 이어서 "필립! 필립!"을 외치는 즉흥적인 합창이 터져나오면서 그의 아내는 잠시 절제를 잃고 눈물을 보였다.

에든버러 공작의 부재는 이튿날 더욱 두드러졌는데 여왕은 족제비털로 장식한 주홍색 외투를 걸치고 고대의 진주 검Pearl Sword을 든 런던 시장의 뒤를 따라서 세인트폴 대성당의 복도를 따라 천천히 걸었다. 엘리자베스 2세를 위한 이 감사의 제전은 주빌리 주말의 가장 중요한 행사였다. 걸으면서 그녀는 소망 어린 표정을 유지하며 명민하게 주위를 둘러보았다. 그녀는 찰스와 함께 맨 앞줄에 놓인 실크 다마스크직 의자에 앉았으며 엄숙한 표정으로 영국 전역에서 선발한 다이아몬드 합창대 어린이들의 감미로운 음성을 비롯한 숙연하면서도 휘황한 이 제식에 집중했다. 합창대는 여왕을 위하여 특별히 작곡된 시리도록 아름다운 찬가인 〈지혜의 부름The Call of Wisdom〉을 불렀다. 그녀는 전통적 찬송가를 외워서 불렀고 기도 중에 머리를 숙였으며 한번은 눈물을 훔치는 것처럼 보였다. 캔터베리 대주교 로완 윌리엄스는 "너무나 벅차면서도 한없이 즐거운 봉사를 통해서[56] …… 그녀가 '국민들'을 행복하게 만들어주었고 그녀 자신도 행복하게 임무를 완수하여 이제는 편안하시다."고 예찬했다.

잔뜩 찌푸린 날씨 속에 1백만 명이 넘는 사람들이 여왕의 마차 행렬을 보기 위하여 줄지어 섰다. 여왕은 웨스트민스터 홀에서 열린 런던 직능 조합 대표 700명과의 오찬을 마치고 나오는 길이었다. 이 조합원들은 목공, 정원 가꾸기, 배관 수리 등에 종사하는 평범한 남녀들이었다. 궁정 관리들은 80대의 여왕이 타기에는 너무 덜컹거려서[57] 황금 마차Gold State Coach를 타는 것에 반대했다. 그 대신에 두 대의 지붕 없는 마차를 탔으며 1백 명의 왕실 기병대가 뒤를 따랐다. 우아한 초록색 비단 망사 코트와 그에 어울리게 수정 장식이 빛나는 시폰 스카프를 걸친 여왕은 찰스와 커밀라를 대동했다. 그녀는 자랑스럽게 시어머니 옆자리에 앉아서 콘월 공작 부인으로서의 중심적 지위를 선명하게 드러냈다. 10년 전 골든 주빌리 축제 때는 찰스 뒤로 몇 줄 건너서 앉아야 했었다. 윌리엄과 캐서린, 해리는 다른 마차에 탔다.

넘치는 애정이 쏟아졌고 열렬히 깃발이 흔들리고 즉흥적으로 국가가 울려 퍼졌으며 어느 한 깃발에서는 "엘리자베스 대왕Elizabeth the Great"이라는 대담한 표현도 선보였다.[58] 이러한 표기는 그리 과장되어 보이지는 않았다. 비록 그녀가 통상적인 권력을 행사하지는 않았지만. 〈선데이 텔레그래프〉가 조사한 전국 ICM 여론조사[59]에 의하면 조사 대상의 35퍼센트가 엘리자베스 2세를 "가장 위대한 국왕"이라고 보았으며 24퍼센트가 빅토리아 여왕, 15퍼센트가 엘리자베스 1세 여왕을 꼽았다.

여왕은 마차 행렬 동안에 거의 웃음을 멈추지 않았으며 그녀가 궁 안으로 사라지자 몰 가에 운집한 군중은 경찰이 쳐놓은 "이동식 차단막"[60] 뒤의 난간까지 몰려들었다. "여왕님 나오세요!"[61]라고 그들은 합창했고 발코니 문을 가린 커튼이 움직였다. 예정대로 그녀가 나타날 무렵에 한 번 더 비가 쏟아졌다. 여왕이 마침내 직속 후계자 두 명과 그들의 배우자 그리고 해리와 함께 나타났을 때 그들 중 누구도 비옷을 걸치지도 우산을 들지도 않았다. 비에 젖은 군중은 열광했고 여왕은 흰색 장갑을 낀 손을 흔들어 화답하면서도 놀라 어쩔 줄 모르는 듯했다. "아니, 이를 좀 봐. 대단하잖아."[62]라고 그녀는 탄성을 발했다. "저 환호성은 모두 폐하를 위한 것입니다."[63]라고 윌리엄은 말했다.

수많은 세월 동안에 수십 번의 분열식을 보았음에도 불구하고 여왕은 제2차 세계대전 당시의 항공기가 굉음을 내며 머리 위를 날고 이어서 영국 공군의 레드 애로스 편대가 붉고 희고 파란 비행운을 내뿜으며 날아가자 흥분해 마지않았다. 앞마당에서는 왕실 근위병들이 일제히 소총을 들어 축하의 예포를 발사하자 군악대가 국가를 연주했다. 근위병들은 일제히 곰가죽 모자를 공중에 내던지며 만세 삼창을 불렀고 대형 비디오 스크린에 잡힌 그녀의 얼굴에는 환한 미소가 떠올랐다. "우리는 여왕님을 사랑한다!"[64]라고 군중은 화답했다. "대단한 사람들이야.[65] 그들에게 축복이 있기를."이라고 말하며 여왕은 발코니를 떠났다. 그날 저녁에 그녀는 미리 녹음해두었던 메시지를 라디오와 TV로 내보내면서[66] "내게 깊은 감동을 안겨주어 나로 하여금 겸허하게 만들어준", 이 나흘간의 축제 행사를 준비하는 "대대적 도전"에 참여한 모든 사람들에게 감사를 표했다.

여왕의 이 꾸밈없는 기쁨은 그녀의 순수한 놀라움과 짝을 이루는 의외의 모습이었다. "이 오랜 세월 동안 그녀는 여전히 국민들의 반응에 압도되는데 이는 아름다운 것이다. 그녀는 이런 일을 한두 번 겪은 것이 아니라고 생각할지 모른다. 그러나 국민들의 반응에 항상 놀라마지않으며 이것이 그녀의 매력 가운데 하나이다. 그녀는 결코 싫증내지 않는다."라고 그녀의 한 고위 보좌관이 말했다.

주빌리 주말이 지난 뒤에 필립은 그들이 영국 전역을 순회하면서 통상적인 지위를 맡았다. 그는 퇴원한 지 채 일주일도 안 되어서 군기 행렬식에 참여했다. 이제 91세의 나이인 그는 근 2파운드 무게의 곰가죽 털모자를 쓰고 거센 바람 속에서도 차렷 자세를 취하고 서 있었다. 로열 애스콧 경마에서 여왕의 암망아지 에스티메이트가 5마신의 차이로 연례 경주 21번째 우승을 거머쥐었고 처음으로 필립이 수천 명의 관중이 환호하는 가운데 환하게 웃는 아내에게 트로피를 수여했다.

여왕은 지방 방문 가운데 가장 상징적인 곳은 벨파스트였다. 여기서 그녀는 사촌인 루이스 마운트배튼과 그의 가족들을 암살한 IRA의 가장 두려운 지도자들 중 한 명이었던 북아일랜드의 첫 부수상 마틴 맥기네스와 악수했다. 이는 아일랜드와의 화해를 구축하기 위한 중요한 제스처였다.

주빌리 주말 이후 두 달 뒤에 개최된 올림픽 개막식에서 여왕은 "본드 걸 Bond girl"로 분하여 연기 데뷔를 해서 주목을 끌었다. 대니얼 크레이그와 공연한 이 패러디 영상에서 영국의 두 우상들은 왕실의 코기견들을 데리고 버킹엄 궁의 복도를 걸었다. "진짜 스타[67]는 선수도 스포츠 스타도 거창한 유명인사도 아닌, 한 늙은 여인과 그녀를 수행하는 통통한 갈색 강아지들이었다."라고 〈시드니 모닝 헤럴드〉의 조지나 로빈슨은 썼다.

그러나 주빌리를 통해서 남은 이미지는 버킹엄 궁의 발코니에 핵심적인 왕실 가족들이 모습을 드러낸 장면이었다. 골든 주빌리 기간에는 왕실의 대가족 전원이 등장하여 길게 한 줄로 늘어섰다. 다이애나 사후 5년 당시에는 윈저 가문의 미래가 불확실해 보였다. 찰스 왕자는 불안한 존재였다. 그가 인기 없는 커밀라와 결혼할 것 같지도 않았고 사춘기에 접어든 아들들의 장래도 불투명했다.

이제 10년이 지나고 그림은 훨씬 선명해졌다. 여왕은 왕위 계승은 탄탄하다는 흔들림 없는 메시지를 보내고 있었다. 그녀는 조용하고도 미묘한 방식으로 왕정을 21세기로 이끌어나갔으며 그 지위를 국가 정체성의 핵심으로, 그 역할을 힘든 시기에 있어서 균형을 잡는 힘으로, 자선 활동과 선행을 통한 공공 봉사 참여의 통로로, 그리고 그 결정적 지위를 "정치 위에 군림하는 빛"[68]으로서 강화해나갔다. 그녀의 임무는 아직 끝나지 않았다. 그녀는 모든 기대를 넘어서서 여왕의 역할을 수행해왔다. 국민들의 고마움을 말로 옮기는 일은 여왕의 아들, 그 후계자의 몫이었다. 찰스는 주빌리 콘서트가 끝난 뒤에 엘리자베스 2세를 향하여 "사심 없는 의무 수행과 봉사, 그리고 우리가 영국인임을 자랑스럽게 만들어준 폐하께" 감사드린다고 말했다.

후주

SOURCE NOTES

서문

1 엘리자베스는 그만 사랑에 빠지고 말았다 : John W. Wheeler-Bennett, *King George VI :His Life and Reign*, p.749.

2 "그녀는 다른 남자는 거들떠도 보지 않았다." : Margaret Rhodes interview.

3 "사람들은 여왕이 얼마나 영리한지 한동안 모를 것입니다." : Nigel Nicolson, *Vita and Harold :Letters of Vita Sackville-Westand Harold Nicolson*, p.414.

4 "여왕의 사적인 모습을 보고 난 완전히 충격을 받았다." : Howard Morgan interview.

5 "여왕께선 접시를 포개셨어요!" : George Weymouth interview.

6 "때로 여왕의 웃음소리가 집안에 울려 퍼질 때도 있어요." : Tony Parnell interview.

7 "의도적으로 재듯이 또박또박 걸었다." : William Shawcross, *Queen Elizabeth the Queen Mother :The Official Biography [QEQM]*, p.347.

8 "여왕은 여왕으로서의 정체성을 잃지 않으면서도" : Margaret Rhodes interview.

9 "게걸음으로 방 안에 들어가는 모습이 얼마나 신기했는지 모른다." : Graham Turner, *Elizabeth :The Women and the Queen*, pp.56-59.

10 "여왕과 여왕의 후계자 사이에 단 하나의 장애물이 있다면" : Monica Tandy interview.

11 "쏜살같이 달린다." : Margaret Rhodes interview.

12 "개성 있는 얼굴을 만들었으며" : Elizabeth Longford, *Elizabeth R :A Biography*, p.9.

13 "그렇게 오랫동안 일관성을 유지한다는 것은" : Helen Mirren interview.

14 "매일 양치질하는 것과 같다." : Jean Seaton interview.

15 "빅토리아 여왕의 일기와는 다르다." : *E II R* documentary, BBC, Feb. 6, 1992.

16 "그때 무슨 말을 해야 할지 생각이 나지 않았다." : Gwen, the Countess of Dartmouth interview.

17 "큰 전투에서 참패하면 의회는 정부를 교체한다." : Martin Gilbert, Winston S. Churchill, Vol. 8, "Never Despair." 1945-1964, p.835.

18 "여왕은 독재를 더 어렵게 만들고" : Robert Cecil interview.

19 "의논할 권리, 권장할 권리, 경고할 권리" : Walter Bagehot, *The English Constitution*, p.75.

20 "불안한 세계 속의 단결의 상징이며" : William Shawcross, *Queen and Country [Q and C]*, p.216.

21 "여왕이 어떠한 말을 한다면 그 말은 진심이다." : Gay Charteris interview.

22 "스코틀랜드에는 '냄새가 고약한 윌리'라고 불리는" : Elizabeth Anson interview.

23 "여왕을 보필하는 것" : Gyles Brandreth, *Philip and Elizabeth :Portrait of a Royal Marriage*, p.228.

24 "필립 공은 여왕을 한 사람의 인간으로 대하는" : Ibid., p.347.

25 "평생 주차할 곳을 찾아 헤맬 필요가 없는 데에 있다." : John Julius Cooper interview.

26 "여왕에게는 두 가지 장점이 있다." : Sarah Bradford, *Elizabeth : A Biography of Britain's Queen*, pp.358-59l; Turner, p.195, quotes Martin Charteris saying the Queen is "as strong as a yak."

27 "집안을 여왕이 떠났을 때와 똑같이 해둔다." : Tony Panell interview.

CHAPTER 1 왕실의 교육

1 "그러면 다음에는 언니가 여왕이 되는 거야?" : Longford, *Elizabeth R,* p.81.

2 "어린 아기였지만 놀랄 만한 권위와 사려 깊음" : Shawcross, *Q and C*, pp.21-22.

3 "단정하고 치밀하며" : Marion Crawford, *The Little Princess :The Story of the*

Queen's Childhood by Her Nanny, Marion Crawford, p.171.

4   "그녀는 자기를 조랑말이라고 상상하기를 좋아했다." : Mary Clayton interview.

5   "이런 일이 생기길 바라지 않았다." : Wheeler-Bennett, p.294.

6   "여왕이 열한 살 때쯤이었다." : Helen Mirren interview.

7   "아마도 그런 훈련이 결국은 많은 일들에 대한 해답" : *E II R* documentary.

8   "여자들이 대학에 진학하는 경우는 거의 드물었다." : Patircia Mountbatten interview.

9   "여왕은 수학에는 소질이 없었다." : Mary Clayton interview.

10   유려한 필체를 익혔는데 보다 달필이었다. : Crawford, p.19.

11   "내가 할 수 있는 한 빨리" : Shawcross, *QEQM*, p.535.

12   "국정 시사 문제에 관한 일급의 지식" : Ben Pimlott, *The Queen :A Biography of Elizabeth II*, p.69.

13   "영국 코먼웰스의 구석구석과 그곳에 사는 사람들" : Mark Collins interview.

14   "다독이 크게 도움이 되었다." : Robert Lacey, *Monarch : The Life and Reign of Elizabeth II*, pp.406-7.

15   "극적이고 활달하며 격정적인 교사" : Longford, *Elizabeth R,* p.304.

16   "아주 편안해졌으며 둘은 교분을 나누게 되었다." : Crawford, p.85.

17   "아무것도 숨기지 말라." : Sir Alan "Tommy" Lascelles, *King's Counsellor :Abdication and War :The Diaries of Sir Alan Lascelles*, edited by Duff Hart-Davis, p.208.

18   "일종의 가건물 같은 것" : Lacey, *Monarch,* p.116.

19   "자문에 그치는 잠정적인 절대주의" : Ibid., p.118.

20   "절차의 세부 과정" : David Horbury, "A Princess in Paris," Royalty Digest : A Journal of Record 6, no. 3 (September 1996) : 88.

21   "양면을 함께 판단하도록 했다." : Longford, *Elizabeth R,* p.116.

22   "항상 '명랑'하고 귀여운 공작 부인" : *Time*, April 29, 1929.

23   "문장들과 화관들이" : Jane Roberts, *Queen Elizabeth :A Birthday Souvenir Album*, facsimile reproduction of "The Coronation 12th May, 1937, To Mummy and Papa in Memory of The ircoronation, From Lilibet, By Herself."

24 "하나도 없답니다." : *The Queen, by Rolf*, BBC documentary, Jan, 1, 2006.

25 "지성적이고 개성이 충만하다." : Gerald Isaaman, "A Forgotten Artist Who Had a Brush with Grandeur." *Camden New Journal*, Jan. 15, 2004.

26 "끔찍했다." : *The Queen, by Rolf*, BBC documentary.

27 엘리자베스의 초상을 작업한 두 번째 작가 : Pimlott, p.33.

28 "아주 좋아요." : *The Queen, by Rolf*, BBC documentary.

29 종마를 기르고 훈련시켜왔는데 : Frolic Weymouth interview.

30 "움직이는 카펫" : Sally Bedell Smith, *Diana in Search of Herself :Portrait of a Troubled Princess*, p.149.

31 "이 개들은 가축을 몰던 개들이라서 사람을 물기도 한다." : *The Queen, by Rolf*, BBC documentary.

32 "그건 매우 거북한 경험이었다." : Turner, p.11.

33 "절대로 왕족에게 그런 무례한 행동을 해선 안 돼." : James Ogilvy interview.

34 "나와 바깥세상 사이에 유리 커튼을 친" : Crawford, p.81.

35 "실제 사람들" : Ibid., p.31.

36 "무시무시한" 단장인 : Lady Pamela mountbatten interview.

37 "삶의 방식으로 알며 자랐다." : Lady Pamela mountbatten interview.

38 "만일 네가 어떤 사람이나 사물에 대해 권태를 느낀다면" : Ann Morrow, *The Queen*, p.16.

39 "티 테이블에 가는 동안 군중 사이를 서둘러서 통과하는 것은" : Crawford, p.89.

40 "매우 편안하고 유쾌했으며" : Shawcross, *QEQM*, p.465.

41 "나는 그들의 얼굴에 드러난 감정을 보고 눈물이 어렸지만" : Ibid., p.468.

42 "동시에 줄곧 구경거리가 되는 것 같아 불편했으며" : Ibid., p.478.

43 "왕비께서는 기도문을 거꾸로도 외우신다." : George Carey interview.

44 "왕비께서는 침상 곁에서 무릎을 꿇는 것이" : Ibid.

45 "자녀들로 하여금 성질과 기분을 통제하도록" : Mary Clayton interview.

46 "절대로 큰소리치거나 놀라지 말라." : Shawcross, *QEQM*, p.336.

47 "그녀는 엄격한 보모들이 키웠다." : Contidential interview.

48 "작고 영리하고 어딘가 위압적" : John Dean, *H.R.H. Prince Philip Duke of Edinburgh :A Portrait by His Valet*, p.60.

49 왕과 단둘이 식사를 할 때도 꼭 작은 왕관을 썼다. : Deborah Devonshire, the Dowager Duchess of Devonshire, *Home to Roost and Other Peckings*, p.62.

50 "사람 얼굴을 똑바로 쳐다 볼 수 없었다." : Cecil Beaton, *Self Portrait with Friends :The Selected Diaries of Cecil Beaton*, edited by Richard Buckle, p.264.

51 "메리 왕비는 왕관을 항상 쓰고 다녔다." : Devonshire, *Home to Roost and Other Peckings*, p.62.

52 궁의 울타리를 넘어가 봤으면 좋겠다는 : Longford, *Elizabeth R,* p.196.

53 "사람들이 모두 바깥에서 우리를 보려고 기다린다." : Ibid., pp 73-74.

54 "그분은 새로운 아이디어를 겁내신 적이 없다." : Gilbert, p.809.

55 "성실성" : Robert Lacey, *Majesty :Elizabeth II and the House of Windsor*, p.92.

56 6주 뒤 : Crawford, p.106.

57 크로피는 공주들로 하여금 이들에게 차를 대접하면서 : Ibid., p.108.

58 "퍼다" : Lacey, *Majesty*, p.105.

59 "나는 남자들 사이에서 컸다." : Longford, *Elizabeth R*, p.122.

60 "정작 유능한 지휘관은 정의와 자비를 잘 조절할 줄 알아야 하는 것" : Crawford, p.150.

61 "어딘가 수줍음을 타는 어린 소녀" : Ibid., p.134.

62 "엘리자베스와 마거릿은 전쟁을 잊은 적이 없지만" : Longford, *Elizabeth R*, p.122.

63 "폭탄의 휘파람과 비명" : Shawcross, *QEQM*, p.527.

64 "청춘 남녀를 위한" : Lascelles, p.184.

65 "세계 최고의 왈츠 춤꾼" : Frances Campbell-Preston, *The Rich Spoils of Time*, edited by Hugo Vickers, p.221.

66 "자신감과 용기" : Horace Smith, *A Horseman Through Six Reigns :Reminiscences of a Royal Riding Master*, p.150.

67 "그 젊은 나이에, 너무나 끔찍한 일" : Shawcross, *QEQM*, p.576.

68 "어린 시절의 행복한 추억" : Bradford, p.86.

69 "차축이 부러진 것 같아요." : Peter Morgan, *The Queen* screenplay, p.65.

70 그녀는 전쟁 후 20년도 더 지나서 노동당 정치인인 바버라 캐슬에게 : Barbara Castle, *The Castle Diaries*, 1964-1976, p.213.

71 "난 내 평생에 그렇게 열심히 일해본 적이 없었다." : Bradford, p.108.

72 엘리자베스와 마거릿 로즈는 : Margaret Rose, *The Final Curtsey*, pp.66-67; Longford, *Elizabeth R*, p.124, recounting Tonide Bellaigue's memories.

73 "우리에게 직접 만든 샌드위치를 내주셨다." : Longford, *Elizabeth R*, p.124.

74 "다시 군중 속으로 갔다." : Rhodes, p.69.

75 "매우 각별한 개인적 자유를 실컷 맛보았다." : Ibid., p.68.

76 "수 마일을 걸었다." : Ibid., p.69.

77 "공주님들은 일반 사람과 똑같이 대접해주기를 원하며" : *The Times*, Aug. 8, 1945.

CHAPTER 2 여왕의 사랑

1 "가정이 파탄 나고" : Brandreth pp.33-34.

2 "타고난 지도자" : Wheeler-Bennett, p.748.

3 "지성과 기백" : Brandreth p.39.

4 "릴리벳이 그에게서 시선을 떼지 못했는데" : Crawford, p.101.

5 "영리하고 유머 감각을 지녔으며 생각이 올바르다." : Shawcross, *QEQM*, p.579.

6 스물세 살의 아들에게 남긴 것이라고는 : Vickers, *Alice*, p.321.

7 그녀는 한때 왕실 하녀였던 비커리 기브스 부인과 : Mabel, Countess of Airlie, *Thatched with Gold :The Memoirs of Mabell, Countess of Airlie*, edited by Jennifer Ellis, pp.223-24.

8 "이 모든 황홀한 일들" : Shawcross, *QEQM*, p.625.

9 "액자에 담고 싶은" : Michael Dewar, editor, *All the Queen's Horses :A Golden*

Jubilee Tribute to Her Majesty the Queen, p.11.

10 "설탕 같은 분홍색" : Cecil Beaton, *The Strenuous Years :Diaries, 1948-1955*, p.143.

11 "그녀의 옷 가운데 가장 잘 어울리는 드레스였다." : Crawford, p.165.

12 "왕실 회사" : Longford, *Elizabeth R*, pp.15, 140.

13 첫 며칠 동안의 항해는 : Gaumont British Newsreel (Reuters), *"Royal Family on Board the HMS Vanguard."*

14 엘리자베스는 약혼자의 사진을 항상 지니고 다녔으며 : Crawford, p.185.

15 두 공주는 남아프리카공화국의 극적인 경치의 아름다움에 감탄했고 : Gaumont British Newsreel (Reuters), "Royal Welcome to Capetown"; "Royal Family Visits Ostrich Farm"; "Royal Visit to Durban and Zululand"; "Royal Family Tour the Kruger National Park."

16 우리만 따스한 햇볕 아래 있다는 것에 죄의식을 느껴 : Shawcross, *QEQM*, p.612.

17 "끔찍하고 영광스러운 제2차 세계대전" : April 21, 1947, Official Website of the British Monarchy.

18 이 원고를 처음 읽어본 엘리자베스는 : Helen Cathcart, *Her Majesty the Queen :The Story of Elizabeth II*, p.80.

19 "20억 명의 사람들이 공주님의 연설을 듣고 눈물을 쏟는다면" : Ibid.

20 "수백만 사람들의 마음에 울림을 주었으며" : S. Evelyn Thomas, *Princess Elizabeth :Wife and Mother :A Souvenir of the Birth of Prince Charles of Edinburgh*, p.47.

21 "그럼, 나도 울었지." : Shawcross, *QEQM*, p.621.

22 "단단하고 사랑스러우며" : May 13, 1947, LASL 4/4/17, Sir Alan Lascelles Papers, Churchill College, Cambridge University.

23 "사람들을 편하게 해주는 놀라운 배려심을 지녔는데" : Sir Alan Lascelles to Lady Lascelles, April 30, 1947, LASL 4/4/2/17, Lascelles Papers.

24 그들은 다니는 지역의 구석구석까지 돌아보려고 애썼다. : Gaumont British Newsreel (Reuters), "Royal Tour Reaches Pretoria and Johannesburg"; "Tribesmen Gather for Royal Visit."

25 공주들은 보석으로 치장한 드레스를 걸치고 모습을 드러냈다. : Shawcross, *QEQM*, p.615.

26 마침내 뱅가드호에 탑승하여 귀국길에 오르면서 : Gaumont British Newsreel(Reuters), "Capetown Bids Farewell to Royal Family."

27 "사치와 햇빛과 즐거움이 있었으며" : Pimlott, p.124, citing Jock Colville unpublished diary, end of Aug. 1947, Sept. 21 and 29, 1947.

28 1947년에 국왕 영지는 : Zaki Cooper, assistant press secretary to the Queen, email, June 17, 2010.

29 "대단한 밤이었다." : Noel Coward, The Noel Coward Diaries, p.96.

30 "그의 담배갑을 채워 넣기에 바빴다." : Dean, p.46.

31 "갑자기 그리고 쉽게" : Ibid.

32 "인내와 동정과 관용" : British Pathé Newsreel, "The Princess Weds," Nov. 20, 1947.

33 "요란스럽게 호감을 표시했다." : Ibid.

34 "저는 오로지 나의 자녀들을 부모님께서" : Shawcross, *QEQM*, p.630.

35 "릴리벳을 아낀다?" : Ibid., p.631.

CHAPTER 3 운명의 부름

1 "진지한 질문들" : Eleanor Roosevelt, *This I Remember,* p.209.

2 "사회 문제" : Eleanor Roosevelt, *The Autobiography of Eleanor Roosevelt,* p.230.

3 "눈물이 가득했다." : Horbury, "A Princess in Paris." *Royalty Digest,* Sept. 1996, p.88.

4 "좋은 사진들과 동정적인 방문 기사를 내보냈다." : Ibid.

5 "검은 레이스 옷에 베일을 쓴" : Henry Channon, *Chips :The Diaries of Sir Henry Channon,* edited by Robert Rhodes James, p.425.

6 "난 공주님이 그렇게 아름다운 피부를 지녔는지 몰랐다네." : Patricia Brabourne interview.

7 1948년 11월 4일 이른 저녁에 : Alfred Wright, Jr., "Royal Birth." *Life,* Nov. 8, 1948.

8 오후 9시경에 고위 궁정 직원들이 : Major Thomas Harvey, private secretary to Queen Elizabeth the Queen Mother, "Notes on the birth of Prince Charles." Nov. 14, 1948.

9 "난 공주님이 해내실 줄 알았다고!" : Ibid.

10 "궁정 조리사 에인슬리가 전화로" : Ibid.

11 "이제 다 잘 끝났군." : Ibid.

12 "난생 처음 사내아이의" : Ibid.

13 "막 고치에서 머리를 내민" : Ibid.

14 "침대에 누워 있으면서도 이렇게 바쁠 줄은" : *Daily Telegraph,* March 31, 2011.

15 "섬세하고 긴 손가락" : Anthony Holden, *Charles Prince of Wales,* p.67.

16 "누군가가 방에서 페인트 냄새가 난다고 하면" : Bradford, p.145.

17 "필립은 매우 독립적이에요." : Shawcross, *QEQM,* pp.630–31.

18 "왕관 모양의 캐노피가 드리워졌다." : Dean, p.113.

19 "영국의 상류사회는" : Pamela Hicks interview.

20 "오늘날 우리 사회에서 크나큰 악을 불러들인다." : Pimlott, p.160.

21 "이런 근무 조건은 갓 탄생한 왕자에게는 적합하지 않다는 조언을 받았다." : Dean, p.121.

22 처음부터 그녀는 왕위 계승 예정자로서의 역할을 톡톡히 수행했는데 : Gaumont British Newsreel (Reuters), "Princess Elizabeth Leaving for Malta"; "Princess Joins Duke in Malta"; "Princess Elizabeth Visits Mdina Cathedral in Malta"; "Princess Elizabeth Unveils War Memorial and Visits Maternity Hospital."

23 "그녀가 가장 행복했던 시기는" : Margaret Rhodes interview.

24 "돈 계산하는 데 굼뜬 것을 눈치챘다." : Longford, *Elizabeth R,* p.160.

25 그러나 이 왕실 부부는 보통 사람들은 꿈도 꿀 수 없는 마운트배튼 백작의 빌라 가다만기아에서 살았는데 : Pamela Hicks interview.

26 엘리자베스는 운전사를 제쳐두고 열여덟 살 때 부친으로부터 선물받은 승용차 다임러 살룬을 몰았다. : Dean, pp.121–22.

27 그들은 마운트배튼의 어린 딸 파멜라가 승마 클럽의 경주에서 이기자 박수를 쳐주었고 : Pamela Hicks interview; Gaumont British Newsreel (Reuters), "Lady Pamela mountbatten Wins Ladies Race"; "Princess Goes Dancing and Views U.S. Warship."

28 아저씨는 그녀에게 폴로 조랑말을 주고 함께 타고 다니며 옆으로 타기 실력을 연마시켰는데 그녀는 이를 매우 싫어했다. : Pamela Hicks interview.

29 "대단히 빠르고 위험하고 흥미 있는 경기" : Ibid.

30 "아무 말도 마세요." : McDonald, *The Duke* documentary.

31 후임으로 온 36세의 마틴 차터리스는 공주와의 첫 만남에서 넋을 잃었다. : Gay Charteris interview.

32 "천박한" : Pimlott, p.138.

33 "자기를 자기가 꼭 껴안았다." : Shawcross, *QEQM,* pp.644–45.

34 항상 자기 체중 관리에 주의해온 그는 아내에게도 감자와 포도주와 단 것들을 포기하도록 종용하여 몸매를 조절하도록 도왔다. : *Time,* Feb. 18, 1952.

35 6월에 개최된 군기 사열식 행진에서는 맨 처음 국왕의 자격으로 경례를 받았다. : Gaumont British Newsreel (Reuters), June 1951, "The Royal Family Watches Trooping the Colour Parade."

36 "가장 행복했던 나의 해군 시절" : Dean, p.130.

37 "나는 내가 해군에 계속 몸담을 줄 알았으나" : Brandreth, p.178.

38 2층 구조로 된 이 비행기는 : Gaumont British Newsreel (Reuters), Oct. 1951, "The Royal Stratocruiser and Crew."

39 "그들은 불어를 사용하는 퀘벡에서부터" : Ibid., "Royal Tour Reaches Quebec." October 1951.

40 토론토에서는 : Ibid., "Royal Tour Continues to Toronto and Niagara Falls."

41 "안락하고 부드럽고 점잖은" : Confidential interview.

42 "웃으면 얼굴이 아프다." : Pimlott, p.171.

43 캘거리에 가서 야생마에서 떨어트리기와 사륜마차 경주를 보러 갔을 때 : Gaumont British Newsreel (Reuters), "Royal Tourists in the Cowboy Country."

44 "잘한 투자였다." : Longford, *Elizabeth R,* p.165.

45 "새로워졌고 힘을 얻었다." : Shawcross, *QEQM,* p.650.

46 "그는 초조해졌고 안절부절못했다." : Brandreth, p.208.

47 "내 머리 망가지겠어!" : Gaumont British Newsreel (Reuters), "Royal Tour Continues to Toronto and Niagara Falls."

48 디트로이트 강 건너편 자동차 도시의 스카이라인을 보고 : Ibid., "Royal Tour Continues in

Windsor and Winnipeg."

49 "신속하게 쾌유" : Ibid., "Washington Hails the Princess."

50 "공주를 만나본 사람은 누구라도 그 자리에서 공주를 사랑하게 되더라." : Ibid.

51 "요정 공주" : Pimlott, p.172.

52 "세상의 모든 자유인들은 미국에 대해 애정과 희망을 가지고 바라본다." : Gaumont British Newsreel (Reuters), "Washington Hails the Princess."

53 그녀는 훗날 마틴 차터리스에게 트루먼의 자연스러운 매너에 호감을 가지게 되었다고 말했다. : Betty Beale, *Power at Play :A Memoir of Parties, Politicians and the Presidents in My Bedroom,* p.34.

54 왕실 부부의 정신없이 바쁜 일정은 16번가에 위치한 스타틀러 호텔에서 '신문, 라디오, TV, 뉴스 영화 등을 위한 리셉션으로부터 시작되었다. : Gaumont British Newsreel (Reuters), "Washington Hails the Princess."

55 "환영에 대한 보답으로" : Ibid., "Busy Days in Washington."

56 엘리자베스는 다행히 멀미를 하지 않아서 때맞춰 식사 시간에 모습을 드러냈다. : Dean, p.140.

57 "칼은 어디 뒀어요?" : Gaumont British Newsreel (Reuters), "The Royal Couple Return to Buckingham Palace After Their Trip to Canada."

58 "영국의 왕위 계승 예정자는 그녀의 임무를 우선으로 하기에" : Ibid.

59 런던 시가 엘리자베스와 필립의 귀국을 환영하기 위해 길드홀에서 : Ibid., "City Welcomes Princess and Duke."

60 붉은 벽돌의 외관은 : *Country Life,* May 28, 2008.

61 "견고하게 속물적" : Elizabeth Longford, *The Queen Mother :A Biography,* p.157.

62 "머리와 얼굴 전용" : Deborah Devonshire and Patrick Leigh Fermor, *In Tearing Haste :Letters Between Deborah Devonshire and Patrick Leigh Fermor,* edited by Charlotte Mosley, p.212.

63 국왕도 상태가 좋다고 느껴 : Shawcross, *QEQM,* p.651.

64 카키 바지와 스카프를 걸친 엘리자베스는 : Dean, p.147.

65 "필립, 저기 봐요. 코끼리가 분홍빛이에요!" : *Time,* Feb. 18, 1952.

66 조지 6세는 샌드링엄의 영지에서 즐겁게 토끼 사냥을 한 뒤에 : Shawcross, *QEQM,* pp.652–53.

67 "너무나 충격적" : Shawcross, *Q and C*, p.16.

68 "얼굴이 창백해졌고 수심에 잠겼다." : Dean, p.148.

69 "고마워요." : Pamela Hicks interview.

70 "자신의 운명을 두 손으로 움켜잡았다." : Shawcross, *Q and C*, p.17.

CHAPTER 4 "아가씨들, 준비됐나요?"

1 "여왕님의 호칭은 어떻게 하실 생각이십니까?" : Longford, *Elizabeth R*, p.176.

2 "너무나 갑작스러운 일이었다." : *E II R* documentary.

3 "그녀가 울고 있었던 것처럼 보였다." : Dean, p.149.

4 필립은 최선을 다해서 그녀를 위로하는 지브롤터의 바위 같았다고 말했다. : Turner, p.41.

5 "릴리벳, 상복 치고는 스커트가 너무 짧구나." : Dean, p.149.

6 "아버님의 돌연한 사망으로" : BBC, "On This Day." Feb. 8, 1952, news.bbc.co.uk/onthisday.

7 남편의 안내를 받아 자리를 떠나면서 그녀는 몇 차례 눈물을 보였다. : Morrow, p.73; Bradford, p.168.

8 "보호와 사랑" : Longford, *Elizabeth R*, p.180.

9 "너무 어린 나이에 이렇게 큰 짐을 진 릴리벳을 생각하면 견딜 수가 없어요." : Shawcross, *QEQM*, pp.654–55.

10 "새 여왕과 궁합이 잘 맞을 것이라고 그를 격려했다." : Gilbert, p.697.

11 "내 부친은 여왕이 그 이상이라는 것을 매우 빨리 깨달았다." : Mary Soames interview.

12 "그는 여왕에게서 깊은 인상을 받았다." : Brandreth, p.217.

13 "놀랍게도" : Longford, *Elizabeth R*, p.196.

14 "아름답고 젊은 분으로" : Gilbert, p.700.

15 "많은 사람들이 진지하게 기도하듯이" : Shawcross, *Q and C*, p.121.

16 "사람들은 때때로 누군가가 등을 두드려주기를 원한다." : *E II R* documentary.

17 **"개인의 위험 따위에는 코웃음치며 용맹"** : "Investiture at Buckingham Palace" on Wednesday, 27th February 1952, at 11 o'clock a.m. : To be Decorated : Private William Speakman, The King's Own Scottish Borderers. Buckingham Palace Press Office.

18 **"보보(왕실에서유일하게 그녀를 "릴리벳" 또는 "우리 아가씨"라고 부를 수 있는 직원)"** : Dean, p.60.

19 **"나는 내 방들이 사람이 사는 것 같은 느낌을 주는 것이 좋다."** : Morrow, p.65.

20 **"관료들에게 선망의 대상"** : Turner, p.46.

21 **"사적인 것"으로 여긴다며** : *E II R* documentary.

22 **"300에서 900개 단어 사이의"** : Government chief whip to Mr. R. T. Armstrong, Feb. 22, 1975, National Archives, Kew.

23 **"점잖은"** : Mr. Bernard Weatherill, His Humble Duty [to HMTQ], Parliamentary Proceedings from Monday 14th February to Friday 18th February, 1972, National Archives, Kew.

24 **"그날 저녁에 오는 다른 어떤 손님들 못지않게 그들에 대해서 잘 알았다."** : Morrow, p.158.

25 **마이클 아딘은 그녀가 서류 작업을 위해 매일 세 시간씩 일했으며 저녁까지 책상에 머무는 날도 자주 있었을 것이라고 추측했다.** : Pimlott, p.401.

26 **"한번 놓치면"** : Confidential interview.

27 **"아무도 듣는 사람 없이 만나는 나의 방식"** : *E II R* documentary.

28 **그녀는 또한 많은 디저트를 먹지 않는데 딸기나 크림 등이 식탁에 올라오면 어린아이 때의 습관으로 돌아가** : Morrow, p.92.

29 **"그녀는 그다지 음식을 탐하지 않는다."** : Confidential interview.

30 **엘리자베스는 현대화의 첫 시도로서** : Jonathan Dimbleby, *The Prince of Wales :A Biography*, p.22.

31 **"왜 엄마가 오늘 밤엔 우리들과 놀아주지 않는 거예요?"** : Ibid., p.173.

32 **"왕성하게 활동하던 남자에게"** : McDonald, *The Duke* documentary.

33 **"국왕에게 무제한의 영향력을 행사했다."** : G. Lytton Strachey, *Queen Victoria*, p.93.

34 **"망명 남편"** : Ibid., p.147.

35 "필립은 끊임없이 으깨지고 핀잔받고 질책받고 비난받았다." : Ibid., p.218.

36 "우리 부친은 좌파로 여겨졌고" : Patricia Brabourne interview.

37 "이제 마운트배튼 가문의 시대가 도래했다." : Hugo Vickers, *Elizabeth the Queen Mother*, p.311.

38 "그녀는 너무 어렸다." : Patricia Brabourne interview.

39 "나는 이 나라에서 내 이름을 자식들에게 물려줄 수 없는 유일한 남자다." : Pimlott, p.185.

40 "나는 한심한 아메바 같은 존재다." : Hugh Massingberd, *Daydream Believer :Confessions of a Hero-Worshipper*, p.148.

41 "그 늙은 주정뱅이 처칠" : Ibid.

42 "처칠은 내 부친이 '인도를 내준 데 대해서' 결단코 용서를 못했다." : Patricia Brabourne interview.

43 "그녀의 시간을 줄여주기 위한 것" : McDonald, *The Duke* documentary.

44 "전적으로 부친의 의사에 맡기겠다." : Dimbleby, p.59.

45 "그녀가 초연하면서도 무관심하지는 않았기 때문" : Ibid.

46 "가치 있는 국가의 수장이 되려는 노력은 그녀에게 엄청난 부담이 되었다." : William Deedes interview (Jan. 20, 1998).

47 "재위 첫 5년간 그녀는 더욱 엄격히 격식을 따랐다." : Confidential interview.

48 "무덤덤한 남자보다 젊은 여왕이 있는 것이 훨씬 낫다." : Nancy Mitford, *Love from Nancy :The Letters of Nancy Mitford*, edited by Charlotte Mosley, p.291.

49 "텅 비어 있음" : Bradford, p.169.

50 "불행과 비참의 거대한 먹구름에 싸여 있다." : Victoria Glendinning, *Edith Sitwell :A Unicorn Among Lions*, p.299.

51 "인간 생활의 목적" : Ibid., p.769.

52 "위대한 어머니이자 보모이다." : Beaton, *Strenuous Years*, p.147.

53 "에드워디언 레이디" : Ibid.

54 "전통에 중요성을 부여하는 점" : Confidential interview.

55 "모후가 나서서 항상 중재 역할을 했다." : Confidential interview.

56 이 두 여인은 서로를 대등하게 존중하지만 : Margaret Rhodes interview.

57 "누가 봐도 국왕이었다." : Nicolson, *Vita and Harold,* p.405.

58 "웨스트민스터 성당 바깥의 수백만 명의 사람들은" : The Queen's First Christmas Broadcast, Dec. 25, 1952, Official Website of the British Monarchy.

59 "이제부터 여왕 폐하 다음의 지위와 우위와 우선권을 누리게 될 것이다." : Longford, *Elizabeth R,* p.194.

60 "서두르고 쫓기는 사람" : Beaton, *Strenuous Years,* p.120.

61 "우리는 당연히 그녀가 홀로 걸어야 한다고 보았다." : Gay Charteris interview.

62 "왕위를 포기한 자를 초청하는 것은 아주 적절하지 못하다." : Bradford, p.184, citing 98th and 99th Conclusions, 18 and 20 Nov. 1952, National Archives, Kew.

63 "내 친척들이 지독하게 고약스러웠다." : Michael Bloch, *The Secret File of the Duke of Windsor,* p.279.

64 "마치 불사조의 시간" : Pimlott, p.193.

65 "국가의 문양" : *Washington Post,* June 3, 1953.

66 그녀는 99대 캔터베리 대주교인 제프리 피셔를 만나 다양한 의식들의 정신적 의의를 배웠고 기도문을 익혔다. : Canon John Andrew interview.

67 "난 괜찮아요." : Longford, *Elizabeth R,* p.199.

68 "모든 퇴임 국왕들은 클라리지 호텔에 투숙했으며" : Mini Rhea, with Frances Spatz Leighton, *I Was Jacqueline Kennedy's Dressmaker,* p.162.

69 "약간의 수선을 떨어야 했다." : Deane Heller and David Heller, *Jacqueline Kennedy,* p.81.

70 "자줏빛 비단으로 휘감고" : *Baltimore Sun,* June 3, 1953.

71 "그녀는 편안해 보였고" : Anne Glenconner interview.

72 "폐하, 불안하시죠?" : Shawcross, *Q and C,* p.182.

73 "아가씨들, 준비됐나요?" : Anne Glenconner interview.

74 "앞뒤로 흔들리며" : Beaton, *The Strenuous Years,* p.144.

75 그녀는 가볍게 목례를 하고 : British Pathé Coronation newsreel, Part 1, June 3, 1953.

76 "신의 율법을 따를 것" : Anne Glenconner interview.

77 "너무나 감동적인 순간이었다." : Ibid.

78 "엘리자베스는 빅토리아와는 달리 대주교가 가슴에 축성하는 것을 거부하지 않았다는 데 대하여 약간의 호기심이 일었다." : *Baltimore Sun,* June 3, 1953.

79 "대관식의 진정한 의의" : John Andrew interview.

80 "과세의 온정" : British Pathé Coronation newsreel, Part 2, June 3, 1953.

81 "심중한 기대감" : Beaton, *The Strenuous Years,* p.144.

82 "저기 봐요, 엄마예요!" : Associated Press, June 2, 1953.

83 "자랑스러움과 슬픔이 교차하는" : Beaton, *The Strenuous Years,* p.143.

84 "국왕이 되는 것은 마치 성직에 오르는 것 같다." : Frances Campbell-Preston interview.

85 "언니의 침착한 얼굴에서 한 순간도 눈을 떼지 않았다." : Associated Press, June 2, 1953.

86 "공주님, 너무 슬퍼 보여요." : Anne Glenconner interview.

87 "소박한 영성체" : Beaton, *The Strenuous Years,* p.145.

88 "우리 모두는 복도를 뛰어다녔고" : Ibid.

89 "여왕은 아이들을 얼른 품에 안았다." : Beaton, *The Strenuous Years,* p.147.

90 "엘리자베스 시대의 탐험가" : William Manchester, *Baltimore Sun,* June 3, 1952.

91 "대관식은 영국을 놀라운 수준으로 단합시켰다." : Earl Warren, governor of California, to Dwight D. Eisenhower, report on coronation, June 30, 1953, Dwight D. Eisenhower Presidential Library and Museum.

92 후일의 수상 존 메이저 : William Shawcross, *Queen and Country,* BBC Four-Part Documentary Series, 2002.

93 그는 성유로 축성받지 못했다. : Jeremy Paxman, *On Royalty : A Very Polite Inquiry into Some Strangely Related Families,* p.125.

94 "TV 오찬" : *Baltimore Sun,* June 3, 1953;Paul Johnson, *Brief Lives : An Intimate and Very Personal Portrait of the Twentieth Century,* p.111.

CHAPTER 5 국정

1   "온갖 지식에서 끌어온다." : Jean, the Countess of Carnarvon, interview.

2   여왕은 남편과 함께 다임러 오픈카의 뒷좌석에 앉아서 역대 최고 관중인 50만 명의 환호를 받으며 엡섬 다운스의 트랙으로 들어섰다. : Universal International Newsreel, June 6, 1953.

3   "대단히 화통한 분" : Longford, *Elizabeth R,* p.239.

4   "나 못지않게 경마의 결과에 대해 기뻐하는 것처럼 보였다." : BBC Sport, June 2, 2003.

5   "그야 물론 윈스턴이죠." : Longford, *Elizabeth R,* p.214.

6   "경마요." : Shawcross, *Q and C,* p.70.

7   "두 분은 주로 말 얘기를 하셨어요." : Mary Soames interview.

8   "두 분이 무슨 얘기를 나누는지는 들을 수 없지만" : Lascelles, p.430.

9   "아주 능숙하게 부모 같은 배려심을 가지고 정치가와 궁정인의 조심성과 존중심을 배합했으며" : Lytton Strachey, p.33.

10   "전혀요." : Nicolson, *Vita and Harold,* p.405.

11   "어떻게 생각하시나요?" : Longford, *Elizabeth R,* p.213.

12   "황망하게 놀라서" : Ibid.

13   "만약에 어떤 일을 여왕에게 가르쳐야 할 경우" : Mary Soames interview.

14   "폴란드 사람들에게 약간 거칠다." : Gilbert, p.810.

15   "부담" : Winston and Clementine Churchill, *Winston and Clementine :The Personal Letters of the Churchills,* edited by Mary Soames, p.569.

16   과로 : Ibid., p.570.

17   위로 편지도 썼으며 : Gilbert, p.852.

18   "사람들이 수상을 원합니다." : Ibid., p.884.

19   "거의 2년간이나 얼버무렸다." : Clarissa Eden, *Clarissa Eden :A Memoir from Churchill to Eden,* p.142.

20   "시종무관으로서 낙제점이었다." : Lascelles, p.211.

21   "아가씨한테는 불필요합니다." : Longford, *Elizabeth R,* p.119.

22   "그녀는 통 말을 듣지 않았어요." : Mary Clayton interview.

23   "마거릿은 정말 말썽꾸러기였어요." : Ibid.

24   "여왕은 절대로 남 앞에서 과시한 적이 없어요." : Kenneth Rose interview.

25   "비범하고 강렬한 아름다움" : Kenneth Rose, *Intimate Portraits of Kings, Queens and Courtiers,* p.273.

26   "블랙홀" : Pimlott, p.199.

27   "깊은 사랑에 빠졌으며" : Lascelles, p.398.

28   "지난한 장애" : Ibid.

29   "깃털" : BBC, "On This Day." October 31, 1955, news.bbc.co.uk/onthisday.

30   "이건 매우 중요한 일이다!" : Lascelles, p.399.

31   "가능한 한 빠른 시일 내에 타운센드를 해외 임지로 보내는 것" : Ibid.

32   "한편으로 비켜서 있었고" : Obituary of Peter Townsend, *The Independent,* June 21, 1995.

33   "여왕은 마거릿 공주와 그리고 어쩌면 타운센드와도 상의한 뒤에" : Lascelles, p.400.

34   그는 그해 말에 은퇴할 예정이었으나 : Ibid., p.405.

35   "여왕은 이혼에는 전염성이 있다고 믿었다." : Elizabeth Anson interview.

36   한 조사에 의하면 : Longford, *Elizabeth R,* p.206.

37   "그녀는 자신이 원래 제국이었던 기구 안에 자신을 결합시켰다." : Brian Mulroney interview.

38   그녀의 개인 비서였던 필립 무어 경은 : Oliver Everett interview.

39   "왕관이 지배의 상징으로부터" : The Queen's Speech at the Luncheon in the Guildhall to mark her Silver Jubilee, Tuesday 7th June 1977, Buckingham Palace Press Office.

40   여왕은 첫 코먼웰스 순방을 위한 준비를 하면서 : *Daily Telegraph,* June 23, 2009.

41   "세계의 이익" : Gilbert, p.942.

42   나머지 시간에 여왕은 왕실 가족들이 셔플보드나 고리 던지기, 탁구 같은 게임을 하는 광경을 지켜 봤고 : Gaumont British Newsreel (Reuters), "Fiji Hails the Queen."

43 "정말 근사했지?" : Pamela Hicks interview.

44 "그녀가 그르렁 소리를 내며 손뼉을 치고 있을 때" : Ibid.

45 "국왕은 단지 우리의 단결에 대한 추상적 상징인 것이 아니라" : Queen Elizabeth II Christmas Broadcast, Dec. 25, 1953, Official Website of the British Monarchy.

46 할머니와 함께 샌드링엄에서 크리스마스를 보내고 있던 다섯 살배기 찰스 왕자와 세 살배기 앤 공주는 이 방송을 열심히 듣고 있었다. : Vickers, *Elizabeth the Queen Mother,* p.329.

47 "그 애는 너와 필립을 너무나도 사랑한단다." : Shawcross, *QEQM,* p.692.

48 호주 인구의 4분의 3이 : Shawcross, *Q and C,* p.59.

49 "세계의 연인" : Pimlott, p.222.

50 "그 아부의 수준" : Brandreth, p.181.

51 "한 사람이 국가에 대한 사랑을 표현하는 도구가 된다는 것이 얼마나 감동적이며 동시에 나를 겸손하게 만드는 것인가 하는 점을 느끼지 않니?" : Shawcross, *QEQM,* p.691.

52 "한번은 여왕이 호주에서 이렇게 불평하는 걸 들었어요." : Pamela Hicks interview.

53 "과잉 제스처를 남발하지 않는다." : Beaton, *The Strenuous Years,* p.144.

54 "그녀에게는 중간 표정이 없다." : Pimlott, p.250.

55 "문제는 난 어머니를 닮지 않았다는 거야." : *Daily Mail,* Sept. 16, 2008, excerpt from *Killing My Own Snakes,* by Ann Leslie.

56 "슬픈 표정은 그만 지어요, 소시지 아가씨." : Longford, *Elizabeth R,* p.209–10.

57 "이 양들의 울음소리가 무엇을 뜻하는고?" : Morrow, p.44.

58 "우선 다리를 이렇게 벌린다." : Susan Crosland, *Tony Crosland,* p.346.

59 "숙녀들의 필수품으로 흔히 상상할 수 있는 것들이다." : Phil Brown interview.

60 "여왕은 숙녀 그 자체이셔서" : Confidential interview.

61 "난 여왕이 핸드백을 열고 컵을 꺼내서 쓰는 것을 보았다." : Confidential interview.

62 "난 항상 저 수도사들의 발가락이 신기하던데" : Morrow, p.92.

63 "권태를 이기고 격식을 허물기 위한 탈출구였다." : Turner, p.63.

64 "어서 들어와요. 할 일도 없지 않소." : Pamela Hicks interview.

65 과학을 농업, 의료, 군사 분야에 응용할 수 있는 방법에 대해 : HRH the Prince Philip Duke of Edinburgh, *Selected Speeches, 1948–1955,* p.82.

66 그녀의 시종들은 그런 고온 속에서도 여왕은 거의 땀을 흘리지 않는다는 것을 알았다. : Pamela Hicks interview.

67 "우리 모두는 땀으로 목욕을 했다." : Debbie Palmer interview.

68 "어떤 사람들은 몸에 땀이 많이 난다." : Pamela Hicks interview.

69 412피트 길이의 왕실 요트인 브리타니아호 : Author's observation; *The Royal Yacht Britannia Official Guidebook.*

70 "진정 휴식을 취할 수 있는" : Ibid., p.14.

71 "바다 위의 숨은 별장" : *The Royal Yacht Britannia Official Guidebook,* p.17.

72 "찰스가 아주 사랑스럽게 잘 성장했단다." : Shawcross, *QEQM,* p.692.

73 "아니, 너 아니고." : Holden, *Charles Prince of Wales,* p.88.

74 이어 모녀의 사적인 해후는 따스하고 : Pamela Hicks interview.

75 "매력적" : Shawcross, *QEQM,* p.692.

76 "아니, 너 아니고" : Anthony Holden, *Charles :A Biography,* p.15.

77 "누가 여기에 와서 이 더러운 강을 보았어요." : Gilbert, p.976, citing Queen Elizabeth II reflections in *Queen and Commonwealth,* television documentary produced by Peter Tiffin, April 22, 1986.

78 "덜 고집을 피우더라." : Eden, p.168.

79 "갈수록 길어져서" : Gilbert, p.1124.

80 여왕은 그날 3월 29일의 면담에서 침착한 태도를 유지하면서 : Ibid., p.1115.

81 "개인적으로 심심한 유감의 뜻" : Ibid., p.1117.

82 "젊고 빛나는 지도자" : Ibid., p.1121.

83 "절대로 미국과 떨어지지 말라." : Ibid., p.1123.

84 "하원 의원으로서 죽기를 원하기" : Ibid., p.1124.

85 "나의 첫 수상의 자리를 대신하지는 못할 것" : Ibid., p.1127.

86 "폐하로 하여금 우리 시대의 심중하고도 복잡한 문제들에 대하여 정면으로 대응하도록" : Ibid.

87 "이 일은 어려운 일이 아니므로" : Ibid., p.1125.

88 "폐하, 그럼 어떻게 할까요?" : Eden, p.190.

89 "당대에서 가장 잘생긴 정치가" : Ibid., p.122.

90 "괴팍하고 격렬한 성품" : Cynthia Gladwyn, *The Diaries of Cynthia Gladwyn,* edited by Miles Jebb, p.198.

91 "앤서니는 여왕에게 자기가 아익스 식당에서 시켜 먹었던 메뉴에 대해 얘기했는데" : Eden, p.215.

92 "둘은 잡담을 하면서 줄곧 웃었다." : Clarissa Eden interview.

93 "이런 식으로 그를 만나는 것만이 내가 그와 결혼할 것인지 아닌지를 올바로 결정할 수 있다고 느낍니다." : *Daily Telegraph,* Nov. 7, 2009.

94 "마거릿, 어서 결심하라!" : Christopher Warwick, *Princess Margaret :A Life of Contrasts,* p.197.

95 10월 초에 이든은 수상의 연례 주말 휴가로 밸모럴을 방문하여 : Eden, p.219.

96 "높은 수준" : *The Times,* Oct. 24, 1955.

97 이 슬픔 어린 성명서는 : BBC, "On This Day." Oct. 31, 1955, news.bbc.co.uk/ onthisday.

98 "오두막에서" : Rose, p.189.

99 "이기적이고 딱딱하고 거칠어졌다." : Bradford, p.287.

100 7회에 걸쳐 그녀의 모습을 그렸다. : "1954 Sir William Dargie : Her Majesty Queen Elizabeth II." artistsfootsteps.com.

101 "곧은 등은 …… 한번도 굽은 적이 없었다." : Ibid.

102 "근사하게 친근한 초상" : Laura Breen, "Dargie's Wattle Queen." *re Collections :A Journal of Museums and Collections,* Nma.gov.au.

103 여왕이 소장한 또 하나의 초상 : *The Queen, by Rolf* documentary.

104 "친절하고 자연스럽고 결코 으스대지 않는다." : Pietro Annigoni, *An Artist's Life :An Autobiography,* p.84.

105 "사람들과 자동차들이 오가는 것을 내려다보던" : Ibid., p.82.

106 "외롭고 초연한" : Ibid., p.83.

107 마거릿은 언니의 까다로운 입매를 성공적으로 그렸다고 칭찬했다. : Ibid., p.86.

108 이듬해에 마거릿은 안니고니 초상화를 위해서 33회나 모델이 되었는데 : Ibid., p.96.

109 "제 그림이 언니 것보다 더 나아요." : Frolic Weymouth interview.

110 나이지리아를 갔을 때 오지 강 나환자촌을 방문했는데 : Gaumont British Newsreels (Reuters), "Royal Tour of Nigeria 1956."

111 "여왕의 정경이 환하게 빛을 발했다." : Barbara Ward, "The Woman Who Must Be a symbol." *New York Times Magazine,* Oct. 13, 1957.

112 1956년 5월 11일 : Andrew Duncan, *The Queen's Year :The Reality of Monarchy :An Intimate Report on Twelve Months with the Royal Family,* p.152.

113 어떤 참가자는 : Morrow, p.91.

114 한번은 그녀의 코기 견 한 마리가 양탄자에 볼일을 보자 : Oliver Everett interview.

115 "말쑥한 검정색 예복과 깨끗한 셔츠에 새 넥타이를 매고" : Eden, p.230.

116 "그녀는 평범한 흰색 드레스를 입었다." : Nikita Khrushchev, *Khrushchev Remembers,* translated and edited by Strobe Talbott, p.406.

117 "여왕께서 내게 이렇게 말하셨다니까." : Eden, p.231.

118 "여왕에게 숨겨지는 것은 없었다." : Pimlott, p.253.

119 "그녀는 우리가 하고 있는 일들을 잘 알고 있었다." : Lacey, *Majesty,* p.212.

120 불면증을 해소하기 위해 각성제를 복용하고 있었고 : Gladwyn, p.198.

121 "불안" : Pimlott, p.255.

122 "여왕은 그가 미쳤다고 생각했다."고 회고했다. : Ibid.

123 "귀하가 지금 현명하다고 확신합니까?" : Ibid.

124 "그녀가 수에즈 문제에 찬성했다고 주장하지도 않겠다." : Lacey, *Majesty,* p.212.

125 "나는 그녀가 결코 찬성했다고 생각하지 않는다." : Gay Charteris interview.

126 "정신을 못 차릴 정도로 나쁜 상태" : Gladwyn, p.198.

127 처칠은 그의 옛 친구에게 편지를 보내 두 나라는 이든의 속셈에 대해 따질 것이 아니라 소련에 대응하는 공동 전선을 펴야 한다는 점을 강조했다. : Gilbert, p.1222.

128 "진짜 적" : Ibid.

129 "현 상황에 대한 그의 관점을 알게 되어 매우 흥미롭게 생각한다." : Ibid., p.1223.

130 "높은 가치를 지닌" : Shawcross, *Q and C,* p.74.

131 "매사에 있어서 현명하고 공평한 처사" : Pimlott, p.273.

132 "나이가 더 많은 사람을 고르라." : Lacey, *Majesty,* p.215.

CHAPTER 6 TV에 빠지다

1 "비행기로 날아왔다가 되돌아갔더라면 간단할 수도 있었다." : HRH Prince Philip Duke of Edinburgh, *Prince Philip Speaks :Selected Speeches by His Royal Highness the Prince Philip, Duke of Edinburgh, K.G., 1956–1959,* edited by Richard Ollard, p.38.

2 "코먼웰스에 충성스러운 먼 지역" : McDonald, *The Duke* documentary.

3 "뱃사람이 직업" : Prince Philip, *Selected Speeches, 1948–1955,* p.105.

4 "동지애를 만끽했는데" : Ibid., p.148.

5 탐험에 대한 호기심을 충족했고 : Prince Philip, *Selected Speeches, 1956–1959,* p.137.

6 "풀셋" : British Pathé newsreel, "The Duke Visits the Outposts."

7 향수에 젖은 기분으로 : Pamela Hicks interview; McDonald, *The Duke* documentary.

8 "필립의 어리석음" : Longford, *Elizabeth R,* p.225.

9 대신 그는 여왕에게 흰 장미 꽃다발과 서로 껴안고 있는 이구아나 한 쌍의 사진을 보냈다. : Ibid.

10 "자기보다도 남을 위하여 봉사할 의사가 있음" : Prince Philip, *Selected Speeches, 1956–1959,* p.38.

11 "그는 문이 닫혀 있으면 닫힌 문 뒤를 들여다보고 싶어 하는 사람 중의 하나이다." : Confidential interview.

12 "전인" : Prince Philip, *Selected Speeches, 1956–1959,* p.131.

13 "저건강" : Ibid., p.95.

14 "파티 걸"에 관한 얘기 : Brandreth, p.254.

15 "대단히 상처 입고 격노" : Pimlott, p.271, citing Brook Productions, *The Windsors,* interview transcript.

16 "전혀 사실이 아니다." : *Irish Times,* Feb. 12, 1957.

17 "아무런 문제도 되지 않았을 것" : Prince Philip, *Selected Speeches, 1956–1959*, p.43.

18 이 생각은 새 수상이 된 해럴드 맥밀런에게서 나왔는데 : Pimlott, p.272.

19 "우리 대부분의 사람들에게 이렇게 좋은 시절이 없었다." : Alistair Horne, *Harold Macmillan*, Vol. 2, *1957–1986*, p.64.

156 여왕은 때때로 그의 고풍스러운 허세와 거들먹거림에 짜증을 내기도 했다. : Charles Williams, *Harold Macmillan*, pp.293, 319.

20 "국왕에 대한 본능적 존중심" : Horne, p.169.

21 "꿰뚫어 볼 수 없는 침착함의 가면" : Williams, p.474.

22 "빅토리아 양식의 나태" : Horne, p.308.

23 국내외 문제들을 소상히 파악하고 있는 데 대하여 그는 처음부터 놀라움을 금치 못했다. : Ibid., p.14.

24 "큰 힘이 되어준다." : Ibid., p.168.

25 "그녀는 한 번도 과도한 반응을 보이지 않고" : Lacey, *Majesty,* p.217.

26 "더 많이 웃는 모습을 보여주기를" : Ibid., p.218.

27 "사람들은 여왕의 엄숙한 모습을 주로 보고 싶어 한다고 여왕은 항상 믿어왔다." : Ibid.

28 디키 마운트배튼은 그 탓이 여왕이 즉위 이후 자녀 이름에 필립의 성을 따르는 것을 거부한 데 대하여 필립이 분노했기 때문이라고 말했다. : Massingberd, p.148.

29 "가엾은 어린아이는 염두에도 없는 듯 침착하고 여유 있는 모습이었다." : Eleanor Roosevelt, *My Day :The Best of Eleanor Roosevelt's Acclaimed Newspaper Columns, 1936–1962,* p.247.

30 "안전한 보금자리" : Dimbleby, p.40.

31 "그녀는 되도록 피했다." : Gay Charteris interview.

32 여섯 살이 된 찰스가 앤서니 이든의 의자에 폴짝 올라앉자 : Eden, p.201.

33 클라리사 이든은 왕자의 버릇없음이 재미있었지만 : Clarissa Eden interview.

34 "자연스러운 상태" : McDonald, *The Duke* documentary, quoting Pamela Hicks.

35 찰스에게 아침마다 침대를 정돈하고 : Lacey, *Majesty,* p.235.

36 "아주 상냥한 마음씨를 지닌 부드러운 소년" : Bradford, p.329.

37 "채워져야 할 배가 아니라 태워야 할 불길" : Hill House International Junior School Website.

38 육아실에서 수년을 보낸 찰스가 교실에서 다른 소년들과 함께 공부하고 : Dimbleby, pp.32–33.

39 필립은 그의 "전인 교육"의 철학에 맞추어 학교를 선택했다. : Cheam School Website.

40 "아이들은 집에서는 하고 싶은 대로 해도 되지만" : Dimbleby, p.43.

41 "나는 항상 일대일 관계의 단짝 친구를 원했다." : Ibid., p.44.

42 전혀 영문을 몰랐었다. : Ibid., p.49.

43 "두려움" : Queen Elizabeth II to Anthony Eden, Jan. 16, 1958, Lord Avon Papers.

44 "직위에 부적합" : *Time,* April 8, 1957.

45 "소수 패거리" : "The Monarch Today." *National and English Review,* Aug. 1957, pp.61–67.

46 "효율적인 대외 협력 체제" : *New Statesman,* Oct. 22, 1955.

47 "일시적인 허튼 생각을 들이대는 것" : Pimlott, p.281.

48 "매우 한심한 인간" : *Time,* Aug. 19, 1957.

49 "이 나라 인구의 95퍼센트는" : Ibid. In 1963 after Parliament passed a law allowing peers to renounce their titles, Altrincham would disclaim his and become known as John Grigg.

50 "실로 전후 국왕의 분수령" : Roy Strong, *The Roy Strong Diaries, 1967–1987,* p.430.

51 어떤 사람에 의하면 필립 공 —궁정인들을 싫어했던 —역시 같은 생각이었다고 한다. : *Sunday Graphic,* Nov. 17, 1957.

52 필립 공과 BBC의 데이비드 애튼버러, 필립의 고든스타운 시절 친구인 앤서니 크랙스턴 같은 전문가들의 도움을 받아 : *Sunday Times,* Dec. 22, 1957.

53 이듬해에 버킹엄 궁에서 사교계 데뷔자들을 위한 특권층만의 "소개 파티"가 마지막으로 개최되었는데 : Fiona MacCarthy, *Last Curtsey :The End of the Debutantes,* pp.1, 17–18.

54 "왕실 가족과 사교적으로 어울리는 무리" : Malcolm Muggeridge, "Does England Really Need a Queen?." *Saturday Evening Post,* Oct. 19, 1957.

55 그는 길거리에서 봉변을 당했고 : Longford, *Elizabeth R,* p.229.

56 그녀는 최초로 영상 자막기를 사용하여 : *Washington Post,* Oct. 14, 1957.

57 "수줍어 보였으며 약간 어색" : *New York Times,* Oct. 14, 1957.

58 "나는 여러분에게 보다 개인적으로 말씀드리고 싶습니다." : *Washington Post,* Oct. 14, 1957.

59 "캐나다 역사의 한 부분에 참여하고 있다." : *New York Times,* Oct. 15, 1957.

60 "미국과 우리가 보다 가까워진 것 같은 느낌이 든다." : Queen Elizabeth II to Anthony Eden, Oct. 11, 1957, Lord Avon Papers, Birmingham University.

61 "막역한 우정" : *The Papers of Dwight David Eisenhower :NATO and the Campaign of 1952,* Vol. 13, letter to Queen Elizabeth the Queen Mother, Feb. 7, 1952, p.947.

62 자주 회고했다. : "Suggested Remarks : Welcome for Prince Charles and Princess Anne." July 15, 1970, Richard Nixon Presidential Library and Museum.

63 "우리는 모두 테이블 밑으로 들어가 숨었다." : *Daily Mail,* Jan. 15, 2011, citing unused footage from the 1969 documentary *Royal Family.*

64 "만약에 그들이" : Rhodes, p.57.

65 "놀라 자빠질 뻔했다." : *Daily Mail,* Jan. 15, 2011.

66 1만 명의 시민들이 나와 환영했으며 : *Illustrated London News,* Oct. 26, 1957.

67 "선구적이며 유능한 정치가" : *Washington Post,* Oct. 17, 1957.

68 그들이 이륙을 기다리고 있는 동안 : Wiley T. Buchanan, Jr., with Arthur Gordon, *Red Carpet at the White House :Four Years as Chief of Protocolin the Eisenhower Administration,* p.130.

69 "그는 머뭇거렸다." : Ruth Buchanan interview.

70 "작은 영국의 국왕" : *Washington Post,* Oct. 18, 1957.

71 "자기 역할에 확신을 가지고 그 역할을 편안하게 수행했다." : Ruth Buchanan interview.

72 "엄청난 금액" : *New York Times,* Oct. 19, 1957.

73 "엉뚱한 발상" : Richard Nixon to Queen Elizabeth II, Oct. 19, 1957, Nixon Library.

74 "미식 축구 시합" : *Washington Post,* Oct. 19, 1957.

75 "미국의 가정주부들이 어떻게 장을 보는지 알기 위해서" : *New York Times,* Oct. 20, 1957.

76 15,000 달러짜리 밍크코트를 걸친 : Buchanan, p.132.

77 "괴로워" : *Washington Post,* Oct. 20, 1957.

78 "산업 행렬" : *New York Times,* Oct. 20, 1957.

79 "이렇게 자녀들까지 함께 데려오시다니 참 좋군요." : *Washington Post,* Oct. 20, 1957.

80 "생쥐한테 주면 딱 좋겠군!" : Ibid.

81 "놀랍고 두려웠다." : Ibid.

82 워싱턴에서의 마지막 날 : Ibid., Oct. 21, 1957.

83 "여왕은 어린 시절부터 꿈꾸어오던 대로 바다에서 보이는 맨해튼을 보여달라고 특별히 요청했었다." : *New York Times,* Oct. 22, 1957.

84 "커다란 보석들이 줄지어 놓인 것" : Alistair Cooke, *Manchester Guardian,* Oct. 22, 1957.

85 "안녕, 리즈" : *Washington Post,* Oct. 22, 1957.

86 "이렇게 건물들이 빼곡히 들어차 있을 줄은 몰랐다!" : *New York Daily News,* Oct. 21, 957.

87 "맛만 보았다고" : *New York Times,* Oct. 22, 1957.

88 "우렁찬 기립 박수" : *Washington Post,* Oct. 22, 1957.

89 "똑바로 설 수 있는지" : Ibid.

90 "장엄한" : *New York Times,* Oct. 22, 1957.

91 "저녁 하늘이 자줏빛을 띠었고" : *Manchester Guardian,* Oct. 22, 1957.

92 샴페인 소스를 친 줄무늬농어와 : Anne Pimlott Baker, *The Pilgrims of the United States :A Centennial History,* pp.128–29.

93 내빈들은 그녀가 엄격한 식사 의전 규칙을 따르는 것을 지켜보았는데 : *New York Times,* Oct. 22, 1957.

94 "체류 기간 중에 꼭 한 번" : Ibid.

95 "꼿꼿하게 연단에 앉아" : Buchanan, p.149

96 "필립, 저기 잠옷 차림으로 나온 사람들을 좀 봐요." : Ibid., pp.149–50.

97 "두 분의 매력과 친절이 우리나라 국민들의 마음을 사로잡았습니다." : Dwight D.

Eisenhower to Queen Elizabeth II, Oct. 20, 1957, Eisenhower Library.

98 "대단히 성공적" : *New York Times,* Oct. 22, 1957.

99 "조지 3세를 영구히 매장했다." : Horne, p.55.

100 "왜 그녀는 대서양까지 넘어가서 속살을 다 보여주었을까?" : *Washington Post,* Oct. 27, 1957.

101 "시대를 넘어섰다고 예견했다." : Prince Philip, *Selected Speeches, 1948–1955*, p.55.

102 "TV는 최악이다." : Queen Elizabeth II to Anthony Eden, Oct. 11, 1957, Lord Avon Papers.

103 필립은 연출을 맡아서 옛 연설문을 가지고 그녀를 연습시켰다. : *Sunday Dispatch,* Oct. 6, 1957.

104 "훨씬 더 생동감이 있었다." : *Daily Mirror,* Oct. 11, 1957.

105 필립은 1957년의 TV 중계를 위하여 각별히 적극적인 역할을 자임했는데 : *Sunday Times,* Dec. 22, 1957.

106 화면을 돌려가며 읽을 수 있는 기계 장치까지 하고 나서 : *Sunday Graphic,* Dec. 22, 1957.

107 "내 남편은 TV앞에서 긴장하지 않는 비법을 발견한 모양인데" : *Daily Express,* Dec. 27, 1957.

108 방송 며칠 전에 : *News Chronicle,* Dec. 27, 1957.

109 여왕은 7분간 연설하면서 : Queen Elizabeth II Christmas Broadcast, Dec. 25, 1957, Official Website of the British Monarchy.

110 카메라 뒤에 서 있던 남편에게 : *News Chronicle,* Dec. 27, 1957.

111 "포스트 올트링엄 왕실 연설" : *Daily Express,* Dec. 27, 1957.

112 "편안하고 자연스럽다." : *News Chronicle,* Dec. 27, 1957.

113 "그녀의 모든 매력" : *Daily Express,* Dec. 27, 1957.

114 "좋은 말이다." : *News Chronicle,* Dec. 27, 1957.

115 "마지막 원고는 실상" : Pimlott, p.291.

116 어느 해에는 시종이 그녀가 분홍색 슬리퍼를 신고 있는 것을 보았다고 한다. : Paul Burrell, *A Royal Duty,* p.19.

117 "왕실 권력의 상징" : David Thomas interview.

118 "한 가지 꼭 기억할 것이 있는데" : Ibid.

119 "재판정에 출두한 범인들" : Diaries of David Bruce, Nov. 3, 1964, Richmond Historical Society.

120 "내 생각에 내 인생에서 가장 멍청하고" : Annigoni, p.181.

121 "내 목에 여전히 느낌이 남는다." : Ibid.

122 "수백만 나의 국민으로 하여금" : "The Queen's Speech." Oct. 28, 1958.

123 "거의 떨어진 적이 없었던" : Lacey, *Monarch,* p.214.

124 "나는 한동안 계획했던 대로 아이를 가지게 되었다." : Pimlott, p.305.

181 리처드 데일리시장은 레이크쇼어드라이브 대로에 레드 카펫을 깔았으며 : *Chicago Tribune,* July 17, 2005.

125 "시카고는 폐하의 것입니다!" : Longford, *Elizabeth R,* p.311.

126 "연도에 늘어선 군중이 그보다 더 열광하는 모습을 본 적이 없다." : Dwight D. Eisenhower to Queen Elizabeth II, July 7, 1959, Eisenhower Library.

127 "이는 여왕에 대한 모욕" : Horne, p.147.

128 친구들인 웨스트몰랜드 백작 : Eisenhower Archives, guest list, Aug. 21, 1959, Eisenhower Library.

129 "여왕과 아이젠하워가 매우 친해졌다." : Dominic Elliot interview.

130 "사람이 적으면 밀가루와 우유를 덜 넣는다." : Queen Elizabeth II to Dwight D. Eisenhower, Jan. 24, 1960, Eisenhower Library.

131 "모든 면에서 완벽했다." : Dwight Eisenhower to Queen Elizabeth II, Aug. 30, 1959, Eisenhower Library.

132 필립은 6일 동안에 여섯 번의 연설을 했는데 : Prince Philip, *Selected Speeches, 1956–1959,* pp.32–34.

133 "커다란 국가적 각성기" : Ibid., p.33.

134 "여왕은 단지 그녀가 열렬히 사랑하는 남편을 기쁘게 하기 위하여 무엇인가를 해주고 싶어 했다." : Williams, p.357.

135 "결심을 굳혔다." : Anthony Howard, *Rab :The Life of R.A. Butler,* p.276.

136 "울었다." : Bradford, p.286.

137 "왕위 서열 밖" : Harold Macmillan, *Pointing the Way, 1959–1961,* p.161.

138 디키와 찰스 왕자의 촉구에 힘입어 : Dimbleby, p.234; Massingberd, p.148.

139 "큰 짐을 내려놓았다." : Bradford, p.286.

140 "여왕은 이를 오래전부터 생각해왔으며 가장 마음에 와 닿는다." : Longford, *Elizabeth R,* p.251.

CHAPTER 7 새로운 시작

1 "그 무엇도 그녀를 임무로부터 떼어낼 수 없었다." : Turner, pp.46–47.

2 "약간 톤이 튀는 말투" : Strong, p.158.

3 "만약에 그녀를 부를 때 '왕실 전하'라고 하지 않고 그냥 '전하'라고 하면" : Confidential interview.

4 "나는 내가 무릎 인사를 꼭 받아야 하는지 잘 모르겠다." : Peter Morgan, *The Queen,* p.5.

5 "걱정할 것 없네." : Shawcross, *QEQM,* p.847.

6 "내 느낌에 국왕의 평판에도 도움이 되지 못하는 동생으로부터 언니 대접도 제대로 못 받는 것 같다." : Patricia Brabourne interview.

7 "전반적인 분위기" : Coward, p.437.

8 "끝없이 펼쳐진 다년초 화단" : Ibid., p.438.

9 "창백"한 얼굴에 약간 "떨리는" 자세로 : Ibid.

10 "매서운 눈초리로 지켜보는" : Ibid.

10 "그녀가 깊은 감동에 빠져 이를 숨기려고 할 때는" : Richard Crossman, *The Diaries of a Cabinet Minister,* Vol. 2, *Lord President of the Council and Leader of the House of Commons, 1966–1968,* Sept. 20, 1966, p.44.

12 총 26,000파운드 : Bradford, p.292.

13 맥밀런 정부가 별도로 신혼여행 경비 6만 파운드를 지출했다. : Lacey, *Monarch,* p.216.

14 85,000파운드를 들여서 전쟁 중 폭격으로 손상된 구조를 수리했는데 : Bradford, p.402.

15 5만 파운드는 정부의 공공사업부의 재정 지원을 받았다. : Anne de Courcy, *Snowdon :The Biography,* p.105.

16 "현안에 대해 숙고하고 그녀의 견해를 정리할 기회" : Horne, p.169.

17 "그녀가 자기에게 전달된 방대한 분량의 문서들을 꼼꼼히 검토했으며" : Ibid.

18 "이 대륙에 변화의 바람이 불고 있는데" : Macmillan, *Pointing the Way,* p.156.

19 "공식 문안은 다소 약하지만" : Horne, p.205.

20 "드골의 장엄미에 대한 허영심을 충족시켜주기 위하여" : Ibid., p.223.

21 "그런데 오직 로즈 케네디만이 그 방에 들어와서" : Brian Mulroney, *Memoirs,* p.326.

22 "존 케네디의 영혼 속에 뿌리내렸다." : Isaiah Berlin Oral History, John F. Kennedy Presidential Library and Museum.

23 "그가 만나본 가장 위대한 인물" : Ibid.

24 "젊고 건방진 아일랜드 녀석" : Horne, p.288.

25 "고집 세고 민감하고 거칠고 색욕에 넘친 수상한 인물" : Ibid., pp.281–82.

26 "대단히 지성적인 사람들로 꾸려진 보좌관들에게 둘러싸여 있다." : Macmillan, *Pointing the Way,* p.352.

27 "특수 관계 속의 특수 관계" : Henry Brandon Oral History, Kennedy Library.

28 "직업 정치인" : Raymond Seitz, *Over Here,* p.41.

29 "완전히 압도되었다." : Horne, p.303.

30 "최대의 성의를 베풀었다." : Diaries of David Bruce, June 2, 1961.

31 "버겁게" 느꼈다. : Gore Vidal, *Palimpsest :A Memoir,* p.372.

32 "그분들이 한결같이 무척 친절했지만" : Cecil Beaton, *Self Portrait with Friends,* p.341.

33 "여왕이 딱 한 번 인간적 모습을 보였다." : Vidal, p.372.

34 그는 콥트 기독교 신자인 이집트 여인을 부인으로 두었고 : David E. Lilienthal, *The Journals of David E.Lilienthal,* Vol. 4, *The Road to Change, 1955–1959,* p.338.

35 "부패한 독재 정권" : Gilbert, p.1331.

36 "여왕의 신변의 안전에 대한 우려와 함께" : Ibid., p.1330.

37 "그녀의 뜻은 가는 것이며" : Ibid., p.1331.

38 "의회와 언론의 겁쟁이들" : Horne, p.399.

39 "내가 두려워서 가나를 방문하지 못한다면, 그래서 대신 크루시체프가 가서 융숭한 대접을 받는다면 내 꼴이 얼마나 우습게 보이겠는가?" : Longford, *Elizabeth R,* p.320.

40 "세계에서 가장 위대한 사회주의 국왕" : Horne, p.399.

41 "그녀에게 빠져" : Longford, *Elizabeth R,* p.321.

42 "그의 세계 정세에 대한 인식이 뒤틀려 있었고" : Pimlott, p.308, summarizing letter from Queen Elizabeth II to Henry Porchester, Nov. 24, 1961.

43 "나는 여왕을 걸고 모험을 했으니" : Horne, p.399.

44 "용감한 공헌" : Ibid.

45 이번에는 엘리자베스 2세가 이 미국의 자매들을 : Diaries of David Bruce, March 28, 1962.

46 "케네디 부인을 다시 만나서 무척 반가웠답니다." : Queen Elizabeth II to John F. Kennedy, May 20, 1962, Kennedy Library.

47 "그들이 감내할 수 있다." : Prince Philip, *Selected Speeches, 1956–1959,* pp.134–35.

48 "감옥 생활" : Dimbleby, p.69.

49 "지옥 같다. 밤이면 특히" : Ibid., p.78.

50 "그가 학교로 돌아가기 사나흘 전부터는 먹구름이 짙게 깔렸다." : David Ogilvy, the 13th Earl of Airlie, interview.

51 "그녀는 자신의 임무를 사랑하며" : Macmillan, *Pointingthe Way,* p.472.

52 "상류사회의 런던 콜걸" : John F. Kennedy and Arthur Schlesinger, telephone recording transcript, March 22, 1963, Presidential Papers, Office Files, Presidential Recordings, Kennedy Library.

53 "경솔하고 타락한" : Diaries of David Bruce, June 17, 1963.

54 "정치적 부패" : Schlesinger to John F. Kennedy, "The British Political Situation." March 25, 1963, W. Averell Harriman Papers, Library of Congress.

55 "한심하고 크나큰 손상을 입힌" : Horne, p.483, quoting Bruce cable to Dean Rusk, June 18, 1963.

56 "크게 약화" : Diaries of David Bruce, June 15, 1963.

57 "최근의 사건에 대해서 깊은 유감" : Harold Macmillan, *At the End of the Day, 1961–1963*, p.445; Horne, p.485.

58 심심한 위로의 답장 : Horne, p.486.

59 자리 배치를 허용했다 : Charles Powell, Baron Powell of Bayswater, interview.

60 "그와 활기찬 대화를 나누었다." : Ibid.

61 "그녀의 꼿꼿한 걸음걸이와 그녀의 주된 매력인 환하게 밝은 웃음" : Macmillan, *At the End of the Day*, p.515.

62 "그녀의 눈가에 눈물이 맺혀 있었다." : Horne, p.565.

63 "얼마나 마음이 상했는지 모른다." : Macmillan, *At the End of the Day*, p.515.

64 "여왕은 우리가 어떻게 할 것인가에 대해 나의 건의를 요청했다." : Ibid.

65 "의견 조사를 실시" : Ibid., p.516.

66 "마법 서클" : Pimlott, p.334.

67 "너무 소원하고" : Ibid., p.332.

68 "너무 복잡하다." : Diaries of David Bruce, July 20, 1961.

69 "여성을 의회에 받아들이는 것은" : "The Life Peerages Act 1958 : The passage of the Act." lifepeeragesact.parliament.uk.

70 "친절한 교장 선생님처럼" : Lacey, *Majesty*, p.260.

71 "지도와 편달" : Macmillan, *At the End of the Day*, p.519.

72 "공적 활동에 계속 참여할 수 있도록" : Ibid.

73 "매우 이례적으로" : Diaries of David Bruce, Nov. 12, 1963.

74 "유례없는" : Queen Elizabeth II speech at Runnymede, May 14, 1965, itnsource. com (Reuters TV).

75 그녀는 독자적으로 윈저 성의 세인트조지 교회에서 장례 미사를 드리자고 고집했으며 : Diaries of David Bruce, Nov. 26, 1963, Nov. 28, 1963.

76 "자비와 동정과 이해" : Ibid., May 14, 1965.

77 "암울했던 시절" : Queen Elizabeth II speech at Runnymede, May 14, 1965,

Itnsource.com (Reuters TV).

78 "기지와 스타일" : Diaries of David Bruce, May 14, 1965.

79 "여러분께서는 눈물을 쏟기에 너무 깊은 제 생각과 함께해주셨습니다." : Ibid.

80 "대단히 귀중한" : Woodrow Wyatt, *The Journals of Woodrow Wyatt,* Vol. 1, edited by Sarah Curtis, p.249.

81 "여왕은 이자가 스파이였음을 수년 전부터 알고 있었다." : Ibid.

82 "나는 마땅치 않은 일들은 마음속에서 자주 지워버린다." : Turner, p.57.

83 "그녀의 두뇌는 여러개 상자를 따로따로 보관하는 칸막이가 있다." : Margaret Rhodes interview.

84 "그녀는 각종 브리핑과 문서 자료들을 가지고" : Diaries of David Bruce, April 28, 1964.

85 "그녀는 윈저를 집으로 여긴다." : Longford, *Elizabeth R,* p.303.

86 "너무 많은 사람들이 달려드니 오히려 불안했다." : Strong, p.220.

87 "개들이 왕의 명령을 듣지 않는 걸 보면 항상 재미있다." : Confidential interview.

88 윈저 제복 : John Martin Robinson, *Windsor Castle :The Official Illustrated History,* p.81.

89 "냅킨에 대해서 할 말이 있어요." : Paxman, p.121.

90 "여왕께서 이렇게 해도 된다고 저한테 말했다고요." : Isabel Ernst interview.

91 "그녀는 눈 하나 깜짝 안 하고" : Jean, Countess of Carnarvon, interview.

92 "선별한 전시물들은 정보용이라기보다는 단지 즐기기 위한 것이었다." : Oliver Everett interview.

93 "이런 것들이 사람들에게 화젯거리를 제공한다." : Jean Seaton interview.

94 "나는 풍경화가 가장 마음에 든다." : *The Queen, by Rolf* documentary.

95 "이 화가는 캔버스에 너무 많은 실험을 해서 그의 그림 중 하나가 물감이 떨어져 나가는 걸 막을 수가 없다." : Ibid.

96 "그녀는 헝클어진 침대와 소금물에 담겨 몇 개의 밝은 추상적 물체를 바라보는 짐승 조각들에 대해 언급을 피했다." : *The Mitfords :Letters Between Six Sisters,* p.798.

97 "그녀의 그림에 대한 평가" : Bradford, p.500.

98 "그녀는 미술사가도 전문 감식가도 아니다." : Oliver Everett interview.

99 "자연 속의 아름다움" : Pimlott, p.544.

100 "돈을 선물로 내놓는 일은 삼가달라는" : Diaries of David Bruce, April 29, 1964.

101 "내가 놀란 것은" : Strong, p.219.

102 "여왕 폐하의 하명을 받은 시종장" : Author's invitation for July 7, 2009.

103 궁의 문이 열리면 : Author's observations.

104 "차를 마시고 나서" : Confidential interview.

105 "조용조용히 대화하는 모습" : Beaton, *The Unexpurgated Beaton,* p.259.

106 "나는 여왕에게서 절망적인 표정을 읽었다." : Sir Michael Oswald interview.

107 "모든 전보문과 내각 회의 문서를 꼼꼼히 읽고 가지 않으면" : Lacey, *Majesty,* p.260.

108 "우리는 이 사람한테 공을 많이 들여야겠어." : Confidential interview.

109 "약간 과민한 데다가 …… 말 상대하기 불편한" : Woodrow Wyatt, *The Journals of Woodrow Wyatt,* Vol. 3, edited by Sarah Curtis, p.505.

110 "그를 길들여 놓았다는" : Vickers, *Elizabeththe Queen Mother,* p.409.

111 "해럴드는 결코 공화주의자인 적이 없었다." : Marcia Williams, Baroness Falkender, interview.

112 "왕실의 진짜 의식" : Shawcross, *Q and C,* p.99.

113 "그녀를 딸처럼 여긴 처칠과 처음 시작했지만" : Mary Wilson, Lady Wilson of Rievaulx, interview.

114 "그는 여왕이 이런 식으로 앉자 놀랐다." : Marcia Falkender interview.

CHAPTER 8 일상 속의 도피

1 "Operation Hope Not" : John Pearson, *The Private Lives of Winston Churchill,* p.400.

2 "국장으로 치러야 한다는 것은 전적으로 여왕의 결정이었으며" : Mary Soames interview.

3 린든 존슨 대통령이 미국을 대표하여 참석할 예정이었으나 : Diaries of David Bruce, Jan.

25, 1965.

4 "계속 가꾸고 소중히 간직해야 할 실체" : Independent Television from London, "The State Funeral of Sir Winston Churchill." narrated by Sir Laurence Olivier, Paul Scofield, and Joseph C. Harsch.

5 그는 장례식에서 앉을 의자를 직접 가져가고, 궂은 날씨에 대비하여 피할 곳을 따로 마련하고, 다른 사람들이 서 있을 때에도 앉아 있을 수 있게 해달라는 조건으로 사흘간의 방문을 끝내 고집했다. : Diaries of David Bruce, Jan. 27, 1965.

6 대통령이 지명한 대타는 : Ibid.

7 "위대한 역사의 제조자" : Dwight D. Eisenhower remarks, Jan. 30, 1965, Winstonchurchill.org.

8 "감사의 빚진 마음을 기리는" : Gilbert, p.1361.

9 처칠의 미망인과 딸들은 추운 날씨를 염려하여 담요와 뜨거운 물병이 준비된 : Longford, *Elizabeth R,* p.282.

10 "모든 관습과 전례를 제치고" : Gilbert, p.1362.

11 "내 앞을 지나갈 때 굳이 무릎 인사나 절을 할 필요가 없다." : Mary Soames interview.

12 "가장 감동적이었다." : Diaries of David Bruce, Jan. 30, 1965.

13 "하얀 입김" : Cecil Beaton, *Beaton in the Sixties :More Unexpurgated Diaries,* introduction by Hugo Vickers, p.17.

14 "이 또한 전례 없는 일이었다." : Diaries of David Bruce, Jan. 30, 1965.

15 "오직 여왕 혼자서 결정한다." : Gilbert, p.823.

16 "은총" : Official Website of the British Monarchy.

17 자기 고택에서 모셨다. : Ian Balding, *Making the Running :A Racing Life,* pp.99, 103–4.

18 "자, 여기 있어요." : Mary Soames interview.

19 "이 예복을 누가 만들었는지 모르지만" : "The Queen Off Duty." You Tube video.

20 "매우 실제적이고" : *The Mitfords :Letters Between Six Sisters,* p.765.

21 "시간 끌기" : Deborah Devonshire, *Wait for Me! :Memoirs of the Youngest Mitford Sister,* p.314.

22 오찬에 이어 : Author's observations, June 15, 2009.

23 "여왕은 항상 그들의 안위를 염려한다." : Lt. Col. Sir Malcolm Ross interview.

24 "한결 나아." : "The Queen Off Duty." You Tube video.

25 "모자도 벗고 가발도 내려놓고" : *The Mitfords :Letters Between Six Sisters,* p.766.

26 "모든 문제에 대하여 훌륭한 견해를 가졌다." : Marcia Falkender interview.

27 "어떤 제안을 할 때 타당성을 충분히 확보하도록" : Shawcross, *Q and C,* p.99.

28 "억제하도록 영향을 미쳤다." : Horne, p.171.

29 "그녀는 매사를 일면이 아니라" : Marcia Falkender interview.

30 그가 자기를 모함하려는 동료 각료에 대해서 걱정을 털어놓자 : Kenneth Rose interview.

31 "거대한 주책바가지 양성애자" : A. N. Wilson, *Our Times :The Age of Elizabeth II,* p.150.

32 "끔찍하게 굴욕적으로" : Tony Benn, *Out of the Wilderness :Diaries, 1963–1967,* p.168.

33 "가장 약식의 절" : Ibid., p.169.

34 "사랑스런 웃음"을 보였으며 "진정 솔직 담백한 인물이었음" : Crossman, *The Diaries of a Cabinet Minister,* Vol. 2, p.44.

35 "아, 그 여자 말이군요." : *Daily Telegraph,* Dec. 29, 2007.

36 "타고난 매력" : Shawcross, *Q and C,* p.100.

37 "너나 나나 틀림없이 대학에 못 갔을 거야." : Castle, p.25.

38 "그런 점이 대화를 안전하면서 정치적으로 중립을 유지하도록 만들어준다." : Bradford, p.321.

39 그녀는 그의 제안을 침착하게 경청하고 : Benn, pp.230–32.

40 "그녀는 그를 멍청이로 보았다." : Kenneth Rose interview.

41 "우표를 바꾸지 못해서 많이 섭섭하겠네요." : Benn, p.446.

42 "말고기에 대한 지식을 빼놓고는" : Diaries of David Bruce, April 23, 1968.

43 "걸을 수는 있으나 부상당한" : Michael Oswald interview.

44 샌드링엄의 왕실 종마 사육장 : Author's observations.

45 "그녀는 많이 안다. 정말 많이." : Michael Oswald interview.

46 "항상 여왕 자신이 내린다." : Arthur FitzGerald, *Thoroughbreds of the Crown :The History and Worldwide Influence of the Royal Studs*, p.136.

47 "산모 지원 및 결혼 안내 센터" : Michael Oswald interview.

48 "그녀는 담담하다." : Ibid.

49 "급강하 폭격" : Ian Balding interview.

50 "오, 무서웠어요." : Ibid.

51 "그녀는 문제에 봉착하면 흥분해서 공포에 질리지 않고 오히려 침착하게 정면 대응을 한다." : Monty Roberts interview.

52 "조련사와 대화하는 수준에 버금간다." : Turner, p.75.

53 "만약 그녀가 보통 사람이었다면" : Ian Balding interview.

54 "어떤 조련사들은 특정한 종류의 말들에 잘 맞는다." : Turner, p.75.

55 "그녀는 이른 아침 안개 속에서, 머리에 스카프를 매고 장화를 신은 채 말을 타고 달리며 말들이 초원을 누비는 모습을 망원경으로 관찰한다." : Balding, p.115.

56 그녀는 말들을 보살피는 저녁 시간에 : Ian Balding interview.

57 "마구간에 먼지가 너무 많다고 느꼈는데" : Ibid.

58 "모자에 대해서 철저했다." : Jean Carnarvon interview.

59 "도대체 말이 안 된다고 생각합니다." : Ian Balding interview.

60 "나는 한 번도 쓴 적이 없어요." : Ibid.

61 "그는 오직 경기에서 이기기 위해서 탔다." : Dewar, ed., p.62.

62 "그는 자전거에 올라타서" : Monty Roberts interview.

63 "그녀는 말들을 심리적으로 조종하여 자기가 원하는 쪽으로 맞추었고 그렇게 하는 것을 말들도 즐기게 만든다." : Pimlott, p.107.

64 "그녀는 말의 내면을 꿰뚫어 타고난 성향들을 탐구한다." : Monty Roberts interview.

65 "애스콧 기도" : Vickers, *Elizabeth the Queen Mother,* p.409.

66 "낮 시간 정장" : Diaries of David Bruce, June 20, 1962.

67 "경마의 큰 장점은" : Michael Oswald interview.

68 "저기를 봐요. 발이 틀렸잖아." : *E II R* documentary.

69 "저 말은 더 못 달리겠어." : Longford, *Elizabeth R,* p.249.

70 "한 사람의 인간으로서 누구나 희망을 원한다." : *E II R* documentary.

71 1950년대에 그녀는 연속으로 우승마를 배출했는데 : Dewar, ed., pp.29–30.

72 "이 동네에서 경마 열풍이 불고 있는데" : Shawcross, *QEQM,* p.691.

73 "모후는 이를 감사히 받았는데" : Ibid., p.790.

74 "거대한 미식가" : Diaries of David Bruce, March 4, 1969.

75 그녀에겐 한 가지 건강상의 위협이 있었다. : Shawcross, *QEQM,* pp.816–17.

76 "오, 케이크. 그렇지, 케이크!" : *The Mitfords :Letters Between Six Sisters,* p.308.

77 모후는 테드 히스, 데이비드 브루스와 그 밖의 몇몇 귀족들과 함께 심지어 최근에 유행하는 트위스트 춤을 밤늦도록 연습하기도 했다. : Diaries of David Bruce, June 4, 1962.

78 "일본놈들" : Beaton, *The Unexpurgated Beaton,* p.52.

79 "아주 좋으면서도 아주 고약한" : Shawcross, *QEQM,* p.348.

80 "모두 홀딱 벗고 있더라고요." : Confidential interview.

81 "이봐, 저기 주유소를 없애고 학교는 딴 데로 옮기도록 해야겠어." : Jane FitzGerald interview.

82 "우리를 봐. 우리는 그저 보통 사람들이라고." : Wyatt, Vol. 2, p.311.

83 1967년에는 앤 공주가 심지어 : Shawcross, *Q and C,* p.102.

84 "큰 실수" : Coward, pp.601–2.

85 "내일 밤입니다, 폐하." : Paul McCartney interview.

86 "아름다웠고 마치 우리들의 엄마 같았다." : Ibid.

87 "군악대 1개 소대" : Seitz, p.316.

88 "나쁜 놈" : Ibid.

89 "여왕이 전 세계에서 일어나고 있는 폭력이 특히 젊은이들 사이에서 일어나고 있는 데 대하여 길게 얘기를 했을 때" : Diaries of David Bruce, Aug. 2, 1968.

90 "내 생각에 그녀는 좋은 것에도 한계가 있다고 생각한 것 같았다." : Longford, *Elizabeth R*, p.328.

91 "앤 여왕이 죽어가고 있소." : Ibid.

92 충동에 이끌려 : de Courcy, p.148.

93 "사람들은 나만 쳐다볼 거라고요." : Lacey, *Monarch*, p.223.

94 "같은 어머니로서 여러분의 감정을 이해하고자 한다." : *Sunday Times*, Oct. 30, 1966.

95 "동면은 꼭 필요하다." : *E II R* documentary.

96 정문에서부터 울창한 사철 침엽수림을 통과하여 성에 이르는 긴 도로를 달리는 것만으로도 : Author's observations.

97 옷들로 가득 찬 트렁크 : Martin Leslie interview.

98 "이곳을 빅토리아 여왕 시절 그대로 유지하는 것 자체가 환상적이다." : *E II R* documentary.

99 "가구들도 거의 자리를 옮기지 않았고" : Margaret Rhodes interview.

100 "처음 와본 사람들은 누구나 다 그 의자로 가서 앉으려고 하는데" : Jean Carnarvon interview.

101 "폐하께서는 모든 것들을 알고 계신다." : Martin Leslie interview.

102 "축하해!" : Confidential interview.

103 "가파르게 찌푸린 영광" : Dimbleby, p.35.

104 "밸모럴에 대해서 그녀는 구석구석을 다 안다." : Malcolm Ross interview.

105 "새로 온 사냥꾼이 여왕과 처음 사냥을 나갈 때면 언제나 재미있다." : Margaret Rhodes interview.

106 그만둘 수밖에 없었지만 : Confidential interview.

107 "여러분이 쳐다보고 있는 줄 알았다면" : Ibid.

108 "그녀는 손님을 숙소 방까지 안내하며" : Confidential interview.

109 "마치 스위치가 켜진 것 같다." : Malcolm Ross interview.

110 "철저하게 격식에 맞추어 한다." : Anne Glenconner interview.

111 "밸모럴에 있으면 그녀는 자기가 여왕이라는 것을 한시도 잊지 않는다." : Confidential interview.

112 오랫동안 그녀는 1921년에 출판과 독서를 독려하기 위해 창설된 영국의 자선단체인 '북 트러스트'의 권장 도서 목록에서 책들을 고르곤 했다. : Oliver Everett interview.

113 "몇 마일을 걸어도 사람 하나 볼 수 없다." : *E II R* documentary.

CHAPTER 9 햇빛 아래 노출된 마술

1 "너무나 좋다!" : Bradford, p.325.

2 딸을 거칠게 대하는 데 불쾌감을 느낀 : Dimbleby, p.39.

3 여왕은 라이트바디와 달리 앤더슨에게는 기죽을 일이 없어 : Ibid., p.40.

4 "일과 책임과 의무" : *The Queen at 80*, Sky News, 2006.

5 "옆방에서 아이들이 쿵쾅거리며 뛰노는 소리를 들었으며" : Min Hogg interview.

6 "부딪치기 놀이" : *The Queen at 80*, Sky News, 2006.

7 "일으켜 세워주고 나서" : Ibid.

8 "못된 것들" : Longford, *Elizabeth R*, p.273.

9 "자연스럽게 권위를 발휘한다." : Bradford, p.338.

10 "완전히 격리된 느낌" : Longford, *Elizabeth R*, p.273.

11 두 살 때부터 말을 타기 시작한 이래 : Princess Anne the Princess Royal, with Ivor Herbert, *Riding Through My Life*, p.2.

12 "최상급의" : Dimbleby, p.135.

13 "어른 대 어른으로" : *Daily Mirror*, Feb. 28, 1968.

14 "나는 찰스가 온통 어른들에 둘러싸여 있을 때 보여준 인내심을 기억한다." : Mary Wilson interview.

15 "사람들을 즐겁게 하려고 애쓰는 모습" : Gladwyn, p.343.

16 "처음부터 그 아이들한테 너무나 방만한 자유를 주었다." : Turner, p.118.

17 "전혀 믿을 수 없다." : Brandreth, p.301.

18 "크나큰 차이" : Ibid., p.296.

19 "자존심 때문에 인정하지 못했으나" : Dimbleby, p.189.

20 "도피처" : *E II R* documentary.

21 "말을 타고 샌드링엄의 풀밭을 한없이 달리는 순수한 사치" : Princess Anne, p.2.

22 "낙엽과 디 강변의 옛 스코틀랜드 소나무의 장엄미" : Ibid., p.16.

23 이럴 때에는 드물게 : Margaret Rhodes interview.

24 모후가 몇 주에 걸쳐 궁녀인 루스 퍼모이의 도움을 받아 요리사에게 지시하고 정원의 과일과 채소가 잘 자랐는지 확인해둔다. : Helen Markham interview.

25 "매우 심각하게 부족하단다." : Display at Castle of Mey; copyright HM the Queen.

26 망원경을 통해 바라보면 저 멀리 : Nancy McCarthy interview.

27 "의복이나 머리 모양에 대해서 걱정할 필요가 없었다." : Vickers, *Alice Princess Andrew of Greece,* p.335.

28 "버비킨스" : Ibid., p.382.

29 "야야" : Ibid., p.360.

30 "아, 좀 전에 재미있는 얘기를 했던 것 같은데……" : Ibid., pp.351–52.

31 "꼭 안아주고 싶은" : Ibid., p.361.

32 "구획으로 나누어야 한다." : Ibid.

33 앤드루와 에드워드는 그 방에 자주 들러 : Lacey, *Monarch,* p.232.

34 때로는 창밖의 근위병 교대 의식을 함께 구경하기도 했다. : Annigoni, p.173.

35 "다퉜다기보다 약간의 견해 차이가 있었을 뿐이다." : Vickers, *Alice Princess Andrew of Greece,* p.391.

36 그녀가 남긴 유품 : Ibid., p.394. At a later date, according to her instructions, the remains of Princess Alice were transferred to Jerusalem for burial. In April 1993 she was recognized by the Holocaust Memorial in Jerusalem for her heroism in hiding a family of Jews from the Nazis in Greece during World War II.

37 "우리는 왕실 홍보 요원이 아니다." : *Time,* April 11, 1949.

38 그는 갈라파고스 섬에 대한 두 번째 프로그램을 제작했으며 : McDonald, *The Duke* documentary.

39 "나는 아주 다른 종류의 사람이었다." : Shawcross, *Q and C,* p.151.

40 "나는 사적 생활과 공적 생활을 멀리 떨어트려놓는 전략이 너무 지나쳤다고 생각했다." : *The Times,* Nov. 10, 1969.

41 "그럼 한번 해봐요." : Pimlott, p.379.

42 "여왕은 해야 할 일이라면 하기 때문" : Gay Charteris interview.

43 "그녀는 어느 날 갑자기 자기가 할 수 있는 일임을 알게 되었다." : Pimlott, p.381.

44 "여기 그림자 피할 수 없어요?" : Morrow, p.89.

45 "그녀는 절대로 의례의 중요성을 간과하지 않는다." : Confidential interview.

46 운 나쁜 애넌버그를 암시하는 것처럼 들렸지만 : Diaries of David Bruce, Nov. 27, 1968.

47 "대단히 보람 있고 인상적이었다." : Walter Annenberg to Richard Nixon, May 1, 1969, Nixon Library.

48 "재건하는 과정에서"라고 언급한 부분 : Christopher Ogden, *Legacy :A Biography of Moses and Walter Annenberg,* p.429.

49 언어 치료를 통해서 그는 말을 더듬는 것을 방지하기 위하여 요란한 장식어들을 동원한 복잡한 문장을 구사하는 역설적 전략을 학습하게 되었다. : Ibid., p.430.

50 "우리가 이 영상물을 최종 점검할 당시" : Ibid., p.432.

51 "그러나 그는 실상 존경할 만한 인물이고 솔직한 분이었다." : Beaton, *Beaton in the Sixties,* p.342.

52 "우리는 마술을 햇빛 아래 노출시켜서는 안 된다." : Bagehot, p.59.

53 "서비턴과 크로이던에 사는 중산층 가족같이" : *Evening Standard,* June 26, 1969.

54 "신비함에 싸여 있던" : Bradford, p.353.

55 "밥통 같은 아이디어" : William Shawcross, *Queen and Country* documentary.

56 "언어와 문화" : Dimbleby, p.149.

57 "거대하면서 단순한" : BBC News interview with Lord Snowdon, June 29, 2009.

58 "나는 붉은 카펫을 원치 않았다." : BBC Colour TV coverage, July 1, 1969, You Tube.

59 "마치 남의 일인 양" : Gladwyn, p.346.

60 "감동적이고" : Dimbleby, p.163.

61 "그녀는 나의 감상적 착각을 즐겁게 깨트려주었다." : Coward, p.678.

CHAPTER 10 침묵의 고리

1 "그녀에 관한 모든 것들이 작아진 것 같았는데" : Annigoni, p.172.

2 "자리에 앉을 때마다" : Ibid., p.174.

3 "폐하께서는 당신의 지위로 인해 고독하실 수밖에 없습니다." : Ibid., pp.176–77.

4 여왕은 지난 2월에 데이비드 브루스가 아폴로 8호 우주인 프랭크 보먼—최초의 달 선회 비행 사령 관—과 그의 아내 그리고 어린 두 아들들을 버킹엄 궁으로 초대한 이후 이들 20세기의 탐험가들에게 매료되었다. : Diaries of David Bruce, April 22, 1969.

5 "미국 국민들에게도" : Queen Elizabeth II message to Richard Nixon, Department of State telegram, July 1969, Nixon Library.

6 "우주에 대한 인간의 지식의 새로운 지평을 열었다." : Annigoni, p.184.

7 "그가 너무나 취해서" : Ibid., p.185.

8 "엄하게 문책하고 혼쭐이 나야 한다." : Shaun Plunket interview.

9 "과거에는 한 번도 오지 않았던 사람들" : Confidential interview.

10 "그는 모든 사람들을 다 알았으며" : Margaret Rhodes interview.

11 "그녀는 플런킷이 믿을 만한 사람이라는 것을 즉각 알아챘다." : Shaun Plunket interview.

12 "번번이 웃으면서" : Ibid.

13 "대단한 보호자" : Annabel Goldsmith, *No Invitation Required : The Pelham Cottage Years,* p.87.

14 "폐하, 이제 그만 마무리할까요?" : Shaun Plunket interview.

15 그리고 뒤에 가서는 그때 재미있었던 얘기들을 여왕에게 들려주곤 했다. : Annabel Goldsmith interview.

16 필립은 그의 아내에게 자기가 해줄 수 없는 영역에서 의논해주는 사람이 있다는 데에 안도했다. : Shaun Plunket interview.

17 플런킷은 여왕의 주위에서 보다 개방적인 분위기를 조성해온 : Gay Charteris interview.

18 "마틴은 속을 털어놓을 수 있는 사람이었다." : Ibid.

19 "이미 너무 늦었다." : Ibid.

20 "종사자 전원이 여왕에 대해 가지는 호감." : Diaries of David Bruce, Feb. 4, 1969.

21 "정해진 규칙 같은 건 없다." : Confidential interview.

22 '들 수 있겠어요?' : Confidential interview.

23 "눈총" : Anne Glenconner interview.

24 "수다스러운 궁녀가 있으면 그녀는 못 견딜 것이다." : Esme, the Dowager Countess of Cromer, interview.

25 "우리는 절대로 여왕과 필립 공에 대한 얘기를 나누지 않는다." : Esme Cromer interview.

26 둘은 윈저 성에서 전쟁 기간을 포함하여 엘리자베스 공주가 10대에 이르기까지 침실을 함께 썼다. : Crawford, p.121.

27 "보보는 여왕한테 무슨 말이든 다 했다." : Margaret Rhodes interview.

28 "의상 스케치와 옷감들을 온 바닥에 늘어놓고 " : Valerie Rouse interview, Hardyaimes.com.

29 "이 사실을 알면 보보가 난리를 피우겠다." : Daily Mail, Nov. 11, 1997.

30 "그녀는 여왕에 관하여 속속들이 알고 있었다." : Confidential interview.

31 "기분이 좋을 때는 매우 친절했다." : Dean, p.60.

32 보보가 저택에서 숲속으로 산책을 나갔다가 행방불명이 됐는데 : Jean Carnarvon interview.

33 "타당하고 매우 인간적이며 현명하다." : Patricia Brabourne interview.

34 "침묵의 고리" : Turner, p.188, quoting an anonymous former cabinet secretary.

35 "사적인 부분을 들여다본 사람은" : Confidential interview.

36 "그녀와 대단히 친밀한 사이는 아니지만" : Confidential interview.

37 "그녀의 가장 큰 장점은" : Robert Salisbury interview.

38 "대령" : Shawcross, QEQM, p.626.

39 "여왕에게는 속물근성이 전혀 없었다." : Patricia Brabourne interview.

40 "나는 무서워서 죽을 뻔했다." : Jean Carnarvon interview.

41 초대한 곳에서 여왕에게 참석자 명단을 보내오지만 : Esme Cromer interview.

42 "편안해 보였고 즐겁게 웃을 태세를 하고 있었다." : Coward, p.634.

43 "당신들은 모기에 시달리지만" : *Daily Mail,* Sept. 16, 2008.

44 "난 말만 하면 얻어터진다." : Prince Philip speech at Edinburgh University, May 23, 1969.

45 "왕정" : Prince Philip interview on Grampian Television, Feb. 21, 1969.

46 "이 왕정의 문제에 대한 해답" : Duncan, p.65.

47 수영장에 점프를 하는 모험을 하기도 했다. : Lacey, *Majesty,* p.257.

48 3년 뒤에 닉슨 대통령은 공작을 위하여 행정부와 의회, 군부, 법조계 및 재계와 언론계, 학계 등에서 105명의 남자들을 초청하여 남자만을 위한 만찬을 베풀기로 했다. : Dinner at the White House, guest list for Tuesday, Nov. 4, 1969, at 8:00 p.m., Nixon Library.

49 "나는 미국 대통령이 출연 섭외도 하는 줄은 꿈에도 몰랐다." : Barbara Walters, *Audition :A Memoir,* pp.177–78.

50 "엘리자베스 여왕께서 혹시라도 퇴위하시고" : Ibid.

51 "표출하는 매개 역할을 하게 된 것" : Ibid.

52 "대단히 매력적이고 지성적이다." : Prince Philip to Richard Nixon, Nov. 7, 1969, Nixon Library.

53 "에든버러 공작이 그의 우정 어린 적수인 언론과 언쟁을 벌이다" : *Time,* Nov. 7, 1969.

54 "우리는 내년에 적자를 보게 된다." : *Meet the Press,* Nov. 9, 1969.

55 소비자 물가는 74퍼센트나 올랐고 : Lacey, *Majesty,* p.275.

CHAPTER 11 어림없는 소리!

1 이 무도회는 패트릭 플런킷이 연출했는데 : Beaton, *The Unexpurgated Beaton,* pp.71–73.

2 "우리는 윌슨과 그 고약한 일당들을 또 5년간 참아줄 각오가 돼 있었다." : Ibid., p.75.

3 "나는 그가 목까지 빨개졌다고 들었다." : Ibid.

4 "독신주의자" : Philip Ziegler, *Edward Heath :The Authorised Biography,* p.230.

5 "차갑고 비정한" : Ibid., p.231.

6 "아주 많이" : Longford, *Elizabeth R,* p.346.

7 "참을성 많은 경청자" : Andrew Marr, *An Intimate Portrait of the Queen at 80*, BBC, 2006.

8 "오랜 세월 동안 경륜을 쌓은 그녀가" : Ibid.

9 "매우 쓸모 있게 만들며 ······ 특히 외교 문제에서 그렇다." : Ziegler, p.319.

10 "깊이 실망했으며" : John Campbell, *Edward Heath :A Biography,* p.494.

11 "마치 그들의 보모처럼" : Lacey, *Monarch,* pp.260–61.

12 적극적으로 격리시켰다 : Ziegler, p.374.

13 첫 미국 방문 : Suggested Remarks : Welcome for Prince Charles and Princess Anne, July 15, 1970, Nixon Library.

14 "나는 원숭이처럼 부모가 하는 걸 보고 배웠다." : Longford, *Elizabeth R,* p.279.

15 "열아홉 살의 나이에 갑자기 길 한복판에 뛰어들어서" : Shawcross, *Queen and Country* documentary.

16 닉슨은 찰스와 앤의 이틀간의 워싱턴 체류를 위하여 야심찬 계획을 세웠다. : His Royal Highness the Prince of Wales, K.G. and Her Royal Highness the Princess Anne." Nixon Library.

17 그로부터 30년 뒤에 : Confidential interview.

18 "희망과 소원" : Henry Kissinger to Richard Nixon, July 17, 1970, Nixon Library.

19 "지적했다." : Dimbleby, p.180.

20 휴가를 보내던 여왕은 : Ziegler, p.375.

21 "짧은 시간 내에 대규모 파티를 열기에는" 적합하지 않았다. : Michael Adeane to Charles Morris, M.P., Nov. 18, 1970, National Archives, Kew.

22 "불과 네 시간 동안이지만" : Robert T. Armstrong to Michael Adeane, Nov. 18, 1970, National Archives, Kew.

23 "소중한 친절" : Richard Nixon to Queen Elizabeth II, Oct. 7, 1970, Nixon Library.

24 "적극적인 관심을 보이고" : Appendices to the Minutes of Evidence Taken Before the Select Committee on the Civil List, 1971, p.111.

25 "돈이 많이 드는 여자" : Pimlott, p.404.

26 "마틴에게 기회가 주어졌고" : Gay Charteris interview.

27 "폐하의 사명은 행복의 카펫을 펼치는 것입니다." : Ibid.

28 "말도 안 되는 병" : Queen Elizabeth II to Edward Heath, Nov. 28, 1971, National Archives, Kew.

29 "삼가 위로" : Edward Heath to Queen Elizabeth II, Nov. 23, 1971, National Archives, Kew.

30 "바이러스는 이길 수 없으므로" : Queen Elizabeth II to Edward Heath, Nov. 28, 1971, National Archives, Kew.

31 30, 40대에는 : Evening Standard, April 28, 1971.

32 "그녀는 일을 계속하면 감기는 나아진다는 지론을 가졌다." : Confidential interview.

33 "여왕이 잠옷을 입고 침대에 누워 있는데 가슴 진찰을 위해 이불 속에 손을 넣는 것은 너무나 불편한 일이었다." : Min Hogg interview.

34 "전혀 무해하며" : Wyatt, Vol. 3, p.423.

35 블랙키의 더 진기한 치료법 : Morrow, p.55.

36 "설사 잘못되어도 온다." : Min Hogg interview.

37 화해의 신호를 보냈다 : Diaries of David Bruce, March 28, 1965.

38 그러나 1968년에 공작이 윈저홈 파크 내 프로그모어에 있는 왕실 가족묘에 공작 부인과 함께 묻히도록 해달라는 요청은 기꺼이 수락했다. : Bradford, pp.347-48.

39 "만약에 윈저 공작이 5월 12일에서 14일 사이 또는 여왕이 파리로 향하기 전인 15일 오전에 사망한다면" : Christopher Soames confidential telegram, May 10, 1972, National Archives, Kew.

40 36명의 수행원을 거느리고 : State Visit of the Queen and the Duke of Edinburgh to France, Monday 15th–Friday 19th May, 1972, List of Party, National Archives, Kew.

41 "우리는 도로의 다른 차선을 달리고 있을지 몰라도" : Time, May 29, 1972.

42 센강 어구인 루앙으로 이동했다. : The Times, May 23, 1972.

43 "그녀는 이른 저녁에 브리타니아호에 탑승했다." : Mary Soames interview.

44 "수십 년간의 냉각기를 지나 정치적 우호 관계를 현저히 드러냈다." : The Observer, May 21, 1972.

45 "그녀의 소박함과 매력으로 유혹하고 정복했다." : Ibid.

46 "여왕의 방문" : *Time,* May 29, 1972.

47 "수다를 떨었다." : Dimbleby, p.217.

48 "그이는 너무나 작은 것을 위해 너무나 큰 것을 포기했다." : Ibid., p.218.

49 "어머니처럼 부드럽게" : Beaton, *The Unexpurgated Beaton,* p.256.

50 "유럽과 새롭게 연대하는 것" : Queen Elizabeth II Christmas Broadcast, Dec. 25, 1972, Official Website of the British Monarchy.

51 "머리를 긁적이며" : Prince Philip on *Meet the Press,* Nov. 9, 1969.

52 "속물근성의 극치" : Andrew Knight interview (May 7, 1998).

53 "행동인" : Dimbleby, p.221.

54 "어딘가 섹시하고 톡 쏘는 음성" : Confidential interview.

55 "공허감" : Dimbleby, p.232.

56 "충격과 놀라움" : Ibid.

57 "우리가 1968년에 처음 만났다고 하는 남들의 말을 듣고" : "Princess Anne and Her Fiancé, Captain Mark Phillips, Talk About Marriage." BBC, Nov. 10, 1973.

58 "관심사와 열정" : Dimbleby, p.233.

59 "몇 마디" : *The Times,* Jan. 1, 2004.

60 그의 간섭에도 굴하지 않고 : Ibid.

61 "여왕은 사태의 추이를 지켜볼 수밖에 없었다." : *The Guardian,* Feb. 14, 2010.

62 "우리의 친근했던 관계는 금세 회복되었다." : Pimlott, p.419.

63 "여왕은 이를 승인하지 않았다는 것을 알아야 한다." : Beaton, *The Unexpurgated Beaton,* p.370.

64 "어림없는 소리!" : "The Princess Royal at 60." BBC *Inside Sport* special, Aug. 12, 2010.

65 "마치 별일 아닌 것처럼 그 상황을 설명했다." : Dimbleby, p.254.

66 "그 일을 계속 생각하는 것은 별로 좋은 일이 아니다." : "Heavy Security as Princess Anne Visits Her Husband's Home Village : Princess Describes Her Reaction to Attempt

to Kidnap Her." ITV Reuters, March 22, 1974.

67 "헨리는 여왕의 가장 가까운 친구이자" : Ian Balding interview.

68 그 조합은 그녀의 말만이 아니라 : FitzGerald, pp.135–36.

69 "새로운 종자를 만들기 위해" : Michael Oswald interview.

70 포체스터는 여왕으로 하여금 적어도 여섯 마리는 대서양 건너의 종마 사육장으로 보내서 니진스키 같은 챔피언 말과 교배를 시키라고 자문했다. : FitzGerald, p.136.

71 "걸음이 큰 암말" : Dewar, ed., p.30.

72 발레리 지스카르데스탱은 붉은 장미 한 바구니를 보냈고 : FitzGerald, p.137.

73 "불길 같은 상태" : Ibid., p.138.

74 "나는 경주를 보며 너무 흥분했다." : *New York Times,* Oct. 5, 1984.

75 "여왕 만세" : FitzGerald, p.138.

76 "프로그램의 안내를 맡았다." : Confidential interview.

77 "나는 흰 타이를 매고 메달을 달아야 한다." : Shaun Plunket interview.

78 "패트릭, 당신이 어젯밤에 해준 일에 대해서 진심으로 감사를 드립니다." : Ibid.

79 "깊은 슬픔에 잠긴 모습이었다." : Annabel Goldsmith, *Annabel :An Unconventional Life :The Memoirs of Lady Annabel Goldsmith,* p.125.

80 "그녀가 관여한 것은 틀림없다." : Shaun Plunket interview.

81 그의 형제들이 그 그림을 버킹엄 궁의 서재에서 그녀에게 전달했고 : Ibid.

82 "나는 옥잠화를 별로 좋아하지 않는다고 정원사에게 말한 것 같은데" : Ibid.

83 어떤 사람은 심지어, 만약에 그가 살아 있었더라면 웨일스 공주인 다이애나를 궁정에서 그 누구보다도 잘 관리했을 것이라고 믿기도 했다. : Annabel Goldsmith interview.

84 "혹시 생각해보셨나요?" : Shaun Plunket interview.

CHAPTER 12 사랑을 느끼다

1 "심오한 종교적 존재" : Confidential interview.

2 "자신의 직무를 성사의 일부로" 바라보는 태도를 견지했다." : George Carey interview.

3 "짐이 아니라 기꺼운 봉사로서" : George Carey, *Know the Truth :A Memoir,* p.401.

4 "그녀는 신과 편안한 관계를 맺고 있다." : George Carey interview.

5 "그녀는 자기의 신앙을 과시하지 않는다." : John Andrew interview.

6 "그녀가 어릴 때부터 배우고 자랐던 성공회의 구식 방법이었다." : Ibid.

7 "중도파" : George Carey interview.

8 영국 산문의 걸작 : Queen Elizabeth II Christmas Broadcast, Dec. 25, 2010, Official Website of the British Monarchy.

9 "왕실 가족은 성직자들을 달리 대접한다." : Confidential interview.

10 그녀는 그레이엄을 좋아했지만 : Diaries of David Bruce, June 17, 1966.

11 "가족 고해성사 담당" : Margaret Rhodes interview.

12 여왕의 행렬은 세심하게 구성되었는데 : Author's observations, Maundy Service and Office for the Royal Maundy, Westminster Abbey, April 21, 2011.

13 "이것은 수상으로 하여금 추천한 인물을 재고할 수 있도록 만드는 매우 영리한 방식이다." : Kenneth Rose interview.

14 "그에게 이 성직자 임명 절차는" : Longford, *Elizabeth R,* p.347.

15 "그들은 애버딘까지 와서 우리를 담요에 폭 싸서 차로 데려갔다." : Mary Wilson interview.

16 1975년 9월의 방문에는 : Ibid.

17 "그가 처음으로 수상 관저에 들어갔을 때" : Marcia Falkender interview.

18 윌슨은 이 사진을 무척 좋아해서 : Mary Wilson interview.

19 스위트를 제공했다. : Margaret Whitlam, *My Day,* p.41.

20 "푹신한 양털가죽 카펫" : Mitchell, p.213.

21 "그날 저녁 그녀는 이 남자를 꼭 붙잡아야겠다고 결심했다." : Turner, p.13.

22 "우리 모두에게 분에 넘칠 만큼 감동적이었다." : Whitlam, p.130.

23 토니는 사진 활동과 산업디자인협의회의 무료 자문과 더불어 〈선데이 타임스〉의 예술 보좌관 작업을 통해서 큰 성공을 거두고 있었다. : de Courcy, pp.102, 112.

24 "나는 피터로부터 아침에 편지를 받았다." : "Margaret : Unlucky in Love." BBC News, Feb. 9, 2002.

25 토니는 내키는 대로 오고 갈 자유를 원했다. : de Courcy, p.130.

26 그가 바람 피운 여성 가운데는 : Ibid., p.194.

27 마거릿의 애인들 가운데는 토니의 절친한 친구인 앤서니 바턴도 포함되어 있었다. : Ibid., p.142.

28 "귀여운 아가씨" : James Ketchum interview.

29 "첫째, 아내가 자기 하고 싶은 대로 한다고 믿게 하라." : "Princess Goes to Washington : Princess Margaret and Lord Snowdon Visit Washington." Nov. 21, 1965, British Pathé, WPA Film Library.

30 "나는 남편 문제를 나와 의논하도록 내 딸을 키우지 않았다." : Confidential interview.

31 "그는 그들 모두를 속였다." : Anne Glenconner interview.

32 "이해해요." : Pamela Hicks interview.

33 "마거릿의 기분이 어떻지?" : Confidential interview.

34 "우리 모두가 경악스러운 상황이며" : de Courcy, pp.234–35.

35 "절망적이었다." : Ibid.

36 "별거할 것" : Ibid., p.243.

37 "여왕과 모후는 별거에 대해서 결코 스노던의 편을 들지 않았다." : Confidential interview.

38 "그녀는 햇볕 아래 앉지 않고" : Confidential interview.

39 오랜 미용사인 찰스 마틴이 매만져왔다 : Morrow, pp.60–61.

40 피부를 위해서 그녀는 장미 보습제 크림을 비롯한 여러 종류의 싸이클렉스 제품을 사용하며 : Ibid.

41 약삭빠르게 초음속 콩코드 비행기를 지지하는 공개 행사를 : Nicholas Henderson, *Mandarin : The Diaries of an Ambassador, 1969–1982*, pp.120–21.

42 "교도 민주주의의 작동을 이해한 여왕에 대한 찬사" : Ibid.

43 "주의 깊은 숙려" : Robert T. Armstrong to Martin Charteris, Feb. 6, 1973, National Archives, Kew.

44 "여왕이 영국에 항거한 축제와 이런 식으로 연관되는 것이 옳은 일인지를 숙고해야 한다." : Ibid.

45 "7월 4일은 아무래도 모험이었다." : *New York Times,* June 13, 1976.

46 "명랑하면서 품위를 갖춘" : Beaton, *The Unexpurgated Beaton,* p.334.

47 "마땅히 왕실의 일들에 단련된 사람을 구해야 한다." : Confidential interview.

48 그럼에도 불구하고 침실 담당 시녀인 수잔 허시는 그녀를 "저 미국인"이라고 불러댔다. : Confidential interview.

49 첫날 밤, 강도 9의 강풍을 만나게 되었다. : Crosland, p.344.

50 "철학적이고 또 즐겁게" : Ibid., p.345.

51 "휘!" : Ibid., pp.345–46.

52 "그녀가 군중을 성실히 대하는 모습" : *New York Times,* July 8, 1976.

53 "나는 조지 3세의 직계 자손으로서 여러분에게 말합니다." : Ibid., July 7, 1976.

54 "나는 훈족 아틸라를 묵사발로 만들겠다." : *Time,* Oct. 24, 1977.

55 "악수를 하고 다녔다." : Crosland, p.347.

56 "정말 놀라운 사람이로군." : Bradford, p.374.

57 "따가운 햇볕 아래를 걸어도 끄떡없었다." : Crosland, p.348.

58 헨리 키신저의 아내 낸시 : Ibid.

59 "필립 공께서는 독일 태생을 부인했다고요!" : Ibid.

60 "요란하게 등장했다." : *Edinburgh Evening News,* June 19, 2003.

61 "흥분한 무리에 압도당했다." : Shawcross, *Q and C,* p.173.

62 "다행히 나는 더위는 개의치 않아요" : *New York Times,* July 10, 1976.

63 "저기 존 앤드루가 있어요!" : John Andrew interview.

64 "어머나, 정말로 그 정도 길이의 스커트를 입나요?" : *New York Times,* July 10, 1976.

65 "전원주택에 온 것 같이 편안한 느낌을 주는 꽃무늬를 수놓은 덮개 천" : Ibid., July 9, 1976.

66 실상 엘리자베스 2세가 있을 때에도 활기에 넘치는 저녁을 보내곤 하는데 : Gay Charteris interview.

67 "아까는 골목길에 혼자 서 있는 모양이 너무 우스웠다고요!" : : John Andrew interview.

68 "1776년의 기억을 상기시켜 주는 장소들을 둘러본 뒤" : *New York Times,* July 12, 1976.

69 "나는 회복된 우정으로부터 우러나오는 선함을 상기하게 되었다. : Queen Elizabeth II

Christmas Broadcast, December 25, 1976, Official Website of the British Monarchy.

70   모친을 쏙 빼닮은 딸 앤 : "The Princess Royal at 60." BBC *Inside Sport* special, Aug. 12, 2010.

71   "우리가 하루 종일 이동하는 동안에 폐하께서는 화장실 한 번도 안 가시는 걸 보았다." : Confidential interview.

72   리듬에 맞춰 고개를 연신 흔들어대는 것" : Morrow, p.41.

73   "나는 그녀가 또다시 한숨을 쉬는 소리를 들었다." : John Julius Norwich interview.

74   "내년은 내게 있어서 매우 뜻 깊은 해입니다." : Queen Elizabeth II Christmas Broadcast, December 25, 1976, Official Website of the British Monarchy.

75   "분명한 의사" : *Daily Telegraph,* Dec. 29, 2007.

76   "무관심의 철퇴를 맞다" : *The Guardian,* Feb. 6, 1977.

77   "항구의 입구는 사방에서 몰려든 사람들로 발 디딜 틈조차 없었다." : Shawcross, *Q and C,* p.114.

78   "여왕은 얼른 립스틱을 꺼내서 한 번 더 입술을 붉게 칠했다." : Morrow, p.59.

79   "나의 재위 중에서 가장 뜻깊은 결정 가운데 하나" : The Queen's Reply, Westminster Hall, May 4, 1977.

80   "이는 매우 뜻깊은 발언이었다." : Simon Walker interview.

81   "폐하, 잘못될 것 같은 일들은 잘못됩니다." : *The Times,* Sept. 13, 2008. Major Sir Michael Parker was an Englishman who worked on numerous royal events, not to be confused with Lieutenant Michael Parker, the Australian naval officer who had worked for Prince Philip.

82   "마차를 타는 것이 그렇게 불편할 수 없었다." : Burrell, p.30.

83   "지칠 줄 모르는 헌신적 봉사와 성실한 임무 수행과 안정적이고 행복한 가정의 표본" : BBC, "On This Day." June 7, 1977, news.bbc.co.uk/onthisday.

84   "판단력이 어설프던 풋내기 시절" : Ibid.

85   군중의 함성이 너무 커서 : Shawcross, *Q and C,* p.115.

86   "사람들은 폐하를 너무나 좋아해요." : Strong, p.194.

87   "기본적으로 중산층 영국인들" : Ibid, p.193.

88 "그들의 등을 떼밀다시피 해서" : Ibid., p.194.

89 "한번은 여왕과 정규 면담을 하려는데" : Shawcross, *Q and C*, pp.108–9.

90 "북아일랜드에서 우리들이 겪어온 각별한 슬픔" : Queen Elizabeth II Christmas Broadcast, Dec. 25, 1972, Official Website of the British Monarchy.

91 "마틴, 우리는 북부에 간다고 했잖아요." : Bradford, p.377.

92 "여왕이 여행하는 가장 안전한 방법" : BBC, "On This Day." Aug. 10, 1977, news.bbc. co.uk/onthisday.

93 "세상 어느 곳보다도 절실히 화해가 요청되는 곳" : Queen Elizabeth II Christmas Broadcast, Dec. 25, 1977, Official Website of the British Monarchy.

94 500년 만에 처음으로 왕실 가정에 태어난 : *The Guardian*, Nov. 16, 1977.

95 "여왕은 마틴이 울 것을 알았고" : Gay Charteris interview.

96 "언제건 힘든 일이 생기면 아무 때나 찾을 수 있다." : Shawcross, *QEQM*, p.895.

97 "마틴, 평생토록 고마울 거예요." : Gay Charteris interview.

CHAPTER 13 철의 여인과 영국 처녀

1 한 시간에 걸쳐 : Longford, Elizabeth R, p.350.

2 "거리감을 두고" : Ibid., p.349.

3 여왕이 그를 데리고 버킹엄 궁의 뜰을 산책하면서 : Shawcross, Q and C, p.112.

4 "여왕이 베푸는 것은 친절일 뿐 우정이 아니다." : Longford, Elizabeth R, p.349.

5 "이 딱한 캘러헌" : Wyatt, Vol. 2, p.36.

6 "편견의 마지막 흔적" : Shawcross, Q and C, p.121.

7 "마거릿 대처가 수상이 된 것을 어떻게 생각해요?" : Ian Balding interview.

8 "영원한 학생" : Johnson, p.263.

9 "여왕은 짜증을 냈다." : Confidential source.

10 "의제는 주요 현안 과제" : Charles Powell interview.

11 "그녀는 우리들과 잡담을 나눴는데" : Confi dential interview.

12   "그녀는 기분이 좋아져서 돌아왔다." : Charles Powell interview.

13   '젠장, 이 무슨 쓸데없는 시간 낭비람.' : Morrow, p.167.

14   "대처는 자신이 친근한 관계를 맺으려고 시도하는 것은 무례한 일이라고 생각해 여왕이 먼저 나서 주기를 기대했을 것이다. : Pimlott, pp.460–61.

15   대처 부처가 윈저 성에 초대되어 파티에 참석하면 : Monica Tandy tour of Windsor Castle; Longford, *Elizabeth R,* p.376.

16   "내성적인 편이었지만 요염한 눈길까지는 아니더라도" : Turner, pp.48–49.

17   "어떻게 요리해 드릴까요?" : *Spitting Image,* You Tube.

18   "여왕은 이 나라의 어머니란다." : James Lees-Milne, *Diaries :1984–1997,* abridged and introduced by Michael Bloch, p.141.

19   "마거릿 대처보다 더 무릎을 낮추어서 절하는 사람은 없다." : Charles Powell interview.

20   "세습 군주제를 채택할 것이다." : Longford, *Elizabeth R,* p.358.

21   "충성심 때문에" : Charles Powell interview.

22   "언덕? 그분은 도로를 걷는답니다!" : Confidential interview.

23   "대처 부처를 초대할 때 항상 바비큐로 접대하는 방법으로 이 문제를 교묘하게 해결했다." : Ibid.

24   예절을 접어두고 팔꿈치를 식탁에 올린 채 : Morrow, pp.147–48.

25   "방 배정" : Paxman, p.315.

26   "모든 것들을 잠재운 거창한 역할" : Shawcross, *Q and C,* p.123.

27   "대처와 카운다에게 이야기했다." : Pimlott, p.468.

28   성에서 여왕과 필립이 함께 점심을 먹을 때는 : Confidential interview.

29   "가장 신뢰할 수 있는 분이었으며" : Dimbleby, p.213.

30   "나에게 크나큰 애정을 주셨으며" : Ibid., p.324.

31   여왕은 병원을 방문해서 : Timothy Knatchbull, *From a Clear Blue Sky :Surviving the Mountbatten Bomb,* p.115.

32   "그런 위치에 놓인 개인은 깊은 슬픔의 감정을 느끼더라도" : Pamela Hicks interview.

33   "개는 중요하지 않다." : Ibid.

34 "내 옆에 앉아서" : Ibid.

35 "폐하, 위층으로 가시겠습니까?" : Timothy Knatchbull interview.

36 "잃어버린 새끼들을 찾아 나선 엄마 오리처럼 복도를 달려오는" : Knatchbull, p.176.

37 "막무가내인 그녀는 마치 엄마 같았다." : Ibid.

38 "그분은 항상 나를 돌봐주셨으며 예민하고 눈치도 빨랐다." : Timothy Knatchbull interview.

39 "나는 저들을 용서하기까지" : Dimbleby, p.324.

40 그녀는 아일랜드인들에게 돼지라고 말했다. : Wilson, p.259.

41 "그녀가 아무런 분노와 경악을 못 느꼈다면" : Timothy Knatchbull interview.

42 찰스 왕자에게 있어서 한 가닥 위로가 되었던 것은 : Smith, p.87.

43 "독일 가문" : *Sunday Times,* Jan. 31, 2010.

44 "우리가 호주에 도착했을 무렵" : Pamela Hicks interview.

45 "남자의 결혼 적령 나이" : *Woman's Own,* Feb. 1975.

46 "편안하고 개방적인 매너" : Dimbleby, p.338.

47 "LADY DI IS THE NEW GIRL" : *The Sun,* Sept. 8, 1980.

48 "생각과 사랑에 빠진 것" : Dimbleby, p.341.

49 "필립 공과 여왕은 조니가 시종무관이었기 때문에 다이애나에 대한 책임감을 느꼈다." : Pamela Hicks interview.

50 "단지 이웃해서 산다는 것과 결혼해서 궁 안에서 살며 연회에도 나가고 사람들을 알게 되고 그들과 얘기를 나누는 것들은 다른 것이다." : Confidential interview.

51 내가 만약에 그에게 '넌 지금 큰 잘못을 저지르고 있는 거야.'라고 얘기를 했더라도 : Dimbleby, p.340.

52 "놀라게 할 의도" : Morrow, p.131.

53 공이 옆자리로 날아와 사람들이 놀라 자리에서 벌떡 일어날 때도 그녀는 침착하게 앉아 있었다. : Jean Carnarvon interview.

54 "나는 그녀가 겁을 먹는 것을 본 적이 없다." : Turner, p.46.

55 "그대가 왜 그 자리에 배치되었는지 알고 있죠?" : Malcolm Ross interview.

56　"왼발 바로!" : Ibid.

57　"전국의 술집과 클럽에서" : Dewar, ed., p.17.

58　왕실에 대한 여론 조사가 12년 전에 시작된 이래 찬성 여론은 평균 80퍼센트를 유지해왔는데 1981년 7월에는 86퍼센트까지 치솟았다. : Longford, *Elizabeth R,* p.357.

59　영부인은 몇 년 전 찰스가 해군 복무 중에 캘리포니아를 방문했을 때 닉슨이 영국에 파견한 사절인 월터 애넌버그와 그의 아내 리를 통해서 이미 그를 만난 적이 있다. : Prince Charles to Nancy Reagan, June 6, 2004, The Ronald Reagan Presidential Foundation & Library.

60　낸시 레이건 또한 왕실 가문에 대해 호감을 보여 : Henderson, pp.395–97.

61　"나는 레이건 부인을 좋아하게 되었다." : Mary Henderson to Nancy Reagan, May 3, 1981, Reagan Library.

62　"최고의 의상으로 빼입었다." : Josephine Louis interview.

63　"그녀는 그날 너무나 멋있었어요." : Ibid.

64　"윈저그레이트 파크의 작은 집" : Queen Elizabeth the Queen Mother to Nancy Reagan, July 28, 1981, Reagan Library.

65　분위기는 뜨겁게 달아올랐다. : BBC, "On This Day." July 29, 1981, news.bbc.co.uk/onthisday.

66　"잘 적응하리라고" : *Daily Mail,* Sept. 10, 1996.

67　화기애애한 자리였다. : Josephine Louis interview; Nicholas Haslam interview; confidential interview.

68　"오, 필립, 저걸 봐요!" : Morrow, p.7.

69　"나도 밤새도록 춤추고 싶어요!" : Ibid.

70　"여왕은 남편이 비니를 벗으려 하지 않자 몹시 화를 냈다." : Josephine Louis interview.

71　그녀는 급격히 체중이 줄어서 : Andrew Morton, *Diana :Her True Story—In Her Own Words,* p.56.

72　몸무게가 고작 110파운드에 불과했다. : Smith, p.145.

73　"이건 정말 너무했다." : Paxman, p.274.

74　"명랑한 처녀"의 "또 다른 면" : Dimbleby, p.345.

75　찰스는 다이애나를 런던으로 보냈는데 : Smith, p.151.

76 "마거릿 공주가 자기에게 아무리 무례하게 굴어도" : Confidential interview.

77 "여왕은 다이애나에게 항상 친절했다." : Lucia Flecha de Lima interview (Nov. 10, 1997).

78 "무서워했다고" : *Daily Mail,* Sept. 10, 1996.

79 "가장 민첩하면서 가장 깊숙이 그리고 가장 정확하게" : Morrow, p.40.

80 다이애나는 그녀가 마치 큰언니 같았다고 감사의 편지를 쓰기도 했지만 : Jonathan Dimbleby interview (Dec. 10, 1997).

81 "그녀는 예쁘고 부드럽고 재미있었다." : Confidential interview.

82 "배신당했다고" : Confidential interview.

83 "실의에" : Smith, p.155.

84 "그렇게 오만 방자한 말은" : Longford, *Elizabeth R,* p.409.

CHAPTER 14 매우 특별한 관계

1 "어머니로서의 책임과 국왕으로서의 책임이 동시에 조명을 받게 되었다." : *The Queenat 80,* Sky News, 2006.

2 "나는 전선에 나갈 때는 소년이었으나" : *Daily Telegraph,* Feb. 13, 2010.

3 "우리는 더 이상 후퇴하는 나라가 되지 않을 것이다." : Margaret Thatcher, speech to Conservative rally at Cheltenham, July 3, 1982, Margaret Thatcher Foundation Website.

4 "조용히 이틀을" : *New York Times,* June 7, 1982.

5 "끈질기게 들고 나왔다." : Henderson, p.434.

6 "미국 밖을 나와 최초로 방문한 나라" : Jimmy Carter, London, England, remarks on arrival at Heathrow Airport, May 5, 1977.

7 "난 얼른 뒷걸음쳤는데" : Shawcross, *QEQM,* p.900.

8 여왕은 백악관 전용 전화와 더불어 윈저 성 최초로 샤워 시설도 설치했는데 : *New York Times,* June 8, 1982.

9 "그건 그가 꼭 필요로 한다." : Michael Fawcett interview.

10 "우리는 가족 만찬에 초대받은 것 같았다." : Carolyn Deaver interview.

11 "내가 상상했던 것과는 전혀 달랐다." : Nancy Reagan interview.

12 "가만히 있어야 하는데도 흔들거렸다' : *Daily Mirror,* June 9, 1982.

13 "말 잘 달립니까?" : Associated Press, June 8, 1982.

14 마차를 달리며 마차 경주의 요령을 설명했고 : Nancy Reagan interview.

15 "매력적이며 견실하다."고 묘사하면서 "그녀가 말을 능숙하게 다루었다."고 설명했다. : *Daily Telegraph,* Aug. 17, 1982.

16 미국 대통령으로는 최초로 : Ronald Reagan, *The Reagan Diaries,* p.88.

17 "그림이 마음에 들어요?" : Carolyn Deaver interview.

18 "너무나도 아름다워요" : United Press International, June 8, 1982.

19 "포클랜드 갈등" : *Daily Mirror,* June 9, 1982.

20 "나는 문득 이 자그마한 체구의 여인이" : *Daily Telegraph,* Aug. 17, 1982.

21 "한동안은 괜찮았다." : Martin Bashir interview with Diana, Princess of Wales, *Panorama,* BBC, Nov. 20, 1995.

22 여왕은 누구보다 먼저 세인트메리 병원을 찾아가서 : Morrow, p.238.

23 "어서 나가지 못해!" : Ibid., p.232.

24 "어디 한번 말해봐요." : Shawcross, *QEQM,* p.533.

25 "나는 골목길에 서 있는 사람들과 편안하게 대화하는 데 익숙해져 있다." : Confidential interview.

26 "자, 어서들 처리해요." : Ibid., p.233.

27 "모든 게 너무나 초현실적이었지요." : Colin Burgess, *Behind Palace Doors :My Service as the Queen Mother's Equerry,* p.156.

28 "충격을 받았고 믿을 수 없어 하는 반응" : Confidential interview.

29 "최악의 시기" : Morton, p.61.

30 전문가들로부터 정신과 치료를 받게 했으나 : Ibid., pp.140–41.

31 "너무나 감정에 북받쳤었다." : *The Queenat 80,* Sky News, 2006.

32   "시간과 의전상의 이유" : *Newsweek,* Oct. 21, 1957.

33   그녀는 1979년 니컬러스 헨더슨이 대사직을 맡아 워싱턴에 부임하기 전에 이 문제를 그에게 거론했다. : Henderson, p.273.

34   "더 좋은 때가 있으랴!" : *Time,* March 14, 1983.

35   대통령이 서부식 승마법을 보여주겠다고 약속했던, 샌타바버라 인근의 산 정상에 있는 레이건의 목장인 란초 델 시엘로를 가볼 수 있느냐고 적극적으로 묻기도 했다. : Henderson, p.485.

36   한번은 영국에서 마거릿 공주가 언니에게 전화를 해서 : Selwa "Lucky" Roosevelt interview.

37   "'여왕이 버스를 탄 적은 한 번도 없었잖아!'라고 〈데일리 메일〉의 피터 맥케이는 회고했다." : Peter McKay interview.

38   "그들은 맨 앞의 두 자리에 앉았는데" : Lucky Roosevelt interview.

39   "여왕은 눈에 띄게 불쾌감을 드러내고 뿌리쳤다." : *Time,* March 14, 1983.

40   필립에게 물벼락을 안겨서 그의 체면을 구겼다. : Josephine Louis interview.

41   "사고라도 나길 바라나?" : Pete Metzger interview.

42   "여기 남자 위원들은 없나 보지." : *Time,* March 14, 1983.

43   "실내등을 꺼달라고 요청하자" : Lucky Roosevelt interview.

44   "애넌버그 부부는 여왕보다도 더 많이 가지고 있잖아!" : Carolyn Deaver journal, Feb. 27, 1983.

45   그들은 우산을 쓰고 달렸는데 : Ibid.

46   "그때 우리가 꼭 이 길을 올라서 목장을 가야 하느냐에 대해서 많은 논란이 있었다." : Lucky Roosevelt interview.

47   "그러나 여왕은 용기를 내서 '우리가 갈 수만 있다면 가야지.'라고 말했다." : Shawcross, *Queen and Country* documentary.

48   "나는 그녀가 그렇게 붙어 앉아 있는 것이 불편하지 않을까 생각했다." : Josephine Louis interview.

49   아주 맑은 날에도 : Author's observations.

50   그녀는 말이 없었지만 : Josephine Louis interview.

51   "염려 말아요." : Nancy Reagan interview.

52 "맛있게 잘 먹었어요." : Pamela Bailey interview.

53 "젠장할, 내가 머잖아 개일 거라고 했는데." : *Time*, March 14, 1983.

54 "우리는 오래 얘기를 나눴어요." : Nancy Reagan interview.

55 목적지가 가까워지자 : Pete Metzger interview; Carolyn Deaver interview.

56 테드 그레이버가 서둘러서 칠을 새로 하고 : Nancy Reagan interview.

57 "난 그날 밤 그녀가 그의 말을 듣는다는 것을 알았다." : Carolyn Deaver interview.

58 식사 후에 그녀는 행운의 과자를 깨트려서 : Ibid.

59 "여왕께선 보관을 쓰는 데 긴 시간이 필요하다." : Ibid.

60 여왕은 다이아몬드 보관에 진주를 비롯한 각종 보석들을 꿰어서 장식하는 도구 상자를 가지고 다니는데 : Ibid.; David Thomas interview.

61 "주름진 띠로 장식한 멋진 소매" : Hardy Amies, *Still Here :An Autobiography,* p.119.

62 "나는 여기 오기 전부터 우리가 미국에 수많은 전통을 전했다는 사실을 알고 있었지만" : *Time,* March 14, 1983.

63 "나는 결혼할 때 낸시에게 많은 것들을 약속했지만" : Nancy Reagan interview.

64 그는 여왕에 대한 호의의 표시로 : *Time,* March 14, 1983.

65 그녀는 즉각 이를 버킹엄 궁에 설치하고 : Michael Oswald interview; Associated Press, Oct. 11, 1984.

66 "황홀한" : Princess Margaret to Ronald and Nancy Reagan, Oct. 6, 1983, Reagan Library.

67 "신기하다." : Confidential interview.

68 "과거지사에 대한 토론" : Margaret Thatcher radio interview with David Spanier of IRN (New Delhi Commonwealth Conference), Nov. 29, 1983, Margaret Thatcher Foundation Website.

69 블랙 타이 만찬에서 : Reagan, *The Reagan Diaries,* p.246.

70 마지막 주말에 : *Time,* March 14, 1983.

71 필립은 1969년에 사냥과 낚시를 위해 5일간 이곳에서 머문 적이 있었고 : Jean Carnarvon interview.

72 이점을 취하기 위해 : *New York Times,* Oct. 9, 1984.

73 챔피언 종마 밀리프의 지명권을 여왕에게 부여했다. : FitzGerald, p.140.

74 10월 7일 일요일, 엘리자베스 2세가 렉싱턴 공항에 착륙했을 때 : Catherine Murdock interview.

75 여왕은 즉시 방수화로 갈아 신고 : Lady Angela Oswald interview.

76 "이것이 모든 사람들의 긴장을 풀어주었다." : Catherine Murdock interview.

77 "그녀는 켄터키에서 아주 편안함을 느꼈다." : Confidential interview.

78 "민주주의를 파괴하려는 모든 기도" : Margaret Thatcher speech to Conservative Party conference, Oct. 12, 1984, Margaret Thatcher Foundation Website.

79 "심심한 동정과 우려" : Associated Press, Oct. 12, 1984.

80 "즐겁게 지내십니까?" : Jean Carnarvon interview.

81 "사람들의 사기를 복돋워주었다." : Shawcross, *Q and C,* p.128.

82 "깊은 유감" : United Press International, Oct. 15, 1984.

83 한 가지 거슬리는 것이 있었다면 : Jean Carnarvon interview.

84 그녀는 4천 에이커의 영지 내에서 5마일을 산책했고 : Ibid.; Tad Bartimus, "Queen Elizabeth Visits Wyoming." *American West,* March/April 1985.

85 식사는 간편한 미국식이었는데 : *Time,* Oct. 22, 1984.

86 "퀸 사이즈를 먹도록 할게요." : Catherine Murdock interview.

87 "왜냐하면 한 번도 먹어본 적이 없기 때문" : Bartimus, "Queen Elizabeth Visits Wyoming." *American West,* March/April 1985.

88 "샐러드 드레싱은 무얼로 하시겠습니까?" : Catherine Murdock interview.

89 그녀는 미국 내에서 도움을 준 사람들에게 선물을 했는데 : Ibid.

90 "아름다운 종마들을 바라본 것" : Queen Elizabeth II to Ronald Reagan, Oct. 14, 1984, Reagan Library.

91 "차단되었으며" : Morton, p.51.

92 "흉물스러운 종기" : Dimbleby, p.384.

93 "파멸 직전"의 "시한 폭탄" : Strong, p.361.

94 "여왕은 그녀의 며느리에 대해 매우 기쁘게 생각한다." : *The Sun,* April 12, 1984.

95 "홀릭스"라고 했으며 영부인은 오로지 왕족들과 사진 찍는 것에만 관심이 있었다고 말했다. 닐은 그녀의 코멘트들이 놀랄 만큼 "씁쓸"했다고 보았다. : Andrew Neil interview (May 6, 1998).

96 기억에 남을 춤을 추었다. : Prince Charles to Ronald Reagan, Nov. 11, 1985, Reagan Library.

97 "가장 좋은 좌석을 조르주와 오펠리아에게 내주셨다." : *The Mitfords :Letters Between Six Sisters,* p.712.

98 "어쩌면 가련한 두 삶에 대한 슬픔 때문이었을 것이다." : Lees-Milne, *Diaries, 1984–1997,* p.93.

99 대다수 켄터키의 말 사육사들 : *Washington Post,* May 29, 1989.

100 "갑자기 왼쪽 숲 속에서" : Anne Glenconner interview.

101 "총애와 축복을 받는다고 느꼈다." : Sarah, the Duchess of York, with Jeff Coplon, *My Story,* p.108.

102 "나는 튼튼하고 명랑하고" : Ibid., p.107.

103 "그녀는 매우 예리하고 영리하다." : Wyatt, Vol. 3, p.410.

CHAPTER 15 가족의 균열

1 "날카로운 정치적 투사" : Ibid.

2 "마치 앤서니 트롤럽의 소설에 나오는 장면 같았다." : Confidential interview.

3 "마거릿 대처는 매우 속상해했고" : Charles Powell interview.

4 "보통 사람들이" : Shawcross, *Q and C,* p.133.

5 "서로를 위로했다." : Turner, p.181.

6 그는 동료들보다 유난히 더 당황해해서 : Confidential interview.

7 그의 임명은 탐탁지 않게 여겨졌다. : *The Times,* Oct. 20, 2009.

8 추측 기사가 보도됐었다. : Wyatt, Vol. 1, p.167.

9 여왕은 코먼웰스 의장이던 캐나다 수상 브라이언 멀로니로 하여금 인종 차별을 종식시키기 위한 통일된 입장을 취하도록 다른 지도자들과 공조하기를 독려했다. : Brian Mulroney interview.

10 "도덕적 책무" : Ibid.

11 대처는 마침내 인종 차별을 비난하는 공동 성명에 서명하고 은행 대출과 무역 사절단을 줄일 것을 요구했으며 추가적 조치들을 고려하기 위하여 이듬해 8월 런던에서 7인의 지도자 회의를 구성하기로 타협안을 내놓았다. : Mulroney, p.404.

12 "그녀의 견해를 밝힌 적이 없었다." : Confidential interview.

13 제보자를 은폐하기 위하여 : *The Times,* Oct. 20, 2009.

14 "왜곡" : *Daily Telegraph,* Oct. 19, 2009.

15 "결정적 부분들" : *The Times,* Oct. 20, 2009.

16 언론 담당 비서들의 동료들은 : Confidential interviews.

17 "나는 그가 과대망상에 사로잡힌 것 같다고 생각한다." : Wyatt, Vol. 1, p.173.

18 "그는 개인적으로 마거릿 대처를 공격하지는 않았다." : Angela Oswald interview.

19 "괜찮아요." : Pimlott, p.514, citing interview with Sir John Riddell.

20 "글쎄, 난 그런 일은 할 수 없습니다." : Wyatt, Vol, 1, p.178.

21 "여왕의 의도적 행위" : Shawcross, *Q and C,* pp.133–34.

22 "이봐요, 케네스." : Brian Mulroney interview.

23 "그래, 감정이 상한 건 좀 어때요?" : Mulroney, p.466.

24 "의심의 여지가 없었다." : Brian Mulroney interview.

25 "내 생각에 미스터 덩께서 담배를 피우셔도 좋다는 얘기를 들으면 한결 기분이 나아지실 것 같은데." : Shawcross, *Q and C,* p.176.

26 "눈 하나 깜빡하지 않았다." : Shawcross, *Queen and Country* documentary.

27 "영국 언론은 멍청이들이었다." : Confidential interview.

28 "풍선을 찔러서" : McDonald, *The Duke* documentary.

29 "나는 그가 왜 결국에는 남들의 감정을 상하게 만들고 마는 우스꽝스러운 생각을 하려고 애쓰는 재능을 타고났는지 모르겠다." : Confidential interview.

30 "내가 자랑할 수 있는 일이라면" : *Austin American-Statesman,* May 21, 1991.

31 황금 팔찌 : *Daily Telegraph,* Jan. 12, 2011.

32 1982년에 그는 샌드링엄에서 베드포드 스미스 전기 자동차를 타고 다니기 시작했다. : McDonald, *The Duke* documentary.

33 "에너지 절약" : Ibid.

34 "때때로 나는 여왕께 아이디어를 내곤 했는데" : Confidential interview.

35 그가 아끼는 사진 가운데 하나는 : David Airlie interview.

36 "정말 시종장을 맡아줄 생각이 있느냐" : Confidential interview.

37 "대단히 현실적"이며 "극히 사업가적" : BBC interview with David Airlie : transcript, Feb. 21, 1994.

38 "좀 더 심사숙고해야" : Ibid.

39 "그녀가 천천히 움직이는 것은" : Ibid.

40 6개월간의 관찰을 마친 에얼리는 : David Airlie interview.

41 언론은 그의 부친이 에드워드의 결정에 격노했다고 보도했다. : *The Guardian,* Jan. 8, 2010.

42 "그들은 항상 그를 냉혈한으로 만들려고 하지만" : Wyatt, Vol. 1, p.309.

43 "완전히 실패였으며" : Ibid., p.492.

44 "춥고 외풍이 심하며 비싸다." : James Murray interview.

45 여왕과 모후는 근처의 숲 속과 바닷가를 거닐었고 : June Webster interview; Helen Markham interview.

46 만찬 후에 장관은 스코틀랜드 노래를 연주했고 : Confidential interview.

47 "완전히 벌거벗었으며" : Strong, p.430.

48 1985년에 다이애나는 아내와 두 자녀가 있으며 그녀의 보디가드 중의 한 명인 배리 매너키와 어울리기 시작했고 : Smith, p.197.

49 다음 해 11월에는 : Ibid., p.212.

50 "따스하고 …… 이해심이 있으며 한결같다." : Dimbleby, p.481.

51 "교양 있는 공간" : Penny Thornton, *With Love from Diana,* p.52.

52 "새로운 다이애나" : Smith, p.234.

53 앤드루의 연봉 35,000파운드만 가지고 생활해야 했다. : Ibid., p.239.

54 "나쁜 왕족" : Sarah, the Duchess of York, p.148.

55 "어리석고 무례하고 거칠며 품위라곤 찾아볼 수 없다." : Ibid., p.155.

56 그녀는 신변 보호 요원인 피터 크로스뿐 아니라 필립을 만나기 전부터 데이트했었던 커밀라의 남편 앤드루 파커 볼스와도 연결이 지었다. : Ibid.

57 편지들은 그녀를 "달링"이라고 불렀으며 구체적으로 친밀도를 나타내지는 않았으나 "애정 어린 감정"으로 쓰였다. : *People*, April 24, 1989.

58 1988년 말에 그녀는 미국 잡지 〈블러드 호스〉와 〈플로리다 호스〉를 읽으면서 : Monty Roberts interview.

59 "전진과 후퇴" : Monty Roberts, *The Man Who Listens to Horses : The Story of a Real-Life Horse Whisperer,* p.xxxi.

60 여왕은 경주마를 제외한 그녀의 모든 말들을 관장하고 시종무관으로서 26년간 봉직하다가 은퇴한 존 밀러 경을 샌터바버라 북부에 있는 로버츠의 목장으로 보내 로버치의 시범을 지켜보도록 했다. : Monty Roberts interview.

61 그녀는 약 2백 명의 손님들을 초대하여 : The description of Roberts's demonstration at Windsor Castle and the reactions from the royal family are drawn from author's interview with Roberts and from his autobiography.

62 "나는 수십 년간 이어온 훈련과 관심이 전통적인 방법에 갇혀 있다가 깨어난 것을 보게 되었다." : Monty Roberts interview.

63 "모든 동작을 알고" : Ibid.

64 "올바르게 이해시켰다." : Ibid.

65 2011년에 그녀는 로버츠를 로열 빅토리언 오더의 명예 회원으로 위촉했다. : *The Mirror,* June 11, 2011.

66 그는 이 말을 1백만 파운드 이상의 가격으로 구매할 의사를 밝혔는데 : FitzGerald, p.149.

67 헨리 카나번을 향한 분노 : *Daily Telegraph,* May 23, 2002.

68 "만일 자네가 딕 헌을 위하여" : Phil Dampier and Ashley Walton, *What's in the Queen's Handbag and Other Royal Secrets,* p.107;Ian Balding interview.

69 "파나마모자를 흔들며 내쉬완을 우승마 구역으로 인도하자 요란하고 긴 박수로" : *Daily Telegraph,* May 23, 2002.

70 "여왕은 해서는 안 될 일을 했다." : Wyatt, Vol. 2, p.81.

71 그 무렵에 그녀는 카나번의 자문을 물리치고 : *Daily Telegraph,* May 23, 2002.

72 "소니 램펄은 런던에서 타보 음베키와 올리버 탐보와 함께 앉아 있었다." : Brian Mulroney interview.

73 "우리 자신의 운명을 책임질 수 있다." : David Airlie interview.

74 "국왕에게 위엄과 연속성을 제공" : Margaret Thatcher statement to the House of Commons on the Civil List, July 24, 1990.

75 그때 그녀는 파리에 머물고 있었고 : Charles Powell interview.

76 "그녀는 매우 이해심 있는 분이었다." : Shawcross, *Q and C,* p.138.

77 "가터는 모든 전임 수상들에게 주어지지만" : Charles Powell interview.

78 "매우 애국적" : Wyatt, Vol. 2, p.403.

CHAPTER 16 고난의 해

1 "나는 두 사람 사이의 차이를 콕 짚어낼 수는 없었다." : Confidential interview.

2 "많은 공통점을 지녔다." : Seitz, p.320.

3 "여왕은 약간 격식에 매어 있지만" : George H. W. Bush interview by email, Aug. 25, 2009.

4 "자유의 친구" : *Boston Globe,* May 15, 1991.

5 "실컷 웃었다." : George H. W. Bush interview.

6 "내가 처음 그녀에게서 느낀 것은" : George W. Bush interview by email, Jan. 18, 2011.

7 "신이여, 여왕을 보호하소서." : Ibid., Jan. 19, 2011.

8 "나는 그녀에게 이것이 당신네 사람들이 한 짓이라고 놀렸다." : George H. W. Bush interview.

9 "심지어 비밀 경호원들도 숨차게 만들었으며" : *New York Times,* May 15, 1991.

10 "나는 여기 와서 이방인이라고 느낀 적이 없다." : *Washington Post,* May 15, 1991.

11 "나는 여러분이 오늘 앉아 계신 그 자리에서 제 얼굴이 똑똑히 보이기를 바라 마지않습니다." : *Dallas Morning News,* May 17, 1991.

12 "어때, 잘 지내요?" : *Washington Post,* May 16, 1991.

13 "그게 미국식이잖아." : United Press International, May 15, 1991.

14 "이 무슨 낭비야." : Benedicte Valentiner interview.

15 "그녀는 꼼짝 않고 서 있었다." : Ibid.

16 "풀밭에서 행복하게" : Queen Elizabeth II to Ronald Reagan, July 15, 1990, Reagan Library.

17 "재정의 3분의 2가 관료들에게 지불되고" : *E II R* documentary.

18 "난 놀라운 여자야!" : *Houston Chronicle,* May 23, 1991.

19 그녀는 우주인들에게 매료되어 : Ibid.

20 사라 파리시는 그녀의 뺨에 키스했다. : *Daily Express,* May 24, 1991.

21 "남편이 자기보다 커밀라와 더 많은 시간을 보내려 하기 때문에 모욕감을 느꼈다." : *The Sun,* May 20, 1991.

22 앤드루와 퍼기 역시 그들 방식대로 일탈을 일삼고 있었는데 : *People,* March 11, 1991.

23 따끔하게 비판적인 논설 : *Sunday Times,* Feb. 10, 1991.

24 "이번이 처음이다." : Gay Charteris interview.

25 "무서운 빨갱이" : *Daily Telegraph,* Nov. 14, 2008.

26 "왕정의 내부 업무를 공중의 시선에 지나치게 노출한다." : Confidential interview.

27 실무팀을 만들어 세부 계획을 작성하도록 했다. : David Airlie interview.

28 "그녀는 얼마를 지출해야 하는가에 대해서는 염려하지 않았다." : Confidential interview.

29 격분한 앤드루는 변호사들을 불렀고 : Wyatt, Vol. 2, p.651.

30 이례적으로 사적인 진술 : Confidential interview.

31 "대다수의 사람들은 직업이 있고" : *E II R* documentary.

32 "역동적인 섹시함" : *Today,* May 18, 1991.

33 "결혼이 암초에 부딪혔다." : Dimbleby, p.592.

34 7일에 : *Sunday Times,* June 7, 1992.

35 성실성과 정직성으로 잘 알려진 : Ibid., p.277.

36 "단 한 번도 신경을 쓰는 모습을 보이지 않았다." : Charles Anson interview.

37 펠로스 및 여타의 보좌관들과 의논하며 : Smith, p.278.

38 감정에 복받친 것 : Burrell, p.159.

39 "타협하고" : Ibid.

40 "마마는 내 말을 들으며 내게 실망했어요." : Ibid., p.158.

41 "우호적으로 해결하기 위하여" : Transcript of hearing into the death of Diana, Princess of Wales, Dec. 13, 2007, quoting statement from Prince Philip on Nov. 23, 2002.

42 "신랄하고", "상처를 주며", "격분하게 했다." : Smith, p.280.

43 "단 한 줄의 비하 발언도 없었다." : Brigadier Sir Miles Hunt-Davis testimony, transcript of hearing, Dec. 13, 2007.

44 다이애나의 답장은 "친애하는 아버지께"로 시작했으며 "사랑을 가득 담아"로 끝맺었다 : Ibid.

45 "그는 다이애나의 마음을 움직이지 못했다." : Smith, p.280.

46 모턴의 저서 이전에는 : Dimbleby, p.588.

47 "그보다는 그녀에게 잘못이 더 있었다는 것을 받아들이기까지 오랜 시간이 걸렸을 것이다." : Patricia Brabourne interview.

48 "성자 같은 용기" : Bradford, p.475.

49 "차분한 견해를 유지" : Confidential interview.

50 "두 며느리 모두 이 모양이 될 수가 있단 말인가요?" : Patricia Brabourne interview.

51 "내가 이해를 얻기 위하여 도움이 필요하면" : George Carey interview.

52 "그들의 성격은 판이하다." : Ibid.

53 "서로를 지지하는 회합" : Shawcross, *Q and C,* p.201.

54 "사람들은 그녀가 얼마나 강인한지 잘 모른다." : Shawcross, *Queen and Country* documentary.

55 "성직자로서의 내 의무이다." : Ibid., p.405.

56 8월 20일 : *Daily Mirror,* Aug. 20, 1992.

57 "국물이 식어가고 있었다고 표현한다면 정확할 것이다." : Sarah, the Duchess of York, p.21.

58 "있는 그대로의 나 자신이 통째로 드러났다." : Ibid., p.19.

59 "격분" : Ibid., p.23.

60 "그녀를 볼 이유가 없기 때문에 보지 않는다." : Brandreth, p.329.

61 "비록 실수를 범한 며느리이긴 하지만 여왕은 그녀에 대한 애착이 있었다." : Confidential interview.

62 〈데일리 미러〉의 특종이 터지고 나흘 뒤에 : *The Sun,* Aug. 24, 1992.

63 "개인적으로 큰 위안이 되었으며" : Shawcross, *QEQM,* p.892.

64 "절망과 반항과 자기 연민 사이"를 오갔으며 : P.D. Jephson, *Shadows of a Princess :An Intimate Account by Her Private Secretary,* p.307.

65 다시 한 번 여왕이 개입해야 했다. : Burrell, p.165.

66 9월 초에 : Wyatt, Vol. 3, p.94.

67 "시간을 두고 에둘러서 말하고" : Confidential interview.

68 면담을 위해 가고 있을 때 : *The Queen at 80,* Sky News.

69 "내가 본 것 중에서 가장 충격을 받은 모습이었다." : Confidential interview.

70 "나의 분별력은 온전히 새롭게 태어났다." : Shawcross, *QEQM,* p.892.

71 "베일을 너무 벗겨내는 건 아닌지" : Confidential interview.

72 "그녀는 보다 개방적인 왕정은 좋은 것이며" : Confidential interview.

73 1977년 여왕이 처음으로 : James Lees-Milne, *Diaries, 1971–1983,* p.234.

74 "메이저가 그녀를 설득해서" : Wyatt, Vol. 3, p.133.

75 "대단히 한심하고 솔직하지 못한" : Shawcross, *Queen and Country* documentary.

76 "매우 핵심적인 개혁 중 하나" : Confidential interview.

77 그녀는 심한 감기를 앓고 있었는데 : Shawcross, *QEQM,* p.893.

78 "1992년은 내가 오로지 기쁨만으로 되돌아볼 수 있는 한 해가 아니었습니다." : *Annus Horribilis* speech, Nov. 24, 1992, Official Website of the British Monarchy.

79 "열정적이고 복잡한" : *Daily Mail,* Nov. 25, 1992.

80 "위협적인 해" : Shawcross, *Queen and Country* documentary.

81 "절망적 상태" : Dimbleby, p.593.

82 "무뚝뚝이들" : Smith, p.284.

83 "다른 선택이 없다." : Dimbleby, p.595.

84 "이혼할 계획은 없으며" : Ibid.

85 "돌이켜 생각하면 그런 말을 한 것은 실수이다." : Shawcross, *Q and C,* p.204.

86 이 준비 과정이 너무 서둘러 진행됐기 때문에 : Shawcross, *QEQM,* p.894.

87 "기도와 이해와 동정" : Christmas Broadcast, Dec. 25, 1992, Official Website of the British Monarchy.

88 "새로운 희망을 품고" : Ibid.

CHAPTER 17 비극과 전통

1 발표한 여론조사에서 : Smith, p.284.

2 "납세를 결정한 이유와 그 실행 방법에 대해 설명했다." : BBC interview with David Airlie : transcript, Feb. 21, 1994.

3 "궁정인들은 보여서도 들려서도 안 된다." : Ibid.

4 "그분은 당신과는 다릅니다!" : David Airlie interview.

5 버킹엄 궁에서 사망했다 : *Los Angeles Times,* Sept. 25, 1993.

6 두 명의 간호사들로 하여금 24시간 그녀를 돌보도록 했다 : *The Scotsman,* Nov. 12, 2002.

7 여왕은 스코틀랜드에서 런던으로 돌아와서 : Margaret Rhodes interview.

8 "그녀는 갑자기 전화를 걸지도 않았고 받지도 않았다." : *Daily Express,* Sept. 3, 1998.

9 왕세자비는 일종의 강박 증세를 보여 격정적인 관계를 가졌는데 : Smith, p.317.

10 "시간과 공간" : *Today,* Dec. 4, 1993.

11 여왕과 필립 공은 그녀가 왕실 임무와 자선 활동으로부터 손을 떼기 원한다면 조용히 진행하라고 촉구했다. : Smith, p.310.

12 긴장이 더해진 분위기 속에서 : Bradford, p.487.

13 "제가 충분히 주의하지 못했기 때문입니다." : Elizabeth II to Ronald Reagan, Feb. 13, 1994, Reagan Library.

14 "피부색에는 관심이 없었다." : Wesley Kerr interview.

15 "아버지를 만났나요?" : Ibid.

16 "그녀가 공적인 문제에 대하여 토론하며 자신의 정치적 견해들을 표명하는 경지까지 나가지 않으면서도 나에게 정보와 견해를 집요하게 질문하는 영리한 태도에 대하여" : Bill Clinton, *My Life,* p.599.

17 "고개를 끄덕이고 웃기도 하는 모습" : Hillary Rodham Clinton, *Living History,* p.238.

18 "기뻐했다." : Shawcross, *Q and C,* p.229.

19 파묻혀버리고 말았다. : Jonathan Dimbleby, *Prince Charles :The Private Man, the Public Role,* ITV, June 29, 1994.

20 "그의 결혼을 정상화할 의사가 전혀 없었다는 오해" : *Sunday Telegraph,* July 3, 1994.

21 존 메이저 또한 우려를 가지고 : Wyatt, Vol, 3, p.403.

22 "그놈의 조너선 딤블비!" : Ibid., p.453.

23 역설적으로 소련의 공산당은 영국 왕실에 대하여 항상 깊은 존경심을 드러냈다. : *The Independent,* Oct. 16, 1994.

24 "왕정은 탄탄하다." : Ibid.

25 옐친이 여왕의 견해를 이끌어내려 했을 때 : Shawcross, *Q and C,* p.177.

26 "보석이 너무 많았던 것 같아요." : David Thomas interview.

27 "여왕이 일종의 향수를 불러일으켰다." : Shawcross, *Q and C,* p.207.

28 "매력"에 넘어갔으며 "자만심 탓이었겠지만" : Wyatt, Vol. 3, p.466.

29 "더럽고, 더럽고, 더럽다." : *Daily Mail,* Jan. 6, 1995.

30 "그 사람은 머리가 비상한 사람이에요." : Wyatt, Vol. 3, p.504.

31 "평생에 걸친 엄청난 경험 중의 하나" : Shawcross, *Queen and Country* documentary.

32 "그를 초대해요" : Turner, p.193.

33 "이는 모든 사람들에게 가슴 벅찬 일이었다." : Shawcross, *Queen and Country* documentary.

34 "재개" : Smith, p.339.

35 "그녀는 왕정이 대중의 존경 속에서 할 일을 잘못한다는 사실에 대해 불안감을 가지고 있었다." : Robert Salisbury interview.

36 "여왕은 눈물을 글썽였다." : Pimlott, p.575.

37 "뛰어난 연기" : Barbara Walters interview.

38 왕세자비는 조금도 굴하지 않고 그녀의 감정적 고통과 휴잇과의 로맨스, 산산이 부서진 결혼 생활
에 대해서 말했다. : Bashir interview, *Panorama.*

39 "최악의 다이애나" : *Sunday Telegraph,* Sept. 7, 1997.

40 "악화된 정신 분열 상태" : *The Guardian,* Nov. 21, 1995.

41 갤럽의 여론조사에서는 : *Daily Telegraph,* Nov. 27, 1995.

42 "매우 위험하며" : Wyatt, Vol. 3, p.577.

43 "BBC를 놀라게 했다." : Confidential interview.

44 "국가의 이익을 위하여 …… 서둘러 이혼" : *Daily Telegraph,* Dec. 21, 1995.

45 "마마로부터 사랑을 보내며" : Burrell, p.222.

46 엘리자베스 2세는 예상대로 개입하지 않았으나 : Jane Atkinson interview (Dec. 3,
1998).

47 "연민과 친절" : Burrell, p.229.

48 그러나 다이애나는 이 논의의 상세한 비밀 사항을 언론에 즉각 노출하여 또다시 도를 넘었으며 :
Jane Atkinson interview.

49 "그 지위를 포기한 것은 왕세자비 자신의 결정" : *Daily Mail,* March 1, 1996.

50 "공동 부모" : Meredith Vieira interview with Prince Andrew, *Today,* Jan. 29,
2008.

51 "세상에서 가장 행복한 미혼 부부" : Sarah Ferguson interview with Sky News, Feb.
24, 2010.

52 "왕실 가족의 일원으로 간주될 수 있다." : "Status and Role of the Princess of Wales."
statement from Buckingham Palace, July 12, 1996.

53 "나의 마음과 영국인들의 가슴속에 특별한 자리를 차지하는" : ITN Reuters Television, July
10, 1996.

54 "과거는 과거로 돌리자." : *New York Times,* July 13, 1996.

55 "내가 춤을 춰도 될까?" : Robin Renwick interview.

56 "공중 앞에서 한 번도 춤을 준 적이 없었다." : *New York Times,* July 13, 1996.

57 새해 초에 그들은 몇 번의 사사로운 디너 파티에서 조용히 만났고 : Tony Blair, *A Journey :My Political Life,* p.135.

58 치밀하게 설명했다. : Alastair Campbell, *The Blair Years :Extracts from the Alastair Campbell Diaries,* p.152.

59 "극단적 결합" : Tony Blair, p.135.

60 "예측 불가능한 유성" : Ibid., p.136.

61 "최적임자" : Ibid., p.134.

62 "우리는 자신만의 방식으로 조작에 능한 사람들이어서" : Ibid., p.140.

63 "이빨만 있지 물지 못한다." : Burgess, p.76.

64 "그는 영국뿐 아니라 세상 어디에서도 내가 만난 수상 가운데서 가장 멋진 매너를 지녔다." : Johnson, p.37.

65 "브라운은 블레어를 "배신자"로 몰아붙였으나 블레어는 그가 결국은 브라운을 자신의 후계자로 만들 것이라고 달랬다." : *The Mirror,* Sept. 4, 2010.

66 그는 카펫의 끝자락을 헛디디고 : Cherie Blair, *Speaking for Myself :My Life from Liverpool to Downing Street,* p.186.

67 "윈스턴이 첫 번째였어요." : Tony Blair, p.16.

68 "나는 광활한 역사의 시간 속에서 내 나이가 많은지 적은지 혼동되었지만" : *The Times,* May 22, 2002.

69 "이러저러한" : Tony Blair, p.16.

70 "내가 무릎 인사를 하지 않았는지 잘 기억이 나지 않는다." : Cherie Blair, p.180.

71 "대체로 동정적이었다." : Tony Blair, p.16.

72 "따사로운 봄 햇살" : Queen Elizabeth II to Nancy Reagan, April 24, 1997, Ronald Reagan Library.

73 "문호를 개방한다." : *Royalty Digest,* No.70, April 1997, p.316.

74 "대단히 강하게 변치 않는 그녀의 면모" : Marr, *The Queen at 80,* BBC.

75 "많은 사람들은 브리타니아호의 유지를 원했다." : Confidential interview.

76 사업가들을 위한 "시 데이즈" 행사 : *The Royal Yacht Britannia Official Guidebook,* p.56.

77 "릴리벳"과 "필립" : Castle of Mey Visitors Book, Aug. 16, 1997.

78 "어딘가 우울" : Shawcross, *QEQM,* p.909.

79 해안을 두 번 왕복하고 : June Webster interview.

80 "우리 모두의 기억과 함께" : Castle of Mey Visitors Book, Aug. 16, 1997, Copyright HM the Queen.

81 "오 이 천상의 날이여" : Ibid.

82 "사람들의 감정" : Bashir interview, *Panorama.*

83 그녀는 또한 아들들 —특히 윌리엄—에게 그녀의 남자 친구들을 비롯한 자신의 문제에 관한 짐을 지우기 시작했다. : Roberto Devorick interview (March 10, 1998); Elsa Bowker interview (Dec. 12, 1997).

84 "생각을 주입하였다." : Andrew Neil interview (May 6, 1998).

85 창피했다 : Lacey, *Monarch,* p.358.

86 여왕은 모후에게 쪽지를 써서 : Shawcross, *QEQM,* p.910.

87 "지상 최대의 사건" : Tony Blair, p.138.

88 "여왕과 웨일스 왕자는 이 끔찍한 소식을 접하고 충격과 실의에 빠져 있다." : *Daily Mail,* Sept. 4, 1997.

89 "철학적이었으며 아이들 걱정을 했지만 또한 직업적이고 실제적이었다." : Tony Blair, p.140.

90 "국민의 왕세자비" : Ibid., p.141.

91 "그녀가 얼마나 힘들었을지" : Lacey, *Monarch,* p.360.

92 그러나 왕실 가족들은 블레어의 "국민의 왕세자비"라는 호칭의 선택이 국민 감정을 잠재우기보다 동요시키는데 일조를 했다고 생각했다. : Alastair Campbell, p.246.

93 "유혹을 부채질할지 모른다고" : Carey, p.407.

94 "고인을 위해서 기도를 드리지 않는데" : Confidential interview.

95 "그들은 외면했다." : *Diana :The Week She Died,* ITV documentary, 2006.

96 어린 왕자들은 그 순간에 종교의 위안을 원했다. : *Daily Telegraph,* Sept. 27, 2009.

97 "엄마에게 말하고 싶었다." : Lacey, *Monarch,* p.358.

98 "그 아이들을 버킹엄 궁으로 보내서 아무 하는 일도 없는 상태로 둔다는 건" : Margaret Rhodes interview.

99 "우리는 파일을 볼 수 없었다." : David Airlie interview.

100 "우리는 관련 단체 이사장이 아니라 그녀의 자선 활동으로부터 수혜를 입은 사람들을 원했다." : Ibid.

101 "그녀는 자선단체의 참여 내용을 듣고 매우 기뻐했다." : Malcolm Ross interview.

102 "특별한 인물을 위한 특별한 장례식이 될 것" : *New York Times,* Sept. 2, 1997.

103 "국민장" : Alastair Campbell, p.236.

104 "그녀는 문서에 능하다." : Malcolm Ross interview.

105 "빈틈없고 요령 있는" : Tony Blair, p.144.

106 "완전히 정통했다" : Ibid.

107 "창조적 사고를 장려했고" : Lacey, *Monarch,* p.367.

108 "시간당 6천 명" : Wilson, p.326.

109 꽃다발 : Author's observations.

110 수요일 밤까지 : *Daily Mail,* Sept. 4, 1997.

111 "머리가 아니라 가슴" : Bashir interview, *Panorama.*

112 "나는 언젠가는 언론이 결국 그녀를 죽일 줄 알았다." : *New York Times,* Sept. 1, 1997.

113 "그래, 이제 흡족하냐?" : Ibid.

114 "왕족들이 국민과 함께 울어줄 수도 있으련만" : *New York Times,* Sept. 4, 1997.

115 "언론은 자신들을 대신해서 비난받을 누군가를 찾아 배회하고 있었다." : Confidential interview.

116 "그들은 표적을 다른 데로 돌릴 필요가 있었다." : Tony Blair, p.144.

117 "내게 가장 인상 깊었던 것은" : Shawcross, *Queen and Country* documentary.

118 "로빈은 런던의 정서를 묘사해야 했다." : Malcolm Ross interview.

119 "모든 왕실 가족들은" : *New York Times,* Sept. 4, 1997.

120 "내가 말한다는 사실은" : Tony Blair, p.148.

121 "오히려 강조할 뿐" : Ibid., p.149.

122 "매우 직접적인 간언" : Ibid., p.148.

123 "숨어서" : Ibid., p.149.

124 "만약에 그녀가 내려왔다면" : *Diana :The Week She Died* documentary.

125 목요일 아침 대중지들은 : *Washington Post,* Sept. 5, 1997.

126 MORI에 의하면 : Robert Worcester interview.

127 "위험하고 불쾌하게" : Alastair Campbell, p.240.

128 "로빈 잰브린은 내게 여왕이 침착한 가운데 그녀가 국가에 대해 무관심하다는 여론에 대해 심란해 하고 있다고 전했다." : George Carey interview.

129 더 중요한 것은 보좌관들의 설득이었다. : Malcolm Ross interview.

130 "궁 바깥의 정서를 경험한 것은 대단한 일이었다." : *The Guardian,* Feb. 13, 2010.

131 "그가 여왕과 일대일로 대화하는 것을 처음 보았는데" : *The Guardian,* Jan. 16, 2011, excerpt from Alastair Campbell Diaries, Vol. 2, *Power and the People.*

132 "사태를 파악하게 되었고" : Tony Blair, p.149.

133 "왕실 가족들은 그들이 국가의 슬픔에 대하여 무관심하다는 암시에 상처받았으며" : *Washington Post,* Sept. 7, 1997.

134 "사고가 있은 뒤에 그녀가 어떻게 모든 사람들의 생활을 친절하게 인도했으며" : Shawcross, *QEQM,* p.911.

135 필립은 런던으로 돌아온 날 저녁에 : Alastair Campbell, p.241.

136 "험악한 분위기가 감지되었다." : Marr, *The Queen at 80* documentary.

137 "아직 완전히 끝나지는 않았으나" : Ibid.

138 "네 대신에 내가 그것을 가져다 놓을까?" : Lacey, *Monarch,* pp.378–79.

139 "나는 매우 안됐다고 말했어요." : Shawcross, *Queen and Country* documentary.

140 "오랜 얘기를 나누었고" : Marr, *The Queenat 80* documentary.

141 "그녀는 이것을 반드시 해야 할 일로 알고 있었다." : Confidential interview.

142 "할머니로서" : Alastair Campbell, p.243.

143 "그녀의 어휘 사용에 대하여 최종 논의가 있었지만" : Tony Blair, p.149.

144 "끝까지 연습 한 번 해요" : Wesley Kerr interview.

145 "엄청난 슬픔의 표현" : Queen Elizabeth II speech following the death of Diana, Princess of Wales, Sept. 5, 1997, Official Website of the British Monarchy.

146 "가장 뛰어난 연설 가운데 하나" : Shawcross, *Queen and Country* documentary.

147 "그녀의 연민과 이해를 보여주었다." : Carey, p.409.

148 "거의 완벽했다." : Tony Blair, p.149.

149 "납득되지 않았다." : Alan Bennett, *Untold Stories,* pp.214–15, Sept. 5, 1997, diary entry.

150 "인기를 끌기 위하여 허세를 피우지 않는다." : Simon Walker interview.

151 "언론에 대한 증오에 휩싸여" : *The Guardian,* Jan. 16, 2011, excerpt from Campbell Diaries, Vol. 2.

152 "네가 걷지 않으면" : *Daily Mail,* Oct. 17, 2009, quoting Gyles Brandreth diary, Sept. 6, 1997.

153 화창한 아침의 분위기 : Author's observations.

154 "이는 완전히 예상 밖이었다." : Marr, *The Queen at 80* documentary.

155 "항상 유연하게 모든 것을 받아들일 준비가 되어 있다." : Shawcross, *Queen and Country* documentary.

156 "뻔뻔스러울 정도로 인기 영합적이었고 정제되지 않은 감정을 드러냈다." : Carey, p.410.

157 "너희들의 혈족" : "Diana, Princess of Wales." BBC recording of the funeral service, BBC Worldwide Music, Sept. 6, 1997.

158 "불필요한 말" : Carey, p.411.

159 "이는 마치 나뭇잎들이 바사삭거리는 것 같이 들렸다." : Charles Moore interview.

160 "대단히 친절했다." : Cherie Blair, p.207.

161 "이건 정말 기이하다." : Ibid.

162 "돼지 멱 따는" : Tony Blair, p.151.

163 "다소 거만한 듯한" : Ibid., p.152.

164 "변화를 향한 대규모 운동" : Ibid., p.143.

165 "왕정을 보호하는 것" : Ibid., p.145.

CHAPTER 18 사랑과 슬픔

1   필립은 5개의 스테이트 룸들을 종전의 화려한 수준으로 복구하는 일을 포함한 대규모 계획을 위한 전반적 자문 회의를 주재했다. : Adam Nicolson, *Restoration :The Rebuilding of Windsor Castle,* pp.74–75.

2   처참하게 파괴된 채플을 대신하게 될 : Ibid., pp.231–40.

3   필립의 스케치는 이 채플의 새 스테인드글라스에 화재를 진압하는 구조원과 불길을 토하는 악룡을 찔러 죽이는 성 조지의 이미지를 새기는 데 도움을 주었다. : Ibid, pp.264–65.

4   필립이 너무 시끄럽고 미끄러울 것이라는 생각에서 랜턴 로비의 바닥 장식에 반대하자 : Ibid., p.240.

5   "현대적으로 재해석" : BBC News, Nov. 17, 1997.

6   "폐하, 폐하," : Confidential interview.

7   "관용은 그 어떤 행복한 결혼에 있어서도 빠질 수 없는 한 필수적 요소" : BBC News, Nov. 19, 1997.

8   "울컥하는 순간에" : Carey, p.412.

9   "국민의 연회" : Associated Press, Nov. 20, 1997.

10   여왕과 함께 식사한 : BBC News, Nov. 19, 1997.

11   "끔찍한 시련" : Shawcross, *Q and C,* p.216.

12   여왕은 연설에서 : Golden Wedding Speech, Nov. 20, 1997, Official Website of the British Monarchy.

13   "필립의 명백한 바람 피우기와 정사들" : Bradford, p.401.

14   "그들처럼 탄탄하고 다정한 결혼에 있어서도 다를 게 없었다." : *Daily Mail,* Nov. 11, 1997.

15   "필립의 아주 친한 친구" : Patricia Brabourne interview.

16   "절대적으로 확신" : Ibid.

17 "그는 결코 나쁜 짓을 하지 않으려 했다." : Ibid.

18 "치열한 대화" : Brandreth, p.281.

19 "그가 시시덕거리는 것을 개의치 않는다." : Pamela Hicks interview.

20 "솔직히 말해서 정작 증거가 어디 있나요?" : *The Times,* April 18, 2009.

21 "너무나 가슴이 아팠고 그녀는 울었다." : Confidential interview.

22 "이 배는 단지 업무를 위한 것만이 아니라" : Confidential interview.

23 "그녀에게 있어서 자유의 표상" : Confidential interview.

24 공화국에 대한 지지가 정점을 찍었고 : Robert Worcester interview.

25 이제 잰브린은 워세스터에게 그가 사설 여론조사를 위한 예산을 마련했으며 MORI를 고용하고 싶다고 말했다. : Ibid.

26 "지나치게 근시안적이고 내부 지향적" : Confidential interview.

27 일반적으로 전통적인 조사법 : Robert Worcester interview.

28 "사람들은 미래에 대해 생각하기 시작한다." : Ibid.

29 "느꼈다" : Simon Lewis interview.

30 "이는 감정을 겉으로 드러내는 것도 아니고" : Confidential interview.

31 표어가 "감지할 수 없는 진화"였는데 이는 로빈 잰브린이 "왕정의 마마이트 이론"이라고 이름 붙인 비유 : Simon Walker interview.

32 "그녀는 어떤 일이 어떻게 인식되는지에 대한 탁월한 본능을 지녔다." : Simon Lewis interview.

33 "시간은 나를 부리지 못해." : Shawcross, *QEQM,* p.903.

34 97세의 나이에 놀랍게도 그녀는 다시 회복하여 : Ibid., p.912.

35 그녀는 수년에 걸쳐 숱한 질병들로 고생했는데 : BBC News, Feb. 9, 2002.

36 "거의 천덕꾸러기 같았다." : Confidential interview.

37 "때때로 마거릿은 매우 고독한 사람이었다." : Jane Rayne interview.

38 "토니 그리고 로디와 헤어진 후 아무도" : Confidential interview.

39 1980년대 초부터 : Annabel Whitehead to Nancy Reagan, Aug. 24, 1999, Reagan Library.

40   1999년 5월 늦게 : Queen Elizabeth II to Nancy Reagan, May 6, 1999, Reagan Library.

41   "할 수만 있다면 지붕 꼭대기에 올라가서 큰 소리로 '그건 사실이 아니다!'라고 외치고 싶어요." : *News of the World,* April 1, 2001.

42   가능한 한 그들 자신의 힘으로 조직하여 : Ibid.

43   "그들은 만나자마자 최근의 화제에 대해 얘기를 시작했다." : Gay Charteris interview.

44   "나는 알아요, 만약에 마틴이 살아 있었다면" : Ibid.

45   "지상 최대의 쇼" : *New York Times,* Dec. 31, 1999.

46   "거기에 가 있다는 사실에 대해서 분개해했다." : Alastair Campbell, p.513.

47   "생각하는 것이 틀림없었다." : Ibid.

48   "섬뜩" : Tony Blair, p.261.

49   "여왕은 이 권력 이양의 과정에서 핵심적 역할을 했다." : Simon Lewis interview.

50   "왕국이 통일 국가로 잔존함으로써 많은 이득을 누릴 수 있다." : Queen Elizabeth II Christmas Broadcast, Dec. 25, 1997, Official Website of the British Monarchy.

51   "이봐, 블레어. 국민의 왕세자비 같은 말장난은 집어치우라고." : *The Guardian,* Jan. 16, 2011, excerpt from Campbell Diaries, Vol. 2.

52   "그녀의 세상 물정을 파악하는 요령과 사람과 사태를 분석하는 능력에 대해 높은 점수를 주었다." : Jonathan Powell interview.

53   "꾸준하게 국가의 맥박을 짚고 있음" : *The Times,* May 22, 2002.

54   "사실을 알고 있다는 정도의 문제가 아니다." : Marr, *The Queenat 8*0 documentary.

55   "그는 항상 죽자사자 일한다." : Confidential interview.

56   "요점만을 확실하게" 그것도 "직접적으로" : *The Times,* May 22, 2002.

57   "내 생각에 그 사람은 당을 잘못 선택한 것 같다." : Confidential interview.

58   "블레어 식의, 어떤 무엇에 대해서 떠벌이기 위한 것"은 아니라고 했다. : Brandreth, p.225.

59   "제일 처음 대화를 나누었던 것" : Gay Charteris interview.

60   "처음으로 상륙한 이래 이 험악하지만 정직하고 창조적인 땅의 일부라고 느꼈다." : Queen Elizabeth II Sydney Opera House speech, March 30, 2000, Official Website of the British Monarchy.

61 "여왕은 항상 모친이 괜찮을지 아니면 또 쓰러질지 그리고 가엾은 다리가 나을 수 있을지를 염려했다." : Pamela Hicks interview.

62 800명이 넘는 초청자 명단 : Program : Reception and Dance to Mark the Decade of Birthdays of Queen Elizabeth the Queen Mother, the Princess Margaret, Countess of Snowdon, the Princess Royal, the Duke of York, State Apartments, Windsor Castle, Wednesday, 21st June 2000.

63 항의가 일었다. : Shawcross, *QEQM,* pp.907-8.

64 643,000파운드의 지출을 용인했다고 : Civil List Annual Report 2009, p.60.

65 수천 명 : Shawcross, *QEQM,* pp.1-2, 922.

66 "3년이 지났는데" : Simon Lewis interview.

67 "판단할 사람은 단 한 사람밖에 없는데" : Confidential interview.

68 그들이 말하고 있을 때 여왕의 코기 견 한 마리가 : Simon Walker interview.

69 "분명 거기에는 미묘한 점이 있다." : Ibid.

70 "덜 약속하고 더 행하는 것" : Simon Walker, speech to PR Week Conference, March 2002.

71 다문화적 변화의 양상을 포함하는 것을 강조하기로 했다. : Simon Walker interview.

72 이 초상화에 대한 아이디어는 로버트 펠로스한테서 나왔는데 : BBC News, Dec. 20, 2001.

73 "내면의 삶 혹은 '내적 유사성' : Jane Roberts, *Royal Treasures :A Golden Jubilee Celebration,* catalogue entry 36, p.110.

74 "북극 탐험" : Ibid.

75 그는 15회에 걸쳐 그녀를 앉혔는데 : Oliver Everett interview.

76 화가에게는 불만의 원인이 되었다. : Richard Salmon interview; Jan. 25, 2011, email from Sarah Howgate, curator of Lucian Freud exhibit at the National Portrait Gallery.

77 "나는 우리가 서로를 잘 알게 되지 않았나 싶다." : Ibid.

78 그는 어린 시절부터 말 사랑에 푹 빠져서 : *Daily Telegraph,* March 13, 2004.

79 "루치안은 여왕과 수많은 시간을 함께 보냈으며" : Clarissa Eden interview.

80 "블레어 대통령이라고 부르는데 그는 자기가 그런 줄 알기 때문이며" : Ibid.

81 "난 눈물이 헤프다." : Ibid., April 1, 2001.

82 "소피는 무엇보다도 우선 그녀를 여왕으로서 존경하며" : Elizabeth Anson interview.

83 43대 대통령과 에든버러 공작 : *The Times,* July 20, 2001.

84 "자연스런 유대" : George W. Bush interview.

85 "점증하는 불신과 총체적 충격" : *The Guardian,* Aug. 18, 2002.

86 맬컴 로스는 런던에서 밸모럴로 전화하여 : Malcolm Ross interview.

87 로스는 또한 다음번 근위병 교대식에서 영국 국가와 더불어 2분간의 침묵을 사이에 두고 미국 국가도 연주하도록 하는 새로운 제안도 했다. : Malcolm Ross interview.

88 "여왕을 불러주겠소?" : Jean Carnarvon interview.

89 "여왕은 망연자실했다." : Ibid.

90 "미국 국가가 연주될 때" : Jackie Davis interview.

91 "탄복할 만한 문장" : Shawcross, *Q and C,* p.233.

92 "슬픔은 사랑에 대한 대가이다." : Christopher Meyer, *DC Confidential :The Controversial Memoirs of Britain's Ambassador to the U.S. at the Time of 9/11 and the Iraq War,* p.199.

93 돌에 새겨졌을 뿐 아니라 : Ibid., p.201.

94 "명백히 아랍 세계에 관심이 집중되었다." : *The Times,* May 22, 2002.

95 "너무나 어울리지 않는다."고 말했고 〈더 선〉은 "졸렬한 모작" : BBC News, Dec. 21, 2001.

96 "그림을 한 30초를 바라보고 나면" : Clarissa Eden interview.

97 "이는 경험의 회화이다." : BBC News, Dec. 21, 2001.

98 "이 그림은 10년 전이라면 그려질 수 없었다." : Sandy Nairne interview.

99 프로이트는 여왕이 그녀의 얼굴이 그려지는 동안에 그림을 보았지만 그녀의 생각은 말하지 않았다고 한다. : Lucian Freud interview.

100 "탁월한 작품" : *The Scotsman,* Dec. 21, 2001.

101 "진실되고 흙냄새가 난다." : Jennifer Scott, *The Royal Portrait :Image and Impact,* p.185.

102 "그것 참 좋은 생각이에요." : Anne Glenconner interview.

103 "그녀의 삶의 질은 좋지 못했다." : BBC News, Feb. 9, 2002.

104 "작별을 고하는 가족의 전통에 따라 흰 손수건을 흔들었다." : Shawcross, *QEQM*, p.929.

105 그러나 올해는 골든 주빌리를 기념하여 : BBC News, Feb. 6, 2002.

106 "어쩌면 자비로운 해방일지 모르겠다." : Shawcross, *QEQM*, p.930.

107 "소란을 피우지 않고 떠나고 싶다." : Carey, p.415.

108 "깊이 뿌리내린" : Ibid., p.413.

109 "여왕이 그토록 슬퍼하는 것은 처음 보았다." : Reinaldo Herrera interview.

110 그녀는 침착성을 회복했다. : Confidential interview.

111 "그녀는 예정대로 떠났다." : Confidential interview.

112 "미세스 퀸"과 "퀸 레이디" : BBC News, Feb. 19, 2002.

113 "대다수 사람들은 고장난 늙은 수상보다는 여왕을 국가의 수반으로 받들고 싶어 한다." : Reuters, Feb. 26, 2002.

114 "오, 우리 모친은 이제 겨우 101세랍니다." : *Daily Telegraph*, March 4, 2002.

115 다양한 주문을 할 만큼 총명했다. : Shawcross, *QEQM*, p.931.

116 2002년 3월 아침 : Ibid., p.932.

117 두 여인은 잠시 사적인 대화를 나눴는데 : Margaret Rhodes interview.

118 오후 3시 15분 : Ibid.

119 "매우 슬픔에 빠져 있으면서도 기품이 있었다." : Alastair Campbell, p.611.

120 "진정한 삶의 치료자" : Shawcross, *QEQM*, p.935.

121 여왕과 그녀의 보좌관들은 첫째 3일 동안의 시신 안치 기일을 포함하여 총 9일간의 공식 조문을 정당화할 만큼의 대중적 지지가 충분할 것인지에 대하여 염려했다. : Alastair Campbell, p.610.

122 "불투명한 고별이 국론 분열을 드러내다." : BBC News, April 9, 2002.

123 "가장 감동적인 일이었다." : Shawcross, *QEQM*, p.935.

124 "사랑하는 모친" : BBC News, April 9, 2002.

125 "이 세상에서 가장 마술적인 할머니" : *The Guardian*, April 2, 2002.

126 여왕이 방송 연설 직전에 : BBC News, April 9, 2002.

127 가르쳤는지 묘사했다 : *The Observer,* April 7, 2002.

128 "얘야, 점심이 정말 근사하구나." : Ibid.

129 왕실 보석가 데이비드 토머스는 관 위에 놓인 왕관을 닦고 먼지를 털기 위하여 오전 6시에 일어났다. : David Thomas interview.

130 "태양처럼" : Carey, p.417.

131 "원로 왕실 부인" : Margaret Rhodes interview.

132 "끔찍한 슬픔" : Ibid.

133 "그건 엄청난 일이었다." : Elizabeth Anson interview.

CHAPTER 19 영화

1 "영국은 제대로 된 파티의 습관을 잃었다." : *The Independent,* Jan. 27, 2002.

2 버킹엄 궁의 보좌관들은 기대를 억누르는 "조심조심"의 전략 : Simon Walker interview.

3 해운계의 거물 제프리 스털링 : *The Times,* March 14, 2002; Aug. 5, 2002.

4 궁 전략의 핵심적 부분 : Simon Walker interview.

5 사설 여론조사와 표적 집단들 : Robert Worcester interview.

6 궁은 의도적으로 왕정에 대한 지지도가 가장 높은 콘월과 데본 지역을 첫 순방지로 정했다. : Simon Walker interview.

7 "정말 한심하다." : Alastair Campbell, p.618.

8 끝나고 난 뒤에 사이먼 워커가 여왕에게 이런 식의 파티를 5년 단위로 개최하면 어떠냐고 제안했다. : Simon Walker interview.

9 "이렇게 편할 데가!" : Cherie Blair, p.270.

10 "직업적인 부질없고 헛된 인사말을 해야 했던" : Alastair Campbell, p.619.

11 "변화는 이제 일상사가 되었습니다." : *Daily Telegraph,* May 1, 2002.

12 "역사적 기회" : Queen Elizabeth II speech during visit to Parliament buildings on Tuesday, May 14, 2002, Northern Ireland Assembly Website.

13 "기념 축제에 젊은이들의 성원을 끌어내는 것은 중요했다." : Simon Walker interview.

14 엘리자베스 2세가 입장하자 : *The Guardian,* June 4, 2002.

15 노란색 귀마개를 한 여왕 : Ibid.

16 "50주년" : *The Independent,* June 4, 2002.

17 "사랑은 얻어내는 것입니다." : Ibid., June 5, 2002.

18 50명의 남자들이 그녀에게 클럽 화이츠에서 블랙 타이 만찬을 대접했는데 : Confidential interviews.

19 "여왕이 여기 화이츠에 오다니" : Confidential interviews.

20 "그들은 여왕의 존재를 알아차렸다." : Charles Anson interview.

21 "최종적으로 입증해주었다." : BBC News, June 5, 2002.

22 "군중은 여왕이 그들에게 관심을 기울이고 있으며 즐겁게 지내고 있다." : Robert Worcester interview.

23 "반석" : Burrell, p.321.

24 그는 다이애나의 모친인 : Ibid.

25 "왕세자비의 문서들 중 몇 가지를 보관하기 위해 가져갔다." : Buckingham Palace chronology of the Queen's involvement in the Paul Burrell Case, Nov. 12, 2002, Official Website of the British Monarchy.

26 많은 얘기들 중 하나였다. : Burrell, pp.318–22; Report to His Royal Highness the Prince of Wales by Sir Michael Peat and Edmund Lawson QC, March 13, 2002 (Peat Report), p.75.

27 3년 후인 : Burrell, pp 340, 342–43.

28 여왕은 로빈 잰브린으로부터 몇 차례 브리핑을 받았지만 : Buckingham Palace chronology; Peat Report, p.76.

29 그의 지나가는 언급이 버렐의 혐의와 별 상관이 없다고 생각했기 때문이었다. : Peat Report, p.74.

30 "사적" : Ibid., p.76.

31 필립과 찰스는 요란하게 보도된 : Buckingham Palace chronology, Peat Report, p.74.

32 "틀린 전제하에" : *New York Times,* Nov. 1, 2002.

33 "기억력이 감퇴한 늙은 여인" : *The Independent,* Nov. 3, 2002.

34 "그녀는 매우 만족스럽고" : Confidential interview.

35 "부적절하거나 태만함" : Peat Report, p.77.

36 지난해 11월에 : *The Times,* Nov. 8, 2002.

37 "그녀는 자신의 레인지로버를 몰고" : Nini Ferguson interview.

38 관절 수술을 받아야 했다 : Buckingham Palace announcements, Jan. 13, 2003, Jan. 14, 2003, Official Website of the British Monarchy.

39 "실내에서 빈둥대며" : Queen Elizabeth II to Monty Roberts, Jan. 19, 2003.

40 비슷한 수술을 받았다. : Buckingham Palace announcements, Dec. 9, 2003, Dec. 12, 2003, Official Website of the British Monarchy.

41 "조랑말은 열네 뼘의 키에" : Michael Oswald interview.

42 이제 그녀는 대신에 : Margaret Rhodes interview.

43 윈저그레이트 파크에 있는 그녀의 오두막 : Author's observations.

44 "교외에서 살면 어떻겠니?" : Margaret Rhodes interview.

45 매주 일요일 여왕은 교회에서 가까운 그곳까지 재규어를 몰고 간다. : Ibid.

46 "이 말이 부적절하게 들리겠지만" : Robert Salisbury interview.

47 "전보다 더 삶의 경이에 대한 이해" : Monty Roberts interview.

48 "오, 맬컴한테 바보같이 굴지 말라고 해요." : Malcolm Ross interview.

49 "이렇게 즐거운 시간을 보내는 사람은 본 적이 없다." : Annabel Goldsmith interview.

50 "그럼요. 로버트와 나는 어젯밤 새벽 1시 반까지 나이트클럽에 있었는 걸요" : Robert Salisbury interview.

51 여왕보다 25세 연하 : *Daily Mail,* April 11, 2006.

52 "왁자지껄한 웃음소리가 들리곤 했다." : Anne Glenconner interview.

53 "그녀는 여왕의 동생과 모친이 사망한 뒤의 진공 속으로 들어갔다." : Confidential interview.

54 "켈리는 여왕이 군중과 멀리 떨어져 있을 때 그들과 구별되는 의상을 걸쳐야 하며 실내에서는 베이지색이나 회색 같은 중립적 색상의 의상을 입어야 한다는 것을 이해한다." : Confidential interview.

55 "나는 데미언 허스트가 보석 박힌 두개골을 만드는 데 다이아몬드를 사용해왔다고 들었는데" : Piers Allen interview.

56 "켈리는 어디서 나왔는지는 알 수 없으나 무언가를 들고 나온다." : Confidential interview.

57 "부시가 도착하면서 우리는 〈데일리 미러〉의 기자가 두 달간 궁정의 하인으로 일했다는 왕실 보안 사상 최대의 사건을 폭로한다." : *The Mirror,* Nov. 19, 2003.

58 신문에는 몰래 찍은 14장의 사진 : Ibid.

59 "자기 일을 하는 데 있어서 거만하지 않다." : *Sunday Times,* Nov. 23, 2003.

60 "우리 기자의 윈저 내부 폭로" : *The Mirror,* Nov. 20, 2003.

61 "고도의 부당한 사생활 침해" : *Daily Express,* Nov. 25, 2003.

62 이를 기사화했다. : *The Guardian,* Nov. 21, 2003.

63 이 모두가 급조된 느낌을 주었다고 : Ibid., Nov. 29, 2003.

64 "그녀는 항의 시위에 대해 침착했다." : George W. Bush interview.

65 "그건 마치 옛 친구들의 주간 같았다." : Catherine Fenton interview.

66 "아니, 왜 그런 짓을 한 거요?" : Tony Blair, p.305.

67 금지에 대한 토론은 의회에서 무려 700시간 이상을 소모시켰는데 : *The Spectator,* Sept. 11, 2010.

68 "불합리" : Tony Blair, p.306.

69 "자기와 정치 놀이" : *The Guardian,* July 2, 2011, excerpting *Power and Responsibility :The Alastair Campbell Diaries,* Vol. 3, *1999–2001,* by Alastair Campbell.

70 "여우 사냥은 유해 동물을 조절하는 것일 뿐" : *News of the World,* April 8, 2001.

71 그는 뒤에 이 말을 시인했다 : Tony Blair, p.305.

72 "그녀는 가슴 밑바닥에서부터 시골 사람이다." : Margaret Rhodes interview.

73 그녀 나름의 조용한 방식으로 여왕은 금지법의 투표가 다가오기 몇 년 전에 밸모럴에서 주말을 함께 보내며 블레어에게 로비를 했다. : Confidential interview.

74 "내가 가장 후회하는 국내 입법 조치였다." : Tony Blair, p.304.

75 "타협안이 그의 당에 의해서 기각되는 것을 허용했고" : *The Spectator,* Sept. 11, 2010.

76 버킹엄 궁 정원에서의 두 번의 골든 주빌리 기념 콘서트에 등장한 : *People,* June 17, 2002.

77 "커밀라는 한 번도 칭얼댄 적이 없다." : Confidential interview.

78 "그냥 두 나이 먹은 사람들" : *The Times,* April 9, 2005, April 10, 2005.

79 "그녀의 결정은 명백히 사적인 감정과는 하등 상관이 없으며" : Ibid., April 8, 2005.

80 "나는 두 가지 중대 발표를 하겠습니다." : *Sunday Times,* April 10, 2005.

81 "영국의 거물들" : Ibid.

82 "나의 사랑하는 커밀라" : *The Times,* April 11, 2005.

83 "제가 오늘 래리 킹 쇼에 출연하는데" : Confidential interview.

84 여왕에게 작별의 키스를 했는데 : *Daily Telegraph,* April 11, 2005.

85 "이해를 쌓았다." : Clarence House press release, Nov. 26, 2005.

86 "압력을 받는 것"으로 느껴지면 "완강"해질 수 있으나" : BBC interview with Prince William, Nov. 19, 2004.

87 "나는 어제의 폭탄 테러의 여파 속에서도 침착하게 정상적 생활을 계속하기로 작정한 우리나라 수도의 시민들에게 존경을 표한다." : Marr, *The Queenat 80* documentary.

88 "한 아치 아래에" : Confidential interview.

89 "내가 그분을 만져도 괜찮을까?" : Confidential interview.

90 "영국인들로서는 의외였다." : Charles Powell interview.

91 "사랑하는 마마" : *The Times,* April 21, 2006.

92 "내가 알기에 당신은 혼잡 부담금이 세금이라고 생각한다죠?" : Robert Tuttle interview.

93 "단지 웃어 보였는데" : *Daily Telegraph,* March 31, 2006.

94 "필립 공은 온갖 종류의 건설 사업에 대한 경험이 풍부해서" : Peregrine Cavendish, 12th Duke of Devonshire, interview.

95 "그녀는 경주로의 표면에 가장 관심이 많았으며" : Ibid.

96 BBC가 이 기획안을 제안했을 때 : Interview with Rolf Harris, January 2006, Royal Insight, Official Website of the British Monarchy.

97 "여왕을 할리우드 스타로 만들었다." : Stephen Frears interview.

98 미렌은 실상 평생 공화주의의 신봉자였으나 이제 엘리자베스 2세를 새로 발견하여 : Helen Mirren interview.

99 "이 영화의 탁월한 점은" : Frances Campbell-Preston interview.

100 "영화가 한 편 나왔다고들 하던데" : Graydon Carter interview with Tony Blair, June 24, 2009, VF.com.

101 "왜냐하면 이 영화는 왜 폐하께서 런던에 오지 않았는지를 보여주기 때문이며" : Confidential interview.

102 엘리자베스 2세의 친구들 중 한 명이 〈스펙테이터〉에 실린 만화를 보내서 여왕을 살짝 놀라게 했다. : Confidential interview.

103 "그건 당신의 관점에 따라서 달라질 수 있는 거예요." : Monty Roberts interview.

104 "진실성이 담겼다." : Nancy Reagan interview.

105 궁정 관리들은 바버 방수 재킷이 불티나게 팔리면서 유명 패션 잡지에 "밸모럴의 멋쟁이"에 관한 기사들이 봇물 터지듯이 쏟아지자 몹시 즐거워했다. : Confidential interview.

106 "아시다시피 50년이 넘도록" : Helen Mirren Oscar acceptance speech, Feb. 25, 2007.

CHAPTER 20 타고난 군인

1 레보비츠는 엘리자베스 2세가 혼자서 화장을 하고 머리도 일주일에 한 번만 한다는 데 놀라움을 금치 못했다. : Annie Leibovitz, *At Work,* p.189.

2 "그녀는 그 먼 길을 혼자서 왔어요!" : Ibid., pp.186–87.

3 "난 시간이 별로 없어요" : Ibid., p.189.

4 "차려입다니!" : Ibid.

5 "활달한" : Ibid.

6 "알맞은 심정" : Ibid., p.184.

7 "여왕은 그 손들을 자세히 들여다보고" : *Washington Post,* April 5, 2007.

8 "당신도 축구를 하나요?" : Kevin Sullivan interview.

9 "당신도 저런 것을 가지고 다녀야 하는데." : *Daily Telegraph,* May 5, 2007.

10 이제 그녀의 새 혈종마 보좌관인 : Michael Oswald interview.

11 "아무도 할머니의 생각에는 관심이 없다고요." : Confidential interview.

12 여왕의 관심을 예견하고 : Amy Zantzinger interview.

13 "이 분은 어머니가 자식에게만 보내는 눈길을 보내셨다." : CBS News, March 31, 2009.

14 "경비가 너무 삼엄해서 안타깝다." : Confidential interview.

15 "너무 반가워요." : Frolic Weymouth interview.

16 "멋진 행동" : Laura Bush, *Spoken from the Heart,* p.390.

17 "결정적 전시 동맹" : White House Press Office transcript of remarks by President Bush and Queen Elizabeth II at a White House state dinner, May 7, 2007.

18 "제대로 한 방 맞았다." : George W. Bush interview.

19 "헛점투성이" : Tony Blair, p.608.

20 "몇 가지 좋은 정보" : Robert Hardman, *Monarchy :The Royal Family at Work,* p.170.

21 "왕실에 대한 극진한 존경심을 가졌다." : Simon Lewis interview.

22 "무엇이 되고 무엇이 안 되는지를" : Hardman, p.170.

23 "그녀가 우리 두 사람을 웃기는 일에 관해서 말하는 것을" : Ibid.

24 여왕이 친구들과 있을 때 : Anne Glenconner interview.

25 "그녀의 모친과 동생이 없는 가운데" : Confidential interview.

26 그가 떠나 있을 때 : Margaret Rhodes interview.

27 "그들은 육체적으로는 드러나지 않지만" : Confidential interview.

28 "그의 접근 방식은 여왕보다 훨씬 더 불안정했으며" : George Carey interview.

29 "어느 면으로 보나 금실 좋은 평범한 부부는 아니다." : McDonald, *The Duke* documentary.

30 "나는 대중지들을 읽지 않는다." : Paxman, p.237.

31 필립이 마차 경주에서 너무 많이 낙마하자 : *Daily Express,* May 2, 2010.

32 "여왕의 지시에 따라" : Tony Parnell interview.

33 "그녀의 취향은 장식과 섬유 등에 있어서 매우 수수한 편이어서" : Tony Parnell interview.

34 "그는 택시 기사 같은 모자를 쓰고" : Frolic Weymouth interview.

35 "저 연설에는 내가 오랜 세월 동안 들어왔던 것보다 더 많은 전문 술어가 들어 있다." : Chris

Mullin, *A View from the Foothills :The Diaries of Chris Mullin,* p.429.

36 여왕은 60년 전과 똑같은, 다이아몬드와 진주와 사파이어로 장식된 브로치를 : *Daily Mail,* Nov. 19, 2007.

37 "우리 모두 서로 사랑하자." : BBC News, Nov. 19, 2007.

38 "의무가 부드러움을 나눌 수 있는 언어로 말하는" : *Daily Telegraph,* Nov. 20, 2007.

39 앞서 태어난 누나와 같이 : *Daily Mail,* April 21, 2008.

40 이라크 침공 이래 : Gen. Charles Guthrie interview.

41 "왕실 가족은 군대에 대하여 긍지와 기쁨을 가진다." : Ibid.

42 한번은 그녀가 왕실 기병대의 북 치는 말로 적합해 보이는 종마의 사진을 사령관에게 참고하라며 보낸 적도 있었다. : Ibid.

43 "근위 보병대 제복이 바뀌었나요?" : Johnny Martin-Smith interview.

44 "여왕은 독수리의 눈을 가졌다." : Confidential interview.

45 "세 권짜리 책을 읽지는 않는다." : Charles Guthrie interview.

46 "내 생각을 그녀에게 말할 수 있다." : Ibid.

47 "그녀는 우리에게 연대 수가 너무 많다는 것을 알고 있다." : Jonathan Powell interview.

48 블레어의 보좌관 조너선 파월은 말했다. : Confidential interview.

49 사실은 이미 잘 알려져 있었다. : Smith, p.212.

50 그는 자기 연대에서 복무할 결심이었으나 : *Daily Telegraph,* Feb. 28, 2008.

51 육군 참모총장 리처드 다낫 경은 그의 참전에 반대했다. : Prince Harry deployment update, Prince of Wales.gov.uk, May 15, 2007.

52 "옳다고 믿는 쪽으로 나아가라." : BBC News interview with Prince Harry, Feb. 28, 2008.

53 해리를 파견하기로 결정했다. : Sky News, Feb. 28, 2008.

54 "나는 그녀가 내가 원하는 것을 할 기회를 가지게 된 것에 대해 안도하는 것 같았다." : BBC interview with Prince Harry, Feb. 28, 2008.

55 "그는 모든 다른 전우들과 함께" : *Daily Telegraph,* Feb. 29, 2008.

56 "나의 모든 소망은 달성되었다." : Ibid.

57 "한 번만이라도 보통 사람이 되어보았다는 것은 매우 근사한 일이다." : BBC News interview with Prince Harry, Feb. 28, 2008.

58 자칭 만학도인 그녀는 : Bennett, p.48.

59 "당근을 훨씬 더 잘 먹어서" : Ibid.

60 "분석과 반성" : Ibid., p.113.

61 "여왕 폐하에 대하여 따스하게 생각해볼 또 다른 이유" : *New York Times Book Review,* Sept. 30, 2007.

62 "공감과 공통" : Bennett, p.31.

63 "이는 허물없는 자리다." : Mark Collins interview.

64 환경 단체의 초대를 받아 : Confidential interviews.

65 다음 7월에는 템스 강 위를 노니는 백조들의 숫자를 공식적으로 헤아리는 12세기부터 내려오는 의식인 스완 어핑을 참관했다. : BBC News, July 20, 2009.

66 그녀는 보다 젊은 세대의 내빈들을 포함시키기 시작했다. : *Daily Mail,* Dec. 17, 2009; *Daily Telegraph,* Feb. 8, 2010.

67 "아이들은 늙다리들을 보려고 하지 않잖아요" : Confidential interview.

68 그녀의 오랜 친구들의 자녀들이 : Confidential interview.

69 그녀의 신부 들러리 중의 한 명인 엘리자베스 롱맨 부인이 80세를 맞이했을 때 : Elizabeth Longman interview; Freddy Van Zevenbergen interview.

70 "벽" : *Daily Telegraph,* June 21, 2008.

71 "내가 해냈다!" : Ibid., June 19, 2008; Ian Balding interview.

72 "나를 초대하지 않았을 것이다." : Helen Mirren interview.

73 "당신은 내가 당신한테 그렇게 했어야 한다고 생각하죠?" : *The Guardian,* Nov. 24, 2006.

74 "필립 공과 나에게 있어서" : BBC News, Nov. 12, 2008.

75 "그녀의 모든 계획들은 대단히 영리하게 세워진다." : Malcolm Ross interview.

76 "그녀는 곧 알아채고" : Confidential interview.

77 "왜 더 많은 일을 하지 않느냐고" : *The Guardian,* Nov. 18, 2008.

78 "일반적인 느낌은 그녀가 보다 더 접근 가능하고" : Confidential interview.

79 필립은 1980년대부터 컴퓨터로 편지를 쓰기 시작했고 : *Daily Mail,* April 17, 2009.

80 엘리자베스 2세는 마침내 손주들과 문자를 주고받기 위하여 휴대폰을 장만했고 : *The Times,* Oct. 17, 2008.

81 앤드루 왕자의 제안을 받고 : *Daily Telegraph,* April 1, 2009.

82 "구글 광팬" : Confidential interview.

83 "조깅을 하다가 온 모양이죠?" : *Daily Mail,* Oct. 17, 2008.

84 "정말 귀여운 아기네요." : *The Times,* Oct. 17, 2008.

85 주말 사냥 기간에 : Confidential interview.

86 "드디어 내 조부모들께서 결합하셨다." : Ashe Windham, "A Fitting Memorial to Queen Elizabeth." *Friends of the Castle of Mey Newsletter,* April 2009. p.5.

87 엘리자베스 2세는 버킹엄 궁 인근의 고링 호텔에 잠깐 모습을 비치기로 예정되었었다. : Elizabeth Anson interview.

88 "그녀는 그 누구도 따를 수 없을 만큼 이 나라의 구석구석까지 다 안다." : Charles Powell interview.

89 "극소수 공화주의의 온상" : *The Times,* April 29, 2011.

90 "나는 오늘 이곳을 방문하게 되어서 대단히 기쁩니다." : David Pogson, senior press officer, Buckingham Palace Press Office.

91 여왕이 지금보다 젊었을 때에는 : Confidential interview.

92 여왕의 준비를 돕기 위하여 : Susan Cunliffe-Lister interview.

93 열차가 헐 역에 정차하자 : Author's observations.

94 "그녀는 계층을 넘나드는 놀라운 능력을 지녔는데" : Phil Brown interview.

95 그녀는 식탁 건너편의 "등하교 안내 여인"과 응급차 운전사 및 "환경 지킴이 자원봉사자"와 대화를 나눴다. : Author's observations.

96 "계속 빵을 쪼개서 조금씩 집어들고" : Maria Raper interview.

97 "그녀는 왕실 활력소였다" : *Hull Daily Mail,* March 6, 2009.

98 "강한 대서양 연안 관계의 상징" : *Daily Telegraph,* Feb. 16, 2009.

99 영부인은 심지어 : Confidential interview.

100 "여왕은 그녀가 방 안에 들어서면 자기가 그 방 안에서 가장 돋보이는 국가수반임을 안다." : Brian Mulroney interview.

101 "너무나 우습다고" : Confidential interview.

102 10초 뒤에 여왕은 팔을 내렸지만 : *Daily Mail* time dsequence of photos, April 3, 2009.

103 "이는 우발적이었다." : Peter Wilkinson interview.

104 "생각할 수 없는" : *The Guardian,* April 2, 2009.

105 "상호 우발적인 친밀감과 호의의 표시" : Confidential interview.

106 필립은 어김없이 "집 잘 봐요!"라는 한 마디를 던졌다. : Confidential interview.

107 여왕은 리셉션에서 시종 웃음을 띠고 : Author's observations.

108 "전혀 피로의 기색을 눈치채지 못했다." : Sir Richard Gozney interview.

109 그녀는 이튿날의 12시간의 일정 가운데 네 시간을 빼내어 : Confidential interview.

110 "나는 믿어지기 위해서 보여야 한다." : Longford, *Elizabeth R,* p.5.

111 네 시간의 트리니다드로의 비행을 위해 : Author's observations.

112 과거에 : Duncan, p.19; Morrow, pp.111, 118.

113 "그녀가 하는 말에" : Kamalesh Sharma interview.

114 "코먼웰스야말로 그녀의 유산이다." : Brian Mulroney interview.

115 "우리들 중에서 많은 나라들이 떠났을 것이다." : Shawcross, *Q and C,* p.48.

116 소말리아에서의 방목 권리에 대한 토론도 할 수 있었고 : Bradford, p.229.

117 특정 지도자의 낚시 습관 : Shawcross, *Q and C,* p.201.

118 좋아하는 찬송가 : Margaret Rhodes interview.

119 "코먼웰스 심리 치료사" : *The Times,* April 16, 1986.

120 "사진사들을 바라보지 않는다." : Robin Nunn interview.

121 엘리자베스 2세는 가능한 한 많은 카리브 해의 문화를 보고 싶어 한다. : Eric Jenkinson interview.

122 여왕은 사진사와 비디오 촬영기사들이 가까이 몰려들고 나비와 벌새 차림의 소녀들이 북과 양철

냄비를 두드리며 리듬에 맞추어 흔들어대고 어른들은 카메라 폰으로 사진을 찍으려고 덤벼드는 가운데 광적인 소음과 열기가 달아오르는데도 아랑곳하지 않는 듯했다. : Author's observations.

123 동영상을 찍어서 국왕의 웹사이트에 : Peter Wilkinson interview.

124 그룹 당 4.5분씩 할당되었지만 : Eric Jenkinson interview.

125 "그걸 사용할 시간이 별로 없어서요." : Author's observations.

126 잠시 : Eric Jenkinson interview.

127 "빈틈없이 아름다운 순간이었다." : Confidential interview.

128 "나는 때로 그녀의 보좌관들이 그녀가 83세라는 것을 깨닫지 못하는 것 같다고 생각한다." : Margaret Rhodes interview.

CHAPTER 21 여왕 폐하 만세

1 "저들이 내게 너무나 친절하구나!" : Lytton Strachey, p.156.

2 "여왕 폐하 만세!" : Lacey, *Monarch,* p.40.

3 "이제 모든 사람들이 새 여왕에 대하여 열렬하게 충성했으며 처칠이 완전히 그녀에게 감복했었던 초기의 황금기 이래 어느 때보다도 높아졌다." : Charles Powell interview.

4 "최대 규모의 선단" : Diamond Jubilee Foundation statement, April 5, 2011.

5 "기름칠하고 수갑을 채운 국회의원들" : *The Guardian,* April 5, 2011.

6 "구상"의 해 : Confidential interview.

7 "요즘 영국에서 공화주의는 예외적 정치 노선일 뿐 아니라 그것은 더 이상 정치적 신조도 되지 않는다." : *The Times,* Nov. 13, 2009.

8 이 영화는 사람들의 심금을 울렸을 뿐 아니라 : *The Guardian,* Nov. 12, 2011.

9 "전체적으로 그녀는 그 영화를 아주 좋아했다." : Margaret Rhodes interview.

10 "국가들 간의 경제적 격차를 시정할 것" : Queen Elizabeth II Christmas Broadcast, Dec. 25, 1983, Official Website of the British Monarchy.

11 "격동의 시기에 사람들이 믿고 의지할 수 있는 닻" : David Airlie interview.

12 잠깐 본 적이 있었다. : *Daily Mail,* May 10, 2010.

13 "현직에 남아 있어야 할 헌법적 책임과 의무가 있다." : Ibid., July 29, 2010.

14 "가이트에게는 자신의 존재를 드러내고 여왕을 위하여 그 자리에 있다는 것을 보여주는 점이 중요했다." : Simon Lewis interview.

15 "나는 더 이상 여왕을 기다리게 할 수 없다네." : Ibid.

16 "호탕한 제안" : *Daily Mail*, July 29, 2010.

17 "나는 내가 어떤 형태의 정부를 구성하게 될 것인지에 대한 확신이 없었다." : Ibid.

18 여왕의 재무 담당은 잉여 현금을 불황을 대비하여 비축했고 : Civil List Act of 1972, Report of the Royal Trustees, June 22, 2010 (Treasury Report), "Background Information and Review of Performance." p.6.

19 2009년에 연간 왕실 비용의 지출은 : Treasury Report, p.33.

20 "가계 지출" : HM Treasury, Budget Announcement on the Civil List for 2011, June 22, 2010.

21 게다가 엘리자베스 2세는 그녀의 랭커스터 영지의 자산으로부터 얻은 1,300만 파운드가 넘는 개인 수입에서 근 130만 파운드를 네 자녀 중 세 명과 "왕실 회사"를 위해 일하는 다른 왕실 친척들의 공식 경비 지원을 위해서 지출할 계획이었다. : Treasury Report, p.61.

22 찰스는 2009년에 그의 콘월 영지로부터의 수입 1,710만 파운드 중에서 그의 "공식 임무와 자선단체 활동을 위해 9백만 파운드를 지출했다. : The Prince of Wales and the Duchess of Cornwall Annual Review 2010 (PoW Annual Review), p.40.

23 "나의 후임자들은 이 문제와 관련하여 자주 부딪칠 일이 없을 것이다." : *The Independent*, Oct. 21, 2010.

24 "역으로 높게" : *The Mail*, Oct. 24, 2010.

25 버킹엄 궁은 전면의 석조 부분이 떨어져 나가고 있었고 : *The Mail*, July 5, 2010.

26 그녀의 시녀들, 수잔 허시와 메리 모리슨의 공적을 기리기 위한 : Confidential interview.

27 "신용 추락 명품credit crunch couture" : *The Times*, Oct. 22, 2009.

28 130만 파운드의 요리 : Treasury Report, p.33.

29 "우리에게는 왕실 역사에 대한 전문가는 없었지만" : Confidential interview.

30 "우리는 왕실 가족들의 신비를 벗기려는 것이 아니라" : Ibid.

31 "젊음의 공간" : Ibid.

32 영국 정부는 그에게 매년 해외여행과 호텔, 여흥 경비로 근 60만 파운드를 지출했으며 : *Daily Telegraph,* May 30, 2010.

33 이와는 별도로 여왕은 그의 개인 사무실 운영비로 매년 249,000파운드를 지급했다. : *Daily Mail,* July 12, 2010.

34 정부 관리들은 앤드루가 영국 기업들을 도와서 두바이 지하철과 에어 아시아에 제트 엔진을 납품하는 등의 수억 파운드짜리 계약을 성사시킨 공로를 인정했다. : *Financial Times,* May 23, 2010.

35 영국의 산업을 위한 그의 로비 활동 : *The Guardian,* Nov. 29, 2010.

36 "왕족의 힘이 아니라" : *Daily Telegraph,* Oct. 24, 2009.

37 그럼에도 앤드루의 수상쩍은 교우 관계 : Buckingham Palace statement, July 21, 2011; BBC News, July 21, 2011.

38 그녀는 심지어 전 시어머니의 승인을 받아 : *Daily Telegraph,* Aug. 9, 2010.

39 11명의 정규 및 비정규 직원들 : *Daily Mail,* May 29, 2010; *Financial Times,* May 23, 2010.

40 "결단코 어떤 일에 대해서도 단 한 푼도 받지 않는다."며 자기는 다만 "숟가락을 빨 뿐"이라고 말했다. : *Sunday Times,* May 23, 2010.

41 "진심으로 죄송" : *The Independent,* May 24, 2010.

42 초대 손님으로는 : *Daily Telegraph,* Aug. 1, 2010.

43 2010년 8월 2일에 찰스는 돌아가신 할머니의 역할을 맡아 : Ashe Windham interview.

44 그는 그의 개인적 자선 활동을 위하여 매년 1천만 파운드 이상의 기금을 모았고 : PoW Annual Review, p.24.

45 "그는 자신을 위한 온전한 삶을 꾸려왔다." : Nancy Reagan interview.

46 "활력에 넘친다." : Confidential interview.

47 "그는 아마도 본능적으로" : Margaret Rhodes interview.

48 "환상이 없다." : Charles Anson interview.

49 "커밀라는 달래기도 하고" : Anne Glenconner interview.

50 "그가 책략을 쓰는 것을 느낄 수 있다." : Confidential interview.

51 "그 사람이 내 편인지 아닌지" : Confidential interview.

52 "그는 어떤 일이 잘 되어야 한다고 느끼면 아끼지 않는다." : Patricia Brabourne interview.

53 그가 혼자서 샌드링엄에 가서 한 주일을 머물 때면 : Confidential interview.

54 그는 손님들과는 다른 음식을 들며 : Roy Strong interview and confidential interview.

55 "여왕보다 낫지 않을지는 몰라도 결코 못하지 않다." : Confidential interview.

56 앤 글렌코너의 동생이 암에 걸렸을 때 : Anne Glenconner interview.

57 찰스는 11명 : PoW Annual Review, pp.54–56.

58 "나는 그보다 더 존중하는 사람은 없다." : Malcolm Ross interview.

59 "과학에 대한 기계적 접근"에 있어서의 "혁명" : *Daily Mail,* Dec. 18, 2010.

60 "인간과 자연 사이에는 구별이 없다." : *Wall Street Journal,* June 15, 2010.

61 "엄청난 단순화" : BBC News, June 6, 2000.

62 "우리는 유전적으로 동식물들을 변형시켜왔다." : Ibid.

63 "똑같은 논법" : *The Guardian,* July 2, 2011, excerpt from Vol. 3, *The Alastair Campbell Diaries.*

64 "도움이 되지 않는다." : *Daily Mail,* July 18, 2010.

65 "그녀는 찰스 왕자가 그의 관심사와 목표와 포부를 위해 일하도록 허용했다." : Malcolm Ross interview.

66 "둘의 관계는 살갑지만은 않으며" : Margaret Rhodes interview.

67 "그것은 결정적인 순간이 될 것이다." : Confidential interview.

68 각기 40초씩을 할당한다 : Malcolm Ross interview.

68 "병원의 간호사" : Beaton, *The Unexpurgated Beaton,* p.231.

70 시선을 맞추며 : Author's observations; Strong, pp.313, 317.

71 "미친듯이 편지들을 써대고" : Confidential interview.

72 2009–2010년 사이에 그는 개인적으로 1,869통의 편지를 썼다. : PoW Annual Review, p.45.

73 "개인적으로 기뻐할 것이다." : Lacey, *Monarch,* p.391.

74 "오, 나는 그런 일은 생각조차 할 수 없어요." : George Carey interview.

75 "알츠하이머 병에 걸리거나 뇌졸중으로 쓰러지지 않는 한" : Margaret Rhodes interview.

76 "그러나 심지어 그런 경우에도 그녀는 퇴위하지 않을 것이다." : Ibid.

77 "당사자들은 이 계획들을 수정하지 않는다." : Malcolm Ross interview.

78 "그녀와 영국 교회의 중심적 교회로 여긴다." : Confidential interview.

79 "그 일에 대해서는 너무 많이 생각하지 않는 것이 좋을 것이다." : Bloomberg News, Nov. 19, 2010.

80 "기존 규칙과 강한 관습" : Kenneth Rose interview.

81 "두고 봐야지요." : *Daily Mail,* Nov. 19, 2010.

82 "여성들에게 그들의 역할을 다하도록 최대한 허용하는 길을 찾아야" 한다고 촉구하며 : Speech opening the Commonwealth Heads of Government meeting, Oct. 28, 2011, Official Website of the British Monarchy.

83 "이것은 정부의 문제이다." : Confidential interview.

84 "성공회의 수호자" : *Sunday Times,* Nov. 16, 2008. Jonathan Dimble by wrote, "Prince Charlest old me in 1994 that when he in herits the crown he wants to become 'defender of faith.' …This does not mean that he for esees any difficulty in swearing to become "defender of the faith." …He sees no constitutional or spiritual contradiction in being both that and a 'defender of faith.'"

85 "자연의 수호자가 되기로 확실하게 다짐했으며" : *Vanity Fair,* Nov. 2010.

86 "아주 좋은 일일 것이다." : *Daily Telegraph,* Nov. 13, 2008.

87 "중요한 문제들에 대하여 발언할" 준비가 되어 있는 "적극적" 왕 : *Sunday Times,* Nov. 16, 2008.

88 "왕으로서 그의 마음에 닿은 문제들을 논의하기 위한 그의 권한은 엄격히 제한될 것임을 온전히 받아들인다." : *Daily Mail,* Nov. 17, 2008.

89 "나의 전임자들과는 다른 방법으로" : *Vanity Fair,* Nov. 2010.

90 "물론 그분들은 나를 솔선수범하는 것을 교훈으로 삼는 학교로 보내서는 안 되었다." : Ibid.

91 "전통적인 것과 급진적인 것의 흥미로운 결합" : Tony Blair, p.146.

92 "왕정의 주된 목적 가운데 하나" : Kenneth Rose interview.

93 "한심한 늙은 밀랍 인형들" : Paxman, p.181.

94 "약간의 운이 따른다면 그는 덜 현명한 길에 빠지지 않을 만큼 늙게 될 것이다." : Robert Salisbury interview.

95 "왕위를 물려받는 순간 인생은 하룻밤 사이에 바뀐다." : David Airlie interview.

96 "버릇없고 고집스럽지 않았다." : Confidential interview.

97 "그는 영국의 국가 이익에 부합한다면 살인마 지도자들의 더러운 손을 잡고 악수를 해야만 할 것이다." : Andrew Roberts interview.

98 "절대 다수" : *Daily Telegraph,* March 8, 2010.

99 "존경을 받지는 못하지만" : *Daily Mail,* Nov. 30, 2010.

100 ICM 조사 : *Time,* Nov. 22, 2010.

101 그의 방문 전에 호주에서의 여론조사는 60퍼센트가 공화주의에 찬성했으나 다녀간 뒤에는 그 숫자가 44퍼센트로 떨어졌다. : *The Mailon Sunday,* Jan. 24, 2010.

102 "내 할머니는 언젠가 슬픔은 사랑에 대한 대가를 치르는 것"이라고 한 말 : *New Zealand Herald,* March 19, 2011.

103 "그는 왔다, 보았다, 그리고 불쌍한 동포들을 위로했다" : *Herald Sun,* March 20, 2011.

104 "그는 콘월의 영지로부터의 자산을 잃게 될 가능성이 높은데" : As part of the Sovereign Grant bill passed by Parliament in October 2011 to change the funding of the royal family, Duchy of Cornwall revenues will be given to an heir to the throne who is not the Duke of Cornwall, enabling a firstborn daughter to receive that significant inheritance for the first time.

105 "윌리엄 왕자의 마음속에는 웨일스 왕자가 차기 국왕이 될 것이라는 데 대하여 전혀 의문이 없다." : *Sunday Telegraph,* Nov. 27, 2010.

106 "미래는 더 이상 낙관적일 수 없다." : Malcolm Ross interview.

107 "우리는 잘 지낸다." : BBC interview, Nov. 19, 2004.

108 "그는 삼투압을 통해 많은 것들을 배운다." : Confidential interview.

109 "그들은 잡지 〈헬로〉에나 등장하는 왕자가 되고 싶어하지 않는다." : Confidential interview.

110 "윌리엄과 해리에 대해서 우리는 편하게 대한다." : Confidential interview.

111 더욱 의미심장한 것은 여왕이 왕자들 특히 윌리엄의 멘토로서 단련된 외교관 데이비드 매닝을 개인적으로 선임하는 데 직접 나선 것이었다. : Confidential interview.

112 "그는 현명할 뿐 아니라" : Charles Anson interview.

113 "밤을 지샜다." : Associated Press, Dec. 22, 2009.

114 "이런 일들이 양복을 잘 차려입는 것보다 내게는 더 충족감을 준다." : *Sunday Times,* Dec. 27, 2009.

115 "난 내 음악 취향 때문에 쪽팔린 적이 있었다." : *Sunday Telegraph,* Jan. 24, 2010.

116 "사랑과 보살핌으로 넘치는" : Tom Bradby interview with Prince William and Catherine Middleton, ITV, Nov. 16, 2010.

117 "전적으로 기뻐했다." : Confidential interview.

118 "잠시 얘기를 나눴다." : Bradby interview, ITV, Nov. 16, 2010.

119 "그 애들은 충분히 연습을 했으니까!" : BBC News, Nov. 16, 2010.

120 "크게 환호했으며" 그리고 이어서 일제히 "책상을 두드렸다." : *Daily Telegraph,* Nov. 16, 2010.

121 "맥주를 좋아하는 덩치 큰 얼간이" : Ibid., Dec. 26, 2010.

122 켈리는 맥길 대학에서 중국어와 일본 역사를 공부한 캐나다의 경영 고문이었으며 : CTV, Dec. 30, 2010.

123 "광산에서 궁정까지" : Malcolm Ross interview.

124 "우리는 둘 다 현실적이며" : Prince William and Catherine Middleton photocall interview, St. James's Palace, Nov. 16, 2010.

125 "아주 사랑스러운 남자 친구" : Bradby interview, ITV, Nov. 15, 2010.

126 여왕도 준비 과정에 깊숙이 개입했다. : Confidential interview.

127 심지어 여왕과 필립 공에게 할당된 : Ibid.

128 궁 내의 앤절라 켈리가 거느리는 재봉사들을 동원하여 : Margaret Rhodes interview.

129 엘리자베스 2세는 귀족들뿐 아니라 음식 공급자 및 꽃 장식가들을 포함한 6백 명의 손님들과 90분 이상 어울렸다. : Author's observations.

130 "대체로 왕족의 사람들이" : Confidential interview.

131 "자, 거기 두 사람" : Author's observations.

132 "게다가 모두가 내게 친절했다고요!" : Confidential interview.

133 그녀는 근 30분간 : Author's observations.

134 매일 승마를 재개했다. : Confidential interview.

135 "너무나 자연스러운 것이다." : *Daily Telegraph,* May 1, 2011.

136 "전혀 가식 없는" : BBC News, April 21, 2011.

137 "당신 참 아름다워." : *Daily Mail,* April 30, 2011.

138 "행복해요?" : *The Mailon Sunday*, May 1,2011.

139 "아주 훌륭했어요" : *Daily Mail,* April 30, 2011.

140 그들은 또한 인터넷을 통해서 4억 명 : *The Times,* April 30, 2011.

141 초당 237건의 트위터 팔로워들 : *The Independent,* May 1, 2011.

142 "국가를 하나로 묶는 데 기여하고" : *The Times,* April 30, 2011.

143 "미래의 팀" : *Daily Mail,* April 29, 2011.

144 봄꽃들로 장식되어 있었다. : Confidential interview.

145 "장소는 대궐 같았지만" : *Sunday Telegraph,* May 1, 2011.

146 그녀를 방문했을 때 : *New Zealand Herald,* April 27, 2011.

147 이 사려 깊은 선물에 대하여 그녀는 리셉션에서 여러 내빈에게 언급했었다. : Confidential interview.

148 이 나라의 성인 인구 중 절반이 : *Daily Telegraph,* May 4, 2011.

149 "딸을 얻게 되어서 기쁘다." : *The Times,* April 30, 2011.

150 "자기가 탄 휠체어를 벼랑으로 밀어 떨어트리지 않을까 걱정된다." : *Sunday Times,* May 1, 2011.

151 "우리가 당신 집 안에 쳐들어간 것을 허락해" : Confidential interview.

152 "자주 전화를 걸어서" : *Sunday Times,* May 1, 2011.

153 "윌리엄과 캐서린은 이제 지상으로 내려왔다." : Margaret Rhodes interview.

154 이 숫자에 대해 궁정 관리들과 여왕 자신도 놀라움을 금치 못했다. : Confidential interview.

155 유거브의 여론조사 : *Sunday Times,* May 1, 2011.

156 "와우, 와우" : BBC News, May 20, 2011.

157 "항상 좋지만은 않았으며 수 세기 동안 전적으로 온화하지도 못했다." : Reuters, May 18, 2011.

158 "과거의 고통에 대한 슬픔으로부터" : *Irish Times*, May 21, 2011.

159 "진지한 동정의 표현" : *Daily Telegraph*, May 20, 2011.

160 "나는 어느 누구도 그녀가 이루어온 것을 해낼 수 있으리라고 생각하지 않는다." : *Financial Times*, May 20, 2011.

161 "오랜만에 우리로 하여금 최초로 우리들 스스로가 조금은 괜찮아졌다는 느낌을 갖게 했다." : Ibid.

162 "본질적" : *The Economist*, May 26, 2011.

163 "케냐인의 손자에게는" : *The Guardian*, May 25, 2011.

164 여왕은 그들에게 그들의 숙소를 직접 안내했다. : *New York Times*, May 24, 2011.

165 20분간 윌리엄과 캐서린을 만났으며 : *Daily Mail*, May 26, 2011.

저자 후기

1 "헌신적이고 모범적인" : *Hillingdon & Uxbridge Times*, Feb. 6, 2012.

2 엘리자베스는 370회, 에딘버러 공작은 330회 : *Sunday Express*, Jan. 1, 2012.

3 "끔찍이 걱정되는" : *Daily Telegraph*, May 14, 2012.

4 "어려움에 처했을 때 우리는 가족들로부터 힘을 얻는다." : Queen Elizabeth II Christmas Broadcast, Dec. 25, 2011, Official Website of the British Monarchy.

5 "나는 요란을 떨고 싶지 않다." : *Daily Mail*, Dec. 27, 2011.

6 샌드링엄에 도착해서는 : *Daily Telegraph*, Dec. 27, 2011.

7 "깊이 감동했다." : The Queen's Diamond Jubilee Message, Official Website of the British Monarchy.

8 "주빌리의 관념조차도" : The Queen's Speech at Lambeth Palace, Feb. 15, 2012, Official Website of the British Monarchy.

9 "세 여인이 길을 가다가 쇼핑도 하고 즐기기도 하는 것" : Confidential interview.

10 "사람들이 눈치채지 못했을 미묘한 방식으로" : Confidential interview.

11 "케이트 효과" : *Daily Telegraph,* March 8, 2012.

12 "잘 있대요. 그런데 너무 보고 싶어요" : *Daily Mail,* March 9, 2012.

13 "다종교적 요소들" : *Daily Mail,* March 8, 2012.

14 "우리는 여기서 우리나라의 역사와 이를 창조한 유연성과 독창성과 관용이 이루어낸 연속성을 상기합니다." : The Queen's Address to Parliament, March 20, 2012, Official Website of the British Monarchy.

15 연설이 끝나자 : *Daily Telegraph,* March 20, 2012.

16 그는 카리브해 제도에 대해 관심을 표했으나 : Confidential interview.

17 "할머니는 제게 행운을 빈다고 했으며" : *Daily Mail,* March 12, 2012.

18 "어떻게 소탈한 모습을 보여줄 수 있는지" : *Daily Mail,* March 8, 2012.

19 "우리는 이 사람과 사랑에 빠졌다." : Ibid.

20 "오늘 밤 내 데이트 상대예요" : *The Times,* March 8, 2012.

21 "그는 어떤 상황에서도 들어맞는 대단한 능력을 지닌 카리스마에 넘치는 사나이다." : Ibid.

22 "1천 명의 정치가와 맞먹는" : *The Times,* March 10, 2012.

23 즉흥적으로 초대되어 : *Daily Mail,* May 17, 2012.

24 "이거 마시면 취하는 거 아니죠?" : *Daily Mail,* March 29, 2012.

25 국왕 부처는 신혼부부의 이름을 부르며 인사를 나누었을 뿐만 아니라 : *Manchester Evening News,* March 24, 2012.

26 공작과 공작 부인, 미용사, 매니큐어리스트, 하녀, 말 조련사 등과 자리를 함께했다. : Confidential interview.

27 "다시 한 번 애정과 존경심이 가득한 감정을 되새기는 추억" : *Daily Mail,* March 30, 2012.

28 "나는 여왕이 사람들에 둘러싸여 그렇게 기분이 좋아했던 것을 거의 본 적이 없었다." : Confidential interview.

29 "너희들은 여기보다 더 중요 일이 있다." : Confidential interview.

30 "온 거리와 모든 집들의 창문과" : Press Association, May 25, 2012.

31 "내 일기는 출판되지 않을 것이다!" : Ibid.

32 열렬한 왕정주의자로 돌변한 헬렌 미렌도 : *Daily Telegraph,* May 4, 2012.

33 "여왕이 주빌리 오찬에 독재자를 초대했다.": *The Mail on Sunday,* April 8, 2012.

34 "이 아이디어는 젊은 남녀들로 하여금 여왕의 눈을 똑바로 쳐다볼 수 있는 기회를 제공함과 더불어 여왕으로 하여금 그들의 눈을 들여다볼 수 있게 하자는 생각에서 나왔다.": *Daily Mail,* May 19, 2012.

35 "우리들이 목욕할 때": *Daily Telegraph,* June 1, 2012.

36 "닫힌 문 안쪽에서 그녀는 우리들의 할머니였다.": *Daily Mail,* May 24, 2012.

37 "그녀는 우리들이 주위에 있는 것을 너무 좋아하셨고 ": *Sunday Times,* May 27, 2012.

38 "우리는 예전보다도 훨씬 더 가까워졌다.": *Radio Times,* June 1, 2012.

39 "바로 이것이야말로 대단한 일이다.": *Sunday Times,* June 3, 2012.

40 "대단한 즐거움": Robert Salisbury interview.

41 "그녀는 이 배를 타고 수많은 여행을 했다.": Virginia Airlie interview.

42 "작은 선박들": *The Times* editorial, June 4, 2012.

43 "되돌려줌으로써 그녀는 커진다.": Jennifer Scott, *The Royal Portrait: Image and Impact,* p.63.

44 여왕은 때때로 근처의 벤치에 앉아 쉬기도 했고: Babli Sharma interview.

45 "정말 멋있다.": *Daily Telegraph,* June 4, 2012.

46 "의심의 여지가 없는 대성공": *The Guardian,* June 4, 2012.

47 "몇몇 철부지 아이들이": *Sunday Telegraph,* June 3, 2012.

48 "86세의 국왕으로 하여금": *The Times* editorial, June 4, 2012.

49 "사람들이 무척 애썼다는 것을 진하게 느꼈으며 그래서 더욱 그들과 함께 있기를 원했다.": Confidential interview.

50 "그는 아무 때나 내릴 기회가 있었지만": Confidential interview.

51 미스터 엠으로 알려짐: Confidential interview.

52 "더 시끄러운 쪽": BBC News, June 5, 2012.

53 혼자 아파트에서 저녁을 들면서: *Daily Telegraph,* June 6, 2012.

54 "이 모든 장비들을": *Daily Mail,* May 17, 2012.

55 콘서트 도중에 빨간 펠트촉 펜의 굵은 글씨로 작성한, 여왕에게 바치는 5분간의 연설을 통해 : Confidential interview.

56 "너무나 벅차면서도 한없이 즐거운 봉사를 통해서" : Archbishop of Canterbury's sermon at Diamond Jubilee service, June 5, 2012, archbishopofcanterbury.org.

57 "너무 덜컹거려서" : Confidential interview.

58 적어도 어느 한 깃발에는 "엘리자베스 대왕(Elizabeth the Great)"이라는 대담한 표현도 선보였다. : *Daily Telegraph*, June 6, 2012.

59 전국 ICM 여론조사 : *Sunday Telegraph*, June 3, 2012.

60 "이동식 차단막" : *Daily Telegraph*, June 6, 2012.

61 "여왕님 나오세요!" : *The Times*, June 6, 2012.

62 "아니, 이를 좀 봐, 대단하잖아" : *Daily Telegraph*, June 6, 2012.

63 "저 환호성은 모두 폐하를 위한 것입니다." : Ibid.

64 "우리는 여왕님을 사랑한다!" : Ibid.

65 "대단한 사람들이야." : Ibid.

66 "이 오랜 세월동안 그녀는 여전히 국민들의 반응에 압도되는데" : Confidential interview.

67 "진짜 스타" : *Sydney Morning Herald*, July 29, 2012.

68 "정치 위에 군림하는 빛" : Shawcross, *QEQM*, p.xxiv

퀸 엘리자베스

1판 1쇄 발행 2013년 3월 5일
1판 2쇄 발행 2013년 4월 10일

지은이 샐리 베델 스미스
옮긴이 정진수

발행인 양원석
총편집인 이헌상
편집장 박종례
해외저작권 황지현
제작 문태일, 김수진
영업마케팅 김경만, 임충진, 곽희은, 주상우, 장현기,
　　　　　임우열, 정미진, 송기현, 우지연, 윤선미

펴낸 곳 ㈜알에이치코리아
주소 서울시 금천구 가산동 345-90 한라시그마밸리 20층
편집문의 02-6443-8843 **구입문의** 02-6443-8838
홈페이지 www.randombooks.co.kr
등록 2004년 1월 15일 제2-3726호

ISBN 978-89-255-7739-5 (03340)

RHK 는 랜덤하우스코리아의 새 이름입니다.